UNIVERSAL-
WÖRTERBUCH
LANGENSCHEIDT
UNIVERSAL-
ORÐABÓK

# LANGENSCHEIDTS UNIVERSAL-ORÐABÓK

# ÍSLENZK

## ÍSLENZK-ÞÝZK
## ÞÝZK-ÍSLENZK

*eftir*
*Ingvar G. Brynjólfsson*
*yfirkennara*

LANGENSCHEIDT
BERLÍN · MÜNCHEN · WIEN · ZÜRICH

LANGENSCHEIDTS
UNIVERSAL-WÖRTERBUCH

# ISLÄNDISCH

## ISLÄNDISCH-DEUTSCH
## DEUTSCH-ISLÄNDISCH


*von*
*Oberstudienrat*
*Ingvar G. Brynjólfsson*



LANGENSCHEIDT
BERLIN · MÜNCHEN · WIEN · ZÜRICH

| Auflage: | 9. 8. 7. 6. 5. | Letzte Zahlen |
|---|---|---|
| Jahr: | 1977 76 75 74 73 | maßgeblich |


Druck: Druckhaus Langenscheidt, Berlin-Schöneberg
Printed in Germany · ISBN 3-468-18170-1

# Inhaltsverzeichnis
## Efnisyfirlit

# Vorbemerkungen
## Formáli

1. Die Tilde (~) ersetzt entweder den ganzen Titelkopf oder den vor dem Strich (|) stehenden Teil davon, z. B.:

**bað, ~a (= baða); ~föt (= baðföt); bjart|ur, ~viðri (= bjartviðri); einstweil|en, ~ig (= einstweilig); Schluß, ~folgerung (= Schlußfolgerung); einhalten: etw. ~ = etw. einhalten.**

Die Tilde mit Kreis (~) bezeichnet den jeweiligen Wechsel von Groß- in Kleinschreibung oder umgekehrt, z. B.:

**þýzk|a, ~aland (= Þýzkaland); Ís|land, ~lenzka (= íslenzka); bohr|en, ~er (= Bohrer); End|e, ~en (= enden).**

2. Die Angabe des Geschlechts ist bei den Substantiven durchgeführt: *m* (= Maskulinum, männlich) *f* (= Femininum, weiblich) und *n* (= Neutrum, sächlich); der Plural ist durch *pl.* angegeben.

1. Endurtekningarmerkið (~) táknar endurtekningu uppflettiorðsins eða þess hluta af því, sem stendur fyrir framan strikið (|), t. d.:

**bað, ~a (= baða); ~föt (= baðföt); bjart|ur, ~viðri (= bjartviðri); einstweil|en, ~ig (= einstweilig); Schluß, ~folgerung (= Schlußfolgerung); einhalten: etw. ~ = etw. einhalten.**

Endurtekningarmerki með hring yfir (~) er notað, þegar upphafsstafur orðsins breytist úr litlum staf í stóran eða öfugt, t. d.:

**þýzk|a, ~aland (= Þýzkaland); Ís|land, ~lenzka (= íslenzka); bohr|en, ~er (= Bohrer); End|e, ~en (= enden).**

2. Kyn nafnorðanna er táknað með *m* (= maskulinum = karlkyn), *f* (= femininum = kvenkyn) og *n* (= neutrum = hvorugkyn). Fleirtala er táknuð með *pl.* (= pluralis).

## Abkürzungen

## Skammstafanir

~, 2. | *s. Vorbemerkungen*, s. formála.

*a. auch*, einnig.

*Abk. Abkürzung*, skammstöfun (skammst.).

*acc. Wenfall, Akkusativ*, þolfall.

*adj. Eigenschaftswort*, lýsingarorð.

*adv. Umstandswort*, atviksorð.

*Anat. Anatomie* líffærafræði.

*Arch. Baukunst*, húsgerðarlist.

*Bgb. Bergbau*, námugröftur.

*bibl. biblisch*, biblíumál.

*Bot. Pflanzenkunde*, grasafræði.

*cj. Bindewort*, samtenging.

*dat. Wemfall, Dativ*, þágufall.

e-ð, e-u eitthvað, einhverju, *etwas*.

*El. Elektrizität*, rafmagn.

e-i einhverri, *(irgend)einer (dat.)*.

*e-m einem (dat.)*, einhverjum (*Abk.* e-m), *e-n einen (acc.)* einhvern (*Abk.* e-n).

*e-r einer (gen.)* einhverrar (*Abk.* e-r), *e-s eines (gen.)* einhvers (*Abk.* e-s).

*Esb. Eisenbahn*, járnbraut.

*etw. etwas*, eitthvað (*Abk.* e-ð).

*f weiblich*, kvenkyns.

*fam.od.* F *familiär, Umgangssprache*, daglegt mál.

*fig. übertragen*, óeiginleg merking.

*Flgw. Flugwesen*, flugmál.

*gen. Genitiv, Wesfall*, eignarfall.

*Geogr. Geographie* landafræði.

*Gram. Grammatik*, málfræði.

*Hdl. Handel*, verzlunarmál.

*j. jemand*, einhver; *j-m jemand(em)*, einhverjum (e-m), *j-n jemand(en)* einhvern (e-n), *j-s jemandes*, einhvers (e-s).

*Jur. Rechtswissenschaft*, lögfræði.

*krch. kirchlich*, kirkjumál, kirkju-.

*m männlich*, karlkyns.

*Mar. Marine, Schiffahrt*, siglingar, sjómannamál.

*Math. Mathematik*, stærðfræði.

*Med. Medizin*, læknisfræði.

*Meteor. Meteorologie*, veðurfræði.

*Mil. Militär*, hermannamál.

*m-m meinem*, mínum.

*Mus. Musik*, söngfræði.

*n Neutrum = sächlich*, hvorugkyn, hvorugkyns.

*num. Zahlwort*, töluorð.

*od. oder*, eða.

*pl. Mehrzahl*, fleirtala.

*Pol. Politik*, stjórnmál.

*pop. populär*, daglegt *od.* óvandað mál.

*pron. Fürwort*, fornafn.

*prp. Verhältniswort*, forsetning.

*refl. rückbezüglich*, afturbeygileg(t).

*Rel. Religion*, trúarbrögð.

*s. siehe*, sjá, samanber.

*s-e seine*, hans, þess, sína(r).

*sg. Singular*, eintala.

*s-m seinem*, hans, þess, sínu(m).

*s-n seinen*, sinn (*acc.*), hans.

*sn sein* (*Verb*), vera.

*s-r seiner*, hans, þess, sinni, sinnar.

*Su. Substantivbildung -ung* nafnorð(smyndun).

*Tech. Technik*, tæknimál.

*Thea. Theater*, leikhús.

*Tlph. Telephonie*, símamál.

*u. und*, og.

*ung. ungefähr*, hér um bil.

*v/i. intransitives Zeitwort*, áhrifslaus sögn.

*v/r. rückbezügliches Zeitwort*, afturbeygð sögn (*im Isländischen mit angehängtem -st*).

*v/t. transitives Zeitwort*, áhrifssögn.

*z. B. zum Beispiel*, til dæmis (*Abk.* t. d.).

*Zo. Zoologie*, dýrafræði.

*zs. zusammen*, saman.

*Zssg(n) Zusammensetzung(en)*, samsetning(ar), samsett orð.

# Zur Aussprache des Isländischen

## Die Vokale

Alle Vokale (und Diphthonge) im Isländischen sind entweder lang oder kurz. Sie sind an betonter Stelle lang

a) wenn kein Konsonant folgt, z. B. **þú** (du); **núa** (reiben),

b) wenn ein Konsonant folgt, z. B. **hatur** (Haß); **fela** (verstecken),

c) vor zwei Konsonanten, wenn der erste **p, t, k, s** und der zweite **j, r** oder **v** ist, z. B. **lepja** (auflecken), **setja** (setzen), **betra** (besser), **tvisvar** (zweimal) usw.

Die Vokale (auch die Diphthonge) sind kurz vor zwei (oder mehr) Konsonanten, die Konsonantenverbindungen unter c) ausgenommen.

Anm. 1. Im gepflegten Isländischen existiert „fester Einsatz" nicht.

Anm. 2. Die langen Vokale und Diphthonge werden verkürzt, wenn ein zweiter Konsonant hinzutritt, z. B. **hús** [hu:s] (Haus), *gen.* **húss** [hus:] (Hauses); **laus** [lœy:s] (lose, locker), Neutrum: **laust** [lœyst].

**Zu den einzelnen Vokalzeichen:**

a [a] ungefähr wie a in dt. Vater; Fall, z. B. **fara** (gehen); **farðu**! (geh!).
Anm. 1. Vor **ng** und **nk** wie isl. **á** [au], z. B. **langur** (lang); **banki** (Bank, Bankhaus); doch nicht immer in Nordwest-Island.
Anm. 2. Vor **gi** wie isl. **æ** [ai], z. B. **agi** (Disziplin); doch nicht immer in Südost-Island.

á [au] ähnlich wie **au** in dt. faul (im Isl. also Diphthong, wenn auch graphischer Monophthong), z. B. **hás** (heiser); **ást** (Liebe).

**e** [ɛ] ungefähr wie ä in dt. Bär, fällen, z. B. **vera** (sein); **verra** (schlechter).
Anm. Vor **ng**, **nk**, **gi** und **gj** wie isl. **ei** [ɛi], z. B. **lengi** (lange); **skenkja** (einschenken); **dreginn** (gezogen); doch nicht immer vor **gi** in Südost-Island: **segja** (sagen); vereinzelt auch vor **ga** in **mega** (dürfen) und **gu** in **megum** (wir dürfen).

**é** [jɛ] ungefähr wie jä in dt. jäh, z. B. **ég** (ich); **sérðu?** (siehst du?).

**i** [ɪ] etwas geschlossener als **e** in dt. geben, z. B. **lifa** (leben), **lifðu!** (lebe!).
Anm. Vor **ng**, **nk** und **gi** wie isl. **í** [i], z. B. **fingur** (Finger); **minnka** (vermindern); **stigi** ([die] Leiter); doch nicht immer vor **gi** in Südost-Island.

**í** [i] ungefähr wie **i** in dt. Lid, z. B. **bíða** (warten), **bíddu!** (warte!).

**o** [ɔ] ungefähr wie **o** in dt. Loch, z. B. **bolli** (Tasse); **boli** (Stier) (hier also die entsprechende Länge etwa wie o in dt. vor [norddeutsche Aussprache]).

**ó** [ou] also Diphthong, wenn auch graphischer Monophthong; ungefähr wie **o** in engl. **so**; erstes Element ein geschlossenes o, zweites Element ein geschlossenes u, z. B. **bók** (Buch); **bólga** (Entzündung).

**u** [ø] ungefähr wie ö in dt. Höhle und **eu** in frz. **peu**, z. B. **gulur** (gelb), **gult** (Neutrum zu **gulur**).
Anm. 1. Vor **ng** und **nk** wie isl. **ú** [u], z. B. **þungur** (schwer); **munkur** (Mönch).
Anm. 2. Vor **gi** diphthongisch etwa wie dt. „üi", z. B. **hugi** [hʏjɪ] (Doppelform zu **hugur**: Sinn); doch nicht immer in Südost-Island.

**ú** [u] ungefähr wie **u** in dt. du, z. B. **þú** (du); **rúst** (Ruine).

**y** [ɪ] und **ý** [i] werden wie isl. i und í ausgesprochen, z. B. **fyrir** (für); **dýr** (Tier), als ob diese Wörter „firir" und „dír" geschrieben wären.

**ö** [œ] ungefähr wie ö in dt. Löffel, z. B. **föt** (Kleider); **köttur** (Katze).

Anm. Vor **ng**, **nk** und **gi** wie isl. **au** [œy], z. B. **söngur** (Gesang); **hönk** (aufgewickeltes Band); **lögin** (die Gesetze); doch nicht immer vor **gi** in Südost-Island.

**au** [œy] im Deutschen nichts Entsprechendes, ungefähr wie **eui** in frz. **feuille** und **öj** in schwedisch **möjlig**, z. B. **haus** (Kopf); **haust** (Herbst).

**æ** [aɪ] ungefähr wie **ei** (ai) in dt. Leid (Hain), z. B. **dæmi** (Beispiel; Rechenaufgabe); **læknir** (Arzt).

**ei** und **ey** [ɛi] im Deutschen nichts Entsprechendes (wohl aber im Mittelhochdeutschen und Althochdeutschen und immer noch in gewissen süddeutschen [oberdeutschen] Mundarten), etwa wie **ey** in engl. **grey** (grau), z. B. **þreifa** (tasten); **leyfa** (erlauben); **leyfðu!** (erlaube!); **steinn** (Stein).

### Konsonanten

Vor Pausen haben alle isl. Konsonanten die Tendenz, den Stimmton zu verlieren, so immer im Auslaut nach einem stimmlosen Konsonanten, z. B. **sól** (Sonne), **afl** (Kraft; Kräfte), **basl** (Mühe, Schwierigkeit; Not, Armut), **bón** (Bitte), **vatn** (Wasser, [der] See), **bað** (Bad), **bragð** (List).

**Zu den einzelnen Konsonantenzeichen:**

**b** [b̥] und **d** [d̥] fast immer stimmlos wie in erblich, endlich.

**ð** [ð] ungefähr wie **th** in engl. **father**, z. B. **baða** (baden); **harður** (hart).

Anm. Verstummt zwischen **r** und **n** und **g** und **s**, z. B. **orðnir** (geworden), **bragðs** (*gen.* von **bragð**: List; Geschmack); auch in gewissen anderen Fällen.

**f** [f] 1. ungefähr wie **f** in dt. finden und **v** in dt. Vater, z. B. **finna** (finden).

2. ungefähr wie **w** in dt. Lawine, so immer zwischen Vokalen sowie vor **g**, **j**, **r** mit nachfolgendem Vokal, ferner zwischen **l**, **r** und Vokal, z. B. **hafa** (haben); **lifga** (lebendig machen); **tefja** (aufhal-

ten); **hafrar** (Hafer); **hálfur** (halb); **starfa** (arbeiten).

Anm. Im Inlaut vor **l** und **n** wie stimmloses **b**, z. B. **treflar** (Halstücher; hingegen **trefill** [Halstuch] nach 2.); **drifnir** (Plural zu **drifinn**: getrieben). Auch im Nordisl. vor **ð**: **hafði** (hatte).

**g** [ĝ] 1. velarer Verschlußlaut, etwa wie **g** in dt. geben, jedoch fast immer stimmlos, so im Anlaut vor **a, á, o, ó, u, ú, ö** und **au** sowie vor **l, n** und **r**, z. B. **gata** (Straße); **gáta** (Rätsel); **gos** (Vulkanausbruch); **góður** (gut); **gulur** (gelb); **gúlpa** ([sich] bauschen); **görn** (Darm); **gaukur** (Kuckuck); **glata** (verlieren); **gnótt** (Überfluß, [Hülle und] Fülle; Menge); **grafa** (graben).

2. wie **gw** (isl. **gv**) in dem Worte **guð** (Gott) und in seinen Zusammensetzungen, z. B. **Guðni** (männl. Vorname); **Guðrún** (Gudrun, weibl. Vorname).

3. palataler Verschlußlaut, **g** mit j-Nachschlag [ĝj] im Anlaut und postkonsonantisch im Inlaut vor **e, i, í, y, ý, æ, ei, ey** und **j**, z. B. **gefa** (geben); **ginna** (locken); **gjöf** (Geschenk); **gylltur** (vergoldet); **gæfa** (Glück); **geit** (Ziege); **helgi** (Wochenende; Heiligkeit); **lengi** (lange).

4. [γ] inlautend zwischen Vokalen und zwischen Vokal und **r** velarer stimmhafter Reibelaut wie etwa ndd. Aussprache in sagen und dänisch **g** [γ] in **dage** (Tage), z. B. **dagur** (Tag); **fegra** (verschönern).

Anm. So auch zwischen Vokal und **ð**, vor allem in Süd-Island und Reykjavik, in Nord-Island aber vorwiegend wie in 1., z. B. **sagði** (sagte); **lagði** (legte).

5. wie **j** zwischen Vokal und **i** oder **j**, z. B. **bogi** (Bogen); **segja** (sagen).

6. verstummt zwischen **l** und **d, t, n** oder **s** und zwischen **r** und **ð, t** oder **n**, Beispiele: **fylgdi** (begleitete; folgte); **fylgt** (begleitet, Part.); **bólgna** (anschwellen); **fylgsni** (Versteck); **mergð** (Menge Vielheit); **margt** (vieles); **á morgnana** (morgens).

7. **ng** vor Konsonanten ungefähr wie **ng** in dt. singen [ŋ], z. B. **langt** (weit; lang [Neutrum zu **langur**]); sonst wie [ŋg], z. B. **langur** (lang [männl. adj.]); **söngur** (Gesang).

8. velarer, stimmloser Spirant [x] wie **ch** in dt. nach, postvokalisch vor **t** und gewöhnlich vor **s** (derselben Silbe), z. B. **lagt** (gelegt), **bægsli** (die Gliedmaßen des Wales; die Brustflosse des Haifisches).

**h** [h] 1. im Anlaut vor Vokal wie **h** in dt. heben, z. B. **hefja** (heben; beginnen); **heimur** (Welt).

2. in den Verbindungen **hl, hr, hj, hn** und **hv** ist das **h** stärker behaucht als im Deutschen, z. B. **hlaupa** (laufen); **hrafn** (Rabe); **hjálpa** (helfen); **hnífur** ([das] Messer); **hvalur** (Wal).

Anm. 1. Rein phonetisch sind diese Laute nur stimmlose (— praktisch ausgedrückt — mit starker Präaspiration) **l, r, j** (ähnlich wie **ch** in dt. ich), **n** und **ch** (ähnlich wie **ch** in dt. nach).
Anm. 2. Die Verbindung **hv** spricht man in Nord- und West-Island und vorwiegend in Reykjavik wie **kv** (dt. **qu**) aus.

**j** [j] ungefähr wie im Deutschen, z. B. **jata** (Krippe).

**k** [k'] 1. velarer, harter Verschlußlaut, ungefähr wie im Deutschen, z. B. **köttur** (Katze); **leikur** (Spiel).

2. palataler, harter Verschlußlaut, k mit j-Nachschlag [kj'] im Anlaut und postkonsonantisch im Inlaut vor **e, i, í, y, ý, æ, ei** und **ey**, z. B. **kemur** (kommst, kommt); **kinn** (Wange); **kyn** (Geschlecht); **kæna** (kleines Boot); **keisari** (Kaiser); **banki** (Bank, Bankhaus); **fálki** (Falke).

3. velarer, stimmloser Spirant (x) wie **ch** in dt. nach, postvokalisch vor **t** und gewöhnlich vor **s** (derselben Silbe), z. B. **spekt** (Weisheit); **flaksast** ([umher]flattern).

**l** [l] 1. ungefähr wie **l** in dt. leben, z. B. **leita** (suchen); **stúlka** (Mädchen).

2. verliert den Stimmton in der Verbindung **hl** (vgl.

h), fast immer vor **t** und auslautend nach stimmlosen Konsonanten, z. B. **hlaupa** (laufen); **allt** (alles); **skalt** (sollst); **afl** (Kraft, Kräfte); **segl** (Segel); **basl** (Schwierigkeit; Not, Armut). Ferner s. **n** Anm.

3. Doppel-l (ll) zwischen Vokalen und zwischen Vokal und **n** oder **r** wie isl. **dl**, z. B. **fullur** (voll); **milli** (zwischen); **hellna** (*gen. pl.* von **hella**: flacher Stein); **allra** (aller, *gen. pl.*); jedoch nicht in Kosenamen wie **Kalli** (zu **Karl**), **Palli** (zu **Páll**) usw. und auch nicht in einigen Lehnwörtern wie: **pilla** (Pille) usw.

**m** [m] ungefähr wie deutsches **m** (s. jedoch **n** Anm.).

**n** [n] 1. ungefähr wie deutsches **n.**

2. Doppel-n (nn) wie isl. **dn** [d̥n] hinter den Vokalen **á, é, í, ó, ú, ý, æ, au, ei** und **ey**, z. B. **Spánn** (Spanien); **brúnn** (braun); **brýnn** (dringend, wichtig); **grænn** (grün); **hreinn** (rein). **Ausnahmen:** die nn-Formen des bestimmten Artikels, z. B. **brúnni** (Dativ von **brú**: Brücke), denn ursprünglich ging ein **i** voraus (**brúnni** aus **brúinni**). Hinter anderen Vokalen bleibt der n-Laut, z. B. **finna** (finden).

Anm. Postvokalisch vor **p, t, k** werden **l, m, n** (besonders) in Süd- und West-Island stimmlos ausgesprochen.

**p** [p'] wie deutsches **p**, außer in der Verbindung **pt**, wo es den Lautwert von **f** 1. hat, z. B. **keypt** (gekauft), zuweilen auch in **ps** wie **skips** (*gen.* von **skip**: Schiff).

**r** [r] Zungenspitzen-r wie in der gepflegtesten deutschen Hochsprache (vgl. Siebs: Deutsche Hochsprache, 18. Aufl., S. 61), beim (gepflegten) Singen, zum Teil in der pathetischen Bühnensprache und in einigen deutschen Dialekten.

Anm. 1. Das isl. **r** verliert den Stimmton vor **p, t, k** und **s**, z. B. **harpa** (Harfe), **kort** (Karte), **harka** (Härte); verstummt oft ganz vor **s**: **vers** (Vers).
Anm. 2. In den Verbindungen **rl** und **rn** manch-

mal wie isl. **dl** und **dn** oder **rdl** und **rdn**, z. B. **karl** (alter Mann); **barn** (Kind).

**s** und **z** sind gleichlautend; sie werden wie **s** in dt. **Gras** stimmlos ausgesprochen (nicht aber so scharf artikuliert wie das norddeutsche, stimmlose **s**).

**t** [t'] ähnlich wie im Deutschen, aber nicht so scharf artikuliert.

Anm. Die Verbindungen **pp, tt, kk** und **p, t, k** + **l, n** werden mit Präaspiration ausgesprochen, d. h. mit einem Hauch (also einem gewöhnlichen h-Laut) vor den genannten Lautverbindungen, z. B. **kappi** (Held), **hattur** (Hut), **ekki** (nicht), **epli** (Apfel), **ætla** (wollen, beabsichtigen), **Hekla** (Vulkanname), **heppni** (Glück), **vatn** (Wasser, [der] See), **vakna** (erwachen). Phonetische Bezeichnung [k'a'pːɪ], [ai'tla].

Der Vokal vor der Präaspiration ist immer kurz.

**v** [v] wie dt. **w**.

**x** [xs] wie isl. **gs**, ungefähr wie dt. **ch** + **s** [xs] in Fachs (*gen.* von Fach), z. B. **lax** (Lachs).

**þ** [θ] (þorn) wie engl. **th** [θ] in **think** (denken), z. B. **þú** (du).

Anmerkung: die isländischen harten Verschlußlaute **k, p, t** werden in Süd-, West- und im westlichen Nord-Island nach langen Vokalen erweicht und praktisch wie **g, b, d** ausgesprochen.

Die obigen Regeln sind weder erschöpfend noch genau, sie wollen nur einfache Winke geben. Einige Zeichen der A.P.I., die aus dem Deutschen und Englischen bekannt sind, wurden hinzugefügt.

**Betonung:** Im Isländischen gilt Erstbetonung; auch in mehrsilbigen Wörtern wird die erste Silbe am stärksten betont.

— — —

**NB** Der Benutzer dieses Wörterbuches wird darauf hingewiesen, daß etymologisch nicht zusammenhängende Wörter aus Raumgründen zuweilen unter **einem** Titelkopf zu suchen sind.

Notendum þessarar orðabókar skal á það bent, að stundum verður að leita orða, sem eru óskyld að uppruna, undir einu og sama uppflettiorði. Var þetta gert til að spara rúm, enda ekki ótítt í hliðstæðum orðabókum frá þessu forlagi.

# A

**á** *f* Fluß *m*.
**á** *prp.* auf; an; in; **~ bóndabænum** auf dem Bauernhof; **~ Íslandi** auf (in) Island; **~ föstudögum** freitags; **~ föstudaginn** (kemur) am Freitag; **~ vorin** im Frühling; **~ tveim(ur) vikum** in zwei Wochen; **koma ~ e-n stað** an e-m Ort ankommen, e-n Ort erreichen; **~ morgun** morgen; **~ daginn** am Tage; **~ þenna(n) hátt** auf diese Weise; **~ þýzku** auf Deutsch; **~ íslenzku** auf Isländisch; **~ landi og sjó** zu Wasser und zu Lande.
**ábata|kaup** *n/pl.* vorteilhaftes Geschäft; **~samur** vorteilhaft.
**ábati** *m* Vorteil *m*, Verdienst *m*
**abbadís** *f* Äbtissin *f*.
**áberandi** auffallend.
**ábótavant** mangelhaft.
**ábóti** *m* Abt *m*.
**ábreiða** *f* Decke *f*.
**ábrystir** *f/pl.* Kalbsmilch *f*.
**áburður** *m* **1.** Salbe *f*; **2.** Dünger *m*, Mist *m*; **3.** Beschuldigung *f*.
**ábyggileg|a** sicher, bestimmt; **~ur** zuverlässig.
**ábyrgð** *f* Verantwortung *f*; **bera ~ á e-u** für etwas verantwortlich sn.
**ábyrgðar|bréf** *n* Einschreib(e)brief *m*; **~laus** verantwortungslos; **~mikill** verantwortungsvoll.
**ábyrg|jast** verantworten; Bürgschaft leisten; **~ur** verantwortlich.
**ábætir** *m* Nachtisch *m*.
**að 1.** *prp.* an; in; **~ landi** an Land; **~ haustinu** im Herbst; **~ lokum** zum Schluß; **tvítugur ~ aldri** zwanzig Jahre alt; **vertu ekki ~ þessu!** laß das! **2.** *cj.* daß; **til þess ~** damit; **af því ~** weil; **því ~** denn; **3.** (*vor inf.*) zu; **~ ganga** zu gehen.
**aðal-** *in Zssgn* haupt-; **~áherzla** *f* Hauptgewicht *n*; Hauptbetonung *f*; **~braut** *f* Vorfahrtstraße *f*; **~einkunn** *f* (*Schule*) Gesamtnote *f*, Gesamtzensur *f*; **~forstjóri** *m* Generaldirektor *m*; **~gata** *f* Hauptstraße *f*; **~hlutverk** *n* Hauptrolle *f*.
**aðall** *m* Adel *m*.
**aðallega** hauptsächlich.
**aðal|ræðismaður** *m* Generalkonsul *m*; **~umboð** *n*

Hauptvertretung *f*, Generalagentur *f*.
**aðal|smaður** *m* Edelmann *m*; **~stræti** *n* Hauptstraße *f*.
**áðan** soeben, eben; vorhin.
**aðdá|anlegur** bewundernswert; **~un** *f* Bewunderung *f*; **~unarverður** bewunderungswert.
**að|dráttarafl** *n* Anziehungskraft *f*; **~dróttun** *f* Beschuldigung *f*; Anspielung *f*.
**ádeila** *f* Kritik *f*.
**aðeins** nur, bloß.
**aðfangadagskvöld** *n* Christabend *m*; **á ~ið** am Heiligen Abend.
**að|ferð** *f* Methode *f*; **~finnsla** *f* Tadel *m*.
**aðflutning|s·bann** *n* Einfuhrverbot *n*; **~s·tollur** *m* Einfuhrzoll *m*; **~ur** *m* Einfuhr *f*; Zufuhr *f*.
**aðgangur** *m* Eintritt *m*; Zutritt *m*.
**að|gengilegur** annehmbar, billig; **~gerð** *f Med.* chirurgische Behandlung; **~gerðir** *f/pl.* Maßnahmen *pl.*
**að|greina** trennen; unterscheiden; **~greining** *f* Trennung *f*; Abtrennung *f*; **~gæta** beobachten; **~gætinn** vorsichtig; **~gætni** *f* Vorsicht *f*.
**aðgöngumiði** *m* Eintrittskarte *f*.
**aðili** *m Jur.* Partei *f*.
**að|kallandi** eilig; **~kominn** fremd; **~komumaður** *m* Fremde(r) *m*.
**að|laðandi** anziehend; **~lögunarhæfni** *f* Anpassungsvermögen *n*; **~njótandi** teilhaftig.
**ádráttur** *m* unbestimmtes Versprechen.
**aðrennsli** *n* Zufluß *m*.
**ádrepa** *f* scharfer Verweis.
**að|sendur** zugeschickt; **~setur** *n* Wohnsitz *m*, Aufenthaltsort *m*.
**að|sjáll** sparsam; geizig; **~sjálni** *f* Sparsamkeit *f*; Geiz *m*; **~skilja** trennen; **~skilnaður** *m* Trennung *f*.
**að|sópsmikill** (*Person*) imponierend; **~staða** *f* Lage *f*; **vera í örðugri ~stöðu** in einer schwierigen Lage sn; **~standandi** *m* Angehörige(r) *m/f*; **~standendur** *m/pl.* Angehörige; **~stoð** *f* Hilfe *f*, Beistand *m*, Unterstützung *f*; **~stoða** helfen, beistehen, unterstützen, assistieren; **~stoðarmaður** *m* Assistent *m*.
**aðstreymi** *n* Zustrom *m*.
**áður** früher; **~ en** *cj.* ehe, bevor; **~nefndur** schon erwähnt; obengenannt.
**að|vara** warnen; **gera ~vart** Bescheid geben; **~vörun** *f* Warnung *f*.
**áeggjun** *f* Aufforderung *f*; Anregung *f*.
**af** *prp.* von; **barnið var spurt ~ kennaranum** das Kind wurde vom Lehrer gefragt; **vera kominn ~ barnsaldri** den Kinderschuhen entwachsen sein;

láta ~ e-u mit etw. aufhören; **það birtir ~ degi** der Tag graut, der Tag bricht an; ~ **hverju?** warum?; ~ **því að** weil, denn.
**áfall** *n* Sturzsee *f*; Schaden *m*; Unglück *n*.
**afar-** (*als erstes Glied in Zssgn verstärkend*); **~kostir** *m/pl.* harte Bedingungen.
**af|baka** entstellen; **~borga** abzahlen; **~borgun** *f* Rate *f*, Teilzahlung *f*; Ratenzahlung *f*.
**afbrot** *n* Vergehen *n*, Verbrechen *n*; **~amaður** *m* Verbrecher *m*.
**afbrýði** *f* Eifersucht *f*; **~ssamur** eifersüchtig; **~ssemi** *f* Eifersucht *f*.
**af|bökun** *f* Entstellung *f*; **~drif** *n/pl.* Schicksal *n*.
**áfeng|i** *n* Alkohol *m*; **~isbann** *n* Alkoholverbot *n*; **~isverzlun** *f* Spirituosen-, Weinhandlung *f*; **~ir drykkir** *m/pl.* Spirituosen *pl.*; **~ur** alkoholhaltig.
**áfergj|a** *f* Eifer *m*, Heftigkeit *f*; **~ulegur** eifrig, aufdringlich.
**af|fall** *n* Ablauf *m*; **~föll** *n/pl.* Rabatt *m*; Verlust *m*.
**af|ferma** abladen; (*Schiff*) löschen; **~ferming** *f* Abladen *n*, Löschen *n*; **~gangs: vera ~** übrigbleiben; **~gangur** *m* Rest *m*.
**afgreið|a** bedienen; abfertigen; **~sla** *f* Bedienung *f* Abfertigung *f*.
**af|guð** *m* Abgott *m*; **~hald** *n* Gunst *f*; **~henda** abliefern, ausliefern; **~hending** *f* Ablieferung *f*, Auslieferung *f*; **~hjúpa** enthüllen; **~hjúpun** *f* Enthüllung *f*; **~hreistra** schuppen; **~hýða** schälen.
**af|i** *m* Großvater *m*; **~abróðir** *m* Großonkel *m*.
**áfir** *f/pl.* Buttermilch *f*.
**áfjáður** eifrig; vorlaut.
**afkasta** leisten; **~mikill** leistungsfähig; **~maður** Mann, der viel leistet.
**af|klippa** *f* (*Zeitungs-*)Ausschnitt *m*; **~klæða** ausziehen; **~komandi** *m* Nachkomme *m*; Sprößling *m*; **~köst** *n/pl.* (*Arbeits-*) Leistung *f*.
**afl** *n* Kraft *f*, Stärke *f*; Gewalt *f*; **~a** (herbei)schaffen, erwerben; (*Fischerei*) fischen.
**aflabrögð** *n/pl.* Fischfang *m*.
**aflaga** in Unordnung bringen; entstellen; verderben.
**af|lát** *n* Unterbrechung *f*; **án ~láts** ununterbrochen; **~leiðing** *f* Folge *f*; **~leiðsla** *f* Ableitung *f*.
**afleitur** sehr schlecht.
**afl|fræði** *f* Mechanik *f*; **~gjafi** *m* Energie-, Kraftquelle *f*; **~stöð** *f* Kraftwerk *n*.
**afli** *m* Fischfang *m*.
**áflog** *n/pl.* Schlägerei *f*.
**aflraun** *f* Anstrengung *f*; Kraftprobe *f*; **~amaður** *m* Athlet *m*.

**af|lýsa** absagen; **~lýsing** *f* Absage *f*; (*Schule*) Ausfall *m*; **~læsa** abschließen; **~má** auswischen, tilgen; **~máning** *f* Tilgung *f*; **~marka** abgrenzen; **~mynda** verzerren, entstellen; **~mæli** *n* Geburtstag *m*; **~nám** *n* Abschaffung *f*; Aufhebung *f*.
**af|neita** (ver)leugnen; **~neitun** *f* Verleugnung *f*, Leugnen *n*; **~nema** abschaffen; **~not** *n/pl*. Gebrauch *m*, Benutzung *f*; **~notaréttur** *m* Nießbrauch *m*; *jur*. Nutzungsrecht *n*.
**áform** *n* Absicht *f*, Plan *m*; **~a** beabsichtigen, planen.
**af|plána** sühnen; **~ráða** beschließen; **~rakstur** *m* Ertrag *m*.
**áfram** vorwärts; **hann var þar ~** er blieb weiter dort; **~hald** *n* Fortsetzung *f*; Fleiß *m*.
**af|rek** *n* Tat *f*, Heldentat *f*; **~reka** leisten; ausführen; **~reksmaður** *m* tüchtiger Mann; Held *m*; **~reksverk** *n* Heldentat *f*.
**af|rétt** *f*, **~réttur** *m* Trift *f*, Hochweide *f*; **~rit** *n* Abschrift *f*; **~rita** abschreiben; **~ritari** *m* Abschreiber *m*.
**áfrýj|a** appellieren, Berufung einlegen; **~andi** *m* Appellant *m*, Berufungskläger *m*; **~un** *f* Appellation *f*, Berufung *f*.
**afrækja** versäumen.
**af|saka** entschuldigen; **~sakanlegur** entschuldbar.
**afsalsbréf** *n* Kaufbrief *m*, Schenkungsurkunde *f*.
**af|síðis** abseits; **~skammta** rationieren.
**af|skaplegur** übermäßig, schrecklich; **~skekktur** abgelegen, entlegen; isoliert; **~skiptalaus** unbeteiligt.
**af|skræma** verzerren; **~skræmi** *n* Ungetüm *n*; **~sláttur** *m* Ermäßigung *f*; Rabatt *m*; (**af**) **~spurn** *f* (vom) Hörensagen (*n*).
**af|staða** *f*: **taka ~stöðu til e-s** Stellung zu etw. nehmen; **~stýra** vorbeugen; **~sökun** *f* Entschuldigung *f*.
**aftan** (da)hinten; **að ~** von hinten; **fyrir ~ e-n** hinter j-m; **~roði** *m* Abendrot *n*.
**aftra** (ver)hindern.
**aftur** zurück; wieder; **fram og ~** hin und zurück; **~ og ~** immer wieder; **dragast ~ úr** zurückbleiben.
**aftur|bati** *m* Besserung *f*; **~beygilegur** rückbezüglich, reflexiv; **~hluti** *m* Hinterteil *m* (*n*); **~hvarf** *n* Rückkehr *f*; Reue *f*; **~kalla** widerrufen; **~kast** *n* Reaktion *f*; **~kippur** *m* Rückgang *m*; **~koma** *f* Wiederkehr *f*; **~köllun** *f* Widerruf *m*; **~ljós** *n* (*Auto*) Rückstrahler *m*, Schlußlicht *n*; **~löpp** *f* Hinterbein *n*; **~sæti** *n* Rücksitz *m*
**afurðir** *f/pl*. Erzeugnisse, Produkte *n/pl*.

**afvegaleiða** verleiten, verführen.
**af|vikinn** abgelegen, entlegen; **~vopna** abrüsten; entwaffnen; **~þakka** (mit Dank) ablehnen.
**aga** züchtigen; **~laus** undiszipliniert; **~legur** furchtbar, schrecklich.
**ágalli** *m* Mangel, Fehler *m*.
**ágeng|ni** *f* Übergriff *m*; **~ur** anmaßend, aufdringlich; **e-m verður ~t** j-m gelingt es, etw. zu tun.
**ágerast** zunehmen; sich verschlimmern.
**agi** *m* Zucht *f*, Disziplin *f*.
**ágirn|ast** begehren, trachten nach; **~d** *f* Habsucht *f*.
**á|gizkun** *f* Vermutung *f*, Mutmaßung *f*; **~gjarn** habsüchtig.
**agn** *n* Fischköder *m*; **~dofa** bestürzt; **~úi** *m* Widerhaken *m*; *fig.* Übelstand *m*; **það er ~úi á því** die Sache hat einen Haken.
**ágóði** *m* Gewinn *m*.
**ágreining|satriði** *n* Streitfrage *f*; **~ur** *m* Meinungsverschiedenheit *f*, Uneinigkeit *f*.
**ágrip** *n* Abriß *m*; Auszug *m*.
**ágúst** *m* August *m*.
**ágæt|i** *n* Vorzüglichkeit *f*; **~ur** vorzüglich, ausgezeichnet; **~lega** vorzüglich, vortrefflich.
**á|hald** *n* Gerät *n*, Instrument *n*; **~hangandi** *m* Anhänger *m*; **~heit** *n* Weihgabe *f*; **~herzla** *f* Betonung *f*; Nachdruck *m*; **leggja ~herzlu á e-ð** etw. betonen.
**áhlaup** *n* Angriff *m*; **í fyrsta ~i** im ersten Anlauf.
**áhorf|andi** *m* Zuschauer *m*; **~endasvið** *n* Zuschauerraum *m*.
**áhrif** *n/pl.* Einfluß *m*; Eindruck *m*; **~alaus** ohne Einfluß; **~amaður** *m* einflußreiche Person.
**áhræra** angehen, (an)betreffen.
**áhug|alaus** uninteressiert; **~aleysi** *n* Gleichgültigkeit *f*, Mangel an Interesse; **~amál** *n*, **~i** *m* Interesse *n*; **hafa ~a á e-u** sich für etw. interessieren.
**áhyggj|a** *f* Sorge *f*; **~ufullur** besorgt, bekümmert; **~ulaus** sorgenfrei; sorglos; unbekümmert.
**áhætt|a** *f* Wagnis, Risiko *n*; **~ulaus** ohne Risiko.
**áhöfn** *f* Besatzung *f*.
**aka** (*Auto*) fahren.
**ákaf|i** *m* Eifer *m*; Heftigkeit *f*; **~lega** außerordentlich; **~ur** eifrig; heftig.
**ak|braut** *f* Fahrdamm *m*; **~fær** fahrbar.
**ákjósanlegur** wünschenswert.
**akkeri** *n* Anker *m*; **~sfesti** *f* Ankerkette *f*; **~sspil** *n* Ankerspill *n*; **~svinda** *f* Ankerwinde *f*.
**á|klaga** anklagen; **~klæði** *n* Möbelüberzug *m*.
**akstur** *m* Fahren *n*.

**aktygi** *n/pl.* Pferdegeschirr *n.*
**akur** *m* Acker *m*; **~yrkja** *f* Ackerbau *m.*
**á|kveða** beschließen, bestimmen; **~kveðinn** entschlossen.
**akvegur** *m* fahrbare Straße.
**ákvæði** *n/pl.* Bestimmungen *pl.*
**ákvæðis|verk** *n*, **~vinna** *f* Akkordarbeit *f*; **~vinnumaður** *m* Akkordarbeiter *m.*
**ákvörðun** *f* Bestimmung *f*; **~arstaður** *m* Bestimmungsort *m*; Reiseziel *n.*
**ákæra** 1. *f jur.* Anklage *f*; Klage *f*; 2. anklagen; **~ndi** *m* Kläger *m.*
**ala** *v/t.* gebären; *Vieh:* mästen; **~ upp** erziehen.
**álas** *n* Tadel *m*, Vorwurf *m*; **~a** tadeln; **~ e-m fyrir e-ð** j-m etwas vorwerfen.
**albúm** *n* Album *n.*
**alda** *f* Welle *f*; **~hvörf** *n/pl.*: **valda ~hvörfum** Epoche machen; **~mót** *n/pl.* Jahrhundertwende *f*; **~randi** Zeitgeist *m.*
**alda|vinur** alter, vertrauter Freund; **~öðli: frá ~öðli** von alters her, seit jeher.
**aldin** *n* Frucht *f*; **~garður** *m* Obstgarten *m*; **~mauk** *n* Marmelade *f.*
**aldraður** bejahrt
**aldrei** nie(mals); **~ framar** nie wieder.
**aldur** *m* Alter *n*; **á bezta aldri** in den besten Jahren; **um ~ og ævi** für immer; **~sákvörðun** *f* Altersbestimmung *f*; **~sforseti** *m* Alterspräsident *m*; **~smunur** *m* Altersunterschied *m.*
**álegg** *n* Aufschnitt *m.*
**aleiga** *f* Hab und Gut *n.*
**aleinn** (ganz) allein.
**áleit|inn** zudringlich, aufdringlich; **~ni** *f* Zudringlichkeit *f.*
**á|lengdar** auf Abstand; **~letrun** *f* Inschrift *f.*
**álfa** *f* Weltteil *m.*
**alfaðir** *m* Allvater *m.*
**alfræði(orða)bók** *f* Enzyklopädie *f.*
**álf|kona** *f* Elfe *f*; **~ur** *m* Elf *m.*
**álft** *f* Schwan *m.*
**algáður** nüchtern.
**al|gengur** allgemein; gewöhnlich; **~ger** vollkommen; **~gerlega** vollständig; **~heill** ganz gesund; unversehrt; **~heimur** *m* Weltall, Universum *n*; **~hliða** allseitig.
**áliðinn** spät.
**ali|dýr** *n* Haustier *n*; **~fuglar** *m/pl.* Geflügel *n.*
**álíka** ähnlich.
**alikálfur** *m* Mastkalb *n.*
**álit** *n* Ansicht *f*; Ansehen *n*; **við fyrsta ~** auf den ersten Blick; **vera í miklu ~i** hoch angesehen sn; **koma til ~a** in Betracht kommen; **~amál** *n* Ansichtssache *f*; **~legur** ansehnlich; vorteilhaft; vielversprechend;

**~shnekkir** *m* Prestigeverlust *m*.
**álíta** *v/t.* meinen, denken, glauben.
**alkunna** *f*: **það er ~** es ist allgemein bekannt.
**áll** *m* Aal *m*.
**allavega** in jeder Hinsicht; **~ litur** bunt, vielfarbig.
**all|góður** ganz gut, brauchbar; **~oft** ziemlich häufig.
**allra|beztur** der allerbeste; **~handa** allerlei, allerhand.
**alls** insgesamt; **~ enginn** gar keiner; **~ber** ganz nackt.
**alls|konar** allerlei; **~nægtir** *f/pl.* Überfluß *m*; **~ staðar** überall; *s. a.* **alstaðar.**
**alltaf** immer.
**allt**: **~ að því** fast, beinahe; **um fram ~** vor allem.
**allur** all; ganz.
**allvel** ganz gut.
**álma** *f* (*Gebäude*) Flügel *m*.
**almanak** *n* Almanach *m*, Kalender *m*.
**almannatrygging** *f* Volksversicherung *f*.
**almáttugur** allmächtig.
**almenning|sálit** *n* öffentliche Meinung; **~ur** *m* das gemeine Volk, das Publikum.
**almennur** allgemein.
**almúg|amaður** *m* einer aus dem Volk; **~i** *m* das Publikum, das gemeine Volk.
**al|myrkvi** *m* totale Finsternis; **~mætti** *n* Allmacht *f*.
**alpahúfa** *f* Baskenmütze *f*.
**al|ræmdur** berüchtigt; **~skipaður** vollbesetzt; **~skýjaður** dicht bewölkt.
**al|staðar** überall; **~sæla** *f* höchster Grad von Seligkeit.
**altari** *n* Altar *m*; **vera til ~s** zum Abendmahl gehen; **~sbrauð** *n* Oblate *f*, Abendmahlsbrot *n*; **~stafla** *f* Altarbild *n*.
**alúð** *f* Herzlichkeit *f*; **~arkveðja** *f* herzlicher Gruß; **~legur** herzlich.
**alur** *m* Ahle *f*.
**al|vara** *f* Ernst *m*; **~varlegur** ernst(haft); **~veg** ganz, ganz und gar, vollständig.
**álykt|a** folgern; **~un** *f* Schluß *m*, Schlußfolgerung *f*.
**alþekktur** allgemein bekannt.
**alþing|(i)** *n* Althing *n*; **2 Íslendinga** Islands Volksvertretung *f*; **~ismaður** *m* Althingsabgeordnete(r *m*) *f*.
**alþjóð** *f* das ganze Volk; **~aréttur** *m* internationales Recht; **~legur** international.
**alþýð|a** *f* das gemeine Volk, das Publikum; **~legur** leutselig, freundlich; **2uflokkurinn** *m* Islands Sozialdemokratische Partei; **~uskóli** *m* Volkshochschule *f*.
**álösun** *f* Tadel, Vorwurf *m*.
**Ameri|kani, ~kumaður** *m* Amerikaner *m*; **2skur** amerikanisch.
**áminn|a** erinnern, mahnen; **~ing** *f* Mahnung *f*.

amma *f* Großmutter *f*.
ámæl|a tadeln; **~i** *n* Tadel *m*; **~isverður** tadelnswert.
án *prp.* ohne.
ánamaðkur *m* Regenwurm *m*.
ánauð *f* Sklaverei, Knechtschaft *f*.
anda atmen; **~ður** tot; **~rdráttur** *m* Atemzug *m*; **~st** sterben.
andar|egg *n* Entenei *n*; **~slitur** *n/pl.* Todeskampf *m*; **~steggur** *m* Enterich *m*; **~tak** *n* Atemzug *m*; *fig.* Augenblick *m*.
andatrú *f* Spiritismus *m*; **~armaður** *m* Spiritist *m*.
and|i *m* Atem *m*; Geist *m*; **draga ~ann** Atem holen; **gefa upp ~ann** den Geist aufgeben.
and|kommúnisti *m* Antikommunist *m*; **~lát** *n* Tod *m*; Sterben *n*; **~laus** geistlos; **~legur** geistig; **~leysi** *n* Geistlosigkeit *f*.
andlit *n* Gesicht *n*; **~smynd** *f* Porträt *n*.
andmæl|a widersprechen, protestieren; **~andi** *m* Gegner *m*; **~i** *n/pl.* Einwand *m*; Widerspruch *m*.
andrík|i *n* Geist, Witz *m*; **~ur** geistreich.
andrúmsloft *n* Atmosphäre *f*; Luft *f*.
and|skoti *m* Teufel *m*; **~spyrna** *f* Widerstand *m*; **~spænis** gegenüber; **~staða** *f* Widerstand *m*; Opposition *f*; **~styggð** *f* Abscheu *m, f*; **~styggilegur** abscheulich; **~stæða** *f* Gegensatz *m*; **~stæðingur** *m* Gegner *m*; **~úð** *f* Abneigung *f*; **~vaka** *f* Schlaflosigkeit *f*; **verða ~vaka** eine schlaflose Nacht verbringen.
andvana tot, leblos; **~ fæddur** totgeboren.
andvara|laus sorglos; **~leysi** *n* Sorglosigkeit *f*.
and|vari *m* Wachsamkeit, Vorsicht *f*; Hauch *m*; **~varp** *n* Seufzer *m*; **~varpa** seufzen; **~virði** *n* Preis *m*, Wert *m*; **~vökunótt** *f* schlaflose Nacht.
anga duften; **~n** *f* Duft *m*; **~ndi** duftend, wohlriechend.
angist *f* Angst *f*; **~arfullur** angsterfüllt, angstvoll.
angurvær wehmütig; **~ð** *f* Wehmut *f*.
annar ander-; **~ ... hinn** der eine ... der andere; **~hvor** einer von beiden; **annaðhvort ... eða** entweder ... oder. [derswo.]
annars sonst; **~ staðar** an-
annast besorgen.
ann|ríki *n* Geschäftigkeit *f*, Eile *f*; **~ríkt: eiga ~** viel zu tun haben, sehr beschäftigt sein.
anza antworten.
ánæg|ður zufrieden; **~ja** *f* Zufriedenheit *f*.
api *m* Affe *m*.
apótek *n* Apotheke *f*; **~ari** *m* Apotheker *m*.

**appelsína** *f* Apfelsine *f*.
**apríl** *m* April *m*.
**ár 1.** *f* Ruder *n*, Riemen *m*; **2.** *n* Jahr *n*.
**árabil** *n* Periode von mehreren Jahren.
**Arabi** *m* Araber *m*; **2skur** arabisch.
**aragrúi** *m* unübersehbare Menge.
**áramót** *n/pl.* Jahreswechsel *m*.
**árangur** *m* Erfolg *m*; Ergebnis *n*. **~slaus** erfolglos; vergeblich; **~slaust** vergebens.
**árás** *f* Angriff *m*.
**áratugur** *m* Jahrzehnt *n*.
**arðberandi** = **arðbær** gewinnbringend.
**árdegi** *n* Vormittag *m*; **~s** am Vormittag.
**arð|laus** unrentabel; **~miði** *m* Zinsschein *m*, Gewinnkupon *m*; **~rán** *n* Ausbeutung *f*; **~ræna** ausbeuten; **~ur** *m* Gewinn *m*.
**áreiðan|leiki** *m* Zuverlässigkeit *f*; **~legur** zuverlässig.
**árekstur** *m* Zusammenstoß *m*.
**áreynsla** *f* Anstrengung *f*.
**árfarvegur** *m* Flußbett *n*.
**arfgeng|i** *n* Erblichkeit *f*; **~ur** erblich.
**arfi** *m* **1.** Hühnerdarm *m*, Vogelmiere *f*; **2.** Erbe *m*.
**arf|leiða** vermachen; **~leiðsla** *f* Vermächtnis *n*; **~leiðsluskrá** *f* Testament *n*, letzter Wille; **~taki** *m Jur.* Erbnehmer *m*; **~ur** *m* Erbe *n*, Erbschaft *f*.
**árgangur** *m* Jahrgang *m*.
**argur** ärgerlich; schlecht.
**áríðandi** wichtig; dringend.
**arinn** *m* Herd *m*, Kamin *m*.
**arkarbrot** *n* Folio *n*.
**árla** früh; **~ dags** früh am Tage.
**árlegur** jährlich.
**armband** *n* Armband *n*; **~súr** *n* Armbanduhr *f*.
**armur** *m* Arm *m*; *Mil.* Flügel *m*.
**armæða** *f* Kummer *m*.
**armæddur** bekümmert.
**árnaðarósk** *f* Glückwunsch *m*.
**áróður** *m* Propaganda *f*, Agitation *f*.
**ár|risull: hann er ~** er ist Frühaufsteher; **~roði** *m* Morgenröte *f*.
**árs|fjórðungur** *m* Vierteljahr *n*; **~tekjur** *f/pl.* Jahreseinkommen *n*; **~tíð** *f* Jahreszeit *f*; Saison *f*.
**áræð|a** wagen; **~i** *n* Mut *m*; **~inn** mutig.
**ás** *m* **1.** (*Kartenspiel*) As *n*; **2.** Balken *m*; Achse *f*; Welle *f*; **3.** *Myth.* Ase *m*.
**á|saka** anklagen, beschuldigen; **~samt** samt, mit, nebst; **~sáttur** einig; zufrieden; **~setningur** *m* Vorsatz *m*, Absicht *f*.
**asi** *m* Eile *f*, Hast *f*, Hetze *f*.
**ásig|kominn** beschaffen; **~komulag** *n* Beschaffenheit *f*, Zustand *m*.
**ásjá** *f* Hilfe *f*; **biðja e-n ~r** um j-s Hilfe bitten; **~andi**

*m* Zuschauer *m*; **~legur** ansehnlich.
**aska** *f* Asche *f*.
**áskilja** vorbehalten.
**á|skorun** *f* Aufforderung *f*; **~skrifandi** *m* Subskribent *m*; Abonnent *m*.
**askur** *m* Esche *f*.
**áskurður** *m* Aufschnitt *m*.
**asna|legur** dumm; **~skapur** *m* Dummheit *f*.
**asni** *m* Esel *m*; *fig*. Idiot *m*.
**ást** *f* Liebe *f*.
**ástand** *n* Zustand *m*; Lage *f*, Situation *f*.
**ástar|kveðja** *f* herzlicher Gruß *m*; **~ljóð** *n* Liebesgedicht *n*; **~saga** *f* Liebesgeschichte *f*; Liebesroman *m*.
**ástatt: úr því svo(na) er ~** da es sich so verhält.
**ásteyting** *f* Anstoß *m*; **~arsteinn** Stein des Anstoßes.
**ást|fanginn** verliebt; **~fólginn** innig geliebt, teuer; **~leitinn** gefallsüchtig, kokett; **~leitni** *f* Koketterie *f*, Gefallsucht *f*.
**Ástralía** *f* Australien *n*.
**ástralskur** australisch.
**ástríð|a** *f* Leidenschaft *f*; **~ufullur** leidenschaftlich.
**ást|ríki** *n* Liebe *f*; **~ríkur** liebevoll; **~sæll** beliebt, populär; **~úð** *f* Liebenswürdigkeit *f*, Lieblichkeit *f*; **~úðlegur** liebenswürdig, lieblich; freundlich.
**ástundun** *f* Eifer *m*, Fleiß *m*; **~arsamur** fleißig, arbeitsam.
**ástæð|a** *f* Grund *m*, Ursache *f*; **~ulaus** ohne Grund.
**ásæl|ast** begehren, trachten nach; **~inn** anmaßend, eigennützig; **~ni** *f* Gier *f*; Prellerei *f*; Übergriff *m*.
**ásökun** *f* Beschuldigung *f*, Vorwurf *m*.
**átak** *n* Kraftanstrengung *f*; Ruck *m*; **~anlegur** ergreifend.
**atburður** *m* Ereignis *n*.
**atferli** *n* Benehmen *n*; Verfahrensweise *f*.
**atfylgi** *n* Hilfe *f*.
**athafna|frelsi** *n* Handlungsfreiheit *f*; **~maður** *m* tatkräftiger Mann.
**athuga** beobachten; erwägen; **~leysi** *n* Unachtsamkeit *f*, Zerstreutheit *f*; **~semd** *f* Bemerkung *f*.
**at|hugun** *f* Beobachtung *f*; Erwägung *f*; **~hvarf** *n* Zufluchtsort *m*; **~hygli** *f* Aufmerksamkeit *f*; **~höfn** *f* Handlung *f*.
**átján** achtzehn; **~di** achtzehnter.
**atkvæða|fjöldi** *m* Stimmenzahl *f*; **~greiðsla** *f* Abstimmung *f*.
**atkvæði** *n* Stimme *f*; Silbe *f*; **greiða ~** abstimmen; **~sbær** stimmberechtigt; **~smiði** *m* Stimmzettel *m*; **~sréttur** *m* Stimmrecht *n*.
**Atlantshaf** *n* Atlantik *m*.
**atóm** *n* Atom *n*; **~öld** *f* Atomzeitalter *n*.
**atork|a** *f* Energie *f*, Tüchtigkeit *f*; **~umaður** *m* ener-

gischer Mann; ~usamur energisch.
**atriði** *n* Punkt *m*, Einzelheit *f*.
**átrúnað|argoð** *n* Abgott *m*; **~ur** *m* Glaube *m*.
**átt** *f* Richtung *f*.
**átta** acht; **~ stunda** achtstündig; **~ stunda vinnudagur** Achtstundentag *m*.
**átta: ~ sig** sich orientieren; sich fassen.
**áttatíu** achtzig.
**átta|villtur** verirrt; **~viti** *m* Kompaß *m*.
**átt|hagar** *m/pl*. Heimat *f*; **~ræður** achtzigjährig.
**áttundi** *num*. achte(r).
**atvik** *n* Ereignis *n*; **~ast** sich zutragen, geschehen.
**atvinn|a** *f* Arbeit *f*; Beruf *m*; **~ugrein** *f* Erwerbszweig *m*; **~ulaus** arbeitslos; **~uleysi** *n* Arbeitslosigkeit *f*; **~urekandi** *m* Gewerbetreibende(r) *m/f*; **~urekstur** *m* Gewerbebetrieb *m*; **~uvegur** *m* Erwerbszweig *m*.
**auðga** bereichern; **~st** reich werden.
**auð|hringur** *m* Trust *m*, Kartell *n*; **~kenna** zeichnen, kennzeichnen, auszeichnen; **~kenni** *n* Kennzeichen *n*; **~kýfingur** *m* Kapitalist *m*; **~legð** *f* Reichtum *m*; **~maður** reicher Mann, Kapitalist *m*; **~magn** *n* Kapital *n*; **~meltur** leicht verdaulich; **~mjúkur** demütig; **~mýking** *f* Demütigung *f*; **~mýkja** demütigen; **~mýkt** *f* Demut *f*.
**auðn** *f* Wüste *f*, Wildnis *f*; **leggja í ~** verwüsten.
**auðnast: e-m ~ e-ð** j-m gelingt etw.
**auðnuleysi** *n* Mißerfolg *m*, Unglück *n*.
**auð|séður** deutlich, offenbar; **~skilinn** leichtverständlich; **~sæld** *f* Wohlstand, Reichtum *m*; **~sær** offenbar; **~trúa** leichtgläubig; **~ugur** reich, vermögend, **~ur 1.** *m* Reichtum *m*, Vermögen *n*; **2.** leer, öde; **~vald** *n* Kapitalismus *m*; **~velda** erleichtern; **~veldur** leicht, einfach; **~virðilegur** verächtlich; **~vitað: það er ~** es ist klar, selbstverständlich; **~þekktur** leicht erkennbar; **~æfi** *n/pl*. Reichtum *m*.
**aug|a** *n* Auge *n*; **depla ~unum** mit den Augen blinzeln; **~abrún** *f* Augenbraue *f*; **~asteinn** *m* Pupille *f*.
**aug|ljós** klar; **~lýsa** anzeigen, annoncieren; **~lýsing** *f* Anzeige *f*, Annonce *f*.
**augna|blik** *n* Augenblick *m*; **~hár** *n* Wimper *f*; **~ráð** *n* Blick *m*.
**augn|læknir** *m* Augenarzt *m*; **~veiki** *f* Augenkrankheit *f*.
**auk** außer; **þar að ~i** außerdem; **~ þess** außerdem.
**auka** vermehren; **~st** sich vermehren.

**auka|atriði** *n* Nebensache *f*; **~merking** *f* Nebenbedeutung *f*; **~tekjur** *f/pl.* Nebenverdienst *m*, Nebeneinkünfte *f/pl.*
**auk|nefni** *n* Spottname *m*; **~ning** *f* Vermehrung *f*.
**auli** *m* Tölpel *m*, Dummkopf *m*.
**auming|i** *m* Memme *f*, armer Mensch; **~jalegur** erbärmlich.
**aumkunarverður** beklagenswert.
**aumur** elend; besorgt; **fingurinn á mér er ~** der Finger tut mir weh.
**aur** *m* Lehm *m*; Schmutz *m*.
**aurar** *pl.* von **eyrir**.
**aurbretti** *n* Kotflügel *m*.
**ausa** *f* Kelle *f*, Schöpflöffel *m*.
**ausa** schöpfen.
**austan** von Osten; **~ við** östlich von; **~vindur** *m* Ostwind *m*.
**Aust|firðir** *m/pl.* die Ostfjorde auf Island; **⁀firzkur** zu den Ostfjorden gehörig.
**austur 1.** *m* Schöpfen *n*; **2.** *n* Osten *m*; **3.** *adv.* nach Osten; **⁀land** *n* Ostisland *n*; **⁀ríki** *n* Österreich *n*; **~rískur** österreichisch.
**ávallt** immer.
**ávalur** rund; konvex.
**á|vani** *m* Gewohnheit *f*; Unfug *m*; **~varp** *n* Anrede *f*; Ansprache *f*; **~varpa** anreden.
**ávaxta** verzinsen; *fig.* fruchtbar machen; **~tré** *n* Obstbaum *m*; **~vín** *n* Obstwein *m*.
**á|verki** *m* Wunde *f*; **~vextir** *m/pl.* Obst *n*; **~vinna sér** erwerben; **~vinningur** *m* Gewinn *m*; Vorteil *m*; **~virðing** *f* Versehen *n*; **~vísa** (*Geld*) anweisen, überweisen; **~víta** vorwerfen; **~vítur** *f/pl.* Vorwürfe *pl.*; **~væningur** *m* Andeutung *f*; Gerücht *n*; **~vöxtun** *f* Verzinsung *f*; **~vöxtur** *m* Frucht *f*.
**ax** *n* Ähre *f*.
**axarskaft** *n* Axtstiel *m*; *fig.* Dummheit *f*.
**axla|breiður** breitschultrig; **~bönd** *n/pl.* Hosenträger *m*, *pl.*
**á|þekkur** ähnlich; **~þján** *f* Unterdrückung *f*; **~þreifanlegur** greifbar, handgreiflich; **~ætla** berechnen, schätzen; **~ætlun** *f* Berechnung *f*, Überschlag *m*; Plan *m*; **~ætlunarbíll** *m* Omnibus *m*; Überlandbus *m*.

## B

**bað** *n* Bad *n*; **~a**: **~a sig** (sich) baden, ein (warmes) Bad nehmen; **~föt** *n/pl.* Badeanzug *m*; **~herbergi** *n* Badezimmer *n*; **~ker** *n* Badewanne *f*.
**báðir** beide.
**bað|mull** *f* s. **bómull**; **~stað-**

ur *m* Badeort *m*, Bad *n*; **fara á ~staðinn** baden gehen; **~stofa** *f* Wohnzimmer auf einem isl. Bauernhof.
**bagalegur** unbequem, ungelegen.
**bágborinn** schlecht, elend.
**bág|indi** *n/pl.* Not *f*, Elend *n*, schwierige Umstände *pl.*; **~staddur** in einer bedrängten Lage.
**bak** *n* Rücken *m*; **fara á ~** ein Pferd besteigen; **hafa mörg ár að ~i** viele Jahre auf dem Rücken haben; **ganga á ~ orða sinna** sein Wort brechen; **standa e-m að ~** hinter j-m zurückstehen, sich mit j-m nicht messen können; **ganga aftur á ~** rückwärts gehen, zurückgehen; **fara á ~ við e-n** etw. hinter j-s Rücken tun; **að fjalla ~i** hinter den Bergen.
**bak|a** backen; **~aleið** *f* Rückweg *m*; **~arabúð** *f* Bäckerladen *m*; **~ari** *m* Bäcker *m*; **~arí** *n* Bäckerei *f*; **~borði** *m* Backbord *n* u. *m*.
**bakki** *m* Bach-, See-, Flußufer *n*.
**bak|poki** *m* Rucksack *m*; **~stur** *m* Backen *n*; **heitur ~stur** warmer Umschlag; **~sund** *n* Rückenschwimmen *n*; **~sæti** *n* Hintersitz *m*; **~tala** verleumden; **~tería** *f* Bakterie *f*; **~vörður** *m* (*Sport*) Verteidiger *m*.
**bál** *n* Feuer *n*; **~för** *f* Einäscherung *f*; **~köstur** *m* Scheiterhaufen *m*.
**ball** *n* Ball *m*; **~i** *m* Ballen *m*.
**bál|reiður** wütend; **~viðri** *n* Orkan *m*.
**bana** töten; **~beður** *m* Sterbebett *n*; **~lega: liggja ~leguna** auf dem Sterbebett liegen; **~mein** *n* Todesursache *f*; **~stríð** *n* Todeskampf *m*.
**banani** *m* Banane *f*.
**band** *n* Band *n*; **~alag** *n* Bündnis *n*; **~amaður** *m* Verbündete(r) *m/f*; **~ríki** *n* Bundesstaat *m*; **2ríkin** *n/pl.* USA *pl.*
**band|hnykill** *m* Garnknäuel *m*, *n*; **~ormur** *m* Bandwurm *m*; **~prjónn** *m* Stricknadel *f*.
**bangsi** *m* Teddybär *m*; Bär *m*.
**banka** klopfen; **~ávísun** *f* Bankanweisung *f*; **~bók** *f* Sparbuch *n*; **~stjóri** *m* Bankdirektor *m*.
**banki** *m* (*Geld*) Bank *f*.
**bann** *n* Verbot *n*; **~a** verbieten.
**bara** nur.
**bára** *f* Welle *f*, Woge *f*; **sjaldan er ein ~n stök** ein Unglück kommt selten allein.
**barátta** *f* Kampf *m*.
**bardagamaður** *m* Kämpfer *m*.
**bardagi** *m* Kampf *m*; Schlägerei *f*.
**barði** *m* (*Auto*) Reifen *m*.

**barkakýli** *n* Adamsapfel *m*, Kehlkopf *m*.
**barki** *m* Kehle *f*; Luftröhre *f*.
**barma:** ~ **sér** klagen.
**barmur** *m* Busen *m*; Rand *m*.
**barn** *n* Kind *n*; **~agull** *n* Spielzeug *n*; **~aheimili** *n* Kinderheim *n*; **~akennari** *m* Volksschullehrer *m*; **~alegur** kindisch, naiv; **~askapur** *m* Kindlichkeit *f*, Naivität *f*; **~askóli** *m* Volksschule *f*; **~avagn** *m* Kinderwagen *m*; **~aveiki** *f* Diphtherie *f*.
**barn|elskur** kinderlieb; **~fóstra** *f* Amme *f*; Kinderfräulein, -mädchen *n*; **~góður** kinderlieb.
**barns|aldur** *m* Kinderjahre *pl.*; **~burður** *m* Geburt *f*, Entbindung *f*; **~hafandi** schwanger; **~legur** kindlich; **~meðlag** *n* Aliment *n*.
**barnæska** *f* Kindheit *f*.
**báróttur** wellig.
**barr** *n* *Bot.* Nadeln *pl.*; **~tré** *n* Nadelbaum *m*.
**bárujárn** *n* Wellblech *n*.
**basi** *m* (*Chemie*) Base *f*.
**basl** *n* Schwierigkeit *f*; *fig.* Armut *f*; **~a** sich abmühen; sich mit etw. beschäftigen; *fig.* in Armut leben.
**bassi** *m* Baß *m*.
**bast** *n* Bast *m*.
**bátasmiður** *m* Bootsbauer *m*.
**bati** *m* *Med.* Besserung *f*, Genesung *f*.
**batna** genesen; besser werden.
**báts|farmur** *m* Bootsladung *f*; **~maður** *m* Bootsmann *m*.
**bátur** *m* Boot *n*.
**baug|fingur** *m* Ringfinger *m*; **~ur** *m* Ring *m*.
**bauja** *f* Boje *f*.
**baukur** *m* Dose *f*, Büchse *f*.
**baula** brüllen.
**baun** *f* Bohne *f*; Erbse *f*; **~ir** *pl.* *eine Art* Erbsensuppe.
**beð** *n* Beet *n*.
**beiðni** *f* Bitte *f*; Ersuchen *n*.
**bein** *n* Knochen *m*; **~agrind** *f* Skelett *n*; **~amikill** knochig; **~brotna** sich einen Knochenbruch zuziehen; **~himnubólga** *f* Knochenhautentzündung *f*.
**beiningamaður** *m* Bettler *m*.
**bein|kröm** *f* Rachitis *f*, Englische Krankheit; **~línis** unmittelbar, direkt.
**beinn** gerade
**beiskja** *f* Bitterkeit *f*.
**beisk|lega** bitterlich; **~ur** bitter, herb.
**beit** *f* Weide *f*; **vera á ~** weiden; **~a** *f* Köder *m*.
**beita** auf die Weide treiben; weiden lassen; ~ **e-n órétti** j-m ein Unrecht antun; ~ **brögðum** List anwenden.
**beiti|lyng** *n* Heidekraut *n*; **~ng** *f* Weiden *n*; Anwendung *f*; **~skip** *n* Kreuzer *m*
**beittur** (*Messer*) scharf.
**beizli** *n* Zaum *m*.

**bekkjar|bróðir** *m* Klassenkamerad *m*; **~systir** *f* Klassenkameradin *f*.
**bekkur** *m* Bank *f*; Sitzreihe *f*; (*Schule*) Klasse *f*.
**Belg|i** *m* Belgier *m*; **~ía** *f* Belgien; **2ískur** belgisch.
**belti** *n* Gürtel *m*; **~sstaður** *m* Taille *f*.
**benda** zeigen, deuten (**á** auf); **~ e-m á e-ð** j-n auf etw. aufmerksam machen.
**bending** *f* Wink *m*, Zeichen *n*.
**bensín** Benzin *n*; **~geymir** *m* Benzintank *m*; **~sölustaður** *m* Tankstelle *f*.
**ber** *n* Beere *f*; *adj*. nackt, bloß; *fig*. klar.
**bera** *v/t*. tragen; (*Kleider*) anhaben; *v/i*. (*Kuh*) kalben; **~ e-ð á e-n** j-n e-r Sache beschuldigen; **~ af e-m** j-n übertreffen; **~ fram** (*Wort*) aussprechen; **~ (á) móti e-u** etw. bestreiten; **~ saman** vergleichen; **~ e-ð til baka** dementieren; **~ um** von etw. zeugen; **~ e-n út** j-n verleumden; *v/i*. **~ við** geschehen; **~ við himin** sich vom Himmel abheben; *unpersönlich*: **þér ber að gera það** du sollst, du mußt es tun; **eins og vera ber** wie es sich gehört.
**berfættur** barfuß.
**berg** *n* Fels(en) *m*; **~mál** *n* Echo *n*; **~mála** echoen, widerhallen; **~málsdýptarmælir** *m* Echolot *n*; **~tegund** *f* Gesteinsart *f*; **~vatn** *n* Süßwasser *n*.
**ber|hendur** barhändig; **~höfðaður** barköpfig.
**berja** schlagen; klopfen; **~ sér** klagen; **~st** kämpfen.
**berklar** *m/pl*. Tuberkulose *f*.
**berkla|hæli** *n* Sanatorium *n* für Lungenkranke; **~veiki** *f* Tuberkulose *f*.
**bernska** *f* Kindheit *f*.
**berserkur** *m* Berserker *m*.
**bersýnilegur** deutlich, offenbar.
**betl** *n* Bettelei *f*; **~a** betteln; **~ari** *m* Bettler *m*.
**betrunarhús** *n* Besserungsanstalt *f*.
**beyging** *f* Beugung *f*, Deklination *f*; Konjugation *f*; **~arending** *f* Deklinationsendung *f*; **~arfræði** *f* Flexionslehre *f*; **~arkerfi** *n* Flexionssystem *n*.
**beygja** 1. *f* Biegung, Kurve *f*; 2. biegen; beugen; (*Straße*) abbiegen; **~nlegur** biegsam; **~st** sich biegen.
**beyki** *n* Buche *f*; **~r** *m* Böttcher *m*.
**biblí|a** *f* Bibel *f*; **~uskýring** *f* Schriftauslegung *f*.
**bið** *f* Warten *n*; Wartezeit *f*.
**bíða** warten (**eftir e-m** auf j-n); **~ ósigur** Niederlage erleiden; **bíddu við!** *pop*. warte mal!; Moment mal!
**bið|ill** *m* Freier *m*; **~póstur** *m* postlagernd(e Sendung).

**biðja** bitten, ersuchen (um um); beten; **~ til guðs** zu Gott beten; **~st undan e-u** sich etw. verbitten.
**bið|röð** *f* Queue *f*; **standa í ~** Schlange stehen; **~stofa** *f* Wartezimmer *n*.
**bifhjól** *n* Motorrad *n*.
**bifreið** *f* Auto *n*; **~arstjóri** *m* Autofahrer *m*; **~astæði** *n* Parkplatz *m*.
**bifvél** *f* Motor *m*; **~avirki** *m* Autoschlosser *m*.
**bik** *n* Pech *n*; **~a** teeren; **~ar** *m* Becher *m*; **~svartur** pechschwarz.
**bil** *n* Zwischenraum *m*; Abstand *m*; **í ~i** im Augenblick; **~a** kaputtgehen, entzweigehen; versagen.
**bílastæði** *n* Parkplatz *m*.
**bíl|l** *m* Auto *n*; **~stjóri** *m* Autofahrer *m*.
**bilun** *f* Schaden *m*; *pop.* Panne *f*.
**binda** binden; **~ um sár** eine Wunde verbinden; **~ vináttu við e-n** mit j-m Freundschaft schließen; **bundið mál** *n* Poesie *f*; **~ndi** verpflichtend.
**bindi** *n* Band *m*; Krawatte *f*, Schlips *m*; **~ndi** *n* Enthaltsamkeit *f*; **hann er í ~ndi** er ist Abstinenzler; **~ndisfélag** *n* Abstinenzlervereinigung *f*.
**bío** *n* Kino *n*.
**birgðir** *f/pl.* Vorrat *m*.
**birki** *n* Birke *f*; **~skógur** *m* Birkenwald *m*.
**birna** *f* Bärin *f*.
**birta 1.** *f* Licht *n*, Schein *m*; Helligkeit *f*; **2.** hell werden; bekanntmachen; publizieren; **það birtir af degi** der Tag bricht an, es tagt; **~ upp** (*Wetter*) sich aufklären; **~st** erscheinen.
**birting** *f* Tagesanbruch *m*; Bekanntmachung *f*.
**biskup** *m* Bischof *m*; (*Schach*) Läufer *m*; **~sdæmi** *n* Bistum *n*; Diözese *f*; **~ssetur** *n* Bischofssitz *m*.
**bit** *n* Biß *m*.
**bíta** beißen; (*Messer*) scharf sein; **~ sundur** zerbeißen.
**biti** *m* Bissen *m*; Stück *n*; Balken *m*.
**bitur** bitter, barsch; (*Messer*) scharf; **~leiki** *m* Bitterkeit *f*.
**bjaga: ~ð (tungu)mál** gebrochene Sprache.
**bjálk|ahús** *n* Blockhaus *n*; **~i** *m* Balken *m*.
**bjalla** *f* **1.** Schelle *f*; Glöckchen *n*; **2.** *Zo.* Käfer *m*.
**bjáni** *m* Dummkopf *m*.
**bjarg** *n* Fels(en) *m*; **~a** retten; **~ast sich zu helfen** wissen; sich durchschlagen.
**bjarg|bátur** *m* Rettungsboot *n*; **~belti** *n* Rettungsgürtel *m od.* -ring *m*; **~vættur** *f* Schutzgeist *m*; *pop. m* Helfer *m*, Retter *m*.
**bjarmi** *m* Schimmer *m*, Schein *m*; Glanz *m*.
**bjarn|dýr** *n* Bär *m*; **~dýrsfeldur** *m* Bärenfell *n*.

**bjart|hærður** blond; **~sýni** *f* Optimismus *m*; **~sýnn** optimistisch.
**bjart|ur** hell; (*Wetter*) klar; **~viðri** *n* klares Wetter.
**bjóða** (an)bieten; einladen; befehlen; **e-m býður við e-u** etw. ekelt j-n an.
**bjór** *m* 1. Biber *m*; 2. Bier *n*.
**bjúga** *n* Wurst *f*.
**björg** *f* Hilfe *f*; Lebensmittel *pl.*; **~un** *f* Rettung *f*.
**björgunar|bátur** *m* Rettungsboot *n*; **~belti** *n* Rettungsgürtel *m*; **~maður** *m* Retter *m*.
**björn** *m* Bär *m*.
**bláber** *n* Blaubeere *f*.
**blað** *n* Blatt *n*; Zeitung *f*; **~a** blättern; **~adeila** Zeitungspolemik *f*; **~agrein** *f* Zeitungsartikel *m*; **~amaður** *m* Journalist *m*.
**blaðra** 1. *f* Blase *f*; 2. schwatzen; **~ri** *m* Schwätzer *m*.
**blað|síða** *f* (*Buch*) Seite *f*; **~ur** *n* Schwatzen *n*.
**blá|eyg(ð)ur** blauäugig; **~fátækur** bettelarm; **~grýti** *n* Basalt *m*; **~refur** *m* Blaufuchs *m*.
**blakta** wehen, flattern.
**blámaður** *m* Neger *m*.
**blanda** 1. *f* Mischung *f*; 2. mischen; **~ saman** vermischen; verwechseln.
**blár** 1. *m*: **út í bláinn** aufs Geratewohl; 2. *adj.* blau.
**blása** blasen, wehen.
**blástur** *m* Blasen *n*; Wind *m*; **~shljóðfæri** *n* Blasinstrument *n*.
**blautur** naß.
**bláæð** *f* Vene *f*.
**bleiking** *f* Bleichen *n*.
**bleikja** *v/t.* bleichen.
**bleikur** bleich; falb.
**blek** *n* Tinte *f*; **~bytta** *f* Tintenfaß *n*; **~fiskur** *m* Tintenfisch *m*.
**blekking** *f* Täuschung *f*; Betrug *m*; **~amaður** *m* Betrüger *m*.
**blekkja** täuschen; betrügen.
**bless!** *fam.* auf Wiedersehen!, „tschüß!".
**blessa** segnen; **komdu blessaður** (**og sæll**)! guten Tag!; **vertu blessaður**! Auf Wiedersehen!
**blessun** *f* Segen *m*; Glück *n*; **~arríkur** segensreich.
**blett|óttur** fleckig; **~ur** *m* Fleck *m*.
**bleyta** 1. *f* Nässe *f*; 2. nässen; anfeuchten.
**bleyti** *n*: **leggja í ~** (*Wäsche*) einweichen.
**blíð|lyndi** *n* Sanftmut *f*; **~lyndur** sanftmütig.
**blíður** sanft, mild(e).
**blika** (*Stern*) leuchten; glänzen.
**blikk** *n* Blech *n*; **~dós** *f* Blechbüchse *f*; **~smiður** *m* Klempner *m*.
**blikn|a** erbleichen; verwelken; **~un** *f* Verwelken *n*.
**blinda** *f* 1. Blindheit *f*; 2. blenden; erblinden.
**blindingi** *m* Blinde(r) *m/f*.
**blindur** blind.

**blíst|ra** pfeifen; **~ur** *n* Pfeifen *n*; **~urhljóð** *n* Zischlaut *m*.
**bljúgur** demütig.
**blóð** *n* Blut *n*; taka e-m ~ j-m *od.* j-n zur Ader lassen; **~dropi** *m* Blutstropfen *m*; **~eitrun** *f* Blutvergiftung *f*; **~færsla** *f* Blutübertragung *f*; **~ga** verwunden; **~hlaupinn** blutunterlaufen; **~kreppusótt** *f* Dysenterie *f*, Ruhr *f*; **~latur** sehr faul; **~laus** blutarm; **~leysi** *n* Blutarmut *f*; **~missir** *m* Blutverlust *m*; **~mör** *m* (eine Art) Blutwurst *f*; **~nasir** *f/pl.* Nasenbluten *n*; **~rás** *f* Bluten *n*; Blutkreislauf *m*; **~rauður** blutrot; **~roðna** stark erröten, einen roten Kopf kriegen; **~sótt** *f* Ruhr *f*; **~suga** *f* Blutsauger *m*; *fig.* Wucherer *m*.
**blóðsúthelling** *f* Blutvergießen *n*.
**blóð|ugur** blutig; **~þrýstingur** *m* Blutdruck *m*.
**blóm** *n* Blume *f*; **~apottur** *m* Blumentopf *m*; **~avasi** *m* Blumenvase *f*; **~legur** blühend; **~stra** blühen; **~vöndur** *m* Blumenstrauß *m*.
**blossa** flammen; ~ **upp** auflodern; **~viti** *m* Blinkfeuer *n*.
**blossi** *m* Flamme *f*.
**blóta** fluchen; opfern.
**blotna** naß werden.
**blótsyrði** *n* Fluch *m*.
**blunda** schlummern.
**blúndur** *f/pl.* Spitzen *f/pl.*
**blundur** *m* Schlummer *m*, Schläfchen *n*.
**blý** *n* Blei *n*; (*Drehbleistift*) Mine *f*; **~antur** *m* Bleistift *m*.
**blygð|ast:** ~ **sín** sich schämen; **~un** *f* Scham *f*; **~unarleysi** *n* Frechheit *f*, Schamlosigkeit *f*; **~unartilfinning** *f* Schamgefühl *n*.
**blys** *n* Fackel *f*; **~för** *f* Fakkelzug *m*.
**blæða** bluten.
**blæðing** *f* Bluten *n*.
**blæja** *f* Schleier *m*; **~logn** *n* Windstille *f*.
**blær** *m* Hauch *m*; (*Farbe*) Ton *m*.
**blæ|vængur** *m* Fächer *m*; **~ösp** *f* Zitterpappel *f*.
**blökkumaður** *m* Neger *m*.
**blöndungur** *m* Vergaser *m*, Karburator *m*.
**boð** *n* Botschaft *f*; Einladung *f*; Befehl *m*; Angebot *n*.
**boða** verkünd(ig)en; ~ **til fundar** e-e Versammlung einberufen.
**boð|beri** *m* Bote *m*; **~háttur** *m* Imperativ *m*; **~hlaup** *n* Staffellauf *m*; **~orð** *n* Gebot *n*.
**bófi** *m* Gauner *m*.
**bogi** *m* (*Waffe*) Bogen *m*; **~nn** krumm; gebogen.
**bog|maður** *m* Bogenschütze *m*; **~na** *v/i.* biegen; *v/r.* sich biegen.

**bógur** *m* Bug *m*; **á hinn bóginn** andererseits.
**bók** *f* Buch *n*; **utan ~ar** auswendig; **~a** buchen; **láta ~a e-ð** etw. zu Protokoll geben; **~ahilla** *f* Bücherregal *n*; **~ari** *m* Buchhalter *m*; **~asafn** *n* Bibliothek *f*; **~averzlun** *f* Buchhandel *m*; Buchladen *m*; **~avörður** *m* Bibliothekar *m*.
**bók|bindari** *m* Buchbinder *m*; **~fell** *n* Pergament *n*; **~færsla** *f* Buchführung *f*; **~hald** *n* Buchhaltung *f*; **~mál** *n* Schriftsprache *f*.
**bókmenntasaga** *f* Literaturgeschichte *f*.
**bók|menntir** *f/pl.* Literatur *f*; **~sali** *m* Buchhändler *m*; **~stafareikningur** *m* Algebra *f*; **~staflegur** buchstäblich; **~stafur** *m* Buchstabe *m*.
**bókun** *f* Protokoll *n*; Buchung *f*.
**bólga** *f* Geschwulst *f*; Entzündung *f*.
**bólg|inn** geschwollen, dick; entzündet; **~na** anschwellen.
**boli** *m* Bulle *m*, Stier *m*.
**bolli** *m* Tasse *f*.
**bólstr|a** polstern; **~un** *f* Polsterung *f*; Polstern *n*.
**bolti** *m* (*Spiel*) Ball *m*; Bolzen *m*.
**bolur** *m* (*Baum*) Stamm *m*; Rumpf *m*.
**bólu|setja** impfen; **~setning** *f* Impfung *f*; **~sótt** *f* Blattern *pl*.
**bómull** *f* Baumwolle *f*.
**bón** *f* Bitte *f*.
**bónda|bær** *m* Bauernhof *m*; **~kona** *f* Bäuerin *f*.
**bóndi** *m* Bauer *m*; Ehemann *m*.
**bón|góður** dienstfertig; **~orð** *n* Brautwerbung *f*, Heiratsantrag *m*.
**bor** *m* Bohrer *m*; **~a** bohren.
**borð** *n* **1.** Tisch *m*; **2.** Brett *n*; **~a** essen.
**borð|dúkur** *m* Tischdecke *f*; **~stofa** *f* Eßzimmer *n*.
**borg** *f* Stadt *f*; **~a** (be)zahlen; **~arbúi** *m* Stadtbewohner *m*; **~ardómari** *m* Stadtrichter (*in Reykjavík*) *m*; **~arfógeti** *m* Gerichtsvollzieher (*in Reykjavík*) *m*; **~ari** *m* Bürger *m*; **~arstjóri** *m* Bürgermeister *m*.
**borgun** *f* Zahlung *f*; **~arskilmálar** *m/pl.* Zahlungsbedingungen *f/pl.*
**borvél** *f* Bohrmaschine *f*.
**bót** *f* Heilung *f*; Abhilfe *f*; Flicken *m*; **ráða ~ á e-u** abhelfen (*dat.*); **mæla e-u ~** etw. entschuldigen.
**botn** *m* Grund *m*, Boden *m*; **~langabólga** *f* Blinddarmentzündung *f*; **~langi** *m* Blinddarm *m*; **~varpa** *f* Schleppnetz *n*; **~vörpungur** *m* Trawler *m*, Fischdampfer *m*.
**brá** *f* Wimper *f*; Augenlid *n*; *poetisch*: Auge *n*.
**bráð** *f* Beute *f*; **verða e-m að ~** j-m zum Opfer fallen;

í ~(ina) für den Augenblick.
**bráðabirgð** *f*: til ~a vorläufig; provisorisch; **~alög** *n/pl.* provisorisches Gesetz.
**bráð|duglegur** besonders tüchtig; **~gáfaður** hochbegabt; **~látur** ungeduldig; **~lega** bald; **~læti** *n* Ungeduld *f*.
**bráðna** *v/i.* schmelzen.
**bráðum** bald.
**bragarháttur** *m* Versmaß *n*.
**bragð** *n* 1. List *f*; 2. Geschmack *m*; Bissen *m*; **~a** kosten, probieren; **~ast** *v/i.* schmecken; **~góður** wohlschmeckend.
**braggi** *m* Baracke *f*.
**brag|ur** *m* Gedicht *n*; Gepräge *n*, Ton *m*; **~snillingur** *m* formvollendeter Dichter.
**brak** *n* Krach *m*; **~a** krachen.
**bralla** schachern; **~ri** *m* Schacherer *m*.
**brandari** *m* *pop.* Witz *m*.
**brask** *n* Schacher *m*; **~ari** *m* Schacherer *m*, Spekulant *m*.
**brátt** bald.
**bratt|i** *m* Steilheit *f*; **~lendi** *n* steiles Gelände; **~ur** steil.
**brauð** *n* Brot *n*; **~gerð** *f* Backen *n*; Bäckerei *f*; **~moli** *m* Brotkrume *f*; **~skorpa** *f* Brotkruste *f*; **~sneið** *f* (*Brot-*)Scheibe *f od.* Schnitte *f*.
**braut** *f* Straße *f*; **~arstöð** *f* Eisenbahnstation *f*; **~ryðjandi** *m* Bahnbrecher *m*.
**bréf** *n* Brief *m*; **~aviðskipti** *n/pl.* Korrespondenz *f*, Briefwechsel *m*; **~beri** *m* Briefträger *m*; **~haus** *m* Briefkopf *m*; **~legur** brieflich; **~spjald** *n* Postkarte *f*.
**bregða** schnell bewegen; **~st** *v/i.* versagen.
**breidd** *f* Breite *f*; **~arstig** *n* Breitengrad *m*.
**breið|firzkur** von Breiðafjörður; **~ur** breit.
**breikk|a** breiter machen; *v/i.* breiter werden; **~un** *f* Verbreiterung *f*.
**brekk|a** *f* Böschung *f*, Abhang *m*; **~usnigill** *m* Schnecke *f*.
**brenna** brennen; *v/t.* verbrennen.
**brenni** *n* Brennholz *n*; **~punktur** *m* Brennpunkt *m*; **~sóley** *f* Butterblume *f*; **~steinn** *m* Schwefel *m*; **~steinshver** *m* Schwefelquelle *f*.
**brennivín** *n* Branntwein *m*.
**brest|a** bersten, zerspringen; **~ur** *m* Krach *m*; Riß *m*; Mangel *m*.
**Bret|i** *m* Brite *m*; **~land** *n* Britannien *n*.
**breysk|leiki** *m* (*Moral*) Schwäche *f*; **~ur** schwach.
**breyt|a** (ver)ändern; handeln; **~ilegur** veränderlich; **~ing** Veränderung *f*; **~ingartillaga** *f* Abänderungsantrag *m*.
**breytni** *f* Handeln *n*; Benehmen *n*.

**brezkur** britisch.
**brigzl** *n/pl.* Beschuldigung *f*; **~a** beschuldigen.
**brim** *n* Brandung *f*; **~brjótur** *m* Wellenbrecher *m*.
**bring|a** *f* Brust *f*; **~usund** *n* Brustschwimmen *n*.
**brjál|a** in Unordnung bringen; **~ast** wahnsinnig werden; **~semi** *f* Geistesverwirrung *f*, Wahnsinn *m*.
**brjósk** *n* Knorpel *m*.
**brjóst** *n* Brust *f*; **~ahaldari** *m* Büstenhalter *m*; **~amjólk** *f* Muttermilch *f*; **~barn** *n* Säugling *m*; **~góður** barmherzig; **~kassi** *m* Brustkorb *m*; **~sviði** *m* Sodbrennen *n*; **~sykur** *m* Bonbon *m, n*; **~veiki** *f* Lungenkrankheit *f*; **~vit** *n* gesunder Menschenverstand.
**brjóta** *v/t.* (zer)schlagen, (zer)brechen; **~ heilann um e-ð** sich den Kopf über etw. zerbrechen; **~ lög** das Gesetz übertreten.
**brodd|borgari** *m* Spießbürger *m*; **~ur** *m* Stachel *m*; **í broddi fylkingar** an der Spitze.
**bróð|erni** *n* Brüderlichkeit *f*, Freundschaft *f*; **~ir** *m* Bruder *m*; **~urlegur** brüderlich; **~urdóttir** *f* Nichte *f*; **~ursonur** *m* Neffe *m*.
**brók** *f* Unterhose *f*.
**brokk** *n* Trab *m*; **~a** traben; **~hestur** *m* Traber *m*.
**bros** *n* Lächeln *n*; **~a** lächeln; **~legur** lächerlich.
**brot** *n* Bruch *m*; (*Kleider*) Falte *f*; *Typ.* Buchformat *n*; **~areikningur** *m* Bruchrechnen *n*; **~hættur** zerbrechlich.
**brotna** *v/i.* brechen.
**brotsjór** *m* Brecher *m*.
**brott** weg; **~fall** *n* Wegfall *m*; **~för** *f* Abreise *f*; Abfahrt *f*.
**brú** *f* Brücke *f*; **~a** überbrücken; **~argerð** *f* Brückenbau *m*.
**brúða** *f* Puppe *f*.
**brúð|argjöf** *f* Hochzeitsgeschenk *n*; **~gumi** *m* Bräutigam *m*; **~hjón** *n/pl.* Brautpaar *n*; **~kaup** *n* Hochzeit *f*; **~ur** *f* Braut *f*.
**brugg** *n* Brauen *n*; **~a** brauen; **~ari** *m* Brauer *m*.
**brúk|a** gebrauchen, anwenden; **~un** *f* Gebrauch *m*, Anwendung *f*.
**brum** *n* Knospe *f*; **~a** knospen.
**brún** *f* Kante *f*, Rand *m*; Augenbraue *f*.
**bruna|ábyrgð** *f* Feuerversicherung *f*; **~bót** *f* Ersatz *m* für Brandschäden; **~bótafélag** *n* Feuerversicherungsgesellschaft *f*; **~bótatrygging** *f* Feuerversicherung *f*.
**bruna|hætta** *f* Brandgefahr *f*; **~lið** *n* Feuerwehr *f*; **~tryggja** gegen Feuer (-schaden) versichern.
**bruni** *m* Brand *m*; Feuer *n*, Feuersbrunst *f*.
**brún|kol** *n/pl.* Braunkohle *f*; **~n** braun; **Ϩn** *m* Rappe *m*.
**brunnur** *m* Brunnen *m*.

**brúsi** *m* Kanister *m*.
**brútto** brutto; **~þyngd** *f* Bruttogewicht *n*.
**bryggja** *f* Hafendamm *m*, Kai *m*; Anlegebrücke *f*.
**brýna** wetzen, schleifen.
**bryndreki** *m* Panzerschiff *n*.
**brynja** Brünne *f*, Panzer *m*.
**brýnn** wichtig.
**brynna** (*Tier*) tränken; **~ músum** weinen.
**brynvagn** *m* Panzerwagen *m*.
**bryti** *m* Steward *m*.
**brytja** zerstückeln.
**bræða** *v/t*. schmelzen; **~nlegur** schmelzbar.
**bræði** *f* Wut *f*, Zorn *m*.
**bræðrungur** *m* Vetter *m*.
**bræðslu|mark** *n* Schmelzpunkt *m*; **~ofn** *m* Schmelzofen *m*; **~vatn** *n* Schmelzwasser *n*.
**brögðóttur** listig.
**bú** *n* Haushalt *m*; Gut *n*, Hof *m*; **~a** Landwirtschaft betreiben; eigenen Haushalt haben.
**búð** *f* Laden *m*, Geschäft *n*; **~armaður** *m* Verkäufer *m*; **~arstúlka** *f* Verkäuferin *f*; **~arverð** *n* Ladenpreis *m*.
**budda** *f* Portemonnaie *n*, Geldbörse *f*.
**búðingur** *m* Pudding *m*.
**búfé** *n* Vieh *n*.
**buff** *n* Beefsteak *n*.
**buffall** *m* Büffel *m*.
**búfræðingur** *m* Landwirt *m*.
**búgarður** *m* Gut *n*.
**bugða** Kurve *f*, Biegung *f*.
**bújörð** *f* Bauernhof *m*.
**búkur** *m* Rumpf *m*.
**bull** *n* dummes Zeug; **~a** dummes Zeug reden.
**bulla** *f* *Tech*. Kolben *m*.
**bumba** *f* Trommel *f*; Bauch *m*.
**buna** *f* Wasserstrahl *m*.
**búnaðar|félag** *n* Landwirtschaftsgesellschaft *f*; **~skóli** *m* Landwirtschaftsschule *f*; **~þing** *n* landwirtschaftlicher Kongreß.
**bundin** *n* Garbe *f*.
**búningur** *m* Kleidung *f*.
**bunki** *m* Stapel *m*.
**búr** *n* Vorratskammer *f*; Käfig *m*.
**burðargjald** *n* Postgebühr *f*.
**burkni** *m* Farnkraut *n*.
**burst|a** bürsten; **~i** *m* Bürste *f*.
**burt** weg, fort; **~fararpróf** *n* Abgangsexamen *n*; **~för** *f* Abreise *f*; Abfahrt *f*; **~vera** *f* Abwesenheit *f*.
**búsafurðir** *f/pl*. Landwirtschaftserzeugnisse *pl*.
**búskapur** *m* Landwirtschaft *f*; Haushalt *m*.
**buxur** *pl*. Hose *f*.
**býfluga** *f* Biene *f*.
**bygg** *n* Gerste *f*; **~ing** *f* Bau *m*, Gebäude *n*; **~ingarlist** *f* Architektur *f*; **~ingarvörur** *pl*. Baumaterialien *pl*.
**byggja** bauen.
**bylgja** *f* Woge *f*, Welle *f*.
**bylt|a** *f* Fall *m*; **~ing** *f* Revolution *f*.
**bylur** *m* Windstoß *m*.

**byr** *m* günstiger Wind; Rückenwind *m*.
**byrði** *f* Last *f*, Bürde *f*.
**byrja** anfangen, beginnen; **~ndi** *m* Anfänger *m*.
**byrjun** *f* Anfang *m*, Beginn *m*; **~arörðugleikar** *m/pl*. Anfangsschwierigkeiten*pl*.
**byrstur** barsch.
**býsna** ziemlich.
**byssa** *f* Flinte *f*, Gewehr *n*.
**bæði**: **~ ... og** sowohl ... als (auch).
**bæjar|búi** *m* Stadtbewohner *m*; **~fulltrúi** *m* Stadtverordnete(r) *m/f*; **~gjaldkeri** *m* Stadtkämmerer *m*; **~ráð** *n* Stadtrat *m*; **~skrifstofur** *f/pl*. Stadtkanzlei *f*; **~stjóri** *m* Bürgermeister *m*; **~stjórn** *f* Magistrat *m*.
**bækistöð** *f* Quartier *n*; Aufenthaltsort *m*.
**bæn** *f* Gebet *n*; Bitte *f*; **~abók** *f* Gebetbuch *n*.
**bær** *m* Stadt *f*; Bauernhof *m*, Gut *n*, Farm *f*.
**bæta** verbessern; ersetzen; **~ ráð sitt** sich bessern.
**bætiefni** *n* Vitamin *n*.
**böðull** *m* Henker *m*.
**böggull** *m* Paket *n*.
**bögglapóstur** *m* Paketpost *f*.
**böl** *n* Unglück *n*; **~sýni** *f* Pessimismus *m*; **~sýnn** pessimistisch.
**bölv|a** fluchen; **~un** *f* Unglück *n*.
**börkur** *m* Rinde *f*.
**börur** *f/pl*. Bahre *f*, Tragbahre *f*.

# D

**dá** 1. *n* Winterschlaf *m*; Scheintod *m*; 2. bewundern; **~st**: **~st að e-u** etw. bewundern.
**dáð** *f* Tat *f*; Mut *m*.
**daðla** *f* Dattel *f*.
**daðra** flirten.
**daður** *n* Flirt *m*.
**dádýr** *n* Damhirsch *m*.
**dafna** gedeihen.
**dag**: **í ~** heute.
**daga**: **það ~r** der Tag bricht an; **~tal** *n* Kalender *m*.
**dag|blað** *n* Tageszeitung *f*; **~bók** *f* Tagebuch *n*.
**daggardropi** *m* Tautropfen [*m*.]
**dag|heimili** *n* Kindergarten *m*; **~kaup** *n*, **~laun** *n/pl*. Tagelohn *m*, **~launamaður** *m* Tagelöhner *m*; **~legur** täglich.
**dag|renning** *f* Tagesanbruch *m*; **~sbirta** *f* Tageslicht *n*.
**dag|setja** datieren; **~setning** *f* Datierung *f*; Datum *n*; **~setur** *n* Sonnenuntergang *m*; **~skrá** *f* Tagesordnung *f*; **~sljós** *n* Tageslicht *n*.
**dag|stjarna** *f* Morgenstern *m*; **~stofa** *f* Wohnzimmer *n*.
**dagsverk** *n* Tagewerk *n*.
**dagur** *m* Tag *m*; **á daginn** am Tage, tagsüber; **í fyrra-**

dag vorgestern; **eftir minn dag** nach m-m Tode.
**dáinn** gestorben, tot.
**dá|leiða** hypnotisieren; **~leiðsla** *f* Hypnose *f*; Hypnotisierung *f*.
**dálítið** ein wenig, etwas.
**dálkur** *m* Gräte *f*; (*Zeitungs-*)Spalte *f*.
**dalur** *m* Tal *n*; Taler *m*; Dollar *m*.
**dama** *f* Dame *f*.
**dánar|bú** *n* Nachlaß *m*; **~orsök** *f* Todesursache *f*; **~vottorð** *n* Totenschein *m*.
**Dan|i** *m* Däne *m*; **~mörk** *f* Dänemark *n*.
**dans** *m* Tanz *m*; **~a** tanzen.
**dansk|a** *f* Dänisch *n*; **~ur** dänisch.
**dans|leikur** *m* Ball *m*, Tanz *m*; **~mær** *f* Tänzerin *f*.
**dapur** traurig, niedergeschlagen; **~leiki** *m* Trauer *f*, Kummer *m*.
**dá|sama** bewundern; loben; **~samlegur** wunderbar.
**dauða|dá** *n* Scheintod *m*; **~dómur** *m* Todesurteil *n*; **~hegning** *f* Todesstrafe *f*; **~stríð** *n* Todeskampf *m*.
**dauði** *m* Tod *m*.
**dauð|legur** sterblich; **~lúinn** todmüde; **~ur** tot; **~veikur** todkrank; **~þreyttur** todmüde.
**daufdumbur** taubstumm.
**daufur** matt.
**daun|a** stinken; **~illur** stinkend; **~n** *m* Gestank *m*.
**deig** *n* Teig *m*; **~la** *f* Tiegel *m*; Feuchtigkeit *f*, Nässe *f*.
**deigur** feucht; ängstlich.
**deila 1.** *f* Streit *m*; **2.** streiten; teilen; dividieren.
**deiling** *f Math.* Division *f*.
**deilurit** *n* Streitschrift *f*.
**demant** *m* Diamant *m*.
**depill** *m* Punkt *m*.
**desember** *m* Dezember *m*.
**detta** fallen, stürzen; **e-m dettur e-ð í hug** j-m fällt etw. ein.
**deyða** töten.
**deyja** sterben.
**digur** dick; korpulent.
**dilk|akjöt** *n* Lammfleisch *n*; **~ur** *m* Lamm *n*.
**dimma 1.** *f* Dunkel *n*; **2.** dunkeln.
**dirfast** sich erdreisten.
**dirfska** *f* Kühnheit *f*; Mut [*m*.]
**dís** *f* Göttin *f*; Fee *f*.
**diskur** *m* Teller *m*.
**dívan** *m* Divan *m*.
**djákni** *m* Küster *m*.
**djarfur** mutig, kühn.
**djúp** *n* Tiefe *f*; **~ur** tief; **~vitur** tiefsinnig.
**djöful|l** *m* Teufel *m*; **~óður** besessen.
**doktor** *m* Doktor *m*.
**dóm|abók** *f* Gerichtsprotokoll *n*; **~ari** *m* Richter *m*; (*Sport*) Schiedsrichter *m*; **~gerð** *f* Gerichtsverhandlung *f*; **~greind** *f* Urteilskraft *f*; **~gæzla** *f* Rechtspflege *f*; **~kirkja** *f* Dom *m*.
**dómsdagur** *m* das Jüngste Gericht.
**dómsmála|ráðherra** *m* Justizminister *m*; **~ráðuneyti** *n* Justizministerium *n*.

**dóm|stóll** *m* Gericht *n*; **~súrskurður** *m* Gerichtsbeschluß *m*; **~túlkur** *m* Gerichtsdolmetscher *m*.
**dómur** *m* Urteil *n*; Gericht *n*.
**dós** *f* Büchse *f*, Dose *f*; **~amatur** *m* Konserven *pl*.
**dósent** *m* Dozent *m*.
**dóttir** *f* Tochter *f*.
**drabbari** *m* Trinker *m*.
**draga** ziehen; **~ á tálar** betrügen, verführen; **~ saman** sammeln.
**drag|nót** *f* *Mar.* Schnurwade *f*; **~súgur** *m* Zugluft *f*.
**dramb** *n* Hochmut *m*; **~samur** hochmütig.
**dráttar|afl** *n* Zugkraft *f*; **~vél** *f* Traktor *m*.
**dráttlist** *f* Zeichenkunst *f*.
**draugur** *m* Gespenst *n*.
**draum|aráðning** *f* Traumdeutung *f*; **~óramaður** *m* Träumer *m*, Schwärmer *m*; **~ur** *m* Traum *m*.
**dreifa** verteilen; zerstreuen, ausstreuen.
**drekka** trinken; saufen; **~ndi** trinkbar.
**drekkja** ertränken.
**drenglyndi** *n* Edelmut *m*.
**dreng|skaparbragð** *n* edle Handlung; **~skaparorð** *n* Ehrenwort *n*.
**drengur** *m* Junge *m*; *fig.* edler Mensch.
**drep|a** töten; **~sótt** *f* Pest *f*.
**dreym|a** träumen; **mig dreymir** ich träume; **~inn** träumerisch.
**drif|hjól** *n* *Tech.* Getriebe *n*; **~hvítur** schneeweiß; **~reim** *f* Maschinenriemen *m*.
**drífa 1.** *f* Schneegestöber *n*; **2.** treiben; schneien; **~ndi** energisch.
**drjúgur** dünkelhaft; bedeutend.
**drjúpa** tröpfeln, triefen.
**dropi** *m* Tropfen *m*.
**drottinn** *m* Gott (der Herr); **~ vor** (unser) Herrgott, der liebe Gott.
**drottn|a** herrschen; **~ing** *f* Königin *f*; (*Schach*) Dame *f*; **~unargirni** *f* Herrschsucht *f*; **~unargjarn** herrschsüchtig.
**drukkinn** betrunken.
**drukkn|a** ertrinken; **~un** *f* Ertrinken *n*.
**drýgja** ausüben; begehen; **~ afbrot** ein Verbrechen begehen.
**drykkjarvatn** *n* Trinkwasser *n*.
**drykkju|maður** *m* Trinker *m*; **~peningar** *m/pl.* Trinkgeld *n*; **~skapur** *m* Trunkenheit *f*; Saufen *n*.
**drykkur** *m* Getränke *n*; **áfengir drykkir** *pl.* geistige Getränke *pl*.
**drynja** dröhnen.
**dúf|a** *f* Taube *f*; **~uhreiður** *n* Taubennest *n*.
**dufl** *n* Boje *f*; *pop.* Flirt *m*.
**dúfnahús** *n* Taubenschlag *m*.
**duft** *n* Puder *m*; Pulver *n*; Staub *m*.
**duga** helfen; taugen; ausreichen.

**dug|legur** tüchtig; **~lítill** untüchtig; **~naður** *m* Tüchtigkeit *f*.
**dugur** *m* Energie *f*, Tüchtigkeit *f*.
**dúkka** *f* Puppe *f*.
**dúkur** *m* (*Tisch-*)Decke *f*; Stoff *m*.
**dularfullur** geheimnisvoll, mystisch.
**dul|búa** verkleiden; **~búinn** verkleidet; **~mál** *n* Kode *m*; **~málslykill** *m* Kode *m*; **~nefni** *n* Pseudonym *n*; **~speki** *f* Mystik *f*; **~spekingur** *m* Mystiker *m*; **~vitund** *f* Unterbewußtsein *n*.
**dulur** verschlossen, reserviert.
**dún|kraftur** *m* Wagenheber *m*; Zahnstangenwinde *f*; **~n** *m* Daune *f*; **~sæng** *f* Daunenbett *n*.
**duttlung|afullur** launisch, launenhaft; **~ur** *m* Laune *f*.
**dúx** *m* (*Schule*) Klassenbeste(r) *m*, Primus *m*.
**dvalarstaður** *m* Aufenthaltsort *m*.
**dveljast** sich aufhalten.
**dvergur** *m* Zwerg *m*.
**dvína** *v/i*. (*Lärm*) abnehmen.
**dvöl** *f* Aufenthalt *m*.
**dýfa** eintauchen (í in).
**dyggð** *f* Tugend *f*; Treue *f*; **~ugur** tugendhaft.
**dyggur** treu.
**dylja** verbergen; verhehlen.
**dýna** *f* Matratze *f*.
**dynja** ertönen; **hvað sem á dynur** was auch geschehen mag.
**dýpi** *n* Tiefe *f*.
**dýpka** vertiefen; tiefer werden.
**dyr** *f/pl*. Tür(öffnung) *f*; **~abjalla** *f* Türklingel *f*.
**dýr** *n* Tier *n*; Fuchs *m*.
**dýra|fræði** *f* Zoologie *f*; **~fræðingur** *m* Zoologe *m*; **~garður** *m* Zoo *m*, Zoologischer Garten; **~læknir** *m* Tierarzt *m*; **~ríki** *n* Tierreich *n*, Fauna *f*; **~vinur** *m* Tierfreund *m*.
**dyravörður** *m* Pförtner *m*.
**dýrð** *f* Herrlichkeit *f*; **~legur** herrlich.
**dýrgripur** *m* Kleinod *n*.
**dýrka** anbeten; vergöttern; **~ndi** *m* Anbeter *m*.
**dýrkun** *f* Anbetung *f*.
**dýr|leiki** *m* hoher Preis; **~lingur** *m* Heilige(r) *m/f*; **~mætur** kostbar; **~slegur** tierisch; bestialisch.
**dýrtíð** *f* (*Preislage*) Teuerung *f*.
**dægra|dvöl** *f*, **~stytting** *f* Zeitvertreib *m*.
**dæla 1.** *f* Pumpe *f*; Spritze *f*; **2.** pumpen; spritzen.
**dæld** *f* Niederung *f*; Vertiefung *f*.
**dæma** ein Urteil sprechen *od*. fällen, Recht sprechen, urteilen; **~ um e-ð** etw. beurteilen; **~laus** unerhört, beispiellos.
**dæmi** *n* Beispiel *n*; *Math*. Aufgabe *f*; **til ~s** (**t. d.**) zum Beispiel (z. B.); **~saga** *f* Fabel *f*; Gleichnis *n*.
**dögg** *f* Tau *m*.

**dögun** *f* Morgendämmerung *f*; Tagesanbruch *m*.
**dögurður** *m* Frühstück *n*.
**dökk|blár** dunkelblau; **~hærður** dunkelhaarig; **~rauður** dunkelrot; **~ur** dunkel.
**dömubindi** *n* Damenbinde *f*

# E

**eða** oder; **annaðhvort ... ~** entweder ... oder.
**Edda** *f* Edda *f*.
**Eddukvæði** *n* Eddalied *n*.
**edik** *n* Essig *m*.
**eðla** *f* Eidechse *f*.
**eðli** *n* Natur *f*; Beschaffenheit *f*; **~legur** natürlich.
**eðlis|far** *n* Natur *f*; Wesen *n*; **~fræði** *f* Physik *f*; **~fræðingur** *m* Physiker *m*; **~hvöt** *f* Instinkt *m*.
**ef** wenn, falls.
**ef|a** zweifeln; **~agjarn** skeptisch; **~alaust** zweifellos; **~asemd** *f* Zweifel *m*, Bedenken *n*; **~ast** zweifeln; **~i** *m* Zweifel *m*.
**efl|a** fördern; **~ing** *f* Förderung *f*.
**efna** erfüllen, halten; **~ loforð** ein Versprechen halten; **~breyting** *f* chemische Reaktion; Stoffwechsel *m*; **~ður** vermögend, wohlhabend; **~fræði** *f* Chemie *f*; **~fræðingur** *m* Chemiker *m*; **~greining** *f* chemische Analyse.
**efna|hagsmál** *n/pl.* Wirtschaft *f*; **~hagsvandamál** *n* Wirtschaftsproblem *n*; **~hagur** *m* ökonomische Verhältnisse *pl.*, Vermögensumstände *pl.*; **~laug** *f* chemische Reinigung; **~laus** arm.
**efnd** *f* (*meist pl.*: **efndir**) Erfüllung *f*.
**efni** *n* Stoff *m*; Inhalt *m*; **hafa ekki ~ á e-u** sich etw. nicht leisten können; **~shyggja** *f* Materialismus *m*; **~shyggjumaður** *m* Materialist *m*; **~smaður** *m* ein vielversprechender Mann; **~syfirlit** *n* Inhaltsverzeichnis *n*.
**efri** der obere; (*Schule*) der bessere.
**efstur** der oberste; der beste.
**eftir** nach, gemäß; **senda ~ e-m** nach j-m schicken; **~ tvo daga** nach (*od.* in) zwei Tagen; **sjá ~ e-u** etw. bereuen; **~ atvikum** den Umständen nach; **ár ~ ár** Jahr für Jahr; **~ á** hinterher.
**eftirbátur** *m*: **vera ~ e-s** hinter j-m zurückstehen; j-m unterlegen sein.
**eftirbreytnisverður** vorbildlich, musterhaft.
**eftir|farandi** folgend, nachstehend; **~för** *f* Verfolgung *f*.
**eftir|grennslun** *f* Nachforschung *f*, Ermittlung *f*; **~**

komandi *m* Nachkomme *m*; **~köst** *n/pl.* Nachwirkungen *pl.*, Folgen *pl.*; **~látur** fügsam; **~lit** *n* Kontrolle *f*, Aufsicht *f*; **~laun** *n/pl.* Pension *f*; **~litsmaður** *m* Aufseher *m*; **~læti** *n* Liebling *m*; Gunst *f*.
**eftir|maður** *m* Nachfolger *m*; **~matur** *m* Nachspeise *f*; **~mæli** *n/pl.* Nachruf *m*; **~réttur** *m* Nachspeise *f*; **~rit** *n* Abschrift *f*; **~sóttur** gesucht, begehrt; **~spurn** *f* Nachfrage *f*; **~stöðvar** *f/pl. Hdl.* Rest *m*; **~tekt** *f* Aufmerksamkeit *f*.
**eftirtektar|laus** unaufmerksam; **~samur** aufmerksam; **~verður** beachtenswert.
**eftir|vinna** *f* Überstunden *pl.*; **~vænting** *f* Erwartung *f*; **~væntingarfullur** erwartungsvoll.
**efunargjarn** skeptisch.
**ég** ich.
**egg** *n* Ei *n*; **~** *f* (*Messer*) Schneide *f*; **~ing** *f* Antrieb *m*, Aufforderung *f*; **~ja** anregen, auffordern.
**eggja|bikar** *m* Eierbecher *m*; **~blómi** *m s.* **~rauða**; **~hvíta** *f* Eiweiß *n*; **~kaka** *f* Eierkuchen *m*; **~rauða** *f* Eidotter *m*, *n*, Eigelb *n*; **~skurn** *f od. n* Eierschale *f*; **~stokkur** *m* Eierstock *m*.
**egglaga** eiförmig, oval.
**eið|festa** beeiden; beschwören; **~ur** *m* Eid *m*, Schwur *m*; **vinna (sverja) eið e-n** Eid ablegen; **~svarinn** vereidigt.
**eiga** besitzen, haben; sollen; **~ndi** *m* Besitzer *m*, Eigentümer *m*; Inhaber *m*.
**eigin|girni** *f* Egoismus *m*, Selbstsucht *f*; **~gjarn** egoistisch; **~hönd: með eiginhendi** eigenhändig; **~kona** *f* Ehefrau *f*; **~lega** eigentlich; **~maður** *m* Ehemann *m*.
**eiginn** eigen; **upp á eigin spýtur** auf eigene Faust.
**eiginnafn** *n* Eigenname *m*.
**eign** *f* Besitz *m*, Eigentum *n*; **~ast** in den Besitz von etw. kommen.
**eignar|fall** *n* Genitiv *m*; **~nám** *n* Enteignung *f*, Verstaatlichung *f*; **~réttur** *m* Eigentumsrecht *n*; **~skattur** *m* Eigentums- *od.* Vermögenssteuer *f*.
**eik** *f* Eiche *f*.
**eilífð** *f* Ewigkeit *f*.
**eilífur** ewig.
**eim|lest** *f* Eisenbahnzug *m*; **~reið** *f* Lokomotive *f*; **~skip** *n* Dampfschiff *n*; **~skipafélag** *n* Dampfschiffgesellschaft *f*.
**einangr|a** isolieren; **~ari** *m* Isolator *m*; **~un** *f* Isolierung *f*; **~unarband** *n* Isolierband *n*.
**einarfi** *m* Alleinerbe *m*.
**ein|beiting** *f* Konzentration *f*; **~beittur** entschlossen; **~býlishús** *n* Einfamilienhaus *n*, Villa *f*.
**ein|dreginn** entschieden; **~-**

**faldur** einfach; einfältig; **~hliða** einseitig; **~hnepptur** (*Jacke*) einreihig; **~huga** einig; **~hver** irgendein(er), (irgend) jemand; **~hvers staðar** irgendwo; **~hæfur** einseitig.

**eining** *f* Einigkeit *f*; Einheit *f*.

**einka|leyfi** *n* Patent *n*; **~mál** *n* Privatsache *f*; **~ritari** *m* Privatsekretär *m*, Privatsekretärin *f*; **~sala** *f* Monopol *n*; **~umboð** *n* Alleinvertretung *f*; **~vinur** *m* intimer (*od.* vertrauter) Freund.

**einkenn|a** kennzeichnen; **~i** *n* Kennzeichen *n*; **~ilegur** eigenartig, eigentümlich; **~ileiki** *m* Eigentümlichkeit *f*.

**einkennisbúningur** *m* Uniform *f*.

**einkum** besonders.

**einkunn** *f* (*Schule*) Zeugnis *n*; Prädikat *n*; Zensur *f*; **~arorð** *n* Wahlspruch *m*; Losung(swort *n*) *f*.

**ein|kvæður** *Gram.* einsilbig; **~lyftur**: **~lyft hús** einstöckiges Haus; **~mana** einsam; **~mitt** *adv.* eben, gerade.

**einn** allein(e); *num.* ein(s); **~a beztur** einer von den besten; **~ig** auch; **í einu** auf einmal; zugleich; **einu sinni** einmal.

**ein|okunarverzlun** *f* Handelsmonopol*n*; **~radda(ður)** *Mus.* einstimmig; **~róma** (*Wahl*) einstimmig; **~ræði** *n* Diktatur *f*; **~ræðisherra** *m* Diktator *m*; **~rænn** menschenscheu.

**eins** gleich; **alveg ~** völlig gleich; **~ og** wie; als ob; **~ ... og** ebenso ... wie.

**einsamall** allein(e).

**einshyrndur** gleichwinklig.

**einskis**: **til ~** nutzlos; **~verður** wertlos.

**einskonar**: **~ skynvilla** eine Art Sinnestäuschung.

**einskorða**: **~ við** beschränken auf.

**einskær**: **~ tilviljun** reiner Zufall.

**ein|staklingur** *m* Individuum *n*; **~stæður** alleinstehend; **~söngvari** *m* Solist *m*; **~tak** *n* Exemplar *n*.

**ein|vígi** *n* Duell *n*; **~þykkur** eigensinnig.

**eir** *m* Kupfer *n*.

**eirðarlaus** rastlos.

**eir|grænn** *adj.* grünspanfarben; **~rauður** kupferrot; **~stunga** *f* Kupferstich *m*; **~öld** *f* Bronzezeit *f*.

**eitill** *m* Drüse *f*; Mandel *f*.

**eitthvað** etwas.

**eitur** *n* Gift *n*; **~slanga** *f* Giftschlange *f*.

**ekki** *m* Schluchzen *n*; *adv.* nicht.

**ekk|ill** *m* Witwer *m*; **~ja** *f* Witwe *f*; **~jumaður** *m* Witwer *m*.

**elda** kochen; **~st** altern; **~vél** *f* Kochherd *m*.

**eld|fastur** feuerfest; **~fimur**

leicht entzündbar, feuergefährlich; **~fjall** Vulkan *m*; **~gígur** *m* Krater *m*; **~gos** *n* Vulkanausbruch *m*; **~hugi** *m* Enthusiasmus *m*, Begeisterung *f*; Enthusiast *m*; **~hús** *n* Küche *f*.
**eldhætta** *f* Feuersgefahr *f*.
**elding** *f* Blitz *m*; **~avari** *m* Blitzableiter *m*.
**eld|rauður** feuerrot; **~raun** *f* Feuerprobe *f*.
**eld|sneyti** *n* Brennstoff *m*; **~spýta** *f* Streichholz *n*; **~spýtnastokkur** *m* Streichholzschachtel *f*.
**eldsvoði** *m* Feuersbrunst *f*, Feuer *n*.
**eldtraustur** feuerfest; feuerbeständig.
**eldur** *m* Feuer *n*; Feuersbrunst *f*, Brand *m*.
**ella** sonst.
**ellef|ti** elfter; **~u** elf.
**elli** *f* hohes Alter; Altersschwäche *f*; **~styrkur** *m* Altersunterstützung *f*; **~ær** senil.
**elska 1.** *f* Liebe *f*; Schatz *m*; **2.** lieben.
**elskhugi** *m* Geliebte(r) *m*.
**elta** verfolgen.
**embætti** *n* Amt *n*; **~sbróðir** *m* Kollege *m*; **~smaður** *m* Beamte(r) *m*, Beamtin *f*; **~spróf** *n* Staatsexamen *n*.
**en** aber.
**enda** beenden; *v/i.* enden, ausgehen; **~st** dauern; ausreichen
**end|alaus** endlos, unendlich; **~ilega** unbedingt.
**enda|stöð** *f* Endstation *f*; **~þarmur** *m* Mastdarm *m*.
**endingar|góður** haltbar; dauerhaft; reißfest; **~gæði** *n/pl.* Reißfestigkeit *f*; Haltbarkeit *f*.
**endir** *m* Schluß *m*, Ende *n*.
**endur|borga** zurück(be)zahlen; **~bót** *f* Reform *f*; **~bótamaður** *m* Reformer *m*; **~bæta** reparieren; **~gjald** *n* Bezahlung *f*; **~gjalda** zurück(be)zahlen; **~greiðsla** *f* Rückzahlung *f*; **~hljóma** widerhallen; **~kast** *n* Reflexion *f*; **~kosning** *f* Nachwahl *f*; **~lausnari** *m* Erlöser *m*; **~leysa** erlösen; **~minning** *f* Erinnerung *f*; **~nýja** erneuern; **~næra** erquicken; **~næring** *f* Erholung *f*; **~ómur** *m* Nachklang *m*; **~prenta** wieder (ab)drucken, neu auflegen; **~rit** *n* Abschrift *f*; **~skipan** *f* Umgestaltung *f*; **~skoða** revidieren; **~skoðandi** *m* Revisor *m*; **~taka** wiederholen; **~tekning** *f* Wiederholung *f*.
**engi** *n* Wiese *f*.
**engill** *m* Engel *m*.
**engilsaxneskur** angelsächsisch.
**enginn** niemand; kein(er).
**engispretta** *f* Heuschrecke *f*.
**Eng|land** *n* England *n*; **~lendingur** *m* Engländer *m*.
**enn(þá)** (immer) noch; **ekki**

~ noch nicht; ~ **betri** noch besser.
**enni** *n* Stirn *f*.
**ensk|a** *f* Englisch *n*; **~ur** englisch.
**epl|atré** *n* Apfelbaum *m*; **~i** *n* Apfel *m*.
**er** *cj*. wenn, als; *pron*. der (die, das).
**erfa** erben.
**erfða|fjárskattur** *m* Erbschaftssteuer *f*; **~réttur** *m* Erbrecht *n*; **~skrá** *f* Testament *n*; **~synd** *f* Erbsünde *f*; **~venja** *f* Tradition *f*.
**erfiði** *n* schwere Arbeit; **~smaður** *m* Schwerarbeiter *m*; **~svinna** *f* Schwerarbeit *f*.
**erfið|leiki** *m* Schwierigkeit *f*; **~ur** schwer, schwierig.
**erfingi** *m* Erbe *m*.
**erind|a** Besorgungen machen; **~i** *n* Besorgung *f*; Auftrag *m*; Vortrag *m*; **~reki** *m* Agent *m*.
**erindisleysa: hann fór erindisleysu** er kam unverrichteter Dinge zurück.
**erkibiskup** *m* Erzbischof *m*.
**erlendis** im Ausland.
**Ermarsund** *n* Ärmelkanal *m*, Kanal *m*.
**erlendur** ausländisch, fremd.
**ermi** *f* Ärmel *m*.
**ern** rüstig.
**erta** 1. *f* Erbse *f*; 2. *v/t*. reizen, necken.
**eski** *n* Esche *f*.
**Eskimói** *m* Eskimo *m*.
**éta** (*Tier*) fressen.
**Evrópa** *f* Europa *n*.
**evróp(i)skur** europäisch.
**Evrópumaður** *m* Europäer *m*.
**exi** *f* Axt *f*, Beil *n*.
**ey(ja)** *f* Insel *f*.
**eyða** verbrauchen; verschwenden; (*Zeit*) verbringen; (*Land*) verwüsten.
**eyði|leggja** vernichten; verwüsten; **~legur** wüst; einsam; **~mörk** *f* Wüste *f*; **~ng** *f* Verwüstung *f*; Vernichtung *f*.
**eyðisandur** *m* Sandwüste *f*.
**eyðsla** *f* Verbrauch *m*; Verschwendung *f*.
**eyðslusamur** verschwenderisch.
**eyðublað** *n* Formular *n*, Vordruck *m*.
**eyja** *f s*. **ey(ja)**.
**Eyjahaf** *n* Archipel *m*; Inselmeer *n*.
**eyja|klasi** *m* Inselgruppe *f*; **~rskeggi** *m* Inselbewohner *m*.
**eymd** *f* Elend *n*, Jammer *m*.
**eyra** *n* Ohr *n*; **reisa** *od*. **sperra eyrun** die Ohren spitzen.
**eyrarvinna** *f* Hafenarbeit *f*.
**eyri** *f* Sandbank *f*; **~r** *m* (*Münze*) Ör(e *n*) *m*.
**eyrnalæknir** *m* Ohrenarzt *m*.
**Eystrasalt** *n* Ostsee *f*.
**eystri** östlicher, weiter östlich.

# F

**fá** bekommen, erhalten; **~st við e-ð** sich mit etw. befassen od. beschäftigen.
**fáanlegur** erhältlich; erreichbar.
**fá|bjáni** *m* Idiot *m*; **~breyttur** einförmig; **~breytni** *f* Einförmigkeit *f*; **~brotinn** einfach, dürftig.
**faðerni** *f* Vaterschaft *f*.
**faðir** *m* Vater *m*; **&vorið** das Vaterunser.
**faðm|a** umarmen; **~lag** *n* Umarmung *f*; **~ur** *m* Arme *pl.*; (*Maß*) Klafter *f*; *Mar.* Faden *m*.
**fádæma** außerordentlich.
**fá|einir** *m/pl.* (**~einar** *f/pl.*, **~ein** *n/pl.*) einige *pl.*; **~fengilegur** eitel; **~fróður** unwissend; **~fræði** *f* Unwissenheit *f*.
**fag** *n* Fach *n*.
**fág|a** putzen; **~aður** *fig.* kultiviert.
**fagfélag** *n* Gewerkschaft *f*.
**fagna** sich über etw. freuen.
**fagnaðar|boðskapur** *m od.* **~erindi** *n* Evangelium *n*; **~læti** *n/pl.* Jubel *m*; **~tíðindi** *n/pl.* erfreuliche Nachricht.
**fagur** schön; **~fræði** *f* Ästhetik *f*; **~fræðingur** *m* Ästhet *m*.
**fá|gætur** selten; **~kunnandi** unwissend; **~kunnátta** *f* Unwissenheit *f*.
**faktúra** *f* Faktur(a) *f*.
**faldur** *m* Saum *m*.
**fálki** *m* Falke *m*.
**fall** *n* Fall *m*, Sturz *m*; *Gram.* Kasus *m*; **~a** fallen; **~byssa** *f* Kanone *f*; **~egur** schön; **~hlíf** *f* Fallschirm *m*; **~valtur** vergänglich.
**fálma** (umher)tasten; **~ri** *m* Fühler *m*.
**fals** *n* Falschheit *f*; Verfälschung *f*; **~a** (ver)fälschen; **~ari** *m* Fälscher *m*.
**falskur** falsch; **falskar tennur** falsche Zähne, Gebiß *n*.
**falur** zum Verkauf, feil.
**fámáll** wortkarg.
**fanga|búðir** *f/pl.* Gefangenenlager *n*; Konzentrationslager *n*; **~klefi** *m* Gefängniszelle *f*.
**fangelsi** *n* Gefängnis *n*.
**fangi** *m* Gefangene(r) *m/f*.
**fáni** *m* Fahne *f*, Flagge *f*.
**fár** wenig; **fátt fólk** wenige Leute.
**fara** gehen, reisen; **~ að** mit etw. beginnen; **~ að sofa** schlafen gehen; **~ fram hjá (e-m)** (an j-m) vorbei- *od.* vorübergehen.
**farand|sali** *m* Geschäftsreisende(r) *m*; **~bikar** *m od.* **~skjöldur** *m* Wanderpreis *m*.
**farangur** *m* Gepäck *n*.
**farar|stjóri** *m* Reiseleiter *m*; **~tæki** *n* Beförderungsmittel *n*.
**far|fugl** *m* Zugvogel *m*;

(*Sport*) Wandervogel *m*; ~g *n* Druck *m*; schwere Last.
**far|gjald** *n* Fahrgeld *n*, Fahrpreis *m*; Taxe *f*: ~kennari *m* Wanderlehrer *m*.
**farmaður** *m* Seefahrer *m*.
**farmgjald** *n* Fracht *f*, Frachtgeld *n*.
**farmið|i** *m* Fahrkarte *f*; ~**asala** *f* Fahrkartenschalter *m*.
**farmskírteini** *n* Konnossement *n*.
**farmur** *m* Ladung *f*, Schiffsladung *f*; Fracht *f*.
**far|seðill** *m* Fahrkarte *f*; ~**sótt** *f* Epidemie *f*; ~**sæld** *f* Glück *n*; ~**sæll** glücklich; praktisch veranlagt; ~**vegur** *m* Flußbett *n*.
**fár|veikur** schwer krank; ~**viðri** *n* Orkan *m*.
**farþeg|aflutningur** *m* Passagiergut *n*; Personenbeförderung *f*; ~**askip** *n* Passagierschiff *n*, Personendampfer *m*; ~**i** *m* Passagier *m*, Fahrgast *m*.
**fas** *n* Wesen *n*, Haltung *f* Auftreten *n*.
**fasta** 1. *f* Fasten *n*; 2. fasten.
**fasta|gestur** *m* Stammgast *m*; ~**stjarna** *f* Fixstern *m*; ~**svefn** *m* tiefer Schlaf.
**fast|eignir** *f/pl.* Immobilien *pl.*; ~**heldinn** konservativ; ~**heldni** *f* Konservatismus *m*.
**fastur** fest, unverrückbar; ~ **fyrir** standhaft.
**fat** *n* Faß *n*; Kleidungsstück *n*.
**fát** *n* Verwirrung *f*.
**fata** 1. *f* Eimer *m*; 2. mit Kleidern versehen.
**fata|búð** *f* Konfektionsgeschäft *n*; ~**bursti** *m* Kleiderbürste *f*; ~**efni** *n* Kleiderstoff *m*; ~**geymsla** *f* Kleiderablage *f*; Garderobe *f*.
**fata|skápur** *m* Kleiderschrank *m*; ~**snagi** *m* Kleiderhaken *m*.
**fatnaður** *m* Bekleidung *f*, Kleider *pl.*
**fátæklingur** *m* Arme(r) *m/f*.
**fátækra|framfæri** *n* Armenfürsorge *f*; ~**styrkur** *m* Armenunterstützung *f*.
**fá|tækt** *f* Armut *f*; ~**tækur** arm.
**fá|vís** unwissend; ~**viti** *m* Idiot *m*; ~**vizka** *f* Unwissenheit *f*, Dummheit *f*.
**fax** *n* Mähne *f*.
**fé** *n* Vieh *n* (*besonders Schafe*); Geld *n*.
**febrúar** *m* Februar *m*.
**feðg|ar** *m/pl.* Vater und Sohn; ~**in** *n/pl.* Vater und Tochter.
**feginn** froh.
**fégirn|d** *f*, ~**i** *f* Geldgier *f*.
**fegra** verschönern.
**fégræðgi** *f* s. **fégirnd**.
**fé|hirðir** *m* Kassierer *m*; ~**hirzla** *f* Kasse *f*.
**feigur** dem Tode geweiht; dem Tode nahe.
**feim|inn** schüchtern, scheu; ~**ni** *f* Schüchternheit *f*.

**feit|i** *f* Fett *n*, Schmalz *n*: **~ur** fett; dick; beleibt.
**fela** verstecken.
**félag** *n* Verein *m*, Vereinigung *f*; Gesellschaft *f*; **~i** *m* Mitglied *n*.
**félags|fræði** *f* Soziologie *f*; **~legur** sozial; **~lyndi** *f* Geselligkeit *f*; **~lyndur** gesellig; **~mál** *n/pl*. Sozialpolitik *f*; **~skapur** *m* Kameradschaft *f*; Vereinigung *f*.
**félaus** ohne Geld, arm.
**fel|l** *n* Berg *m*; **~la** fällen, zu Fall bringen; **~dur** *m* Fell[n.]
**fellibylur** *m* Orkan *m*.
**felmtraður** erschreckt.
**felustaður** *m* Versteck *n*.
**fénaður** *m* Schafe *pl*.; Vieh *n*.
**fen** *n* Sumpf *m*; Morast *m*.
**fenna** schneien.
**ferð** *f* Reise *f*; Fahrt *f*.
**ferða|áætlun** *f* Reiseplan *m*; Fahrplan *m*; **~ávisun** *f* Reisescheck *m*; **~bók** *f* Reiseschilderung *f*; **~félag** *n* Touristenvereinigung *f*; **~félagi** *m* Reisekamerad *m*; **~kostnaður** *m* Reisekosten *pl*.; **~maður** *m* Reisende(r) *m*; Tourist *m*; **~skrifstofa** *f* Reisebüro *n*; **~saga** *f* Reiseschilderung *f*.
**ferð|ast** reisen; **~ataska** *f* Reisekoffer *m*.
**ferfættur** vierbeinig.
**ferja** 1. *f* Fähre *f*; 2. übersetzen.
**ferju|maður** *m* Fährmann; **~staður** *m* Fährstelle *f*.
**fer|kílómetri** *m* Quadratkilometer *n u. m*; **~líki** *n* Ungeheuer *n*.
**ferma** konfirmieren; (*Schiff*) laden; (*Wagen*) beladen.
**fermetri** *m* Quadratmeter *n u. m*.
**ferming** *f* Konfirmation *f*; Befrachtung *f*.
**fermingarbarn** *n* Konfirmand(in *f*) *m*.
**fernskonar** viererlei.
**ferskeytla** *f* (*in Island eine Art*) Vierzeiler *m*.
**ferskja** *f* Pfirsich *m*.
**ferskur** frisch.
**fertugasti** vierzigster.
**fertugsaldur** *m*: **hann er á fertugsaldri** er ist in den Dreißigern.
**fertugur** vierzig Jahre alt.
**festa** 1. *f* Halt *m*; Festigkeit *f*; Bestimmtheit *f*; 2. befestigen, festmachen.
**fest|i** *f* Kette *f*; Seil *n*; **~ing** *f* Befestigung *f*; Firmament *n*; **~ulaus** haltlos.
**fésýslumaður** *m* Geschäftsmann *m*.
**fet** *n* (*Maß*) Fuß *m*.
**feykja** fliegen lassen; **~ burt** *v/t*. wegwehen.
**fiðla** *f* Geige *f*; **~ri** *m* Geiger *m*.
**fiðrildi** *n* Schmetterling *m*; *fig*. leichtsinniges Mädchen.
**fiður** *n* Gefieder *n*; Daunen *pl*.; **~sæng** *f* Daunenbett *n*.
**fíf|a** *f* Wollgras *n*; **~ill** *m* Löwenzahn *m*.

**fifl** *n* Narr *m*, Tor *m*.
**fífl|dirfska** *f* Verwegenheit *f*; **~djarfur** verwegen.
**fíkja** *f* Feige *f*.
**fíkn** *f* Begierde *f*, Gier *f*.
**fíl|abein** *n* Elfenbein *n*; **~l** *m* Elefant *m*.
**filma** *f* (*Kamera*) Film *m*.
**fimi** *m* Geschmeidigkeit *f*.
**fimleika|kennari** *m* Turnlehrer *m*; **~r** *m/pl.* Turnen *n*.
**fimm** fünf; **~faldur** fünffach; **~tán** fünfzehn; **~tándi** fünfzehnte(r); **~ti** fünfter; **~tíu** fünfzig.
**fimmtu|dagur** *m* Donnerstag *m*; **~gasti** fünfzigster.
**fimur** geschmeidig.
**fíngerður** zart.
**fingrafór** *n/pl.* Fingerabdruck *m*.
**fingur** *m* Finger *m*; **~björg** *f* Fingerhut *m*; **~gómur** *m* Fingerspitze *f*.
**fín|legur** fein, elegant; **~n** fein, flott.
**finna** finden; (*Land*) entdecken; **~ til** empfinden, fühlen; **~ upp** erfinden; **~ndi** *m* Finder *m*.
**Finn|i** *m* Finne *m*; **~land** *n* Finnland *n*,; **Ⓢska** *f* Finnisch *n*; **Ⓢskur** finnisch.
**firra** *f* Unsinn *m*.
**fiska** fischen; **~fli** *m* Fischfang *m*.
**fiski|bátur** *m* Fischerboot *n*; **~bein** *n* Gräte *f*; **~flök** *n/pl.* Fischfilets *pl.* **~mið** *n/pl.* Fischgründe *pl.* **~net** *n* Fischnetz *n*; **~róður** *m* Fischfahrt *f*; **~stöng** *f* Angelrute *f*; **~torfa** *f* Fischschwarm *m*; **~þorp** *n* Fischerdorf *n*.
**fisk|sali** *m* Fischhändler *m*; **~ur** *m* Fisch *m*; **~veiðar** *f/pl.* Fischfang *m*.
**fita** *f* Fett *n*.
**fitna** fett *od.* dick werden.
**fjaðurmagn** *n* Elastizität *f*; **~aður** elastisch.
**fjálg|legur** andächtig; **~leikur** Andacht *f*.
**fjall** *n* Berg *m*; **~agrös** *n/pl.* Isländisches Moos.
**fjall|drapi** *m* Zwergbirke *f*; **Ⓢkonan** *poetisch*: „die Bergkönigin" (*Island*); **Ⓢræðan** die Bergpredigt.
**fjandi** *m* Feind *m*; Teufel *m*.
**fjand|maður** *m* Feind *m*; **~samlegur** feindlich; **~semi** *f* Feindseligkeit *f*.
**fjara** *f* Ebbe *f*; Strand *m*.
**fjár|dráttur** *m* Unterschlagung *f*; **~festing** *f* Investierung *f*; **~framlag** *n* Geldbeitrag *m*, Zuschuß *m* (von Geld).
**fjárhags|áætlun** *f* Budget *n*, Haushaltsplan *m*; **~legur** ökonomisch, finanziell.
**fjár|hagur** *m* Finanzen *pl.*; **~haldsmaður** *m* Vormund *m*; **~hirðir** *m* Schäfer *m*; Hirte *m*; **~hús** *n* Schafstall *m*; **~hæð** *f* Geldbetrag *m*.
**fjárkúgun** *f* Erpressung *f*.
**fjar|lægð** *f* Entfernung *f*; **~lægja** entfernen **~stæður** absurd, paradox; **~sýnn** weitsichtig.

**fjár|lög** *n/pl.* Staatshaushaltsgesetz *n*; **~magn** *n* Kapital *n*; **~málamaður** *m* Finanzmann *m*; **~málaráðherra** *m* Finanzminister *m*; **~málaráðuneyti** *n* Finanzministerium *n*; **~munir** *m/pl.* Habe *f*; Habseligkeiten *pl.*; **~nám** *n Jur.* Pfändung *f*; Zwangsvollstreckung *f*; **~ráðamaður** *m* Vormund *m*; **~sjóður** *m* Schatz *m*; **~veitinganefnd** *f* Haushaltsausschuß *m*.

**fjarvera** *f* Abwesenheit *f*; **~ndi** abwesend.

**fjól|a** *f* Veilchen *n*; **~ublár** violett.

**fjórð|i** vierte(r); **~ungur** *m* Viertel *n*.

**fjór|ir** vier; **~tán** vierzehn; **~tándi** vierzehnte(r).

**fjós** *n* Kuhstall *m*.

**fjúk** *n* Schneewetter *n*; **~a** (*Schneeflocken*) stöbern; umherfliegen.

**fjöður** *f* Feder *f*.

**fjöl** *f* Brett *n*; **~di** *m* Menge *f*; Zahl *f*.

**fjölg|a** *v/t.* vermehren; *v/i.* sich vermehren, zahlenmäßig zunehmen; **~un** *f* Vermehrung *f*, zahlenmäßige Zunahme.

**fjöl|hæfur** vielseitig; **~kvæni** *n* Polygamie *f*; **~leikahús** *n* Varieté *n*; **~kynngi** *f* Zauberkunst *f*.

**fjöll** *s.* **fjall**; **upp á ~** ins Gebirge; **uppi á ~ um** im Gebirge; **~óttur** gebirgig.

**fjöl|margur** zahlreich; **~menni** *n* Menschenmenge *f*; **~rita** vervielfältigen; **~riti** *m* Vervielfältiger *m*; **~skylda** *f* Familie *f*.

**fjör** *n* Leben *n*; Lebhaftigkeit *f*; Kraft *f*; **~brot** *n/pl.* Todeskampf *m*.

**fjörður** *m* Fjord *m*.

**fjörefni** *n* Vitamin *n*.

**fjörga** beleben.

**fjör|gamall** uralt; **~legur** lebhaft, rege; **~ugur** lustig, lebhaft.

**fjörutíu** vierzig.

**fjötra** fesseln, ketten.

**fjötur** *m* Fessel *f*; Kette *f*.

**flá** schinden, abhäuten.

**flagari** *m* Schürzenjäger *m*.

**flagg** *n* Flagge *f*, Fahne *f*; **~a** flaggen; **~a í hálfa stöng** halbmast flaggen; **~stöng** *f* Fahnenmast *m*, (*tragbar*) Fahnenstange *f*.

**flagna** (*Baum*) sich schälen; (*Haut*) sich abschälen.

**flak** *n* Wrack *n*; (*Fisch-*) Filet *n*.

**flakk** *n* Umherstreifen *n*; **~a** umherstreifen; **~ari** *m* Landstreicher *m*.

**flasa** *f* (*Haar*) Schuppe *f*.

**flaska** *f* Flasche *f*.

**flatarmál** *n* Flächenmaß *n*; Areal *n*, Flächeninhalt *m*; **~sfræði** *f* Planimetrie *f*; Geometrie *f*.

**flatur** flach, eben, platt.

**flauel** *n* Sam(me)t *m*.

**flaustur** *n* flüchtige Arbeit, Schluderarbeit *f*.

**flauta** 1. *f* Pfeife *f*; *Mus.* Flöte *f*; 2. pfeifen.
**fleiri** mehr.
**fleirtala** *f* Mehrzahl *f*.
**fleki** *m* Floß *n*.
**flekkóttur** fleckig.
**flesk** *n* Speck *m*.
**flestir** die meisten.
**flet** *n* schlechtes Bett; Lager *n*.
**flétta** 1. *f* Flechte *f*; Zopf *m*; 2. flechten.
**fletta**: ~ **bók** ein Buch durchblättern.
**fléttingur** *m* (*Haar*-)Flechte *f*; Zopf *m*.
**fleygja** wegwerfen.
**fleygur** flügge.
**fleyta** 1. *f* Boot *n*; 2. schwimmen lassen.
**flibb|ahnappur** *m* Kragenknopf *m*; ~**i** *m* Kragen *m*.
**flís** *f* Splitter *m*, Span *m*.
**fljót** *n* Fluß *m*, Strom *m*.
**fljóta** fließen, strömen.
**fljótur** schnell; ~ **á sér** unbesonnen; voreilig.
**fljúga** fliegen.
**fló** *f* Floh *m*.
**flóð** *n* Überschwemmung *f*; Flut *f*, Hochwasser *n*; ~ **og fjara** Ebbe und Flut; ~**garður** *m* Deich *m*; Damm *m*; ~**gátt** *f* Schleuse *f*.
**flog** *n* epileptischer Anfall; ~**aveiki** *f* Epilepsie *f*; ~**aveikur** epileptisch.
**flókinn** verwickelt, kompliziert.
**flokka** klassifizieren, einteilen.
**flokks|blað** *n* Parteiorgan *n*; ~**foringi** *m* Parteiführer *m*; ~**maður** *m* Parteimitglied *n*; Parteianhänger *m*.
**flokkur** *m* Partei *f*; Gruppe *f*; Menge *f*; Schar *f*.
**flón** *n* Narr, Tor *m*; ~**ska** *f* Dummheit *f*.
**flos** *n* Plüsch *m*.
**flota|flugvél** *f* Marineflugzeug *n*; ~**foringi** *m* Admiral *m*; ~**málaráðherra** *m* Marineminister *m*; ~**stöð** *f* Flottenstützpunkt *m*; Flottenstation *f*.
**floti** *m* Flotte *f*.
**flóttamaður** *m* Flüchtling *m*.
**flótti** *m* Flucht *f*; die Fliehenden *pl*.
**flug** *n* Flug *m*; Fliegen *n*; ~**a** *f* Fliege *f*; ~**eldar** *m/pl*. Feuerwerk *n*; ~**floti** *m* Luftflotte *f*; ~**freyja** *f* Stewardeß *f*; ~**gáfaður** hochbegabt; ~**höfn** *f* Flughafen *m*, Flugplatz *m*; ~**leiðis** mit Luftpost; ~**maður** *m* Flieger *m*, Pilot *m*; ~**póstur** *m* Luftpost *f*; ~**ríkur** steinreich; ~**rit** *n* Flugschrift *f*; ~**slys** *n* Flugunglück *n*; ~**stjóri** *m* Pilot *m*, Flugzeugführer *m*.
**flugufregn** *f* ein falsches *od.* loses Gerücht.
**flugumferðarstjórn** *f* Luftverkehrsleitung *f*.
**flugvallarstjóri** *m* Flughafendirektor *m*.
**flug|vél** *f* Flugzeug *n*; ~**völlur** *m* Flugplatz *m*, Flughafen *m*; ~**þerna** *f* Stewardeß *f*.

**flutninga|leið** *f* Transport *m*; Transportmöglichkeit *f*; **~skip** *n* Frachtschiff *n*; **~tæki** *n* Beförderungsmittel *n*.
**flutnings|afgreiðsla** *f* Güterabfertigung *f*; **~gjald** *n* Fracht *f*; **~kostnaður** *m* Transportkosten *pl.*; **~-tæki** *n* Transportmittel *n*.
**flutningur** *m* Transport *m*, Beförderung *f*; Frachtgut *n*, (*Schiff*) Fracht *f*.
**flyðra** *f* Heilbutt *m*.
**flygill** *m Mus.* Flügel *m*.
**flýja** fliehen.
**flýta**: **~ sér** (sich be)eilen; **vera að ~ sér** es eilig haben; **~ sér að e-u** sich mit etw. beeilen; **~ sér burt** forteilen; **flýttu þér!** *pop.* mach schnell!
**flýtir** *m* Eile *f*.
**flytja** umziehen, die Wohnung wechseln; *v/t.* befördern; hersagen; deklamieren.
**flækingur** *m* Landstreicher *m*, Strolch *m*.
**flækja** in Unordnung bringen; verwickeln; **~st** umherstreifen.
**flæma**: **~ burt** fortjagen, vertreiben.
**flærð** *f* Falschheit *f*.
**flæmskur** flämisch.
**flögra** flattern.
**flögusteinn** *m* Schiefer *m*.
**flökkumaður** *m* Bettler *m*; Landstreicher *m*.
**flökta** flackern.
**flöt** *f* Rasen(platz) *m*; **~ur** *m* Fläche *f*, Ebene *f*.
**fóð|ra** füttern; **~run** *f* Fütterung *f*, Füttern *n*; **~ur** *n* Futter *n*.
**fógeti** *m* (*in Reykjavik ungefähr*) Gerichtsvollzieher *m*; Landrat *m*; Bezirksrichter *m*.
**foksandur** *m* Flugsand *m*.
**folald** *n* Füllen *n*, Fohlen *n*.
**fólk** *n* Leute *pl.*; **~sbifreið** *f*, **~sbíll** *m* Personenwagen *m*; **~sfjöldi** *m* Menschenmenge *f*; Einwohnerzahl *f*; **~sflutningur** *m* Personenbeförderung *f*.
**fólsk|a** *f* Brutalität *f*; **~ur** brutal.
**for** *f* Schmutz *m*; Schlamm *m*.
**for|boð** *n* Verbot *n*; **~boði** *m* Vorbote *m*; Vorzeichen *n*; Anzeichen *n*.
**forða**: **~ e-m** j-n retten; **~st e-ð** etw. vermeiden, e-r Sache ausweichen.
**forð|abúr** *n* Vorratskammer *f*; **~i** *m* Vorrat *m*.
**fordild** *f* Eitelkeit *f*.
**forðum** ehemals, früher.
**fordyri** *n* (*Haus-*)Flur *m*.
**foreldralaus** elternlos.
**foreldrar** *m/pl.* Eltern *pl.*
**for|fallaður** verhindert; **~-fallalaus: að öllu ~u** wenn nichts dazwischenkommt; **~föll** *n/pl.*: **lögleg ~** Entschuldigungsgrund *m*; **án löglegra forfalla** *Jur.* unentschuldigt.
**forgang|a** *f* Leitung *f*; Ini-

tiative *f*; **~sréttur** *m* Vorrecht *n*.
**forgöngumaður** *m* Urheber *m*; Anführer *m*.
**foringi** *m* Führer *m*, Anführer *m*; Offizier *m*.
**forkaupsréttindi** *n/pl.* Vorkaufsrecht *n*.
**for|lag** *n* Verlag *m*; **~leggjari** *m* Verleger *m*.
**for|lagatrú** *f* Schicksalsglaube *m*; **~lög** *n/pl.* Schicksal *n*, Geschick *n*.
**for|m** *n* Form *f*, Formalität *f*; **~maður** *m* (*Ausschuß*) Vorsitzende(r) *m/f*; **~msatriði** *n* Formalität *f*, Formsache *f*.
**fórn** *f* Opfer *n*; **~a** opfern.
**fornafn** *n* **1.** Vorname *m*; **2.** *Gram.* Pronomen *n*.
**fornbóka|sala** *f*, **~verzlun** *f* Antiquariat *n*.
**forn|fræði** *f* Archäologie *f*; **~fræðingur** *m* Archäologe *m*; **~minjafræðingur** *m s.* **~fræðingur** *m*.
**fórn|fús** opferbereit; **~fýsi** *f* Opferbereitschaft *f*; **~færing** *f* Opferung *f*.
**forn|gripasafn** *n* archäologisches Museum; **~gripir** *m/pl.* Altertümer *pl.*; **~íslenzka** *f* Altisländisch *n*; **~íslenzkur** altisländisch; **~leifar** *f/pl.*, **~menjar** *f/pl.* Altertümer *pl.*; **~menntastefna** *f* Humanismus *m*; **~norrænn** altisländisch, altnordisch; **~saga** *f* Saga *f*; **~sali** *m* Antiquar *m*; **~öld** *f* Altertum *n*.
**for|ráðamaður** *m* Vormund *m*; **~réttindi** *n/pl.* Vorrecht *n*, Privileg *n*; **~ríkur** steinreich.
**for|senda** *f* Voraussetzung *f*, Prämisse *f*; **~setaefni** *n* Präsidentschaftskandidat *m*; **~seti** *m* Präsident *m*; **~setning** *f* Präposition *f*; **~sjón** *f* Vorsehung *f*; **~skaut** *n* Anode *f*; **~skot** *n* Vorsprung *m*; **~skeyti** *n* Präfix *n*; **~smá** verachten; **~sóma** versäumen; **~spjall** *n* Einleitung *f*; **~stjóri** *m* Direktor *m*; **~stofa** *f* Gang *m*, Flur *m*; **~stöðukona** *f* Vorsteherin *f*; **~stöðumaður** *m* Vorsteher *m*; **~sætisráðherra** *m* Ministerpräsident *m*; **~tíð** *f* Vergangenheit *f*; **~tjald** *n* Vorhang *m*; **~tölur** *f/pl.* Überredung *f*.
**for|usta** *f* Führung *f*; **~vextir** *m/pl.* Diskont *m*; **~vígismaður** *m* Vorkämpfer *m*; **~vitinn** neugierig, **~vitni** *f* Neugier *f*; **~ysta** *f* Führung *f*.
**foss** *m* Wasserfall *m*.
**fóstur** *n* Pflege *f*; Leibesfrucht *f*; **~barn** *n* Pflegekind *n*.
**fóta|lag** *n* Fußende *n*; **~tak** *n* Schritte *pl.*
**fót|leggur** *m*; Bein *n*; **~raki** *m* Fußschweiß *m*; **~ur** *m* Fuß *m*; Bein *n*.
**frá** *prp.* von; (*Stoff*) aus; **~breytni** *f* Verschiedenheit *f*; **~brigðilegur** abweichend; **~brugðinn** ver-

schieden; **~bær** hervorragend; **~dráttur** *m* Subtraktion *f*; **~fall** *n* Tod *m*.
**Frakki** *m* 1. Franzose *m*; 2. ♀ Mantel *m*.
**frakkur** mutig; frech.
**fram** vorwärts; **~ og aftur** hin und zurück; auf und ab; hin und her; **~a sig í e-u** sich in etw. ausbilden; **að ~an** an der vorderen Seite; oben; **~andi** fremd.
**framan|greindur** *od.* **~ritaður** obenerwähnt, obengenannt.
**fram|bjóðandi** *m* Kandidat *m*; **~boð** *n* Angebot *n*; **~burður** *m* (*Zeuge*) Aussage *f*; Aussprache *f*.
**framfaraflokkur** *m* fortschrittliche Partei *f*.
**framferði** *n* Betragen *n*.
**fram|færa** versorgen, unterhalten; **~færsla** *f* Versorgung *f*; **~færslueyrir** *m* Unterhaltungsbeitrag *m*; **~færslukostnaður** *m* Unterhaltungskosten *pl.*; Lebensunterhaltskosten *pl.*
**fram|för** *f* Fortschritt *m*; **~handleggur** *m* Unterarm *m*; **~herji** *m* (*Fußball*) Stürmer *m*; **~hjá** vorbei; vorüber.
**framhleypinn** unbesonnen; übereilt; vorlaut.
**frami** *m* Berühmtheit *f*.
**fram|kalla** (*Film*) entwickeln; **~koma** *f* Benehmen *n*, Auftreten *n*; **~kvæma** durchführen, ausführen, **~kvæmd** *f* Durchführung *f*; **~kvæmdamaður** *m* unternehmungslustiger und energischer Mann; **~kvæmdastjóri** *m* geschäftsführender Direktor; **~kvæmdastjórn** *f* Geschäftsleitung *f*; **~kvæmdavaldið** *n* die Exekutive.
**fram|lag** *n* Beitrag *m*; **~leiða** erzeugen; **~leiðandi** *m* Erzeuger *m*, Hersteller *m*; **~leiðsla** *f* Produktion *f*; **~leiðslumagn** *n* Produktionsmenge *f*; **~leiðslutæki** *n* Produktionsmittel *n*; **~lengja** verlängern.
**frammi** vorne; **~stöðustúlka** *f* Aufwärterin *f*; Kellnerin *f*.
**fram|orðið** spät am Tage; **~reiða** (*beim Essen*) servieren, bedienen; **~reiðsla** *f* Bedienung *f*; **~selja** (*Verbrecher*) ausliefern; (*Brief*) aushändigen; **~seljandi** *m* Indossant *m*, Indossent *m*; **~sigla** *f* Vordermast *m*; ♀**sóknarflokkurinn** *m* die Fortschrittspartei; **~sóknarmaður** *m* Mitglied *n* *od.* Anhänger *m* der (*isl.*) Fortschrittspartei; **~söguháttur** *m* Indikativ *m*; **~tak** *n* Initiative *f*, Energie *f*; **~tal** *n* Steuererklärung *f*; **~tíð** *f* Zukunft *f*; *Gram.* Futur(um) *n*; **~tönn** *f* Vorderzahn *m*.
**fram|vegis** hier- *od.* danach; **og svo ~** (*Abk.* **o. s. frv.**) und so weiter (*Abk.* usw.);

**~þróun** *f* Entwicklung *f*, Evolution *f*.
**fransk|a** *f* Französisch *n*; **~ur** französisch.
**frá|rennsli** *n* Ablauf *m*; Abfluß *m*; **~skilinn** geschieden; **~sögn** *f* Erzählung *f*; Bericht *m*; **~tekinn** reserviert, vorbestellt; belegt.
**frá|vera** *f* Abwesenheit *f*; **~verandi** abwesend.
**freð|fiskur** *m* Gefrierfisch *m*; **~inn** gefroren; **~kjöt** *n* Gefrierfleisch *n*; **~mýri** *f* Tundra *f*.
**fregn** *f* Nachricht *f*, Neuigkeit *f*; **~a** Nachricht bekommen; hören, vernehmen.
**freist|a** **~a** e-s etw. versuchen; j-n in Versuchung führen; **~ari** *m* Versucher *m*; **~ing** *f* Versuchung *f*.
**frekja** *f* Frechheit *f*.
**frekna** *f* Sommersprosse *f*.
**frekur** frech.
**frels|a** befreien; erlösen; **~ari** *m* Befreier *m*; Erlöser *m*; der Heiland; **~i** *n* Freiheit *f*.
**frelsis|barátta** *f* Freiheitskampf *m*; **~hetja** *f* Freiheitsheld *m*.
**frelsun** *f* Befreiung *f*; Erlösung *f*.
**fremja** (*Verbrechen*) begehen.
**fremri** vorderer.
**fremstur** vorderster.
**fremur** ziemlich, eher.
**frest|a** aufschieben; **~un** *f* Aufschieben *n*, Aufschiebung *f*; **~ur** *m* Aufschub *m*; Frist *f*.
**frétt** *f* Nachricht *f*; **~a** erfahren, hören; **~amaður** *m* Berichterstatter *m*; Reporter *m*; Korrespondent *m*; **~astofa** *f* Nachrichtenbüro *n*.
**freyða** schäumen.
**frí** *n* Ferien *pl*., Urlaub *m*; (*Schule*) Ferien *pl*.; **~dagur** *m* freier Tag; schulfreier, dienstfreier Tag.
**friðar|bogi** *m* Regenbogen *m*; **~kostir** *m/pl*. Friedensbedingungen *pl*.; **~samningur** *m* Friedensschluß *m*; **~skilmálar** *m/pl*. *s*. **~kostir**; **~umleitanir** *f/pl*. Friedensverhandlungen *pl*.; **~þing** *n* Friedenskongreß *m*.
**friðhelgur** unverletzbar, unantastbar.
**fríð|indi** *n/pl*. Privileg *n*, Vorrecht *n*; **~leiki** *m* Schönheit *f*.
**frið|leysi** *f* Friedlosigkeit *f*, Rastlosigkeit *f*; **~samur** friedlich; **~ur** *m* Friede(n) [*m*.]
**fríður** hübsch, schön.
**frí|hyggjumaður** *m* Freidenker *m*; **~kirkja** *f* Freikirche *f*.
**fríkka** hübscher *od*. schöner werden.
**frí|merki** *n* Brief- *od*. Freimarke *f*; **~merkja** frankieren; **~merkjasafnari** *m* Markensammler *m*; **~mínútur** *f/pl*. (*Schule*) Pause *f*; **~múrari** *m* Freimaurer *m*; **~ríki** *n* Freistaat *m*

**frísk|leiki** *m* Keckheit *f*, Kraft *f*; Gesundheit *f*; **~ur** gesund; rasch.
**frístund** *f* Freizeit *f*.
**frítt** gratis; **~ um borð** *Hdl.* fob.
**frjáls** frei; **~legur** freimütig, frei; **~lyndi** *n* Freisinn *m*; **~ræði** *n* Freiheit *f*.
**frjór** fruchtbar.
**frjósa** frieren; gefrieren.
**frjó|samur** fruchtbar; **~semi** *f* Fruchtbarkeit *f*.
**frjóvg|a** befruchten; **~un** *f* Befruchtung *f*.
**froða** *f* Schaum *m*.
**fróð|legur** interessant; **~leiksást** *f* Wißbegierde *f*.
**fróður** gelehrt.
**froskur** *m* Frosch *m*.
**frost** *n* Frost *m*; **~mark** *n* Gefrierpunkt *m*; **~rósir** *f/pl.* Eisblumen *pl.*
**frú** *f* Frau *f*.
**fruma** *f* Zelle *f*.
**frum|afl** *n* Urkraft *f*; **~byggi** *m* Ureinwohner *m*; **~drættir** *m/pl.* Grundzüge *pl.*; **~eind** *f* Atom *n*; **~hugsun** *f* Grundgedanke *m*; **~kvæði** *n* Initiative *f*; Originalgedicht *n*; **~kvöðull** *m* Urheber *m*.
**frum|legur** original; **~maður** *m* Urmensch *m*; **~mynd** *f* Urbild *n*; **~regla** *f* Grundsatz *m*; **~rit** *n* Original *n*; **~skilyrði** *n* Grundbedingung *f*; **~skógur** *m* Urwald *m*; **~stæður** primitiv; **~tala** *f* Grundzahl *f*; **~tunga** *f* Ursprache *f*
**frum|varp** *n* Gesetzesvorlage *f*; **~þáttur** *m* Element *n*; **~þjóð** *f* Urvolk *n*.
**frymi** *n* Protoplasma *n*.
**frýsa** (*Pferd*) schnauben, schnaufen.
**frysta** *v/t.* gefrieren lassen.
**frysti|hús** *n* Gefrierhaus *n*, Kühlhaus *n*; **~skápur** *m* Kühlschrank *m*.
**fræ** *n* Same(n) *m*; **~ða** unterrichten, belehren.
**fræði|grein** *f* Wissenschaft *f*, Fach *n*; **~kenning** *f* Theorie *f*; **~kerfi** *n* System *n*; **~maður** *m* Gelehrte(r) *m*.
**fræðsl|a** *f* Unterricht *m*; Aufklärung *f*; **~umálastjóri** *m* Direktor *m* des Schul- und Erziehungswesens; Landesschulrat *m*.
**frægð** *f* Berühmtheit *f*.
**frægur** berühmt.
**frækorn** *n* Samenkorn *n*.
**frænd|erni** *n* Verwandtschaft *f*; **~i** *m* Verwandte(r) *m*; **~kona** *f* Verwandte *f*; **~lið** *n* Verwandtschaft *f*.
**frömuður** *m* Förderer *m*; Vorkämpfer *m*.
**fugl** *m* Vogel *m*; **~ager** *n* Vogelschwarm *m*; **~ahræða** *f* Vogelscheuche *f*; **~ari** *m* Vogelfänger *m*; **~asöngur** *m* Vogelgesang *m*; **~aveiði** *f* Vogelfang *m*.
**fúinn** morsch, verfault.
**fullkom|leiki** *m* Vollkommenheit *f*; **~inn** vollkom-

men; ~na vervollkommnen.
**fullnaðarpróf** *n* Abgangsexamen *n*.
**full|nægja** zufriedenstellen, befriedigen; **~orðinn** erwachsen; **~trúi** *m* Repräsentant *m*, Vertreter *m*; Bevollmächtigte(r) *m/f*.
**full|ur** voll; besoffen; **~valda** souverän; **~veldi** *n* Souveränität *f*; **~vissa** 1. (volle) Gewißheit; Sicherheit *f*; 2. versichern.
**full|yrða** behaupten, versichern; **~yrðing** *f* Behauptung *f*; **~þroskaður** vollreif.
**fund|arályktun** *f* Resolution *f*; **~arbók** *f* (*Sitzungs-*)Protokoll *n*; **~argerð** *f* Protokoll *n*; **~arlaun** *n* Finderlohn *m*; **~arsamþykkt** *f* Versammlungsbeschluß *m*; **~arstjóri** *m* Versammlungsleiter *m*; **~ur** *m* 1. Versammlung *f*; Sitzung *f*; 2. Fund *m*; Entdeckung *f*.
**fura** *f* Kiefer *f*, Föhre *f*.
**furð|a** 1. *f* Wunder *n*; 2. **~ sig á e-u** sich über etw. wundern, über etw. staunen; **~ulegur** merkwürdig, erstaunlich.
**fursti** *m* Fürst *m*.
**furutré** *n* s. **fura**.
**fús** bereitwillig.
**fylgd** *f* Begleitung *f*; **~arlið** *n* Gefolge *n*; **~armaður** *m* Begleiter, Führer *m*.
**fylgi** *n* Anklang *m*, Beifall *m*, Zustimmung *f*; Anhängerschaft *f*; **~bréf** *n* Begleitbrief *m*; Frachtbrief *m*; **~skjal** *n* Anlage *f*.
**fylgja** begleiten; **~ndi** *m* Anhänger *m*.
**fylgsni** *n* Versteck *n*.
**fylla** füllen.
**fynd|inn** witzig; **~ni** *f* Witz *m*.
**fyrir** *prp*. vor; für; durch.
**fyrir|bára** *f* Vorwand *m*; **~boði** *m* Anzeichen *n*; **~brigði** *n* Phänomen *n*, Erscheinung *f*; **~ferð** *f* Umfang *m*; **~ferðarmikill** umfangreich; **~fram** im voraus; **~framgreiðsla** *f* Vorschuß *m*; **~gefa** verzeihen, entschuldigen; **~gefið!** Verzeihung !, entschuldigen Sie!; **~gefning** *f* Verzeihung *f*, Verzeihen *n*; Vergebung *f*; **~greiðsla** *f* Hilfe *f*, Beistand *m*.
**fyrir|heit** *n* Versprechen *n*, Verheißung *f*; **~hugaður** vorgesehen; **~hyggja** *f*, Fürsorge *f*, Sorge *f*.
**fyrir|höfn** *f* Anstrengung *f*, Mühe *f*, Umstände *m/pl.*; **~komulag** *n* Ordnung *f*; **~lesari** *m* Redner *m*; **~lestur** *m* Vortrag *m*; Vorlesung *f*; **~liggjandi** auf Lager; **~líta** verachten; **~litning** *f* Verachtung *f*; **~mynd** *f* Vorbild *n*; **~mæli** *n/pl.* Vorschrift *f*; **~rennari** *m* Vorgänger *m*; **~skipa** befehlen, verordnen; **~skipan, ~skipun** *f* Befehl *m*, Verordnung *f*; **~sláttur** *m*

Vorwand *m*; **~spurn** *f* Anfrage *f*; **~sögn** *f* Überschrift *f*; Vorschrift *f*.
**fyrir|vari** *m* Vorbehalt *m*; **~verða**: **~verða sig** sich schämen; **~ætlun** *f* Plan *m*, Absicht *f*.
**fyrr** früher, eher; **~nefndur** obengenannt; **~um** ehemals; **~verandi** ehemalig.
**fyrst** anfangs, zuerst; **~ og fremst** in erster Linie, vor allem.
**fyrtinn** reizbar, empfindlich.
**fýsn** *f* Lust *f*.
**fæða** 1. *f* Nahrung *f*; 2. gebären; ernähren.
**fæði** *n* Kost *f*, Verpflegung *f*; **~ng** *f* Geburt *f*; **~ngarár** *n* Geburtsjahr *n*; **~ngardagur** *m* Geburtstag *m*; **~ngarstofnun** *f* Entbindungsheim *n*; **~ngarvottorð** *n* Geburtsschein *m*.
**fægja** putzen.
**fækka** an Zahl abnehmen.
**fær** tüchtig, fähig.
**færa** bringen; überbringen.
**Færeyingur** *m* Färinger *m*.
**Færeyjar** *f/pl.* die Färöer *pl.*
**færeyskur** färöisch.
**færi** *n* Gelegenheit *f*; Angelschnur *f*.
**færni** *f* Tüchtigkeit *f*; Fertigkeit *f*.
**föðmun** *f* Umarmung *f*.
**föður|bróðir** *m* Onkel *m*, Bruder *m* des Vaters; **~land** *n* Vaterland *n*; **~legur** väterlich; **~systir** *f* Tante *f*, Schwester *f* des Vaters; **~ætt** *f* Verwandtschaft *f* väterlicherseits.
**fögnuður** *m* Freude *f*.
**fölna** verbleichen; verwelken.
**fölur** bleich, blaß.
**fönn** *f* Schnee *m*; Schneewehe *f*.
**för** *f* Reise *f*; Fahrt *f*.
**föru|munkur** *m* Bettelmönch *m*; **~nautur** *m* Reisekamerad *m*.
**föstudagur** *m* Freitag *m*; **~inn langi** Karfreitag *m*.
**föt** *n/pl.* Kleider *pl.*

# G

**gabba** zum Narren haben, anführen.
**gadd|avír** *m* Stacheldraht *m*; **~ur** *m* Stachel *m*; Harsch *m*.
**gáfa** *f* Gabe *f*, Begabung *f*; **~ður** begabt.
**gaffall** *m* Gabel *f*.
**gafl** *m* Giebel *m*.
**gáfna|far** *n* Intelligenz *f*; **~próf** *n* Test *m*.
**gagn** *n* Nutzen *m*; **~a** nützen; **~auga** Schläfe *f*; **~fræðapróf** *n* (*ungefähr*) Mittelschulexamen *n*; **~fræðaskóli** *m* (*ungefähr*) Mittelschule *f*; **~gjör** total; **~krafa** *f* Gegenforderung *f*; **~kvæmur** gegenseitig; **~rýnandi** *m* Kritiker *m*; **~rýninn** kritisch; **~rök** *n/pl.* Gegenargumente *pl.*; **~semi** *f* Nutzen *m*.
**gagnslaus** nutzlos.

**gagn|spurning** *f* Gegenfrage *f*; **~vart** gegenüber; **~virkur** reziprok.
**gal** *n* Krähen *n*; **~a** krähen.
**gá|laus** unvorsichtig; **~leysi** *n* Unvorsichtigkeit *f*.
**galdra** hexen, zaubern; **~list** *f* Hexenkunst *f*.
**galdur** *m* Zauber *m*, Zauberei *f*.
**gálgi** *m* Galgen *m*.
**galinn** verrückt.
**gall** *n* Galle *f*; **~aður** defekt, mangelhaft.
**gallalaus** fehlerfrei.
**gall|hraustur** kerngesund; **~i** *m* Fehler *m*.
**gals|afullur** ausgelassen; **~i** *m* Ausgelassenheit *f*.
**galtómur** vollständig leer.
**galvanhúðaður** galvanisiert.
**gamal|dags** altmodisch; altertümlich; **~l** alt.
**gaman** *n* Spaß *m*, Scherz *m*; **það er ~** es ist lustig; **gera að gamni sínu** spaßen; **~leikur** *m* Lustspiel *n*.
**gamlárskvöld** *n* Silvesterabend *m*.
**gamlast** altern, alt werden.
**ganga** 1. *f* Wanderung *f*; 2. gehen, wandern; spazierengehen; **hvað gengur á?** was ist los?
**gang|braut** *f*, **~stétt** *f* Bürgersteig *m*, Trottoir *n*.
**gapa** gaffen; offen stehen.
**garð|ávextir** *m/pl.* (besonders) Kartoffeln und Rüben; **~rækt** *f* Gartenbau *m*; **~ur** *m* Garten *m*; **~yrkja** *f* Gärtnerei *f*, *s. a.* **~rækt**; **~yrkjumaður** *m* Gärtner *m*.
**garga** (*Ente*) schnattern; schreien.
**garn** *n* Garn *n*; **~aflækja** *f* Darmverschlingung *f*.
**gárungi** *m* Spaßvogel *m*, Schelm *m*.
**gas** *n* Gas *n*; **~lýsing** *f* Gasbeleuchtung *f*; **~stöð** *f* Gaswerk *n*.
**gat** *n* Loch *n*, Öffnung *f*.
**gát** *f* Aufmerksamkeit *f*, Vorsicht *f*.
**gata** 1. *f* Straße *f*; Weg *m*; Pfad *m*; 2. durchlöchern.
**gáta** *f* Rätsel *n*.
**gatnamót** *n/pl.* Kreuzweg *m*.
**gátt** *f* Türöffnung *f*.
**gaukur** *m* Kuckuck *m*.
**gaumur** *m* Aufmerksamkeit *f*; **gefa e-u gaum** etw. beachten.
**gedda** *f* Hecht *m*.
**geð** *n* Temperament *n*; Sinn *m*, Gemütsart *f*; **~blær** *m* Stimmung *f*.
**geð|felldur** sympathisch; **~góður** gutmütig; **~illur** übellaunig.
**geðjast: mér ~ að honum** er gefällt mir.
**geðprúður** ruhig, beherrscht.
**geðshræring** *f* Gemütsbewegung *f*.
**geð|veiki** *f* Geisteskrankheit *f*; **~veikur** geisteskrank; **~þótti** *m* Belieben *n*.
**gefa** geben, schenken; **~ndi** *m* Geber *m*; Spender *m*.
**gefins** gratis.

**geggjaður** geisteskrank; *a. pop.* verrückt.
**gegn** gegen, wider; **~a** antworten.
**gegndarlaus** maßlos, unbeschränkt.
**gegndrepa** durch und durch naß.
**gegninn** gehorsam.
**gegnsósa** durchtränkt.
**gegnt** gegenüber.
**gegnum** durch; **~votur** durchnäßt.
**geig|laus** unerschrocken; **~vænlegur** drohend, schreck(en)erregend.
**geimur** *m* Weltraum *m*; (großer) leerer Raum.
**geisa** rasen.
**geisla** strahlen, bestrahlen; **~baugur** *m* Glorienschein *m*; **~lækning** *f* Röntgenbehandlung *f*; **~verkun** *f*, **~virkni** *f* Radioaktivität *f*; **~virkur** radioaktiv.
**geisli** *m* Strahl *m*; Radius *m*.
**geislun** *f* Strahlung *f*.
**geisp|a** gähnen; **~i** *m* Gähnen *n*.
**geit** *f* Ziege *f*; **~hafur** *m* Ziegenbock *m*.
**gelda** kastrieren.
**gelgjuskeið** *n*, Geschlechtsreife *f*, Pubertät(salter *n*) *f*, Übergangsalter *n*.
**gelt** *n* Bellen *n*; **~a** bellen.
**gengi** *n* Glück *n*; Erfolg *m*; (*Geld*) Kurs *m*; **~sfelling** *f* (*Währung*) Abwertung *f*, Entwertung *f*; **~slækkun** *f s.* **~felling.**
**ger** *n* Hefe *f*.
**gera** machen, tun, ausrichten.
**gerða|bók** *f* Protokoll *n*; **~rdómur** *m* Schiedsgericht *n*.
**geril|l** *m* Bakterie *f*; **~sneyða** pasteurisieren, entkeimen.
**gerla|fræði** *f* Bakteriologie *f*; **~fræðingur** *m* Bakteriologe *m*.
**Germani** *m* Germane *m*.
**germanskur** germanisch.
**gersemi** *f* Kostbarkeit *f*, Kleinod *n*.
**gervi|efni** *n* Kunststoff *m*; **~nafn** *n* Pseudonym *n*; **~silki** *n* Kunstseide *f*; **~tennur** *f/pl.* künstliche Zähne *pl.*; Gebiß *n*.
**gerzkur** russisch.
**gest|gjafi** *m* Gastgeber *m*; Gastwirt *m*; **~risinn** gastfrei; **~risni** *f* Gastfreiheit *f*; **~ur** *m* Gast *m*.
**geta 1.** *f* Fähigkeit *f*, Vermögen *n*; **2.** können.
**getgáta** *f* Erraten *n*; Mutmaßung *f*.
**geyma** aufbewahren, aufheben; **hafa að ~** enthalten.
**geymir** *m* Behälter *m*; Tank [*m*.]
**geymsla** *f* Aufbewahrung *f*; Abstellraum *m*.
**geymslu|hólf** *n* Banktresor *m*, Bankfach *n*; **~hús** *n* Lagerhaus *n*.
**gifta 1.** *f* Glück *n*; **2.** verheiraten; trauen; **~ sig** heiraten, sich verheiraten; **~st** heiraten.

**gifting** *f* Heirat *f*; Trauung *f*; **~ardagur** *m* Hochzeitstag *m*; **~arhringur** *m* Trauring *m*.

**gígbarmur** *m* Kraterrand[*m*.]

**gigt** *f* Gicht *f*; **~veikur** rheumatisch.

**gígur** *m* Krater *m*.

**gil** *n* Kluft *f*; Schlucht *f*.

**gild|a** gelten; so und so viel wert sein; **það ~ir einu** es ist gleichgültig; **~askáli** *m* Café *n*, Restaurant *n*; **~i** *n* Wert *m*; **~leiki** *m* Dicke *f*, Stärke *f*; **~na** dicker *od.* stärker werden.

**gild|ra** *f* Falle *f*; **~ur** dick; gültig; **~vaxinn** untersetzt, gedrungen.

**gimsteinn** *m* Juwel *n*; Edelstein *m*.

**ginn|a** verleiten, locken, **~ing** *f* Lockung *f*.

**gips** *n* Gips *m*; **~mynd** *f* Gipsfigur *f*.

**gír** *m* (*Auto*) Gang *m*; **~kassi** *m* Getriebekasten *m*; **~skipting** *f* Schaltung *f*; **~stöng** *f* Schalthebel *m*.

**girð|a** einfried(ig)en, einzäunen; **~ing** *f* Zaun *m*.

**girnast** begehren.

**girnd** *f* Begierde *f*, Wollust *f*; Verlangen *n*.

**girnilegur** begehrenswert, lockend.

**gist|a** übernachten; **~ihús** *n* Hotel *n*; **~ing** *f* Übernachtung *f*; **~istaður** *m* Nachtherberge *f*; **~ivinur** *m* Gastfreund *m*.

**gítar** *m* Gitarre *f*.

**gizka** (er)raten; **á að ~** schätzungsweise, ungefähr.

**gjá** *f* Kluft *f*; Schlucht *f*.

**gjafmild|i** *f* Freigebigkeit *f*; **~ur** freigebig.

**gjaf|vaxta** heiratsfähig; **~verð** *n od.* **~virði** *n* Spottpreis *m*.

**gjald** *n* Bezahlung *f*; **~a** bezahlen; **~** e-s für etw. büßen; **~andi** *m* (*Ein-*)Zahler *m*; **~dagi** *m* Fälligkeitstag *m*; Zahlungstermin m; **falla í ~daga** fällig werden; **~eyrir** *m* Valuta *f*; **erlendur ~** Devisen *pl.*; **~frestur** *m* Zahlungsfrist *f*; **~gengur** gültig, kurant; **~keri** *m* Kassier(er) *m*; Kassenführer *m*; **~miðill** *m* Währung *f*; **~mælir** *m* Taxameter *m*; **~þrot** *n* Konkurs *m*; **~þrota** zahlungsunfähig.

**gjallarhorn** *n* Lautsprecher *m*.

**gjarnan** gern(e).

**gjósa** (*Vulkan*) ausbrechen; (*Geysir*) springen; (*Springbrunnen*) sprudeln.

**gjóta 1.** *f* Vertiefung *f*; **2.** (*Hündin, Katze*) Junge bekommen, werfen.

**gjöf** *f* Geschenk *n*, Gabe *f*; **~ull** freigebig.

**gjör|breyta** vollständig verändern; **~breyting** *f* vollständige Veränderung; **~bylting** *f* vollständige Umwälzung.

**gjörð** *f* Sattelgurt *m*; Faßband *n*.

**gjör|eyða** vollständig verwüsten, vernichten; **~kunnugur:** ~ e-u mit etw. vertraut.
**gjörla** vollständig, genau.
**gjörsamlega** ganz (und gar), vollkommen.
**glað|legur** munter, lebhaft; **~lyndi** *n* Heiterkeit *f*, Fröhlichkeit *f*; **~na: það glaðnar til** es klärt sich auf; **~ur** froh; **~vakandi** ganz wach.
**glamp|a** blitzen, schimmern, blinken; **~i** *m* Blitz *m*; Schimmer *m*, Glanz *m*.
**glamra** rasseln, klirren.
**glamur** *n* Klappern *n*.
**glanni** *m* tollkühner Mensch.
**glappaskot** *n* Fehlgriff *m*, Mißgriff *m*.
**glapræði** *n* Mißgriff *m*, unüberlegte Handlung.
**glas** *n* Glas *n*; Fläschchen *n*.
**glata** verlieren; **~st** verlorengehen.
**gleði** *f* Freude *f*, Heiterkeit *f*; **hrópa af ~** jubeln; **~frétt** *f* erfreuliche Nachricht; **~laus** freudlos; **~legur** erfreulich; **~leikur** *m* Lustspiel *n*; **~tár** *n* Freudenträne *f*.
**gleðja** freuen, erfreuen; j-m e-e Freude machen; **~st** sich freuen.
**glefsa** (nach etw.) schnappen.
**gleiðletraður** *Typ.* gesperrt.
**glepja** verführen; verwirren.
**gler** *n* Glas *n*; **~augu** *n/pl.* Brille *f*; **~brot** *n* Glasscherbe *f*; **~rúða** *f* Glasscheibe *f*; **~skeri** *m* Glaser (-meister) *m*.
**gler|ungur** *m* Email *n*, Emaille *f*; **~varningur** *m* Glaswaren *pl*.
**glettinn** schelmisch.
**gleym|a** vergessen; **~inn** vergeßlich; **~ni** *f* Vergeßlichkeit *f*; **~ska** *f* Vergessenheit *f*.
**gleypa** verschlucken; verschlingen.
**glíma 1.** *f* isländischer Ringkampf; **2.** ringen *a. fig.*
**glitra** glitzern, blinken.
**gljá|andi** blank; blendend rein; **~fægður** blank, poliert.
**gljúfur** *n* Bergschlucht *f*, Kluft *f*.
**gljúpur** schwammig, porös.
**gló|a** glühen; scheinen; **~ð** *f* Glut *f*; **~ðarauga** *f* *fig.* blaues Auge.
**glóð|heitur** glühend heiß; **~rauður** rotglühend; **~volgur** behaglich warm.
**glófi** *m* Handschuh *m*.
**glóhærður** hellblond.
**glóp|ska** *f* Dummheit *f*; Unbesonnenheit *f*; **~ur** *m* Narr *m*.
**glott** *n* Grinsen *n*; **~a** grinsen.
**glugga|blóm** *n* Topfpflanze *f*; **~kista** *f* Fensterbrett *n*; **~rúða** *f* Fensterscheibe *f*; **~tjald** *n* Fenstervorhang *m*, Gardine *f*.

**gluggi** *m* Fenster *n*.
**glysvarningur** *m* Schmucksachen *pl.*; Galanteriewaren *pl.*
**glæða** beleben; **~st** aufflackern; *fig.* zunehmen.
**glæfra|fyrirtæki** *n* Wag(e)stück *n*; **~maður** *m* Abenteurer *m*.
**glænýr** ganz frisch.
**glæpa|maður** *m* Verbrecher *m*; **~verk** *n* Verbrechen *n*.
**glæpsamlegur** verbrecherisch.
**glæpur** *m* Verbrechen *n*; **drýgja (fremja) glæp** ein Verbrechen begehen
**glær** durchsichtig, klar.
**glæsi|legur** elegant, prächtig; **~menni** *n* eleganter Mann; **~mennska** *f* Eleganz *f*.
**glötun** *f* Verlust *m*; Verderben *n*.
**gnísta: ~ tönnum** mit den Zähnen knirschen.
**gnótt** *f* Überfluß *m*; Menge *f*.
**gnæfa** ragen.
**gnægð** *f s.* **gnótt.**
**goð** *n* heidnischer Gott; Götze *m*; **~afræði** *f* Mythologie *f*; **~sögn** *f* Mythe *f*.
**góð|brjósta(ður)** gutherzig; **~fús** wohlwollend; (*Leser*) geneigt; **~gerðir** *f/pl.* Bewirtung *f*; **~girni** *f* Wohlwollen *n*; **~gjarn** wohlwollend; **~hjartaður,** *s.* **~brjóstaður.**
**góð|lyndi** *n* Gutmütigkeit *f*, Sanftmut *m*; **~menni** *n* guter Mensch *m*; **~mennska** *f* Güte *f*, Gutmütigkeit *f*.
**góð|skáld** *n* großer Dichter; **~ur** gut; **góðan dag!** guten Tag!; **gott kvöld!** guten Abend!; **góða nótt!** gute Nacht!; **góðs viti** gutes Zeichen; **verði þér (yður, ykkur) að góðu!** Mahlzeit!
**góð|verk** *n* e-e gute Tat; **~viðri** *n* gutes Wetter; **~vild** *f* Wohlwollen *n*.
**gola** *f* Lüftchen *n*; Brise *f*.
**gólf** *n* Fußboden *m*; **~ábreiða** *f*, **~teppi** *n* Teppich *m*; **~motta** *f* Fußmatte *f*; **~tuska** *f* Scheuerlappen *m*.
**Golfstraumurinn** *m* der Golfstrom.
**góm|sætur** lecker; **~ur** *m* Gaumen *m*; Fingerspitze *f*.
**gón** *n* Gaffen *n*; **~a** gaffen.
**gormur** *m* Spirale *f*.
**gort** *n* Prahlen *n*; **~a** prahlen; **~ari** *m* Prahler *m*.
**gos** *n* Vulkanausbruch *m*; **~brunnur** *m* Springbrunnen *m*; **~drykkur** *m* Sprudelwasser *n*; **~hver** *m* Geysir *m*, Geiser *m*.
**gotnesk|a** *f* Gotisch *n*; **~ur** gotisch.
**gráða** *f* Grad *m*.
**grafa** graben; begraben, beerdigen; **~ri** *m* Gräber *m*.
**gráfíkja** *f* Feige *f*.
**graf|kyrr** totenstill; **~letur** *n* Grabschrift *f*.
**gráhærður** grauhaarig.

**gramm** *n* Gramm *n*; **~ófónn** *m* Grammophon *n*.

**gramur** ärgerlich.

**granda** vernichten; zerstören.

**grandvar** gewissenhaft; ehrlich.

**grann|i** *m* Nachbar *m*; **~-kona** *f* Nachbarin *f*.

**grann|ur, ~vaxinn** schlank; schmächtig gebaut; **~vitur** dumm, beschränkt.

**grár** grau; (*Pferd*) weiß.

**gras** *n* Gras *n*; **~afræði** *f* Botanik *f*; **~afræðingur** *m* Botaniker *m*; **~flöt** *f* Rasenplatz *m*; **~lendi** *n* Wiese *f*; **~spretta** *f* Graswuchs *m*; **~strá** *n* Grashalm *m*; **~svörður** *m* Rasen *m*.

**grát|a** weinen; **~bæna** anflehen; **~ur** *m* Weinen *n*.

**grautur** *m* Grütze *f*, Brei *m*.

**greftr|a** begraben; **~un** *f* Begräbnis *n*.

**greiða 1.** *f* Kamm *m*; **2.** bezahlen; **~sölustaður** *m* Gasthof *m*; **~samur** hilfreich; **~semi** *f* Hilfsbereitschaft *f*.

**greiði** *m* Dienst *m*, Gefallen *m*.

**greiðsl|a** *f* Zahlung *f*; (*Haar*) Frisur *f*; **~ufrestur** *m* Zahlungsfrist *f*; **~ujöfnuður** *m* Zahlungsbilanz *f*; **~ustaður** *m* Zahlungsort *m*; **~utími** *m* Zahlungstermin *m*.

**greið|ugur, ~vikinn** hilfreich, dienstbereit.

**greif|afrú** *f* Gräfin *f*; **~i** *m* Graf *m*.

**grein** *f* Ast *m*; Zweig *m*; (*Zeitung*) Artikel *m*; *Jur.* Paragraph *m*; (*Schule*) Fach *n*.

**greinar|merki** *n* Satzzeichen *n*; **~munur** *m* Unterschied *m*.

**greind** *f* Intelligenz *f*; Begabung *f*, Verstand *m*; **~ur** begabt; intelligent.

**greinilegur** deutlich, klar; ausführlich.

**greinir** *m* *Gram.* Artikel *m*.

**gremj|a** *f* Ärger *m*, Erbitterung *f*; **~ulegur** ärgerlich.

**greni** *n* Tanne *f*; Fuchsbau *m*; **~skógur** *m* Tannenwald *m*.

**grenja** heulen, weinen, schreien.

**grennast** schlanker *od.* dünner werden.

**grennd** *f* Umgebung *f*, Nachbarschaft *f*.

**grennslast:** **~ eftir e-u** sich nach etw. erkundigen.

**gresja** *f* Steppe *f*, Prärie *f*.

**gretta 1.** *f* Grimasse *f*; **2. ~ sig** Gesichter schneiden.

**grið** *n/pl.* Waffenstillstand *m*; Gnade *f*; **~ astaður** *m* Zufluchtsort *m*.

**Grikk|i** *m* Grieche *m*; **~land** *n* Griechenland *n*.

**gríma** *f* Maske *f*.

**grimm|d** *f* Grausamkeit *f*; **~ur** grausam

**grind** *f* Gitter *n*; **~ahlaup** *n* Hürdenlauf *m*; **~horaður** knochendürr, dünn (wie ein Gerippe).

**grípa** (er)greifen; (*Ball*) auffangen.

**gripa|hús** *n* Stall *m*; **~safn** *n* Museum *n*; **~sýning** *f* Viehschau *f*.
**grip|deild** *f* Plünderung *f*, Diebstahl *m*; **~ur** *m* Ding *n*, Gegenstand *m*; Kostbarkeit *f*; ein Stück Vieh.
**grís** *m* Ferkel *n*.
**grisja** lichten.
**grísk|a** *f* Griechisch *n*; **~ur** griechisch.
**grjón** *n* Korn *n*; Körnchen *n*; (*Koll.*) Grieß *m*; Graupen *pl*.
**grjót** *n* Gestein *n*; **~náma** *f* Steinbruch *m*.
**gró** *n* *Bot.* Spore *f*; **~a** (*Pflanze*) wachsen; (*Wunde*) heilen.
**grobb** *n* Prahlerei *f*; **~a** prahlen; **~inn** prahlerisch.
**gróði** *m* Gewinn *m*; Verdienst *m*.
**gróður** *m* Pflanzenwuchs *m*, Vegetation *f*; **~hús** *n* Treibhaus *n*; **~setja** pflanzen; **~setning** *f* Pflanzen *n*.
**gróf|gerður, ~ur** grob.
**grufl** *n* Grübelei *f*; **~a** grübeln; **~ari** *m* Grübler *m*.
**grugg** *n* Bodensatz *m*; **~ugur** mit Bodensatz vermischt; *fig.* unrein.
**gruna** ahnen, vermuten; verdächtigen.
**grundvalla** gründen; **~rregla** *f* Grundsatz *m*.
**grundvöllur** *m* Grundlage *f*.
**grunlaus** nichts ahnend; ohne Verdacht.
**grunn** *n* (*Meer*) Sandbank *f*; **~fær** dumm, oberflächlich; **~hygginn** einfältig, dumm; **~ur 1.** *m* Grundlage *f*; (*Haus*) Fundament *n* **2.** *adj.* (*Wasser*) seicht, flach.
**grun|samlegur** verdächtig; **~ur** *m* Verdacht *m*; Ahnung *f*.
**grútar|lampi** *m* Tranlampe *f*; **~legur** geizig; **~sál** *f* Geizhals *m*.
**grútsyfjaður** schlaftrunken.
**gryfja** *f* Grube *f*.
**grýlukerti** *n* Eiszapfen *m*.
**grýt|a** steinigen; **~ing** *f* Steinigung *f*.
**grýttur** steinig.
**græða** verdienen; heilen; **~ri** *m* Heiland *m*.
**græðgi** *f* Gier *f*.
**Græn|land** *n* Grönland *n*; **~lendingur** *m* Grönländer *m*; **2meti** *n* Gemüse *n*.
**grænn** grün.
**gröf** *f* Grab *n*; **~tur** *m* Graben *n*; (*Geschwür*) Eiter *m*.
**gubba** erbrechen, kotzen.
**Guð** *m* Gott *m*; **Guði sé lof!** Gott sei Dank!; **2dómlegur** göttlich.
**guð|faðir** *m* Pate *m*; **~fræði** *f* Theologie *f*; **~fræðideild** *f* theologische Fakultät; **~fræðingur** *m* Theologe *m*; **~hræddur** gottesfürchtig, fromm; **~hræðsla** *f* Frömmigkeit *f*; **~last** *n* Gotteslästerung *f*; **~lasta** Gott lästern; **~móðir** *f* Patin *f*; **~rækinn** fromm;

**~rækni** *f* Frömmigkeit *f*.
**guðs|hús** *n* Gotteshaus *n*; **~móðir** *f* Jungfrau Maria, die Madonna.
**guð|speki** *f* Theosophie *f*; **~spekingur** *m* Theosoph *m*; **~spjall** *n* Evangelium *n*; **~spjallamaður** *m* Evangelist *m*; **~sþjónusta** *f* Gottesdienst *m*.
**gufa** 1. *f* Dampf *m*; 2. dampfen.
**gufu|afl** *n* Dampfkraft *f*; **~bátur** *m* Dampfer *m*; **~hvolf** *n* (*Erde*) Atmosphäre *f*; **~ketill** *m* Dampfkessel *m*; **~skip** *n* Dampfschiff *n*, Dampfer *m*; **~vél** *f* Dampfmaschine *f*; **~þrýstingur** *m* Dampfdruck *m*.
**gull** *n* Gold *n*; **~aldar- klas**sisch; **~aldarrit** *n* klassisches Werk; **~fallegur** außerordentlich schön; **~hamrar** *m/pl*. Schmeichelei *f*, Kompliment *n*; **~inn** golden.
**gulleitur** gelblich.
**gull|peningur** *m* Goldmünze *f*; **~smiður** *m* Goldschmied *m*.
**gul|rófa** *f* Steckrübe *f*, Kohlrübe *f*; **~rót** *f* Mohrrübe *f*, Karotte *f*; **~ur** gelb.
**gúmmí** *n* Gummi *n* (*m*).
**gung|a** *f* Angsthase *m*, Feigling *m*; **~uháttur** *m* Feigheit *f*.
**gust|a** blasen; **~ur** *m* Blasen *n*; Wind *m*; Windstoß *m*.
**gutlari** *m* Dilettant *m*.
**gyðingahatari** *m* Antisemit *m*.
**gyðingur** *m* Jude *m*.
**gyðja** *f* Göttin *f*.
**gyll|a** vergolden; **~ing** *f* Vergoldung *f*.
**gyllini** *n* Gulden *m*.
**gylta** *f* Sau *f*.
**gylltur** vergoldet.
**gys** *n* Spott *m*, Hohn *m*; **gera ~ að** verspotten.
**gæði** *n/pl*. Güte *f*; Qualität *f*.
**gæf|a** *f* Glück *n*; **~ulaus** ohne Glück; **~umaður** *m* Glückskind *n*.
**gægjast** gucken, sehen; **~ fram** hervorstehen.
**gægjugat** *n* Guckloch *n*.
**gæl|a** kosen; **~unafn** *n* Kosename *m*.
**gær: í ~** gestern; **~a** *f* Schaffell *n*; **~dagur** *m* der gestrige Tag; **~kvöld** *n*: **í ~kvöldi** gestern abend; **~morgunn: í ~morgun** gestern morgen.
**gæs** *f* Gans *f*; **~alappir** *f/pl*. Gänsefüßchen *pl*.; **~arsteggur** *m* Gänserich *m*.
**gæta** bewachen; bewahren; **~ sín** vorsichtig sein; sich in acht nehmen; aufpassen; sich vorsehen.
**gæti|lega** vorsichtig; **~nn** vorsichtig, besonnen.
**gætni** *f* Vorsicht *f*, Besonnenheit *f*.
**gætt** *f* Türöffnung *f*.
**gætur** *f/pl*. Aufmerksamkeit *f*; **gefa e-u ~** etw. beachten, auf etw. achtgeben.
**gæzka** *f* Güte *f*.

**gæzl|a** *f* Bewachung *f*; Arrest *m*; **~uvarðhald** *n* Untersuchungshaft *f*.
**göfg|a** veredeln; **~i** *f* Edelsinn *m*.
**göfug|leiki** *m*, **~lyndi** *n* Edelmut *m*; **~lyndur** edel, edelgesinnt; **~menni** *n* edler Mensch; **~mennska** *f* Edelmut *m*; **~ur** edel.
**göldróttur** zauberkundig.
**göltur** *m* Eber *m*.
**göng** *n/pl.* Korridor *m*; (unterirdischer) Gang; Tunnel *m*; **~uferð** *f* Spaziergang *m*; **~uför** *f* Wanderung *f*; **~ustafur** *m* (*Spazier-*) Stock *m*.
**gönuhlaup** *n* übereilte Handlung; Fehltritt *m*.
**gönur** *f/pl.* Irrwege *pl.*
**görn** *f* Darm *m*.
**götóttur** löcherig, durchlöchert.
**götu|auglýsing** *f* Anschlag (-zettel) *m*, Plakat *n*; **~horn** *n* Straßenecke *f*; **~lýsing** *f* Straßenbeleuchtung *f*; **~ræsi** *n* Kloake *f*; Rinnstein *m*; **~sópari** Straßenkehrer *m*; **~steinn** *m* Pflasterstein *m*.

# H

**ha?** bitte?, wie?
**há** *f* Grum(me)t *n*.
**háð** *n* Spott *m*, Hohn *m*.
**hádegi** *n* Mittag *m*; **~sbaugur** *m* Meridian *m*; **~sverður** Mittagessen *n*.
**háð|fugl** *m* Spötter *m*; **~rit** *n* Schmähschrift *f*; **~sbros** *n* Hohnlächeln *n*; **~skur, ~slegur** spöttisch; **~ung** *f* Schande *f*.
**háð|ur: ~ur e-u** von etw. abhängig; auf etw. beruhen; **~syrði** *n* Schmähwort *n*.
**haf** *n* Meer *n*, See *f*, Ozean *m*; **láta í ~** in See stechen *od.* gehen.
**hafa** haben; **~ e-ð fyrir satt** etw. als wahr ansehen; **~ hátt** viel Lärm machen; **~ í hyggju** beabsichtigen; **~ mjög gaman af e-u** sich über etw. köstlich amüsieren; **~ upp á e-u** etw. aufspüren *od.* ermitteln; **~ vit á e-u** sich auf etw. verstehen; **~st e-ð að** mit etw. beschäftigt sn.
**haf|djúp** *n* Meerestiefe *f*; **~flötur** *m* Meeresspiegel *m*; **~fræði** *f* Meereskunde *f*; **~ís** *m* Treibeis *n*.
**há|fjara** *f* tiefster Wasserstand bei Ebbe; **~flóð** *n* Hochwasser *n*; höchster Flutwasserstand.
**haf|löður** *n* Meeresschaum *m*; **~meyja** *f* Wassernixe *f*.
**hafna** ablehnen, abschlagen.
**hafnar|bakki** *m* Kai *m*; **~borg** *f* Hafenstadt *f*; **~garður** *m* Hafenmole *f*, Mole *f*; **~gerð** *f* Hafenanlage *f*; Hafenbau *m*; **~stjóri** *m* Hafenmeister *m*;

**~stúdent** *m* isländischer Student in Kopenhagen; **~verkamaður** *m* Hafenarbeiter *m*.
**hafn|bann** *n* *Mil.* Blockade *f*; **~sögubátur** *m* Lotsenboot *n*; **~sögumaður** *m* Lotse *m*.
**hafra|grautur** *m* Haferbrei *m*; **~grjón** *n/pl.* Haferflokken *pl.*
**hafrannsóknir** *f/pl.* Ozeanographie *f*.
**hafrar** *m/pl.* Hafer *m*.
**haf|ræna** *f* Seewind *m*; **~sbotn** *m* Meeresboden *m*; **~skip** *n* Ozeandampfer *m*, Überseedampfer *m*.
**hafur** *m* Bock *m*, Ziegenbock *m*.
**háfur** *m* Reuse *f*.
**haga** ordnen, einrichten; **~ sér** sich benehmen; **~ sér eftir e-u** sich nach etw. richten; **~mús** *f* Feldmaus *f*; **~nlegur** zweckmäßig;
**hag|fræði** *f* Volkswirtschaftslehre *f*; Volkswirtschaft *f*, Nationalökonomie *f*; **~fræðingur** *m* Volkswirt *m*.
**hagi** *m* Weide *f*.
**hag|kerfi** *n* ökonomisches System, Wirtschaftssystem *n*; **~kvæmur** praktisch; vorteilhaft; zweckmäßig.
**hagl** *n* Hagel *m*; **~abyssa** *f* Schrotflinte *f*.
**hag|legur** kunstfertig, kunstvoll; **~leikur** *m* Kunstfertigkeit *f*.
**haglél** *n* Hagelschauer *m*.
**hagmæltur** dichterisch begabt.
**hagn|aður** *m* Verdienst *m*; **~ast: ~ast á e-u** von etw. profitieren.
**hag|nýta** (praktisch) anwenden; **~nýting** *f* (praktische) Anwendung; Verwertung *f*; **~nýtur** praktisch.
**hag|ræði** *n* Nutzen *m*; Vorteil *m*; **~rænn** ökonomisch.
**hag|skýrsla** *f* statistischer Bericht, Statistik *f*; **~stofa** *f* statistisches Büro *od.* Amt.
**hagsmunir** *m/pl.* Interessen *pl.*
**hag|stæður** vorteilhaft; **~sýni** *f* praktischer Sinn; **~sýnn** praktisch.
**hagur 1.** *m* Umstände *pl.*, Verhältnisse *pl.*; Vorteil *m*; **2.** *adj.* kunstfertig, geschickt.
**haka** *f* Kinn *n*.
**hákarl** *m* Hai *m*; **~aveiði** *f* Haifischfang *m*.
**haki** *m* Hacke *f*.
**halastjarna** *f* Komet *m*.
**hald** *n* Griff *m*; Nutzen *m*; **hafa ~ á e-u** etw. in seiner Gewalt haben; **vera í haldi** Gefangene(r) sn; **lúta í lægra haldi** unterliegen.
**halda 1.** *f* Henkel *m*, Griff *m*; **2.** glauben, denken; halten; behalten; **~ af stað** sich auf den Weg begeben; **~ áfram** fortsetzen; in etw. fortfahren;

~ fram behaupten; ~ fund (*Ausschuß*) e-e Sitzung abhalten; ~ **hátíðlegan** feiern; ~ **sér saman** den Mund halten; ~ **e-u við** etw. aufrechterhalten; ~ **við e-n** ein (*Liebes-*)Verhältnis mit j-m haben; **vera þungt haldinn** schwer krank sn; **~st við e-s staðar** sich irgendwo aufhalten.
**há|leitur** *fig.* erhaben; **~lendi** *n* Hochland *n.*
**hálfa: frá hans hálfu** seinerseits; **frá minni hálfu** meinerseits.
**hálf|leikur** *m* (*Sport*) Halbzeit *f*; **~ur** halb; *fam.* stark angeheitert; **~vegis** halbwegs; **~viti** *m* Idiot *m.*
**hali** *m* (*Rind*) Schwanz *m.*
**hálka** *f* Glätte *f*; Glatteis *n.*
**háll** (*Eis*) glatt; **þér verður hált á því** es kommt dir teuer zu stehen.
**halla** lehnen; ~ **sér** sich (an-) lehnen; *fig.* sich hinlegen; **~st** schief *od.* schräg stehen; **~mælir** *m* Wasserwaage *f*; **~i** *m* Abhang *m*; Neigung *f*; Verlust *m*; Defizit *n.*
**halloka: fara** ~ den kürzeren ziehen.
**hallæri** *n* Hungersnot *f*; Mißernte *f.*
**hálm|strá** *n* Strohhalm *m*; **~ur** *m* Stroh *n.*
**háls** *m* Hals *m*; *Geogr.* Höhenzug *m*; **~band** *n* Halsband *n*; **~bólga** *f* Halsentzündung *f*; **~höggva** enthaupten, köpfen; **~kirtill** *m Anat.* Mandel *f*; **~klútur** *m* Halstuch *n*; **~lín** *n* Kragen *m*; **~tau** *n* Krawatte *f* und Kragen *m.*
**halt|ra** hinken; **~ur** hinkend.
**hamar** *m* Hammer *m.*
**hámark** *n* Gipfelpunkt *m*; **~sverð** *n* Höchstpreis *m.*
**hamingj|a** *f* Glück *n*; **~uósk** *f* Glückwunsch *m*; **~usamur** glücklich.
**hampur** *m* Hanf *m.*
**hamra** hämmern; **~gjá** *f* Felsenkluft *f*, Felsenschlucht *f.*
**handa** für; **~hóf** *n*: **af ~hófi** zufällig; aufs Geratewohl; **~lögmál** *n/pl.* Tätlichkeiten *pl.*; **~n: fyrir ~n 1.** *prp.* jenseits, auf der anderen Seite **2.** *adv.* drüben; **~rbak** *n* Handrücken *m*; **~rhald** *n* Henkel *m*; **~rkriki** *m* Achselhöhle *f.*
**hand|avinna** *f* Handarbeit *f*; **~fang** *n* Griff *m*; Henkel *m*; **~fylli** *f* Handvoll *f*; **~hafi** *m* Inhaber *m*; **~íðakennsla** *f* Werk- oder Handfertigkeitsunterricht *m*; **Ƨíðaskólinn í Reykjavík** Die Reykjaviker Kunst- und Gewerbeschule.
**hand|iðn** *f* Handwerk *n*; **~iðnaðarmaður** *m* Handwerker *m*; **~klæði** *n* Handtuch *n*; **~knattleikur** *m* Handball *m*; **~laug** *f* Waschbecken *n*; **~leggur** *m* Arm *m*; **~læknir** *m* Chi-

rurg *m*; ~rið *n* Geländer *n*; ~rit *n* Handschrift *f*, Manuskript *n*; ~sama verhaften, festnehmen; (*Ball*) (auf)fangen.
**hand|snyrting** *f* Nagelpflege *f*, Handpflege *f*; ~**sprengja** *f* Handgranate *f*; ~**tak** *n* Händedruck *m*; ~**taka 1.** *f* Verhaftung *f*; **2.** verhaften; ~**taska** *f* Handkoffer *m*; ~**veð** *n* Faustpfand *n*; ~**veðslánsstofnun** *f* Leihhaus *n*, Leihamt *n*.
**hanga** *v/i* hängen.
**hangikjöt** *n* geräuchertes Fleisch (bes. Lamm- *od.* Hammelfleisch).
**hani** *m* Hahn *m*.
**hann** er; ~**yrðir** *f/pl.* Handarbeit *f* der Frauen.
**hanzki** *m* Handschuh *m*.
**happ** *n* Glücksfall *m*; ~**drætti** *n* Lotterie *f*; ~**drættismiði** *m* Los *n*, Lotterielos *n*.
**hár 1.** *n* Haar *n*; **2.** hoch; ~**alitur** *m* Haarfarbe *f*.
**harð|brjósta** hartherzig; ~**fiskur** *m* Stockfisch *m*; ~**leikinn** brutal; ~**lífi** *n* Verstopfung *f*; ~**ræði** *n* Tyrannei *f*; ~**soðinn** hartgekocht; ~**sperra** *f od.* ~**sperrur** *pl.* Muskelkater *m*; ~**stjóri** *m* Tyrann *m*; ~**stjórn** *f* Tyrannei *f*, Despotie *f*; ~**ur** hart; abgehärtet.
**háreysti** *f* Lärm *m*, Schrei *m*.
**hár|fínn** haarfein; ~**flétta** *f* Haarflechte *f*, Haarzopf *m*; ~**greiða** *f* Kamm *m*; ~**greiðsla** *f* (neue) Frisur *f*; ~**greiðslukona** *f* Friseuse *f*; ~**greiðslustofa** *f* Frisiersalon *m*; ~**klipping** *f* Haarschneiden *n*.
**harka** *f* Härte *f*, Strenge *f*.
**hár|kolla** *f* Perücke *f*; ~**liðun** *f* Ondulieren *n*; ~**los** *n* Haarausfall *m*.
**harm|a** beklagen; ~ **e-n** j-m nachtrauern; ~**agrátur** *m* Jeremiade *f*; Jammern *n*; ~**kvæði** *n* Trauerlied *n*; ~**leikur** *m* Trauerspiel *n*.
**harmoníka** *f* Ziehharmonika *f*.
**harmur** *m* Trauer *f*; Kummer *m*.
**hárnál** *f* Haarnadel *f*.
**harpa** *f* Harfe *f*.
**hár|réttur** vollkommen richtig; ~**sár** *fig.* empfindlich; ~**skeri** *m* Friseur *m*; ~**skurður** *m* Haarschneiden *n*; ~**vatn** *n* Haarwasser *n*.
**hártog|a** verdrehen; ~**un** *f* Haarspalterei *f*.
**hás** heiser.
**háseti** *m* Matrose *m*.
**hásk|alegur** gefährlich; ~**i** *m* Gefahr *f*.
**háskóla|deild** *f* Fakultät *f*; ~**borgari** *m* Akademiker *m*; ~**kennari** *m* Professor *m*; ~**rektor** *m* Hochschulrektor *m*; (*Titel*) Rector magnificus *m*; ~**ritari** *m* (*Island*) Universitätssekretär *m*.
**háskóli** *m* Universität *f*, Hochschule *f*.

**há|slétta** *f* Hochebene *f*; **~speki** *f* Metaphysik *f*; **~spenna** *f* Hochspannung *f*.
**há|stig** *n* *Gram.* Superlativ *m*; höchster Grad *m*; **~stökk** *n* Hochsprung *m*; **~sumar** *n* Hochsommer *m*; **~sæti** *n* Thron *m*, erhöhter Sitz *m*.
**hata** hassen.
**há|tíð** *f* Feier *f*; Fest *n*; **~tíðlegur** feierlich; **~tign** *f* Majestät *f*; **~tindur** *m* Gipfelpunkt *m*.
**hátt|a** zu Bett gehen; **~a sig** sich ausziehen; **~atími** *m* Schlafenszeit *f*; **~erni** *n* Benehmen *n*; Führung *f*; **~prúður** taktvoll; manierlich, ordentlich, anständig.
**hattur** *m* Hut *m*.
**háttur** (Art und) Weise *f*; Gewohnheit *f*; **á e-n hátt** auf irgendeine Weise.
**hátt|virtur** hochgeehrt; **~vís** taktvoll; **~vísi** *f* Takt *m*, Taktgefühl *n*.
**hatur** *n* Haß *m*.
**haukur** *m* Habicht *m*.
**haus** *m* Kopf *m*, Haupt *n*; **~kúpa** *f* (*Toten-*)Schädel *m*.
**haust** *n* Herbst *m*; **~kvöld** *n* Herbstabend *m*.
**há|vaði** *m* Lärm *m*; **~þrýsti** *n* Hochdruck *m*; *Meteor.* Hoch *n*; **~þýzka** *f* Hochdeutsch *n*.
**hebresk|a** *f* Hebräisch *n*; **~ur** hebräisch.
**héðan** von hier; **~ í frá** von jetzt ab.
**hefð** *f* *Jur.* Verjährung *f*; Tradition *f*; **~bundinn** *Jur.* althergebracht; traditionell.
**hefil|bekkur** *m* Hobelbank *f*; **~l** *m* Hobel *m*.
**hefja** heben; beginnen.
**hefla** hobeln.
**hefna** rächen; **~ sín á e-m** sich an j-m rächen; **~ndi** *m* Rächer *m*; **~ri** *m* *s.* **~ndi**.
**hefnd** *f* Rache *f*; **~argirni** *f* Rachsucht *f*; **~argjarn, hefnigjarn** rachsüchtig.
**hefti** *n* Heft *n*.
**hegð|a**: **~a sér** sich benehmen; **~un** *f* Betragen *n*, Benehmen *n*.
**hegn|a** bestrafen; **~ing** *f* Strafe *f*, Bestrafung *f*; **~ingarhús** *n* Strafanstalt *f*; **~ingarlög** *n/pl.* Strafgesetz *n*; **~ingarverður** strafbar.
**heiðar|legur** ehrlich; **~leiki** *m* Ehrlichkeit *f*.
**heiði** *f* Heide *f*; **~ngi** *m* Heide *m*; **~nn** heidnisch.
**heiðló** *f* Regenpfeifer *m*.
**heið|ra** ehren; **~skír** (*Himmel*) klar; **~ur 1.** *m* Ehre *f*; **2.** *adj.* (*Himmel*) klar.
**heiðurs|borgari** *m* Ehrenbürger *m*; **~félagi** *m* Ehrenmitglied *n*; **~merki** *n* Orden *m*; Ehrenzeichen *n*.
**heift** *f* tödlicher Haß; Raserei *f*; Heftigkeit *f*; **~arfullur** haßvoll, gehässig; **~rækinn** rachsüchtig.
**heigul|l** *m* Feigling *m*; **~sháttur** *m* Feigheit *f*.
**heila|blóðfall** *n* Schlaganfall

*m*; ~**brot** *n/pl.* Kopfzerbrechen *n*; ~**börkur** *m* Hirnrinde *f*.
**heilagfiski** *n* Heilbutt *m*.
**heilag|leiki** *m* Heiligkeit *f*; ~**ur** heilig.
**heila|himna** *f* Gehirnhaut *f*; ~**hristingur** *m* Gehirnerschütterung *f*; ~**spuni** *m* Hirngespinst *n*, Einbildung *f*.
**heilbrigð|i** *f* Gesundheit *f*; ~**ismál** *n/pl.* Sanitätswesen *n*; ~**isvottorð** *n* Gesundheitsattest (*od.* -zeugnis) *n*; ~**isyfirvöld** *n/pl.* Gesundheitsbehörde *f*; ~**ur** gesund.
**heild** *f* Ganzheit *f*, Gesamtheit *f*; ~**sala** *f* Großhandel *m*; ~**sali** *m* Großkaufmann *m*.
**heili** *m* Gehirn *n*; **brjóta heilann um e-ð** sich den Kopf über etw. zerbrechen.
**heill** 1. *f* Glück *n*; 2. *adj.* ganz, komplett; ~**a** bezaubern, entzücken; ~**aósk** *f* Glückwunsch *m*; ~**aóskaskeyti** *n* Glückwunschtelegramm *n*.
**heil|margir** ziemlich viele; ~**næmur** hygienisch; gesund; ~**ræði** *n* guter Rat.
**heilsa** 1. *f* Gesundheit *f*; 2. (be)grüßen; **ég bið að** ~ ich lasse grüßen.
**heilsu|fræði** *f* Gesundheitslehre *f*; ~**hæli** *n* Sanatorium *n*; ~**vernd** *f* Gesundheitspflege *f*.
**heim** heim; nach Hause; ~**a** zu Hause; **eiga** ~**a** wohnen; **standa** ~**a** stimmen.
**heiman|fylgja** *f* Aussteuer *f*; ~**mundur** *m* Aussteuer *f*; Mitgift *f*.
**heima|stjórn** *f* Selbstverwaltung *f*; ~**vistarskóli** *m* Internat *n*.
**heim|boð** *n* Einladung *f*; ~**ferð** *f* Heimreise *f*, Heimfahrt *f*.
**heimild** *f* (literarische) Quelle *f*; Befugnis *f*; ~**arleysi** *n*: **í** ~ ohne Erlaubnis; ~**armaður** *m* Gewährsmann *m*; ~**arrit** *n* Quellenschrift *f*, Quelle *f*.
**heimili** *n* Heim *n*; Wohnung *f*; **þungt** ~ große Familie; ~**sfaðir** *m* Familienvater *m*; ~**sfang** *n* Adresse *f*; ~**sfastur** wohnhaft; ~**slíf** *n* Familienleben *n*; ~**slæknir** *m* Hausarzt *m*; ~**svél** *f* Haushaltsmaschine *f*.
**heims|álfa** *f* Erdteil *m*; ~**borgari** *m* Weltbürger *m*; ~**bókmenntirnar** *f/pl.* die Weltliteratur; ~**endir** *m* Weltuntergang *m*; ~**frægur** weltberühmt.
**heimska** *f* Dummheit *f*.
**heimskaut** *n* Pol *m*; ~**afari** *m* Polarfahrer *m*; ~**aís** *m* Polareis *n*; ~**akönnuður** *m* Polarforscher *m*; ~**alanda-** (ant)arktisch; ~**sbaugur** *m* Polarkreis *m*; ~**shaf** *n* Polarmeer *n*.
**heimsk|ingi** *m* Dummkopf

*m*, Tor *m*; **~ulegur** töricht; **~upör** *n/pl.* Dummheiten *pl*; **~ur** dumm.
**heims|maður** *m* Weltmann *m*; **~markaður** *m* Weltmarkt *m*; **~met** *n* Weltrekord *m*.
**heim|sókn** *f* Besuch *m*; **~speki** *f* Philosophie *f*; **~spekingur** *m* Philosoph *m*; **~spekideild** *f* philosophische Fakultät.
**heims|ríki** *n* Weltreich *n*; **~skoðun** *f* Weltanschauung *f*; **~styrjöld** *f* Weltkrieg *m*; **~sýning** *f* Weltausstellung *f*.
**heimsækja** besuchen.
**heimt|a** fordern, verlangen; **~ing** *f* Anspruch *m*, Forderung *f*; **~ufrekur** anspruchsvoll.
**heim|ur** *m* Welt *f*; **~þrá** *f* Heimweh *n*.
**heit** *n* Versprechen *n*; Gelübde *n*; **~a** versprechen; heißen.
**heit|i** *n* Name *m*; Bezeichnung *f*; **~mey** *f* Braut *f*; **~ur** heiß, warm.
**hekla** häkeln.
**hektari** *m* Hektar *n*.
**héla** *f* Rauhreif *m*, Reif *m*.
**heldur** lieber; **ekki ~** auch nicht.
**helg|i** *f* Heiligkeit *f*; Wochenende *n*; **~idagur** *m* Feiertag *m*; **~idómur** *m* Heiligtum *n*; **~isaga** *f* Legende *f*; **~ur** heilig.
**hell|a** 1. *f* flacher Stein; 2. gießen; **~ir** *m* Höhle *f*; **~irigning** *f* Sturzregen *m*; **Ωusund** *n* Bosporus *m*; **~uþak** *n* Schieferdach *n*.
**helming|a** halbieren; **~un** *f* Halbierung *f*; **~ur** *m* Hälfte *f*.
**helstríð** *n* Todeskampf *m*.
**helvíti** *n* Hölle *f*.
**hem|ill** *m* Bremse *f*; **~la** bremsen.
**hempa** *f* Talar *m*.
**hend|a** werfen, schmeißen; **~ing** *f* Zufall *m*.
**hengi|brú** *f* Hängebrücke *f*; **~rúm** *n* Hängematte *f*.
**hengja** *v/t.* hängen; **~ sig** sich erhängen.
**hent|a** passen, recht sn; **~ugur** praktisch, zweckmäßig.
**hepp|inn** glücklich; erfolgreich; **~nast** glücken, gelingen; **~ni** Glück *n*; Erfolg *m*.
**her** *m* Heer *n*, Armee *f*; Militär *n*; **~afli** *m* Streitkräfte *pl.*; **~bergi** *n* Zimmer *n*; **~búðir** *f/pl. Mil.* Lager *n*; Kaserne *f*.
**hér** hier; **~ um bil** (*Abk.* **h. u. b.**) ungefähr, etwa, zirka.
**hérað** *n* Gegend *f*; Bezirk *m*; **~sdómari** Amtsrichter *m*; **~sdómur** *m* Amtsgericht *n*; **~slæknir** *m* Kreisarzt *m*; **~sskóli** *m* Bezirks(internats)schule *f*.
**herða** härten, hart machen; **~breiður** breitschultrig; **~kistill** *m* Buckel *m*; **~klútur** *m* Schal *m*; **~r** *f/pl.*

Schultern *pl.*; **~tré** *n* Kleiderbügel *m*.
**herdómur** *m* Kriegsgericht *n*.
**herfa** eggen.
**her|fangi** *m* Kriegsgefangene(r) *m/f*; **~floti** *m* Kriegsflotte *f*.
**héri** *m* Hase *m*.
**hérlendur** einheimisch.
**her|ma** berichten; **~ eftir** nachahmen; **~maður** *m* Soldat *m*; **~málaráðherra** *m* Kriegsminister *m*.
**hérna** hier; **~ megin** auf dieser Seite, diesseits (*prp. mit gen.*); **þessi ~** dieser.
**her|nám** *n* Besetzung *f*; **~nema** (*Land*) besetzen.
**herra** *m* Herr *m*; Hausherr *m*.
**hershöfðingi** *m* Feldherr *m*; General *m*.
**her|skip** *n* Kriegsschiff *n*; **~skylda** *f* Wehrpflicht *f*; **~væðing** *f* Aufrüstung *f*; **~þjónusta** *f* Militärdienst *m*.
**hest|afl** *n* (*Abk.* **ha.**, *pl.* **hestöfl**, *Abk.* **hö.**) Pferdestärke *f* (*Abk.* PS); **~hús** *n* Pferdestall *m*; **~ur** *m* Pferd *n*.
**hetj|a** *f* Held *m*; **~ukvæði** *n* Heldenlied *n*; **~uöld** *f* Heldenzeitalter *n*.
**hett|a** *f* Käppchen *n*; Kapuze *f*; **~usótt** *f Med.* Ziegenpeter *m*.
**hey** *n* Heu *n*; **~bólstur** *m* Heuschober *m*.
**heyja** Heu machen, heuen; **~ stríð** Krieg führen.
**heykvísl** *f* Forke *f*; Heugabel *f*.
**heyra** hören; **~ndi** *m* Zuhörer *m*; **~nlegur** hörbar.
**heyrn** *f* Gehör *n*; **~arlaus** taub; **~arleysi** *n* Taubheit *f*.
**hey|skapur** *m* Heumachen *n*; **~vinna** *f* Heuarbeit *f*.
**híbýli** *n/pl.* Heim *n*, Haus *n*; Wohnstätte *f*.
**hífaður** angeheitert.
**hik** *n* Zögern *n*; Schwanken *n*; **~a** zögern; schwanken; **~laust** ohne Zögern.
**hikst|a** schlucken; **~i** *m* Schluckauf *m*, Schlucken *n*.
**hill|a** *f* Fach *n*, Gestell *n*; **~ingar** *f/pl.* Luftspiegelung *f*.
**himin|geimur** *m* Weltraum *m*; **~hnöttur** *m* Weltkörper *m*; **~hvelfing** *f* Himmelsgewölbe *n*; **~n** *m* Himmel *m*; **~tungl** *n s.* **~hnöttur**.
**himna** *f* (dünne) Haut *f*, Häutchen *n*; **~för** *f* Himmelfahrt *f*; **~ríki** *n* Himmelreich *n*.
**himneskur** himmlisch.
**hind** *f* Hirschkuh *f*; **~ra** (ver)hindern; **~run** *f* Hindernis *n*; Verhinderung *f*; **~runarhlaup** *n* Hindernisrennen *n*; **~urvitni** *n* Aberglaube *m*.
**hingað** hierher.
**hinn** (**hin**, **hitt**) *dem. pron.* der (die, das); **hins vegar** dagegen, andererseits; **hinum megin** auf der an-

deren Seite, jenseits (*prp. mit gen.*).
**hirð** *f* Hof *m*; **~a** (*Vieh*) warten, pflegen; **~fífl** *n* Hofnarr *m*; **~ingi** *m* Nomade *m*; **~ir** *m* Hirt *m*; **~líf** *n* Hofleben *n*; **~læknir** *m* Leibarzt *m*.
**hirðu|laus** nachlässig; **~leysi** *n* Nachlässigkeit *f*; **~semi** *f* Sorgfalt *f*.
**hirt|a** tadeln; bestrafen; **~ing** *f* Tadel *m*, Verweis *m*; Strafe *f*; Bestrafung *f*.
**hispurslaus** schlicht, einfach; unbefangen.
**hissa** erstaunt.
**hita** wärmen, erwärmen; **~belti** *n* Tropen *pl.*; **~beltis**tropisch; **~brúsi** *m* Thermosflasche *f*; **~geymir** *m* *s.* **~brúsi**; **~kast** *n* Fieberanfall *m*; **~laus** fieberfrei; **~leiðsla** *f* Warmwasserleitung *f*; **~lögn** *f* Heizanlage *f*; **~mælir** *m* Thermometer *n*; **~poki** *m* Wärmekissen *n*; **~stig** *n* Wärmegrad *m*; **~stillir** *m* Thermostat *m*; **~veita** *f* Warmwasserheizung *f*; Fernheizung *f*.
**hit|i** *m* Wärme *f*; *Med.* Fieber *n*; (*Haus*) Heizung *f*; **~na** warm werden.
**hitt|a** treffen; **~ast** sich treffen; **í ~iðfyrra** vor zwei Jahren; **~inn** treffsicher; **~ni** *f* Treffsicherheit *f*.
**hitun** *f* Erwärmung *f*; Heizung *f*.
**hjá** bei; neben; vorbei; **~guð** *m* Abgott *m*, Götze *m*; **~kátlegur** komisch; **~kona** *f* Geliebte *f*.
**hjálmur** *m* Helm *m*.
**hjálp** *f* Hilfe *f*; **~a** helfen; **~argagn** *n* Hilfsmittel *n*; **~arlaus** hilflos; **~arleysi** *n* Hilflosigkeit *f*; **~arsögn** *f* Hilfsverb *n*; **~fús** hilfsbereit; **~fýsi** *f* = **~semi** *f* Hilfsbereitschaft *f*; **~legur** behilflich; **Ꝟræðisherinn** *m* Hilfsarmee *f*; **~samur** *s.* **~fús**.
**hjarðþjóð** *f* Hirtenvolk *n*.
**hjáróma** disharmonisch.
**hjarta** *n* Herz *n*; **~bilun** *f* Herzfehler *m*; **~góður** gutherzig; barmherzig; **~hreinn** reinherzig; **~nlegur** herzlich.
**hjart|næmur** herzergreifend; **~sláttur** *m* Herzklopfen *n*; **~veiki** *f* Herzkrankheit *f*; Neurasthenie *f*; **~veikur** herzkrank.
**hjá|trú** *f* Aberglaube *m*; **~trúarfullar** abergläubisch; **~verk** *n* Nebenbeschäftigung *f*; **gera e-ð í ~verkum** etw. in s-r Freizeit tun.
**hjól** *n* Rad *n*; Fahrrad *n*; **~a** radfahren, *pop.* radeln; **~askautar** *m/pl.* Rollschuhe *pl.*; **~barði** *m* (*Auto*) Reifen *m*; **~beinóttur** O-beinig; **~börur** *f/pl.* Schubkarren *m*; **~fættur** *s.* **~beinóttur**; **~hestur** *m* Fahrrad *n*; **~reiðarmaður** *m* Radfahrer *m*.
**hjón** *n/pl.* Eheleute *pl.*,

Ehepaar *n*; **~aband** *n* Ehe *f*; **~askilnaður** *m* Ehescheidung *f*; **~avígsla** *f* Trauung *f*.
**hjú** *n/pl.* Dienstboten *pl.*; **~kra** pflegen; **~krun** *f* Krankenpflege *f*; **~krunarkona** *f* Krankenschwester *f*.
**hjúpur** *m* Hülle *f*.
**hjúskapar|brot** *n* Ehebruch *m*; **~vandamál** *n* Eheproblem *n*.
**hjúskapur** *m* Ehe *f*.
**hjörð** *f* Herde *f*.
**hjörtur** *m* Hirsch *m*.
**hlað** *n* Hof(platz) *m*; **~a 1.** *f* Scheune *f*; **2.** laden, beladen; **~i** *m* Stapel *m*.
**hlakka:** **~ til e-s** sich auf etw. freuen.
**hlána** (auf)tauen.
**hland** *s.* **þvag.**
**hlass** *n* Fuhre *f*.
**hlátur** *m* Lachen *n*, Gelächter *n*; **~mildur** lachlustig.
**hlaup** *n* Lauf *m*, Laufen *n*; **~a** laufen; springen; (*Stoff*) einlaufen; **~areikningur** *m* Kontokorrent *n*; **~ár** *n* Schaltjahr *n*; **~ari** *m* (*Sport*) Läufer *m*; **~ársdagur** *m* Schalttag *m*.
**hlé** *n* Unterbrechung *f*; Pause *f*; *Mar.* Lee(seite) *f*; **~borði** *m* Leeseite *f*; **~drægur** zurückhaltend.
**hleðsl|a** *f* Ladung *f*; (*altisl. Bauernhaus*) Wand *f*, Mauer *f*; **~ulína** (*Schiff*) Tiefgangsmarke *f*.
**hleifur** *m* Brot *n*, Laib *m*.
**hlekkur** *m* Fessel *f*, Kette *f*.
**hler|a** lauschen; **~i** *m* Fensterladen *m*.
**hlessa** erstaunt; befremdet.
**hleypa** (*Pferd*) laufen lassen; **~ inn** (her)einlassen; **~ e-m upp** j-n böse (*od.* wütend) machen.
**hleypidóm|alaus** vorurteilsfrei; **~ur** *m* Vorurteil *n*.
**hlið 1.** *f* Seite *f*; **2.** *n* Tor *n*; **við ~(ina á) mér** an meiner Seite, neben mir.
**hlíð** *f* Abhang *m*, Berghang *m*, Hang *m*.
**hliðar|dyr** *f/pl.* Seitentür *f*; **~gata** *f* Seitenweg *m*, Nebenstraße *f*.
**hlið|hollur** günstig; wohlgesinnt; **~sjón** *f*; **með ~sjón af e-u** mit Rücksicht auf etw.; **~stæða** *f* Gegenstück *n*; Parallele *f*.
**hlíf** *f* Schutz *m*; Deckung *f*; **~a** schonen; **~a e-m við e-u** j-n mit etw. verschonen; **~ð** *f* Schonung *f*; **~ðarlaus** schonungslos.
**hljóð** *n* Laut *m*; Ruf *m*, Schrei *m*; Schall *m*; **í einu ~i** einstimmig; **~a** lauten; schreien; **~alda** *f* Schallwelle *f*; **(orðanna) ~an** *f* Wortlaut *m*.
**hljóð|fræði** *f* Phonetik *f*, Lautlehre *f*; **~færi** *n* Musikinstrument *n*; **~himna** *f* Trommelfell *n*; **~myndun** *f* Artikulation *f*; **~nemi** *m* Mikrophon *n*; Sprechtrichter *m*, Sprechmuschel *f*.

**hljóð|stafur** *m* Vokal *m*; **~tákn** *n* Lautzeichen *n*; **~ur** leise; **~varp** *n* Umlaut *m*.

**hljóm|a** lauten; klingen; tönen; **~burður** *m* Akustik *f*; **~kviða** *f* Symphonie *f*; **~leikahús** *n* Konzerthaus *n*; **~leikar** *m/pl*. Konzert *n*; **~plata** *f* Schallplatte *f*; **~sveit** *f* Orchester *n*, Kapelle *f*; **~sveitarstjóri** *m* Dirigent *m*; Kapellmeister *m*; **~ur** *m* Klang *m*.

**hljóta** erreichen; **~ gott uppeldi** eine gute Erziehung erhalten; müssen; **það hlýtur að vera þannig** es muß so sein.

**hlóðir** *f/pl*. Feuerstelle *f*.

**hlotnast** zufallen.

**hlusta** zuhören; horchen; **~rverkur** *m* Ohrenschmerzen *pl*.

**hluta|bréf** *n* Aktie *f*; **~fé** *n* Aktienkapital *n*; **~félag** *n* Aktiengesellschaft *f*; **~velta** *f* Tombola *f*.

**hlut|drægni** *f* Parteilichkeit *f*; **~drægur** parteiisch; **~fall** *n* Verhältnis *n*, Proportion *f*; **í ~falli við það** im Verhältnis dazu; **~fallskosning** *f* Verhältniswahl *f*; **~fallslegur** verhältnismäßig, relativ; **~hafi** *m* Aktionär *m*.

**hlut|i** *m* Teil *m* (*n*); **meiri ~i** Majorität *f*; **minni ~i** Minorität *f*; **~kesti** *n* Losen *n*, Auslosung *f*; **~laus** neutral; **~leysi** *n* Neutralität *f*; **~lægni** *f* Objektivität *f*; **~lægur** objektiv; **~skipti** *n* Los *n*; Schicksal *n*; **~stæður** konkret; **~taka** *f* Teilnahme *f*; **~takandi** *m* Teilnehmer *m*; **~tekning** *f* Mitgefühl *n*, Beileid *n*; **~ur** *m* Ding *n*, Sache *f*; Anteil *m*; Gegenstand *m*; **~verk** *n* Aufgabe *f*; *Thea*. Rolle *f*.

**hlýð|a** gehorchen; zuhören; **~yfir** examinieren, abhören; **~inn** gehorsam; **~ni** *f* Gehorsam *m*.

**hlý|indi** *n/pl*. Wärme *f*; warmes Wetter; **~ja** *f* Wärme *f*.

**hlykk|jast** (*Weg*) sich winden; **~jóttur** gewunden, verschlungen; **~ur** *m* Windung *f*, Krümmung *f*.

**hlýna** wärmer werden.

**hlýr** warm.

**hlægilegur** lächerlich.

**hlæja** lachen; **~ að e-m** über j-n lachen; **~ við e-m** j-m zulachen.

**hnakk|i** *m* Hinterkopf *m*; **~ur** *m* Sattel *m*.

**hnapp|agat** *n* Knopfloch *n*; **~ur** *m* Knopf *m*.

**hnatt(a)kerfi** *n* Sonnensystem *n*.

**hnatt|líkan** *n* Globus *m*; **~staða** *f* geographische Lage.

**hné** *n* Knie *n*; **~fiðla** *f* Cello *n*.

**hnefa|fylli** *f* Handvoll *f*; **~leikur** *m* Boxen *n*; **~réttur** *m* Faustrecht *n*.

**hnefi** *m* Faust *f*.

**hneggja** wiehern.
**hneigð** *f* Neigung *f*; **~ur: vera ~ur fyrir e-ð** zu etw. neigen.
**hneig|ing** *f* Verbeugung *f*; (*Mädchen*) Knicks *m*; **~ja: ~ja sig** sich verbeugen; (*Mädchen*) e-n Knicks machen, knicksen.
**hneisa** *f* Schande *f*, Schmach *f*.
**hnekkir** *m* Schaden *m*; Verlust *m*.
**hneppa** knöpfen; **~ að** zuknöpfen; **~ frá** aufknöpfen.
**hnerr|a** niesen; **~i** *m* Niesen [*n*.]
**hnet|a** *f* Nuß *f*; **~ubrjótur** *m* Nußknacker *m*.
**hneyksl|a** Anstoß erregen; **~ast á e-u** Anstoß an etw. nehmen; **~anlegur** skandalös, anstößig; **~i** *n* Skandal *m*; **~unarhella** *f* Stein des Anstoßes.
**hnífur** *m* Messer *n*.
**hníga** fallen, hinsinken; (*Sonne*) untergehen.
**hnign|a** zurückgehen; **honum ~ar** sein Geschäft geht zurück; es geht (gesundheitlich) mit ihm bergab; **~un** *f* Rückgang *m*; Verfall *m*.
**hnjá|kollur** *m* Kniescheibe *f*; **~liður** *m* Kniegelenk *n*.
**hnjóta** stolpern, straucheln.
**hnjúk|aþeyr** *m* Föhn *m*; **~ur** *m* Berggipfel *m*, Bergspitze *f*.
**hnoss** *n* Kostbarkeit *f*; **~gæti** *n* Leckerbissen *m*.
**hnot** *f* s. **hneta**.
**hnugginn** niedergeschlagen.
**hnúi** *m* (*Faust*) Knöchel *m*.
**hnupla** stehlen, *pop.* klauen.
**hnútur** *m* (*Schnur*) Knoten *m* (*a. Mar.*).
**hnykill** *m* (*Garn*) Knäuel *n*.
**hnykkur** *m* Ruck *m*.
**hnýs|inn** neugierig; **~ni** *f* Neugier *f*.
**hnýt|a** knüpfen, knoten; **~a saman** zusammenknüpfen (*od.* -binden); **~ing** *f* Knüpfung *f*.
**hnött|óttur** kugelförmig; **~ur** *m* Erdball *m*; Himmelskörper *m*.
**hof** *n* Tempel *m*.
**hóf** *n* **1.** Maß *n*; **í ~i** mit Maßen; **fram úr ~i** über alle Maßen; **2.** Fest *n*; **~adynur** *m* Hufschlag *m*, Pferdegetrampel *n*.
**hóf|laus** maßlos; **~legur** mäßig; **~samur** enthaltsam.
**hófur** *m* Pferdehuf *m*.
**hóg|látur** ruhig; **~lífi** *n* Bequemlichkeit *f*; **~vær** bescheiden; **~værð** *f* Bescheidenheit *f*.
**hól** *n* Lob *n*.
**hola** *f* Loch *n*.
**hold** *n* Fleisch *n*; **~gun** *f* Inkarnation *f*.
**holds|veiki** *f* Aussatz *m*, Lepra *f*; **~veikur** aussätzig.
**hold|ugur** korpulent; **~votur** durchnäßt.
**hólf** *n* (*Schub*-)Fach *n*, Lade *f*.
**holgóma** mit e-r Hasenscharte.

**hóll** *m* Hügel *m*.
**Holl|and** *n* Holland *n*; **~endingur** *m* Holländer *m*; **2enzka** Holländisch *n*; **2enzkur** holländisch.
**hollur** wohlgesinnt, wohlwollend; (*Essen*) gesund.
**hólmganga** *f* Zweikampf *m*, Duell *n*.
**hol|ræsi** *n* Kloake *f*; **~skurður** *m* Unterleibsoperation *f*; **~spegill** *m* Hohlspiegel *m*; **~ur** hohl.
**hómópati** *m* Homöopath *m*.
**hop** *n* Rückzug *m*; **~a** sich zurückziehen.
**hóp|a** gruppieren; **~ast** sich gruppieren; **~ganga** *f* Demonstration *f*; **~mynd** *f* Gruppenbild *n*.
**hopp** *n* Hüpfen *n*, Springen *n*; **~a** hüpfen, springen.
**hópur** *m* Gruppe *f*; Haufen *m*, Menge *f*; Schwarm *m*.
**horaður** mager.
**horfa** sehen, den Blick (gegen etw.) richten; **~ á** e-n j-n ansehen; **það horfir vel fyrir honum** er hat gute Aussichten.
**horfinn** verschwunden.
**horfur** *f/pl.* Aussichten *pl.*
**horn** *n* Horn *n*; *Math.* Winkel *m*; Ecke *f*; **~afræði** *f* Trigonometrie *f*; **~amæling** *f* trigonometrische Messung; **~amælir** *m* Theodolit *m*.
**horn|auga** *n* Seitenblick *m*; **gjóta ~auga til e-s** nach etw. schielen; **~himna** *f* Hornhaut *f*; **~klofar** *m/pl.* eckige Klammern *pl.*; **~steinn** *m* Grundstein *m*.
**hortugur** unverschämt.
**hóst|a** husten; **~akast** *n* Hustenanfall *m*; **~i** *m* Husten *m*.
**hót|a** drohen; **~el** *n* Hotel *n*; **~un** *f* Drohung *f*.
**hraða** beschleunigen; **~ sér** eilen; **~mælir** *m* Geschwindigkeitsmesser *m*.
**hrað|boði** *m* Eilbote *m*; **~bréf** *n* Eilbrief *m*; **~!** (*a.* **með ~i!**) durch Eilboten!; **~i** *m* Geschwindigkeit *f*, Eile *f*; **~lest** *f* Expreß(zug) *m*; Eilzug *m*; Schnellzug *m*; FD-Zug *m*.
**hrað|rita** stenographieren; **~ritari** *m* Stenograph *m*; **~skeyti** *n* Eiltelegramm *n*; **~ur** schnell, geschwind.
**hrafn** *m* Rabe *m*; **~aspark** *n* Krähenfüße *pl.*, Gekritzel *n*; **~svartur** rabenschwarz; **~tinna** *f* Obsidian *m*.
**hrá|efni** *n* Rohstoff *m*; **~i** *m* (*Fleisch*) roher Zustand.
**hrakför** *f* Niederlage *f*.
**hráki** *m* Spucke *f*.
**hrakningar** *m/pl.* Strapazen *pl.*
**hrá|olía** *f* Rohöl *n*; Heizöl *n*; **~r** roh.
**hrapa** herunterstürzen.
**hrasa** stolpern; sündigen.
**hraun** *n* Lava(feld *n*) *f*; **~flóð** *n* Lavastrom *m*; **~leðja** *f* Lavamasse *f*.
**hraust|byggður** mit starker Konstitution; **~ur** gesund; stark; tapfer.

**hreðka** *f* Radieschen *n*.
**hreiður** *n* Nest *n*.
**hreifur** fröhlich; angeheitert.
**hreim|fagur** klangvoll, wohllautend; **~ur** *m* Tonfall *m*; Akzent *m*.
**hreindýr** *n* Ren(tier *n*) *n*, Renntier *n*.
**hrein|gerning** *f* Reinemachen *n*; **~legur** reinlich, sauber; **~lífi** *n* Keuschheit *f*; **~lífur** keusch; **~lætisvörur** *f/pl*. Wasch- und Putzmittel *pl*.; **~lyndur** aufrichtig; **~lyndi** *n* Aufrichtigkeit *f*.
**hreinn** rein, sauber; **~ gróði** *m* Nettoverdienst *m*.
**hrein|sa** reinigen; **~skilinn** aufrichtig; **~skilni** *f s*. **~lyndi**; **~sun** *f* Reinigung *f*; **~sunareldur** *m* Fegefeuer *n*.
**hreistur** *n* Fischschuppe *f*.
**hrekja** (*Argument*) widerlegen; **~ burtu** wegjagen.
**hrekkja**: **~** e-n j-m e-n Streich spielen; **~bragð** *n* Streich *m*; **~lómur** *m* Schelm *m*.
**hreppa** erhalten, bekommen.
**hrepp|snefnd** *f* Gemeinderat *m*; **~stjóri** *m* (*ungefähr*) Gemeindevorsteher *m*; **~ur** *m* (*Land-*)Gemeinde *f*, (*in Island* kleinster) Verwaltungsbezirk.
**hress** frisch; fröhlich; **~a** erfrischen; beleben; **~andi** erfrischend; **~ast** genesen; **~ing** *f* Erfrischung *f*.
**hreyf|a** bewegen; **~anlegur** beweglich; **~ast** sich bewegen; **~ill** *m* Propeller *m*; Motor *m*; **~ing** *f* Bewegung *f*; **~ingarlaus** regungslos; unbeweglich; **~itaug** *f* motorischer Nerv.
**hreykinn** selbstzufrieden.
**hreysti** *f* Tapferkeit *f*; Kraft *f*; **~dáð** *f* Heldentat *f*.
**hríð** *f* Schneegestöber *n*; **~a** schneien; **~arbylur** *m*, **~arveður** *n* Schneesturm *m*; **~skotabyssa** *f* Maschinengewehr *n*.
**hrífa 1.** *f* Rechen *m*, Harke *f*; **2.** bezaubern; begeistern; **~ndi** fesselnd, reizend.
**hrif|inn** begeistert; **~ning** *f* Begeisterung *f*.
**hrifsa** an sich reißen; (nach etw.) schnappen.
**hrikalegur** (*Landschaft*) großartig; wild.
**hrím** *n* Rauhreif *m*.
**hrína** schreien.
**hrind|a** stoßen; **~ing** *f* Schub *m*; Stoß *m*.
**hring|ferð** *f* Rundfahrt *f*; **~iða** *f* Strudel *m*; **~ing** *f* Läuten *n*; Klingeln *n*; **~ja** (*Glocke*) läuten; **~jari** *m* Glöckner *m*; Küster *m*.
**hringla** (*Kette*) klirren; rasseln; *fig*. wankelmütig sein; **~ndi vitlaus** völlig verrückt; ganz falsch, verkehrt.
**hring|leikahús** *n* Zirkus *m*; **~myndaður** rund, kreisförmig; **~rás** *f* Kreislauf

*m*; **~ur** *m* Ring *m*; *Math.* Kreis *m.*

**hrís** *n* Zwergbirke *f*; **~grjón** *n/pl.* Reis *m.*

**hrísla** *f* Bäumchen *n.*

**hrist|a** schütteln; **~ingur** *m* Schütteln *n.*

**hrjóstrugur** unfruchtbar; steinig.

**hrjóta** schnarchen.

**hrjúfur** grob; uneben; rauh; (*Person*) barsch; unfreundlich.

**hróð|ugur** triumphierend; **~ur** *m* Ruhm *m.*

**hrogn** *n* Rogen *m*; (*Fisch-*) Laich *m*; **~amál** *n* Kauderwelsch *n*; **~kelsi** *n* Seehase *m.*

**hrok|afullur** hochmütig; **~i** *m* Hochmut *m*; **~kinhærður** kraushaarig; **~kinn** (*Haar*) kraus.

**hrók|un** Rochade *f*; **~ur** *m* (*Schach*) Turm *m.*

**hrollur** *m* Schauder *m*; **það fer ~ um mig** ich schaudere.

**hróp** *n* Schrei *m*; Ruf *m*; **~a** rufen.

**hrós** *n* Lob *m*; **~a** loben.

**hross** *n* Pferd *n*; **~arækt** *f* Pferdezucht *f.*

**hrott|alegur** brutal; **~askapur** *m* Brutalität *f*; **~i** *m* Rohling *m.*

**hrúga** *f* Haufen *m.*

**hrukk|a** *f* Runzel *f*; Furche *f*; **~óttur** gerunzelt; gefurcht.

**hrum|legur** gebrechlich; **~leiki** *m* Gebrechlichkeit *f.*

**hrun** *n* Einsturz *m*; Zusammenbruch *m*; *Hdl.* Konkurs *m.*

**hrútur** *m* Widder *m.*

**hryðjuverk** *n* Greueltat *f*; Kriegsverbrechen *n.*

**hrygg|brjóta** *fig.* j-m einen Korb geben; **~dýr** *n* Wirbeltier *n.*

**hryggð** *f* Kummer *m.*

**hryggja** betrüben.

**hryggur** **1.** *m* Rücken *m*; Rückgrat *n*; Wirbelsäule *f*; **2.** *adj.* traurig.

**hrygla** *f* Röcheln *n.*

**hrygna** laichen.

**hryll|a: mig hryllir við e-u** es schaudert mich *od.* mir (ich schaudere) vor etw.; etw. ekelt mich an; **~ingur** *m* Schauder *m.*

**hrynja** zusammenbrechen, zusammen-, einstürzen; fallen; **~ndi** *f* (*a. m*) Rhythmus *m.*

**hryssa** *f* Stute *f.*

**hræddur** bange; erschrokken.

**hræ** *n* Kadaver *m*; Aas *n.*

**hræða** *v/t.* erschrecken; **~st** *v/i.* erschrecken.

**hræðilegur** furchtbar, fürchterlich.

**hræðsl|a** *f* Furcht *f*; Angst *f*; **~ugjarn** furchtsam; **~ulaus** unerschrocken.

**hrækja** spucken.

**hræra** bewegen; umrühren; **~nlegur** beweglich.

**hræsna** heucheln; **~ri** *m* Heuchler *m.*

**hræsni** *f* Heuchelei *f*; **~stár** *n* Krokodilsträne *f.*

**hrævareldur** *m* Irrlicht *n*.
**hrökkbrauð** *n* Knäckebrot *n*.
**hrökkva**: ~ **sundur** zerspringen; ~ **við** zusammenfahren.
**hröpun** *f* Absturz *m*.
**hrörlegur** (*Haus*) baufällig; (*Mensch*) gebrechlich.
**hrörn|a** verfallen; ~**un** *f* Verfall *m*.
**húð** *f* Haut *f*, Fell *n*; ~**keipur** *m* Kajak *m*.
**húfa** *f* Mütze *f*.
**huga**: ~ **að e-u** nach etw. sehen; ~**ður** mutig.
**hugar|ástand** *n* Gemütszustand *m*; ~**burður** *m* Einbildung *f*; ~**far** *n* Gesinnung *f*; ~**flug** *n* Phantasie *f*; ~**heimur** *m* Gedankenwelt *f*; ~**lund**: **gera sér e-ð í** ~**lund** sich etw. vorstellen; ~**órar** *m/pl*. Wahnvorstellung *f*; ~(**r**)**eikningur** *m* Kopfrechnen *n*; ~**rósemi** *f* Gemütsruhe *f*; ~**stefna** *f* Gedankenrichtung *f*; ~**víl** *n* Verzweiflung *f*; ~**æsing** *f* Gemütsbewegung *f*.
**hug|blær** *m* Stimmung *f*; ~**boð** *n* Ahnung *f*.
**hug|deigur** feige; ~**dirfska** *f* Mut *m*; ~**djarfur** mutig.
**hugðarefni** *n* Interesse *n*.
**hugfallast**: **láta** ~ den Mut verlieren.
**hugg|a** trösten; ~**un** *f* Trost *m*.
**hug|hraustur** mutig; ~**hreysti** *f* Mut *m*; ~**hvarf** *n*: **telja e-m** ~**hvarf** j-n überreden; ~**i** *m*: **herða upp hugann** Mut fassen.
**hug|kvæmast**: **mér** ~**kvæmist e-ð** mir fällt etw. ein; ~**kvæmur** erfinderisch; ~**laus** mutlos; ~**leiða** überlegen, erwägen; ~**leiðing** *f* Überlegung *f*, Erwägung *f*; ~**leysi** *n* Feigheit *f*; ~**leysingi** *m* Feigling *m*.
**hugmynd** *f* Idee *f*, Vorstellung *f*; **hafa ekki** ~ **um e-ð** keine Ahnung von etw. haben; ~**aflug** *n* Phantasie *f*; ~**aríkur** ideenreich.
**hug|rakkur** mutig; ~**rekki** *n* Mut *m*.
**hugs|a** denken; glauben, meinen; ~**a sig um** sich überlegen, sich bedenken; ~**a um e-ð** an etw. denken; **ég** ~**a það** das glaube ich; ~**anlegur** denkbar.
**hugsjón** *f* Ideal *n*; Idee *f*; ~**amaður** *m* Idealist *m*.
**hugsun** *f* Gedanke *m*; ~**arháttur** *m* Denkart *f*; ~**arlaus** gedankenlos.
**hug|sýki** *f* Melancholie *f*; ~**sæisstefna** *f* Idealismus *m*; ~**tak** *n* (*Wort*) Begriff *m*; ~**ur** *m* Sinn *m*; Geist *m*; Gemüt *n*; **mér dettur í hug** es fällt mir ein; **vera annars** ~**ar** zerstreut sn.
**hugvit** *n* Genialität *f*; ~**smaður** *m* Erfinder *m*.
**huldufólk** *n* Elfen *pl*.
**hulstur** *n* Futteral *n*.
**húm** *n* Dämmerung *f*; ~**a** dämmern.

**humall** *m* Hopfen *m*.
**humar** *m* Hummer *m*.
**hún** sie (*sg.*).
**hunang** *n* Honig *m*; **~sfluga** *f* Biene *f*.
**hundalíf** *n* Hundeleben *n*.
**hund|gá** *f* Bellen *n*, Gebell *n*; **~leiðinlegur** furchtbar langweilig.
**hundrað** *n* Hundert *n*; **af ~i** Prozent *n* (*Abk.* %, v.H.) **~asti** hundertster; **~shluti** *m* Prozent *n*.
**hundur** *m* Hund *m*.
**hung|raður** hungrig; **~ur** *n* Hunger *m*.
**hurð** *f* Tür *f*; **~arhúnn** *m* Türgriff *m*, Klinke *f*.
**húrrahróp** *n* Hurraruf *m*, Hochruf *m*.
**hús** *n* Haus *n*; **~(a)gerðarlist** *f* Architektur *f*; **~akynni** *n/pl.* Wohnung *f*; **~aleiga** *f* Miete *f*; **~ameistari** *m* Architekt *m*; **~askjól** *n* Obdach *n*.
**hús|bóndi** *m* Herr *m* des Hauses, Hausherr *m*; **~búi** *m* Hausbewohner *m*; **~búnaður** *m* Mobiliar *n*, Möbel *pl.*; **~dýr** *n* Haustier *n*; **~dýraáburður** *m* Dünger *m*, (*Stall-*)Mist *m*; **~eigandi** *m* Hausbesitzer *m*; **~freyja** *f* Hausfrau *f*; **~gagn** *n* Möbelstück *n*; **~gagnasmiður** *m* Möbeltischler *m*; **~móðir** *f s.* **~freyja**; **~mæðraskóli** *m* Haushaltungsschule *f*.
**hús|númer** *n* Hausnummer *f*; **~næði** *n* Wohnung *f*; **~næðisskortur** *m* Wohnungsnot *f*; **~ráðandi** *m* Hauswirt *m*; **~vörður** *m* Hausmeister *m*; Pförtner *m*.
**hvað** *interrog. pron.* was; bitte?; **~ segið þér?** wie bitte?; **~ þá heldur** geschweige denn; noch weniger; **~an?** woher?, von wo?
**hvaða** *interrog. pron.* was für ein(er), was für eine, was für ein(es)?
**hval|ur** *m* Wal *m*; **~veiði** *f* Walfang *m*.
**hvar?** wo?; **víðast ~** fast überall; **~vetna** überall.
**hvarf** *n* Verschwinden *n*; **~baugur** *m* Wendekreis *m*.
**hvass** scharf; (*Wetter*) stürmisch.
**hvat|amaður** *m* Anstifter *m*; **~ning** *f* Anregung *f*; Ermutigung *f*; **~ur** schnell, rasch; **~vís** unbesonnen; übereilt; vorlaut.
**hve: að ~ miklu leyti?** inwiefern?
**hveiti** *n* Weizen *m*; **~brauð** *n* Weißbrot *n*; **~brauðsdagar** *m/pl.* Flitterwochen *pl.*; **~pípur** *f/pl.* Makkaroni *pl.*
**hvelfing** *f* Gewölbe *n*; Wölbung *f*.
**hvellur** *m* Knall *m*.
**hvenær?** wann?
**hver 1.** *m* Geiser *m*; **2.** *interrog. pron.* wer?, welcher?; *indef. pron.* jeder;

~ eftir annan einer nach dem anderen.
**hverfa** verschwinden; wenden; umkehren.
**hverfi** *n* (*Stadtteil*) Viertel *n*; **~steinn** *m* Wetzstein *m*.
**hverf|lyndur** wankelmütig; **~ull** vergänglich; **~ulleiki** *m* Vergänglichkeit *f*.
**hvergi** nirgends.
**hvernig?** wie?
**hversdags|föt** *n/pl.* Alltagskleider *pl.*; **~lega** täglich; alltäglich.
**hvers:** ~ **konar** allerlei; welcher Art?; ~ **vegna** warum?
**hversu:** ~ **gamall?** wie alt?
**hvert?** wohin?
**hvetja** aufmuntern; ermutigen; anregen.
**hví?** warum?
**hviða** *f* Windstoß *m*; Anfall *m*.
**hvik|a** wanken; (zurück-) weichen; **~lyndi** *n* Wankelmut *m*; **~ull** flüchtig; unbeständig.
**hvíla** 1. *f* Bett *n*; 2. ruhen; ~ **sig** sich ausruhen; **~st** ausruhen.
**hvíld** *f* Ruhe *f*; Pause *f*; Feierabend *m*; **~ardagur** *m* Feiertag *m*; **~arlaus** ruhelos.
**hvílíkur!** welch!
**hvílubekkur** *m* Sofa *n*.
**hvína** sausen; heulen.
**hvinur** *m* Sausen *n*; Heulen *n*.
**hvirfil|l** *m* Scheitel *m*; **~punktur** *m* Scheitelpunkt *m*; **~vindur** *m* Wirbelwind *m*; Wirbelsturm *m*.
**hvísl** *n* Flüstern *n*; **~a** flüstern.
**hvíta** *f* Weiße(s) *n*; Eiweiß *n*; **~björn** *m* Eisbär *m*; **~sunna** *f* Pfingsten *pl.* *od.* *n*; **~sunnudagur** *m* Pfingstsonntag *m*; **~sykur** *m* (*raffinierter*) Zucker *m*.
**hvít|kál** *n* Weißkohl *m*; **~na** weiß werden; **~ur** weiß; **~vín** *n* Weißwein *m*; **~voðungur** *m* Säugling *m*.
**hvolf|a: bátnum hvolfir** das Boot kentert; **~þak** *n* Kuppel *f*.
**hvolpur** *m* Welpe *m*.
**hvor?** welcher?, wer?; *indef. pron.* jeder (von beiden); **öðru ~u** hin und wieder.
**hvorki:** ~ ... **né** weder ... noch.
**hvort** ob; ~ **sem er** sowieso; **~tveggja** beides.
**hvorugkyn** *n* Neutrum *n*; **~s** sächlich.
**hvorugur** keiner von beiden.
**hvæs** *n* Zischen *n*; Fauchen *n*; **~a** zischen; fauchen.
**hvöt** *f* Anregung *f*, Antrieb *m*; Trieb *m*.
**hýbýli** *s.* **híbýli.**
**hýði** *n* Schale *f*; Hülse *f*; Schote *f*.
**hýena** *f* Hyäne *f*.
**hygg|indi** *n/pl.* Klugheit *f*; **~inn** klug, verständig.
**hyggja** 1. *f*: **að minni hyggju** meiner Meinung *od.* Ansicht nach; **hafa í**

hyggju beabsichtigen; 2. glauben, denken; ~st: ~st fyrir im Sinne haben.
hýjungur *m* Flaum *m*.
hyldýpi *n* Abgrund *m*.
hylja verbergen; (zu)dekken.
hylki *n* Futteral *n*.
hyll|a (*König*) huldigen; (*Sänger*) feiern; ~i *f* Gunst *f*.
hylma hehlen; ~ri *m* Hehler *m*.
hypja: ~ sig í burtu sich packen, sich fortmachen.
hýr lächelnd: freundlich; angeheitert.
hyrndur hornig, gehörnt; eckig.
hyrningarsteinn *m* Eckstein *m*.
hýsa beherbergen; unterbringen.
hyski *n* Pack *n*, Gesindel *n*.
hæ! (juch)hei!
hæð *f* Anhöhe *f*, Hügel *m*; (*Wuchs*) Größe *f*; (Haus) Stock(werk *n*) *m*, Etage *f*; önnur ~ (*Haus*) erster Stock; ~a verhöhnen; ~adrög *n*/*pl*. Höhenzug *m*; ~inn ironisch; ~ni *f* Ironie *f*; ~óttur hügelig.
hæfa treffen; passen.
hæfi|legur passend; ~leiki *m* Fähigkeit *f*, Begabung *f*; Talent *n*; ~nn treffsicher.
hæfni *f* Qualifikation *f*; Treffsicherheit *f*.
hæfur qualifiziert; fähig; vera ~ til e-s zu etw. fähig (*od*. geeignet) sn.
hægðir *f*/*pl*. Stuhlgang *m*; tregar ~ Verstopfung *f*.
hægða|leysi *n od*. ~tregða *f* Verstopfung *f*; ~lyf *n od*. ~meðal *n* Abführmittel *n*.
hægindastóll *m* Lehnstuhl *m od*. -sessel *m*.
hægri recht; ~ hönd *f* Rechte *f*, die rechte Hand; ~maður *m* Konservative(r) *m*; til ~ rechts.
hægur leicht; bequem; langsam; möglich; ef hægt er wenn möglich; það er hægt es ist möglich, es läßt sich machen.
hækja *f* Krücke *f*.
hækka (*Preis*) steigen; *v*/*t*. erhöhen.
hæla loben.
hæli *n* Sanatorium *n*; Zufluchtsort *m*.
hæll *m* (*Schuh*-)Absatz *m*; (*Fuß*) Ferse *f*; um hæl umgehend.
hæna 1. *f* Huhn *n*, Henne *f*; 2. ~ að anziehen; ~st að e-m sich durch j-n angezogen fühlen.
hænsna|hús *n od*. ~kofi *m* Hühnerstall *m*.
hænsni *n*/*pl*. Hühner *pl*.
hænu|egg *n* (*Hühner*-)Ei *n*; ~ungi *m* Küken *n*.
hæpinn unsicher; zweifelhaft; fraglich.
hær|ast grau- *od*. weißhaarig werden; ~ður grauhaarig; behaart.
hæsi *f* Heiserkeit *f*.

**hæstiréttur** *m* Oberstes (*od.* Höchstes) Gericht.
**hæstvirtur** hochgeehrt.
**hætta** 1. *f* Gefahr *f*; 2. **~ e-u** mit etw. aufhören; **~ við e-ð** etw. aufgeben; 3. **~ e-u** etw. aufs Spiel setzen.
**hættu|laus** gefahrlos; ungefährlich; **~legur** gefährlich; **~merki** *n* Alarm *m*; (*Verkehr*) Warnungszeichen *n*; **gefa ~merki** Alarm schlagen; alarmieren.
**hæversk|a** *f* Bescheidenheit *f*; **~ur** bescheiden.
**höfða: ~ mál gegn e-m** (ein) gerichtliches Verfahren gegen j-n anstrengen.
**höfðalag** *n* (*Bett*) Kopfende *n*.
**höfði** *m* Kap *n*; Vorgebirge *n*.
**höfðing|i** *m* Häuptling *m*; *fig.* freigebiger Mann; **~legur** vornehm; aristokratisch; freigebig, großzügig.
**höfn** *f* Hafen *m*, Hafenanlage *f*.
**höfnun** *f* Ablehnung *f*.
**höfuð** *n* Kopf *m*; **~atriði** *n* Hauptsache *f*; **~borg** *f* Hauptstadt *f*; **~fat** *n* Kopfbedeckung *f*; **~klútur** *m* Kopftuch *n*; **~kúpa** *f* Schädel *m*; **~skepna** *f* Element *n*.
**höfuðsmaður** *m* Hauptmann *m*.
**höfuð|staður** *m* Hauptstadt *f*; **~stóll** *m* Kapital *n*; **~verkur** *m* Kopfschmerzen *pl*.
**höfund|ur** *m* Verfasser *m*; **~arréttur** *m* Urheberrecht *n*.
**högg** *n* Schlag *m*; **~mynd** *f* Skulptur *f*; **~staður** *m*: **gefa ~stað á sér** sich bloßstellen; **~stokkur** *m* Schafott *n*.
**höggva** hauen; **skipið heggur** das Schiff stampft.
**högni** *m* Kater *m*.
**höku|skegg** *n* Kinnbart *m*; **~toppur** *m* Spitzbart *m*.
**höll** *f* Schloß *n*, Palast *m*.
**hönd** *f* Hand *f*; **bera e-ð undir hendinni** etw. unter dem Arm tragen; **borga út í ~** bar (be)zahlen; **borgun út í ~** Barzahlung *f*; **fyrir ~ félagsins** im Namen des Vereins; **taka e-n ~um** j-n verhaften *od.* festnehmen.
**hör** *m* Flachs *m*.
**hörfa** sich zurückziehen.
**hörkulegur** barsch, bissig.
**hörmu|legur** tragisch; jämmerlich; katastrophal; **~ng** *f* Katastrophe *f*, Unglück *n*; Elend *n*; **~ngartíðindi** *n/pl.* traurige Nachricht.
**hörpusláttur** *m* Harfenspiel *n*.
**hörund** *n* Haut *f*; **~sár** empfindlich; **~skvilli** *m* Hautkrankheit *f*.
**höstugur** barsch.
**höttur** *m*: **svara út í hött e-e** ausweichende Antwort geben.

# I

í *prp.* in; während; zu; ~ **fyrstu** anfangs, zuerst; ~ **fyrsta lagi** erstens; ~ **morgun** heute morgen; ~ **nótt** heute nacht.
**íbúatala** *f* Einwohnerzahl *f*.
**íbúð** *f* Wohnung *f*; ~**arhús** *n* Wohnhaus *n*.
**íbú|ar** *m/pl.* Einwohner *pl.* ~**i** *m* Bewohner *m*.
**íburðar|laus** bescheiden, einfach; ~**mikill** (*Stil*) schwülstig; prachtvoll.
**iða** sich unruhig bewegen.
**iðgjald** *n* (*Versicherungs-*) Prämie *f*.
**iðinn** fleißig.
**iðj|a** *f* Beschäftigung *f*; Arbeit *f*; ~**uhöldur** *m* Fabrikant *m*; Industrielle(r) *m*; ~**ulaus** müßig; unbeschäftigt; ~**uleysi** *n* Müßiggang *m*; ~**leysingi** *m* Müßiggänger *m*; ~**usamur** arbeitsam; ~**uver** *n* Fabrik *f*.
**iðka** ausüben; treiben.
**iðn** *f* Handwerk *n*, Fach *n*; ~**aðarborg** *f* Industriestadt *f*; ~**aðarfélag** *n* Handwerkerverein *m*; ~**aðarmaður** *m* Handwerker *m*; ~**aðarvara** *f* Industrieware *f*; ~**aður** *m* Industrie *f*.
**iðni** *f* Fleiß *m*.
**iðn|fræðingur** *m* Techniker *m* ~**fræðiskóli** *m* Technikum *n*; ~**fyrirtæki** *n* Industrieunternehmen *n*; ~**nemi** *m* Lehrling *m*; ~**skóli** *m* Berufs-, Gewerbeschule *f*.
**iðr|ast** bereuen; ~**un** *f* Reue *f*.
**iðu|lega** häufig; ~**r** *n/pl.* Eingeweide *n*.
**ídýfa** *f* Soße *f*.
**ígrunda** erwägen.
**íhald** *n* Konservativismus *m*; ~**sflokkur** *m* Rechtspartei *f*; ~**smaður** *m* Konservative(r) *m*; ~**ssamur** konservativ.
**íhlutun** *f* Einmischung *f*.
**íhug|a** erwägen; ~**ull** nachdenklich; ~**un** *f* Erwägung *f*.
**íhvolfur** konkav.
**íkorni** *m* Eichhörnchen *n*.
**íkveikj|a** *f* Anzünden *n*; Brandstiftung *f*; ~**usprengja** *f* Brandbombe *f*.
**il** *f* Fußsohle *f*; ~**feti** *m* Sohlengänger *m*.
**ílát** *n* Gefäß *n*.
**illa** schlecht.
**ill|girni** *f* Schadenfreude *f*; ~**gjarn** schadenfroh; ~**gresi** *n* Unkraut *n*; ~**kvittinn** boshaft; gehässig; ~**kvittni** *f* Boshaftigkeit *f*; ~**mennska** *f* Bosheit *f*; ~**mælgi** *f* Verleumdung *f*; ~**ræmdur** verrufen.
**illska** *f* Bosheit *f*; Wut *f*.
**ill|sviti** *m* schlechtes Zeichen; ~**ur** schlecht; böse, zornig; ~**viðri** *n* schlechtes Wetter; ~**viljaður** bös-

willig, bösgesinnt; **~virki 1.** *m* Übeltäter *m*, Verbrecher *m*; **2.** *n* Untat *f*; Verbrechen *n*; **~yrði** *n* Schimpfwort *n*.
**ilm|a** duften; **~an** *f* Duft *m*; Geruch(sinn) *m*; **~andi** wohlriechend; **~ur** *m* Duft *m*; **~vatn** *n* Parfüm *n*.
**ilöngun** *f* Begierde *f*.
**ímynd** *f* Symbol *n*, Sinnbild *n*; **~a:** **~ sér** sich einbilden; **~un** *f* Einbildung *f*; **~unarafl** *n* Phantasie *f*.
**Indíáni** *m* Indianer *m*, Rothaut *f*.
**Ind|verji** *m* Inder *m*; **2versk-ur** indisch.
**indæll** schön, herrlich; süß.
**inn** hin- *od.* herein; **~an** *prp.* binnen, innerhalb (*a. lokal*); *adv.* **að ~an** inwendig, von innen (heraus); **~an við tvítugt** unter zwanzig Jahren.
**inn|anborðs** an Bord; **~anlands** inländisch, einheimisch; **~anríkisráðherra** *m* Innenminister *m*, Minister *m* des Innern; **~anríkisverzlun** *f* Binnenhandel *m*; **~anstokksmunir** *m/pl.* Möbel *pl.*; **~anverður** inwendig.
**inn|blástur** *m* Inspiration *f*; **~borgun** *f* Einzahlung *f*; **~borinn** eingeboren; **~brot** *n* Einbruch *m*; **~brotsþjófnaður** *m* Einbruchsdiebstahl *m*; **~eign** *f* Guthaben *n*; **~flutningsbann** *n* Einfuhrverbot *n*; **~flutningshöft** *n/pl.* Einfuhrbeschränkungen *pl.*; **~flutningur** *m* Einfuhr *f*; Einwanderung *f*; **~flytjandi** *m* Importeur *m*; Einwanderer *m*.
**inn|ganga** *f* Eintritt *m*; (*Schule*) Aufnahme *f*; **~gangseyrir** *m* Eintrittsgeld *n*; **~gangur** *m* Eingang *m*; Tür *f*; Zutritt *m*; **~heimta 1.** *f* Inkasso *n*; **2.** einkassieren; **~heimtumaður** *m* Kassierer *m*; **~herji** *m* (*Fußball*) Innenstürmer *m*; **~hverfur** nach innen gekehrt; *fig.* in sich gekehrt.
**inni** drinnen; **~falinn** einbegriffen; **allt ~falið** alles einbegriffen; **~hald** *n* Inhalt *m*; **~halda** enthalten; **~legur** herzlich, innig; **~skór** *m/pl.* Hausschuhe *pl.*
**inn|kaup** *n* Einkauf *m*; **~kaupsverð** *n* Einkaufspreis *m*; **~kulsa** erkältet; **~lán** *n* (*Bank*) Einlage *f*; **~lausn** *f* Einlösung *f*; **~leiða** einführen; einleiten; **~lendur, ~lenzkur** inländisch, heimisch; **~lima** einverleiben; eingliedern; **~rás** *f* Invasion *f*; **~reið** *f* Einzug *m*.
**inn|rita** einschreiben; immatrikulieren; **~ritun** *f* Einschreibung *f*; Immatrikulation *f*; **~ritunargjald** *n* Immatrikulationsgebühr *f*; **~ræta** einprägen; **~ræti** *n* Charakter *m*.

**inn|sigla** versiegeln; **~sigli** *n* Siegel *n*; **~stunga** *f El.* Steckdose *f*; **~stæða** *f* Guthaben *n*; **~tökupróf** *n* Aufnahme- *od.* Zulassungsprüfung *f*; **~yfli** *n/pl.* Eingeweide *n*; **~öndun** *f* Einatmen *n*.
**Ír|i** *m*, **~lendingur** *m*, Ire *m*; **~land** *n* Irland *n*; **2ska** *f* Irisch *n*; **2skur** irisch.
**ís** *m* Eis *n*; **áin er á ~i** der Fluß ist mit Eis bedeckt; **~aldarjarðmyndun** *f* Eiszeitformation *f*; **~björn** *m* Eisbär *m*; **~brjótur** *m* Eisbrecher *m*; **~fiskur** *m* Fisch auf Eis; **~hús** *n* Kühlhaus *n*; **~ing** Vereisung *f*; Glatteis *n*; **~jaki** *m* Eisscholle *f*.
**Ís|land** *n* Island *n*; **~lendingasaga** *f* Isländersaga *f*; **~lendingur** *m* Isländer *m*; **2lenzka** *f* Isländisch *n*; **2lenzkur** isländisch.
**ísskápur** *m* Kühlschrank *m*.
**ístað** *n* Steigbügel *m*.
**ístrubelgur** *m* Dicksack *m*.
**istöðu|laus, ~lítill** charakterschwach.
**ísöld** *f* Eiszeit *f*.
**Ítal|i** *m* Italiener *m*; **~ía** *f* Italien *n*; **2skur** italienisch.
**ítrek|a** wiederholen; **~un** *f* Wiederholung *f*.
**íþrótt** *f* Sport *m*; **~afélag** *n* Sportverein *m*; **~amaður** *m* Sportler *m*; Sportsmann *m*; **~amót** *n* Sportfest *n*; **~asvæði** *n* Stadion *n*; **~avöllur** *m* Sportplatz *m*.
**íþyngja** (*Gewissen*) belasten; belästigen.

## J

**já** ja; **segja ~** bejahen.
**jaðar** *m* Rand *m*, Kante *f*.
**jafn** gleich; eben; **~t og þétt** ständig; immer mehr.
**jafna 1.** *f Math.* Gleichung *f*; **2.** ausgleichen, ebnen; (*Streit*) schlichten; **~ niður útsvörum** Gemeindesteuer veranlagen *od.* festsetzen; **~st á við e-n** sich mit j-m messen können; **~ saman** vergleichen.
**jafnaðar|maður** *m* Sozialdemokrat *m*; **~mennska** *f* Gerechtigkeitssinn *m*; Sozialismus *m*; **~reikningur** *m* Bilanz *f*, Rechnungsabschluß *m*; **~stefna** *f* Sozialdemokratie *f*.
**jafn|aldra** gleichaltrig; **~aldri** *m* Altersgenosse *m* **~an** immer, stets; fast immer; **~dægri** *n/pl.* Tagundnachtgleiche *f*, *Mar.* Nachtgleiche *f*; **~framt** gleichzeitig; zugleich; **~gilda** entsprechen; **~gildi** *n* Gegenwert *m*.
**jafningi** *m*: **~ minn** meinesgleichen; **~ okkar** unseresgleichen.
**jafn|óðum** nach und nach; je nachdem; **~rétthár** gleichberechtigt; **~rétti** *n*

Gleichberechtigung *f*; ~skjótt sem *od.* og *cj.* sobald; ~straumur *m El.* Gleichstrom *m*; ~tefli *n* (*Schach*) Remis *n*; ~vægi *n* Gleichgewicht *n*; missa ~vægið das Gleichgewicht verlieren.
jaki *m* Eisscholle *f*.
jakki *m* Jacke *f*.
jákvæð|i *n* Zustimmung *f*, Einwilligung *f*; ~ur zustimmend; positiv.
janúar *m* Januar *m*.
Japan *n* Japan *n*; ~i *m* Japaner *m*; 2skur japanisch.
jarða begraben, beerdigen; ~rber *n* Erdbeere *f*; ~rför *f* Begräbnis *n*, Leichenbegängnis *n*; ~rhnöttur *m* Erdball *m*.
jarð|eldur *m* vulkanischer Ausbruch; ~epli *n* Kartoffel *f*; ~fræði *f* Geologie *f*; ~fræðingur *m* Geologe *m*; ~göng *n/pl.* Tunnel *m*: ~líkan *n* Globus *m*; ~setja bestatten; ~setning *f* Bestattung *f*; ~skjálfti *m* Erdbeben *n*; ~tímabil *n* Erdperiode *f*; ~vegur *m* Boden *m*; Erde *f*; ~ýta *f* Bulldozer *m*; Planierraupe *f*.
jarm|a blöken; ~ur *m* Blöken *n*.
járn *n* Eisen *n*; ~a (*Pferd*) beschlagen; ~bentur: ~bent steinsteypa *f* Eisenbeton *m*; ~braut *f* Eisenbahn *f*; ~brautarlest *f* (*Eisenbahn-*)Zug *m*; ~arstöð *f* Bahnhof *m*.
járn|karl *m* Brechstange *f*; ~smiður *m* Schmied *m*; ~steypa *f* Eisengießerei *f*; Gußeisen *n*; ~öld *f* Eisenzeit *f*.
jata *f* Krippe *f*.
ját|a zugeben; bejahen; (*Glaube*) bekennen; ~ning *f* Geständnis *n*; Bejahung *f*; Bekenntnis *n*.
jaxl *m* Backenzahn *m*.
jeppi *m* Jeep *m*.
jól *n/pl.* Weihnachten *pl.*; aðfangadagskvöld (jóla) Heiliger Abend; ~adagur *m* Weihnachtstag *m*; ~afasta *f* Advent *m*; ~agjöf *f* Weihnachtsgeschenk *n*; ~akvöld *n* Weihnachtsabend *m*; ~asveinn *m* Weihnachtsmann *m*; ~atré *n* Weihnachtsbaum *m*, Christbaum *m*.
jómfrú *f* Jungfer *f*, Jungfrau *f*.
Jónsmess|a *f* Johannistag *m*; ~ubrenna *f* Sonn(en)-wendfeuer *n*.
jórt|ra wiederkäuen; ~urdýr *n* Wiederkäuer *m*.
já ja, doch.
júði *m* Jude *m*.
júgur *n* Euter *n*.
júlí *m* Juli *m*.
júní *m* Juni *m*.
jurt *f* Pflanze *f*; ~afæða *f* Pflanzenkost *f*; ~aolía *f* Pflanzenöl *n*; ~apottur *m* Blumentopf *m*; ~aríki *n* Pflanzenwelt *f*; ~aæta *f* Vegetarier *m*.
jæja aha; na; also.
jökul|alda *f* Moräne *f*; ~á *f*

Gletscherfluß *m*; **~l** *m* Gletscher *m*; **~urð** *f* s. **~alda**.

**jörð** *f* Erde *f*; Boden *m*.
**jötunn** *m* Riese *m*.]

## K

**kaðal|l** *m* Tau *n*, Seil *n*; **~reiði** *m* *Mar.* Takelung *f*; **~stigi** *m* Strickleiter *f*.
**káeta** *f* Kajüte *f*, Kabine *f*.
**kaf** *n*: **fara í ~** untertauchen (*v/i.*); **~a** tauchen; **önnum ~inn** sehr beschäftigt; **~ari** *m* Taucher *m*; **~bátur** *m* Unterseeboot *n*, U-Boot *n*.
**kaffi** *n* Kaffee *m*; **~hús** *n* Café *n*.
**kafli** *m* Kapitel *n*; Stück *n*; Abschnitt *m*.
**kafna** ersticken.
**kaka** *f* Kuchen *m*.
**káka** pfuschen; **~ri** *m* Pfuscher *m*, Stümper *m*.
**kakó** *n* Kakao *m*.
**kál** *n* Kohl *m*.
**kaldakol** *n* Vernichtung *f*, Zerstörung *f*, Ruin *m*.
**kaldlynd|i** *n* Gefühlskälte *f*; **~ur** gefühllos; kaltherzig.
**kaldur** kalt.
**kaleikur** *m* Kelch *m*.
**kálf|i** *m* Wade *f*; **~ur** *m* Kalb *n*.
**kálgarður** *m* Gemüsegarten *m*.
**kalk** *n* Kalk *m*; **~a** kalken, tünchen; **~brennsla** *f* Kalkbrennerei *f*; **~ipappír** *m* Kohlepapier *n*; **~kenndur** kalkhaltig; **~náma** *f* Kalkbruch *m*; **~steinn** *m* Kalkstein *m*.
**kall** *n* Ruf *m*; Schrei *m*; **~a** rufen; nennen; **~a fyrir rétt** (*Zeuge*) vor Gericht laden; **vera vel (illa) fyrir ~aður** gut (schlecht) aufgelegt sn.
**kallfæri** *n* Rufweite *f*.
**kálmeti** *n* Gemüse *n*; **~súpa** *f* Gemüsesuppe *f*.
**kampavín** *n* Sekt *m*, Champagner *m*.
**kandís** *m* Kandiszucker *m*.
**kanel** *n* Zimt *m*.
**Kani** *m* *pop.* Ami *m*, Amerikaner *m*.
**kanína** *f* Kaninchen *n*.
**kanna 1.** *f* Kanne *f*; **2.** erforschen; untersuchen.
**kan|nske** vielleicht; **~slari** *m* Kanzler *m*.
**kantur** *m* Kante *f*, Rand *m*.
**kápa** *f* Mantel *m*.
**kapella** *f* (*Kirche*) Kapelle *f*.
**kapítuli** *m* Kapitel *n*.
**kapp** *n* Eifer *m*, Energie *f*; **~akstur** *m* Autorennen *n*; **~hlaup** *n* Wettlauf *m*.
**kappi** *m* Held *m*, Krieger *m*.
**kapp|reið**(**ar** *pl.*) *f* Pferderennen *n*, Wettritt *m*; **~róður** *m* Ruderregatta *f*; **~ræða** *f* Wortstreit *m*; **~ræður** *pl.* Diskussion *f*; **~samur** eifrig; **~sigling** *f* Segelregatta *f*; **~skák** *f* Schachturnier *n*.
**kapteinn** *m* Kapitän *m*.
**kardínáli** *m* Kardinal *m*.
**karfa** *f* Korb *m*.

**karfi** *m* Rotbarsch *m*.
**karl** *m* Mann *m*; Alte(r) *m*; **~kyn** *n* Maskulinum *n*; **~maður** *m* Mann *m*; **~mannlegur** mannhaft, männlich; **~mennska** *f* Mannhaftigkeit *f*; Tapferkeit *f*.
**kartafla** *f* Kartoffel *f*.
**kartöflu|garður** *m* Kartoffelacker *m*; **~mjöl** *n* Kartoffelmehl *n*.
**kassi** *m* Kiste *f*; Kasten *m*.
**kast** *n* Wurf *m*; **~a** werfen; **~ali** *m* Festung *f*; (*Mittelalter*) Burg *f*.
**kátína** *f* Heiterkeit *f*.
**katólsk|a** *f* Katholizismus *m*; **~ur** katholisch.
**kátur** heiter, munter; fröhlich, lustig.
**kaup** *n* Lohn *m*, Gehalt *n*; *pl*. Kauf *m*; **~a** kaufen; **~andi** *m* Käufer *m*; **~bréf** *n* Kaufvertrag *m*; **~deila** *f* Lohnkampf *m*; **~félag** *n* Genossenschaft *f*; Konsumverein *m*; **~gjald** *n* Arbeitslohn *m*; **~greiðsla** *f* Lohnauszahlung *f*; **~höll** *f* Börse *f*.
**kaup|maður** *m* Kaufmann *m*; **2mannahöfn** *f* Kopenhagen *n*; **~máli** *m* Gütertrennungsvertrag *m*; **~máttur** *m* Kaufkraft *f*.
**kaup|staður** *m* Kleinstadt *f*; **~stefna** *f* (*Handel*) Messe *f*; **~sýslumaður** *m* Geschäftsmann *m*; **~tún** *n* Handelsplatz *m*; **~verð** *n* Kaufpreis *m*; Einkaufspreis *m*.
**kaþólsk|a** *f* Katholizismus *m*; **~ur** katholisch.
**keðja** *f* Kette *f*.
**keil|a** *f* Kegel *m*; **~ulaga, ~umyndaður** kegelförmig.
**keipóttur** launenhaft, launisch.
**keisar|adæmi** *n* Kaiserreich *n*; **~askurður** *m* Kaiserschnitt *m*; **~i** *m* Kaiser *m*.
**kelda** *f* Sumpf *m*, Morast *m*.
**kelt|a** *f* Schoß *m*; **~uhundur** *m* Schoßhund *m*.
**Kelt|ar** *m/pl*. Kelten *pl*.; **2neskur** keltisch.
**kenj|ar** *f/pl*. Launen *pl*.; **~óttur** launenhaft.
**kenna** unterrichten, lehren; **~ e-m um e-ð** j-n beschuldigen (wegen *gen*.); j-m etw. zuschreiben; **~rafundur** *m* Lehrerkonferenz *f*; **~raháskóli** *m* Pädagogische Hochschule; **~ri** *m* Lehrer *m*; **~raskóli** *m* Lehrer(innen)seminar *n*.
**kenndur** angeheitert.
**kenni|ng** *f* Lehre *f*; Theorie *f*; Behauptung *f*; **~setning** *f* Dogma *n*; **~teikn** *n* Kennzeichen *n*.
**kennsl|a** *f* Unterricht *m*; **~ubók** *f* Lehrbuch *n*; **~ufræði** *f* Pädagogik *f*; **~ugrein** *f* Unterrichtsfach *n*, Lehrfach *n*; **~ukona** *f* Lehrerin *f*; **~umál** *n/pl*. Schulwesen *n*; **~umisseri** *n* Semester *n*; **~ustofa** *f* Klassenzimmer *n*; Hör-

saal *m*; ~ustund *f* (*Unterrichts-*)Stunde *f*.
**kepp|a:** ~ **að** e-u nach etw. streben; ~**við** e-n mit j-m wetteifern; ~**st við** eifrig (an etw.) arbeiten.
**keppni** *f* Wettkampf *m*; Konkurrenz *f*.
**ker** *n* (*Trink-*)Gefäß *n*; (*Bade-*)Wanne *f*.
**kerfi** *n* System *n*; ~**sbundinn** systematisch.
**kergja** *f* Trotz *m*.
**kerlaug** *f* Wannenbad *n*.
**kerling** *f* Alte *f*, alte Frau.
**kerra** *f* Karren *m*, Karre *f*.
**kerta|ljós** *n* Kerzenlicht *n*; ~**stjaki** *m* Kerzenhalter *m*.
**kerti** *n* Kerze *f*.
**ket** *n* s. **kjöt.**
**ketill** *m* Kessel *m*.
**kettlingur** *m* Kätzchen *n*.
**kex** *n* Keks *m*.
**keyr|a** fahren; ~**i** *n* Peitsche *f*; ~**sla** *f* Fahren *n*.
**kíghósti** *m* Keuchhusten *m*.
**kíkir** *m* Fernrohr *n*, Fernglas *n*.
**kíló** *n* Kilo *n*; ~**metri** *m* Kilometer *n* (*m*).
**kím|inn** spöttisch, satirisch; ~**ni** *f* Humor *m*.
**kind** *f* Schaf *n*.
**kinka:** ~ **kolli til e-s** j-m zunicken.
**kinn** *f* Wange *f*, Backe *f*; ~**hestur** *m* Ohrfeige *f*; ~**ungur** *m Mar.* Bug *m*.
**Kín|a** *n* China *n*; ~**verji** *m* Chinese *m*; ≈**verskur** chinesisch.
**kippur** *m* Ruck *m*; **í kippum** ruckweise.
**kirkja** *f* Kirche *f*.
**kirkju|garður** *m* Friedhof *m*; ~**klukka** *f* Kirchenglocke *f*; ~**turn** *m* Kirchturm *m*; ~**þing** *n* Synode *f*.
**kirsiber** *n* Kirsche *f*; ~**jasteinn** *m* Kirschstein *m*.
**kirtill** *m* Drüse *f*, (*Hals*) Mandel *f*.
**kisa** *f* Kätzchen *n*.
**kísill** *m* Kiesel *m*.
**kista** *f* Truhe *f*.
**kitla** kitzeln; **kitzlig** sn.
**kítt|a** (ver)kitten; ~**i** *n* Kitt *m*.
**kjaft|shögg** *n* Maulschelle *f*; ~**ur** *m* Maul *n*.
**kjálki** *m* Kiefer *m*.
**kjallari** *m* Keller *m*.
**kjalta** *f* Schoß *m*.
**kján|askapur** *m* Dummheit *f*; ~**i** *m* Narr *m*, Tor *m*.
**kjara|bætur** *f/pl.* Lohnerhöhung *f*, Gehaltserhöhung *f*; ~**skerðing** *f* Lohnsenkung *f*, Gehaltskürzung *f*.
**kjark|laus** mutlos, verzagt; ~**leysi** *n* Mutlosigkeit *f*, Verzagtheit *f*; ~**ur** *m* Mut *m*.
**kjarn|i** *m* Kern *m*; ~**orka** *f* Atomenergie *f*; ~**orkusprengja** *f* Atombombe *f*; ~**yrtur** lakonisch, kurz und bündig.
**kjarr** *n* Gebüsch *n*, Strauchwerk *n*.
**kjass** *n* Liebkosung *f*; ~**a** liebkosen.

**kjóll** *m* Kleid *n*; Frack *m*.
**kjósa** wählen; **~ heldur** vorziehen; **~ndi** *m* Wähler *m*.
**kjúklingur** *m* Küken *n*.
**kjök|ra** jammern; **~ur** *n* Jammern *n*.
**kjöl|draga** kielholen; **~dráttur** *m* Kielholung *f*; **~far** *n*, **~rák** *f* Kielwasser *n*; **~ur** *m* Kiel *m*.
**kjör** *n* Wahl *f*; *pl.* (finanzielle) Verhältnisse *pl.*; **~barn** *n* Adoptivkind *n*; **~bær** wahlberechtigt; **~dagur** *m* Wahltag *m*; **~dæmi** *n* Wahlkreis *m*; **~foreldrar** *m/pl.* Adoptiveltern *pl.*; **~frjáls** wahlfrei; **~gengi** *n* Wählbarkeit *f*; **~gengur** wählbar; **~gripur** *m* Kostbarkeit *f*, Kleinod *n*; **~orð** *n* Losungswort *n*; **~seðill** *m* Stimmzettel *m*; **~skrá** *f* Wahlliste *f*; **~sókn** *f* Wahlbeteiligung *f*; **~tímabil** *n* Wahlperiode *f*.
**kjöt** *n* Fleisch *n*; **~réttur** *m* Fleischgericht *n*; **~soð** *n*, **~seyði** *n* Fleischbrühe *f*, Bouillon *f*; **~súpa** *f* Fleischsuppe *f*.
**kláði** *m* Krätze *f*; Jucken *n*.
**klaga** verklagen; angeben.
**klaki** *m* Eis *n*.
**klapp** *n* Beifall *m*; Händeklatschen *n*; **~a** streicheln; **~a e-m á vangann** j-m die Wange streicheln; **~a e-m lof í lófa** j-m zujubeln; Beifall klatschen; **~a saman lófunum** in die Hände klatschen.
**klár** *m* Gaul *m*.
**klarínetta** *f* Klarinette *f*.
**klasi** *m* Büschel *m* (*n*).
**klauf|dýr** *n* Paarhufer *m*; **~i** *m* Tölpel *m*; **~ska** *f* Ungeschicktheit *f*.
**klaustur** *n* Kloster *n*.
**klefi** *m* Zelle *f*, Kammer *f*; Abteil *n*; (*Schiff*) Kabine *f*; Kajüte *f*.
**klerkur** *m* Pfarrer *m*.
**klessa** *f* Klecks *m*.
**kletta|eyja** *f* Felseninsel *f*; **2fjöll** *n/pl.* Felsengebirge *pl.*; **~strönd** *f* Fels(en)küste *f*; **~veggur** *m* Fels(en)wand *f*.
**klettur** *m* Fels(en) *m*.
**klifra** klettern.
**klipp|a** (*Haar*) schneiden; (*Schaf*) scheren; **~ing** *f* Haarschneiden *n*; (*Schaf-*) Schur *f*.
**klístra** kleben; ankleben.
**kljúfa** spalten.
**kló** *f* Klaue *f*.
**klof** *n* (*Hose*) Schritt *m*; **~na** sich spalten; **~ning** *f* Spaltung *f*.
**klóra** kratzen.
**klukk|a** *f* Uhr *f*; Glocke *f*; **~nahljómur** *m* Glockenklang *m*; **~ustund** *f od.* **~tími** *m* Stunde *f*.
**klunni** *m* Tölpel *m*.
**klúr** grob; obszön.
**klútur** *m* Tuch *n*; (*Putz-*) Lappen *m*.
**klæð|a** kleiden; bekleiden; **~i** *n/pl.* Kleider *pl.*; **~naður** *m* Kleidung *f*; Anzug *m*; **~skeri** *m* Schneider *m*.
**klæja** jucken.

**klækir** *m/pl.* Ränke *pl.*
**klökkur** (zu Tränen) gerührt.
**klöpp** *f* Klippe *f.*
**knapi** *m* Rennreiter *m*, Jockei *m*; Reiter *m.*
**knattspyrna** *f* Fußball *m.*
**kné** *n* = **hné.**
**knipplingar** *m/pl.* Spitzen *pl.*
**knýja** zwingen.
**knæpa** *f* Kneipe *f.*
**knöttur** *m* (*Sport*) Ball *m.*
**koddi** *m* Bettkissen *n.*
**kofi** *m* Hütte *f.*
**kok** *n* Kehle *f*; Rachen *m.*
**kokkur** *m* Koch *m.*
**kókó** *n pop.* Kakao *m.*
**kol** *n/pl.* Kohle *f*; **~a** *f* (*eine Art*) Tranlampe; **~aframleiðsla** *f* Kohlenförderung *f*; **~anáma** *f* Kohlengrube *f.*
**koli** *m* (*Fisch*) Scholle *f.*
**koll|ur** *m* Kopf *m*; Scheitel *m*; **~varpa** umstoßen, umstürzen.
**kólna** kälter werden; erkalten.
**kol|sýra** *f* Kohlensäure *f*; **~vetni** *n* Kohle(n)hydrat *n.*
**koma** kommen, ankommen; **þegar að því kemur** wenn es so weit ist; **~af** (ab-) stammen von; **það kemur af því** es beruht darauf; **e-ð kemur á daginn** etw. stellt sich heraus; **~ ekki** ausbleiben; **~ e-u fram** etw. durchsetzen; **~ fram** in Erfüllung gehen; **~ vel (illa) fram** sich gut (schlecht) aufführen; **~ fyrir** geschehen; **hvað sem fyrir kann að ~** was auch geschehen mag; auf alle Fälle; **~ e-m á óvart** j-n (bei etw.) überraschen; **~ e-u ekki fyrir sig** nicht auf etw. kommen; **~ í lag** in Ordnung bringen; **~ í ljós** sich herausstellen; zum Vorschein kommen; **~ út** (*Buch*) erscheinen; **e-ð kemur e-m við** etw. geht j-n an.
**komast** kommen, erreichen; **~ áfram** *fig.* sich durchsetzen; vorwärtskommen; **~ upp** entdeckt werden; (*Schule*) versetzt werden.
**komma** *f* Komma *n.*
**kommóða** *f* Kommode *f.*
**kommúnisti** *m* Kommunist *m.*
**kompás** *m* Kompaß *m.*
**komumaður** *m* Gast *m.*
**kona** *f* Dame *f*, Frau *f.*
**kóng|sríki** *n* Königreich *n*; **~uló** *f* Spinne *f*; **~ur** *m* König *m.*
**konsúll** *m* Konsul *m.*
**kontór** *m* Kontor *n*; Büro *n.*
**konuefni** *n* Verlobte *f*; Braut *f.*
**konung|legur** königlich; **~sríki** *n* Königreich *n*; **~ssonur** *m* Prinz *m*; **~sætt** *f* Königshaus *n*; **~ur** *m* König *m.*
**kopar** *m* Kupfer *n*; **~þráður** *m* Kupferdraht *m.*
**koppur** *m* Nachttopf *m.*

**kór** *m* Chor *m*; (*Kirche*) Chor *m* (*n*); **~all** *m* Koralle *f*; **~óna** 1. *f* Krone *f*; 2. krönen; **~söngur** *m* Chorgesang *m*.
**korn** *n* (*koll.*) Korn *n*; Getreide *n*.
**korr** *n* Röcheln *n*; **~a** röcheln.
**kort** *n* Karte *f*; Landkarte *f*.
**kortér** *n* Viertelstunde *f*.
**kosning** *f* Wahl *f*; **~abarátta** *f* Wahlkampf *m*; **~alög** *n/pl.* Wahlgesetz *n*; **~a(r)-réttur** *m* Wahlrecht *n*.
**koss** *m* Kuß *m*.
**kosta** (*Preis*) kosten.
**kost|gangari** *m* Kostgänger *m*; **~gæfni** *f* Eifer *m*; **~naðarlaus** gratis; **~naðarsamur** teuer; **~naður** *m* Kosten *pl.*; Ausgaben *pl.*
**kostur** *m* Vorteil *m*; Möglichkeit *f*; Kost *f*; Fall *m*.
**kot|ríki** *n* Kleinstaat *m*; **~bóndi** *m* Kleinbauer *m*.
**krá** *f* Wirtshaus *n*; Kneipe *f*.
**krabb|amein** *Med. n* Krebs *m*; **~i** *m* Krebs *m* (*a. Med.*), Krabbe *f*.
**krafa** *f* Forderung *f*, Anspruch *m*.
**krafta|r** *m/pl.* Kräfte *pl.*, Stärke *f*; **~verk** *n* Wunder *n*.
**kraftur** *m* Kraft *f*.
**kragi** *m* Kragen *m*.
**krakk|alegur** kindlich; **~i** *m* Kind *n*.
**krampi** *m* Krampf *m*.
**krani** *m* Kran *m*; Wasserhahn *m*.
**krans** *m* Kranz *m*.
**krefjast** fordern, verlangen; beanspruchen.
**kreista** drücken, pressen.
**kremja** zerschmettern; zerquetschen; **~ sundur** zerdrücken.
**kreppa** 1. *f* (*Wirtschafts-*) Krise *f*; 2. (*Faust*) ballen; **skórinn kreppir að mér** der Schuh drückt mich.
**kringla** *f* Scheibe *f*; (*Gebäck*) Brezel *f*; (*Sport*) Diskus *m*.
**kringl|óttur** rund; **~ukast** *n* Diskuswerfen *n*; **~ukastari** *m* Diskuswerfer *m*.
**kringum** *prp.* um; *adv.* rund herum; etwa, ungefähr.
**kringumstæður** *f/pl.* Umstände *pl.*; Lage *f*.
**kristall** *m* Kristall *m*.
**krist|ilegur** christlich; **~indómur** *m* Christentum *n*; **~inn** christlich; **~inn maður** Christ *m*; **~in kona** Christin *f*; **~na** taufen; christianisieren; **~ni** *f* Christentum *n*; **~niboð** *n* Mission *f*; **~niboði** *m* Missionar *m*.
**Kristur** *m* Christus *m*.
**krít** *f* Kreide *f*.
**krjúpa** knien.
**krókur** *m* Haken *m*; Ecke *f*; Umweg *m*.
**króna** *f* (*Münze*) Krone *f*.
**kross** *m* Kreuz *n*; Orden *m*; **Rauðikrossinn** Rotes Kreuz *n*; **~band** *n* Kreuzband *n*; **~ferð** *f* Kreuzzug *m*; **~festa** kreuzigen; **~festing** *f* Kreuzigung *f*; **~götur**

*f/pl.* Kreuzweg *m*; Kreuzung *f*; Scheideweg *m* (*a. fig.*); **~viður** *m* Sperrholz *n*.
**krufning** *f* Obduktion *f*; Sektion *f*.
**krukka** *f* Krug *m*.
**krulla 1.** *f* Locke *f*; **2.** ondulieren.
**krydd** *n* Gewürz *n*, Würze *f*; **~a** würzen.
**kryfja** obduzieren; sezieren; gründlich untersuchen.
**krýn|a** krönen; **~ing** *f* Krönung *f*.
**kryppa** *f* Buckel *m*.
**krypplingur** *m* Bucklige(r) *m/f*; Krüppel *m*.
**kröfu|frekur** anspruchsvoll; **~ganga** *f* Demonstration *f*; (*Massen*-)Kundgebung *f*.
**kúamjólk** *f* Kuhmilch *f*.
**kuðungur** *m* Schneckengehäuse *n*.
**kúga** unterdrücken, zwingen; **~ri** *m* Unterdrücker *m*.
**kúgun** *f* Unterdrückung *f*.
**kul** *n* Brise *f*; kaltes Lüftchen.
**kúla** *f* Kugel *f*.
**kulborði** *m* Luv(seite) *f*.
**kuldi** *m* Kälte *f*.
**kúlu|leg** *n* Kugellager *n*; **~penni** *m* Kugelschreiber *m*; **~varp** *n* Kugelstoßen *n*.
**kunna** können; wissen; **~ til e-s, ~ lag á e-u** sich auf etw. verstehen; **~ e-ð utanbókar** etw. auswendig können *od.* wissen.
**kunn|átta** *f* Kenntnis *f*; **~gera** bekanntmachen; verlautbaren; **~ingi** *m* Bekannte(r) *m/f*; **~ingsskapur** *m* Bekanntschaft *f*.
**kunnug|legur** familiär; **~ur** bekannt; **eins og kunnugt er** wie bekannt, bekannterweise.
**kunnur** bekannt; **vera ~ að e-u** für etw. bekannt sn.
**kúpling** *f* Kupplung *f*.
**kúptur** konvex.
**kurteis** höflich; **~i** *f* Höflichkeit *f*.
**kusk** *n* Staub *m*.
**kústur** *m* Besen *m*.
**kvaðrat** *n* Quadrat *n*; **~rót** *f* Quadratwurzel *f*.
**kvak** *n* Zwitschern *n*; **~a** zwitschern.
**kvala|fullur** schmerzvoll; **~laus** schmerzlos.
**kvalræði** *n* Plage *f*.
**kvarta** klagen; sich beschweren (**yfir e-u** über etw.).
**kveða** singen; dichten; sagen.
**kveðja 1.** *f* Gruß *m*; **2.** sich verabschieden; *poet.* (be-)grüßen.
**kveðskapur** *m* Poesie *f*.
**kvef** *n* Schnupfen *m*; Erkältung *f*; **~aður** erkältet; **~ast** sich erkälten; **~pest** *f* Grippe *f*.
**kveik|ing** *f* (*Auto*) Zündung *f*; Anzünden *n*; **~ja** (an-)zünden; **~ja upp** Feuer machen; **~jari** *m* Feuerzeug *n*.
**kvein** *n* Jammern *n*; **~a** jammern.
**kveisa** *f* Kolik *f*.

**kveld** *n s.* **kvöld.**
**kvelja** quälen, peinigen.
**kven|félag** *n* Frauenverein *m*; **~fólk** *n* Frauen *pl.*; **~hetja** *f* Heldin *f*; **~kyn** *n* Femininum *n*; **~kyns** weiblich; **~læknir** *m* Ärztin *f*; **~maður** *m* Frau *f*; Mädchen *n*; **~mannsföt** *n/pl.* Frauenkleider *pl.*
**kvenna|búr** *n* Harem *m*; **~skóli** *m* Mädchenschule *f*.
**kven|réttindakona** *f* Frauenrechtlerin *f*; **~réttindi** *n/pl.* Gleichberechtigung *f* (der Frauen); **~sjúkdómafræði** *f* Gynäkologie *f*.
**kver** *n* Büchlein *n*; Katechismus *m*.
**kverkar** *f/pl.* Kehle *f*.
**kvíð|a** ängstlich sn; besorgt sn; **~i** *m* Sorge *f*, Besorgnis *f*.
**kvið|arhol** *n* Unterleib *m*; **~dómandi** *m* Geschworene(r) *m/f*; **~slit** *n Med.* Bruch *m*.
**kvika** sich rühren; **~silfur** *n* Quecksilber *n*.
**kvik|fjárrækt** *f* Viehzucht *f*; **~mynd** *f* (*Kino*) Film *m*; **~mynda** filmen; **~myndahús** *n* Kino *n*; **~myndastjarna** *f* Filmstar *m*.
**kvikna: það er ~ð í** es brennt.
**kvilli** *m* Krankheit *f*.
**kvis** *n* loses Gerücht.
**kvísl** *f* Flußarm *m*; Forke *f*.
**kvist|óttur** knorrig; **~ur** *m* Zweig *m*; Knorren *m*.
**kvitt|a** quittieren; **~un** *f* Quittung *f*; **~ur 1.** *m* loses Gerücht; **2.** *adj.* quitt.
**kvongast** (*nur von Männern*) heiraten.
**kvóti** *m* Quote *f*.
**kvæða|bók** *f*, **~safn** *n* Gedichtsammlung *f*.
**kvæði** Gedicht *n*; Lied *n*.
**kvæn|ast** *s.* **kvongast; ~tur** (*von Männern*) verheiratet.
**kvöl** *f* Qual *f*, Pein *f*.
**kvöld** *n* Abend *m*; **annað ~** morgen abend; **á ~in** abends; **í fyrra~** vorgestern abend; **gott ~!** guten Abend!; **~a: það ~ar** es wird Abend.
**kvöld|blað** *n* Abendzeitung *f*; **~bæn** *f* Abendgebet *n*; **~matur** *m* Abendessen *n*; **~roði** *m* Abendrot *n*; **~rökkur** *n* Abenddämmerung *f*; **~skóli** *m* Abendschule *f*; **~verður** *s.* **~matur.**
**kvörn** *f* Mahlgang *m*; [Handmühle *f*.]
**kvörtun** *f* Klage *f*, Beschwerde *f*.
**kylfa** *f* Gummiknüppel *m*; Streitkolben *m*.
**kýli** *n* Geschwür *n*.
**kyn** *n* Geschlecht *n*; **alls ~s** allerlei; **þess ~s** derart; **~blendingur** *m* Mischling *m*; **~bótaskepna** *f* Zuchttier *n*.
**kynd|a** heizen; **~ari** *m* Heizer *m*; **~ill** *m* Fackel *f*; **~ing** *f* Heizung *f*.
**kyn(ferðis)sjúkdómur** *m* Geschlechtskrankheit *f*.

**kynfæri** *n/pl.* Geschlechtsorgane *pl.*
**kynna** bekannt machen, vorstellen; **~st** sich kennenlernen.
**kynni** *n/pl.* Bekanntschaft *f*; **~ing** *f s.* **kynni.**
**kyn|slóð** *f* Generation *f*; **~villa** *f* Homosexualität *f*; **~þáttur** *m* Rasse *f.*
**kyr** *s.* **kyrr.**
**kýr** *f* Kuh *f.*
**kyrð** *f s.* **kyrrð.**
**kyrk|ja** erwürgen; **~ing** *f* Erwürgen *n*; **~islanga** *f Zo.* Boa *f.*
**kyrr** still; **sitja ~** sitzenbleiben; **2ahaf** *n* Pazifik *m*; **~ð** *f* Stille *f*; Ruhe *f.*
**kyssa** küssen.
**kæf|a** 1. *v/t.* ersticken; 2. *f* Pastete *f*; **~ing** *f* Ersticken *n.*
**kæl|a** abkühlen; **~ing** *f* Abkühlung *f*; **~ir** *m* (*Auto*) Kühler *m*; **~iskápur** *m* Kühlschrank *m.*
**kænn** listig; klug.
**kær** lieb; **~a** 1. *f* Anklage *f*; 2. Anklage erheben (*gegen j-n*); j-n anklagen; **~asta** *f* Braut *f*; **~asti** *m* Bräutigam *m*; **~kominn** willkommen; **~leikur** *m* Liebe *f.*
**kæti** *f* Heiterkeit *f*, Freude *f.*
**köfnun** *f* Erstickung *f*; **~arefni** *n* Stickstoff *m.*
**kögur** *n* Franse *f.*
**kökubúð** *f* Konditorei *f.*
**kölkun** *f* Tünchen *n*, Weißen *n*; *Med.* Verkalkung *f.*
**köllun** *f fig.* Berufung *f.*
**könguló** *f* Spinne *f.*
**könnuður** *m* Forscher *m.*
**körfuknattleikur** *m* Korbballspiel *n.*
**kös** *f* Haufen *m*; **~tur** *m* (*Holz*) Stoß *m.*
**köttur** *m* Katze *f*; **ganga um e-s staðar eins og grár ~** bei j-m aus- und eingehen.

# L

**lá:** **~ e-m e-ð** j-m wegen etw. Vorwürfe machen; **~ e-m e-ð ekki** j-m etw. nicht verdenken können; **~st: e-m láist að gera e-ð** j. unterläßt *od.* vergißt, etw. zu tun.
**labba** spazierengehen; langsam gehen; zu Fuß gehen.
**laflaus** ganz locker *od.* lose.
**lag** *n* Form *f*; *Mus.* Melodie *f*; *Geol.* Schicht *f*; **allt í ~i** *pop.* alles in Ordnung; **koma í ~** in Ordnung bringen; **í fyrsta ~i** erstens; (*Zeit*) frühestens; **í mesta ~i** höchstens; **vera í ~i** in Ordnung sn.
**laga** in Ordnung bringen; instand setzen; **~ sig eftir e-u** sich nach etw. richten.
**laga|ákvæði** *n* gesetzliche Bestimmung *f*; **~brot** *n* Gesetzesübertretung *f*; **~deild** *f* juristische Fakultät;

**~frumvarp** *n* Gesetzesvorlage *f*; **~legur** juristisch; gesetzlich.
**lag|hentur, ~inn** geschickt, fingerfertig; **~laus** unmusikalisch; **~legur** hübsch.
**lág|lendi** *n* Tiefland *n*; **~mark** *n* Minimum *n*; **~marksverð** *n* Mindestpreis *m*.
**lagnet** *n* Stellnetz *n*.
**lág|ur** niedrig; **háir og lágir** hoch und niedrig; **~vaxinn** klein (von Wuchs); **~þrýstisvæði** *n* Tief(druckgebiet) *n*; **~þýzka** *f* Niederdeutsch *n*.
**lak** *n* Laken *n*, Bettuch *n*.
**lakk** *n* Lack *m*; **~a** lackieren; (*Brief*) versiegeln; **~rís** *m* Lakritze *f*.
**lamb** *n* Lamm *n*; **~akjöt** *n* Lammfleisch *n*.
**lampi** *m* Lampe *f*.
**lán** *n* Anleihe *f*, Darlehen *n*; Glück *n*; **~a** leihen, ein Darlehen *od.* einen Kredit geben; **~ardrottinn** *m* Gläubiger *m*; **~astofnun** *f* Kreditanstalt *f*.
**land** *n* Land *n*; **í ~inu** im Lande; **út í lönd** ins Ausland.
**landa|bréf** *n* Landkarte *f*; Atlas *m*; **~fræði** *f* Geographie *f*; **~merki** *n/pl.* Grenzscheide *f*; **~mæri** *n/pl.* (*Landes-*)Grenze *f*.
**land|brú** *f* Laufplanke *f*; **~búnaðarráðherra** *m* Minister *m* für Landwirtschaft; **~búnaður** *m* Landwirtschaft *f*; **~fræðingur** *m* Geograph *m*.
**land|göngubrú** *f s.* **~brú**; **~helgi** *f* Hoheitsgewässer *n*; **~i** *m* Landsmann *m*; **~könnuður** *m* Forschungsreisende(r) *m/f*; **~læknir** *m* Direktor des [öffentlichen Gesundheitswesens, *etwa* Medizinaldirektor *m*; **~miðun** *f* Anpeilen *n*, Peilung *f*; **~mæling** *f* Landvermessung *f*; **~mælingar** *f/pl.* Geodäsie *f*, Vermessungskunde *f*; **~nám** *n* Besiedlung *f*, Kolonisation *f*; **~námsmaður** *m*, **~nemi** *m* Siedler *m*; **~plága** *f* Landplage *f*; **~ráð** *n/pl.* Hochverrat *m*; **~ráðamaður** *m* Hochverräter *m*.
**lands|banki** *m* Nationalbank *f*; **~bókasafn** *n* Landes-, Staats-, Nationalbibliothek *f*; **~hornamaður** *m* Landstreicher *m*; **~próf** *n* „Landesexamen" (*ein für ganz Island gemeinsames*) Mittelschulexamen.
**lands|sími** *m* (*Telefon*) das (isländische) Inlandsnetz; das Telegraphen- und Fernsprechamt in Reykjavik; **~spítali** *m* Staats- *od.* Landeskrankenhaus *n*; **~stjórn** *f* Regierung *f*.
**landsýn** *f* Landkennung *f*, Landsicht *f*; **koma í ~** Land in Sicht bekommen.
**land|varnarskylda** *f* Wehrpflicht *f*; **~vinning** *f* Er-

oberung *f* von Land; **~vistarleyfi** *n* Einreise-*u./od.* Aufenthaltsgenehmigung *f*.
**langa**: **~ til e-s** Lust zu etw. haben, etw. mögen *od.* wünschen.
**lang|afi** *m* Urgroßvater *m*; **~amma** *f* Urgroßmutter *f*; **~atöng** *f* Mittelfinger *m*; **~beztur** weitaus der beste; **~dreginn** *fig.* weitschweifig, langweilig; **~línusamtal** *n* Ferngespräch *n*.
**lang|lundargeð** *n* Nachsicht *f*, Langmut *f*; **~stökk** *n* Weitsprung *m*; **~ur** lang, weit; **~varandi** langwierig; andauernd; **~vinnur** langwierig.
**lán|samur** glücklich; **~straust** *n* Kredit *m*; **~takandi** *m* Darlehnsnehmer *m*; **~veitandi** *m* Darlehnsgeber *m*.
**láréttur** waagerecht.
**lárvið|arkrans** *od.* **~arsveigur** *m* Lorbeerkranz *m*; **~ur** *m* Lorbeer *m*.
**lás** *m* (*Tür*) Schloß *n*.
**lasinn** unwohl, leicht krank.
**last** *n* Tadel *m*; **~a** tadeln; **~afullur** lasterhaft.
**lát** *n* Todesfall *m*; Unterbrechung *f*.
**láta** lassen; **~ að ósk e-s** j-s Wunsch nachkommen; **~ eftir sig** hinterlassen; **~ ganga eftir sér** sich nötigen lassen; **~ hjá líða** unterlassen; **~ í ljós** zum Ausdruck bringen; **~ lífið** ums Leben kommen; **~ sig** nachgeben; **~ svo lítið** sich herablassen, sich (zu etw.) herbeilassen; **~ e-n um e-ð** j-m etw. überlassen; **~ undan** nachgeben; **~ vita** benachrichtigen.
**láta|læti** *n/pl.*: **vera með ~læti** Theater machen; **~st** vorgeben, (so) tun, als ob...
**latín|a** *f* Latein *n*; **~uskóli** *m* (humanistisches) Gymnasium.
**látlaus** schlicht, einfach; ununterbrochen.
**latneskur** lateinisch.
**látún** *n* Messing *n*.
**latur** faul.
**lauf** *n* Laub *n*; **~græna** *f* Chlorophyll *n*, Blattgrün *n*; **~tré** *n* Laubbaum *m*.
**laug** *f* Bad *n*; warme Quelle; **~a** baden; **~ardagur** *m* Sonnabend *m*.
**laukur** *m* Zwiebel *f*.
**laumast** schleichen; **~ burt** davonschleichen.
**laun** *n/pl.* Gehalt *n*; **~a** belohnen; **~ahækkun** *f* Lohnerhöhung *f*, Gehaltsaufbesserung *f*; **~barn** uneheliches Kind.
**launung** *f* Heimlichkeit *f*.
**laus** los; locker; frei; ledig; **~afregn** *f* Gerücht *n*; **~aleiksbarn** *n* uneheliches Kind; **~læti** *n* Unsittlichkeit *f*.
**lausnari** *m* Erlöser *m*.
**lausung** *f* Leichtsinn *m*, Frivolität *f*.
**laut** *f* (*Erdboden*) kleine Vertiefung.

**lax** *m* Lachs *m*; **~á** *f* Lachsfluß *m*; **~veiði** *f* Lachsfang *m*.
**leðja** *f* Schlamm *m*.
**leður** *n* Leder *n*; **~blaka** *f* Fledermaus *f*.
**lega** *f* Lage *f*; Liegen *n*; *Tech.* Lager *n*.
**leggja** legen; **~ af stað** sich auf den Weg begeben; **~ á borð** den Tisch decken; **~ á flótta** die Flucht ergreifen; **~ e-ð í hættu** etw. riskieren; **~ af mörkum** (zu etw.) beitragen; **~ e-ð fyrir e-n** j-m etw. vorlegen; **~ saman** zusammenlegen; *Math.* addieren; **~ til** beitragen; vorschlagen; **~ undir sig** erobern.
**leggjast** sich hinlegen; *fig.* krank werden.
**leggur** *m* Unterschenkel *m*; (*Blume*) Stiel *m*.
**leg|steinn** *m* Grabstein *m*; **~ubekkur** *m* Diwan *m*, Sofa *n*.
**leið** *f* Weg *m*; Route *f*; **á ~inni** unterwegs; **um ~ og** *cj.* indem.
**leiða** leiten, führen; an der Hand führen; **~ af sér** zur Folge haben, mit sich führen; **~ til e-s** in etw. resultieren; **~st** eingehakt *od.* untergefaßt gehen; sich langweilen.
**leiðangur** *m* Expedition *f*.
**leiðar|i** *m* Leitartikel *m*; **~vísir** *m* Gebrauchsanweisung *f*; Wegweiser *m*; Prospekt *m*.
**leiðbein|a** beraten, anleiten, führen; **~andi** *m* Berater *m*; Instrukteur *m*; *Thea.* Regisseur *m*; **~ing** *f* Anweisung *f*; Beratung *f*.
**leiði** *n* *Mar.* Rückenwind *m*; Grab *n*; *m* Überdruß *m*.
**leiðind|averk** *n* langweilige Arbeit; **~i** *n/pl.* Langeweile *f*.
**leiðinlegur** langweilig.
**leiðrétt|a** berichtigen; (*Schulheft*) korrigieren; **~ing** *f* Berichtigung *f*; Korrektur *f*.
**leiðsla** *f* (*Wasser*-)Leitung *f*; Zerstreutheit *f*; Ekstase *f*; Entzückung *f*.
**leiðsögumaður** *m* (*Fremden*-)Führer *m*.
**leið|togi** *m* Leiter *m*, Führer *m*; **~ur** überdrüssig, müde, satt; **það er leitt** wie schade; **mér þykir leitt** es tut mir leid; **verða ~ur á e-u** e-r Sache müde *od.* überdrüssig werden.
**leifa** übriglassen; **~r** *f/pl.* Rest *m*, Überbleibsel *n*.
**leift|ra** blitzen; **~ur** *n* Blitz *m*; **~urhraði** *m* Blitzesschnelle *f*; **~urviti** *m* Blinkfeuer *n*.
**leig|a** *f* Miete *f*; **taka á ~u** mieten; **~ja** mieten; vermieten; **~jandi** *m* Mieter *m*; Untermieter *m*; **~ubíll** *m* Taxe *f*, Taxi *n*; **~ubílstjóri** *m* Taxifahrer *m*; **~usali** *m* Vermieter *m*; **~utaki** *m* Mieter *m*.
**leika** *Thea.* spielen; **~ sér**

spielen; **~ri** *m* Schauspieler *m*.
**leik|fang** *n* Spielzeug *n*; **~fimi** *f* Turnen *n*; **~fimikennari** *m* Turnlehrer *m*; **~fimihús** *n* Turnhalle *f*; **~hús** *n* Theater *n*; **~húsgestur** *m* Theaterbesucher *m*; **~húsgestir** *pl.* Theaterpublikum *n*; **~inn** geschickt; routiniert; **~kona** *f* Schauspielerin *f*; **~maður** *m* Laie *m*.
**leik|ni** *f* Fertigkeit *f*, Geschicklichkeit *f*; **~rit** *n* Drama *n*; Schauspiel *n*, (*Theater-*)Stück *n*; (*Radio*) Hörspiel *n*; **~skóli** *m* Kindergarten *m*; **~skrá** *f* Programm *n*; **~stjóri** *m* Regisseur *m*; **~svið** *n* Bühne *f*; Schauplatz *m*; **~sýning** *f* *Thea.* Aufführung *f*; **~tjald** *n* Kulisse *f*; **~ur** *m* Spiel *n*; (*Schach-*)Zug *m*; **~vangur** *m* Sportplatz *m*; Stadion *n*; **~völlur** *m* Spielplatz *m*.
**leir** *m* Lehm *m*, Ton *m*; **~kerагerð** *f* Keramik *f*; **~vörur** *f/pl.* Keramik *f*, Tonwaren *pl.*
**leistur** *m* Leisten *m*; Socke *f*.
**leit** *f* Suche *f*; Nachforschung *f*; **~a** suchen; **~a til e-s** sich an j-n wenden; **~ast**: **~ast við** versuchen; **~i** *n* Hügel *m*; Erhebung *f*.
**lek|a** triefen; leck sn; **~i** *m* Leck *n*; **~tor** *m* Lektor *m*; **~ur** leck.
**lélegur** schlecht, mittelmäßig.
**lemja** schlagen; prügeln.
**lend** *f* Lende *f*; **~a** landen; (*Wasserflugzeug*) wassern; **~ í e-u** in etw. geraten, etw. erleben; **~ing** *f* Landung *f*; Landungsort *m*; **~ingarstaður** *m* Schiffslände *f*.
**lengd** *f* Länge *f*; **til ~ar** auf die Dauer; **~arbaugur** *m*, **~arstig** *n* Längenkreis *m*.
**leng|i** lange; **~ing** *f* Verlängerung *f*; **~ja** verlängern.
**leppríki** *n* Satellitenstaat *m*.
**léreft** *n* Leinen *n*.
**lerki** *n* Lärche *f*.
**lesa** lesen; (*Schule*) arbeiten; **~ndi** *m* Leser *m*.
**les|efni** *n* Lektüre *f*; **~bók** *f* Lesebuch *n*; **~kafli** *m* Lesestück *n*; **~mál** *n* Text *m*.
**lest** *f* *Esb.* Zug *m*; (*Schiff*) Laderaum *m*; (*Gewicht*) Tonne *f*; **~arhleri** *m* Luke *f*; **~arstjóri** *m* Zugführer *m*.
**lestrar|bók** *f* Lesebuch *n*; **~fýsn** *f* Leselust *f*; **~merki** *n* Satzzeichen *n*; **~salur** *m* Lesehalle *f*; Lesesaal *m*.
**lestur** *m* Lesen *n*.
**let|i** *f* Faulheit *f*; **~ingi** *m* Faulpelz *m*; **~ja** abraten.
**let|ra** aufzeichnen; **~ur** *n* Schrift *f*; (*Schreibmaschine*) Typen *pl.*; **færa í ~ur** aufzeichnen.
**lexía** *f* Lektion *f*.
**leyf|a** erlauben; **~i** *n* Erlaubnis *f*; Bewilligung *f*,

Genehmigung *f*, Lizenz *f*; Urlaub *m*.
**leyna** verheimlichen.
**leynd** *f*: **með ~** heimlich, insgeheim; **~ardómsfullur** geheimnisvoll, mystisch; **~ardómur** *m* Geheimnis *n*, Mysterium *n*; **~armál** *n* Geheimnis *n*.
**leyni** *n* Versteck *n*; **í ~** im Versteck; heimlich; **~farþegi** *m* blinder Passagier *m*; **~legur** heimlich; **~lögregla** *f* Kriminalpolizei *f*; Geheimpolizei *f*; **~lögreglumaður** *m* Detektiv *m*, Geheimpolizist *m*.
**leys|a** lösen; befreien; **~upp** auflösen; **~ing** *f* Tauwetter *n*.
**leyti** *n*: **að mestu ~** zum größten Teil; **fyrir mitt ~** was mich betrifft, meinerseits; **að nokkru ~** zum Teil; **að öðru ~** im übrigen.
**lið** *n* Heer *n*; Truppen *pl.*; Hilfe *f*; **ganga í ~ með e-m** sich j-m anschließen; **verða að ~i** nützen; **~a** (*Haar*) ondulieren.
**líða** vergehen, verrinnen; **hvernig líður þér?** wie geht es dir?; dulden; erleiden; **~ e-ð** sich in etw. finden; etw. dulden; **~ þjáningar** Schmerzen erleiden.
**líðan** *f* Befinden *n*.
**liðhlaupi** *m* Deserteur *m*.
**liðs|flutningur** *m* Truppentransport *m*; **~foringi** *m* Offizier *m*; Leutnant *m*.
**liðsinna** helfen.
**lið|ugur** geschmeidig; **~ur** *m* Gelenk *n*; Glied *n*; **fara úr ~i á handlegg(num)** sich den Arm verrenken; **~veizla** *f* Hilfe *f*; *Mil.* Hilfstruppen *pl.*
**líf** *n* Leben *n*; **halda ~i í** am Leben erhalten; **taka af ~i** hinrichten; **vera á ~i** am Leben sn.
**lifa** leben; erleben; überleben; **~ndi** lebendig.
**lífeðlisfræð|i** *f* Physiologie *f*; **~ingur** *m* Physiologe *m*.
**lífefnafræði** *f* Biochemie *f*.
**líf|eyrir** *m* Pension *f*; **~fræði** *f* Biologie *f*; **~færafræði** *f* Anatomie *f*; **~færi** *n* Organ *n*.
**líf|ga** beleben; wiederbeleben; **~gun** *f* Belebung *f*; Wiederbelebung *f* (*e-s Ertrinkenden*); **~gunartilraun** *f* Wiederbelebungsversuch *m*; **~himna** *f* Bauchfell *n*; **~láta** hinrichten; **~legur** lebhaft.
**lifna** wiederaufleben; (*Natur*) erwachen; **~ við** ins Leben zurückkehren.
**lifrar|kæfa** *f* Leberwurst *f*; Leberpastete *f*; **~pylsa** *f* (*eine Art*) Leberwurst *f* (*Nationalgericht*).
**lífrænn** organisch.
**lífs|ábyrgð** *f* Lebensversicherung *f*; **~ábyrgðarfélag** Lebensversicherungsgesellschaft *f*; **~glaður** lebensfroh; **~háski** *m od.* **~hætta** *f* Lebensgefahr *f*;

**~leiði** *m* Lebensüberdruß *m*; **~mark** *n* Lebenszeichen *n*; **~nauðsyn** *f* Lebensnotwendigkeit *f*; **~orka** *f* Vitalität *f*; **~regla** *f* Lebensregel *f*; **~reynsla** *f* Lebenserfahrung *f*; **~skilyrði** *n* Lebensbedingung *f*; **~skoðun** *f* Lebensanschauung *f*; **~speki** *f* Lebensweisheit *f*; **~starf** *n* Beruf *m*.

**líftrygg|ing** *f* Lebensversicherung *f*; **~ja**: **~ja e-n** für j-n Lebensversicherung abschließen.

**lifur** *f* Leber *f*.

**líf|vera** *f* Lebewesen *n*; Geschöpf *n*; **~æð** *f* Schlagader *f*, Pulsader *f*.

**liggja** liegen; **~ í rúminu** das Bett hüten; **mér liggur á** ich habe Eile; **það liggur illa á e-m** jemand ist niedergeschlagen, schlechter (übler) Laune.

**lík** *n* Leiche *f*; **~a 1.** leiden mögen, gefallen; **mér ~ar það** es gefällt mir; **2.** *adv.* auch.

**líkam|i** *m* Körper *m*; **~legur** körperlich; **~sbygging** *f* Körperbau *m*.

**líkan** *n* Modell *n*.

**lík|brennslustofa** *f* Krematorium *n*; **~fylgd** *f* Trauerzug *m*; **~indi** *n/pl.* Wahrscheinlichkeit *f*; **~indareikningur** *m* Wahrscheinlichkeitsrechnung *f*; **~ing** *f* Gleichnis *n*; *Math.* Gleichung *f*.

**líkja**: **~ eftir e-u** etw. nachahmen; **~ e-m við e-n** j-n mit j-m vergleichen; **~st**: **~st e-m** j-m gleichen *od.* ähneln.

**líkjör** *m* Likör *m*.

**lík|kista** *f* Sarg *m*; **~legur** wahrscheinlich.

**líkn** *f* Gnade *f*, Barmherzigkeit *f*; **~eski** *n* Statue *f*, Standbild *n*; **~samur** gnädig, barmherzig.

**lík|ræða** *f* Leichenrede *f*; **~skoðun** *f* Leichenschau *f*; **~skurður** *m* Sektion *f*; **~ur 1.** *f/pl.* Wahrscheinlichkeit *f*; *Jur.* Indizien *pl.*; **sönnun af líkum** Indizienbeweis *m*; **2.** *adj.* gleich, ähnlich; **~þorn** *n* Hühnerauge *n*; **~þrá** *f* Aussatz *m*; Lepra *f*; **~þrár** aussätzig.

**lilja** *f* Lilie *f*.

**lím** *n* Leim *m*, Kleister *m*; **~a** kleben; leimen; kleistern; **~ upp** aufkleben; **~onaði** *n* Limonade *f*.

**limur** *m* Glied *n*.

**lín** *n* Leinen *n*; **~a** *f* Linie *f*.

**lind** *f* Quelle *f*; **~arpenni** *m* Füllfederhalter *m*; **~arpennablek** *n* Füllfedertinte *f*; **~itré** *n* Linde *f*.

**lindýr** *n* Weichtier *n*.

**linsa** *f* (*Optik*) Linse *f*.

**linsoðinn** weichgekocht.

**linur** weich; schlaff.

**línurit** *n* Diagramm *n*, Kurve *f*.

**lipur** geschmeidig, geschickt.

**lirfa** *f* Larve *f*, Raupe *f*.

**list** *f* Kunst *f*; **~aháskóli** *m* Kunstakademie *f*; **~amaður** *m* Künstler *m*; **~asýning** *f* Kunstausstellung *f*; **~averk** *n* Kunstwerk *n*.
**list|dómari** *m* Kunstkritiker *m*; **~fræði** Kunstgeschichte *f*; **~i** *m* Liste *f*; Leiste *f*; **~málari** *m* Kunstmaler *m*, Maler *m*; **~rænn** künstlerisch; **~sýning** *f* Kunstausstellung *f*.
**lita** färben; **~st**: **~st um** um sich blicken.
**líta** sehen; **~ aftur** zurückblicken; **~ eftir e-u** nach etw. sehen; **~ vel út** gut aussehen; **~ út fyrir að vera veikur** den Eindruck machen, krank zu sn.
**lit|blindur** farbenblind; **~brigði** *n/pl.* Farbenspiel *n*; **~bogahimna** *f* Regenbogenhaut *f*.
**lítil|l** klein, unbedeutend; **~látur** bescheiden; **~lækka** demütigen; **~læti** *n* Bescheidenheit *f*; **~svirða** geringschätzen; verachten; **~svirðing** *f* Geringschätzung *f*; Verachtung *f*.
**litlaus** farblos.
**litlifingur** *m* der kleine Finger.
**lítri** *m* Liter *n* u. *m*.
**lit|róf** *n* Spektrum *n*; **~sjá** *f* Spektroskop *n*; **~skrúð** *n* Farbenpracht *f*; **~un** *f* Färbung *f*; **~ur** *m* Farbe *f*.
**ljár** *n* Sense *f*.
**ljóð** *n* Gedicht *n*, Lied *n*; **~abók** *f* Gedichtsammlung *f*; **~lína** *f* Vers *m*; **~mæli** *n/pl.* Gedichte *pl.*; **~rænn** lyrisch; **~rænt skáld** lyrischer Dichter; **~skáld** *n* Lyriker *m*.
**ljóm|a** strahlen, scheinen; **~i** *m* Glanz *m*.
**ljón** *n* Löwe *m*.
**ljós 1.** *n* Licht *n*; **koma í ~** erscheinen; sich herausstellen; ans Licht kommen; **2.** *adj.* hell, licht; klar, deutlich; **það er ~t** es ist klar.
**ljósa|króna** *f* Kronleuchter *m*; **~pera** *f* Glühbirne *f*; **~stjaki** *m* Kerzenhalter *m*
**ljós|blár** hellblau; **~brot** *n* Lichtbrechung *f*; **~fræði** *f* Lichtlehre *f*, Optik *f*; **~fælinn** lichtscheu; **~geisli** *m* Lichtstrahl *m*.
**ljós|hærður** blond; **~ker** *n* Laterne *f*; (*Auto*) Scheinwerfer *m*; **~kersstaur** *m* Laternenpfahl *m*; **~lækningar** *f/pl. Med.* Lichtbehandlung *f*; **~merki** *n* Lichtsignal *n*; **~móðir** *f* Hebamme *f*, Geburtshelferin *f*; **~mynd** *f* Photographie *f*; **~mynda** photographieren; **~myndari** *m* Photograph *m*; **~myndavél** *f* Photoapparat *m*, Kamera *f*.
**ljós|rák** *f* Lichtstreifen *m*; **~ta** schlagen; **~ta upp** verraten.
**ljós|tra**: **~tra upp** verraten; **~vaki** *m* Äther *m*; **~viti** *m* Leuchtfeuer *n*.

**ljótur** häßlich.
**ljúf|fengur** lecker, wohlschmeckend; **~mennska** *f* Liebenswürdigkeit *f*; **~ur** lieb.
**ljúga** lügen.
**ljúka** beenden; zu Ende bringen; fertig machen; **~ prófi** Examen machen *od.* abschließen; **~ upp dyrunum fyrir e-m** j-m die Tür aufmachen *od.* öffnen.
**lóa** *f* Goldregenpfeifer *m.*
**lóð 1.** *f* Baugrundstück *n*, Grundstück *n*; **2.** Grundleine *f*; **3.** (*Standuhr*) Gewicht *n*; Lot *n*; **~réttur** senkrecht.
**loða: ~ við** kleben an; klebenbleiben; anhaften.
**loðinn** zottig; (*Hand*) behaart.
**loðkápa** *f* Pelzmantel *m.*
**lof** *n* Lob *n*; Beifall *m*; **~a** versprechen; rühmen; loben; erlauben.
**lófaklapp** *n* Applaus *m*, Beifall *m.*
**lófi** *m* Handfläche *f.*
**lof|orð** *n* Versprechen *n*; **~ræða** *f* Lobrede *f*; **~söngur** *m* Hymne *f.*
**loft** *n* Luft *f*; (*Haus*) Boden *m*, Dachboden *m*; (*Zimmer-*)Decke *f*; **liggja upp í ~** auf dem Rücken liegen; **~árás** *f* Luftangriff *m*; **~leið** *f* Flugstrecke *f od.* -linie *f*; **~leiðis** mit Luftpost; mit dem Flugzeug; **~net** *n* Antenne *f*; **~rás** *f*, **~ræsting** *f* Ventilation *f.*
**loftskeyt|amaður** *m* Funker *m*; (*Flugzeug*) Bordfunker *m*; **~astöð** *f* Funkstation *f*; **~i** *n* Funktelegramm *n*, Funkspruch *m.*
**loftslag** *n* Klima *n*, Witterung *f.*
**loft|steinn** *m* Meteorstein *m*; **~vog** *f* Barometer *n*; **~þéttur** luftdicht; **~þrýstingur** *m* Luftdruck *m.*
**log|a** flammen, brennen; **~i** *m* Flamme *f*; **eins og ~i yfir akur** wie ein Lauffeuer; **~n** *n* Windstille *f*; **~sjóða** schweißen; **~suða** *f* Schweißen *n.*
**lok** *n* Deckel *m*; *pl. a.* Abschluß *m*, Schluß *m*; **að ~um** endlich; **líða undir ~** sterben; zugrunde gehen; **~a 1.** *f* Riegel *m*; **2.** schließen; zumachen; abschließen; **~aæfing** *f* Generalprobe *f*; **~hljóð** *n* Verschlußlaut *m*; **~i** *m* Ventil *n.*
**lokk|a** (ver)locken; **~a sig, ~ast** sich locken *od.* ringeln; **~ur** *m* Locke *f.*
**lok|rekkja** *f* Bettnische *f*, Alkoven *m*; **~s, ~sins** endlich; **~un** *f* Schließung *f*; Ladenschluß *m*; Polizeistunde *f.*
**lón** *n* Haff *n*, Bodden *m.*
**loppa** *f* Pfote *f*, Tatze *f.*
**los|a** losreißen, losmachen; **~na** sich lösen; **~na við e-ð** etw. loswerden.
**lostafullur** wollüstig.
**lota** *f* (*Sport*) Runde *f.*

**lotning** *f* Ehrfurcht *f*; **~arfullur** ehrfürchtig.
**lúð|a** *f* Heilbutt *m*; **~rasveit** *f* Blasorchester *n*; **~ur** *m* Trompete *f*; **~urblástur** *m* Trompetenstoß *m*.
**lúi** *m* Müdigkeit *f*; **~nn** müde.
**lukk|a** *f* Glück *n*; **~ulegur** glücklich.
**lukt** *f* Laterne *f*.
**lund** *f* Sinn *m*, Gemüt *n*; **á sömu ~** auf die gleiche Weise; **~arfar** *n* Gemüt *n*, Sinn *m*; Temperament *n*; **~erni** *s.* **~arfar**; **~góður** umgänglich u. ruhig; **~illur** mürrisch u. schwierig im Umgang; **~ur** *m* Wäldchen *n*, *Poet.* Hain *m*.
**Lundún|aborg** *f*, **~ir** *f/pl.* London *n*.
**lung|a** *n* Lunge *f*; **~nabólga** *f* Lungenentzündung *f*; **~nakvef** *n* Bronchitis *f*; **~natæring** *f* Lungentuberkulose *f*.
**lúpulegur** beschämt; mit hängenden Ohren.
**lús** *f* Laus *f*.
**lút** *f* Lauge *f*.
**lúterskur** lutherisch.
**lútsterkur** (*Kaffee*) sehr stark.
**lýð|frjáls** demokratisch; **~háskóli** *m* Volkshochschule *f*; **~hylli** *f* Popularität *f*; **~ræði** *n* Demokratie *f*; **~skrumari** *m* Demagoge *m*; **~ur** *m* Volk *n*; Pöbel *m*; **vera við ~i** bestehen (bleiben); **~veldi** *n* Republik *f*.
**lyf** *n* Arznei *f*, Heilmittel *n*; **~jabúð** *f* Apotheke *f*; **~jafræði** *f* Pharmokologie *f*; **~jafræðingur** *m* Pharmazeut *m*; **~sali** *m* Apotheker *m*; **~seðill** *m* Rezept *n*.
**lyfta 1.** *f* Fahrstuhl *m*; **2.** (er)heben.
**lyga|laupur** *m*, **~ri** *m* Lügner *m*.
**lygi** *f* Lüge *f*; **~legur** unglaublich, unwahrscheinlich; **~nn** lügnerisch.
**lygn** (*Wasser, Wetter*) still, ruhig; **~a: það ~ir** der Wind legt sich.
**lyk|ill** *m* Schlüssel *m*; **~lakippa** *f* Schlüsselbund *n*.
**lykt** *f* Geruch *m*; *pl.* Ende *n*; **að ~um** zum Schluß; **leiða til ~a** beenden.
**lykta** riechen; enden; aufhören; **~rlaus** geruchlos.
**lyndiseinkunn** *f* Charakter *m*.
**lyng** *n* Heide *f*, Heidekraut *n*.
**lýsa** leuchten, beleuchten; beschreiben, schildern; **~ yfir** erklären.
**lýsi** *n* Tran *m*; **~ng** *f* Beleuchtung *f*; Schilderung *f*; **~slampi** *m* Tranlampe *f*.
**lyst** *f* Appetit *m*; **~arlaus** appetitlos; **~arleysi** *n* Appetitlosigkeit *f*.
**lyst|hafandi** *m* Kauflustige (-r) *m*, Interessent *m*; **~isnekkja** *f* Jacht *f*; **~ugur** appetitlich; wer e-n guten Appetit hat.
**lýta** entstellen.

**lægð** *f* Vertiefung *f*; *Meteor.* Tief(druckgebiet) *n*.
**lægi** *n* Liegeplatz *m* für Schiffe.
**lægja: það lægir** der Wind legt sich *od.* nimmt ab.
**lækk|a** sinken; *fig.* abnehmen; (*Preis*) fallen; *v/t.* senken; **~un** *f* (*Preis*) Senkung *f*, Herabsetzung *f*; (*Gehalt, Lohn*) Kürzung *f*.
**lækn|a** heilen; **~adeild** *f* medizinische Fakultät; **~ing** *f* Heilung *f*; **~ingastofa** *f* Klinik *f*; **~ir** *m* Arzt *m*; **~isfræði** *f* Medizin *f*; **~islyf** *n* Arznei *f*; **~isskoðun** *f* ärztliche Untersuchung; **~isstarfsemi** *f* Praxis *f*; **~isvitjun** *f* ärztlicher Besuch, Konsultation *f*; **~isvottorð** *n* ärztliches Zeugnis, ärztliche Bescheinigung.
**lækur** *m* Bach *m*.
**lær|a** lernen; **~a utanbókar** auswendig lernen; **~dómur** *m* Gelehrtheit *f*; Wissen *n*; **~ður** gelehrt.
**lærisveinn** *m* Schüler *m*.
**lærlingur** *m* Lehrling *m*.
**læs|a** (ab)schließen, verschließen; **~ing** *f* Schloß *n*; Schließung *f*.
**læ|virki** *m* Lerche *f*; **~vís** hinterlistig; **~vísi** *f* Hinterlist *f*, Tücke *f*.
**löðrungur** *m* Ohrfeige *f*.
**lög** *n/pl.* Gesetz *n*; **~aldur** *m* Volljährigkeit *f*; **~brot** *n* Gesetzesübertretung *f*; **~fræði** *f* Rechtswissenschaft *f*; **~fræðingur** *m* Jurist *m*.
**lög|gilda** legalisieren; autorisieren; **~gjafarvald** *n* Legislative *f*, gesetzgebende Gewalt *f*; **~gjöf** *f* Gesetzgebung *f*; **~hald** *n* Beschlagnahme *f*, Konfiskation *f*; **leggja ~hald á e-ð** *jur.* etw. mit Beschlag belegen, beschlagnahmen; **~heimili** *n* fester Wohnsitz; Heimatsort *m*; **~legur** gesetzlich; **~mál** *n* Prinzip *n*, Gesetz *n*.
**lög|nám** *n* Pfändung *f*, Zwangsvollstreckung *f*; **~regla** *f* Polizei *f*; **~reglurannsókn** *f* (polizeiliche) Ermittlungen *pl.*; **~reglusamþykkt** *f* Polizeiverordnung *f*; **~reglustjóri** *m* Polizeidirektor *m*; **~reglustöð** *f* Polizeibehörde *f*; Polizeirevier *n*; **~regluþjónn** *m* Polizeibeamte(r) *m*; Polizist *m*; **~sækja** gerichtliches Verfahren gegen j-n anstrengen; **~sögn** *f* Gerichtsbarkeit *f*; Gerichtsbezirk *m*; **~tak** *n* Pfändung *f*.
**lög|un** *f* Form *f*; **~ur** *m* Flüssigkeit *f*; **~venja** *f* Gerichtspraxis *f*; **~verndaður** gesetzlich geschützt (*Abk.* ges. gesch.); **~villa** *f* Justizirrtum *n*; **~þing** *n* Parlament *n*.
**lömun** *f* Lähmung *f*; Kinderlähmung *f*.

**löngun** *f* Sehnsucht *f*; Drang *m*, Bedürfnis *n*; Lust *f*.
**löpp** *f* Pfote *f*; Tatze *f*.
**löstur** *m* Laster *n*.

# M

**maðk|afluga** *f* Schmeißfliege *f*; **~ur** *m* Made *f*.
**maður** 1. *m* Mensch *m*; Mann *m*; **á mann** pro Kopf; 2. *pron. indef.* man, [einer.]
**máfur** *m* Möwe *f*.
**mag|asár** *n* Magengeschwür *n*; **~i** *m* Magen *m*.
**mágkona** *f* Schwägerin *f*.
**magn** *n* Menge *f*, Masse *f*, Quantität *f*; Kraft *f*; **~laus** kraftlos; erschöpft.
**mágur** *m* Schwager *m*.
**magur** mager, dünn.
**maí** *m* Mai *m*.
**maki** *m* Ehegatte *m od.* -gattin *f*; **~ndi** *n/pl.* Bequemlichkeit *f*.
**maklegur** wohlverdient.
**mál** *n* Sache *f*, Angelegenheit *f*; Prozeß *m*; Sprache *f*; Äußerung *f*; Rede *f*; Maß *n*; **miðla ~um** vermitteln; **e-ð skiptir engu ~i** etw. spielt keine Rolle; **fara í ~ við e-n** j-n verklagen; **flytja ~ e-e** Sache vor Gericht vertreten; **vera á ~i e-s** j-s Meinung teilen; **það kemur ekki til ~a** es kommt nicht in Frage; **það er ~ til komið** es ist Zeit.
**mal|a** mahlen; (*Katze*) spinnen; **~ari** *m* Müller *m*; **~bera** mit Kies beschütten; **~bika** asphaltieren.
**mála** malen; **~ferli** *n/pl.* Prozeß *m*; **~færslumaður** *m* Rechtsanwalt *m*; **~ri** *m* Maler *m*; **~vextir** *m/pl.* Sachverhalt *m*.
**mál|band** *n* Bandmaß *n*; **~efni** *n* Sache *f*, Angelegenheit *f*; **~efnislegur** sachlich; **~far** *n* Stil *m*; Sprache *f*; **~frelsi** *n* Redefreiheit *f*; **~fræði** *f* Sprachlehre *f*, Grammatik *f*; **~fræðingur** *m* Grammatiker *m*, Philologe *m*; **~fundafélag** *n* Diskussionsklub *m*; **~fundur** *m* Diskussionsversammlung *f*; **~gagn** *n* (*Zeitung*) Organ *n*; **~gefinn** geschwätzig, redselig; **~hvíld** *f* Pause *f*; **~laus** stumm; **~leysa** *f* Sprachfehler *m*; **~lýzka** *f* Mundart *f*, Dialekt *m*.
**málm|grýti** *n* Erz *n*; **~ur** *m* Metall *n*.
**málning** *f* Anstrich *m*; Farbe *f*. [*m*.]
**mal|poki** *m*, **~ur** *m* Ranzen
**málrómur** *m* Stimme *f*.
**máls|aðili** *m Jur.* Partei *f*; **~bætur** *f/pl.* mildernde Umstände *pl.*; **~grein** *f Gram.* Periode *f*; **~háttur** *m* Sprichwort *n*; **~höfðun** *f* Klage *f*; Klageerhebung *f*; **~kostnaður** *m* Prozeßkosten *pl.*

málsvari *m* Repräsentant *m*; Verteidiger *m*.
**málsverður** *m* Mahlzeit *f*.
**mál|tak** *n* Redeweise *f*; (*Stil*) Redensart *f*; **~tíð** *f* Mahlzeit *f*; **~tæki** *n* Redensart *f*; **~venja** *f* Sprachgebrauch *m*.
**mál|verk** *n* Gemälde *n*; **~villa** *f* Sprachfehler *m*; **~vísindi** *n/pl.* Philologie *f*; **~vöndun** *f* Sprachreinigung *f*.
**mamma** *f* Mutter *f*, Mam(m)a *f*, Mutti *f*.
**mana** anspornen.
**mánaðar|dagur** *m* Datum *n*; **~legur** monatlich.
**mánaskin** *n* Mondschein *m*.
**mandla** *f* (*Frucht*) Mandel *f*.
**mangari** *m* Schacherer *m*.
**máni** *m* Mond *m*.
**mann|ást** *f* Menschenliebe *f*; **~aumingi** *m* armer Kerl; **~blendinn** gesellig; **~dómur** *m* Kraft *f*, Mannhaftigkeit *f*; **~elskur** (*Tier*) zahm; **~eskja** *f* Mensch *m*; **~fjöldi** *m* Menschenmenge *f*; **~fræði** *f* Anthropologie *f*; **~fælinn** menschenscheu; **~gerð** *f* Menschentyp *m*; **~gildi** *n* Persönlichkeit *f*; **~kyn** *n* Menschheit *f*
**mann|kynssaga** *f* Weltgeschichte *f*; **~kærleiki** *m* Menschenliebe *f*; **~legur** menschlich; **~orð** *n* (*guter od. schlechter*) Ruf; **~réttindi** *n/pl.* Menschenrechte *pl.*
**manns|aldur** *m* Menschenalter *n*; **~lát** *n* Todesfall *m*; **~líf** *n* Menschenleben *n*; **~ævi** *f s.* **~líf**.
**mann|tafl** *n* Schach *n*; **~tal** *n* Volkszählung *f*; **~tegund** *f* Menschentyp *m*; **~úð** *f* Humanität *f*; **~úðlegur** human; **~val** *n* Elite *f*; **~vera** *f* menschliches Wesen; **~vinur** *m* Menschenfreund *m*; **~vit** *n* Menschenverstand *m*; **~þekkjari** *m* Menschenkenner *m*; **~æta** *f* Kannibale *m*.
**mánu|dagur** *m* Montag *m*; **~ður** *m* Monat *m*; **hálfur ~uður** vierzehn Tage.
**mar** *n* Quetschung *f*; **~arbotn** *m* Meeresboden *m*.
**marg|brotinn** verwickelt, kompliziert; **~falda** multiplizieren; **~faldur** vielfältig; **~földun** *f* Multiplikation *f*; **~földunartafla** *f* Einmaleins *n*; **~litur** bunt; **~raddaður** vielstimmig; **~ir** *pl.* viele; manche; **~ur** mancher.
**mark** *n* (*Fußball*) Tor *n*; (*Geld*) Mark *f*; **~aðsstaður** *m* Marktplatz *m*; **~aður** *m* Markt *m*; **~mið** *n* Ziel *n*, Zweck *m*; **~visst** zielbewußt.
**marmari** *m* Marmor *m*.
**marr** *n* Knarren *n*; Knistern *n*; **~a** knarren; (*Schnee, Sand*) knirschen.
**mar|skálkur** *m* Marschall *m*; **~tröð** *f* Alpdrücken *n*.
**marz** *m* März *m*.
**mas** *n* Plaudern *n*; **~a** plau-

dern, schwatzen; **~tur** *n* Mast *m*.
**mat** *n* Würdigung *f*; Schätzung *f*; **~arlyst** *f* Appetit *m*; **~arsalt** *n* Kochsalz *n*; **~arveizla** *f* Festessen *n*; **~ast** essen.
**mát** (*Schach*) matt; **~a** matt setzen; (*Kleider*) anprobieren.
**mat|baun** *f* Erbse *f*; **~borð** *n* Speisetisch *m*; **~jurtagarður** *m* Gemüsegarten *m*; **~málstími** *m* Essen(s)zeit *f*; **~móðir** *f* Hausfrau *f*; Bäuerin *f*; Herrin *f*; **~reiða** kochen **~reiðsla** *f* Kochen *n*; **~reiðslubók** *f* Kochbuch *n*; **~reiðslukona** *f* Köchin *f*, Kochfrau *f*; **~reiðslunámskeið** *n* Haushaltskursus *m*; **~seðill** *m* Speisekarte *f*; **~sala** *f* Pension *f*; **~skeið** *f* Löffel *m*.
**matsmaður** *m* Taxator *m*; (*Fisch*) Bracker *m*.
**mat|söluhús** *n* (alkoholfreies) Restaurant; Speisewirtschaft *f*; **~ur** *m* Essen *n*.
**mats|verð** *n* Schätzwert *m*; **~vottorð** *n* Gutachten *n*; Attest *n*.
**mátt|farinn** entkräftet, erschöpft; **~laus** kraftlos; **~laus gagnvart e-u** machtlos e-m Dinge gegenüber; **~leysi** *n* Kraftlosigkeit *f*; **~ur** *m* Kraft *f*; Vermögen *n*; Macht *f*; **af öllum mætti** aus allen Kräften; **minni máttar** unterlegen; **reyna af öllum mætti** sein Bestes tun.
**matvæli** *n/pl.* Lebensmittel *pl.*
**maur** *m* Ameise *f*; Milbe *f*.
**með** *prp.* mit, durch; **~ þessum hætti** auf diese Weise; **~ því** damit, dadurch; **vera ~ hinum fyrstu** unter den ersten sn; **fara vel (illa) ~ e-n** j-n gut (schlecht) behandeln.
**meðal 1.** *n* Arznei *f*, Medizin *f*; **2.** *prp.* unter; **~ annarra orða** *fig.* apropos, nebenbei bemerkt; übrigens; **~ annars** (*Abk.* **m. a.**) unter anderem (*Abk.* u. a.).
**meðal|hár** mittelgroß; mittelhoch; **~hiti** *m* Durchschnittstemperatur *f*; **~hóf** *n* Mittelweg *m*; **~lag** *n* Durchschnitt *m*; **~stærð** *f* Mittelgröße *f*; **~tal** *n* Durchschnitt *m*; **að ~tali** durchschnittlich; **~vegur** *m* Mittelweg *m*, Kompromiß *m*, *n*; **~verð** *n* Durchschnittspreis *m*.
**meðan** *cj.* während.
**meðaumkun** *f* Mitleid *n*, Mitgefühl *n*; **~arlaus** erbarmungslos, unbarmherzig.
**með|ferð** *f* Behandlung *f*; **~fram** *adv.* zugleich, auch; *prp.* längs; **~ganga** (ein-)gestehen; bekennen; zugestehen; **~fæddur** angeboren; **~höndla** behan-

deln; **~limur** *m* Mitglied *n*; **~mæli** *n/pl.* Empfehlung *f*; **~sekur** mitschuldig; **~talinn** einbegriffen; einschließlich; **~vitund** *f* Bewußtsein *n*; **~vitundarlaus** bewußtlos.
**mega** dürfen; **~ til að gera e-ð** etw. tun müssen.
**megin** *adv.*: **hérna ~** diesseits; **hinum ~** jenseits.
**megin|atriði** *n* Hauptsache *f*, Hauptpunkt *m*; **~hluti** *m* der größte Teil; **~land** *n* Festland *n*, Kontinent *m*; **~landsloftslag** *n* Festlandklima *n*; **~regla** *f* Prinzip *n*, Grundsatz *m*.
**megna** vermögen.
**megr|ast** abmagern; **~un** *f* Abmagerung *f*.
**meiða** verletzen; **~ sig** sich verletzen.
**meiðyrð|amál** *n* Beleidigungssache *f*; **~i** *n/pl.* Beleidigung *f*.
**mein** *n* Schaden *m*; **verða e-m að ~i** j-m etw. zuleide tun.
**mein|a** meinen; **~a e-m e-ð** j-m etw. verwehren *od.* verbieten; **~ing** *f* Meinung *f*; **~laus** harmlos; **~leysi** *n* Gutmütigkeit *f*; **~loka** *f* Lapsus *m*; fixe Idee; **~lætamaður** *m* Asket *m*.
**meir** mehr; **síðar ~** später; **~a** *adj.* mehr; **~a að segja** sogar, obendrein.
**meirihluti** *m* Majorität *f*.
**meistari** *m* Magister *m*; (*Handwerk*) Meister *m*.
**meit|la** meißeln; **~ill** *m* Meißel *m*.
**mél** *n s.* **mjöl.**
**mel|fluga** *f* Motte *f*; **~óna** *f* Melone *f*; **~rakki** *m* Fuchs *m*.
**melt|a** verdauen; **~ing** *f* Verdauung *f*; **~ingarfæri** *n/pl.* Verdauungsorgane *pl.*
**melur** *m* **1.** Motte *f*; **2.** Sand- *od.* Kieshügel *m*.
**menning** *f* Kultur *f*; **~arsaga** *f* Kulturgeschichte *f*; **~arstig** *n* Kulturstufe *f*.
**mennta** ausbilden, heranbilden; bilden; **~ður maður** gebildeter Mann; **~maður** *m* Gelehrte(r) *m*; **~skóli** *m* Gymnasium *n*; **~skólakennari** *m* Studienrat *m*; Oberstudienrat *m*; Studienassessor *m*; **~stofnun** *f* Bildungsanstalt *f*; **~un** *f* Ausbildung *f*, Bildung *f*.
**mergð** *f* Menge *f*.
**mergur** *m* Mark *n*.
**merki** *n* Zeichen *n*; Signal *n*; Symptom *n*; **~legur** interessant; bemerkenswert; **~ng** *f* Bedeutung *f*.
**merkja** bedeuten; (*Paket*) adressieren.
**merkur** bedeutend.
**messa 1.** *f* Gottesdienst *m*; Messe *f*; **2.** den Gottesdienst halten.
**mestur** der größte; **~ hluti** der größte Teil; **í mesta lagi** höchstens.
**met** *n* Rekord *m*; **~a** (ab-)

schätzen; **~askál** *f* Waagschale *f*; **~hafi** *m* Rekordinhaber *m*.
**metnað|argjarn** ehrgeizig; **~argirni** *f* Ehrgeiz *m*; **~armál** *n* Ehrensache *f*; **~ur** *m* Ehrgeiz *m*, Ambition *f*.
**metorð** *n/pl.* Ansehen *n*; Rang *m*; **~agjarn** ehrgeizig.
**metr|amál** *n* Metersystem *n*; **~i** *m* Meter *n* u. *m*.
**mett|a** sättigen; **~un** *f* Sättigung *f*.
**meykerling** *f* alte Jungfer.
**meyr** mürbe; (*Braten*) gar.
**mið** *n* (*pl.*:) Fischgründe *pl.*; (*Flinte*) Korn und Visier; *Mar.* Peilung *f*; **taka ~ á e-ð** *fig.* auf etw. zielen, etw. aufs Korn nehmen; **í ~ið** in der Mitte; **~a** zielen; *Mar.* (an)peilen, *Flgw.* orten.
**mið|aldir** *f/pl.* Mittelalter *n*; **~baugur** *m* Äquator *m*; **~dags-, ~degismatur** *m* Mittagessen *n*; **~depill** *m* Mittelpunkt *m*.
**mið|flóttaafl** *n* Zentrifugalkraft *f*; **~i** *m* Zettel *m*; Eintrittskarte *f*; Fahrkarte *f*; **~ja** *f* Mitte *f*; **~jarðarbaugur** *m* Äquator *m*.
**Miðjarðarhafið** *n* das Mittelmeer.
**mið|la: ~la málum** vermitteln; **~lari** *m* Vermittler *m*; **~lun** *f* Vermittlung *f*; **~nætti** *n* Mitternacht *f*; **~nætursól** *f* Mitternachtssonne *f*; **~skipa** mittschiffs; **~skólapróf** *n* Mittelschulexamen *n*; **~stöð** *f* Zentrale *f*, Telephonamt *n*; **~stöð!** *etwa* „hier Amt!"; **~stöðvarhitun** *f* Zentralheizung *f*; **~stöðvarofn** *m* Heizkörper *m*; **~sumar** *n* Mittsommer *m*; **~un** *f* *Mar.* Peilung *f*; **~ur** weniger (gut); **um miðjan dag** mitten am Tage; **því ~** leider; **~vikudagur** *m* Mittwoch *m*.
**mig** mich.
**mikil|fenglegur** großartig; **~l** groß, viel; **~látur** stolz; **~vægi** *n* Wichtigkeit *f*, Bedeutung *f*; **~vægur** wichtig.
**míla** *f* Meile *f*.
**mildi** *f* Milde *f*, Sanftheit *f*; Barmherzigkeit *f*.
**mildur** mild(e).
**milj|arður** *m* Milliarde *f*; **~ón** *f* Million *f*; **~ónamæringur** *m* Millionär *m*.
**milli** zwischen; **á ~** zwischen; *adv.* dazwischen; **okkar á ~** unter uns; **sín á ~** untereinander, unter sich.
**milli|bil** *n* Zwischenraum *m*, Abstand *m*; Zwischenzeit *f*; **~færsla** *f* Giroüberweisung *f*; Giroverkehr *m*; **~liður** *m* Zwischenglied *n*; Mittler *m*; **~færslubanki** *m* Girobank *f*.
**millímetri** *m* Millimeter *n*.
**milli|ríkjasamningur** *m* in-

ternationaler Vertrag; **~skyrta** *f* (*Ober*-)Hemd *n*.
**milti** *n* Milz *f*.
**minja|gripur** *m* Andenken *n*; **~r** *f/pl*. Überbleibsel *pl*., Reste *pl*.
**minn** (**mín, mitt**) mein; **~a: ~a e-n á e-ð** j-n an etw. erinnern; **~ast: ~ast lauslega á e-ð** etw. andeuten; **~ast e-s** sich an etw. erinnern.
**minni 1.** *n* Gedächtnis *n*; **skrifa sér e-ð til ~s** sich etw. notieren; **2.** kleiner; **~hluti** *m* Minderheit *f*; **~ng** *f* Erinnerung *f*; **til ~ngar** in memoriam; zum Andenken (an); **~ngargripur** *m* Andenken *n*.
**minnis|bók** *f* Notizbuch *n*; **~varði** *m* Denkmal *n*.
**minnk|a** herabsetzen, vermindern, beschränken; *v/i*. abnehmen; **~un** *f* Verminderung *f*; Abnahme *f*; Schande *f*.
**mínúta** *f* Minute *f*.
**mis|beita** mißbrauchen; **~beiting** *f* Mißbrauch *m*; **~gerð** *f* Vergehen *n*, Verstoß *m*; **~gerðamaður** *m* Missetäter *m*, Übeltäter *m*; **~grip** *n/pl*. Irrtum *m*, Versehen *n*; **í ~gripum** aus Versehen, versehentlich; **~heppnast** mißglücken, fehlschlagen; **~heyra** sich verhören; **~hæð** *f* Unebenheit *f*; **~indismaður** *m* berüchtigte Person; **~jafn** ungleich; uneben; **~klíð** *f* Uneinigkeit *f*.
**miskunn** *f* Barmherzigkeit *f*, Gnade *f*; **~a: ~a sig yfir e-n** sich j-s erbarmen; **~arlaus** schonungslos, erbarmungslos; **~samur** barmherzig, gnädig; **~semi** *f* Barmherzigkeit *f*; Gnade *f*.
**mis|lesa** sich verlesen; **~líka** mißfallen; **~lyndur** launisch; **~minni** *n* Gedächtnisfehler *m*; **~munandi** verschieden; **~munur** *m* Unterschied *m*; (*Rechnung*) Saldo *n*; **~mæla sig** sich versprechen; **~nota** mißbrauchen; **~notkun** *f* Mißbrauch *m*.
**missa** verlieren; fallen lassen; **~ fótanna** stolpern; **~ sjónar af e-u** etw. aus dem Auge verlieren.
**misseri, missiri** *n* Halbjahr *n*; Semester *n*.
**mis|skilja** mißverstehen; **~skilningur** *m* Mißverständnis *n*; **~svefn** *m* unregelmäßiger Schlaf; **~sýnast** falsch sehen; **~sætti** *n* Uneinigkeit *f*; **~takast** mißglücken.
**mistur** *n* Dunst *m*.
**mis|tök** *n/pl*. Fehler *m*; **~virða: ~virða e-ð við e-n** j-m etw. übelnehmen; **~þyrma** mißhandeln.
**mitti** *n* Taille *f*; **~sól** *f* Leibriemen *m*.
**mjaðma(r)grind** *f* *Anat*. Becken *n*.
**mjallhvítur** schneeweiß.
**mjálma** miauen.

**mjalta** melken.
**mjókka** dünner *od.* schmäler werden.
**mjólk** *f* Milch *f* **~a** melken; Milch geben; **~urbúð** *f* Milchladen *m*; **~urekill** *m* Milchmann *m*; **~urflaska** *f* Milchflasche *f*; **~urframleiðsla** *f* Milchproduktion *f*; **~urkýr** *f* Milchkuh *f*; **~urpóstur** *m* Milchkutscher *m*; **~ursala** *f* Milchverkauf *m*; **~ursamlag** *n* Molkereigenossenschaft *f*; **~ursamsala** *f* Milchversorgung *f*; **~ursýra** *f* Molke *f*; **~urútsala** *f* Molkerei *f*, Milchverkauf *m*; **~urvagn** *m* Milchwagen *m*.
**mjór** schmal, dünn.
**mjúkur** weich.
**mjöðm** *f* Hüfte *f*.
**mjög** sehr; **~ mikilvægur** sehr wichtig.
**mjöl** *n* Mehl *n*; **~vi** *m* Stärke *f*.
**móberg** *n* Tuff *m*.
**móðg|a** beleidigen, kränken; **~un** *f* Beleidigung *f*, Kränkung *f*.
**móð|ir** *f* Mutter *f*; **~urást** *f* Mutterliebe *f*; **~urbróðir** *m* Onkel *m*; **~urmál** *n* Muttersprache *f*; **~ursystir** *f* Tante *f*.
**moka** schaufeln.
**molasykur** *m* Würfelzucker *m*.
**mold** *f* Erde *f*; **~varpa** *f* Maulwurf *m*.
**moli** *m* ein kleines Stück; **fara í mola** zerbrechen, *pop.* kaputtgehen.
**mont** *n* Einbildung *f*, Wichtigtuerei *f*; **~a** wichtig tun; **~inn** eingebildet.
**mór** *m* Torf *m*.
**mora** wimmeln.
**mórauður** hellbraun.
**morð** *n* Mord *m*; **~ingi** *m* Mörder *m*; **~tilræði** *n* Mordversuch *m*, Attentat *n*.
**morgna**: **það ~r** der Tag bricht an.
**morgunn** *m* Morgen *m*; **á morgun** morgen; **í morgun** heute morgen; **til morguns** bis morgen; **bis morgens.**
**morgun|blað** *n* Morgenblatt *n*; **~matur** *m* Frühstück *n*; **~roði** *m* Morgenrot *n*; **~verður** *m s.* **~matur.**
**morsmerki** *n* Morsezeichen *n*.
**mosi** *m* Moos *n*.
**mót** *n* Treffen *n*; Zusammenkunft *f*; Versammlung *f*; Form *f*, Tiegel *m*; **á ~s við** gegenüber von; **koma til ~s við** entgegen kommen (*a. fig.*); **~i, á ~i, í ~i** *prp.* gegen; entgegen; zuwider; **aftur á ~i** dagegen.
**móta** formen; prägen; modellieren.
**mót|bára** *f* Einwand *m*; **vera með ~bárur** Einwände machen; **~byr** *m* Gegenwind *m*; **~eitur** *n* Gegengift *n*; **~gangur** *m* Mißgeschick *n*; **~læti** *n* Unglück *n*; **~mæla** wider-

sprechen; **~mælandi** *m* Protestant *m*; **~mælendatrú** *f* Protestantismus *m*; **~mæli** *n/pl.* Protest *m*; Dementi *n*.
**mótor** *m* Motor *m*; **~bátur** *m* Motorboot *n*; **~hjól** *n* Motorrad *n*.
**mót|setning** *f* Gegensatz *m*; **~spyrna** *f*, **~staða** *f* Widerstand *m*; **veita ~stöðu** Widerstand leisten; **~stöðuafl** *n* Widerstandskraft *f*; **~stöðumaður** *m* Gegner *m*; **~sögn** *f* Widerspruch *m*; **flækja sig í ~sögnum** sich in Widersprüche verwikkeln; **~taka 1.** *f* Empfang *m*; **2.** empfangen.
**mót|takandi** *m* Empfänger *m*; **~vindur** *m* Gegenwind *m*; **~þrói** *m* Trotz *m*, Widerspenstigkeit *f*.
**múg|morðingi** *m* Massenmörder *m*; **~sefjun** *f* Massensuggestion *f*; **~ur** *m* Masse *f*, Menge *f*; Pöbel *m*.
**múlasni** *m* Maulesel *m*.
**muna** sich erinnern (**eftir** an).
**munað|arlaus** verwaist; **~arleysingi** *m* Waise *f*; **~arvara** *f* Genußmittel *n*; **~ur** *m* Genuß *m*, Luxus *m*.
**munkur** *m* Mönch *m*.
**munn|biti** *m* Bissen *m*, Mundvoll *m*; **~harpa** *f* Mundharmonika *f*; **~ur** *m* Mund *m*; **~vatn** *n* Speichel *m*; **~vik** *n* Mundwinkel *m*; **~þurrka** *f* Serviette *f*.
**munu** (*Hilfsverb*) werden.
**mun|ur** *m* Unterschied *m*; **~ir** *m/pl.* Sachen *pl.*, Dinge *pl.*; **fyrir alla muni** um jeden Preis; **fyrir enga muni** um keinen Preis; **því ... þeim mun ... je ...** desto ...
**múr** *m* Mauer *f*; **~a** mauern; **~ari** *m* Maurer *m*; **~greyping** *f* Fachwerk *n*; **~húða** verschalen; **~steinn** *m* Ziegel(stein) *m*; **~veggur** *m* Mauer *f*.
**mús** *f* Maus *f*; **brynna ~um** weinen.
**musteri** *n* Tempel *m*.
**múta 1.** *f* Bestechung *f*; **2.** bestechen.
**mútur** *f/pl.* Stimmbruch *m*, Stimmwechsel *m*.
**mýfluga** *f* Mücke *f*.
**mygla 1.** *f* Schimmel *m*; **2.** schimmeln.
**mykj|a** *f* Kuhmist *m*; **~ukvísl** *f* Mistgabel *f*.
**mýkt** *f* Weichheit *f*.
**myll|a** *f* Mühle *f*; **~uhjól** *n* Mühl(en)rad *n*.
**mynd** *f* Bild *n*, Porträt *n*, Photographie *f*; **~a** bilden; photographieren; **til að ~a** zum Beispiel; **~ablað** *n* Illustrierte *f*; **~agáta** *f* Rebus *m*, Bilderrätsel *n*; **~amót** *n* Klischee *n*.
**mynda|smiður** *m* Photograph *m*; **~vél** *f* Kamera *f*.
**mynd|höggvari** *m* Bildhauer *m*; **~list** *f* bildende Kunst; **~ugur** mündig, volljährig.
**mynni** *n* Mündung *f*.
**mynt** *f* Münze *f*.

**myrða** ermorden.
**mýri** *f* Moor *n*; Sumpf *m*.
**myrkur** 1. *n* Dunkelheit *f*; Finsternis *f*; 2. *adj.* dunkel, finster.
**myrkv|a** verdunkeln; **~ast** sich verdunkeln; *fig.* sich verfinstern; **~un** *f* Verdunkelung *f*.
**mysuostur** *m* Molkenkäse [*m.*]
**mæðg|in** *n/pl.* Mutter u. Sohn (Söhne); **~ur** *pl.* Mutter u. Tochter (Töchter).
**mæla** sprechen, reden; messen; **~ með e-m** j-n empfehlen; **~borð** *n* Armaturenbrett *n*; **~nlegur** meßbar.
**mæli|kvarði** *m* Maßstab *m*; **~ng** *f* Messung *f*; **~tæki** *n* Meßinstrument *n*.
**mælsk|a** *f* Beredsamkeit *f*; **~ur** beredt.
**mæna** 1. *f* Rückenmark *n*; 2. starren (á an).
**mæniás** *m* First *m*.
**mænuveiki** *f* (spinale) Kinderlähmung.
**mær** *f* Jungfrau *f*.
**mæt|a** begegnen; **~ast** sich begegnen; **~tur** *Jur.* Erschienene(r) *m*.
**mögla** murren.
**mögu|legur** möglich; **~leiki** *m* Möglichkeit *f*.
**möl** *f* Kies *m*; **~brjóta** zerschlagen; **~fluga** *f* Motte *f*; **~ur** *m* Motte *f*; **~va** zerschlagen; zertrümmern.
**möndull** *m* Achse *f*.
**mörður** *m* Marder *m*.
**möskvi** *m* Masche *f*.
**mötuneyti** *n* Tischgesellschaft *f*; *Mar.* Messe *f*; Mittagstisch *m*; **~ stúdenta** Mensa *f*.

# N

**ná** erreichen; reichen (*v/i.*); **~ sér** sich erholen, genesen; **~ yfir** umfassen; **~anlegur** erreichbar.
**ná|bleikur** leichenblaß; **~búi** *m* Nachbar *m*.
**náð** *f* Gnade *f*; **~ a** begnadigen; **~arríkur** gnadenreich; **~arsamur** gnädig.
**naðra** *f* Schlange *f*.
**náð|ugur** gnädig; **~un** *f* Begnadigung *f*.
**nafli** *m* Nabel *m*.
**nafn** *n* Name *m*; **að ~i** namens; **~bót** *f* Titel *m*; **~i** *m* Namensbruder *m od.* -vetter *m*; **~laus** anonym; **~orð** *n* Substantiv *n*; **~spjald** *n*, Visitenkarte *f*.
**nag|a** nagen; **~a sig í handarbökin yfir e-u** sich über etw. ärgern; **~dýr** *n* Nagetier *n*.
**nagl|aburstí** *m* Nagelbürste *f*; **~aþjöl** *f* Nagelfeile *f*; **~bítur** *m* Kneifzange *f*; **~i** *m* Nagel *m*; **hitta ~ann á höfuðið** den Nagel auf den Kopf treffen.
**ná|granni** *m* Nachbar *m*; **~grenni** *n* Umgegend *f*; Umgebung *f*; Nachbar-

schaft *f*; **~gríma** *f* Totenmaske *f*.
**ná|inn** intim; **~ið samband** intime Beziehung.
**nakinn** nackt, bloß.
**ná|kvæmni** *f* Genauigkeit *f*; **~kvæmur** genau.
**nál** *f* Nadel *f*; **~adofi** *m*: **ég hef ~adofa í hægri fætinum** das rechte Bein ist mir eingeschlafen; **~arauga** *n* Nadelöhr *n*.
**nálg|ast** sich nähern; **~un** *f* Annäherung *f*.
**ná|lykt** *f* Leichengeruch *m*; **~lægð** *f* Nähe *f*; **~lægur** nahe gelegen, benachbart; *fig*. naheliegend.
**nám** *n* Studium *n*; **vera við ~** studieren; **~a** *f* Bergwerk *n*, Mine *f*, Grube *f*; **~agöng** *n/pl*. Minengang *m*, Schacht *m*; **~fús** lernbegierig; **~fýsi** *f* Lerneifer *m*.
**náms|efni** *n* Pensum *n*; **~gáfur** *f/pl*. Begabung *f*, Fassungsvermögen *n*; **~maður** *m* Schüler *m*; Student *m*; Studierende(r) *m*; **~mær** *f* Schülerin *f*; Studentin *f*; Studierende *f*; **~piltur** *m* Schüler *m*; Lehrling *m*; **~styrkur** *m* Stipendium *n*; **~tími** *m* Studienzeit *f*; Lehrzeit *f*.
**námu|maður** *m* Grubenarbeiter *m*, Bergmann *m*; **~rekstur** *m* Grubenbetrieb *m*.
**nánd** *f* Nähe *f*; **í ~ við** in der Nähe von.
**náskyldur** nahe verwandt.
**nátt|föt** *pl*. Schlafanzug *m*. Pyjama *m*; **~kjóll** *m* Nachthemd *n*; **~staður** *m* Nachtquartier *n*.
**náttúr|a** *f* Natur *f*; **~legur** natürlich; **~ufegurð** *f* Naturschönheit *f*; **~ufræði** *f* Naturwissenschaft *f*; (*Schulfach*) Naturkunde *f*; **~ufræðingur** *m* Naturforscher *m*; **~ugripasafn** *n* naturgeschichtliches Museum; **~uhvöt** *f* Naturtrieb *m*; **~usaga** *f* Naturgeschichte *f*; **~uvísindi** *n/pl*. Naturwissenschaft *f*.
**nauð|lenda** notlanden; (*Wasserflugzeug*) notwassern; **~lending** *f* Notlandung *f*; Notwasserung *f*.
**nauðsyn** *f* Notwendigkeit *f*; **~legur** notwendig.
**nauðungar|uppboð** *n* Zwangsversteigerung *f*; **~vinna** *f* Zwangsarbeit *f*.
**naum|ast** kaum, knapp; **~indi** *n/pl*.: **með ~indum** mit Mühe und Not; **~ur** knapp; geizig.
**náungi** *m* Kerl *m*; Mitmensch *m*; Nächste(r) *m/f*.
**naust** *n* Bootsschuppen *m*.
**naut** *n* Stier *m*, Bulle *m*; **~aat** *n* Stierkampf *m*; **~abani** *m* Stierfechter *m*; **~akjöt** *n* Rindfleisch *n*, Ochsenfleisch *n*; **~griparækt** *f* Rinderzucht *f*; **~gripur** *m* Rind *n*; **~heimskur** saudumm.
**nautn** *f* Genuß *m*; **~amaður** *m* Lebemann *m*; **~asjúkur**

genußsüchtig; **~avara** *f* Genußmittel *n.*

**ná|vígi** *n* Nahkampf *m*; **~vist** *f* Gegenwart *f*, Anwesenheit *f*.

**né: hvorki ... ~** weder ... noch.

**neðan: ~ frá** von unten; **fyrir ~** unten; *prp.* unterhalb; **~jarðar** unterirdisch; **~jarðarbraut** *f*, **~jarðarlest** *f* Untergrundbahn *f*, U-Bahn *f*; **~sjávar** unterseeisch.

**neðri** der untere.

**neðstur** unterste(r).

**nef** *n* Nase *f*; Schnabel *m*; **~hljóð** *n* Nasal(laut) *m*.

**nefna** nennen; erwähnen; **~ri** *m* Nenner *m*.

**nefnd** *f* Ausschuß *m*; **~arálit** *n* Beschluß *m*; Ausschußbericht *m*; **~arfundur** *m* Ausschußsitzung *f*; **~armaður** Ausschußmitglied *n*.

**nefnilega** nämlich.

**nefskattur** *m* Kopfsteuer *f*.

**negla 1.** *f* Bootspfropfen *m*; **2.** nageln.

**negri** *m* Neger *m*.

**nei** nein; **~kvæði** *n* Veto *n*; **~kvæður** negativ.

**neinn: ekki ~** niemand, keiner; **það er ekki til neins** es hat keinen Zweck.

**neisti** *m* Funke *m*.

**neit|a** verneinen; leugnen; ablehnen; **~un** *f* Nein *n*; abschlägige Antwort; Ablehnung *f*.

**nekt** *f* Nacktheit *f*.

**nema 1.** (*Summe*) betragen; lernen; nehmen; **~ land** ein Land besiedeln; **~ lög úr gildi** ein Gesetz aufheben; **2.** *cj.* es sei denn...; ausgenommen; außer; bis auf.

**nem|andi** *m* Schüler *m*; Student *m*; **~i** *m* Lehrling *m*.

**nenna** mögen; **ég nenni ekki að vinna** ich mag nicht arbeiten.

**nepja** *f* beißende Kälte.

**nes** *n* Landspitze *f*.

**nesti** *n* Proviant *m*.

**net** *n* Netz *n*.

**neyð** *f* Not *f*; Zwang *m*; **~a** zwingen; **~ardyr** *f/pl.* Notausgang *m*; **~arkall** *n* SOS-Ruf *m*; **~armerki** *n* Notsignal *n*; **~aróp** *n* Notschrei *m*; **~arvörn** *f* Notwehr *f*; **~ast: ~ast til sich** (zu etw.) gezwungen sehen.

**neyta** genießen, verbrauchen; **~ndi** *m* Verbraucher *m*.

**neytendafélag** *n* Konsumverein *m*.

**neyzl|a** *f* Verbrauch *m*; **~uvatn** *n* Trinkwasser *n*.

**nía** *f* (*Kartenspiel*) Neun *f*.

**nið** *n* Rieseln *n*, Rauschen *n*; **~a** rieseln, rauschen.

**níð** *n* Schmähworte *pl.*, Schmähreden *pl.*; **~a** verleumden; schmähen, verhöhnen; **~kvæði** *n* Schmähgedicht *n*.

**niðj|atal** *n* Stammtafel *f*; **~i** *m* Nachkomme *m*.

**niðra** tadeln; verleumden; **~ndi** herabsetzend.

**niðri** unten; **ná sér ~ á e-m** sich an j-m rächen.
**niður** 1. *m* Rauschen *n*; Rieseln *n*; 2. hinunter, nach unten; **~dreginn** niedergeschlagen; **~fallssjúkur** epileptisch; **~fallssýki** *f* Epilepsie *f*; **~gangur** *m* Durchfall *m*.
**niður|jöfnun** *f* (*Steuern*) Veranlagung *f*, Einschätzung *f*; **~jöfnunarnefnd** *f* Steuereinschätzungsausschuß *m*.
**niður|lag** *n* (*Zeitungsroman*) Schluß *m*; **~læging** *f* Erniedrigung *f*, Herabwürdigung *f*; **~lægja** erniedrigen, demütigen.
**Niðurlönd** *n/pl.* die Niederlande *pl.*
**niður|rif** *n* Abbruch *m*; *fig.* Zerstörung *f*; **selja til ~rifs** auf Abbruch verkaufen; **~röðun** *f od.* **~skipan** *f* Ordnung *f*; Gliederung *f*; **~staða** *f* Ergebnis *n*; Resultat *n*; **~suða** *f* Einkochen *n*; (*Marmelade*) Einmachen *n*; **~suðudós** *f* Konservenbüchse *f od.* -dose *f*; **~suðuverksmiðja** *f* Konservenfabrik *f*; **~suðuvörur** *f/pl.* Konserven *pl.*
**nirfill** *m* Geizhals *m*.
**níræð|isaldur** *m*: **á ~isaldri** in den Achtzigern; **~ur** neunzig Jahre alt.
**nisti** *n* Kapsel *f*.
**nístingskuldi** *m* beißende Kälte *f*.
**nítján** neunzehn; **~di** neunzehnte(r).
**nítugasti** neunzigster.
**níu** neun; **~ndi** neunter; **~tíu** neunzig.
**nízk|a** *f* Geiz *m*; **~ur** geizig.
**njósn|a** spionieren; **~ari** *m* Spitzel *m*, Spion *m*; **~ir** *pl.* Spionage *f*.
**njóta** genießen.
**nóg** genug; **~ur** genügend, genug.
**nokkrir** einige; **þó ~** mehrere, verschiedene.
**nokkuð** etwas; **~ góður** ziemlich gut.
**nokkur**: **~ hagnaður** gewisser Vorteil; **~ tími** einige Zeit; **ekki ~** kein(er); niemand.
**norðan** von Norden; **~átt** *f* Nordwind *m*; **~verður** nördlich; **~vindur** *m* Nordwind *m*.
**norð|austur** *n* Nordost(en) *m*; **~lenzkur** von Nordisland; **~lægur** nördlich.
**Norðmaður** *m* Norweger *m*.
**norður** nach Norden.
**Norður|-Afríka** *f* Nordafrika *n*; **~-Ameríka** *f* Nordamerika *n*; **~álfa** *f* Europa *n*; **~álfumaður** *m* Europäer *m*; **2heimskautið** *n* der Nordpol.
**norður|heimskautsbaugur** *m* der nördliche Polarkreis; **~hlið** *f* Nordseite *f*.
**Norðurland** *n* Nord-Island *n*; **~amaður** *m* Skandinavier *m*.
**norður|landamál** *n* skandinavische Sprache; **~ljós** *n* Nordlicht *n*.

**Norðurlönd** *n/pl.* Skandinavien *n*, nordische Länder *pl.*
**norður|póll** *m* Nordpol *m*; **⁀sjór** *m* Nordsee *f*; **⁀skautsfari** *m* Nordpolfahrer *m*; **⁀stjarna** *f* Polarstern *m*; **⁀þýzkur** norddeutsch.
**Norður-Þýzkaland** *n* Norddeutschland *n*.
**norðvestur** *n* Nordwest(en) [*m*.]
**Noregur** *m* Norwegen *n*.
**norræn|a** *f* Altisländisch *n*, Altnordisch *n*; **⁀n** altisländisch, altnordisch.
**norsk|a** *f* Norwegisch *n*; **⁀ur** norwegisch.
**not** *n/pl.* Gebrauch *m*; Nutzen *m*; **⁀a** gebrauchen, benutzen; verwenden; ausnutzen, ausnützen; **⁀agildi** *n* Nutzungswert *m*, Nutzen *m*.
**nota|lega** gemütlich; **⁀legur** behaglich; bequem; **⁀réttur** *m* Nutz(ungs)recht *n*; Nießbrauch *m*.
**not|færa** benutzen; **⁀ sér** Gebrauch von etw. machen; **⁀hæfur** brauchbar; **⁀kun** *f* Gebrauch *m*, Anwendung *f*; **taka í ⁀kun** in Gebrauch nehmen; **vera í ⁀kun** in Gebrauch sn.
**nótna|borð** *n* Klaviatur *f*; **⁀bók** *f* Notenbuch *n*; **⁀hefti** *n* Notenheft *n*.
**nótt** *f* Nacht *f*; **á ⁀unni, á næturnar** in der Nacht, nachts; **í ⁀** heute nacht; **um ⁀ina** in der Nacht; **um miðja ⁀ina** mitten in der Nacht.
**nóvember** *m* November *m*.
**nú** jetzt, nun; zur Zeit.
**núðla** *f* Nudel *f*.
**nudd** *n* Massage *f*; Reibung *f*; *fig.* Bohren *n*; **⁀a** massieren; reiben; bohren; **⁀ari** *m* Masseur *m*; **⁀kona** *f* Masseuse *f*; **⁀lækningar** *f/pl.* Massage(behandlung) *f*; **⁀læknir** *m* Masseur *m*, Masseuse *f*.
**núgildandi** jetzt geltend *od.* gültig.
**núll** *n* Null *f*.
**númer** *n* Nummer *f*.
**núna** jetzt.
**núning** *f* Reiben *n*, Reibung *f*; **⁀smótstaða** *f* Reibungswiderstand *m*; **⁀ur** *m* Reiben *n*.
**nunn|a** *f* Nonne *f*; **⁀uklaustur** *n* Nonnenkloster *n*.
**nurl** *n* Filzigkeit *f*; **⁀a** sparen; **⁀a saman** zusammensparen; **⁀ari** *m* Geizhals *m*.
**nú|tíð** *f* Präsens *n*, Gegenwart *f*; **⁀verandi** jetzig, gegenwärtig.
**ný|ár** *n* Neujahr *n*; **⁀ársdagur** *m* Neujahrstag *m*; **⁀ársósk** *f* Neujahrswunsch *m*; **⁀bygging** *f* Neubau *m*; **⁀íslenzka** *f* Neuisländisch *n*.
**ný|jung** *f* Neuheit *f*; **⁀kominn** soeben angekommen; **⁀legur** neulich; **⁀lenda** *f* Kolonie *f*; **⁀lenduvörukaupmaður** *m* Kolonialwarenhändler *m*; **⁀lendu-**

vörur *f/pl.* Kolonialwaren *pl.*; **~lenduvöruverzlun** *f* Kolonialwarenhandlung *f.*
**ný|meti** *n* frische Lebensmittel *pl.*; **~móðins** modern; **~myndun** *f* Neubildung *f.*
**nýr** neu; frisch; **~a** *n* Niere *f.*
**nýrnaveiki** *f* Nierenkrankheit *f.*
**ný|rækt** *f* Neuland *n*; **~ræktun** *f* Urbarmachung *f*; **~sköpun** *f Gram.* Neubildung *f*; (*Wieder-*)Aufbau *m*; **~stofnaður** soeben errichtet; (aufs neue) neuerrichtet.
**nyt** *f*: **færa sér e-ð í ~** sich e-r Sache bedienen.
**nýtízkulegur** modern, neuzeitlich.
**nyt|samur** nützlich; **~semi** *f* Nützlichkeit *f*; Nutzen *m.*
**nýt|a** verwerten; **~ur** nützlich, anwendbar; (*Person*) tüchtig.
**ný|verið** neulich; **~yrði** *n Gram.* Neuschöpfung *f*, Neubildung *f.*
**næði** *n* Ruhe *f*; **~ngur** *m* kalter Wind.
**næg|ilegur** genügend, ausreichend; **~ja** genügen; **láta sér e-ð ~ja** sich mit etw. begnügen; **~janlegur** ausreichend, genügend; **~jusamur** anspruchslos; **~jusemi** *f* Anspruchslosigkeit *f*; **~ur** genügend, genug.
**nægtir** *f/pl.* Überfluß *m.*
**næla** *f* Brosche *f.*
**nælon** *n* Nylon *n.*
**næm|geðja** empfindlich; empfindsam; **~ur** wer leicht lernt, begabt, gelehrig; (*Krankheit*) ansteckend.
**næpa** *f* Kohlrübe *f.*
**nær|a** nähren, ernähren; **~ast** essen; **~buxur** *f/pl.* Unterhose *f*; **~föt** *n/pl.* Unterwäsche *f*; **~gætinn** rücksichtsvoll, taktvoll, schonend; **~göngull** zudringlich; aufdringlich; frech, beleidigend; **~ing** *f* Nahrung *f*; **~ingarefni** *n* Nahrungs- *od.* Nährstoff *m*; **~ingargildi** *n* Nährwert *m.*
**nærri** beinahe, fast; nahe.
**nær|skyrta** *f* Unterhemd *n*; **~staddur** gegenwärtig, anwesend; **~sýnn** kurzsichtig; **~vera** *f* Anwesenheit *f*, Gegenwart *f*, Beisein *n.*
**næst** am nächsten; **því ~** darauf; **~ stærstur** der zweitgrößte; **~ur** der nächste.
**nætur-** nächtlich.
**nætur|gali** *m* Nachtigall *f*; **~hvíld** *f* Nachtruhe *f*; **~læknir** *m* Bereitschaftsarzt *m*; **~staður** *m* Nachtquartier *n*; **~vörður** *m* Nachtwächter *m.*
**nögl** *f* Fingernagel *m.*
**nöld|ra** meckern, nörgeln; **~ur** *n* Murren *n.*
**nöp** *f*: **vera í ~ við e-n** e-n Pik auf j-n haben.
**nös** *f* Nasenloch *n.*
**nötra** zittern, beben.

# O

**ó-** un-.
**ó!** ach!
**óa: mig ~r við e-u** es schaudert mich *od.* mir vor etw.
**óað|finnanlegur** einwandfrei; **~gætinn** unachtsam, achtlos; **~gætni** *f* Unachtsamkeit *f*, Achtlosigkeit *f*; **~gæzla** *f* *s.* **~gætni**; **~skiljanlegur** untrennbar; unzertrennlich.
**óáfengur** alkoholfrei.
**óafsakanlegur** unverzeihlich.
**óafturkallanlegur** unwiderruflich.
**óafvitandi** unbewußt.
**óákveðinn** unschlüssig, unentschlossen; unbestimmt.
**óalgengur** ungewöhnlich.
**óálitlegur** unansehnlich, unscheinbar.
**óánæg|ður** unzufrieden; **~ja** *f* Unzufriedenheit *f*.
**óáreiðan|legur** unzuverlässig; **~leiki** *m* Unzuverlässigkeit *f*.
**ó|beðinn** ungebeten; **~beinlínis**, **~beinn** indirekt; **~beit** *f* Antipathie *f*; **~betranlegur** unverbesserlich; **~bifandi**, **~bifanlegur** (*a. fig.*) unerschütterlich; **~bilgirni** *f* Unbilligkeit *f*, Rücksichtslosigkeit *f*; **~bilgjarn** unbillig, rücksichtslos.
**obláta** *f* Oblate *f*.
**ó|boðinn** ungeladen; **~bótamaður** *m* Verbrecher *m*; **~bótaverk** *n* Verbrechen *n*, Untat *f*; **~botnandi** bodenlos; **~breytanlegur** unveränderlich; **~breyttur** unverändert; **~brjótandi** unzerbrechlich; **~byggður** unbewohnt; **~byggilegur** un(be)wohnbar; **~bærilegur** unerträglich; **~bætanlegur** unersetzlich.
**ódagsettur** undatiert.
**óðalsbóndi** *m* Erbbauer *m*.
**ódauð|legur** unsterblich; **~leiki** *m* Unsterblichkeit *f*.
**ódaunn** *m* Gestank *m*.
**odd|ur** *m* Spitze *f*; **leika á als oddi** sehr aufgeräumt sn; **~viti** *m* Vorsitzende(r) *m* des Gemeinderats.
**ódrekkandi** nicht trinkbar, ungenießbar.
**ódreng|ilegur** gemein, niederträchtig; **~lyndi** *n* Niederträchtigkeit *f*; **~ur** *m* niederträchtige Person, Lump *m*.
**ódrukkinn** nüchtern.
**ódug|legur** untüchtig; **~naður** *m* Untüchtigkeit *f*.
**óður** wild, rasend; **óðs manns æði** *fig.* Wahnsinn *m*.
**ó|dyggð** *f* Untugend *f*; **~eðli** *n* Unnatur *f*; **~eðlilegur** unnatürlich; **~dýr** billig; **~efaður** unzweifelhaft, zweifellos; **~eigin-**

girni *f* Selbstlosigkeit *f*; **~eigingjarn** selbstlos, uneigennützig; **~eiginlegur** (*Bedeutung*) übertragen; unnatürlich; **~einlægur** unaufrichtig; **~eirð** *f* Unruhe *f*; **~eirðir** *f/pl.* Unruhen *pl.*; **~eirinn** unruhig; **~endanlegur** unendlich; **~endanleiki** *m* Unendlichkeit *f*.

**of** zu; **~ mikið** zu viel.

**ó|fáanlegur** unerreichbar; nicht erhältlich; **~fagur** unschön; unanständig; **~falsaður** unverfälscht, ungefälscht; **~falur** unverkäuflich.

**ofan**: **~ á í pokanum** oben im Sack; **~ í móti** bergab; **að ~** von oben; **fyrir ~** oben; **reykja ~ í sig** (*Rauchen*) Lungenzüge machen; **taka ~** den Hut abnehmen.

**ofan|greindur** *od.* **~nefndur** obengenannt.

**ofar** weiter oben.

**ófarir** *f/pl.* Niederlage *f*.

**ófarnaður** *m* Unglück *n*.

**of|át** *f* Fresserei *f*; **~aukinn**: **e-u er ~aukið** etw. ist überflüssig; **~beldi** *n* Gewalt *f*; **beita e-n ~beldi** j-m Gewalt antun; **~beldisfullur** gewalttätig; **~beldisverk** *n* Gewaltakt *m*, Gewalttat *f*

**of|birta** *f* zu starke Beleuchtung, zu starkes Licht; **fá ~birtu í augun** geblendet werden; **~bjóða sér** sich überanstrengen; **mér ofbýður e-ð** etw. geht mir zu weit; **~boð** *n* Panik *f*; **~boðslegur** furchtbar; **~drykkja** *f* Trunkenheit *f*; **~drykkjumaður** *m* Alkoholiker *m*, Trinker *m*.

**ófélagslyndur** ungesellig.

**ó|fimlegur**, **~fimur** ungeschickt, plump.

**of|kælast sig** sich erkälten; **~kæling** *f* Erkältung *f*.

**ó|flekkaður** unbefleckt; *fig.* unbescholten; **~fleygur** nicht flügge.

**ofmetnaðar|brjálsemi** *f* Größenwahn *m*; **~fullur** hochmütig, übermütig.

**of|metnaður** *m* Hochmut *m*; **~mæltur** übertrieben.

**ofn** *m* Ofen *m*.

**ofneyzla** *f* übermäßiger Genuß.

**ofnæmi** *n* Überempfindlichkeit *f*; **hafa ~ fyrir e-u** überempfindlich gegen etw. sn.

**ófor|gengilegur** unvergänglich; **~sjáll** unvorsichtig.

**ófram|færinn** schüchtern; **~gjarn** zurückhaltend; **~kvæmanlegur** unausführbar.

**ofraun** *f* Überanstrengung *f*; **það er honum ~** es übersteigt seine Kräfte.

**ó|frelsi** *n* Unfreiheit *f*, Zwang *m*; **~freskja** *f* Ungeheuer *n*; **~friðarstöðvar** *f/pl.* Kriegsschauplatz *m*; **~friðartími** *m* Kriegszeit(en *pl.*) *f* **~friður** *m* Krieg *m*; Streit *m*, Unfriede *m*; **~friður** unschön.

**ó|frískur: ófrísk kona** eine schwangere Frau; **~frjósamur** unfruchtbar; **~frjósemi** *f* Unfruchtbarkeit *f*; **~fróðlegur** uninteressant; **~fróður** unkundig; unwissend; **~frægja** verleumden; verächtlich machen.

**ofsa|fenginn** heftig; ungestüm; **~hræðsla** *f* Panik *f*; **~kátur** ausgelassen; **~kæti** *f* Ausgelassenheit *f*; **~veður** *n* heftiger Sturm.

**ofsi** *m* Heftigkeit *f*; Ungestüm *n*.

**ofsjónum: sjá ~ yfir e-u** über etw. neidisch sn.

**of|skynjun** *f* Halluzination *f*, Sinnestäuschung *f*; **~sókn** *f* Verfolgung *f*; **~stæki** *n* Fanatismus *m*; **~stækisfullur** fanatisch; **~stækismaður** *m* Fanatiker *m*; **~sækja** verfolgen; **~sækjandi** *m* Verfolger *m*.

**oft** oft; **~ast** in der Regel.

**ófull|kominn** unvollkommen; **~nægjandi** ungenügend; unbefriedigend; (*Kenntnisse*) unzulänglich; **~ráða** unmündig; **~ur** nüchtern; **~veðja** minderjährig.

**ofur|efli** *n* Übermacht *f*; **~hugi** *m* Wagehals *m*; Held *m*; **~kapp** *n* Dummdreistigkeit *f*; rücksichtsloser Eifer; **~mannlegur** übermenschlich; **~menni** *n* Übermensch *m*; Held *m*; **~selja** preisgeben; **~ölvi** stark betrunken.

**ófús** unwillig.

**ofviðri** *n* Orkan *m*.

**ófyrir|gefanlegur** unverzeihlich; **~leitinn** frech, rücksichtslos; **~leitni** *f* Frechheit *f*; Rücksichtslosigkeit *f*; **~séður** unvorhergesehen; **~sjáanlegur** unvoraussehbar; **~synja** *f*: **að ~synju** ohne Grund, ohne Ursache.

**of|þreyta 1.** *f* Überanstrengung *f*, Erschöpfung *f*; **2.** überanstrengen; **~þroskaður** überreif; **~þroski** *m* Überreife *f*.

**ó|fæddur** ungeboren; **~fær** (*Gebirge*) unzugänglich; unwegsam; unpassierbar; unmöglich; hilflos; unfähig; (*Straße*) unbefahrbar; **það er ~fært** das geht nicht an.

**og** und; **bæði ... og** sowohl ... als (auch); **eins ~** wie; als ob.

**ó|gagnsær** undurchsichtig; **~gát** *f*: **í ~gáti** versehentlich, aus Versehen; **~geð** *n* Widerwille *m*, Antipathie *f*; **~geðfelldur** unangenehm; unsympathisch; **~geðslegur** abscheulich, ekelhaft; **~gegninn** ungehorsam; **~gerlegur** unmöglich; undurchführbar; **~gerningur** *m* Unmöglichkeit *f*; **~gestrisinn** (*Mensch*) ungastlich; **~giftur** unverheiratet, ledig; **~gilda** für ungültig erklären, annullieren; **~gilding** *f* Annullierung *f*; **~gildingaryfirlýsing** *f* *Jur.* Mortifikation *f*; Nichtigkeitserklärung *f*.

**ó|gildur** ungültig; **~gjarna** **(-n)** ungern; **~glaður** betrübt, niedergeschlagen; **mér verður ~glatt** mir wird übel *od.* schlecht; **~gleði** *f* Niedergeschlagenheit *f*; Übelkeit *f*, Brechreiz *m*; **~gleymanlegur** unvergeßlich; **~glöggur** undeutlich, dunkel.

**ógn** *f* Schrecken *m*; **~a** (be-) drohen; **~aröld** *f* Schreckenszeit *f*; **~un** *f* Drohung *f*; Bedrohung *f*.

**ó|goldinn** (*Geld*) ausstehend; unbezahlt; **~greiddur** ungekämmt; unbezahlt; **~greiðvikinn** ungefällig; **~greindur** unbegabt; **~greinilegur** undeutlich; **~grynni** *n* Unmenge *f*; **~græðandi** unheilbar; **~guðlegur** gottlos; **~guðrækinn** ungläubig.

**ógæf|a** *f* Unglück *n*; **til allrar ~u** unglücklicherweise; **~usamur** unglücklich.

**ógæti|legur** unvorsichtig, unbesonnen; **~nn** unbedacht, unvorsichtig.

**ógætni** *f* Fahrlässigkeit *f*, Unbedachtsamkeit *f*.

**ó|háður** unabhängig, frei; **~hagganlegur** unerschütterlich; **~hagkvæmur** unpraktisch; unvorteilhaft; **~hagstæður** ungünstig; **~hagsýni** *f* Mangel *m* an praktischem Sinn; **~hagsýnn** (*Mensch*) unpraktisch; **~hagur** *m* Nachteil *m*; **~hamingja** *f* Unglück *n*; **~hamingjusamur** unglücklich; **~heiðarlegur** unehrlich; **~heilnæmur** ungesund; **~hemjuskapur** *m* Unbändigkeit *f*; **~heppinn: vera ~heppinn** Pech haben; **~heppni** *f* Unglück *n*, *pop.* Pech *n*; **~hikað** ohne Bedenken, ohne Zögern; **~hirða** *f* Verwahrlosung *f*, Vernachlässigung *f*; **~hjákvæmilegur** (*Folge*) unausbleiblich; unvermeidlich, notwendig.

**ó|hlutbundinn: ~hlutbundin kosning** *f* Mehrheitswahl *f*; **~hlutdrægni** *f* Unparteilichkeit *f*; **~hlutdrægur** unparteiisch; **~hlutkenndur, ~hlutstæður** abstrakt; **~hlutvandur** unehrlich; **~hlutvendni** *f* Unehrlichkeit *f*; **~hlýðinn** ungehorsam; **~hlýðni** *f* Ungehorsam *m*; **~hollur** (*Speise*) ungesund; **~hóf** *n* Luxus *m*; **~hóflegur** unmäßig, maßlos; **~hófsamur** verschwenderisch; üppig; **~hófsemi** *f* Luxus *m*; Üppigkeit *f*; Verschwendung *f*; **~hófsmaður** *m* Verschwender *m*; **~hófsvara** *f* Luxusartikel *m*; **~hollur** (*Essen*) unge-

sund; ~hraustur kränklich, schwach; ~hreinindi *n/pl.* Schmutz *m*; ~hreinka beschmutzen; ~hreinlátur unreinlich, unsauber; ~hreinlæti *n* Unreinlichkeit *f*, Unsauberkeit *f*.
**óhrein|n** schmutzig, unsauber; ~**skilinn** unaufrichtig; falsch; ~**skilni** *f* Unaufrichtigkeit *f*.
**ó|hreyfanlegur** unbeweglich; ~**hróður** *m* Verruf *m*; Schande *f*; ~**huggandi** untröstlich; ~**hugnanlegur** unheimlich; (*Zimmer*) ungemütlich; ~**hugsanlegur** undenkbar; ~**hultur** sicher, geborgen: ~**hyggilegur**, ~**hygginn** unklug; ~**hæverskur** unhöflich.
**ó|jafn** ungleich; uneben; ~**jöfn tala** ungerade Zahl; ~**jöfnuður** *m* Ungerechtigkeit *f*; ~**keypis** gratis; ~**keypis um borð** frei an Bord (fob.).
**ok** *n* Joch *n*.
**okkar** unser; **húsið ~** unser Haus.
**okkur** uns.
**ókostur** *m* Nachteil *m*.
**okra** wuchern; ~**ri** *m* Wucherer *m*.
**ókristilegur** unchristlich.
**október** *m* Oktober *m*; ~**lok** *n/pl.* Ende Oktober.
**ókunn|ugur** fremd; unbekannt; ~**ur** unbekannt.
**okur** *n* Wucher *m*; ~**karl** *m* Wucherer *m*; ~**vextir** *m/pl.* Wucherzinsen *pl.*
**ókurteis** unhöflich; ~**i** *f* Unhöflichkeit *f*.
**ókyrrð** *f* Unruhe *f*.
**ól** *f* Lederriemen *m*.
**ólag** *n* Unordnung *f*.
**ólán** *n* Unglück *n*; ~**samur** unglücklich; ~**smerki** *n* Unglückszeichen *n*.
**ó|lastanlegur** untadelig; ~**látabelgur** *m* Schelm *m*; ~**látast** Possen treiben; (*Schüler*) Allotria treiben, Dummheiten machen; ~**launaður** unbezahlt; unbelohnt.
**olbog|abarn** stiefmütterlich behandeltes Kind, Aschenbrödel *m*; ~**abót** *f* Armbeuge *f*; ~**i** *m* Ell(en)bogen *m*.
**ó|lesandi** unlesbar, unleserlich; ~**léttur: konan er ~létt** die Frau ist schwanger; ~**leyfi: í ~leyfi** ohne Erlaubnis; ~**leyfilegur** unerlaubt; ~**leysanlegur** unlösbar.
**ólga 1.** *f* Brausen *n*; Gärung *f*; **2.** brausen; gären.
**olía** *f* Öl *n*.
**ó|lífrænn** anorganisch; ~**líklegur** unwahrscheinlich; ~**líkur** ungleich; ~**listfengur** unkünstlerisch; ~**litaður** ungefärbt.
**olíumálverk** *n* Ölgemälde *n*.
**ó|ljós** unklar; ~**loft** *n* schlechte Luft.
**olnbogi** *m* s. **olbogi.**
**ólund** *f*: **vera í ~** schlechter Laune sn.; ~**arsvipur** *m* saure Miene.

**ó|lykt** *f* Gestank *m*; **~lýsanlegur** unbeschreiblich; **~lyst** *f* Appetitlosigkeit *f*; **~lystugur** appetitlos; (*Speise*) unappetitlich; **~læknandi** unheilbar; **~læs** des Lesens unkundig; **~læs** (og **óskrifandi**) **maður** Analphabet *m*; **~læsilegur** unleserlich; **~löglegur** ungesetzlich, rechtswidrig; **~lögmætur** ungesetzlich.

**óma** tönen; **~gameðlag** *n* Unterhaltsbeitrag *m*; **~gi** *m* Minderjährige(r) *m/f*.

**ómak** *n* Mühe *f*, Bemühung *f*; **~a** bemühen; **~legur** unverschuldet; **~slaun** *n/pl.* Provision *f*; Trinkgeld *n*.

**ómann|aður** barbarisch, unkultiviert; (*Schiff*) unbemannt; **~úð** *f* Unmenschlichkeit *f*; **~úðlegur** unmenschlich.

**ó|megin** *n* Ohnmacht *f*; **~meltur** unverdaut; **~menni** *n* Taugenichts *m*; Lump *m*; **~menntaður** ungebildet; **~metanlegur** unschätzbar; **~minnugur** vergeßlich; **~miskunnsamur** unbarmherzig; **~missandi** unentbehrlich; **~mótmælanlegur** unwiderlegbar; **~mótstæðilegur** unwiderstehlich; **~móttækilegur** unempfänglich.

**ómur** *m* Ton *m*, Klang *m*.

**ó|mútuþægur** unbestechlich; **~myndugur** unmündig; **~mögulegur** unmöglich; **~möguleiki** *m* Unmöglichkeit *f*; **~náð** *f* Ungnade *f*; **~náða** stören; bemühen; **~nafngreindur** ungenannt, anonym; **~nákvæmni** *f* Ungenauigkeit *f*; **~nákvæmur** ungenau; **~náttúra** *f* Unnatur *f*; **~náttúrlegur** unnatürlich; **~nauðsynlegur** unnötig, überflüssig; **~neitanlegur** unstreitig, unleugbar; **~nógur** ungenügend; unzulänglich; unbefriedigend; **~notaður** unbenutzt, ungebraucht.

**ó|notalegur** mürrisch, verdrießlich; unbehaglich; **~nothæfur** unbrauchbar; **~nýta** zerstören; verderben; zugrunde richten; **~nýtur** unbrauchbar, unnütz; *pop.* kaputt; **~næði** *n* Störung *f*; **~næðissamur** (*Ort*) unruhig; **~næmur** unempfänglich; **~nærgætinn** rücksichtslos, taktlos; **~nærgætni** *f* Rücksichtslosigkeit *f*, Taktlosigkeit.

**op** *n* Öffnung *f*, Mündung *f*.

**óp** *n* Schrei *m*.

**ópersónulegur** unpersönlich.

**opinber** öffentlich; **~a** veröffentlichen; eine Verlobung anzeigen; **~un** *f* Veröffentlichung *f*; Verlobungsanzeige *f*.

**opin|n** offen; (*Straße*) frei; **~skár** aufrichtig; schwatzhaft.

**opna** öffnen, aufmachen; (*Konto*) eröffnen; **~st** sich öffnen.

**óprentaður** ungedruckt.
**óra: mig ~r fyrir e-u** ich ahne etw.; **~ddaður** *Gram.* stimmlos.
**óráð|legur** unratsam; unvernünftig; **~vandur** unehrlich; **~vendni** *f* Unehrlichkeit *f*.
**ó|rakaður** unrasiert; **~rannsakaður** unerforscht; ununtersucht; **~rannsakanlegur** unerforschlich; **~raunverulegur** unwirklich.
**orð** *n* Wort *n*; (*Schule*) Vokabel *f*; Äußerung *f*; (*guter, schlechter*) Ruf *m*; **koma ekki ~i upp** kein Wort herauskriegen können; **hafa mikið ~ á sér** angesehen *od.* berühmt sn; **meðal annarra ~a** nebenbei bemerkt, beiläufig gesagt; **ganga á bak ~a sinna** sein Wort brechen; **~um aukið** übertrieben.
**orða 1.** *f* Orden *m*; **2.** erwähnen, zur Sprache bringen; formulieren; **~bók** *f* Wörterbuch *n*; **~forði** *m* Wortschatz *m*; **~lag** *n* Ausdrucksweise *f*; **eftir ~lagi(nu)** dem Wortlaut nach; **~leikur** *m* Wortspiel *n*; **~röð** *f* Wortfolge *f*; **~safn** *n* Glossar *n*; **~samband** *n* Wortverbindung *f*; **~tiltæki** *n* Ausdruck *m*, Wendung *f*; Redensart *f*.
**orð|færi** *n* Ausdrucksweise *f*, Stil *m*; **~heldinn** treu, zuverlässig; **~heldni** *f* Zuverlässigkeit *f*; **~hengilsháttur** Wortklauberei *f*; **~lagður** bekannt; berühmt; **~mynd** *f* Wortform *f*; **~myndun** *f* Wortbildung *f*; **~réttur** wörtlich, wortgetreu; **~rómur** *m* Gerücht *n*; **~sending** *f* Botschaft *f*, Nachricht *f*.
**orðskviður** *m* Sprichwort *n*; Sprechweise *f*; Lieblingsausdruck *m*.
**orð|skýring** *f* Worterklärung *f*; *pl. a.* Kommentar *m*; **~stír** *m* Ruhm *m*, (guter) Ruf *m*.
**óregl|a** *f* Unordnung *f*; Trunksucht *f*; ausschweifendes Leben; **~ulegur** unregelmäßig; **~umaður** *m* Trinker *m*.
**órétt|látur** ungerecht; **~læti** Ungerechtigkeit *f*; **~mætur** unberechtigt; **~ur 1.** *m* Unrecht *n*; **2.** *adj.* unrichtig.
**óreyndur** unerfahren.
**orf** *n* Sensenstiel *m*.
**organleikari** *m* Organist *m*, Orgelspieler *m*.
**orgel** *n* Orgel *f*; **~undirleikur** *m* Orgelbegleitung *f*.
**orka 1.** *f* Kraft *f*, Energie *f*; **2.** vermögen; **~ tvímælis** zweifelhaft sn.
**orku|gjafi** *m* Kraftquelle *f*; **~ver** *n* Energiequelle *f*; Elektrizitätswerk *n*, Kraftwerk *n*.
**orlof** *n* Ferien *pl.*, Urlaub *m*; **~sfé** *n* Urlaubsgeld *n*; Urlaubsentschädigung *f*;

**~smerki** *n* Sparmarke *f* (*für Urlaubsgeld*).
**orm|smoginn** wurmstichig; **~ur** *m* Wurm *m*.
**óró** *f* Unruhe *f*; **~legur** unruhig; **~leiki** *m* Unruhe *f*.
**orsaka** verursachen; **~samband** *n* Kausalitätsverhältnis *n*, Ursächlichkeit *f*.
**orsök** *f* Ursache *f*, Grund *m*.
**orust|a** *f* Schlacht *f*; **~uskip** *n* Schlachtschiff *n*; Kriegsschiff *n*.
**órökstuddur** unbegründet.
**ós** 1. *m* Flußmündung *f*; 2. *n* (*Lampe*) Qualm *m*, Schwelen *n*; **~a** qualmen, schwelen.
**ó|saltaður** ungesalzen, frisch; **~samboðinn** unpassend, unwürdig; **~samdóma** nicht gleicher Meinung; **~samhljóða** nicht übereinstimmend; **~samkomulag** *n* Uneinigkeit *f*; **~samkvæmur** inkonsequent, folgewidrig; **~samlyndi** *n* Uneinigkeit *f*; **~sammála** uneinig; **~samþykkur** nicht einverstanden.
**ó|sannanlegur** unbeweisbar; **~sanngirni** *f* Unbilligkeit *f*; **~sanngjarn** unbillig; **~sannindi** *n/pl.* Unwahrheit *f*; **~sannsögli** *f* Unwahrhaftigkeit *f*; **~sannsögull** unwahrhaft, lügenhaft; **~sannur** falsch, gelogen.
**ósátt** *f* Uneinigkeit *f*; **komast í ~ við e-n** sich mit j-m überwerfen; **~fús** unversöhnlich; **~ur** uneinig; unversöhnt.
**ó|seðjandi, ~seðjanlegur** unersättlich; **~seljanlegur** unverkäuflich; **~sélegur** unansehnlich; **~sennilegur** unwahrscheinlich; **~sérhlífinn** wer sich (selbst) nicht schont, unverdrossen; **~sérplæginn** uneigennützig, selbstlos; **~sérplægni** *f* Selbstlosigkeit *f*.
**óshólmar** *m/pl.* (*Fluß-*)Delta *n*.
**ó|siðlegur** unsittlich; **~siðlæti** *n* Unsittlichkeit *f*; **~siður** *m* Unsitte *f*, Unart *f*; **~sigraður** unbesiegt; **~sigur** *m* Niederlage *f*; **~sjaldan** oft; **~sjálfráður** unbewußt; unwillkürlich; unmündig; **~sjálfstæði** *n* Unselbständigkeit *f*; **~sjálfstæður** unselbständig.
**ósk** *f* Wunsch *m*; **~a** wünschen; **~a til hamingju** gratulieren (**með** zu).
**óskaðlegur** unschädlich.
**ó|skáldlegur** prosaisch; **~skammtaður** unrationiert; **~skaplegur** furchtbar, gewaltig; **~skapnaður** *m* Chaos *n*; Monstrum *n*, Ungeheuer *n*.
**óskasteinn** *m* Stein der Weisen.
**ó|skeikull** unfehlbar; **~skeikulleiki** *m* Unfehlbarkeit *f*; **~skelfdur** uner-

schrocken; **~skemmdur** unverdorben, unbeschädigt; **~skemmtilegur** langweilig, ermüdend; **~skertur** unvermindert; **~skert mannorð** *n* Unbescholtenheit *f*.
**óskil|getinn** außerehelich; **~janlegur** unbegreiflich.
**ó|skiptanlegur** unteilbar; **~skipulegur** unordentlich, chaotisch; **~skír** (*Metall*) unrein; ungereinigt; **~skírlífi** *n* Unsittlichkeit *f*; **~skírlífur** unkeusch; **~skreyttur** ungeschmückt; **~skrifaður** ungeschrieben; **~skrifandi** des Schreibens unkundig; **~skyldur** nicht verwandt; **~skynsamlegur** unvernünftig, dumm; **~skynsamur** unvernünftig; **~skýr** undeutlich; dumm; **~slétta** *f* Unebenheit *f*; **~sléttur** uneben; **~smekklegur** taktlos, geschmacklos; **~snertur** unberührt; **~snyrtilegur** schlampig; **~sparsamur** unwirtschaftlich; **~spilltur** unverdorben; **~spurður** ungefragt; **~staðfestur** unbestätigt; **~stilltur** unbeherrscht; unruhig.
**ostr|a** *f* Auster *f*; **~uveiðar** *f/pl.* Austernfischerei *f*.
**óstundvís** unpünktlich.
**ostur** *m* Käse *m*.
**óstöðug|lyndi** *n* Wankelmut *m*; **~ur** unbeständig; unstet.
**ó|svífinn** unverschämt; **~svífni** *f* Unverschämtheit *f*; **~svikinn** echt; **~sýnilegur** unsichtbar; **~sæmilegur** unpassend, unanständig; **~söngvinn** unmusikalisch; **~takmarkaður** unbeschränkt, unbegrenzt; **~teljandi** unzählig, zahllos; **~temjuskapur** *m* Unbändigkeit *f*; **~tilkvaddur** unaufgefordert; **~tiltekinn** unbestimmt; **~trauður** unverzagt; **~trúlegur** unglaublich; **~trúr** treulos; **~tryggð** *f* Untreue *f*, Treulosigkeit *f*; **~tryggður** unversichert; **~tryggur** untreu, treulos.
**ótta|laus** furchtlos; **~legur** furchtbar; **~sleginn** erschrocken; **~st** fürchten, sich fürchten.
**ótti** *m* Furcht *f*, Angst *f*.
**otur** *m* (*Fisch-*)Otter *m*.
**ó|tvíræður** unzweideutig; **~tæmandi** unerschöpflich; **~umflýjanlegur** unvermeidlich; **~umræðilegur** unsagbar, unbeschreiblich; **~undirbúinn** unvorbereitet; **~uppfylltur** unerfüllt; **~útkljáður** unentschieden; **~útreiknanlegur** unberechenbar; (*Folgen*) unabsehbar.
**ó|vanalegur** ungewöhnlich; **~vandvirkni** *f* Nachlässigkeit *f*; **~vandvirkur** nachlässig; **~varkár** unvorsichtig; **~varkárni** *f* Unvorsichtigkeit *f*; **~vátryggður** unversichert; **~-**

**veður** *n* Unwetter *n*; **~velkominn** unwillkommen; **~venjulegur** ungewöhnlich; **~verðskuldaður** unverdient; **~verðugur, ~verður** unwürdig; **~verjandi** unverantwortlich; **~verulegur** unbedeutend, unwesentlich; **~viðeigandi** unpassend; **~viðfelldinn** unsympathisch, unangenehm; **~vilhallur** unparteiisch; **~viljandi** ohne Absicht, unabsichtlich.
**ó|vinátta** Feindschaft *f*; **~vinsæll** unpopulär; **~vinur** *m* Feind *m*; **~virða** geringschätzen, entwürdigen; **~virkur** passiv; **~viss** unsicher; **~vissa** *f* Unsicherheit *f*; **~vistlegur** (*Zimmer*) ungemütlich; **~vitur** unklug, unverständig; **~von** *f*: **upp á von og ~von** auf gut Glück; **~vopnaður** unbewaffnet; **~væginn** schonungslos; **~væntur** unerwartet.
**ó|þagmælskur** indiskret; **~þarfur** unnötig, überflüssig; **~þefur** *m* Gestank *m*; **~þekkur** (*Kind*) schwierig; unartig; **~þekktur** unbekannt; **~þéttur** undicht; **~þjóðalýður** *m* Pöbel *m*, Pack *n*; **~þjóðrækinn** unpatriotisch; **~þolandi** unerträglich; **~þolinmóður** ungeduldig; **~þolinmæði** *f* Ungeduld *f*; **~þreytandi** unermüdlich; **~þrifinn** unreinlich, unsauber; **~þrifnaður** *m* Unreinlichkeit *f*, Unsauberkeit *f*; **~þrjótandi** unerschöpflich; **~þroskaður** unreif.
**ó|þýðanlegur** unübersetzbar; **~þægilegur** unbequem, unangenehm; **~æfður** ungeübt; untrainiert; **~ætur** ungenießbar.

# P

**pabbi** *m* Vater *m*; *pop.* Papa *m*, Vati *m*.
**páfagaukur** *m* Papagei *m*.
**páfi** *m* Papst *m*.
**pakk|a** packen; **~hús** *n* Lagerhaus *n*; **~i** *m* Paket *n*.
**pallur** *m* Absatz *m*, Treppenabsatz *m*.
**pálm|asunnudagur** *m* Palmsonntag *m*; **~aviður** *m*, **~i** *m* Palme *f*.
**panna** *f* Pfanne *f*.
**panta** bestellen.
**papp|akassi** *m* Pappschachtel *f*, Karton *m*; **~i** *m* Pappe *f*; **~ír** *m* Papier *n*; **~írsörk** *f* (*Papier-*)Bogen *m*, Blatt *n*.
**par** *n* Paar *n*.
**paradís** *f* Paradies *n*.
**pardusdýr** *n* Panther *m*.
**partur** *m* Teil *m*.
**páska|dagur** *m* Ostersonntag *m*; **~hátíð** *f* Osterfest *n*; **~leyfi** *n* Osterferien *pl.*; **~r** *m/pl.* Ostern *pl.* (*a. n*).

**pass|a** hüten; (*Hut*) passen; **~i** *m* (*Reise-*)Paß *m*.
**pat** *n* Gestikulation *f*; **~a** gestikulieren.
**patróna** *f* Patrone *f*.
**patt** (*Schach*) patt; **~i** *m* kleiner Junge.
**peð** *n* (*Schach*) Bauer *m*; *fig.* kleiner Bursche.
**pel|abarn** *n* Flaschenkind *n*; Säugling *m*; **~i** *m* (*Baby-*)Flasche *f*; Fläschchen *n*, Schnapsflasche *f*; ein Viertelliter.
**pelíkani** *m* Pelikan *m*.
**pels** *m* Pelz *m*; Pelzmantel *m*.
**pening|abréf** *n* Geldbrief *m*; **~abudda** *f* Geldbörse *f*, Portemonnaie *n*; **~alaus** ohne Geld, *pop.* blank; **~ar** *m/pl.* Geld *n*; **~skápur** *m* Geldschrank *m*, Safe *m*; **~avandræði** *n/pl.* Geldverlegenheit *f*; **~aveski** *n* Brieftasche *f*; **~ur** *m* Geldstück *n*, Münze *f*.
**penn|ahnífur** *m* Federmesser *n*; **~askaft** *n* Federhalter *m*; **~ateikning** *f* Federzeichnung *f*; **~avilla** *f* Schreibfehler *m*; **~i** *m* Schreibfeder *f*; Füll(feder)halter *m*.
**pensill** *m* Pinsel *m*.
**pentudúkur** *m* Serviette *f*.
**pera** *f* Birne *f*; *El.* Glühbirne *f*.
**pergament** *n* Pergament *n*.
**perl|a** *f* Perle *f*; **~uband** *n* Perlenschnur *f*; **~uskel** *f* Perlenmuschel *f*; **~uveiðar** *f/pl.* Perlenfischerei *f*.
**Persi** *m* Perser *m*.
**persón|a** *f* Person *f*; Persönlichkeit *f*; **~ugerður** personifiziert, verkörpert; **~ugervi** *n* Verkörperung *f*; **~ulegur** persönlich; **~uleiki** *m* Persönlichkeit *f*; **~usamband** *n* Personalunion *f*.
**perutré** *n* Birnbaum *m*.
**pési** *m* Broschüre *f*.
**pest** *f* Pest *f*; *pop.* ansteckende Krankheit; Gestank *m*.
**pétursspor** *n* Kinngrübchen *n*.
**pex** *n* Wortstreit *m*; Zank *m*; **~a** sich zanken.
**peysa** *f* Pullover *m*.
**píanó** *n* Klavier *n*.
**pílagrím|sferð** *f*, **~sganga** *f* Pilgerreise *f*, Wallfahrt *f*; **~ur** *m* Pilger *m*.
**pilla** *f* Pille *f*; *fig.* Anspielung *f*.
**pils** *n* (*Damen-*)Rock *m*.
**piltur** *m* Junge *m*; Jüngling *m*.
**pína** 1. *f* Pein *f*, Qual *f*; 2. quälen; foltern.
**pínulítill** sehr klein; winzig.
**pípa** *f* Pfeife *f*; Rohr *n*.
**pipar** *m* Pfeffer *m*; **~karl** *m* Junggeselle *m*; **~kerling** *f*, **~mey** *f* alte Jungfer; **~sveinn** *m* s. **~karl**.
**pípu|hattur** *m* (*Hut*) Zylinder *m*; **~lagningamaður** *m* Rohrleger *m*.
**písk|ra** flüstern; **~ur** 1. *n* Flüstern *n*; 2. *m* Peitsche *f*.

**píslar|vottur** *m* Märtyrer *m*; **~vættisdauði** *m* Märtyrertod *m*.
**pissa** *pop.* pinkeln, pissen.
**plága** *f* Plage *f*.
**plagg** *n* Dokument *n*; Unterlage *f*.
**pláneta** *f* Planet *m*.
**planki** *m* Planke *f*.
**planta** 1. *f* Pflanze *f*; 2. pflanzen.
**plata** *f* Platte *f*.
**plantekra** *f* Plantage *f*.
**pláss** *n* Raum *m*; **~leysi** *n* Raummangel *m*.
**plástur** *m Med.* Pflaster *n*.
**plóg|far** *n* Furche *f*; **~ur** *m* Pflug *m*.
**plokka** rupfen.
**plóma** *f* Pflaume *f*.
**plús** *m* Plus *n*.
**plæg|ing** *f* Pflügen *n*; **~ja** pflügen.
**plöntu|feiti** *f* Pflanzenfett *n*; **~gróður** *m* Vegetation *f*; Pflanzenwelt *f*.
**poka|buxur** *f/pl.* Knickerbocker *pl.*; **~dýr** *n* Beuteltier *n*.
**poki** *m* Sack *m*; Beutel *m*.
**pólhæð** *f* Polhöhe *f*.
**póli|tík** *f* Politik *f*; **~tískur** politisch.
**póll** *m* Pol *m*.
**pollur** *m* Wassertümpel *m*; Wasserpfütze *f*.
**Pólland** *n* Polen *n*.
**pólsk|a** *f* Polnisch *n*; **~ur** polnisch.
**pól|skekkja** *f* Mißweisung *f*, Deklination *f*; **~stjarna** *f* Polarstern *m*; **~straumur** *m* Polarströmung *f*.
**Pólverji** *m* Pole *m*.
**portúgalsk|a** *f* Portugiesisch *n*; **~ur** portugiesisch.
**póst|afgreiðsla** *f* Postamt *n*; Postabfertigung *f*; **~afgreiðslumaður** *m* Postbeamte(r) *m*; **~ávísun** *f* Postanweisung *f*; **~hólf** *n* Post(schließ)fach *n*; **~hús** *n* Postamt *n*; **fara með bréf í** (*pop.* **á**) **~húsið e-n** Brief auf die Post bringen.
**postilla** *f* Postille *f*.
**póst|kassi** *m* Briefkasten *m*; **~kort** *n* Postkarte *f*; Ansichtskarte *f*; **~krafa** *f* Nachnahme *f*; **~maður** *m* Postbeamte(r) *m*; **~mál** *pl.* Postwesen *n*; **~meistari** *m* Postmeister *m*; **~sendill** *m* Postbote *m*; **~sending** *f* Postsendung *f*; **~stofa** *f*, **~stöð** *f* Postamt *n*.
**postuli** *m* Apostel *m*.
**postulín** *n* Porzellan *n*.
**póst|umdæmi** *n* Postbezirk *m*; **~ur** *m* Post *f*; **~þjónn** *m* Briefträger *m*, Postbote *m*.
**pottur** *m* Kochtopf *m*.
**prakkar|astrik** *n* Schelmenstreich *m*; **~i** *m* Schelm *m*.
**pranga** schachern; **~ri** *m* Schacherer *m*.
**prédik|a** predigen; **~ari** *m* Prediger *m*; **~un** *f* Predigt *f*; **~unarstóll** *m* Kanzel *f*.
**prent** *n* Druck *m*; **~a** drukken; **~að mál** *n* Drucksache *f*; **~ari** *m* Drucker *m*, Buchdrucker *m*; **~frelsi** *n* Pressefreiheit *f*; **~list** *f* Buchdruckerkunst *f*; **~-**

smiðja *f* Druckerei *f*; ~un *f* Druck *m*; Drucklegung *f*; ~unarkostnaður *m* Druckkosten *pl.*; ~vél *f* Druck(er)presse *f*; ~villa *f* Druckfehler *m*.
press|a pressen; (*Kleider*) bügeln; ~un *f* Pressen *n*; Bügeln *n*.
presta|kall *n* Pfarre *f*, Pfarramt *n*; ~skóli *m* (*prot.*) Predigerseminar *n*; (*kath.*) Priesterseminar *n*; ~stefna *f* Synode *f*; ~stétt *f* Geistlichkeit *f*, geistlicher Stand.
prests|kosning *f* Pfarrerwahl *f*; ~setur *n* Pfarrhaus *n*; Pfarrhof *m*.
prestur *m* Pfarrer *m*; Priester *m*; Pastor *m*.
pretta betrügen; anführen.
prik *n* Stab *m*, Stecken *m*, Stock *m*.
príla klettern.
prímus *m* Primuskocher *m*.
prins *m* Prinz *m*; ~essa *f* Prinzessin *f*.
prjóna stricken; ~vörur *f/pl.* Strickwaren *pl.*
prjónn *m* Nadel *f*; Stricknadel *f*.
próf *n* Examen *n*, Prüfung *f*; ~a examinieren, prüfen; probieren; ~arkalesari *m* Korrektor *m*; ~arkalestur *m* Korrekturlesen *n*.
prófastur *m* Propst *m*.
prófdómari *m* (*Schule*) Prüfungsbeisitzer *m*.
prófessor *m* Professor *m*; ~sembætti *n* Professur *f*.
próf|gjald *n* Examensgebühr *f*; ~skírteini *n* Prüfungszeugnis *n*; ~un *f* Untersuchung *f*; Prüfung *f*; ~vottorð *n* s. ~skírteini; ~örk *f* Korrekturbogen *m*; Korrekturfahne *f*; fyrsta ~örk Fahnen zur 1. Korrektur.
prósenta *f* Prozent *n*.
prúðmenni *n* Gentleman *m*.
prýð|a schmücken, zieren; ~i *f* Zier(de) *f*, Schmuck *m*; ~ilegur ausgezeichnet, prächtig; glänzend; ~isgóður vortrefflich.
púði *m* Kissen *n*.
púð|ra pudern; ~ur *n* Puder *m*; Schießpulver *n*.
púl *n* Mühsal *f*; Schufterei *f*; ~a schuften.
púlt *n* Pult *n*.
púns *n* Punsch *m*, Bowle *f*.
pumpa 1. *f* Pumpe *f*; 2. pumpen.
pund *n* Pfund *n*.
punktur *m* Punkt *m*.
púpa *f* *Zo.* Puppe *f*.
purpuri *m* Purpur *m*.
pút|a *f* Huhn *n*; Dirne *f*, Hure *f*; ~nahús *n* Bordell *n*; *vgl. a.* vændishús.
pyls|a *f* Wurst *f*; ~ugerðarmaður *m* Wurstmacher *m*.
pynding *f* s. pynting.
pyngja *f* Geldbörse *f*, Portemonnaie *n*.
pynt|a martern, foltern; ~ing *f* Marter *f*, Folter *f*.
pýramídi *m* Pyramide *f*.
pækill *m* Salzlake *f*.

**pönnukaka** *f* (eine Art) Pfannkuchen *m*.
**pöntun** *f* Bestellung *f*; **~ar-félag** *n* Konsumverein *m*.
**pössunarsamur** sorgfältig, wachsam.

# R

**rabarbari** *m* Rhabarber *m*.
**rabba** plaudern.
**ráð** *n* Rat *m*, Ausweg *m*; **bera saman ~ sín** beratschlagen, beraten.
**raða** aufstellen; ordnen; **~ niður** (ein)ordnen; (ein-)reihen; (ver)stauen.
**ráða**: **~ e-m e-ð** j-m etw. raten; **~ bót á e-u** e-r Sache abhelfen; **~ draum** e-n Traum deuten; **~ frá** abraten; **~ yfir** beherrschen; über etw. verfügen.
**ráða|gerð** *f* Plan *m*; **~hagur** *m* (*Ehe*) Partie *f*; **~laus** unschlüssig, ratlos; **~leysi** *n* Unschlüssigkeit *f*, Ratlosigkeit *f*.
**ráðast**: **~ á** angreifen, überfallen.
**raddaður** *Gram.* stimmhaft.
**radd|band** *n* Stimmband *n*; **~setja** *Mus.* (*Stimmen*) setzen.
**ráðdeild** *f* Ökonomie *f*; Wirtschaftlichkeit *f*.
**ráðgast**: **~ við e-n** sich mit j-m beraten.
**ráð|gáta** *f* Rätsel *n*; **~gefandi** beratend; **~gera** planen; **~gjafi** *m* Ratgeber *m*, Berater *m*; **~herra** *m* Minister *m*; **~leggja** (an)raten, empfehlen; **~legur** ratsam; **~leysi** *n* Ratlosigkeit *f*.
**radar** *m* Radar *m*, *n*.
**radísa** *f* Rettich *m*.
**radíus** *m* Radius *m*.
**ráðning** *f* Prügel *pl*.; (*Traum*) Deutung *f*; (*Aufgabe*) Lösung *f*; (*Arbeit*) Anstellung *f*; **~arskrifstofa** *f* Arbeitsvermittlungsbüro *n*, Arbeitsamt *n*.
**ráðs|kona** *f* Haushälterin *f*; Wirtschafterin *f*; **~maður** *m* Verwalter *m*; Gutsverwalter *m*.
**ráðstafa**: **~ e-u** über etw. verfügen *od*. disponieren.
**ráðstefna** *f* Konferenz *f*; Beratung *f*.
**Ráðstjórnarríkin** *n/pl*. Sowjetunion *f*.
**ráð|stöfun** *f* Verfügung *f*; Maßnahme *f*; **gera ~stafanir** Maßnahmen treffen.
**raðtala** *f* Ordnungszahl *f*.
**ráðu|nautur** *m* (sachverständiger) Berater; **~neyti** *n* Ministerium *n*.
**ráð|vandur** redlich, rechtschaffen; **~vendni** *f* Redlichkeit *f*; Ehrlichkeit *f*.
**raf** *n* Bernstein *m*.
**ráfa** umherstreifen.
**raf|all** *m* Generator *m*; **~eind** *f* Elektron *n*; **~fræðingur** *m* Elektrotechniker *m*; **~geymir** *m El.* Batterie *f*; Akkumulator *m*; **~hlaða**

*f* Batterie *f*; **~kerti** *n* Zündkerze *f*; **~ljós** *n* elektrisches Licht; **~lögn** *f* elektrische Leitung; elektrische Installation; **~magn** *n* Elektrizität *f*; Strom *m*.
**rafmagns|notkun** *f* Stromverbrauch *m*; **~pera** *f* Glühbirne *f*; **~rakvél** *f* (*elektrischer*) Trockenrasierer; **~stöð** *f* Elektrizitätswerk *n*; **~verkfræði** *f* Elektrotechnik *f*; **~verkfræðingur** *m* Elektroingenieur *m*.
**rafork|a** *f* elektrische Energie; **~unotandi** *m* Stromabnehmer *m*; **~uver** *n* Elektrizitätswerk *n*, Kraftwerk *n*.
**rafsegul|l** *m* Elektromagnet *m*; **~magn** *n* Elektromagnetismus *m*.
**raf|sjá** *f* Elektroskop *n*; **~stöð** *f* Elektrizitätswerk *n*; **~veita** *f s.* **~stöð** *f*; **~virki** *m* Elektriker *m*; **~virkjameistari** *m* Elektroinstallateur *m*; **~væða** elektrifizieren.
**ragur** feige.
**rakamælir** *m* Hygrometer *n*, Feuchtigkeitsmesser *m*.
**rakar|astofa** *f* Friseursalon *m*, Friseurladen *m*; **~i** *m* Friseur *m*.
**rak|blað** *n* Rasierklinge *f*; **~bursti** *m* Rasierpinsel *m*; **~hnífur** *m* Rasiermesser *n*; **~i** *m* Feuchtigkeit *f*; **~leiðis** geradenwegs, direkt; **~sápa** *f* Rasierseife *f*; **~stur** *m* Rasieren *n*; **~ur** feucht; **~vél** *f* Rasierapparat *m*.
**rammi** *m* Rahmen *m*.
**rammur** scharf, bitter.
**rámur** heiser.
**rán** *n* Raub *m*, Plünderung *f*; **~dýr 1.** *n* Raubtier *n*; **2.** *adj.* unverschämt teuer; **~fugl** *m* Raubvogel *m*.
**rang|eygður, ~eygur** schieläugig, schielend; **hann er ~eygður** er schielt; **~látur** ungerecht; **~læti** *n* Ungerechtigkeit *f*; **~ur** unrichtig, verkehrt; falsch.
**rani** *m* Rüssel *m*.
**rann|saka** untersuchen; **~sókn** *f* Untersuchung *f*; **~sóknardómari** *m* Untersuchungsrichter *m*; **~sóknarlögregla** *f* Kriminalpolizei *f*; **~sóknarstofa** *f* Laboratorium *n*.
**rányrkja** *f* Raubbau *m*.
**rass** *m* Arsch *m*, Hintern *m*.
**rat|a** den Weg finden; **~sjá** *f* Radar *m*, *n*.
**rauð|a** *f* Dotter *m*, *n*; **~hærður** rothaarig; **2ikrossinn** Rotes Kreuz; **~kál** *n* Rotkohl *m*; **~rófa** *f* rote Be(e)te; **2skinni** *m* Rothaut *f*; **~ur** rot; **2ur** (*Pferd*) Fuchs *m*; **~vín** *n* Rotwein *m*.
**raula** leise singen, summen.
**raun** *f* Prüfung *f*, Erfahrung *f*; Kummer *m*; **í ~ og veru** in Wirklichkeit, in der Tat; **~ar** zwar; ganz sicher; **~sæisstefna** *f* Realismus *m*; Rationalismus *m*; **~sær**

realistisch; **~verulegur** wirklich; tatsächlich; **~veruleiki** *m* Wirklichkeit *f*.
**raup** *n* Prahlen *n*; **~a** prahlen; **~ari** *m* Prahler *m*; **~samur** prahlerisch.
**rausnarlegur** großzügig, freigebig.
**raust** *f* Stimme *f*.
**refs|a** strafen; bestrafen; **~ing** *f* Strafe *f*; Bestrafung *f*; **~iréttur** *m* Strafrecht *n*.
**refur** *m* Fuchs *m*.
**regl|a** *f* Regel *f*; Ordnung *f*; **~ubundinn** regelmäßig; **~ugerð** *f* Verordnung *f*, Dienstvorschrift *f*; **~usamur** ordentlich; enthaltsam, mäßig; **~ustika** *f*, **~ustrika** *f* Lineal *n*.
**regn** *n* Regen *m*; **~bogi** *m* Regenbogen *m*; **~hlíf** *f* Regenschirm *m*; **~kápa** *f* Regenmantel *m*; **~skúr** *f* Regenschauer *m*; **~vatn** *n* Regenwasser *n*.
**reið** *f* Ritt *m*; **~ast** zornig werden; **~hestur** *m* Reitpferd *n*; **~hjól** *n* Fahrrad *n*; **~i** *f* Zorn *m*; **~maður** *m* Reiter *m*; **~ubúinn** bereit; **~ufé** *n*, **~upeningar** *m/pl.* Bargeld *n*; **~ur** zornig, böse.
**reikistjarna** *f* Planet *m*.
**reikn|a** rechnen; **~ingsár** *n* Rechnungsjahr *n*; **~ingsdæmi** *n* Rechenaufgabe *f*; **~ingur** *m* Rechnung *f*; (*Hdl. a.*) Konto *n*; (*Schule*) Rechnen *n*; **~ivél** *f* Rechenmaschine *f*.
**reim** *f* Riemen *m*; **~leikar** *m/pl.* Spuk *m*; **~t: það er ~t hérna** es spukt hier.
**reip|dráttur** *m* Tauziehen *n*; **~i** *n* Seil *n*, Tau *n*; **~rennandi** (*sprechen*) fließend; **~tog** *n s.* **~dráttur**.
**reizla** *f* Schnellwaage *f*, Laufgewichtswaage *f*.
**reka 1.** *f* Spaten *m*; **2.** treiben; **~ burt** wegtreiben; **~st: ~st á e-ð** gegen etw. anstoßen; anprallen; *fig.* auf etw. stoßen; zusammenstoßen; **~viður** *m* Treibholz *n*.
**rek|i** *m* Strandgut *n*; **~net** *n* Treibnetz *n*.
**rekstrarfé** *n* Betriebskapital *n*.
**rekstur** *m* Betrieb *m*; **~sfé** *n s.* **rekstrarfé**; **~shalli** *m* Unterbilanz *f*.
**rektor** *m* Rektor *m*; (*Gymnasium*) Oberstudiendirektor *m*.
**rén|a** abnehmen; **~un** *f* Abnahme *f*.
**rengja** in Frage stellen; be-, anzweifeln; anfechten.
**renna 1.** *f* Rinne *f*; **2.** fließen, rinnen; (*Tech.*) drehen; **~ niður** (ver)schlukken; **sólin rennur upp** die Sonne geht auf.
**rennblautur** patschnaß.
**renni|hurð** *f* Schiebetür *f*; **~lás** *m* Reißverschluß *m*; **~tjald** *n* Rouleau *n*.
**rent|a** *f* Zins *m*; **~urentur** *f/pl.* Zinseszinsen *pl*.

**réttar|far** *n* Gerichtswesen *n*; **~hald** *n* Gerichtsverhandlung *f*; **~próf** *n* Verhör *n*; (*Zeugen-*)Vernehmung *f*.
**rétt|hyrndur** rechtwinklig; **~hyrningur** *m* Rechteck *n*; **~indi** *n/pl.* Berechtigung *f*, Recht *n*; (behördliche) Erlaubnis; **~látur** gerecht; **~læta** rechtfertigen; **~læti** *n* Gerechtigkeit *f*; **~læting** *f* Rechtfertigung *f*; **~mætur** berechtigt; **~ritun** *f* Rechtschreibung *f*; **~ur 1.** *m* Recht *n*; Berechtigung *f*; Gericht *n*; Speise *f*; **2.** *adj.* richtig; **rétt áðan** soeben, kurz vorhin.
**reyk|elsi** *n* Weihrauch *m*; **~háfur** *m* Schornstein *m*; **~ja** rauchen; räuchern; **~pípa** *f*, **~jarpípa** *f* Pfeife *f*; **~tóbak** *n* Pfeifentabak *m*; **~ur** *m* Rauch *m*.
**Reyk|víkingur** *m* Einwohner *m* von Reykjavik; **ʀ-vískur** *adj.* Reykjaviker (*adj.*).
**reyn|a** erfahren; versuchen; **~d** *f* Erfahrung *f*; Wirklichkeit *f*.
**reyni|ber** *n* Vogelbeere *f*; **~r** *m* Eberesche *f*.
**reynsl|a** *f* Erfahrung *f*; **~ulaus** unerfahren; **~uleysi** *n* Unerfahrenheit *f*; **~utími** *m* Probezeit *f*; *Jur.* Bewährungsfrist *f*.
**reyr** *m* Rohr *n*, Schilf *n*.
**ribs|ber** *n* Johannisbeere *f*; **~berjarunnur** *m* Johannisbeerstrauch *m*.
**ríða** reiten; **það ríður á e-u** etw. ist wichtig; **skotið reið** af der Schuß ging los.
**riddari** *m* Ritter *m*; (*Schach*) Springer *m*.
**riðstraumur** *m* Wechselstrom *m*; **þriggja fasa ~** Drehstrom *m*.
**rif** *n* Rippe *f*; *Mar.* Sandbank *f*; **~a** *f* Riß *m*; (*Holz*) Spalte *f*.
**rífa** *v/t.* reißen; **~st** sich zanken, sich streiten.
**riffill** *m* Büchse *f*.
**ríflegur** reichlich.
**rifna** *v/i.* (zer)reißen, bersten.
**rift|a** annullieren; (*Versprechen*) brechen; **~ing** *f* Annullierung *f*; (*Versprechen*) Bruch *m*, Nichteinhalten *n*.
**rign|a** regnen; **~ing** *f* Regen *m*; **~ingarlegur: það er ~ingarlegt** es sieht nach Regen aus; **~ingarvatn** *n* Regenwasser *n*.
**ríki** *n* Staat *m*, Reich *n*; **~sarfi** *m* Kronprinz *m*, Thronerbe *m*; **~sborgararéttur** *m* Staatsangehörigkeit *f*; **~sborgari** *m* Staatsangehörige(r) *m/f*; **~ssjóður** *m* Fiskus *m*; **~sskuldabréf** *n* Staatsschuldverschreibung *f*; **~sstjórn** *f* Regierung *f*; **~sstyrkur** *m* staatliche Unterstützung *od.* Beihilfe; **~svald** *n* Staatsgewalt *f*.

**ríkja** herrschen; **~samband** *n* Staatenbund *m*.
**ríkur** reich.
**rím** *n* Reim *m*; **~a** reimen.
**Rín** *f* Rhein *m*.
**ringlaður** verwirrt.
**rísa** sich erheben; (*Stadt*) entstehen; **~ upp í rúminu** sich im Bett aufrichten.
**ris|avaxinn** riesengroß; **~hæð** *f* Dachgeschoß *n*; **~i** *m* Riese *m*.
**risn|a** *f* Repräsentation *f*; **~ufé** *n* Repräsentationsgelder *pl*.
**rissa** skizzieren.
**rit** *n* Schrift *f*; **öll ~ skáldsins** gesammelte Werke des Dichters; **~a** schreiben; verfassen; **~ari** *m* Sekretär(in *f*) *m*; **~blý** *n* Bleistift *m*; **~dómari** *m* Kritiker *m*, Rezensent *m*; **~frelsi** *n* Pressefreiheit *f*; **~föng** *n/pl*. Schreibwaren *pl*.; **~gerð** *f* Aufsatz *m*; Abhandlung *f*; **~höfundur** *m* Schriftsteller *m*; **~hönd** *f* Handschrift *f*, Schrift *f*.
**ritning** *f* Bibel *f*; **heilög ~** die Heilige Schrift.
**rit|sími** *m* Telegraph *m*; **~skoðun** *f* Zensur *f*; **~stjóri** *m* Redakteur *m*; **~stjórn** *f* Redaktion *f*; **~stjórnargrein** *f* Leitartikel *m*; **~vél** *f* Schreibmaschine *f*; **~villa** *f* Schreibfehler *m*.
**rjóður** 1. *n* Lichtung *f*; 2. rotbackig.
**rjóm|abú** *n* Meierei *f*, Molkerei *f*; **~i** *m* Sahne *f*, Rahm *m*; **þeyttur ~i** Schlagsahne *f*.
**rjúka** (*Ofen*) rauchen; fahren; **~ á e-n** auf j-n losfahren; **~ndi** dampfend; **vita ekki sitt ~ndi ráð** weder aus noch ein wissen.
**rjúpa** *f* Schneehuhn *n*.
**ró** *f* Ruhe *f*; *Tech*. Schraubenmutter *f*; **~a** rudern; beruhigen.
**roð|i** *m* Morgenröte *f*; Abendrot *n*; **~na** erröten.
**róður** *m* Rudern *n*; Fischzug *m*.
**rófa** *f* Schwanz *m*; (*Gemüse*) Rübe *f*.
**rofi** *m El*. Schalter *m*.
**rógber|a** verleumden; **~i** *m* Verleumder *m*.
**rógburður** *m* Verleumdung *f*.
**rok** *n* heftiger Sturm; **~a** *f*, **~hviða** *f* heftiger Windstoß.
**rokkur** *m* Spinnrad *n*.
**róla** 1. *f* Schaukel *f*; 2. schaukeln.
**ró|legur** ruhig; **gera ~legan** beruhigen; **~lyndur** phlegmatisch, ruhig; kaltblütig; **~lyndi** *n* Gemütsruhe *f*; Kaltblütigkeit *f*.
**Rómaborg** *f* Rom *n*.
**rómanskur** romanisch.
**rómantí|k** *f* Romantik *f*; **~skur** romantisch.
**romm** *n* Rum *m*.
**rómur** *m* Stimme *f*; **einum rómi** einstimmig.
**róni** *m pop*. Trunkenbold *m*.

**rop|a** aufstoßen; rülpsen; **~i** *m* Aufstoßen *n*.
**rós** *f* Rose *f*.
**roskinn:** **~ maður** älterer Herr.
**rostungur** *m* Walroß *n*.
**rot** *n* Bewußtlosigkeit *f*; **slá í ~** j-n bewußtlos zu Boden strecken.
**rota** *s*. **slá í rot.**
**rót** *f* Wurzel *f*; **~gróinn** *fig.* eingewurzelt; **~laus** entwurzelt; **~tækur** radikal.
**rotna** verfaulen, verwesen; verrotten.
**rott|a** *f* Ratte *f*; **~ugildra** *f* Rattenfalle *f*.
**rúbla** *f* Rubel *m*.
**rúð|a** *f* Fensterscheibe *f*; **~ugler** *n* Fensterglas *n*.
**rudd|alegur** brutal, grob; **~i** *m* Rohling *m*.
**rúgbrauð** *n* Schwarzbrot *n*; Roggenbrot *n*.
**rugga** schlingern; (*Kind*) wiegen.
**rugla** verwirren, in Unordnung bringen; **~ður** verwirrt; *fig.* umnebelt.
**rúg|mjöl** *n* Roggenmehl *n*; **~ur** *m* Roggen *m*.
**rukk|a** mahnen; **~a inn** (*Geld*) eintreiben; **~ari** *m* Einkassierer *m*; Gelderheber *m*; **~un** *f* Mahnung *f*.
**rúm** *n* Bett *n*; Platz *m*, Raum *m*; **liggja í ~inu** das Bett hüten; **ryðja sér til ~s** sich durchsetzen; **~fatnaður** *m*, **~föt** *n/pl*. Bettzeug *n*; **~fræði** *f* Stereometrie *f*; Geometrie *f*; **~lest** *f* *Mar.* (*Register-*)Tonne *f*; **~málsfræði** *f* Stereometrie *f*; **~metri** *m* Kubikmeter *n*; **~sjór** *m*: **úti á ~sjó** auf hoher See; **~tak** *n* Rauminhalt *m*; **~ur** geräumig.
**rún** *f* Rune *f*; **~aáletrun** *f* Runeninschrift *f*; **~aletur** *n* Runenschrift *f*; **~asteinn** *m* Runenstein *m*.
**rúning** *f*, **~ur** *m* Schafschur *f*.
**runn|i** *m*, **~ur** *m* Gebüsch *n*; Busch *m*.
**rúsína** *f* Rosine *f*.
**rusl** *n* Müll *m*; Abfall *m*; Schund *m*; Gerümpel *n*; **~afata** *f* Mülleimer *m*; **~akompa** *f* Rumpelkammer *f*.
**Rúss|i** *m* Russe *m*; **~land** *n* Rußland *n*; **⁓neska** *f* Russisch *n*; **⁓neskur** russisch.
**rúst** *f* Ruine *f*; **~ir** *pl*. Trümmer *pl*.
**rút|a** *f* Route *f*; **~ubíll** *m* Autobus *m*, (*Reise-*)Omnibus, Bus *m*.
**ryð** *n* Rost *m*; **~ga** rosten; **~gaður** rostig; verrostet; (*Stimme*) rauh.
**ryðja:** **~ e-u braut** etw. anbahnen; **~ e-u úr vegi** etw. aus dem Wege räumen.
**ryk** *n* Staub *m*; **~aður** staubig; *fig.* benebelt.
**rykkur** *m* Ruck *m*.
**ryk|suga** *f* Staubsauger *m*; **~ugur** staubig; **~þurrka** *f* Staublappen *m od.* -tuch *n*.
**rým|a** räumen; **~a fyrir e-m** j-m Platz machen; **~a til**

Platz machen; aufräumen; ~ingarsala *f* Ausverkauf *m*.
**rýr** klein; gering, schmal; (*Vieh*) mager; ~a (*Gehalt*) kürzen; ~na abnehmen; einschrumpfen.
**rýtingur** *m* Dolch *m*.
**ræða** 1. *f* Rede *f*; Predigt *f*; halda ræðu e-e Rede halten; 2. sprechen, reden; ~ri *m* Ruderer *m*.
**ræðis|maður** *m* Konsul *m*; ~mannsskrifstofa *f* Konsulat *n*.
**ræðu|maður** *m* Redner *m*; ~upallur *m*, ~ustóll *m* Rednerpult *n*.
**rægja** verleumden.
**rækilegur** gründlich, tüchtig.
**rækja** 1. *f* Garnele *f*, Krabbe *f*; 2. wahren; (*Amt*) versehen.
**rækt|a** (*Korn*) (an)bauen; (*Land*) urbar machen; ~un *f* Anbau *m*; Urbarmachung *f*.
**ræn|a** 1. *f* Bewußtsein *n*; 2. rauben, plündern; ~ingi *m* Räuber *m*; ~ulaus bewußtlos.
**ræsi** *n* Rinnstein *m*; Entwässerungsrinne *f*; Kloake *f*; Abwässerkanal *m*; ~r *m* *Mech.* Anlasser *m*; Starter *m*.
**ræskja**: ~ sig sich räuspern.
**ræsti|duft** *n* Scheuerpulver *n*; ~ng *f* Rein(e)machen *n*; ~ngarkona *f* Rein(e)machefrau *f*; Stubenmädchen *n*.
**rætast** in Erfüllung gehen.
**rödd** *f* Stimme *f*.
**röð** *f* Reihe *f*.
**röðun** *f* Aufstellung *f*; Ordnung *f*.
**rök** *n/pl.* Gründe *pl.*, Argumente *pl.*; ~fræði *f* Logik *f*.
**rökkur** *n* Dämmerung *f*, Zwielicht *n*.
**rök|ræða** diskutieren; ~styðja motivieren, begründen. [Streifen *m*.]
**rönd** *f* Kante *f*, Rand *m*;
**rör** *n* Rohr *n*.
**röskur** rasch, energisch.
**röst** *f* Mahlstrom *m*.

## S

**sá** 1. (sú, það) *dem. pron.* der (die, das); 2. säen.
**sáð** *n* Same(n) *m*; Saat *f*.
**saddur** satt.
**saðning** *f* Sättigung *f*.
**saf|amikill** saftig; ~i *m* Saft *m*.
**safn** *n* Sammlung *f*; Museum *n*; ~a sammeln; ~ari *m* Sammler *m*; ~heiti *n* Kollektiv *n*; ~hús *n* Museumsgebäude *n*.
**saft** *f* Fruchtsaft *m*.
**saga** 1. *f* Geschichte *f*; Roman *m*; Saga *f*; 2. sägen.
**saggi** *m* (*Gebäude*) Feuchtigkeit *f*.
**sagna|ritari** *m* Geschichtsschreiber *m*; ~ritun *f* Geschichtsschreibung *f*.

**sagnfræði|legur** historisch; **~ngur** *m* Historiker *m*.
**saka** schaden; **~ e-n um e-ð** j-n e-r Sache beschuldigen; **~dómari** *m* Strafrichter *m*; **~mál** *n* Strafsache *f*; **~málsrannsókn** *f* Untersuchung *f*; **~raðili** *m Jur*. Partei *f*.
**sak|bera** anklagen; **~borningur** *m* Angeklagte(r) *m/f*; **~laus** unschuldig; **~leysi** *n* Unschuld *f*; **~na** vermissen; **ég ~na bókar** mir fehlt ein Buch.
**sak|sókn** *f* Strafverfolgung *f*; (gerichtliche) Klage; **~sóknari** *m* Kläger *m*, Ankläger *m*; **~sóknari ríkisins** Staatsanwalt *m*.
**sál** *f* Seele *f*: **~ast** sterben.
**sala** *f* Verkauf *m*, Absatz *m*.
**salat** *n* Salat *m*.
**salerni** *n* Toilette *f*, Abort *m*.
**sál|fræði** *f* Psychologie *f*; **~fræðingur** *m* Psychologe *m*; **~könnun** *f* Psychoanalyse *f*.
**sálmur** *m* Kirchenlied *n*; Hymne *f*; Choral *m*.
**sál|sjúkur** geisteskrank; **~sýkisfræði** *f* Psychiatrie *f*.
**salt** *n* Salz *n*; **~a** salzen; pökeln; **~fiskur** *m* Klippfisch *m*; **~ket** *n*, **~kjöt** *n* Pökelfleisch *n*; **~síld** *f* Salzhering *m*; **~ur** salzig.
**sálugur** selig, gestorben.
**salur** *m* Saal *m*.
**sam|ábyrgð** *f* Solidarität *f*; **~ábyrgur** solidarisch; **~anbera** vergleichen; **~anburður** *m* Vergleich *m*; **~andreginn** kurzgefaßt; **~anlagður** zusammengelegt; zusammengerechnet; **að öllu samanlögðu** alles in allem; alles zusammengerechnet; **~anstanda** bestehen (af aus).
**samastaður** *m* Aufenthaltsort *m*; Zufluchtsort *m*.
**samband** *n* Verbindung *f*; Verhältnis *n*; Bund *m*; Union *f*.
**Sambandslýðveldið Þýzkaland** die Bundesrepublik Deutschland (*Abk*. BRD).
**sam|bandsríki** *n* Bundesstaat *m*; **Sbandsþing** *n* (BRD) Bundestag *m*; **~borgari** *m* Mitbürger *m*; **~búð** *f* Zusammenleben *n*; **~eiginlegur** gemeinsam; **~eignarstefna** *f* Kommunismus *m*; **~eina** vereinen(ig)en; **Seinuðu þjóðirnar** *pl*. Die Vereinten Nationen *pl*.; **~ferðamaður** *m* Mitreisende(r) *m*; **~göngumál** *n/pl*. Verkehrswesen *n*; **~göngumálaráðherra** *m* Verkehrsminister *m*; **~göngur** *f/pl*. Verkehr *m*; **~hengi** *n* Zusammenhang *m*; **~hljómur** *m* Harmonie *f*; **~keppni** *f* Konkurrenz *f*; **~koma** *f* Versammlung *f*; **~komuhús** *n* Versammlungshaus *n*.
**sam|komulag** *n* Übereinkommen *n*, Übereinkunft

*f*; Verständigung *f*; Vereinbarung *f*; **~kvæmt** gemäß, nach, entsprechend, laut, kraft; **~komustaður** *m* Versammlungsort *m*.
**sam|kvæmi** *n* Gesellschaft *f*; **~lagning** *f* Addition *f*; **~landi** *m* Landsmann *m*; **~líking** *f* Vergleich *m*; **~lyndi** *n* Einigkeit *f*; **~mála** einig.
**samning|saðili** *m* Vertragsschließende(r) *m/f*; **~srof** *n* Vertragsbruch *m*; **~ur** *m* Vertrag *m*.
**samprófun** *f* Gegenüberstellung *f*.
**sam|rit** *n* Kopie *f*, Durchschlag *m*; **~ræða** *f* Gespräch *n*; **~ræmi** *n* Übereinstimmung *f*; **~sekur** mitschuldig; **~sinna** zustimmen; beipflichten; **~skonar** gleichartig; **~starf** *n* Zusammenarbeit *f*; **~steypustjórn** *f* Koalitionsregierung *f*; **~stundis** sofort; **~svara** entsprechen; **~svarandi** entsprechend; **~söngur** *m* Chorgesang *m*; Konzert *n*.
**samt** trotzdem; **~ sem áður** indessen, jedoch.
**sam|tal** *n* Gespräch *n*; **~tals** insgesamt; **~tíðarmaður** *m* Zeitgenosse *m*; **~úð** *f* Sympathie *f*; **~ur** gleich, derselbe; **mér er ~a** es ist mir gleichgültig; **~vera** *f* Zusammensein *n*; **~vinna** *f* Zusammenarbeit *f*; **~vinnufélag** *n* Genossenschaft *f*; Kooperative *f*; **~vinnuhreyfing** *f* Genossenschaftsbewegung *f*.
**Samvinnuskólinn** *m* (*Island*) Die Kooperative Handelsschule.
**samvizk|a** *f* Gewissen *n*; **~ubit** *n* Gewissensbiß *m*; **~ulaus** gewissenlos; **~usamur** gewissenhaft; **~usemi** *f* Gewissenhaftigkeit *f*.
**sam|þykki** *n* Zustimmung *f*; **~þykkja** zustimmen; einwilligen; genehmigen; **~þykkur** einverstanden.
**sand|alda** *f* Düne *f*, Sandhügel *m*; **~auðn** *f* Sandwüste *f*; **~rok** *n* Sandsturm *m*; **~ur** *m* Sand *m*.
**sáning** *f* Säen *n*.
**sanna** beweisen; **~rlega** wahrlich, wirklich.
**sann|færa** überzeugen; **~færing** *f* Überzeugung *f*; **~girni** *f* Billigkeit *f*; **~gjarn** billig; **~indi** *n/pl*. Wahrheit *f*; **~leikur** *m* Wahrheit *f*; **~leiksást** *f* Wahrheitsliebe *f*; **~sögull** wahrheitsliebend; wahrhaft; **~trúaður** rechtgläubig; **~ur** wahr; **~virði** *n* Realwert *m*.
**sáp|a** *f* Seife *f*; **~ukúla** *f* Seifenblase *f*.
**sár 1.** *n* Wunde *f*; **2.** schmerzlich; **~fátækur** bettelarm.
**sátt** *f* *Jur.* Vergleich *m*; **~asemjari** *m* *Jur.* (*bei Streiks*) Schlichter *m*; **~fús** versöhnlich; **~fýsi** *f* Versöhnlichkeit *f*; **~ur** versöhnt; zufrieden.

**sauð|argæra** *f* Schaffell *n*; **~fé** *n*, **~fénaður** *m* Schafe *pl.*; **~fjárrækt** *f* Schafzucht *f*; **~kind** *f* Schaf *n*; **~ur** *m* Hammel *m*.
**saum|a** nähen; **~akassi** *m* Nähkästchen *n*; **~akona** *f* Näherin *f*; **~askapur** *m* Nähen *n*; **~avél** *f* Nähmaschine *f*; **~nál** *f* Nähnadel *f*; **~ur** *m* Naht *f*.
**saur** *m* Schmutz *m*; Kot *m*, Exkrement *n*; **~blað** *n* Respektblatt *n*; **~ga** beschmutzen; entehren; **~lífi** *n* Unzucht *f*; **~ugur** schmutzig.
**sautján** siebzehn; **~di** siebzehnter.
**saxa** hacken.
**Sax|elfur** *f* Elbe *f*; **~i** *m* Sachse *m*; **~land** *n* Sachsen *n*; **2neskur** sächsisch.
**seð|ill** *m* Zettel *m*; (*Bank-*) Note *f*, Schein *m*; **~ja** sättigen; **~labanki** *m* Notenbank *f*; **~laveski** *n* Brieftasche *f*.
**sef** *n* Schilf *n*; **~a** beruhigen; **~ja** suggerieren; **~jun** *f* Suggestion *f*.
**segja** sagen, bemerken, äußern; mitteilen; **sagt er** man sagt; **~ frá** erzählen; **~ e-m upp vinnu** j-m kündigen; j-n entlassen.
**segl** *n* Segel *n*; **~bátur** *m* Seegelboot *n*; **~garn** *n* Bindfaden *m*; **~skip** *n* Segelschiff *n*.
**segul|afl** *n* Magnetismus *m*; **~l** *m* Magnet *m*; **~magn** *n* *s.* **~afl**; **~nál** *f* Magnetnadel *f*; **~skekkja** *f* Mißweisung *f*, Deklination *f*.
**seiði** *n* Fischbrut *f*.
**seiglast** aushalten.
**seilast: ~ eftir e-u** nach etw. greifen.
**seinastur** der letzte, letzter.
**seinka** verspäten; **~ klukkunni** die Uhr zurückstellen; **klukkan ~r sér** die Uhr geht nach.
**seinkun** *f* Verspätung *f*.
**seinn** spät; langsam; **það má ekki ~a vera** es ist höchste Zeit.
**sekkur** *m* Sack *m*.
**sekt** *f* Geldstrafe *f*; **~a: ~a e-n** j-n zu e-r Geldstrafe verurteilen.
**sekúnd|a** *f* Sekunde *f*; **~uvísir** *m* Sekundenzeiger *m*.
**sekur** schuldig; **dæma ~ sekan** für schuldig erklären.
**selja** verkaufen; **~ upp** erbrechen, sich übergeben; **~ndi** *m* Verkäufer *m*; **~nlegur** verkäuflich.
**sella** *f* *Anat.* Zelle *f*.
**selt|a** *f* Salzigkeit *f*; **~umagn** *n* Salzgehalt *m*.
**sel|ur** *m* Seehund *m*, Robbe *f*; **~veiði** *f* Robbenfang *m*.
**sem 1.** *rel. pron.* der (die, das), welcher (welche, welches); **2.** *cj.* wie; als ob.
**sement** *n* Zement *m*; **~ssteypa** *f* Beton *m*.
**semikomma** *f* Semikolon *n*.
**semja** ausarbeiten; verfassen; verhandeln; **~ frið**

Frieden schließen; ~ lag komponieren.
**senda** schicken, senden; ~ **eftir e-m** nach j-m schikken; ~**ndi** *m* Absender *m*.
**sendi|boði** *m* Bote *m*; ~**bréf** *n* Brief *m*; ~**ferð** *f* Mission *f*; **fara** ~**ferðir** Besorgungen machen; ~**fulltrúi** *m* Geschäftsträger *m*, Chargé d'affaires *m*; ~**herra** *m* Botschafter *m*; Gesandte(r) *m*; ~**kennari** *m* Lektor *m*; ~**ll** *m* Laufbursche *m*; ~**nefnd** *f* Abordnung *f*, Delegation *f*; ~**ng** *f* Sendung *f*; Lieferung *f*.
**sendiráð** *n* Botschaft *f*, Gesandtschaft *f*; ~**herra** *m* Botschafter *m*.
**senni|legur** wahrscheinlich; ~**leiki** *m* Wahrscheinlichkeit *f*. [*od. m.*]
**sentimetri** *m* Zentimeter *n*]
**september** *m* September *m*; ~**lok** *n/pl.* Ende September.
**séra** (*Anrede u. Titel*) Pastor.
**sér|fróður** sachverständig; ~**fræðingur** *m* Sachverständige(r) *m/f*, Spezialist *m*; ~**góður** selbstsüchtig; ~**gæðingur** *m* Egoist *m*; ~**hlífinn** wer sich selbst schont; ~**hljóð** *n*, ~**hljóði** *m* Vokal *m*; ~**hver** jeder; ~**hæfa** spezialisieren; ~**kenni** *n* Eigenart *f*; Kennzeichen *n*; ~**kennilegur** eigentümlich; charakteristisch.
**sér|leyfi** *n* Konzession *f*; ~**prentun** *f* Sonderdruck *m*; ~**réttindi** *n/pl.* Privileg *n*; ~**skóli** *m* Fachschule *f*; ~**staða** *f* Sonderstellung *f*; ~**staklega** besonders; ~**trúarflokkur** *m* Sekte *f*; ~**þekking** *f* Spezialkenntnisse *pl.*
**servíetta** *f* Serviette *f*.
**sessa** *f* Kissen *n*.
**setja** setzen, stellen; ~**st** sich setzen; (*Sonne*) untergehen; ~**ri** *m* Setzer *m*.
**setning** *f* Satz *m*; ~**afræði** *f* Syntax *f*.
**setu|dómari** *m* außerordentlicher Richter *m*; ~**lið** *n* Besatzung *f*, Besatzungstruppen *pl.*; ~**r** *n* Sitz *m*, Residenz *f*.
**sex** sechs; ~**tán** sechzehn; ~**tándi** sechzehnter; ~**tíu** sechzig; ~**tugasti** sechzigster.
**seytján** siebzehn; ~**di** siebzehnter.
**sía 1.** *f* Sieb *n*; Filter *m*; **2.** sieben; filtern, filtrieren.
**siða** zivilisieren; ~**bót** *f*, ~**skipti** *n/pl.* Reformation *f*.
**síð|an** *cj.* nachdem; seit (-dem); *adv.* dann, darauf; ~**an fyrir** *prp.* seit; ~**degi** *n* Nachmittag *m*; ~**degis** nachmittags.
**sið|bót** *f* Reformation *f*; ~**fágun** *f* Kultur *f*; Zivilisation *f*; ~**ferði** *n* Moral *f*; ~**ferðilegur** moralisch; ~**fræði** *f* Ethik *f*; ~**fræðilegur** ethisch; ~**gæði** *n*

Sittlichkeit *f*, Moral *f*; **~leysi** *n* Barbarei *f*; Unsittlichkeit *f*.
**síðla** spät.
**sið|leysingi** *m* Barbar *m*; **~menning** *f* Zivilisation *f*; **~spilla** demoralisieren; **~spilling** *f* Demoralisation *f*; **~ur** *m* Brauch *m*, Sitte *f*.
**síður** *adv.* weniger, geringer; weniger gern; **eigi að ~** nichtsdestoweniger.
**sifjaspell** *n/pl.* Blutschande *f*.
**sig** *refl. pron.* sich.
**síga** sinken; **láta undan ~** nachgeben.
**sígaretta** *f* Zigarette *f*.
**sígauni** *m* Zigeuner *m*.
**sigð** *f* Sichel *f*.
**sígildur** klassisch; **~ höfundur** *m* Klassiker *m*.
**sígræнn** immergrün.
**sigl|a** (*Schiff*) fahren; ins Ausland gehen; (*Sport*) segeln; **~ing** *f* Fahrt *f*; Seereise *f*; Segeln *n*; *pl. a.* **~ingar** Schiffahrt *f*.
**sig|ra** (be)siegen; **~ur** *m* Sieg *m*.
**síki** *n* Kanal *m*, Graben *m*.
**síld** *f* Hering *m*; **~arlýsi** *n* Heringstran *m*; **~mjöl** *n* Heringsmehl *n*; **~artorfa** *f* Heringsschwarm *m*; **~veiðar** *f/pl.* Heringsfang *m*.
**silfur** *n* Silber *n*.
**silki** *n* Seide *f*.
**silungur** *m* Forelle *f*.
**síma** telephonieren; **~áhald** *n* Telephonapparat *m*; **~skrá** *f* Telephonbuch *n*.
**sím|i** *m* Telephon *n*, Fernsprecher *m*; **~leiðis** telephonisch; telegraphisch; **~rita** telegraphieren; **~skeyti** *n* Telegramm *n*; **~tal** *n* Telephongespräch *n*.
**sin** *f* Sehne *f*.
**sindra** sprühen.
**sínk** *n* Zink *n*; **~ur** geizig.
**sinn** *poss. pron.* sein; **~ep** *n* Senf *m*; **~i** *n* Mal *n*; **einhverju ~i** (irgend)einmal; **einu ~i** einmal, einst; **í þetta ~** diesmal; **~isveikur** geisteskrank.
**sitja** sitzen; **~ á sér** sich beherrschen; **~ndi** *m* Hintere(r) *m*.
**sítróna** *f* Zitrone *f*.
**sí|ungur** ewig jung; **~valningur** *m* Zylinder *m*; **~valur** rund; **~zt: ég hefði ~zt búizt við því** das hätte ich am wenigsten erwartet.
**sjá** sehen; einsehen, verstehen; **~ aftur** wiedersehen; **~ eftir** bereuen; **~ um e-ð** für etw. sorgen, etw. besorgen; **~aldur** *n* Pupille *f*; **~anlegur** sichtbar; (*Vorteil*) ersichtlich; erkennbar.
**sjal** *n* Schultertuch *n*; **~dan** selten; **~dgæfur** selten, rar.
**sjálf|blekungur** *m* Füllfederhalter *m*, Füller *m*; **~boðaliði** *m* Freiwillige(r) *m/f*; **~krafa** spontan, automatisch; **~kveikja** *f* Selbstentzündung *f*; **~**.

**menntaður** selbstgebildet, selbstgelehrt; **~ræði** *n* Unabhängigkeit *f*; Eigenwille *m*; **~safneitun** *f* Selbstverleugnung *f*; **~sagður** selbstverständlich; **~sali** *m* Automat *m*.

**sjálfs|álit** *n* Selbstbewußtsein *n*; **~bjargarhvöt** *f* Selbsterhaltungstrieb *m*; **~blekking** *f* Selbstbetrug *m*; **~elska** *f* Egoismus *m*; **~elskur** egoistisch; **~forræði** *n* Selbstverwaltung *f*; **~morð** *n* Selbstmord *m*; **~sefjun** *f* Autosuggestion *f*; **~stjórn** *f* Selbstverwaltung *f*; Selbstbeherrschung *f*; **~traust** *n* Selbstvertrauen *n*.

**sjálfstæði** *n* Selbständigkeit *f*; Unabhängigkeit *f*.

**sjálfstæður** selbständig; unabhängig.

**sjálfs|virðing** *f* Selbstachtung *f*; **~vörn** *f* Selbstverteidigung *f*; **~ævisaga** *f* Autobiographie *f*.

**sjálf|ur** selbst, selber; **~viljugur** freiwillig; **~virkur** automatisch.

**sjávar|afli** *m* Fischfang *m*; **~afurðir** *f/pl.* Fischereiprodukte *pl.*; **~djúp** *n* Meerestiefe *f*; **~flötur** *m* Meeresspiegel *m*; **~háski** *m* Seenot *f*; **~strönd** *f* Meeresstrand *m*; **~útvegur** *m* Fischerei *f*.

**sjóða** kochen; sieden.

**sjó|dauður** (*im Meer*) ertrunken; **~dómur** *m* Seegericht *n*; (*Deutschland*) Seeamt *n*.

**sjóð|ur** *m* Fonds *m*; Kasse *f*; **eiga peninga í ~i** Geld auf der Bank haben; **~þurrð** *f* Kassendefekt *m*, Unterschlagung *f*.

**sjó|farandi** *m* Seefahrer *m*; **~ferð** *f* Seereise *f*; **~flugvél** *f* Wasserflugzeug *n*; **~fræði** *f* Navigation *f*; **~gangur** *m* Seegang *m*; **~her** *m* Marine *f*; **~kort** *n* Seekarte *f*; **~leiðis** auf dem Seewege; **~maður** *m* Seemann *m*; **~mannaskóli** *m* Seefahrtsschule *f*; **~mannastétt** *f* Seemannsstand *m*; **~míla** *f* Seemeile *f*.

**sjón** *f* Gesicht *n*, Sehvermögen *n*; Anblick *m*; (*Vision*) Erscheinung *f*; **~arhorn** *n* Gesichtswinkel *m*; **~armið** *n* Gesichtspunkt *m*; **~arsvið** *n* Schauplatz *m*; **~arvottur** *m* Augenzeuge *m*.

**sjón|auki** *m* Fernrohr *n*, Fernglas *n*; **~baugur** *m* Horizont *m*, Gesichtskreis *m*; **~dapur** schwachsichtig; **~deildarhringur** *m s.* **~baugur**; **~hverfingamaður** *m* Taschenspieler *m*; **~laus** blind; **~leikur** *m* Schauspiel *n*, Theaterstück *n*; **~mál** *n* Gesichtskreis *m*; *Mar.* Sicht *f*; **~varp** *n* Fernsehen *n*.

**sjó|or(r)usta** *f* Seeschlacht *f*; **~próf** *n* Seeverhör *n*.

**sjó|r** *m* See *f*, Meer *n*; **~rétt-**

ur *m* Seerecht *n*; **~ræningi** *m* Seeräuber *m*; **~skaði** *m* Havarie *f*, Seeschaden *m*; **~tjón** *n s.* **~skaði** *m*; **~tjónsútreikningur** *m Mar.* Schadensberechnung *f*; **~veiki** *f* Seekrankheit *f*; **~veikur** seekrank; **~þorp** *n* Fischerdorf *n*.

**sjúga** saugen; **gefa að ~** stillen, säugen.

**sjúkdóm|afræði** *f* Pathologie *f*; **~seinkenni** *n* Symptom *n*, Krankheitszeichen *n*; **~sgreining** *f* Diagnose *f*; **~ur** *m* Krankheit *f*.

**sjúklingur** *m* Kranke(r) *m/f*; Patient(in *f*) *m*.

**sjúkra|börur** *f/pl.* Krankentrage *f*; **~hús** *n* Krankenhaus *n*; **~leikfimi** *f* Heilgymnastik *f*; **~samlag** *n* Krankenkasse *f*; **~samlagslæknir** *m* Kassenarzt *m*; **~trygging** *f* Krankenversicherung *f*; **~vagn** *m* Kranken(transport)wagen *m*; **~vitjun** *f* Krankenbesuch *m*.

**sjúkur** krank.

**sjö** 1. *n* (*Kartenspiel*) Sieben *f*; 2. *num.* sieben; **~faldur** siebenfach; **~tíu** siebzig; **~tti** sechster; **~tugasti** siebzigster; **~tugur** siebzig Jahre alt; **~undi** sieb(en)ter.

**ská: á ~** schräg.

**skaða** schaden, schädigen; **~bótakrafa** *f* Schadenersatzanspruch *m*; **~bætur** *f/pl.* Schadenersatz *m*.

**skadda** beschädigen.

**skað|i** *m* Schaden *m*; **~laus** schadlos; **~legur** schädlich; **~semi** *f* Schädlichkeit *f*.

**skaf|a** schaben; abkratzen; **~l** *m* Schneewehe *f*.

**skaft** *n* Stiel *m*; (*Messer*) Heft *n*.

**skagi** *m* Halbinsel *f*; Landzunge *f*.

**skák** *f* Schach *n*; **tefla ~** Schach spielen; **~maður** *m* Schachspieler *m*.

**skakkur** schief, verkehrt.

**skál** *f* Schüssel *f*, Schale *f*; **~!** Prosit!, zum Wohl!; **~a: ~a við e-n** j-m zutrinken.

**skáld** *n* Dichter *m*; **~kona** *f* Dichterin *f*; **~saga** *f* Roman *m*; **~skapur** *m* Dichtung *f*.

**skalli** *m* Glatze *f*.

**skamma** ausschelten, ausschimpfen; **~st** schimpfen; **~st sín** sich schämen; **~rlegur** schändlich; **~ryrði** *n* Schimpfwort *n*, Scheltwort *n*.

**skamm|byssa** *f* Pistole *f*; **~hlaup** *n El.* Kurzschluß *m*; **~stafa** abkürzen; **~stöfun** *f* Abkürzung *f*.

**skammtur** *m* Portion *f*; Ration *f*; *Med.* Dosis *f*.

**skamm|ur** kurz; **~vinnur** kurz, von kurzer Dauer.

**skap** *n* Humor *m*, Stimmung *f*, Laune *f*; Temperament *n*; **vera í góðu (illu** *od.* **vondu) ~i** guter

(schlechter) Laune sn; **~a** schaffen, bilden; **~ari** *m* Schöpfer *m*; **~ferli** *n*, **~gerð** *f* Charakter *m*; **~raun** *f* Ärger *m* Verdruß *m*; **~rauna** ärgern.
**skápur** *m* Schrank *m*.
**skár** *adv. comp.* etwas besser.
**skarð** *n* Gebirgspaß *m*; Scharte *f*; **~ í höku** Kinngrübchen *n*.
**skarlatssótt** *f* Scharlachfieber *n*.
**skarp|skyggn** scharfsinnig; **~skyggni** *f* Scharfsinn *m*; **~ur** scharf; begabt.
**skárri** *adj. comp.* etwas besser.
**skart** *n* Schmuck *m*; **~gripur** *m* Schmuckstück *n*.
**skáti** *m* Pfadfinder *m*.
**skattaframtal** *n* Steuererklärung *f*.
**skatt|frjáls** steuerfrei; **~greiðandi** *m* Steuerzahler *m*; **~heimtumaður** *m* Steuereinnehmer *m*; **~skrá** *f* Hebeliste *f*; **~skyldur** steuerpflichtig; **~stofa** *f* Finanzamt *n*; **~ur** *m* Steuer *f*; **~þegn** *m* Steuerzahler *m*.
**skaut** *n* Schoß *m*; *El.* Pol *m*; **~ahlaup** *n* Schlittschuhlaufen *n*; **~amaður** *m* Schlittschuhläufer *m*; **~i** *m* Schlittschuh *m*.
**ske** geschehen; **~fjar** *f/pl.*: **halda sér í ~fjum** sich beherrschen.
**skefti** *n* (*Messer*) Heft *n*; (*Flinte*) Kolben *m*.
**skegg** *n* Bart *m*; **~bursti** *m* Rasierpinsel *m*; **~hnífur** *m* Rasiermesser *n*; **~jaður** bärtig; **mjög ~jaður** unrasiert; **~sápa** *f* Rasierseife *f*.
**skeið 1.** *f* Löffel *m*; **2.** *n* (*Sport*) Lauf *m*, Strecke *f*; Zeitraum *m*; (*Pferd*) Paßgang *m*; **~klukka** *f* Stoppuhr *f*; **~völlur** *m* Rennbahn *f*.
**skeif|a** *f* Hufeisen *n*; **~ulaga(ður)**, **~umyndaður** hufeisenförmig.
**skeika** sich irren; fehlschlagen.
**skekkja** *f* Fehler *m*.
**skel** *f* Muschel *f*; **~fa** *v/t.* erschrecken; **~fdur** erschreckt, erschrocken; **~filegur** furchtbar, schrecklich; **~fing** *f* Schrecken *m*, Furcht *f*; Panik *f*; **~kaður** erschrocken; **~kur: skjóta e-m skelk í bringu** j-m e-n Schrecken einjagen.
**skelli|hlátur** *m* schallendes Gelächter; **~naðra** *f* Moped *n*; *Zo.* Klapperschlange *f*.
**skellur** *m* Schlag *m*.
**skemill** *m* Schemel *m*.
**skemm|a** *v/t.* verderben; **~d** *f* Schaden *m*; Beschädigung *f*.
**skemmt|a** unterhalten; **~ sér** sich amüsieren; **~anaskattur** *m* Vergnügungssteuer *f*; **~iferð** *f* Ausflug *m*; **~iferðamaður** Tourist *m*; **~iferðaskip** *n* Touristendampfer *m*; **~iganga** *f* Spa-

ziergang *m*; **~igarður** *m* Park *m*; **~ilegur** lustig, unterhaltend; interessant; **~iskúta** *f* Jacht *f*; **~istaður** *m* Vergnügungslokal *n*; **~un** *f* Vergnügen *n*; **vera e-m til ~unar** j-m Gesellschaft leisten.

**skenkja** einschenken.

**skepn|a** *f* Kreatur *f*, Tier *n*; **~ufóður** *n* Viehfutter *n*; **~usýning** *f* Tierschau *f*.

**sker** *n* Schäre *f*; Riff *n*; **~a** schneiden; **~a upp** ernten; **~a upp sjúkling** e-n Kranken operieren; **~a upp úr bók** ein Buch aufschneiden.

**skerð|a** vermindern; (*Ruhm*) schmälern; **~ing** *f* Verminderung *f*; (*Gehalt*) Kürzung *f*.

**skerfur** *m* Beitrag *m*, [Scherflein *n*.]

**skeyta:** **~ saman** zusammenfügen; **~ um e-ð** sich um etw. kümmern.

**skeyti** *n* Telegramm *n*; **~ngarlaus** nachlässig; gleichgültig; **~ngarleysi** *n* Nachlässigkeit *f*.

**skíða|ferð** *f* Skilaufen *n*; **~maður** *m* Skiläufer *m*.

**skíði** *n* Ski *m*.

**skífa** *f* Scheibe *f*.

**skikkanlegur** anständig.

**skikkja** *f* Mantel *m*.

**skil** *n/pl.*: **heimta ~ af e-m** j-n zur Rechenschaft ziehen; **standa í ~um** s-e Verpflichtungen erfüllen; **kunna góð ~ á e-u** gut Bescheid mit *od.* über etw. wissen; **~a** zurückgeben; **~a kveðju frá e-m** von j-m grüßen.

**skila|boð** *n/pl.* Bescheid *m*; Botschaft *f*; Meldung *f*; **~grein** *f* Rechenschaft(sbericht *m*) *f*, Rechnungslegung *f*.

**skilgrein|a** definieren; **~ing** *f* Definition *f*.

**skilja** verstehen, begreifen, einsehen; trennen; (*Ehe*) scheiden; **~ e-ð eftir** etw. liegen lassen, zurücklassen; übriglassen; **~nlegur** verständlich.

**skilmáli** *m* Bedingung *f*.

**skiln|aður** *m* Abschied *m*; Ehescheidung *f*; Trennung *f*; **~ingarvit** *n* Sinn *m*; Sinnesorgan *n*; **~ingarvitin fimm** die fünf Sinne; **~ingsgóður** verständnisvoll; **~ingslaus** verständnislos; **~ingur** *m* Verständnis *n*, Sinn *m*; **það er ~ingi mínum ofvaxið** das geht über m-n Verstand.

**skilorð** *n* Bedingung *f*; **~sbundinn** bedingt; **~sbundinn dómur** bedingter Straferlaß; Bewährungsfrist *f*.

**skilti** *n* Schild *n*; Plakat *n*.

**skil|veggur** *m* Scheidewand *f*; **~vinda** *f* Zentrifuge *f*; Schleuder *f*; **~yrði** *n* Bedingung *f*, Voraussetzung *f*; **~yrðislaus** bedingungslos.

**skima** spähen.

**skin** *n* Schein *m*; **~horaður** knochendürr.

**skína** (*Sonne*) scheinen.
**skinn** *n* Fell *n*, Haut *f*; **~avara** *f* Pelzwaren *pl.*; **~handrit** *n* Pergamenthandschrift *f*.
**skip** *n* Schiff *n*; Boot *n*.
**skipa** befehlen; **~ fyrsta sæti** den führenden Platz einnehmen; **~ e-n í embætti** j-n bestallen, j-n in ein Amt einsetzen; **~ upp** (*Schiff*) löschen; **~ út** (*Schiff*) laden, einschiffen; **hafa á að ~** zur Verfügung haben; **~afgreiðsla** *f* Schiffsexpedition *f*; **~kví** *f* Dock *n*; **~lest** *f* Konvoi *m*; **~miðlari** *m* Schiffsmakler *m*.
**skipa|smiður** *m* Schiffbauer *m*; **~smíðastöð** *f* Schiffswerft *f*; **~smíði** *f* Schiffbau *m*; **~stigi** *m* Schleusentreppe *f*; **~stóll** *m* Flotte *f*; **~útgerð** *f* Reederei *f*, Schiffahrtsunternehmen *n*.
**skipbrot** *n* Schiffbruch *m*; **~smaður** *m* Schiffbrüchige(r) *m*.
**skip|gengur** schiffbar; **~herra** *m* Kapitän *m*.
**skips|bátur** *m* Beiboot *n*; **~farmur** *m* Schiffsladung *f*; **~fjöl** *f*: **stíga á ~fjöl** an Bord gehen; **~höfn** *f* Besatzung *f*, Mannschaft *f*; **~læknir** *m* Schiffsarzt *m*; **~skjöl** *n/pl.* Schiffspapiere *pl.*
**skip|stjóri** *m* Kapitän *m*; **~strand** *m* Stranden *n*.
**skipta** teilen; tauschen; (*Geld*) wechseln; **~ um föt** sich umziehen; **~forstjóri** *m* Testamentsvollstrecker *m*; **~ráðandi** *m* Nachlaßverwalter *m*.
**skipti** *n* Mal *n*; **í fyrsta ~** zum ersten Mal; **~borð** *n* *El.* Schaltbrett *n*; **~mynt** *f* Hartgeld *n*; Münze *f*; **~ng** *f* Teilung *f*, Einteilung *f*; Halbierung *f*.
**skipu|lag** *n* Organisation *f*; Stadtplanung *f*; **~leggja** organisieren; **~legur** geordnet, organisiert.
**skipun** *f* Befehl *m*; Ordnung *f*; Bestallung *f*; **eftir ~ þinni** auf deinen Befehl.
**skipverji** *m* Matrose *m*.
**skír** (*Metall*) rein; klar; **~a** taufen; **~ari** *m* Täufer *m*; **~dagur** *m* Gründonnerstag *m*; **~lífi** *n* Keuschheit *f*; **~lífur** keusch; **~n** *f* Taufe *f*.
**skírnar|nafn** *n* Taufname *m*; **~vottorð** *n* Taufschein *m*; **~vottur** *m* Pate *m*, Patin *f*.
**skírteini** *n* Zertifikat *n*; [Ausweis *m*.]
**skitna** schmutzig werden.
**skítu|gur** schmutzig; **~r** *m* Schmutz *m*; Exkrement *n*.
**skjal** *n* Dokument *n*, Aktenstück *n*; **~afalsari** *m* Urkundenfälscher *m*; **~afölsun** *f* Urkundenfälschung *f*; **~ataska** *f* Aktenmappe *f*, Aktentasche *f*.
**skjala|safn** *n* Archiv *n*; **~vörður** *m* Archivar *m*; **~þýðandi** *m*, **~þýðari** *m* Übersetzer *m*; Dolmetscher

*m*; **eiðsvarinn ~** beeidigter Dolmetscher.
**skjaldarmerki** *n* Wappen *n*.
**skjald|baka** *f* Schildkröte *f*; **~kirtill** *m* Schilddrüse *f*; **~laga** schildförmig.
**skjálf|a** zittern, beben; **~ti** *m* Zittern *n*, Beben *n*.
**skjall** *n* Schmeichelei *f*; **~a** schmeicheln.
**skjallegur** schriftlich; urkundlich.
**skjátlast: mér ~** ich irre mich.
**skjól** *n* Schutz *m*; Zuflucht *f*; **~a** *f* Eimer *m*; **~borð** *n* *Mar.* Lee *f*; **~stæðingur** *m* Klient *m*, Mandant *m*; Schützling *m*.
**skjóta** schießen; **~ inn í** einschieben; **~st** schlüpfen, huschen.
**skjótur** schnell, geschwind; schleunig.
**skjöl** *n/pl.* Papiere *pl.*, Dokumente *pl.*
**skjöldur** *m* Schild *m*.
**sko!** sieh!, schau!; **það er ~ þannig** das ist (ja) eben der Fall.
**skóáburður** *m* Schuhcreme *f*.
**skoða** betrachten; besichtigen; sich (etw.) ansehen; **~nafrelsi** *n* Meinungsfreiheit *f*; **~namunur** *m* Meinungsverschiedenheit *f*.
**skoðun** *f* Meinung *f*; Besichtigung *f*; Untersuchung *f*; **ég er þeirrar ~ar** ich bin der Meinung *od.* Ansicht.
**skófatnaður** *m* Schuhwaren *pl.*, Fußbekleidung *f*.
**skófla** *f* Schaufel *f*; Spaten *m*.
**skógar|högg** *n* Holzfällen *n*; **~vörður** *m* Förster *m*.
**skógerð** *f* Schuhfabrik *f*.
**skógrækt** *f* Aufforstung *f*; **~arfræði** *f* Forstwissenschaft *f*; **~arfræðingur** *m* Forstwissenschaftler *m*; **~arstjóri** *m* (*Island*) Direktor *m* des Forstamtes.
**skógur** *m* Wald *m*.
**skóhlíf** *f* Überschuh *m*.
**skola** spülen; **~ kverkarnar** gurgeln; *pop.* einen kippen, e-n genehmigen.
**skóla|barn** *n* Schulkind *n*; **~bróðir** *m* Schulkamerad *m*; **~frí** *n* Schulferien *pl.*; **~ganga** *f* Schulbesuch *m*; **~meistari** *m* Oberstudiendirektor *m*; **~nemandi** *m* Schüler(in *f*) *m*; **~skylda** *f* Schulpflicht *f*; **~stjóri** *m* Schulleiter *m*; **~æska** *f* Schuljugend *f*.
**skóli** *m* Schule *f*; **lærður ~** humanistisches Gymnasium.
**skólp** *n* Spülwasser *n*.
**skór** *m* Schuh *m*.
**skora 1.** *f* Kerbe *f*; Rille *f*; **2.** (*Fußball*) ein Tor schießen.
**skordýr** *n* Insekt *n*; **~afræði** *f* Entomologie *f*.
**skorp|a** *f* (*Brot*) Kruste *f*; **~na** (*Haut*) (ein)schrumpfen.
**skorsteinn** *m* Schornstein *m*.

**skort|a** fehlen; entbehren; **~ur** *m* Entbehrung *f*; Mangel *m*.
**skó|smiður** *m* Schuhmacher *m*; **~sóli** *m* Schuhsohle *f*; **~sverta** *f* schwarze Schuhcreme.
**skot** *n* Schuß *m*; Verliebtheit *f*; **~fimur** treffsicher; **~færi** *n* Schußweite *f*; *pl.* Munition *f*; **~gröf** *f* Schützengraben *m*; **~hylki** *n* Patrone *f*.
**skot|i** *m* Schotte *m*; **~land** *n* Schottland *n*.
**skot|mark** *n* Schießscheibe *f*; *fig.* Zielscheibe *f*; **~silfur** *n* Taschengeld *n*; **~spónn** *m fig.* Zielscheibe *f*.
**skott** *n* (*Hund, Katze*) Schwanz *m*; **~ulæknir** *m* Quacksalber *m*.
**skotvopn** *n* Schußwaffe *f*.
**skozkur** schottisch.
**skrá 1.** *f* Liste *f*, Verzeichnis *n*; (*Tür*) Schloß *n*; **2.** auf-, verzeichnen; schreiben; **~ skipshöfn** *Mar.* anmustern; **~argat** *n* Schlüsselloch *n*.
**skraddari** *m* Schneider *m*.
**skrafa** plaudern.
**skran** *n* Plunder *m*, Kram *m*, Gerümpel *n*.
**skratti** *m* Teufel *m*; **hver ~nn!** zum Teufel!
**skraut** *n* Schmuck *m*; **~gripasali** *m* Juwelier *m*; **~legur** prachtvoll, prächtig; **~lýsa** illuminieren; **~vasi** *m* Vase *f*.
**skref** *n* Schritt *m*; **~stuttur** kurzbeinig.
**skreið** *f* getrockneter Fisch; (*eine Art*) Stockfisch *m*.
**skreyt|a** schmücken; **~ing** *f* Dekoration *f*; Ausschmükkung *f*; **~ni** *f* Unwahrheit *f*, Lüge *f*.
**skriða** *f* Erdrutsch *m*; Geröllhaufen *m* (*am Fuße e-s Berges*).
**skríða** kriechen; **~ á fjórum fótum** auf allen vieren kriechen.
**skrið|dýr** *n* Kriechtier *n*; **~jökull** *m* Gletscher *m*; **~mælir** *m Mar.* Log *n*; **~sund** *n* Kraul *n* (*Schwimmstil*).
**skrifa** schreiben; **~ e-ð hjá sér** sich etw. notieren; **~ undir** unterschreiben; **~st: ~st á við e-n** mit j-m korrespondieren; **~ri** *m* Schreiber *m*; Büroangestellte(r) *m/f*.
**skrif|borð** *n* Schreibtisch *m*; **~finnska** *f* Bürokratie *f*.
**skrif|föng** *n/pl.* Schreibwaren *pl.*; **~legur** schriftlich; **~pappír** *n* Schreibpapier *n*; **~stofa** *f* Büro *n*; **~stofumaður** *m* Büroangestellte(r) *m*; **~stofustjóri** *m* Bürovorsteher *m*; Kanzleivorsteher *m*; **~stofustúlka** *f* Büroangestellte *f*; **~stofustörf** *n/pl.* Büroarbeit(en *pl.*) *f*.
**skrift** *f* Schrift *f*; Schreiben *n*; **~a** beichten; **~abarn** *n* Beichtkind *n*; **~afaðir** *m* Beichtvater *m*; **~astóll** *m*

Beichtstuhl *m*; **~ir** *f/pl.* Beichte *f*; Büroarbeit *f*.
**skriftlærður** schriftgelehrt.
**skríl|blað** *n* Schundzeitung *f*; **~l** *m* Pöbel *m*.
**skrímsli** *n* Ungeheuer *n*.
**skrín** *n* Schrein *m*.
**skringilegur** drollig, schnurrig.
**skrípamynd** *f* Karikatur *f*.
**skrítinn** komisch; sonderbar.
**skrítla** *f* Anekdote *f*.
**skrjáfa** rasseln, rauschen.
**skrokkur** *m* Körper *m*.
**skrópa** schwänzen.
**skrúf|a** 1. *f* Schraube *f*; Propeller *m*; 2. schrauben; **~járn** *n* Schraubenzieher *m*; **~lykill** *m* Schraubenschlüssel *m*; **~nagli** *m* Schraubenbolzen *m*.
**skrugg|a** Donner *m*; **~uveður** *n* Gewitter *n*.
**skrumari** *m* Prahler *m*.
**skrýða** schmücken.
**skrækja** heulen.
**skrælingi** *m* Barbar *m*; (*Sagazeit*) Eskimo *m*.
**skrökva** erfinden; lügen.
**skúffa** *f* Schublade *f*, Fach *n*.
**skugga|hlið** *f* Schattenseite *f*; **~legur** düster, finster; unheimlich; verdächtig; **~mynd** *f* Lichtbild *n*; Silhouette *f*; **~myndavél** *f* Projektionsgerät *n*, Bildprojektor *m*.
**skuggi** *m* Schatten *m*.
**skuggsjá** *f* Spiegel *m*.
**skuggsæll** schattig.
**skuld** *f* Schuld *f*; **~a** schulden; **~abréf** *n* Pfandbrief *m*, Schuldverschreibung *f*; **~afangelsi** *n* Schuldhaft *f*; **~areigandi** *m* Gläubiger *m*; **~ri** *m* Schuldner *m*.
**skuld|binda** verpflichten; **~binding** *f* Verpflichtung *f*; **~ugur** schuldig; **mjög ~ugur** verschuldet.
**skulu** sollen; **það ~m við gera** das wollen wir tun, laß(t) uns das tun.
**skunda** eilen.
**skúr** 1. *f u. m* Regenschauer *m*; 2. *m* Schuppen *m*.
**skurð|arborð** *n* Operationstisch *m*; **~goð** *n* Götze *m*; **~læknir** *m* Chirurg *m*; **~punktur** *m* Schnittpunkt *m*; **~stofa** *f* Operationssaal *m*; **~ur** *m* Graben *m*; Schnitt *m*.
**skurn** *f u. n* Eierschale *f*.
**skutla** harpunieren; **~ri** *m* Harpunier(er) *m*.
**skutull** *m* Harpune *f*.
**skutur** *m* Achtersteven *m*.
**ský** *n* Wolke *f*; **~ í auga** grauer Star; **~bólstur** *m* Wolkenbank *f*; **~jabólstur** *m* Haufenwolke *f*; **~jaborg** *f* Luftschloß *n*; **reisa ~jaborgir** Luftschlösser bauen; **~jaglópur** *m* Phantast *m*; **~jakljúfur** *m* Wolkenkratzer *m*; Hochhaus *n*.
**skylda** 1. *f* Pflicht *f*; 2. verpflichten.
**skyld|fólk** *n* Verwandte *pl.*, Verwandtschaft *f*; **~leiki** *m* Verwandtschaft *f*; **~menni**

*n* Verwandte(r *m*) *f*; **~ugur** verpflichtet; **~unám** *n* Schulpflicht *f*; **~ur** verwandt; **~urækinn** pflichtbewußt; **~urækni** *f* Pflichtbewußtsein *n*; **~utilfinning** *f* Pflichtgefühl *n*.
**skylm|ast** fechten; **~ingar** *f/pl.* Fechten *n*.
**skyn** *n* Verstand *m*; Absicht *f*; **bera ~ á e-ð** sich auf etw. verstehen; **í því ~i** mit der Absicht; **~dilega** plötzlich; **~færi** *n* Sinnesorgan *n*, *pl. a.* Sinne *pl.*; **~ja** wahrnehmen; fassen, verstehen; **~jun** *f* Wahrnehmung *f*.
**skyn|samur** vernünftig; **~semi** *f* Vernunft *f*; **~semisstefna** *f* Rationalismus *m*; **~villa** *f* Sinnestäuschung *f*.
**skyr** *n* (*eine Art*) Quark *m*.
**skýr** deutlich, klar; intelligent; **~a** erklären, erläutern; **~a frá** mitteilen; erzählen.
**skyrbjúgur** *m* Skorbut *m*.
**skýring** *f* Erklärung *f*; Erläuterung *f*; **~arrit** *n* Kommentar *m*.
**skýr|leiki** *m*, **~leikur** *m* Klarheit *f*; Intelligenz *f*.
**skyrpa** spucken.
**skýrsla** *f* Bericht *m*, Rapport *m*.
**skyrt|a** *f* Hemd *n*; **á ~unni** in Hemdsärmeln; **~uhnappur** *m* Manschettenknopf *m*; **~ulaus** ohne Hemd.
**skyssa** *f* Fehler *m*.
**skytta** *f* Schütze *m*; Weberschiffchen *n*.
**skækja** *f* Hure *f*.
**skæla** weinen, heulen; **~ sig** Gesichter *od.* Fratzen schneiden, sein Gesicht verziehen *od.* verzerren.
**skær** klar; (*Farbe*) grell; **~i** *n/pl.* Schere *f*; **~uliði** *m Mil.* Partisan *m*.
**sköllóttur** kahlköpfig.
**skömm** *f* Schande *f*; **hafa ~ á e-u** etw. verachten; **~tun** *f* Rationierung *f*.
**sköp** *n/pl.* Schicksal *n*; **eigi má ~um renna** s-m Schicksal kann niemand entgehen *od.* entrinnen; **~un** *f* Schöpfung *f*.
**sköttun** *f* Besteuerung *f*.
**slá 1.** *f* (*Straße*) Schlagbaum *m*; *Esb.* Schranke *f*; Querbalken *m*; **2.** schlagen; (*Gras*) mähen; **~ e-u á frest** etw. aufschieben; **~ upp** (*Buch*) aufschlagen.
**slafneskur** slawisch.
**slag** *n* Herzschlag *m*; Gehirnblutung *f*; **~ari** *m* Schlager *m*, Gassenhauer *m*.
**sláni** *m* Lümmel *m*, Flegel *m*.
**slarka** ein wildes *od.* ausschweifendes Leben führen.
**slasast** verunglücken.
**slátra** schlachten; **~ri** *m* Fleischer *m*, Metzger *m*.
**sláttu|r** *m* Heuernte *f*; Mähen *n*; **~vél** *f* Mähmaschine *f*.

**slaufa** *f* Schleife *f*; Querbinder *m*, *pop.* Fliege *f*.
**sleði** *m* Schlitten *m*.
**sleggjukast** *n* Hammerwerfen *n*.
**sleif** *f* Küchenlöffel *m*, Rührlöffel *m*.
**sleik|ifingur** *m* Zeigefinger *m*; **~ja** lecken.
**sleipur** glatt.
**sleitulaus** ununterbrochen, unablässig.
**sleppa** loslassen, gehen lassen; *v/i.* davonkommen; entkommen.
**slétta** 1. *f* Ebene *f*; 2. ebnen; glätten.
**sléttur** eben.
**slíkur** solch, so ein.
**slit** *n* Abnutzung *f*; Verschleiß *m*; **~inn** abgetragen; zerrissen; (*Redewendung*) banal; **~na** zerreißen, reißen; (*Maschine*) abgenutzt werden; (*Kleider*) abgetragen werden; **~róttur** unterbrochen; unzusammenhängend.
**slíta** *v/t.* (zer)reißen; abtragen; abnutzen.
**sljór** stumpf.
**sljóvga** stumpf machen; *fig.* abstumpfen.
**slóð** *f* Spur *f*; Fährte *f*; Pfad *m*.
**slóg** *n* (*Fisch-*)Eingeweide *n*.
**slokkna** *v/i.* erlöschen, ausgehen.
**sloppur** *m* Kittel *m*; Kittelschürze *f*.
**slóra** faulenzen.
**slota** (*Regen*) nachlassen.
**slóttugur** klug, schlau; verschlagen.
**slúður** *n* Quatsch *m*, Gewäsch *n*, dummes Zeug; übles Gerede.
**slyngur** geschickt, rasch, tüchtig.
**slys** *n* Unfall *m*; Unglück *n*, Katastrophe *f*; **verða fyrir ~i** verunglücken; *pop.* Pech haben; **~atrygging** *f* Unfallversicherung *f*; **~avarnafélag** *n* Rettungsgesellschaft *f*.
**slæða** *f* Schleier *m*; (seidenes) Kopftuch.
**slæg|ð** *f* List *f*; Hinterlist *f*; Schlauheit *f*; **~ur** hinterlistig; schlau.
**slæmur** schlimm, schlecht.
**slæp|ast** faulenzen; **~ingi** *m* Faulenzer *m*, Müßiggänger *m*; **~ingsháttur** *m* Faulenzen *n*.
**slökkv|a** löschen, ausmachen; **~ari** *m El.* Schalter *m*; **~idæla** *f* Feuerspritze *f*; **~ilið** *n* Feuerwehr *f*; **~istöð** *f* Feuerwache *f*.
**smá** verschmähen; ablehnen; **~atriði** *n* Nebensache *f*, Kleinigkeit *f*; **~borg** *f*, **~bær** *m* Kleinstadt *f*; **~kaupmaður** *m* Kleinhändler *m*.
**smakka** kosten, probieren.
**smal|a** (*Schafe*) sammeln; **~i** *m* Schäfer *m*, Hirt *m*.
**smálest** *f* Tonne *f*.
**smámsaman** nach und nach, allmählich.
**smámun|asamur** kleinlich, pedantisch; **~asemi** *f*

Kleinlichkeit *f*, Pedanterie *f*; **~ir** *m/pl.* Kleinigkeit *f*, Bagatelle *f*.
**smán** *f* Schande *f*; **~a** verhöhnen; **~arlegur** schändlich; **~aryrði** *n* Schimpfwort *n*.
**smá|peningar** *n/pl.* Kleingeld *n*; **~r** klein; **í ~um stíl** im kleinen; **smátt og smátt** nach und nach; **~sala** *f* Kleinhandel *m*; **~sali** *m* Kleinhändler *m*; **~sjá** *f* Mikroskop *n*; **~söluverð** *n* Kleinhandelspreis *m*; **~vaxinn** klein von Wuchs; **~vindill** *m* Zigarillo *m*.
**smekk|laus** *fig.* geschmacklos; **~legur** geschmackvoll; **~ur** *m* Geschmack *m*; **~vís** geschmackvoll; **~vísi** *f* (guter) Geschmack, Takt *m*.
**smári** *m* Klee *m*.
**smell|ilás** *m* Schnappschloß *n*; **~ur** *m* Knall *m*.
**smér** *n s.* **smjör.**
**smeykur** ängstlich.
**smíða** bearbeiten; verfertigen; bauen; schmieden; schreinern.
**smið|ja** *f* Schmiede *f*; **~ur** *m* Schreiner *m*, Tischler *m*; Schmied *m*; Schlosser *m*.
**smit|a** anstecken; **~andi** ansteckend; **~hætta** *f* Ansteckungsgefahr *f*; **~un** *f* Ansteckung *f*.
**smjaðra** schmeicheln; **~ri** *m* Schmeichler *m*.
**smjaður** *n* Schmeichelei *f*.
**smjatta** schmatzen.
**smjör** *n* Butter *f*; **~líki** *n* Margarine *f*.
**smurolía** *f* Schmieröl *n*.
**smygla** schmuggeln; **~ri** *m* Schmuggler *m*.
**smyrja** (*Maschine*) schmieren; (*Brot*) mit Butter bestreichen.
**smyrsl** *n/pl.* (*a. n*) Salbe *f*.
**smækka** kleiner werden, abnehmen; *v/t.* verkleinern.
**snagi** *m* Haken *m*, Kleiderhaken *m*.
**snara** *f* Schlinge *f*; Lasso *m*.
**snar|brattur** sehr steil; **~ka** prasseln, knistern; **~ræði** *n* Geistesgegenwart *f*; **~vitlaus** ganz verrückt.
**snauður** arm.
**snauta: ~ burt** sich packen, sich fortmachen.
**sneið** *f* Scheibe *f*, Schnitte *f*; *fig.* Anspielung *f*; **~a** in dünne Scheiben schneiden; **~a hjá e-m** j-m ausweichen.
**snemma** früh.
**snert|a** berühren, anfassen; **að því er mig ~ir** was mich angeht; **~ing** *f* Berührung *f*, Kontakt *m*.
**sneyptur** beschämt.
**snið** *n* (*Kleid*) Schnitt *m*; Form *f*.
**sníða** zuschneiden; **~ sér stakk eftir vexti** sich nach der Decke strecken.
**snigill** *m* Schnecke *f*.
**sník|ill** *m* Parasit *m*, Schmarotzer *m*; **~ja** betteln; **~judýr** *n* Parasit *m*.

**snilld** *f* Genialität *f*; **~arlegur** genial, meisterhaft; **~arverk** *n* Meisterwerk *n*, Meisterstück *n*.
**snillingur** *m* Meister *m*; Genie *n*.
**snjall** genial; ausgezeichnet; klug.
**snjó|a** schneien; **það ~ar** es schneit; **~flóð** *n* Schneelawine *f*; **~flygsa** *f* Schneeflocke *f*; **~gleraugu** *n/pl.* Schneebrille *f*; **~hvítur** schneeweiß; **~kerling** *f* Schneemann *m*; **~koma** *f* Schneefall *m*; **~korn** *n* Schneeflocke *f*; **~r** *m* Schnee *m*; **~skafl** *m* Schneewehe *f*; **~ýta** *f* Schneepflug *m*.
**snoppung|a** ohrfeigen; **~ur** *m* Ohrfeige *f*.
**snotur** hübsch.
**snúa** wenden, drehen; **~ sér að e-m** sich j-m zuwenden; **~ sér til e-s** sich an j-n wenden; **~ á sér fótinn** sich den Fuß verstauchen; **~st** sich drehen; beschäftigt sein; **~ við e-u** Stellung zu etw. nehmen.
**snuðra** (herum-)schnüffeln; (in etw. umher)wühlen; stöbern.
**snúnings|ás** *m* Rotationsachse *f*; **~hraði** *m* Umdrehungsgeschwindigkeit *f*; **~vél** *f* Heuwender *m*.
**snúningur** *m* Drehung *f*; Umdrehung *f*; Windung *f*.
**snúra** *f* Schnur *f*; Band *n*.
**snyrti|herbergi** *n* Toilette *f*; **~ng** *f* Toilette *f*; **~stofa** *f* Schönheitssalon *m*; **~vörur** *f/pl.* Toilettenartikel *pl.*
**snæð|a** essen; **~ingur** *m* Essen *n*, Mahlzeit *f*.
**snæri** *n* Schnur *f*, (grober) Bindfaden *m*.
**snögg|klæddur** in Hemdsärmeln; **~ur** plötzlich, hastig.
**snökta** schluchzen.
**sóa** verschwenden, vergeuden; *pop.* verpulvern.
**sóðaskapur** *m* Unreinlichkeit *f*, Unsauberkeit *f*.
**sód|avatn** *n* Sodawasser *n*; **~i** *m* Soda(wasser) *n*.
**sóði** *m* unreinliche Person.
**sofa** schlafen; **~ndi** *m* Schläfer *m*.
**sófi** *m* Sofa *n*.
**sofna** einschlafen.
**sog|a** saugen; pumpen; **~dæla** *f* Saugpumpe *f*; **~ari** *m* Heber *m*; **~æð** *f* Lymphgefäß *n*.
**sokk|aband** *n* Strumpfband *n*; **~ur** *m* Strumpf *m*, Socke *f*.
**sókn** *f* Gemeinde *f*, Kirchspiel *n*; Offensive *f*; **~arkirkja** *f* Pfarrkirche *f*; **~arnefnd** *f* Presbyterium *n*; **~arprestur** *m* Pfarrer *m*.
**sól** *f* Sonne *f*; **~in kemur upp** die Sonne geht auf; **~in sezt** die Sonne geht unter; **~a** (*Schuhe*) besohlen; **~argeisli** *m* Sonnenstrahl *m*; **~arhringur** *m* vierundzwanzig Stunden

*pl.*, ein Tag und eine Nacht; ~**arlag** *n* Sonnenuntergang *m*; ~**arupprás** *f* Sonnenaufgang *m*.
**sól|bað** *n* Sonnenbad *n*; ~**brenndur** (sonnen)gebräunt, braungebrannt; ~**bruni** *m* Sonnenbrand *m*; ~**gleraugu** *n/pl.* Sonnen(schutz)brille *f*.
**sóley** *f Bot.* Hahnenfuß *m*.
**sól|hlíf** Sonnenschirm *m*; ~**hvörf** *n/pl.* Sonnenwende *f*; ~**i** *m* Schuhsohle *f*; ~**kerfi** *n* Sonnensystem *n*; ~**myrkvi** *m* Sonnenfinsternis *f*; ~**setur** *n* Sonnenuntergang *m*; ~**skin** *n* Sonnenschein *m*; ~**stunga** *f* Sonnenstich *m*; ~**stöður** *f/pl.* Sonnenwende *f*.
**soltinn** (sehr) hungrig.
**sóm|a:** ~**a sér vel** sich gut ausnehmen, gut passen; ~**i** *m* Ehre *f*; Ruhm *m*; ~**asamlegur** anständig, passend; ~**atilfinning** *f* Ehrgefühl *n*; Stolz *m*.
**sonar|dóttir** *f* Enkelin *f*; ~**sonur** *m* Enkel *m*.
**sonur** *m* Sohn *m*.
**sópa** fegen, kehren.
**sopi** *m* Schluck *m*.
**sópur** *m* Besen *m*.
**sorg** *f* Trauer *f*, Kummer *m*; ~**arbúningur** *m* Trauerkleidung *f*; ~**arleikur** *m* Tragödie *f*; ~**bitinn** traurig, betrübt; ~**legur** traurig; (*Dasein*) kläglich; (*Zeit*) trübe.
**sorp** *n* Abfall *m*, Müll *m*; ~**hreinsun** *f* Müllabfuhr *f*; ~**ræsi** *n* Kloake *f*.
**sósa** *f* Tunke *f*, Soße *f*.
**sósíal|ismi** *m* Sozialismus *m*; **Sistaflokkurinn** (*Island*) Die Sozialistische (Kommunistische) Partei; ~**isti** *m* Sozialist *m*; Kommunist *m*.
**sót** *n* Ruß *m*; ~**ari** *m* Schornsteinfeger *m*.
**sótt** *f* Krankheit *f*; Durchfall *m*; ~**arsæng** *f* Krankenbett *n*; ~**hiti** *m* Fieber *n*; ~**hreinsa** desinfizieren; ~**hreinsun** *f* Desinfektion *f*; ~**hætta** *f* Ansteckungsgefahr *f*; ~**kveikja** *f* Krankheitserreger *m*; ~**kví** *f* Quarantäne *f* (í unter).
**sótugur** rußig.
**sóun** *f* Verschwendung *f*, Vergeudung *f*.
**spá 1.** *f* Wettervorhersage *f*; Prophezeiung *f*; **2.** wahrsagen, prophezeien.
**spaði** *m* Spaten *m*; Schaufel *f*; (*Kartenspiel*) Pik *n*.
**spádómur** *m* Wahrsagung *f*, Prophezeiung *f*.
**spak|mæli** *n* Aphorismus *m*; ~**ur** (*Pferd*) zahm; (*Mensch*) weise.
**spámaður** *m* Prophet *m*; Wahrsager *m*.
**Spán|n** *m* Spanien *n*; ~**verji** *m* Spanier *m*.
**spar|a** sparen; ~**ibaukur** *m* Sparbüchse *f*; ~**iföt** *n/pl.* Sonntagskleider *pl.*; ~**riklæddur** sonntäglich gekleidet; ~**isjóðsbók** *f* Spar-

kassenbuch *n*; **~isjóður** *m* Sparkasse *f*; **~ka**: **~ka í e-n** j-n (mit Füßen) treten, j-m e-n Fußtritt geben; **~samur** sparsam; **~semi** *f* Sparsamkeit *f*.
**spássía** *f* (*Buch-*)Rand *m*.
**spaug** *n* Scherz *m*; Spaß *m*; **~a** scherzen, spaßen; **~samur** scherzhaft, spaßhaft.
**spegil|gler** *n* Spiegelglas *n*; **~l** *m* Spiegel *m*.
**spegla** spiegeln; **~ sig** sich spiegeln.
**speki** *f* Weisheit *f*; **~ngur** *m* Weise(r) *m*/*f*.
**spékoppur** *m* Grübchen *n*.
**spell** *n* Schaden *m*; **~virki** *m* Saboteur *m*.
**spendýr** *n* Säugetier *n*.
**spengilegur** schlank.
**speni** *m* (*Tier*) Zitze *f*.
**spenna 1.** *f* Spannung *f* (*a. El.*); **2.** spannen; **~ greipar** die Hände falten; **~ndi** spannend.
**spenn|ir** *m*, **~ubreytir** *m* Transformator *m*; **~tur** gespannt.
**spergill** *m* Spargel *m*.
**sperra 1.** *f* Sparren *m*; Schlagbaum *m*; **2.** absperren; **~ sig** *pop.* sich anstrengen; sich brüsten; sich breitmachen.
**spik** *n* Speck *m*; **~feitur** feist.
**spil** *n* Spielkarte *f*; Kartenspiel *n*; **~a** *Mus.* spielen; Karten spielen.
**spila|borg** *f* Kartenhaus *n*; **~dós** *f* Spieldose *f*; **~víti** *n* Spielhölle *f*.
**spill|a** vernichten; verderben; **~ing** *f* Verderbtheit *f*; Korruption *f*; **~tur** verdorben; korrupt.
**spínat** *n* Spinat *m*.
**spinna** spinnen.
**spítal|alæknir** *m* Krankenhausarzt *m*; **~i** *m* Krankenhaus *n*.
**spjaldskrá** *f* Kartei *f*.
**spjalla** plaudern.
**spjót** *n* Speer *m*; **~kast** *n* Speerwerfen *n*.
**spói** *m* Regenbrachvogel *m*.
**spóla 1.** *f* Spule *f*; **2.** spulen.
**spón|leggja** furnieren; **~n** *m* Span *m*; Furnier *n*; Löffel (*aus Horn*) *m*.
**spor** *n* (*Fuß-*)Spur *f*; Fährte *f*; **vera í ~um e-s** an j-s Stelle sn; **~baugur** *m* Ellipse *f*; **~braut** *f* elliptische Bahn.
**sporður** *m* (*Fisch*) Schwanz *m*; **standa e-m á sporði** sich mit j-m messen können; gegen j-n aufkommen.
**spor|járn** *n* Stemmeisen *n*; **~vagn** *m* Straßenbahnwagen *m*; **með ~vagni** mit der Straßenbahn.
**sport** *n* Sport *m*.
**sporöskjulagaður** elliptisch.
**spott** *n* Spott *m*; Hohn *m*; **~a** *v/t.* verspotten; verhöhnen; **~i** *m* ein Stück Bindfaden; e-e (kurze) Strecke Weges.
**sprauta 1.** *f* Spritze *f*; **2.** spritzen.

**sprengi|efni** *n* Sprengstoff *m*; **~hættur** explosiv; **~kúla** *f* Bombe *f*; Granate *f*; Mine *f*; **~ng** *f* Sprengung *f*; Explosion *f*.
**sprengja 1.** *f* Bombe *f*; Mine *f*; **2.** sprengen.
**sprengju|árás** *f* Bombenangriff *m*; **~flugvél** *f* Bomber *m*, Bombenflugzeug *n*.
**spretta 1.** *f* Graswuchs *m*; Ernte *f*; **2.** keimen; sprießen; (*Saat*) aufgehen; **~ upp** (*Naht*) auftrennen.
**sprett|hlaup** *n* Schnellauf *m*, Kurzstreckenlauf *m*; **~hlaupari** *m* Kurzstreckenläufer *m*; **~ur** *m* Galopp *m*; Hetze *f* (*a. fig.*).
**springa** bersten, reißen; explodieren; (*Reifen*) platzen.
**sprunga** *f* Riß *m*; Kluft *f*.
**spuna|kona** *f* Spinnerin *f*; **~vél** *f* Spinnrad *n*.
**spuni** *m* Spinnen *n*.
**spurn** *f* Frage *f*; **~armerki** *n* Fragezeichen *n*; **~ing** *f* Frage *f*.
**spurull** neugierig.
**spúa** sich übergeben, erbrechen.
**spyrja** fragen; **~st**: **~st fyrir** sich erkundigen.
**spýta 1.** *f* ein (kleines) Stück Holz; Streichholz *n*; **2.** spucken; speien.
**spæjari** *m* Spion *m*; Spitzel *m*.
**spænsk|a** *f* Spanisch *n*; [**~ur** spanisch.]
**spöl|korn** *n*, **~ur** *m* e-e (kurze) Strecke Weges.
**spönn** *f* Spanne *f*.
**spörfugl** *m* Sperling *m*.
**staða** *f* Position *f*; Stellung *f*, Amt *n*; Beruf *m*; **~lýsing** *f* Topographie *f*; **~rákvörðun** *f* Ortsbestimmung *f*; **~rnafn** *n* Ortsname *m*.
**stað|deyfing** *f* örtliche Betäubung; **~festa 1.** Standhaftigkeit *f*; Stabilität *f*; **2.** bestätigen, bekräftigen; **~festing** *f* Bestätigung *f*; **~fugl** *m* Standvogel *m*; **~gengill** *m* Stellvertreter *m*; **~góður** (*Essen*) kräftig; **~greiða** bar bezahlen; **~greiðsla** *f* Barzahlung *f*; **~hæfa** behaupten; **~hæfing** *f* Behauptung *f*; **~hættir** *m/pl.* örtliche Verhältnisse *pl.*; **~leysa** *f* unbegründete Aussage *od.* Meinung.
**stað|næmast** stehenbleiben; (*Wagen*) halten; (*Zug*) anhalten; **~reynd** *f* Tatsache *f*; **~ur** *m* Ort *m*; Punkt *m*; **alls ~ar** überall; **alls ~ar að** (von) überallher; **annars ~ar** anderswo; **annars ~ar frá** anderswoher; **leggja** (**fara**) **af ~** sich auf den Weg machen; starten; **fyrst í ~** anfangs; **í ~ e-s** an j-s Stelle; **í ~ þess** dafür; statt dessen.
**stafa** buchstabieren; **~ af** *od.* **frá** auf etw. beruhen, von etw. herrühren.
**stafla** (auf)stapeln.
**stafn** *m* Steven *m*.
**stafróf** *n* Alphabet *n*; **~skver** *n* Fibel *f*; **~sröð** *f* alpha-

betische Ordnung; í **~sröð** alphabetisch (geordnet).
**staf|setja** buchstabieren; **~setning** *f* Rechtschreibung *f*. [stabe *m*.]
**stafur** *m* Stock *m*; Buch-
**staga** flicken, stopfen.
**stakkur** *m* weite Jacke; (*Heu-*)Schober *m*; (*Fisch-*) Stapel *m*.
**stakur** einzeln; einzig; einmalig.
**stál** *n* Stahl *m*; **~fjöður** *f* Stahlfeder *f*; **~hraustur** kerngesund; **~lunga** *n* Respirator *m*; Eiserne Lunge; **~verksmiðja** *f* Stahlwerk *n*.
**stam** *n* Stottern *n*; **~a** stottern; stammeln.
**stampur** *m* Kübel *m*, Zuber *m*; Waschbottich *m*.
**standa** stehen; **~ e-n að e-u** j-n bei etw. ertappen; **~ e-n að verki** j-n auf frischer Tat ertappen; **~ heima** stimmen; **~ sig** sich durchschlagen; sich bewähren; (*Geld haben*) sich gut stehen; **~ upp** sich (*von s-m Platz*) erheben; **~ við orð sín** Wort halten; **sem stendur** zur Zeit (z. Z.); **mér stendur á sama** mir ist es gleich(gültig); **~st** (etw.) bestehen, aushalten; **~st próf** ein Examen bestehen.
**standmynd** *f* Statue *f*.
**stangarstökk** *n* Stabhochsprung *m*.
**stanz** *n* Halten *n*; Stopp *m*; **~a** stoppen; halten; stehenbleiben; haltmachen.
**star|a** starren; **~blína** (an-) gaffen; **~blinda** *f Med.* Star *m*.
**starf** *n* Arbeit *f*; Beruf *m*; Dienst *m*; Tätigkeit *f*; **~a** arbeiten; **~a að e-u** sich mit etw. beschäftigen; **~samur** arbeitsam.
**starfs|fólk** *n* Personal *n*; **~kraftar** *m/pl.* Arbeitskräfte *pl.*; **~tími** *m* Arbeitszeit *f*; **~þol** *n* Ausdauer *f* (*bei der Arbeit*).
**startari** *m* (*Auto*) Anlasser *m*.
**staup** *n* Schnapsglas *n*; (ein) Schnaps *m*.
**steðji** *m* Amboß *m*.
**stefna 1.** *f* Richtung *f*, Kurs *m*; (*Literatur*) Schule *f*; *Jur.* Vorladung *f*; **2.** Richtung nehmen; auf etw. zugehen (*od.* zulaufen); (*Schiff*) steuern; *Jur.* vorladen; **~ndi** *m* Kläger *m*.
**stefndur** *m* Erschienene(r) *m*; Vorgeladene(r) *m*; Beklagte(r) *m*.
**stefni** *n* Steven *m*.
**stefnu|breyting** *f* Kursänderung *f*; **~fastur** zielbewußt; **~laus** planlos; **~ljós** *n* (*Auto*) Winker *m*; **~mót** *n* Stelldichein *n*, Verabredung *f*; **~vottur** *m* Gerichtsbote *m*.
**stegg|i** *m*, **~ur** *m* (*Vogel*) Männchen *n*; (*Ente*) Enterich *m*.
**steik** *f* Braten *m*; **~ja** braten.
**steinafræði** *f* Mineralogie *f*.

**stein|bítur** *m* Seewolf *m*; **\~gervingur** *m* Versteinerung *f*; Fossil *n*; **\~gleyma** ganz vergessen; **\~gólf** *n* Steinfußboden *m*; Betonfußboden *m*; **\~höggvari** *m* Steinmetz *m*; **\~ing** *f* (*Leinen*) Appretur *f*; **\~kol** *n/pl.* Steinkohle *f*; **\~n** *m* Stein *m*; **\~olía** *f* Petroleum *n*; **\~olíulampi** *m* Petroleumlampe *f*; **\~kast** *n* Steinwurf *m*; **\~snar: það er ekki \~snar þangað** es liegt ganz in der Nähe; **\~steypa** *f* Beton *m*; betonieren; **\~uppgefinn** ganz erschöpft; **\~öld** *f* Steinzeit *f*.
**stél** *n* (*Vogel*) Schwanz *m*.
**stela** stehlen.
**stelling** *f* Stellung *f*, Position *f*.
**stelpa** *f* Mädchen *n*.
**stelsýki** *f* Kleptomanie *f*.
**stemmning** *f* Stimmung *f*.
**steppa** *f* Steppe *f*.
**sterk|byggður** kräftig gebaut, robust; **\~ur** stark.
**stétt** *f* Klasse *f*, Stand *m*; Pflaster *n*; **\~abarátta** *f* Klassenkampf *m*; **\~arbróðir** *m* Kollege *m*; **\~arfélag** *n* Gewerkschaft *f*.
**steypa** stürzen; gießen; **\~st: \~st niður** *v/i.* herunter- (*od.* hinunter-)stürzen.
**steypi|bað** *n* Brausebad *n*, Dusche *f*; **\~flug** *n* *Flgw.* Sturzflug *m*; **\~regn** *n* Platzregen *m*.
**steypuvinna** *f* Betonarbeit *f*.
**stífl|a 1.** *f* Damm *m*, Deich *m*; **2.** stauen; **\~ugarður** *m s.* **stífla**
**stig** *n* Grad *m*; *pl. a.* (*Schulnote*) Punkte *pl.*; Stadium *n*; (*Bildung*) Niveau *n*.
**stíga** steigen, treten; wachsen; **\~ á e-ð** etw. betreten.
**stiga|rim** *f* Leitersprosse *f*; **\~þrep** *n* Treppenstufe *f*.
**stigi** *m* Leiter *f*; Treppe *f*.
**stigmunur** *m* Gradunterschied *m*.
**stíg|ur** *m* Pfad *m*; **\~vél** *n* [Stiefel *m*.]
**stikilsber** *n* Stachelbeere *f*.
**stíla** schreiben; **\~ e-ð vel** etw. (schriftlich) gut und treffend ausdrücken; **bréfið var \~ð til mín** der Brief war an mich gerichtet; **\~bók** *f* (*Schreib-*)Heft *n*.
**stíl|l** *m* Stil *m*; Aufsatz *m*; **\~snillingur** *m* glänzender Stilist.
**still|a** beruhigen; einstellen; *Mus.* stimmen; (*Blut*) stillen; **\~tur** ruhig; beherrscht; gefaßt; (*Wetter*) ruhig; still.
**stimpil|gjald** *n* Stempelgebühr *f*; **\~l** *m* Stempel *m*.
**stimpl|a** stempeln; **\~un** *f* Stempeln *n*.
**stinga** stechen; *fig.* stecken; **\~ í stúf við e-ð** gegen etw. abstechen; **\~ sér** (*Sport*) (unter)tauchen; **\~ við** hinken.
**stinnings|gola** *f* frische Brise; **\~kaldi** *m* steifer Wind; *Meteor.* steife Brise.
**stirð|geðja** mürrisch, ver-

drießlich; **~leiki** *m* Steifheit *f*; Starrheit *f*; **~na** steif werden; (vor Kälte) erstarren; **~ur** steif; ungelenk(ig).

**stjarn|a** *f* Stern *m*; **~fræði** *f* Astronomie *f*.

**stjórn** *f* Leitung *f*, Vorstand *m*; Regierung *f*; **~a** lenken; leiten; *Mus.* dirigieren; steuern; regieren; **~arblað** *n* (*Zeitung*) Regierungsorgan *n*; **~arbylting** *f* Revolution *f*; **~ardeild** *f* Ministerium *n*; **~arerindreki** *m* Diplomat *m*; **~arfar** *n* Regierungsform *f*; Regierung *f*; **~arflokkur** *m* Regierungspartei *f*; **~arfrumvarp** *n* Regierungsantrag *m*; **~arkreppa** *f* Regierungskrise *f*; **~arfyrirkomulag** *n* Verfassung *f*; **~ari** *m* Leiter *m*; **~arráð** *n* Regierungskanzlei *f*; **~arskrá** *f* Grundgesetz *n*; Verfassung *f*; **~arskrárbrot** *n* Verfassungsbruch *m*; **~artíð** *f* Regierungszeit *f*.

**stjórnborð|i** *m* *Mar.* Steuerbord *n*; **á ~a** nach Steuerbord; **~ssíða** *f* Steuerbordseite *f*.

**stjórn|frelsi** *n* politische Freiheit; **~leysi** *n* Anarchie *f*; **~mál** *n/pl.* Politik *f*.

**stjórnmála|flokkur** *f* politische Partei; **~fundur** *m* politische Versammlung; **~maður** *m* Politiker *m*.

**stjórn|skipulag** *n*, **~skipun** *f* Verfassung *f*.

**stjúp|a** *f* Stiefmutter *f*; **~barn** *n* Stiefkind *n*; **~dóttir** *f* Stieftochter *f*; **~faðir** *m* Stiefvater *m*; **~móðir** *f* s. **~a**; **~sonur** *m* Stiefsohn *m*.

**stjörnu|bjartur** stern(en)klar; **~fræði** *f* Astronomie *f*; **~fræðingur** *m* Astronom *m*; **~hrap** *n* Sternschnuppe *f*; **~kíkir** *m* Teleskop *n*; **~spámaður** *m*, **~spekingur** *m* Astrologe *m*; **~turn** *m* Sternwarte *f*.

**stó** *f* Feuerstelle *f*; Feuerherd *m*.

**stoð** *f* Stütze *f*, Hilfe *f*; Pfosten *m*; **~a** stützen, helfen.

**stofa** *f* Stube *f*, (*Wohn-*) Zimmer *n*.

**stofn** *m* Stamm *m*; **~a** (*Kloster*) stiften; (*Universität*) gründen; **~andi** *m* Stifter *m*; Gründer *m*; **~fé** *n* Kapital *n*; **~un** *f* Anstalt *f*; Errichtung *f*; Institution *f*, Einrichtung *f*; Institut *n*.

**stóll** *m* Stuhl *m*.

**stólpi** *m* Pfosten *m*.

**stólræða** *f* Predigt *f*.

**stolt** *n* Stolz *m*; **~ur** stolz (yfir e-u auf etw.).

**stór** groß; **í ~um stíl** im großen.

**Stóra-Bretland** *n* Großbritannien *n*.

**stórá** *f* (*Fluß*) Strom *m*.

**stór|borg** *f* Großstadt *f*; **~bóndi** *m* Großbauer *m*; **~borgarlegur** großstädtisch;

~**brotinn** großzügig; ~**gerður** grob; ~**glæpamaður** *m* Schwerverbrecher *m*; ~**iðnaður** *m* Großindustrie *f*; ~**hreingerning** *f* Großreinemachen *n*; ~**kaupmaður** *m* Großkaufmann *m*; ~**kostlegur** großartig.
**storkur** *m* Storch *m*.
**stormasamur** stürmisch, windig.
**storm|kast** *n* Windstoß *m*; ~**ur** *m* Sturm *m*; Wind *m*.
**stór|skáld** *n* großer Dichter; ~**skotalið** *n* Artillerie *f*; ~**skuldugur** verschuldet; ~**slys** *n* schwerer Unfall; Katastrophe *f*; ~**straumsflóð** *n* Springflut *f*; ~**vaxinn** hochgewachsen; ~**veldi** *n* Großmacht *f*; ~**virki** *n* Großtat *f*; ~**vægilegur** (sehr) wichtig; ~**þvottur** *m* große Wäsche.
**strá 1.** *n* Halm *m*; **2.** streuen, ausstreuen.
**strák|slegur** burschikos; unverschämt; ~**ur** *m* Junge *m*, Bursche *m*; Schelm *m*.
**strand** *n* Stranden *n*; Scheitern *n* (*a. fig.*); ~**a** stranden; scheitern (*a. fig.*); ~**ferðaskip** *n* Küstendampfer *m*; ~**ferðir** *f/pl.* Küstenschiffahrt *f*; ~**gæzluskip** *n* Küstenwachschiff *n*; ~**lengja** *f* Küstenstrecke *f*.
**strangur** streng.
**strau|ja** plätten, bügeln; ~**járn** *n* Bügeleisen *n*.
**straum|breytir** *m El.* Transformator *m*; ~**iða** *f* Stromschnelle *f*; ~**ur** *m* Strom *m*.
**strausykur** *m* Streuzucker *m*.
**strax** sofort, gleich.
**stráþak** *n* Strohdach *n*.
**streng|jahljóðfæri** *n* Saiteninstrument *n*; ~**ur** *m* Saite *f*; Kabel *n*.
**streyma** strömen; ~ **gegnum** durchströmen.
**stríð** *n* Krieg *m*; Neckerei *f*; **heyja** ~ Krieg führen; **segja e-m** ~ **á hendur** j-m den Krieg erklären.
**stríð|a** necken, reizen; ~**inn** neckisch; ~**ni** *f* Neckerei *f*.
**stríðs|ár** *n* Kriegsjahr *n*; ~**byrjun** *f* Kriegsbeginn *m*; ~**lok** *n/pl.* Kriegsende *n*; ~**maður** *m* Krieger *m*; ~**yfirlýsing** *f* Kriegserklärung *f*; ~**æsingar** *f/pl.* Kriegshetze *f*.
**stríður** (*Wind*) steif; (*Haar*) borstig; (*Strom*) reißend.
**strigi** *m* Sackleinen *n*.
**strik** *n* Strich *m*; Linie *f*; ~**a** linieren.
**strit** *n* schwere *od.* anstrengende Arbeit, *pop.* Schufterei *f*; (*Schule*) Anstrengung *f*; ~**a** schwer arbeiten; ~**vinna** *f* schwere körperliche Arbeit.
**strjál|byggður** dünn bevölkert; ~**l** (*Gebäude*) zerstreut; (*Höfe*) verstreut.
**strjúka** streichen; streicheln; desertieren; ausreißen, durchbrennen.
**strokhljóðfæri** *n* Streichinstrument *n*.

**strokk|a** buttern; **~ur** *m* Butterfaß *n*.
**strok|leður** *n* Radiergummi *m*; **~umaður** *m* Deserteur *m*; Ausreißer *m*.
**strompur** *m* Schornstein *m*; Rauchfang *m*.
**strútur** *m* (*Vogel*) Strauß *m*.
**strýt|a** *f* Kegel *m*; **~ulagaður** kegelförmig.
**stræti** *n* Straße *f*; **~svagn** *m* Omnibus *m*, Bus *m*.
**strönd** *f* Küste *f*, Strand *m*.
**stubbur** *m* Stückchen *n*; (*Zigarre*) Stummel *m*.
**stúdent** *m* Student(in *f*) *m*; **~spróf** *n* Reifeprüfung *f*, Abitur *n*.
**stuðari** *m* Stoßstange *f*.
**stuð|la: ~la að e-u** zu etw. beitragen; **~ningur** *m* Unterstützung *f*, Hilfe *f*.
**stúka** *f* Loge *f*.
**stuldur** *m* Diebstahl *m*.
**stúlka** *f* Mädchen *n*.
**stuna** *f* Seufzer *m*.
**stund** *f* Stunde *f*; Zeit *f*; Weile *f*; **á ~inni** sofort, augenblicklich; **um ~** für einige Zeit; **~afjöldi** *m* Stundenzahl *f*; **~akaup** *n* Stundenlohn *m*; **~akennari** *m* nicht beamteter Lehrer mit Stundenlohn, (*etwa*) Hilfslehrer *m*; **~arfjórðungur** *m* Viertelstunde *f*.
**stund|askrá** *f* Stundenplan *m*; **~um** zuweilen; **~vís** pünktlich; **~vísi** *f* Pünktlichkeit *f*.
**stunga** *f* Stich *m*.
**sturlaður** geisteskrank.
**stutt|bylgja** *f* Kurzwelle *f*; **~ur** kurz.
**styðja** stützen; unterstützen.
**stygg|ðaryrði** *n/pl.* kränkende Worte *pl.*; **~ur** (*Pferd*) scheu.
**stykk|i** *n* Stück *n*; **~javara** *f* Stückgüter *pl.*; Stückgut *n*.
**stynja** stöhnen, seufzen.
**stýr|a** steuern; lenken; führen, leiten; **~i** *n* Steuer *n*, Ruder *n*; **~imaður** *m* Steuermann *m*; **~imannaskóli** *m* Seefahrtsschule *f*.
**styrj|aldarár** *n* Kriegsjahr *n*; **~aldartími** *m* Kriegszeit *f*; **~öld** *f* Krieg *m*.
**styrk|beiðni** *f* Antrag *m* auf (*finanzielle*) Unterstützung; **~ja** stärken; unterstützen; **~ur** *m* Unterstützung *f*; Stipendium *n*; **~þegi** *m* Stipendiat *m*.
**stytta** verkürzen; **~ sér aldur** sich das Leben nehmen; **~st** kürzer werden.
**stækja** *f* Gestank *m*.
**stækk|a** vergrößern; (*Unternehmen*) ausbauen; *v/i.* wachsen, zunehmen; **~un** *f* Vergrößerung *f*; Ausbau *m*; Zunahme *f*; Wachstum *n*; **~unargler** *n* Vergrößerungsglas *n*.
**stækur** stinkend; *fig.* fanatisch.
**stæl|a** nachahmen, nachäffen; sich zanken; **~ing** *f* Nachahmung *f*; Parodie *f*.

**stærð** *f* Größe *f*, Quantität *f*; Dimension *f*; **~fræði** *f* Mathematik *f*; **~fræðingur** *m* Mathematiker *m*; **~fræðideild** *f* (*Gymnasium*) mathematisch-naturwissenschaftlicher Zweig.

**stöð** *f* Station *f*; **~ugur** beständig; (*Ärger*) ständig; konstant; stabil; **~uvatn** *n* See *m*; **~va** *v/t.* (an)halten; stoppen; (*Motor*) ausschalten; **~vunarmerki** *n* Haltesignal *n*; **~vunarskilti** *n* Haltezeichen *n*.

**stöfun** *f* Buchstabieren *n*.

**stökk** *n* Sprung *m*; (*Pferd*) Galopp *m*; **~breyting** *f* Mutation *f*; **~pallur** *m* Sprungbrett *n*; **~ur** (*Glas*) spröde, zerbrechlich.

**stökkva** springen; **~ri** *m* (*Sport*) Springer *m*.

**stöng** *f* Stange *f*; **flagga í hálfa ~** halbmast flaggen; **~ull** *m* (*Pflanze*) Stiel *m*.

**suð** *n* Summen *n*; Brummen *n*; Drängen *n*.

**suða 1.** *f* Kochen *n*; Sausen *n*; **2.** summen; brummen.

**suð|lægur, ~rænn** südlich; **~uáhald** *n* Kochapparat *m*; **~umark** *n* Siedepunkt *m*.

**suður 1.** *n* Süd(en) *m*; **2.** *adv.* südwärts, nach Süden; **~ á Ítalíu** unten in Italien.

**Suðurálf|a** *f* Afrika *n*; **~umaður** *m* Afrikaner *m*.

**Suður-Evrópa** *f* Südeuropa *n*.

**suðurheim|skautið** *n* der Südpol; **~skautsbaugur** der südliche Polarkreis.

**Suðurland** *n* Südland *n* (*in Island*).

**suðurströnd** *f* Südküste *f*.

**súgur** *m* (*Luft-*)Zug *m*; **það er ~ í herberginu** es zieht im Zimmer.

**súkkulaði** *n* Schokolade *f*.

**súla** *f* Säule *f*; Pfosten *m*; *Zo.* Tölpel *m*.

**sulta** *f* Marmelade *f*; Gelee *n*.

**sultar|laun** *n/pl.* Hungerlohn *m*; **~líf** *n* elendes Leben.

**sultu|r** *m* Hunger *m*; **~tau** *n* Marmelade *f*, Eingemachte(s) *n*.

**sumar** *n* Sommer *m*; **~bústaður** *m* Sommerwohnung *f*; Landhäuschen *n*; **~dagur** *m* Sommertag *m*; **~dagurinn fyrsti** „der Erste Sommertag" (*Feiertag in Island*); **~frí** *n* Sommerferien *pl.*; **~kjóll** *m* Sommerkleid *n*; **~kvöld** *n* Sommerabend *m*; **~lag: að ~lagi** im Sommer; **~leyfi** *n* Sommerferien *pl.*; **~nótt** *f* Sommernacht *f*; **~sólhvörf** *n/pl.*, **~sólstöður** *f/pl.* Sommersonnenwende *f*.

**sumir** einige; **~ ... aðrir** die einen ... die anderen.

**sumur: að sumu leyti** zum Teil (*Abk.* z. T.).

**sund** *n* Schwimmen *n*; Straße *f*, Meerenge *f*, Sund *m*; Gäßchen *n*; **~fit** *f*

Schwimmhaut *f*; **~fugl** *m* Schwimmvogel *m*; **~föt** *n/pl.* Badeanzug *m*; **~höll** *f* Schwimmhalle *f*; **~kona** *f* Schwimmerin *f*; **~laug** *f* Schwimmbecken *n*; **~maður** *m* Schwimmer *m*; **~ra** zersplittern, zerstreuen; **~skýla** *f* Badehose *f*.
**sundur** entzwei; **~liða** spezifizieren; **~liðun** *f* Spezifikation *f*; **~lyndi** *n* Zwietracht *f*, Uneinigkeit *f*; **~skilja** trennen; **~skipting** *f* Teilung *f*; **~þykki** *n* Uneinigkeit *f*; **~þykkur** uneinig.
**sunnan**: **að ~** von Süden; **~átt** *f* Südwind *m*; **~verður** südlich; **~vindur** *m s.* **~átt**.
**Sunn|lendingur** *m* Person *f* vom Südland (*in Island*); **Ωlenzkur** vom Südland.
**sunnudag|skvöld** *n* Sonntagabend *m*; **~svinna** *f* Sonntagsarbeit *f*; **~ur** *m* Sonntag *m*.
**súp|a** *f* **1.** *f* Suppe *f*; **2.** trinken; **~udiskur** *m* Suppenteller *m*.
**súr** sauer; **~efni** *n* Sauerstoff *m*; **~kál** *n* Sauerkraut *n*; **~mjólk** *f* Sauermilch *f*; Dickmilch *f*.
**súta** gerben; **~ri** *m* Gerber *m*.
**svaðilför** *f* strapaziöse Reise.
**svala 1.** *f* Schwalbe *f*; **2.** (*Durst*) löschen, stillen
**svalir** *f/pl.* Balkon *m*; (*Theater*) Rang *m*.
**svallari** *m* Wüstling *m*.
**svalur** kühl.
**svampur** *m* Schwamm *m*.
**svangur** hungrig.
**svanur** *m* Schwan *m*.
**svar** *n* Antwort *f*; Erwiderung *f*; **~a** antworten; (*Brief*) beantworten; **~leikur** *m* Gegenzug *m*; **~skeyti** *n* Drahtantwort *f*.
**Svartahaf** *n* Schwarzes Meer.
**svartamyrkur** *n* (tiefste) [Finsternis.]
**svart|hol** *n* Gefängnis *n*; **~hærður** schwarzhaarig.
**svartidauði** *m* Pest *f*; isländischer Branntwein.
**svartsýn|i** *f* Pessimismus *m*, Schwarzseherei *f*; **~n** pessimistisch.
**svartur** schwarz.
**svefn** *m* Schlaf *m*; **í fasta ~i** im tiefen Schlaf; **tala upp úr ~inum** im Schlaf reden; **~friður** *m* Nachtruhe *f*; **~herbergi** *n* Schlafzimmer *n*; **~laus** schlaflos; **~leysi** *n* Schlaflosigkeit *f*; **~leysislegur** übernächtig; **~meðal** *n* Schlafmittel *n*; **~poki** *m* Schlafsack *m*; **~purka** *f* Siebenschläfer *m*; **~ró** *f* Nachtruhe *f*; **~sýki** *f* Schlafkrankheit *f*; **~vagn** *m Esb.* Schlafwagen *m*.
**svei!** pfui!
**sveif** *f* Kurbel *f*; **~la 1.** *f* Schwung *m*; Schwingung *f*; *Pol.* Umschwung *m*; **2.** schwingen; schwenken; **~last** *v/r.* sich schwingen; (*Preise*) schwanken.

**sveigja** 1. *f* Krümmung *f*; Biegung *f*; (*Straße*) Kurve *f*; 2. krümmen; biegen; zur Seite biegen.
**sveigur** *m* Kranz *m*.
**sveim|hugi** *m* Schwärmer *m*; **~hygli** *f* Phantasterei *f*.
**svein|n** *m* Bursch(e) *m*, Junge *m*; Geselle *m*; **~s-bréf** *n* Gesellenbrief *m*; **~spróf** *n* Gesellenprüfung *f*.
**sveip|a** (ein)wickeln; **~ur** *m* (*Haar*) Wirbel *m*; (*Wasserfläche*) Kräuselung *f*; Wirbelwind *m*.
**sveit** *f* Gegend *f*; Gemeinde *f*; *Mil.* Korps *n*, Abteilung *f*; **fara á ~ina** auf die öffentliche Fürsorge angewiesen sn, der Gemeinde zur Last fallen; **~abær** *m* Bauernhof *m*; **~afólk** *n* Landbevölkerung *f*; **~alíf** *n* Landleben *n*.
**sveitar|félag** *n* Gemeinde *f*; Stadt *f*; **~málefni** *n/pl.* kommunale Angelegenheiten *pl.*; **~ómagi** *m* Armenhäusler *m*; **~sjóður** *m* Gemeindekasse *f*; **~styrkur** *m* Armenunterstützung *f*; **~útsvar** *n* Gemeindesteuer *f*.
**sveitaþorp** *n* Dorf *n*.
**sveittur** verschwitzt; **ég er ~** ich schwitze.
**svelgja** (ver)schlucken.
**svell** *n* (glattes) Eis.
**svelta** hungern.
**svengd** *f* Hunger *m*.
**sveppur** *m* Pilz *m*.
**sver** dick; **~ð** *n* Schwert *n*.
**sverfa** feilen.
**sverja** schwören.
**svertingi** *m* Neger *m*.
**sveskja** *f* Zwetschge *f*.
**svið** *n* Gebiet *n*; *Thea.* Bühne *f*; *n/pl.* gesengter Schafskopf; **~alykt** *f* Brandgeruch *m*.
**svíða** (*Schmerz*) brennen; weh tun; (ver)sengen.
**sviði** *m* Brennen *n*.
**svífa** schweben.
**svig** *n* (*Sport*) Slalom *m*, Torlauf *m*; **~i** *m* Klammer *f*; **~rúm** *n* Spielraum *m*.
**Svíi** *m* Schwede *m*.
**svik** *n/pl.* Betrug *m*; **~ari** *m* Betrüger *m*; Verräter *m*; **~inn** verfälscht, unecht; **~semi** *f* Treulosigkeit *f*; Unzuverlässigkeit *f*; **~ull** treulos; unzuverlässig.
**svíkja** betrügen.
**svima: mig ~r** ich werde schwindlig.
**svín** *n* Schwein *n*.
**svip|a** *f* Peitsche *f*; **~brigði** *n/pl.* Mienenspiel *n*; **~stund** *f* Augenblick *m*; **~ur** *m* Miene *f*; **í ~inn** im Augenblick.
**Sviss** *f* Schweiz *f*; **~lendingur** *m* Schweizer *m*; **ᴤneskur** schweizerisch.
**svit|i** *m* Schweiß *m*; **~na** schwitzen.
**svívirða** 1. *f* Schande *f*; 2. entehren.
**Svíþjóð** *f* Schweden *n*.
**svo** so; dann; **ef ~ er** in diesem *od.* bejahendem Falle; **er ekki ~?** nicht

wahr?; **gerið þér** (**þið, gerðu**) ~ **vel!** bitte!; **~lítið** ein wenig; **~na** so; **~nefndur** sogenannt.
**svunta** *f* Schürze *f*.
**svæði** *n* Gebiet *n*; Platz *m*; Bezirk *m*.
**svæf|a** einlullen, einschläfern; **~ill** *m* kleines Kopfkissen; **~ing** *f* Betäubung *f*, Narkose *f*.
**syðri** südlicher.
**syfja: mig ~r** ich bin müde; **~ður** schläfrig.
**sýki** *f* Krankheit *f*; **~ll** *m* Bakterie *f*; Bazille *f*; **~ng** *f* Ansteckung *f*; **~ngarhætta** *f* Ansteckungsgefahr *f*.
**sýkja** anstecken; **~st** angesteckt werden; erkranken.
**sýkn** unschuldig; freigesprochen; **~a** freisprechen; **~un** *f* Freispruch *m*.
**sykur** *m* Zucker *m*; **~kar** *n*, **~ker** *n* Zuckerdose *f*; **~moli** *m* ein Stück Zucker; **~sýki** *f* Zuckerkrankheit *f*.
**sýn** *f* Gesicht *n*; Erscheinung *f*; **~a** zeigen; vorweisen; **~a sjónleik** ein Theaterstück aufführen; **~a í glugga** ausstellen; **~ast** vorkommen, scheinen.
**synd** *f* Sünde *f*; **~a** schwimmen; **~afall** *n* Sündenfall *m*; **~aflóð** *n* Sintflut *f*; **~ari** *m* Sünder *m*; **~ga** sündigen; **~ugur** sündig.
**syngja** singen.
**sýnilegur** sichtbar.
**sýning** *f* Vorstellung *f*; Aufführung *f*; Ausstellung *f*; **~arvíxill** *m Hdl.* Sichtwechsel *m*.
**sýnishorn** *n* (*Ware*) Muster *n*.
**synja** (*Bitte*) abschlagen; (*Vorschlag*) ablehnen.
**sýra** *f* Säure *f*; (*Milch*) Molke *f*.
**syrgja** trauern.
**sýsla 1.** *f* (*Island*) Kreis *m*, Verwaltungsbezirk *m*; Beschäftigung *f*; **2.** sich beschäftigen, arbeiten.
**sýslumaður** *m* (*in Island, ungefähr*) Kreisrichter *m*, Bezirksrichter *m*; Landrat *m*.
**syst|ir** *f* Schwester *f*; **~kin** *n/pl.* Geschwister *pl.*; **~kinabörn** *n/pl.* Vetter *m* u. Kusine *f*; **~kinadætur** *f/pl.* Kusinen *pl.*; **~kinasynir** *m/pl.* Vettern *pl.*
**systur|dóttir** *f* Nichte *f*; **~sonur** *m* Neffe *m*.
**sæði** *n* Same *m*; Saat *f*.
**sægur** *m* Menge *f*, Haufe *m*.
**sækja** holen; (*Schule*) besuchen; ~ **um e-ð** etw. beantragen; sich um etw. bewerben; **~ndi** *m Jur.* Kläger *m*.
**sæla** *f* Glück *n*; Seligkeit *f*.
**sælgæti** *n* Leckerbissen *m*; Süßwaren *pl.*, Bonbons *pl.*
**sæll** glücklich; selig; **komið þér** (**þið**) **sælir** (**sæl, sælar**)!, **komdu** ~ (**sæl**)! guten Morgen!; guten Tag!, guten Abend!; **ver-**

**ið þér sælir (sælar)! vertu** ~ **(sæl)!** auf Wiedersehen!
**sællífi** *n* Wohlleben *n*.
**sæmd** *f* Ehre *f*, Ruhm *m*; **~armaður** *m* Ehrenmann *m*, Biedermann *m*.
**sæmileg|a** einigermaßen, leidlich; **~ur** ziemlich gut.
**sæng** *f* Oberbett *n*; Bettdecke *f*; **~urföt** *n/pl*. Bettzeug *n*; Bettwäsche *f*; **~urkona** *f* Wöchnerin *f*.
**sænsk|a** *f* Schwedisch *n*; **~ur** schwedisch.
**sær|a** verwunden, verletzen; beleidigen; kränken; beschwören; **~ður** verletzt (*a. fig.*); gekränkt, beleidigt; **~ing** *f* Beschwörung *f*.
**sæsími** *m* Überseekabel *n*.
**sætabrauð** *n* Gebäck *n*; **~sbúð** *n* Konditorei *f*.
**sæti** *n* Sitzplatz *m*; Sitzgelegenheit *f*; **~ndi** *n/pl*. Süßwaren *pl*.
**sætt** *f* *Jur*. Ausgleich *m*; Versöhnung *f*; **~a** *Jur*. vergleichen; versöhnen.
**sætur** süß.
**sævar|djúp** *n* Meerestiefe *f*; **~strönd** *f* Meeresstrand *m*.
**söðla** satteln; **~smiður** *m* Sattler *m*.
**söðull** *m* (*Damen-*)Sattel *m*.
**söfnuður** *m* Gemeinde *f*; **heilmikill** ~ e-e ganze Menge.
**sög** *f* Säge *f*; **~ulegur** historisch; **~uljóð** *n* Epos *n*.
**sök** *f* Schuld *f*; Ursache *f*.
**sökkva** sinken; *v/t*. versenken.
**sökum** *prp*. wegen; auf Grund (von).
**sölna** verwelken.
**söltun** *f* Einsalzen *n*.
**sölu|maður** *m* Verkäufer *m*; Handelsreisende(r) *m*; **~turn** *m* Kiosk *m*; **~verð** *n* Verkaufspreis *m*; (*Wertpapier-*)Kurs *m*.
**sömuleiðis** gleichfalls, ebenfalls.
**söng|bók** *f* Liederbuch *n*; **~elskur** musikalisch; **~kennari** *m* Gesanglehrer *m*; **~kona** *f* Sängerin *f*; **~lag** *n* Melodie *f*; **~leikur** *m* Oper *f*; Operette *f*; **~maður** *m* Sänger *m*; **~rödd** *f* Singstimme *f*; **~skemmtun** *f* Konzert *n*; **~skrá** *f* Konzertprogramm *n*; **~stjóri** *m* Dirigent *m*; **~ur** *m* Gesang *m*; Lied *n*; **~vari** *m* Sänger *m*; **~vinn** musikalisch.
**sönnun** *f* Beweis *m*; **~argagn** *n* Beweismittel *n*.
**sötra** schlürfen.

# T

**tá** *f* Zehe *f*; **ganga á ~num** auf den Zehenspitzen gehen.
**tað** *n* Dung *m*, Mist *m*.
**tafarlaus** augenblicklich, unverzüglich.
**tafl** *n* Schach *n*; e-e Partie Schach; **~a** Tabelle *f*; Ta-

blette *f*; Wandtafel *f*; **~borð** *n* Schachbrett *n*; **~maður** *m* Schachfigur *f*; Schachspieler *m*; **~slok** *n/pl.* (*Schach*) Endspiel *n*.
**tág** *f Bot.* Weide *f*; **~akarfa** *f* Weidenkorb *m*.
**tagl** *n* (*Pferde-*)Schwanz *m*, Schweif *m*.
**tak** *n* Griff *m*; Zug *m*.
**taka** nehmen, (er)greifen, fassen; **~ e-ð að sér** etw. übernehmen; **~ e-n af lífi** j-n hinrichten; **~ á móti e-u** etw. empfangen; **~ eftir** (be)merken; **~ fram** hervorheben; **~ skýrt fram** betonen; **~ í höndina á e-m** j-m die Hand drükken; **~ með sér** mitnehmen, mitbringen; **~ sér sæti** Platz nehmen; **~ til máls** das Wort ergreifen; **~ við e-u** etw. empfangen; **~st** gelingen.
**takk!** danke sehr!
**takmark** *n* Ziel *n*; Grenze *f*; **~a** begrenzen; beschränken; **~alaus** grenzenlos.
**takmörkun** *f* Begrenzung *f*; Beschränkung *f*.
**tákna** bezeichnen; symbolisieren.
**taktur** *m Mus.* Takt *m*; **slá takt(inn)** den Takt schlagen.
**tal** *n* Rede *f*, Gespräch *n*; **á ~i** (*Telephon*) besetzt.
**tala 1.** *f* Knopf *m*; Rede *f*; Zahl *f*; Ziffer *f*; **2.** sprechen, reden; **~ saman** miteinander sprechen; miteinander plaudern; **~ við e-n** mit j-m sprechen.
**tálkn** *n* Kieme *f*.
**tal|mál** *n* Umgangssprache *f*; **~símaáhald** *n* Telephonapparat *m*; **~símastöð** *f* Fernsprechamt *n*; **~sími** *m* Telephon *n*, Fernsprecher *m*.
**tals|ins** insgesamt; **~verður** beträchtlich, erheblich.
**tálvon** *f* Illusion *f*.
**taminn** zahm; gezähmt.
**tangi** *m* Landzunge *f*, Landspitze *f*.
**tankur** *m* Tank *m*.
**tann|bursti** *m* Zahnbürste *f*; **~lækningar** *f/pl.* Zahnmedizin *f*; **~læknir** *m* Zahnarzt *m*; **~pína** *f* Zahnschmerzen *pl.*; **~sápa** *f* Zahnpasta *f*; **~verkur** *m* s. **~pína**.
**tap** *n* Verlust *m*; **~a** verlieren; unterliegen.
**tapp|atogari** *m* Korkzieher *m*; **~i** *m* Propfen *m*, Kork(en) *m*.
**tár** *n* Träne *f*; **~ast** Tränen vergießen, weinen; **~fella** s. **~ast**.
**tarfur** *m* Stier *m*, Bulle *m*.
**taska** *f* Tasche *f*, Koffer *m*; (*Schul-*, *Akten-*)Mappe *f*.
**tau** *n* Zeug *n*, Stoff *m*.
**taug** *f* Nerv *m*; **~aáfall** *n* Nervenzusammenbruch *m*; **~agigt** *f* Neuralgie *f*, Nervenfieber *n*; **~akerfi** *n* Nervensystem *n*; **~aóstyrkur** nervös; **~asjúkdómur** *m* Nervenkrankheit *f*; **~a-**

veiki *f* Typhus *m*; **~aveiklaður** nervenschwach, nervös; **~aveiklun** *f* Nervenschwäche *f*.
**taumur** *m* Zügel *m*.
**tauta** brummen, murmeln.
**taxti** *m* Fahrpreis *m*, Taxe *f*.
**te** *n* Tee *m*.
**tefja**: **~ e-n** j-n aufhalten *od.* stören; **~st** aufgehalten *od.* gestört werden.
**tefla** Schach spielen.
**tegund** *f* Sorte *f*, Art *f*; Typ *m*.
**teikn** *n* Zeichen *n*; **~a** zeichnen; **~ari** *m* Zeichner *m*; **~ibóla** *f* Reißzwecke *f*; **~ikennari** *m* Zeichenlehrer *m*; **~ing** *f* Zeichnung *f*; **~nun** *f* Zeichnen *n*.
**tekanna** *f* Teekanne *f*.
**tekju|afgangur** *m* Überschuß *m*; **~dálkur** *m* Kreditseite *f*; **~halli** *m* Defizit *n*; Fehlbetrag *m*; (*Fabrik*) Verlust *m*; **~liður** *m* Einnahmeposten *m*; **~lind** *f* Einnahmequelle *f*; **~r** *f/pl.* Einnahme *f*; Einkommen *n*; Einkünfte *pl.*; **færa til tekna** gutschreiben; **~skattur** *m* Einkommensteuer *f*.
**tékki** *m* Scheck *m*.
**Tékk|i** *m* Tscheche *m*; **~óslóvakía** *f* Tschechoslowakei *f*.
**tékkur** (*a.* **tjakkur**) *m* (*Auto*) Wagenheber *m*; Zahnstangenwinde *f*.
**telja** zählen; denken; glauben; **~ e-n á að gera e-ð** j-n zu etw. überreden; **~ e-n af e-u** j-m etw. ausreden; **~ri** *m* Zähler *m*; **~st**: **~st vera** als etw. gelten, als etw. angesehen *od.* betrachtet werden.
**telpa** *f* Mädchen *n*.
**temja** zähmen, bändigen; (*Vogel*) abrichten.
**templari** *m* Guttempler *m*.
**tempra** regulieren; temperieren.
**tengda|dóttir** *f* Schwiegertochter *f*; **~faðir** *m* Schwiegervater *m*; **~móðir** *f* Schwiegermutter *f*; **~sonur** *m* Schwiegersohn *m*.
**tengdir** *f/pl.* Schwägerschaft *f*.
**tengill** *m* Steckkontakt *m*.
**tenging** *f* Verbindung *f*; *El.* Schaltung *f*; *Gram.* Konjunktion *f*.
**tengja** verbinden; *El.* schalten.
**teningsmetri** *m* Kubikmeter *n*.
**teningur** *m* Würfel *m*.
**teppi** *n* Decke *f*, Bettdecke *f*; Teppich *m*.
**terpentína** *f* Terpentin *m*.
**terta** *f* Torte *f*.
**tesía** *f* Teesieb *n*.
**teskeið** *f* Tee-, Kaffeelöffel [*m*.]
**testamenti** *n*: **Gamla (Nýja) ~ð** Altes (Neues) Testament.
**texti** *m* Text *m*.
**teyga** in vollen Zügen trinken.
**teygja 1.** *f* Elastizität *f*; Gummiband *n*; **2.** (aus-)

strecken; ~ **sig** sich strekken *od.* recken.
**teygur** *m* (*trinken*) Zug *m.*
**teyma** am Zügel führen.
**tía** *f* (*Kartenspiel*) Zehn *f.*
**tíð** *f* Zeit *f*; *Gram.* Tempus *n*; Wetter *n*; **í tæka** ~ zur rechten Zeit, rechtzeitig; **með** ~ **og tíma** mit der Zeit; **~indamaður** *m* Berichterstatter *m*; Korrespondent *m*; **~indi** *n/pl.* Neuigkeit *f*; **~ni** *f* Frequenz *f*; **~ur** häufig.
**tí|eyringur** *m* Zehnöre-Stück *n*; **~falda** verzehnfachen; **~faldur** zehnfach.
**tig|inn** vornehm; **~n** *f* Hoheit *f*, Würde *f*; Rang *m*; **~na** verehren; **~narsess** *m* Ehrenplatz *m.*
**tígrisdýr** *n* Tiger *m.*
**tígul|l** *m* Raute *f*; (*Kartenspiel*) Karo *n*; **~steinn** *m* Ziegel *m*; Backstein *m.*
**tík** *f* Hündin *f.*
**tíkall** *m pop.* zehn Kronen *pl.*, Zehnkronen-Schein *m.*
**til** *prp.* zu; nach; an; ~ **þín** zu dir; ~ **Þýzkalands** nach Deutschland; ~ **þess að** *cj.* damit, um ... zu.
**til|baka** zurück; **~beiðsla** *f* Anbetung *f*, Verehrung *f*; **~biðja** anbeten, verehren; **~boð** *n* Angebot *n*; **~breyting** *f* Abwechslung *f*; Variation *f*; **~breytingarlaus** einförmig; **~búinn** fertig; bereit; **~búinn áburður** *m* Kunstdünger *m*; **~búin föt** *n/pl.* Konfektionsanzug *m*; **~búningur** *m* Zubereitung *f*; Herstellung *f*; Lüge *f.*
**til|drög** *n/pl.* Anlaß *m*, Ursache *f*; **~efni** *n s.* **~drög**; **í ~ af** anläßlich; **~efnislaus** ohne Grund; **~einka** widmen; **~einkun** *f* Widmung *f*; **~felli** *n* Fall *m.*
**tilfinn|anlegur** empfindlich; fühlbar; **~ing** *f* Gefühl *n*, Empfindung *f*; **~ingamál** *n* Gefühlssache *f*; **~ingamaður** *m* Gefühlsmensch *m*; **~ingasamur** sentimental; **~ingasemi** *f* Sentimentalität *f.*
**tilgang|slaus** sinnlos, unsinnig; **~sleysi** *n* Sinnlosigkeit *f*; **~ur** *m* Absicht *f*, Zweck *m*; Sinn *m*; **leyndur ~ur** Hintergedanke *m.*
**tilgáta** *f* Annahme *f*, Mutmaßung *f*; Hypothese *f.*
**til|greina** anführen, nennen; **~hlaup** *n* Anlauf *m*; **~hlýðilegur** gebührend, gehörig; **~hlökkun** *f* frohe Erwartung; Spannung *f*; **~hneiging** *f* Neigung *f*; (*Spiel*) Hang *m*; **~kall** *n* Anspruch *m*; **gera ~kall til** e-s Anspruch auf etw. erheben; **~komulítill** gering, unbedeutend; **~komumikill** imponierend, bedeutend.
**til|kostnaður** *m* Unkosten *pl.*; **~kynna** mitteilen, (von etw.) unterrichten; **~kynning** *f* Mitteilung *f*; Meldung *f*; Bekanntma-

chung *f*; **~laga** *f* Vorschlag *m*; **~lit** *n* Blick *m*; Hinsicht *f*; Rücksicht *f*.
**tilraun** *f* Versuch *m*; Probe *f*; Experiment *n*; **~adýr** *n* Versuchstier *n*; *fam.* Versuchskaninchen *n*; **~astofa** *f* Laboratorium *n*.
**til|reiða** zubereiten; **~ræði** *n* Attentat *n*; **~skipun** *f* Verordnung *f*, Anordnung *f*; Verfügung *f*; **~styrkur** *m* Beistand *m*, Hilfe *f*; **~svar** *n* Antwort *f*; **~svarandi** entsprechend; **~tölulegur** verhältnismäßig; **~vera** *f* Dasein *n*, Sein *n*, Existenz *f*; **~viljun** *f* Zufall *m*; **~vitnunarmerki** *n* Anführungszeichen *n*; **~vonandi** künftig; **~ætlun** *f* Absicht *f*.
**tíma|bil** *n* Zeitalter *n*; Zeitraum *m*; **~nlegur** zeitlich; **~rit** *n* Zeitschrift *f*; **~tal** *n* Zeitrechnung *f*; **~töf** *f* Zeitverlust *m*; Zeitverschwendung *f*.
**timbur** *n* Holz *n*, Bauholz *n*; **~maður** *m* Zimmermann *m*; Bautischler *m*; **~menn** *pl. pop.* Katzenjammer *m*, Kater *m*.
**tími** *m* Zeit *f*; Stunde *f*; **það er kominn ~ til að fara** es ist Zeit zu gehen.
**tin** *n* Zinn *n*.
**tína** (*Blume*) pflücken; **~ saman** sammeln.
**tindra** strahlen, leuchten, funkeln.
**tindur** *m* Gipfel *m*.
**tinna** *f* Feuerstein *m*.
**tísta** zwitschern.
**tit|ill** *m* Titel *m*; **~ra** zittern, beben; **~ringur** *m* Zittern *n*, Beben *n*.
**títuprjónn** *m* Stecknadel *f*.
**tíu** zehn; **~ króna seðill** *m* Zehnkronen-Schein *m*; **~ndi** zehnte(r).
**tízka** *f* Mode *f*.
**tjakkur** *m s.* **tékkur**.
**tjald** *n* Zelt *n*; Vorhang *m*; **~a** zelten.
**tjara** *f* Teer *m*.
**tjón** *n* Verlust *m*, Schaden *m*.
**tjörn** *f* Teich *m*; Weiher *m*.
**tóbak** *n* Tabak *m*; **~sverzlun** *f* Zigarren-, Tabakgeschäft *n*.
**tófa** *f* Fuchs *m*.
**toga** ziehen; schleppen; zerren; mit Schleppnetz fischen; **~rafloti** *m* Fischdampferflotte *f*; **~ri** *m* Fischdampfer *m*, Trawler *m*.
**tól** *n* Werkzeug *n*, Gerät *n*.
**tólf** zwölf; **~ti** zwölfter.
**tólg** *f* Talg *m*.
**tolla** hängen- *od.* sitzenbleiben; verzollen.
**toll|abandalag** *n* Zollunion *f*; **~ari** *m* Zollbeamte(r) *m*; **~búð** *f* Zollamt *n*; **~eftirlit** *n* Zollkontrolle *f*; **~frjáls** zollfrei; **~afgreiðsla** *f* Zollabfertigung *f*; **~skoðun** *f* Zollkontrolle *f*; **~skrá** *f* Zolltarif *m*; **~skyldur** zollpflichtig; **~skýrsla** *f* Zollinhaltserklärung *f*; **~svik** *n/pl.* Zollhinterziehung *f*,

Schmuggel *m*; **~svikinn** eingeschmuggelt; **~ur** *m* Zoll *m*; **~vörður** *m* Zollbeamte(r) *m*; **~þjónn** *m s.* **~vörður.**
**tómati** *m* Tomate *f.*
**tomma** *f* (*Maß*) Zoll *m.*
**tóm|stund** *f* Mußestunde *f*; Freizeit *f*; **~ur** leer.
**tón|leikar** *m/pl.* Konzert *n*; **~list** *f* Musik *f.*
**tonn** *n* (*Gewicht*) Tonne *f.*
**tón|n** *m* Ton *m*; **~skáld** *m* Komponist *m*; **~tegund** *f* Tonart *f.*
**toppur** *m* Spitze *f*; Gipfel *m*; (*Auto-*)Dach *n.*
**torfær** unwegsam; **~a** *f* Hindernis *n*; schwer passierbare Stelle.
**torg** *n* (*Stadt*) Platz *m.*
**tor|meltur** schwerverdaulich; **~skilinn** schwerverständlich; **~tíma** vernichten; **~tíming** *f* Vernichtung *f*; Untergang *m*; **~tryggilegur** verdächtig; **~trygginn** mißtrauisch; **~tryggja** verdächtigen; mißtrauen; **~tryggni** *f* Argwohn *m*; **~velda** erschweren; **~veldur** schwer.
**traktor** *m* Traktor *m*, Schlepper *m.*
**trappa** *f* Treppe *f*; Stufe *f*; Trittleiter *f.*
**trassa** versäumen; **~fenginn, ~legur** nachlässig.
**traust** *n* Vertrauen *n*; **~ur** zuverlässig, solide.
**tré** *n* Baum *m*; Holz *n.*
**trefill** *m* Wollschal *m.*
**trefja** *f* Faser *f.*
**treg|i** *m* Trauer *f*; **~ur** unwillig, widerstrebend.
**trekt** *f* Trichter *m.*
**tré|skurðarlist** *f* Holzschnitzerei *f*; **~skurður** *m* Holzschnitt *m*; **~smiður** *m* Tischler *m*, Schreiner *m.*
**treyja** *f* Jacke *f.*
**treysta:** **~ e-m** sich auf j-n verlassen, j-m (ver)trauen.
**trilla** *f* kleines, offenes Motorboot.
**trítla** trippeln.
**trjá|bolur** *m* Baumstamm *m*; **~göng** *n/pl.* Allee *f*; **~vörur** *f/pl.* Holzwaren *pl.*
**troða** (hinein)stopfen *od.* -stecken; **~ marvaðann** Wasser treten; **~ niður** niedertreten; **~st** sich vordränge(l)n.
**troðningur** *m* Gedränge *n*; Andrang *m*; Fußpfad *m.*
**trú** *f* Glaube *m*, Religion *f*; Vertrauen *n*; Meinung *f*; **í góðri ~** in gutem Glauben; **~a** glauben; **~a e-m fyrir e-u** sich j-m anvertrauen, j-m etw. anvertrauen; **~aður** gläubig, religiös; **~arbragðasaga** *f* Religionsgeschichte *f*; **~arflokkur** *m* Sekte *f*; **~arsetning** *f* Glaubenssatz *m*; **~arbrögð** *n/pl.* Religion *f*; **~arjátning** *f* Glaubensbekenntnis *n*; **~boð** *n* Mission *f*; **~boði** *m* Missionar *m.*
**trufl|a** stören; **~un** *f* Störung *f.*
**trú|frelsi** *n* Glaubensfreiheit *f*; **~hneigð** *f* Religiosität *f*;

**~hneigður** religiös; **~laus** ungläubig; **~leysi** *n* Unglaube *m*; **~legur** glaublich; **~lofa**: **~lofa sig**, **~lofast** sich verloben; **~lofun** *f* Verlobung *f*; **~maður** *m* Gläubige(r) *m*.
**trumba** *f* Trommel *f*.
**trúnað|ur** *m* Vertraulichkeit *f*, Zutrauen *n*; **í fyllsta trúnaði** streng vertraulich; **~artraust** *n* Vertrauen *n*; Zuversicht *f*.
**trúr** treu; zuverlässig.
**trúrækk|inn** religiös, fromm; **~ni** *f* Frömmigkeit *f*.
**tryggð** *f* Treue *f*; **~arof** *n* Treubruch *m*.
**trygging** *f* Versicherung *f*; Sicherheit *f*, Garantie *f*; **~arfélag** *n* Versicherungsgesellschaft *f*.
**tryggja** versichern; sichern.
**trygg|lyndi** *n* Treue *f*; **~ur** treu; sicher.
**tröll** *n* Troll *m*; Berggeist *m*; Riese *m*; **~aukinn** kolossal, riesig.
**túba** *f* Tube *f*.
**tuga|brot** *n* Dezimalbruch *m*; **~kerfi** *n* Dezimalsystem [*n*.]
**tugur** *m* Zehner *m*.
**túkall** *m* *pop.* Zweikronenstück *n*.
**tukthús** *n* Zuchthaus *n*; **~limur** *m* Zuchthäusler *m*.
**túlk|a** (ver)dolmetschen; erklären; (*Paragraph*) interpretieren, auslegen; **~ur** *m* Dolmetscher *m*.
**tún** *n* (die gedüngte) Hauswiese (*in Island*), Feld *n*.
**tundur|dufl** *n* Mine *f*; **~skeyti** *n* Torpedo *m*; **~spillir** *m* *Mil.* Zerstörer *m*.
**tunga** *f* Zunge *f*; Sprache *f*.
**tungl** *n* Mond *m*; **~skin** *n* Mondschein *m*; **~sljós** *n* Mondlicht *n*.
**tungumál** *n* Sprache *f*; **~akennsla** *f* Sprachunterricht *m*; **~anám** *n* Sprachstudium *n*.
**tunna** *f* Faß *n*, Tonne *f*.
**turn** *m* Turm *m*.
**tuska** *f* Lappen *m*.
**tútta** *f* (*Babyflasche*) Sauger *m*.
**tuttug|asti** zwanzigster; **~u** zwanzig.
**tveir** (**tvær, tvö**) zwei.
**tví|baka** *f* Zwieback *m*; **~buri** *m* Zwilling *m*; **~depill** *m* Doppelpunkt *m*; **~eyringur** *m* Zweiöre-Stück *n*; **~fari** *m* Doppelgänger *m*; **~hljóð** *n* Diphthong *m*; **~mælalaus** unzweideutig, unzweifelhaft.
**tvinn|akefli** *n* Zwirnrolle *f*; **~i** *m* Zwirn *m*.
**tví|rit** *n* Kopie *f*, Duplikat *n*; Durchschlag *m*; **~ræður** zweideutig.
**tvístra** zerstreuen; zersplittern.
**tvisvar** zweimal.
**tví|sýnn** zweifelhaft, unsicher; **~taka** wiederholen; **~tugur** zwanzig Jahre alt; **~vegis** zweimal.
**tvö|falda** verdoppeln; **~faldur** doppelt; *fig.* falsch; **~feldni** *f* Falschheit *f*.

**tygg|igúm(m)í** *n* Kaugummi *m*; **~ja** kauen.
**tylft** *f* Dutzend *n*.
**týna** verlieren; **~st** verloren [gehen.]
**Tyrk|i** *m* Türke *m*; **~land** *n* Türkei *f*; **Ꝣneska** *f* Türkisch *n*; **Ꝣneskur** türkisch.
**tægi** *n* Art *f*; Sorte *f*.
**tæki** *n* Gerät *n*, Apparat *m*, Instrument *n*; Werkzeug *n*; **~færi** *n* Gelegenheit *f*.
**tækni** *f* Technik *f*; **~legur** technisch.
**tæla** verführen, betrügen.
**tæma** (aus-, ent)leeren.
**tæp|lega** *adv.* kaum, knapp; **~ur** knapp.
**tær** (*Wasser*) klar; **~ing** *f* Tuberkulose *f*; **~ingarveikur** tuberkulös.
**töf** *f* Verspätung *f*; Zögern *n*; Aufenthalt *m*; Aufschub *m*.
**töfra** zaubern; bezaubern; **~ fram** hervorzaubern; **~ndi** bezaubernd, reizend; **~r** *m/pl.* Zauber *m*; Charme *m*, Reiz *m*.
**töku|barn** *n* Pflegekind *n*; **~orð** *n* Lehnwort *n*; Fremdwort *n*.
**tölu|blað** *n* (*Zeitung*) Nummer *f*; **~orð** *n* Zahlwort *n*; **~stafur** *m* Ziffer *f*; **~verður** beträchtlich.
**töng** *f* Zange *f*.
**tönn** *f* Zahn *m*.
**tötra|legur** (*Mantel*) schäbig; zerlumpt; **~r** *m/pl.* Lumpen *pl.*

## U

**úð|arigning** *f*, **~i** *m* Nieselregen *m*, Sprühregen *m*.
**úfur** *m* Zäpfchen *n*.
**uggi** *m* Flosse *f*; Finne *f*.
**ugglaust** *adv.* sicher, unzweifelhaft.
**ugla** *f* Eule *f*.
**úld|inn** (*Fisch, Fleisch*) (ver)faul(t); **~na** verfaulen.
**úlfaldi** *m* Kamel *n*.
**úlf|úð** *f* Feindschaft *f*; **~ur** Wolf *m*.
**ull** *f* Wolle *f*; **~ariðnaður** *m* Wollindustrie *f*; **~arpeysa** *f* Pullover *m* (*aus Wolle*); **~arteppi** *n* Wolldecke *f*; **~arvarningur** *m* Wollwaren *pl.*
**úlnliður** *m* Handgelenk *n*.
**úlpa** *f* Pelzjacke *f*.
**um** *prp.* um; (*Land*) durch; betreffend, wegen; **~ allt land** über (durch) das ganze Land; **~ daginn** vor einigen Tagen; **~ leið og** *cj.* indem; **~ nóttina** die Nacht hindurch; in der Nacht; **hver ~ sig** jeder für sich; **þú ~ það** das ist deine Sache; **hvað er ~ að vera?** was ist los?; **~ það bil, hér ~ bil** (*Abk.* h. u. b.) etwa, ungefähr, zirka (*Abk.* ca.).
**umboð** *n* (*Handel*) Vertretung *f*; Vollmacht *f*; Kommission *f*; **~slaun** *n/pl.* Provision *f*; **~smaður** *m*

Vertreter *m*; **~ssala** *f* Handelsvertretung *f*; Kommission *f*; **~sverzlun** *f* Kommissionshandel *m*.
**umbót** *f* Reform *f*; **~amaður** *m* Reformer *m*.
**umbúðir** *f/pl.* Verpackung *f*.
**umburðar|bréf** *n* Rundschreiben *n*; **~lyndi** *n* Nachsicht *f*; **~lyndur** nachsichtig; tolerant.
**um|bylting** *f* Umwälzung *f*; **~bæta** verbessern; **~deildur** umstritten; **~faðma** umarmen; **~fang** *n* Umfang *m*; **~ferð** *f* Verkehr *m*; **~ferðarveiki** *f* Epidemie *f*, Seuche *f*.
**umfram** *adv.* übrig; *prp.*: **~ allt** vor allem, vor allen Dingen; in erster Linie.
**umgang|ast** (mit j-m) umgehen *od.* verkehren; **~sveiki** *f* Epidemie *f*; Seuche *f*.
**um|gerð** *f* Rahmen *m*; Einfassung *f*; **~getinn** obengenannt; **~heimur** *m* Umwelt *f*; **~hugsun** *f* Überlegung *f*; **~hugsunarfrestur** *m* Bedenkzeit *f*; **~hverfi** *n* Umgebung *f*; **~hverfis** rund herum; **~hyggja** *f* Sorgfalt *f*; Sorge *f*; **~hyggjusamur** besorgt; **~komulaus** hilflos; **~kringja** umringen; umgeben; **~kvörtun** *f* Beschwerde *f*, Klage *f*; (*Lieferung*) Beanstandung *f*.
**umla** murmeln.
**um|líða** stunden; **~líðun** *f* Stundung *f*; **~lykja** umgeben, umschließen; **~mál** *n* Umfang *m*; **~mynda** umbilden; **~ráð** *n/pl.* Verfügung *f*; **~rita** umarbeiten; umschreiben; **~ræða** *f* Diskussion *f*; Verhandlung *f*; **~ræddur** obengenannt; besprochen; **~sát** *f* Belagerung *f*.
**um|sjón** *f* Aufsicht *f*; **~sjónarmaður** *m* Aufseher *m*; **~slag** *m* Briefumschlag *m*; **~sókn** *f* Antrag *m*, Gesuch *n*; **~svifalaust** ohne weiteres; **~sýsla** *f* Verwaltung *f*; **~sækjandi** *m* Antragsteller *m*; Bewerber *m*: **~tal** *n* Erwähnung *f*; **~önnun** *f* Fürsorge *f*; Pflege *f*.
**unaður** *m* Glück *n*, Lust *f*, Wonne *f*.
**undan** voran, voraus; **~ fæti** bergab; **komast ~** entkommen; **~brögð** *n/pl.* Ausflüchte *pl.*; **~hald** *n* Rückzug *m*; **~koma** *f* Rettung *f*; **~látssamur** nachgiebig; **~tekning** *f* Ausnahme *f*.
**undarlegur** seltsam, merkwürdig, eigentümlich.
**undir** *prp.* unter; **~ berum himni** im Freien; **~ eins** sofort; **~ kvöld** gegen Abend; **það er ~ því komið** es hängt davon ab; es kommt darauf an.
**undir|bolli** *m* Untertasse *f*; **~búa** vorbereiten; **~búningur** *m* Vorbereitung *f*;

**~djúp** *n* Abgrund *m*; **~foringi** *m* Unteroffizier *m*; **~haka** *f* Doppelkinn *n*; **~hyggja** *f* Falschheit *f*; **~leikur** *m Mus.* Begleitung *f*; **~málsmaður** *m* Schwachkopf *m*; **~meðvitund** *f* Unterbewußtsein *n*; **~oka** unterdrücken; **~okun** *f* Unterdrückung *f*; **~réttur** *m* Amtsgericht *n*; **~rita** unterschreiben; **~ritaður** Unterzeichnete(r) *m*; **~rót** *f* Ursache *f*, Wurzel *f*; **~skál** *f* Untertasse *f*; **~skrifa** unterschreiben; **~skrift** *f* Unterschrift *f*; Unterzeichnung *f*; **~staða** *f* Grundlage *f*; Fundament *n*; **~tekt** *f* Antwort *f*, Stellungnahme *f*; **~vigt** *f* Untergewicht *n*; **~vitund** *f* Unterbewußtsein *n*.

**undra: mig ~r** es wundert mich; **~ndi** erstaunt; **~st** erstaunen; **~barn** *n* Wunderkind *n*.

**undrun** *f* Erstaunen *n*.

**undur** *n* Wunder *n*, Wunderwerk *n*.

**ung|barn** *n* Säugling *m*; **~dómur** *m* Jugend *f*; **~frú** *f* Fräulein *n*; **~i** *m* (*Vogel*) Junge(s) *n*; **~lingur** *m* Jüngling *m*; **~ur** jung.

**Ungver|ji** *m* Ungar *m*; **Ωska** *f* Ungarisch *n*; **Ωskur** ungarisch.

**unna** lieben; gönnen; **~st** sich lieben.

**unnust|a** *f* Liebste *f*; Geliebte *f*; Verlobte *f*, Braut *f*; **~i** *m* Liebste(r) *m*; Geliebte(r) *m*; Verlobte(r) *m*, Bräutigam *m*.

**unun** *f* Lust *f*, Freude *f*, Genuß *m*.

**unz** *cj.* bis.

**upp** empor; **~ aftur** noch einmal; **~ frá því** von da an; **~ í sveit** auf das Land; **fara ~** hinaufgehen, nach oben gehen.

**uppá|stunga** *f* Vorschlag *m*; **~tæki** *n* Einfall *m*.

**upp|boð** *n* Versteigerung *f*, Auktion *f*; **~bót** *f* Zugabe *f*; (*Gehalt, Lohn*) Aufbesserung *f*; Ersatz *m*; Kompensation *f*; **~byggilegur** erbaulich; **~bygging** *f* Aufbau *m*; **~eldi** *n* Erziehung *f*; **~eldisdóttir** *f* Pflegetochter *f*; **~eldisfræði** *f* Pädagogik *f*; **~eldisfræðingur** *m* Pädagoge *m*; **~eldissonur** *m* Pflegesohn *m*.

**upp|finnandi** *m*, **~finnari** *m* Erfinder *m*; **~finning** *f* Erfindung *f*; **~fræða** (über etw.) aufklären; **~fylla** erfüllen; **~fylling** *f* Erfüllung *f*; **~gefinn** erschöpft; **~gerð** *f* Verstellung *f*; Heuchelei *f*.

**upp|gjöf** *f* Kapitulation *f*; Begnadigung *f*; **~gröftur** *m* Ausgrabung *f*; **~gufun** *f* Verdampfung *f*, Verdunstung *f*; **~götva** entdecken; **~götvun** *f* Entdeckung *f*; **~haf** *n* Ursprung *m*; Anfang *m*, Beginn *m*; **~haf-**

legur ursprünglich; **~hafsstaður** *m* Ausgangspunkt *m*; **~hafsstafur** *m* Anfangsbuchstabe *m*.
**upp|himinn** *m* Äther *m*; **~hitun** *f* Heizung *f*; **~hringing** *f* Anruf *m*; **~hrópunarmerki** *n* Ausrufezeichen *n*; **~hæð** *f* Summe *f*, Betrag *m*; *pl. a.*: **~hæðir** Himmel *m*; **~hækkun** *f* Erhöhung *f*.
**uppi** oben; **~ í sveit** auf dem Lande; **~stand** *n* Unruhen *pl.*, Aufruhr *m*.
**upp|kast** *n* Entwurf *m*; **~kominn** erwachsen; **~lag** *n* Anlage *f*; (*Buch*) Auflage *f*; **~lausn** *f* Auflösung *f*; (chemische) Lösung *f*; **~leysanlegur** lösbar, löslich; **~litast** (*Tapete*) verbleichen; (*Stoff*) verschießen; (*Farbe*) verblassen; **~loginn** gelogen, erdichtet; **~lýsingaskrifstofa** *f* Auskunftsbüro *n*; **~nefni** *n* Spitzname *m*; **~reisn** *f* Aufruhr *m*; Revolution *f*; **~reisnarmaður** *m* Aufrührer *m*; **~réttur** aufrecht; **~rifinn** aufgeräumt; **~rifjun** *f* Wiederholung *f*; **~risa** *f* Auferstehung *f*.
**upp|runi** *m* Ursprung *m*; **~ræta** ausrotten, vertilgen; **~sala** *f* Erbrechen *n*; **~seldur** ausverkauft; (*Buch*) vergriffen; **~skera** 1. *f* Ernte *f*; 2. ernten; **~skeruhátíð** *f* Erntefest *n*; **~skerutími** *m* Erntezeit *f*; **~skeruvinna** *f* Erntearbeit *f*; **~skipun** *f* (*Schiff*) Löschen *n*; **~skurður** *m* Operation *f*; **~spretta** *f* Quelle *f*.
**upp|spuni** *m* Lüge *f*; **~stigningardagur** Himmelfahrtstag *m*; **~taka** *f* Aufnahme *f*; **~talning** *f* Aufzählen *n*; **~tekinn** sehr beschäftigt; (*Platz*) belegt; (*Tlph.*) besetzt; **~tækur**: **gera ~tækt** beschlagnahmen; **~vaxtarár** *n/pl.* (die frühen) Jugendjahre *pl.*; **~yngíng** *f* Verjüngung *f*; **~þot** *n* Aufruhr *m*; **~þurrkun** *f* (*Land*) Entwässerung *f*; **~þvottur** *m* Abwaschen *n*, Spülen *n*; **~örva** anregen; ermuntern; **~örvun** *f* Anregung *f*; Ermunterung *f*.
**úr** *n* Uhr *f*, Taschenuhr *f*.
**úr** *prp.* aus; von; **~ gulli** aus *od.* von Gold, golden; **~ hættu** außer Gefahr; **~ því að** da; **fara ~** sich ausziehen; **~ sveit** vom Lande.
**úr|eltur** veraltet; **~festi** *f* Uhrkette *f*; **~gangur** *m* Abfall *m*, Müll *m*; **~hrak** *n* Abschaum *m*; **~klippa** *f* Ausschnitt *m*; **~koma** *f* Regen *m*, Niederschlag *m*; **~kynjast** entarten; **~lausnarefni** *n* Aufgabe *f*.
**urra** (*Hund*) knurren.
**úr|ræði** *n* Ausweg *m*; **~skurða** entscheiden; **~skurður** *m* Entscheidung *f*; **~slit** *n/pl.* Ausfall *m*; Resultat *n*, Ergebnis *n*; **~slitakostur** *m* (*bes. im pl.*

~slitakostir) Ultimatum *n*; **~smiður** *m* Uhrmacher *m*; **~val** *n* Auswahl *f*; **~vals-** erstklassig; **~ættast** entarten.

**út** hinaus; **~ af engu** ohne Ursache; **~ um gluggann** zum Fenster hinaus.

**utan** *prp.* außer; **að ~** von außen; von draußen; **~ bókar** auswendig; **fara ~** ins Ausland gehen; **fyrir ~ húsið** (draußen) vor dem Hause; **koma að ~** von draußen kommen; aus dem Ausland kommen; **vera ~ við sig** zerstreut sn; **~ að** auswendig.

**utan|áskrift** *f* Adresse *f*; **~ferð** *f*, **~för** *f* Auslandsreise *f*; **~ríkisráðherra** *m* Außenminister *m*.

**út|borg** *f* Vorstadt *f*; **~borgun** *f* Auszahlung *f*; **~brot** *n/pl.* (*Haut*) Ausschlag *m*; **~búa** ausrüsten; vorbereiten; **~býta** verteilen, austeilen; **~dráttur** *m* Auszug *m*; **~fjólublár** ultraviolett; **~flutningsleyfi** *n* Exportgenehmigung *f*; **~flutningur** *m* Export *m*, Ausfuhr *f*; **~flytjandi** *m* Auswanderer *m*; Exporteur *m*; **~fylla** ausfüllen; **~för** *f* Begräbnis *n*, Beerdigung *f*; **~gáfa** *f* Ausgabe *f*; **~gáfuréttur** *m* Verlagsrecht *n*; **~gefandi** *m* Verleger *m*; **~gerð** *f* Reederei *f*; **~gerðarmaður** *m* Reeder *m*.

**út|gjöld** *n/pl.* Ausgaben *pl.*; **~haf** *n* Ozean *m*; **~hluta** austeilen, verteilen; **~hverfi** *n* Vorstadt *f*.

**úti** draußen; **~bú** *n* Filiale *f*; **~dyr** *f/pl.* Haustür *f*; **~hurð** *f s.* **~dyr**; **~loka** ausschließen; **~lokað(ur)**, **~lokuð** ausgeschlossen; **~standandi** (*Geld*) ausstehend, rückständig.

**út|kljá** entscheiden; (mit j-m) abrechnen; **~koma** *f* Ausgang *m*; (*Rechnen*) Resultat *n*; **~lán** *n* Darleh(e)n *n*; (*Buch*) Ausleihen *n*; Ausleihe *f*; **~lendingur** *m* Ausländer *m*; **~lendur** ausländisch, fremd; **~lista** erklären; **~lit** *n* Aussehen *n*; **~lægur** friedlos, geächtet; **~lönd** *n/pl.* Ausland *n*; **~nefning** *f* Ernennung *f*; **~rauður** ultrarot; **~reið** *f* Spazierritt *m*; **~reikningur** *m* Berechnung *f*; **~rýma** ausrotten; **~sala** *f* Ausverkauf *m*; **~saumur** *m* Stickerei *f*; **~seldur** ausverkauft; (*Buch*) vergriffen.

**út|skorinn** geschnitzt; **~skrifa** (*Schule*) (mit bestandener Abgangsprüfung) entlassen; (*Krankenhaus*) entlassen; **~skurður** *m* Schnitzerei *f*; **~skýra** erklären; **~skýring** *f* Erklärung *f*; **~slitinn** (*Kleid*) abgetragen; (*Person*) abgearbeitet; **~svar** *n* Gemeindesteuer *f*; **~sýni** *n*

Aussicht *f*; Blick *m*; **~sæði** *n* Saatgut *n*; **~sæðiskartöflur** *f/pl.* Saatkartoffeln *pl.*; **~söluverð** *n* Verkaufspreis *m*; Ladenpreis *m*.
**útúrsnúningur** *m* Entstellung *f*, Verdrehung *f*.
**út|valinn** ausgewählt; auserlesen; **~varp** *n* Rundfunk *m*; Sender *m*; **~varpsfræði** *f* Radiotechnik *f*; **~varpshlustandi** *m* Rundfunkhörer *m*; **~varpsstöð** *f* Sender *m*; **~varpstæki** *n* Radioapparat *m*; **~varpsþulur** *m* Ansager(in *f*) *m*; **~vega** beschaffen, anschaffen.
**út|vega** besorgen, anschaffen, beschaffen; **~vegun** *f* Beschaffung *f*, Anschaffung *f*; **~vegur** *m* Fischerei *f*; **~þrá** *f* Fernweh *n*; **~öndun** *f* Ausatmung *f*.
**uxi** *m* Ochs(e) *m*.

# V

**vað** *n* Furt *f*; **~a 1.** *f* Schwarm *m*, Fischschwarm *m*; **2.** waten; **~fugl** *m* Watvogel *m*; Sumpfvogel *m*; **~mál** *n* Loden *m*.
**vafa|atriði** *n* Problem *n*; **~samur** zweifelhaft, problematisch.
**vafla** *f* Waffel *f*.
**vafi** *m* Zweifel *m*.
**vafningar** *m/pl.* Umschweife *pl.*; **án vafninga** ohne Umschweife.
**vafningalaust** ohne Umschweife.
**vagga 1.** *f* Wiege *f*; **2.** wiegen; schaukeln; (*Gang*) schaukeln; wiegen.
**vagn** *m* Wagen *m*; **~stjóri** *m* (*Bus-*)Fahrer *m*.
**vaka** wachen, wach sein; **~ndi** wach.
**vakna** erwachen.
**vakt** *f* Wache *f*; (*Arbeits-*) Schicht *f*; **~avinna** *f* Schichtarbeit *f*.
**val** *n* Wahl *f*; Auswahl *f*, Auslese *f*.
**vald** *n* Macht *f*; Gewalt *f*; **sitja að völdum** herrschen; **~a** verursachen; **~astaða** *f* Machtstellung *f*; **~hafi** *m* Machthaber *m*.
**valdur: vera ~ að e-u** schuld an etw. sn.
**valhopp** *n* Galopp *m*.
**Valhöll** *f Myth.* Walhall(a) *f*.
**valmennska** *f* Edelmut *m*.
**vals** *m* Walzer *m*.
**valta** walzen; **~ri** *m* Ackerwalze *f*.
**valtur** unstet; unbeständig.
**valur** *m* Falke *m*.
**vammlaus** tadel-, fehlerlos.
**vana|bundinn** traditionell, herkömmlich; **~fastur** konservativ; **~legur** gewöhnlich; allgemein.
**vanda** mit Sorgfalt ausführen; **~ður** solid(e); von guter Qualität; ehrlich;

**~lítill** nicht schwierig, leicht; **~samur** schwierig, schwer, kompliziert; **~verk** *n* schwierige Arbeit *od.* Aufgabe.
**vandi** *m* Schwierigkeit *f*; Verantwortung *f*; Gewohnheit *f*.
**vand|látur** streng, genau; (*Geschmack*) anspruchsvoll; wählerisch; verwöhnt; **~legur** sorgfältig.
**vandræð|abarn** *n* schwieriges Kind; **~alegur** verwirrt, verlegen; **~i** *n/pl.* Schwierigkeit *f*, schlimme Lage.
**vandvirk|ni** *f* Sorgfalt *f*; Sorgfältigkeit *f*, Genauigkeit *f*; **~ur** sorgfältig, gewissenhaft.
**van|fær** schwanger; **~gá** *f* Unachtsamkeit *f*; **af ~gá** aus Versehen, versehentlich.
**vang|amynd** *f* Profil *n*; **~i** *m* Wange *f*, Backe *f*.
**van|heill** kränklich, krank; **~heilsa** *f* schlechter Gesundheitszustand; **~helga** entweihen; **~hirða 1.** *f* Verwahrlosung *f*; **2.** verwahrlosen. [Brauch *m*.]
**vani** *m* Gewohnheit *f*;
**van|kunnandi** unwissend; **~megnast** schmachten; **~rækja** versäumen; vernachlässigen; **~ræksla** *f* Versäumnis *n*; **~skapaður** mißgestaltet; **~stilltur** unbeherrscht; **~sæmd** *f* Schande *f*, Schmach *f*.
**vanta** fehlen, mangeln; **mig ~r e-ð** mir fehlt etw.
**vantraust** *n* Mißtrauen *n*; **~syfirlýsing** *f* Mißtrauensvotum *n*.
**van|treysta** mißtrauen; **~trú** *f* Unglaube *m*; **~trúaður** ungläubig.
**vanur** gewohnt; **vera ~ að gera e-ð** etw. zu tun pflegen; **vera ~ e-u** etw. gewohnt sn.
**vanþakk|látur** undankbar; **~læti** *n* Undankbarkeit *f*.
**van|þekking** *f* Unwissenheit *f*; **~þóknun** *f* Mißfallen *n*, Mißbehagen *n*; **~þroska** (*Kind*) unterentwickelt; **~þroskaður** unreif.
**var**: **verða e-s ~** etw. gewahr werden; **verða ~ við e-ð** etw. (be)merken; **gera ~t við sig** sich melden.
**vara 1.** *f* Ware *f*; **2.** dauern; **~ sig** sich in acht nehmen; **~ e-n við e-u** j-n vor etw. warnen; **~ðu þig!** Achtung!, Vorsicht!
**vara|forði** *m* Reserve *f*; Notvorrat *m*; **~formaður** *m* zweite(r) Vorsitzende(r) *m/f*, Vizepräsident *m*; **~hlutur** *m* Ersatzteil *m* (*n*); **~litur** *m* Lippenstift *m*; **~maður** *m* Stellvertreter(in *f*) *m*; **~nlegur** (*Wetter*) beständig; (*Frieden*) dauerhaft; (*Wirkung*) nachhaltig; **~semi** *f* Vorsicht *f*.
**varð|a** betreffen, angehen; **hvað ~ar þig um það?** was geht es dich an? **~hald** *n*

Haft *f*; setja í **~hald** verhaften; **~skip** *n* Küstenwachschiff *n*, Fischereischutzboot *n*; **~stjóri** *m* Wachtmeister *m*; **~veita** verwahren; (auf)bewahren.

**var|fær, ~færinn** vorsichtig; **~færni** *f* Behutsamkeit *f*, Vorsicht *f*; **~hugaverður** bedenklich; **~kár** vorsichtig; **~kárni** *f s.* **~færni.**

**varla** kaum, knapp.

**varm|i** *m* Wärme *f*; **~ur** warm.

**varna** vorbeugen; verwehren; **~rlaus** wehrlos, schutzlos; **~rlið** *n* Verteidigungstruppen *pl.*; **~rrit** *n* Verteidigungsschrift *f*; **~rþing** *n* Gerichtsstand *m*.

**varningur** *m* Waren *pl.*; Handelswaren *pl.*

**varp** *n* (*Vogel*) Brutplatz *m*; **~a 1.** *f* Schleppnetz *n*, Trawl *n*; **2.** werfen; **~tími** *m* Brutzeit *f*.

**var|tappi** *m El.* Sicherung *f*; **~úð** *f* Vorsicht *f*; **~úðarráðstöfun** *f* Vorsichtsmaßregel *f*.

**vas|abók** *f* Taschenbuch *n*, Notizbuch *n*; **~ahnífur** *m* Taschenmesser *n*; **~aklútur** *m* Taschentuch *n*; **~i** *m* Tasche *f*; Vase *f*; **~aúr** *f* Taschenuhr *f*; **~aþjófur** *m* Taschendieb *m*.

**vask|afat** *n* Waschschüssel *f*; **~ur 1.** *m* Waschbecken *n*; **2.** brav, tapfer.

**vatn** *n* Wasser *n*; See *m*; kasta af sér **~i** harnen, urinieren; **~a** (*Pferd*) tränken; **~avextir** *m/pl.* Überschwemmung *f*; **~safl** *n* Wasserkraft *f*; **~sból** *n* Brunnen *m*; **~sborð** *n* Wasseroberfläche *f*; **~sbuna** *f* Wasserstrahl *m*; **~sdropi** *m* Wassertropfen *m*; **~sefni** *n* Wasserstoff *m*; **~sefnissprengja** *f* Wasserstoffbombe *f*.

**vatns|fall** *n* Fluß *m*, Strom *m*; **~fata** *f* Wassereimer *m*; **~geymir** *m* Wasserbehälter *m*; Wasserspeicher *m*; **~glas** *n* Wasserglas *n*; (*Inhalt*) ein Glas Wasser; **~heldur** wasserdicht; **~kassi** *m* (*Auto*) Kühler *m*; **~krani** *m* Wasserhahn *m*; **~leiðsla** *f* Wasserleitung *f*; **~litamynd** *f* Aquarell *n*.

**vatns|litur** *m* Wasserfarbe *f*; **~rennsli** *n* Wasserlauf *m*; **~salerni** *n* Spülabort *m*, (*Wasser-*)Klosett (WC) *n*; **~skorpa** *f* Wasseroberfläche *f*; **~veita** *f* Wasserversorgung *f*; **~þrýstingur** *m* Wasserdruck *m*; **~æð** *f* Wasserader *f*.

**vátrygging** *f* Versicherung *f*; **~arfélag** *n* Versicherungsgesellschaft *f*; **~argjald** *n* Versicherungsprämie *f*; **~arskírteini** *n* Versicherungspolice *f*.

**vátryggja** versichern; **~ndi** *m* Versicherer *m*.

**vatt** *n* Watte *f*; *El.* Watt *n*.

**vax** *n* Wachs *n*; **~a** wachsen; **vera ~inn e-u** e-r Sache gewachsen sn; **~mynd** *f* Wachsbild *n*.

**vaxta|rlag** *n* Körperbau *m*, Figur *f*; **~vextir** *m/pl*. Zinseszinsen *pl*.

**veð** *n* Pfand *n*; **~banki** *m* Totalisator *m*, *pop*. Toto *m*; **~bréf** *n* Pfandbrief *m*.

**veð|ja** wetten; **~lánari** *m* Pfandleiher *m*; **~lánastofa** *f* Pfandleihgeschäft *n*, Leihhaus *n*; **~mál** *n* Wette *f*.

**veðr|ast** verwittern; **~átta** *f* Witterung *f*.

**veð|reiðar** *f/pl*. Pferderennen *n*; **~réttur** *m* Pfandrecht *n*; **~run** *f* Verwitterung *f*; **~setja** verpfänden; **~skuldabréf** *n* Pfandbrief *m*.

**veður** *n* Wetter *n*; Sturm *m*; **gá til ~s** nach dem Wetter sehen; **veðrið lægir** der Sturm nimmt ab; **~athugun** *f* Wetterdienst *m*; **~far** *n* Witterung *f*; Wetter *n*; **~fregn** *f* Wetterbericht *m*; **~fræði** *f* Wetterkunde *f*, Meteorologie *f*; **~fræðingur** *m* Meteorologe *m*; **~horfur** *f/pl*. Wetteraussichten *pl*.; **~spá** *f* Wettervorhersage *f*; **~stofa** *f* Wetterwarte *f*.

**vefa** weben; **~ri** *m* Weber *m*.

**vefeng|ing** (*a*. **véfenging**) *f* (*Testament*) Anfechtung *f*; **~ja** anfechten.

**vefja** wickeln, umwickeln; **~ inn í** einwickeln.

**vefnaðar|vörur** *f/pl*. Textilien *pl*.; **~vöruverzlun** *f* Textilgeschäft *n*.

**vefnaður** *m* Weben *n*.

**vef|stóll** *m* Webstuhl *m*; **~ur** *m* Gewebe *n*.

**vega** wiegen; **hann vegur 100 kg** er wiegt 100 kg; **~bréf** *n* Reisepaß *m*; **~alengd** *f* Entfernung *f*; Strecke *f*; **~gerð** *f* Straßenbau *m*; **~mál** *n/pl*. Straßenverwaltung *f*; **~málaskrifstofa** *f* Straßenbauamt *n*; **~málastjóri** *m* Direktor *m* des Straßen- und Wegeamtes; **~vinna** *f* Straßenbauarbeit *f*.

**veggfóð|ra** tapezieren; **~rari** *m* Tapezierer *m*; **~ur** *n* Tapete *f*.

**veggjalús** *f* Wanze *f*.

**veggur** *m* Wand *f*.

**veg|lyndi** *n* Edelmut *m*; **~lyndur** edelmütig.

**vegna** wegen; um ... willen; -halber; auf Grund; **~ þess að** *cj*. weil, da; **þess ~** darum.

**veg|ur** *m* Weg *m*, Straße *f*; **~vísir** *m* Wegweiser *m*.

**veið|a** fangen, jagen; fischen, angeln; **~i** *f* Fang *m*, Jagd *f*; Fischen *n*, Angeln *n*; **~idýr** *n* Wild *n*; **~iferð** *f*, **~iför** *f* Jagd *f*; **~imaður** *m* Jäger *m*; **~istöng** *f* Angelrute *f*; **~iþjófur** *m* Wilddieb *m*, Wilderer *m*.

**veifa** winken.

**veiga|lítill** schwach, untüchtig; unbedeutend; **~mikill** kräftig, solide.
**veigra:** **~ sér við að gera e-ð** sich weigern, etw. zu tun.
**veik|burða** schwächlich; **~i** *f*, **~indi** *n/pl.* Krankheit *f*; **~jast** erkranken; **~lulegur** kränklich; **~ur** krank; **verða ~ur** erkranken, krank werden.
**vein** *n* Schrei *m*, Schmerzensschrei *m*; **~a** schreien; jammern.
**veita** (*Beachtung*) schenken; (*Bitte*) gewähren; bewirten; **~ hjálp** Hilfe leisten.
**veitinga|hús** *n* Restaurant *n*, Gaststätte *f*; **~maður** *m* Gastwirt *m*.
**veitull** freigebig; gastfrei.
**veizl|a** *f* Fest *n*; Bankett *n*; Gesellschaft *f*; **~usalur** *m* Festsaal *m*.
**vekja** wecken, erwecken; **~ athygli** Aufsehen erregen; **~raklukka** *f*, **~ri** *m* Weckuhr *f*, Wecker *m*.
**vél** *f* Maschine *f*; Motor *m*.
**vel** *adv.* gut; wohl; leicht; **gerðu svo ~!** bitte!; **honum líður ~** es geht ihm gut.
**véla|afl** *n* Maschinenkraft *f*; **~maður** *m* Maschinist *m*; Mechaniker *m*; **~rúm** *n* Maschinenraum *m*.
**vél|bátur** *m* Motorboot *n*; **~bilun** *f* Maschinenschaden *m*; **~byssa** *f* Maschinengewehr *n*.
**veldi** *n* Macht *f*; *Math.* Potenz *f*; **~ssproti** *m* Zepter *n*.
**vélfræði** *f* Mechanik *f*; **~ngur** *m* Mechaniker *m*.
**vel|gengni** *f* Glück *n*; Wohlstand *m*; **~gerð** *f* Wohltat *f*; **~gerðamaður** *m*; Wohltäter *m*.
**velgja 1.** *f* Übelkeit *f*; Brechreiz *m*; **2.** erwärmen; aufwärmen.
**vélindi** *n* Speiseröhre *f*.
**velja** wählen, auswählen.
**velkominn** willkommen.
**vellauðugur** steinreich, sehr reich.
**vel|megun** *f* Wohlstand *m*; **~metinn** angesehen; **~~sæld** *f* Wohlstand *m*; Glück *n*.
**vél|ráð** *n/pl.* Betrug *m*, List *f*; **~rita** maschinenschreiben, tippen; **~ritun** *f* Maschinenschreiben *n*; **~setjari** *m* Maschinensetzer *m*; **~sími** *m* Maschinentelegraph *m*; **~stjóraskóli** *m* Maschinistenschule *f*; **~stjóri** *m* Maschinist *m*.
**velsæmi** *n* Anständigkeit *f*, Anstand *m*.
**velta 1.** *f* Umsatz *m*; **2.** rollen; (*Wagen*) umkippen; (*Tisch*) umfallen; **~ e-u fyrir sér** über etw. grübeln.
**veltu|fé** *n* Betriebskapital *n*; **~skattur** *m* Umsatzsteuer *f*.
**vel|unnari** *m* Gönner *m*; **~vild** *f* Wohlwollen *n*; **~viljaður** (*Kritik*) wohlwollend; (*Leser*) geneigt.

**vélvirki** *m* Maschinenschlosser *m*, Monteur *m*.
**venja 1.** *f* Brauch *m*, Sitte *f*; **að venju** wie gewöhnlich; **2.** gewöhnen; **~ sig á e-ð** sich an etw. gewöhnen, sich etw. angewöhnen; **~ sig af e-u** sich etw. abgewöhnen.
**venjulegur** gewöhnlich; üblich.
**ventill** *m* Ventil *n*.
**venzlaður** verschwägert.
**ver** *n* (*Bett-*)Überzug *m*, Bezug *m*; Meer *n*; Fischerdorf *n*.
**vera 1.** *f* Wesen *n*, Geschöpf *n*; Aufenthalt *m*; **í raun og veru** tatsächlich; **2.** sein, sich befinden; sich aufhalten; bleiben; **hann er að lesa** er liest; **vertu ekki að þessu!** laß das!; **~ til** existieren.
**veraldar|saga** *f* Weltgeschichte *f*; **~vizka** *f* Weltweisheit *f*.
**veraldlegur** weltlich.
**verð** *n* Preis *m*; Wert *m*.
**verða** werden; müssen; **þú verður að gera það** du mußt es tun; **verði þér að góðu!** Mahlzeit!; **verða fyrir slysi** verunglücken; **~ var við e-ð** etw. (be)merken.
**verð|bólga** *f* Inflation *f*; **~bréf** *n/pl.* Wertpapiere *pl.*, Effekten *pl.*; **~fall** *n* Preissturz *m*; (*Geld*) Kursrückgang *m*; **~gildi** *n* Wert *m*; **~hækkun** *f* Preiserhöhung *f*; **~lag** *n* Preislage *f*; **~lagseftirlit** *n* Preisüberwachung *f*; Preisüberwachungsstelle *f*; **~lagsuppbót** *f* Teuerungszulage *f*; Gehaltszulage *f*; **~laun** *n/pl.* Preis *m*; Belohnung *f*; **vinna fyrstu ~laun** den 1. Preis gewinnen; **~launa** belohnen; **~launaður** preisgekrönt; **~laus** wertlos; **~leikar** *m/pl.* Verdienst *n*; **~listi** *m* Preisliste *f*; Katalog *m*; **~lækkun** *f* Preissenkung *f*; Preisrückgang *m*; **~munur** *m* Preisunterschied *m*; **~mæti** *n* Wert *m*; **~mætur** wertvoll; **~skulda** verdienen; **~skuldun** *f* Verdienst *n*; **~ sveifla** Preisschwankung *f*.
**verður** wert; würdig; **það er ekki mikils vert** es ist nicht viel wert; **hann er (ekki) ~ vináttu þinnar** er ist deiner Freundschaft (nicht) würdig.
**verja** verteidigen; schützen; **~ndi** *m* Verteidiger *m*.
**verk** *n* Werk *n*, Arbeit *f*; Handlung *f*; **standa e-n að ~i** j-n auf frischer Tat ertappen; **~a** wirken; putzen; **~afólk** *n* Arbeiter *pl.*; **~akona** *f* Arbeiterin *f*; **~alaun** *n/pl.* Arbeitslohn *m*; **~alýðsfélag** *n* Gewerkschaft *f*; **~alýður** *m* Arbeiter *pl.*; Arbeiterklasse *f*; **~amaður** *m* Arbeiter *m*; **~amannafélag** *n* Gewerkschaft *f*.
**verk|bann** *n* Aussperrung *f*;

**~efni** *n* Aufgabe *f*; **~fall** *n* Streik *m*; **~fallsbrjótur** *m* Streikbrecher *m*; **~fallsmaður** *m* Streikende(r) *m*; **~fræði** *f* Ingenieurwissenschaften *pl.*; Ingenieurwesen *n*; **~fræði(nga)skóli** *m* technische Hochschule; **~fræðingur** *m* Ingenieur *m*; **~færi** *n* Werkzeug *n*, Gerät *n*; Instrument *n*.

**verkja: mig ~r í handlegginn** mir schmerzt der Arm.

**verk|naður** *m* Handlung *f*, Tat *f*; **~smiðja** *f* Fabrik *f*; **~stjóri** *m* Werkmeister *m*; **~stæði** *n* Werkstatt *f*; **~taki** *m* Unternehmer *m*; Bauunternehmer *m*; **~tækni** *f* Arbeitstechnik *f*; **~un** *f* Wirkung *f*; (*Fisch*) Reinigen (und Ausnehmen) *n*; **~ur** *m* Schmerz *m*.

**verm|a** wärmen; **~ihús** *n* Treibhaus *n*, Gewächshaus *n*.

**vernd** *f* Schutz *m*; Verteidigung *f*; **~a** (be)schützen; verteidigen; **~artollur** *m* Schutzzoll *m*; **~un** *f* Schutz *m*.

**verpa** werfen; Eier legen.

**vers** *n* Strophe *f*; (*Bibel*) Vers *m*.

**versna** sich verschlimmern *od.* verschlechtern.

**vertíð** *f* Fischsaison *f*.

**veru|legur** beträchtlich, wesentlich; **~leikastefna** *f* Realismus *m*; **~leiki** *m* Wirklichkeit *f*; **~staður** *m* Aufenthaltsort *m*.

**verzl|a** einkaufen; Handel treiben; **~a með vöru** e-e Ware führen; **~un** *f* Geschäft *n*; Laden *m*; Handel *m*.

**verzlunar|borg** *f* Handelsstadt *f*; **~bréf** *n* Geschäftsbrief *m*; **~bær** *m* Handelsstadt *f*; **~einokun** *f* Handelsmonopol *n*; **~floti** *m* Handelsflotte *f*; **~frelsi** *n* Handelsfreiheit *f*; **~fyrirtæki** *n* Firma *f*; **~jöfnuður** *m* Handelsbilanz *f*; **~maður** *m* Geschäftsmann *m*; Büroangestellte(r) *m*; **~málaráðherra** *m* Handelsminister *m*; **~skóli** *m* Handelsschule *f*; **~vara** *f* Handelsware *f*.

**veröld** *f* Welt *f*.

**vesal|dómur** *m* Elend *n*, Erbärmlichkeit *f*; **~ingur** *m* Bedauernswürdige(r) *m/f*, Arme(r) *m/f*; *adj.* **~l** elend, erbärmlich.

**veski** *n* Brieftasche *f*.

**vestan** vom Westen (her), aus (dem) Westen; **fyrir ~** in Westisland; in Amerika; **fyrir ~ ána** westlich des Flusses; **~hafs** in Amerika; **~vindur** *m* Westwind *m*.

**vestar** weiter gegen Westen.

**vestfirzkur** von den Westfjorden (*in Island*).

**vesti** *n* Weste *f*; **~svasi** *m* Westentasche *f*.

**vestur** *n* West(en) *m*; *adv.* nach (dem) Westen.

**Vestur|álfa** *f*, **~heimur** *m* Amerika *n*. [(Island).]
**Vesturland** *n* Westland *n*
**Vesturlönd** *n/pl*. Europa *n*.
**vestur|strönd** *f* Westküste *f*; **~veldin** *n/pl*. die Westmächte *pl*.
**vesöld** *f* Elend *n*; Krankheit *f*.
**vetni** *n* Wasserstoff *m*.
**Vetrarbrautin** *f* die Milchstraße.
**vetrar|dá** *n* Winterschlaf *m*; **~dagur** *m* Wintertag *m*; **~frakki** *m* Wintermantel *m*; **~sólhvörf** *n/pl*. Wintersonnenwende *f*; **~verk** *n* Winterarbeit *f*.
**vett|lingur** *m* Fausthandschuh *m*; **~vangur** *m* Schauplatz *m*.
**vetur** *m* Winter *m*.
**vextir** *m/pl*. Zinsen *pl*.
**við** wir.
**við** *prp*. an; bei; **~ vatnið** am Wasser *od*. See; **~ hendina** bei der Hand; *adv*. anwesend, da; **er N. N. ~?** ist Herr N. N. da?; **~ og ~** hin und wieder, ab und zu, dann und wann; **bera ~** geschehen, passieren; **bæta ~** hinzufügen; **eiga vel ~ e-ð** gut zu etw. passen; **kenna ~ skóla** an e-r Schule unterrichten; **leitast ~ að gera e-ð** versuchen, etw. zu tun; **talast ~** miteinander sprechen.
**víða** an vielen Stellen *od*. Orten.
**viðar|bolur** *m* Baumstamm *m*; **~kol** *n/pl*. Holzkohle *f*.
**við|auki** *m* Zusatz *m*, Hinzufügung *f*; Nachtrag *m*; **~bára** *f* Einwand *m*; Vorwand *m*; **~bjóðslegur** ekelhaft; **~bjóður** *m* Ekel *m*, Abscheu *m*; **~bót** *f* Zusatz *m*, Ergänzung *f*; **~bragð** *n* Reaktion *f* (auf etw.); **~búinn** bereit; **~burður** *m* Ereignis *n*; **~bætir** *m* Nachtrag *m*; Anhang *m*.
**vidd** *f* Weite *f*; Ausdehnung *f*; Kaliber *n*.
**við|dvöl** *f* Aufenthalt *m*; **~eigandi** passend; angebracht; **~fangsefni** *n* Aufgabe *f*; Problem *n*; **~felldinn** angenehm; liebenswürdig.
**víð|frægur** weitberühmt; **~förull** weit- *od* vielgereist; **~gerð** *f* Reparatur *f*.
**við|horf** *n* Einstellung *f*; Stellungnahme *f*; **~kunnanlegur** gemütlich; **~kvæmur** empfindlich; **~kynning** *f* Bekanntschaft *f*; **~leitni** *f* Streben *n*; Versuch *m*.
**víðlesinn** belesen.
**viðmót** *n* Wesen *n*; **~sgóður**, **~þýður** liebenswürdig.
**viðnám** *n* Widerstand *m*; **~sþrek** *n* Widerstandskraft *f*.
**viðræð|a** *f* Gespräch *n*, Besprechung *f*; **~ur** *f/pl*. Verhandlungen *pl*., Besprechungen *pl*.

**viðskipta|fræði** *n/pl.* Wirtschafts- *od.* Handelswissenschaften *pl.* (*Island*); **~höft** *n/pl.* Handelsbeschränkungen *pl.*; **~líf** *n* Wirtschaft(sleben *n*) *f*; Geschäftsleben *n*; **~maður** *m* Kunde *m*; **~málaráðherra** *m* Wirtschaftsminister *m*; **~samband** *n* Geschäftsverbindung *f*; **~velta** *f* Umsatz *m*; **~vinur** *m* Kunde *m*.
**viðskipti** *n/pl.* Handel *m*, Geschäft *n*.
**við|staddur** anwesend, gegenwärtig; **~stöðulaus** ununterbrochen, unaufhörlich.
**víðsýni** *n* weite Aussicht; *fig.* Weitblick *m*; Großzügigkeit *f*.
**viðtaka** *f* Empfang *m*; (*Vorschlag*) Aufnahme *f*; **~ndi** *m* Empfänger *m*.
**viðtal** *n* Gespräch *n*.
**við|tæki** *n* Radioapparat *m*; **~unandi** befriedigend; **~ur** *m* Holz *n*; **sólin gengur til ~ar** die Sonne geht unter.
**víður** weit.
**viður|kenna** anerkennen; zugeben; **~kenning** *f* Anerkennung *f*; **~vist** *f* Anwesenheit *f*, Gegenwart *f*; **~væri** *n* Kost *f*.
**við|utan** zerstreut; **~vaningur** *m* Anfänger *m*; **~víkjandi** betreffend, angehend, hinsichtlich; **~vörun** *f* Warnung *f*.
**vífilengjur** *f/pl.* Ausflüchte *pl.*
**víg|búast** aufrüsten; **~búnaður** *m* Aufrüstung *f*; **~girðing** *f* Befestigung *f*; **~i** *n* Festung *f*; **~ja** einweihen; **~lína** *f* Front *f*.
**vigt** *f* Gewicht *n*; Waage *f*; **~a** wiegen; **~un** *f* Wiegen *n*.
**víg|tönn** *f* Reißzahn *m*; **~völlur** *m* Schlachtfeld *n*.
**vík** *f* Bucht *f*.
**vika** *f* Woche *f*; **~piltur** *m* Laufbursche *m*.
**víking|aferð** *f* Wikingerfahrt *f*; **~aöld** *f* Wikingerzeit *f*; **~ur** *m* Wiking *m*.
**víkja** weichen; **~ að e-u** auf etw. hindeuten, andeuten; **~ e-m frá embætti** j-n seines Amtes entheben.
**víkk|a** ausweiten; sich ausweiten; erweitern; **~un** *f* Ausweitung *f*; Erweiterung *f*.
**vikna** gerührt werden.
**viku|blað** *n* Wochenzeitung *f*; **~kaup** *n*, **~laun** *n/pl.* Wochenlohn *m*; **~legur** wöchentlich; **~rit** *n* Wochenschrift *f*.
**vikur** *m* Bimsstein *m*; **~aska** *f* vulkanische Asche.
**vild** *f*: **eftir** *od.* **að ~** nach Belieben.
**vilja** wollen; **~ heldur** vorziehen; **~ til** geschehen, passieren; **ef til vill** vielleicht; **~fastur** willensstark; **~festa** *f* Willensstärke *f*; **~lítill** willens-

schwach; **~ndi** absichtlich; **~sterkur** *s.* **~fastur.**
**vilji** *m* Wille *m.*
**villa 1.** *f* Fehler *m*; Irrtum *m*; **2.** irreführen; **~ um fyrir e-m** j-n hinters Licht führen; **~ndi** irreführend; **~st** sich verlaufen, s-n Weg verlieren.
**villi|dýr** *n* Bestie *f*; **~gata** *f* Irrweg *m*, Abweg *m*; **~maður** *m* Wilde(r) *m*; **~mannlegur** barbarisch, roh; **~mennska** *f* Barbarei *f.*
**villtur** wild; verirrt.
**víma** *f* Rausch *m.*
**vin** *f* Oase *f.*
**vín** *n* Wein *m*; Alkohol *m*; **~andi** *m* Spiritus *m.*
**Vín(arborg)** *f* Wien *n.*
**vínarbrauð** *n* (*Gebäck*) Kopenhagener *m.*
**vinátta** *f* Freundschaft *f.*
**vínber** *n* Traube *f*; **~jalögur** *m*, **~jasafi** *m* Traubensaft *m.*
**vinda 1.** *f* Gangspill *n*; Wringmaschine *f*; **2.** wringen; **hverju sem fram vindur** unter allen Umständen.
**vind|átt** *f* Windrichtung *f*; **~hviða** *f* Windstoß *m*; **~ill** *m* Zigarre *f*; **~lakassi** *m* Zigarrenkiste *f*; **~lingur** *m* Zigarette *f*; **~mylla** *f* Windmühle *f*; **~staða** *f* *s.* **~átt**; **~ur** *m* Wind *m.*
**vín|ekra** *f* Weinberg *m*; **~flaska** *f* Weinflasche *f*; e-e Flasche Wein; **~föng** *n/pl.* geistige Getränke *pl.*; **~garður** *m* Weingarten *m.*
**vingjarnlegur** freundlich.
**vínglas** *n* Weinglas *n*; ein Glas Wein.
**vin|kona** *f*, **~stúlka** *f* Freundin *f.*
**vinna 1.** *f* Arbeit *f*; Beruf *m*; **2.** arbeiten; erobern; siegen; gewinnen; **~ að e-u** sich mit etw. beschäftigen; **~ sér inn peninga** Geld verdienen; **~ til e-s** (*Lob*) verdienen; **~ verk** e-e Arbeit ausführen; **~ sigur á e-m** j-n besiegen.
**vinningur** *m* Gewinn *m*; Lotteriegewinn *m.*
**vinnu|afl** *n* Arbeitskraft *f*; **~dagur** *m* Arbeitstag *m*; **átta stunda ~dagur** Achtstundentag *m*; **~hjú** *n/pl.* Hausangestellte *pl.*; **~hjúaskildagi** *m* Umzugstag *m* (*14. Mai in Island*); **~kona** *f* Hausgehilfin *f*; **~lag** *n* Arbeitsmethode *f*; **~laun** *n/pl.* Arbeitslohn *m*; **~laus** arbeitslos, erwerbslos; **~maður** *m* Knecht *m*; **~samur** arbeitsam; fleißig; **~semi** *f* Fleiß *m*; **~stofa** *f* Werkstatt *f*; **~tími** *m* Arbeitszeit *f*; **~þegi** *m*, **~þiggjandi** *m* Arbeitnehmer *m*, Arbeiter *m.*
**vín|rækt** *f* Weinbau *m*; **~sala** *f* Weinhandel *m*; **~sali** *m* Weinhändler *m.*
**vinstr|i** link-; **~i hönd(in)** die linke Hand, die Linke; **~a megin** links.

**vinsæll** beliebt, populär.
**vinur** *m* Freund *m.*
**vín|verzlun** *f* Weinhandel *m*; **~viður** *m* Weinstock *m*, Weinrebe *f*; **~þrúga** *f* Weinbeere *f*, Traube *f*.
**vír** *m* Metalldraht *m*, Draht *m*; **~avirki** *n* Filigran *n*; **~girðing** *f* Drahtzaun *m.*
**virð|a** achten, schätzen; ehren, verehren; **~a e-ð fyrir sér** etw. betrachten; **~st** scheinen; **hann ~ist vera ánægður** er scheint zufrieden zu sein; **~i** *n* Wert *m*; **~ing** *f* Achtung *f*, Respekt *m*; **~ingarfyllst** hochachtungsvoll; **~ingarverð** *n* Schätzpreis *m*; **~ulegur** ehrwürdig; **~uleiki** *m* Würde *f*.
**virk|i** *n* Festung *f*; **~ur** aktiv; **~ur dagur** *m* Werktag *m.*
**virtur** angesehen, geachtet.
**vís** sicher, unzweifelhaft.
**vísa 1.** *f* Strophe *f*; **2.**: **~ e-m leið** j-m den Weg zeigen; **~ til e-s** sich auf etw. beziehen; sich auf etw. berufen; auf etw. hinweisen.
**vís|bending** *f* Wink *m*, Andeutung *f*; Zeichen *n*; **~dómstönn** *f* Weisheitszahn *m*; **~dómur** *m* Weisheit *f*.
**vísifingur** *m* Zeigefinger *m.*
**vísinda|félag** *n* wissenschaftliche Gesellschaft; **~legur** wissenschaftlich; **~maður** *m* Wissenschaftler *m*; **~rit** *n* wissenschaftliche Schrift *od.* Arbeit; **~starf** *n* wissenschaftliche Forschung.
**vísindi** *n/pl.* Wissenschaft *f*.
**visinn** welk.
**vísir** *m* (*Uhr*) Zeiger *m*; Keim *m a. fig.*; Sproß *m.*
**vísitala** *f* Preisindex(zahl *f*) *m.*
**visna** (ver)welken.
**viss** sicher; **~a** *f* Sicherheit *f*, Gewißheit *f*; **~ulega** *adv.* sicher.
**vistir** *f/pl.* Proviant *m*; Lebensmittel *pl.*
**vist|legur** (*Zimmer*) gemütlich; **~(leg)leiki** *m* Gemütlichkeit *f*.
**vísu|ndur** *m* Bison *m*; **~orð** *n* Verszeile *f*, Vers *m.*
**vísvitandi** absichtlich, bewußt.
**vit** *n* Verstand *m*; **missa ~ið** den Verstand verlieren; **vel ~i borinn** sehr begabt; **hann stígur ekki í ~ið** er hat das Pulver nicht erfunden.
**vita** wissen; **~ e-ð fyrir** etw. voraussehen; **~ um e-ð** in etw. (über etw.) Bescheid wissen.
**víta** tadeln, zurechtweisen; (*Sitzung*) zur Ordnung rufen.
**vita|mál** *n/pl.* Leuchtfeuerwesen *n*; **~málastjóri** *m* Direktor des Leuchtfeuerwesens; **~nlega** selbstverständlich, natürlich.
**vítamín** *n* Vitamin *n.*
**vita|skip** *n* Feuerschiff *n*;

**~turn** *m* Leuchtturm *m*; **~vörður** *m* Leuchtturmwärter *m*.
**vit|firring** *f* Wahnsinn *m*; **~firringur** *m* Wahnsinnige(r) *m/f*; **~grannur** beschränkt, einfältig; **~i** *m* Leuchtturm *m*; Leuchtfeuer *n*; **það er góðs ~i** das ist ein gutes Zeichen.
**víti** *n* Hölle *f*; Strafe *f*; **~ssteinn** *m* Höllenstein *m*.
**vitja: ~ læknis** den Arzt holen (*od.* konsultieren).
**vit|laus** dumm; verrückt; **~leysa** *f* Unsinn *m*; Dummheit *f*; **~lítill** unverständig.
**vitna: ~ um e-ð** von etw. zeugen; **~leiðsla** *f* Zeugenvernehmung *f*; **~st** bekannt werden.
**vitneskja** *f* Wissen *n*; Nachricht *f*; Benachrichtigung *f*; Auskunft *f*; Bescheid *m*.
**vitni** *n* Zeuge *m*; **bera ~ um e-ð** von etw. Zeugnis ablegen, über etw. aussagen; **~sburður** *m* Zeugnis *n*; Zeugenaussage *f*.
**vitringur** *m* Weise(r) *m/f*.
**vitskertur** geisteskrank, wahnsinnig.
**vitsmunir** *m/pl.* Klugheit *f*; Intelligenz *f*.
**vitur** weise, klug; **~leiki** *m* Klugheit *f*.
**víxil|ábeking** *f* Indossament *n*; **~ábekingur** *m* Indossant *m*; **~afsögn** *f* Wechselprotest *m*; **~eyðublað** *n* Wechselvordruck *m*; **~fölsun** *f* Wechselfälschung *f*.
**víxill** *m* Wechsel *m*; **gefa út víxil á e-n** e-n Wechsel auf j-n ziehen.
**víxl|áhrif** *n/pl.* Wechselwirkung *f*; **~straumur** *m* Wechselstrom *m*.
**vizk|a** *f* Weisheit *f*; **~usteinn** *m* Stein der Weisen.
**voð|alegur** schrecklich, fürchterlich; **~i** *m* Gefahr *f*.
**vofa** *f* Gespenst *n*.
**vog** *f* Waage *f*; **~a** wagen; **~arskál** *f* Waagschale *f*; **~arstöng** *f* Hebel *m*.
**vogstangarafl** *n* Hebelkraft *f*.
**vogun** *f* Wagnis *n*.
**vogur** *m* Bucht *f*, Wiek *f*.
**vol** *n* Jammern *n*; **~a** jammern; klagen; heulen.
**voldugur** mächtig; gewaltig.
**volgur** lau(warm).
**volt** *n* Volt *n*.
**volæði** *n* Elend *n*; Armut *f*.
**von** *f* Hoffnung *f*; Erwartung *f*; Aussichten *pl.*; **sem ~ var** wie zu erwarten war; **upp á ~ og óvon** auf gut Glück, aufs Geratewohl; **~a** hoffen; **~andi** hoffentlich; **~brigði** *n/pl.* Enttäuschung *f*.
**vondur** schlecht, schlimm; böse, zornig; **verða ~** böse werden; **vera í vondu skapi** schlechter Laune sn.
**von|góður** hoffnungsvoll; **~laus** hoffnungslos; **~leysi** *n* Hoffnungslosigkeit *f*; **~svikinn** enttäuscht.
**vonzk|a** *f* Bosheit *f*; Zorn *m*; **~uveður** *n* Unwetter *n*.

**vopn** *n* Waffe *f*; **búa e-n ~um** j-n bewaffnen; **grípa til ~a** die Waffen ergreifen; **~aður** bewaffnet; **~ahlé** *n* Waffenstillstand *m*; **~fær** *Mil.* diensttauglich; wehrdienstfähig.
**vor 1.** *poss. pron.* unser; **2.** *n* Frühling *m*; **að ~i** im nächsten Frühling; **á ~in** im Frühling; **~a: það ~ar** es wird Frühling.
**vor|blóm** *n* Frühlingsblume *f*; **~dagur** *m* Frühlingstag *m*; **~jafndægur** *n* Frühjahrstagundnachtgleiche *f*.
**vorkenna: ~ e-m** j-n bemitleiden.
**vorkoma** *f* Ankunft *f* des Frühlings.
**vorkunnlátur** nachsichtig.
**vor|kvöld** *n* Frühlingsabend *m*; **~próf** *n* jährliche Prüfung; **~tími** *m* Frühlingszeit *f*.
**vott|a** bescheinigen; bestätigen; bezeugen; **~orð** *n* Bescheinigung *f*; **~ur** *m* Zeuge *m*; **ekki ~a af e-u** keine Spur von etw.
**vot|ur** naß; **~viðri** *n* Regenwetter *n*.
**vægð** *f* Gnade *f*; Schonung *f*; **~arlaus** schonungslos.
**vægilegur** mild(e); schonend.
**vægja** schonen.
**væminn** ekelhaft; (*Lächeln*) süßlich, schmalzig.
**vændi** *n* Prostitution *f*; **~shús** *n* Bordell *n*; **~kona** *f* Straßenmädchen *n*.
**vængja|blak** *n* Flügelschlag *m*; **~hurð** *f* Flügeltür *f*; **~þytur** *m* s. **~blak.**
**vængur** *m* Flügel *m*.
**vænn** brav, wacker; **þykja vænt um e-n** j-n gern haben; **það er ekki seinna ~a** es ist hohe (*od.* höchste) Zeit.
**vænta** erwarten, entgegensehen; **~nlegur** vorgesehen; (ist) zu erwarten.
**væta 1.** *f* Regen *m*; Feuchtigkeit *f*; **2.** feuchten, anfeuchten.
**vætt** *f* Zentner *m*.
**vöðv|amikill** muskulös, muskelstark; **~i** *m* Muskel *m*.
**vöggu|barn** *n* Säugling *m*; **~ljóð** *n* Wiegenlied *n*; **~vísa** *f* s. **~ljóð.**
**vök** *f* Eisloch *n*; **~na** naß werden.
**vökva** (*Blumen*) begießen.
**vökvi** *m* Flüssigkeit *f*.
**völ** *f* Wahl *f*; **sá á kvölina, sem á ~ina** wer die Wahl hat, hat die Qual.
**völundarhús** *n* Labyrinth *n*.
**völva** *f* Wahrsagerin *f*.
**vöntun** *f* Mangel *m*.
**vör** *f* Lippe *f*; **efri ~** Oberlippe *f*; **neðri ~** Unterlippe *f*.
**vörður** *m* Wache *f*; Posten *m*; Wächter *m*.
**vörn** *f* Schutz *m*; Verteidigung *f*.
**vöru|bíll** *m* Lastkraftwagen *m*; **~flutningur** *m* Warentransport *m*; **~geymsla** *f*

Lagerhaus *n*; Schuppen *m*; **~gæði** *n/pl.* Qualität *f*; **~hús** *n* Warenhaus *n*; **~leifar** *f/pl.* Restbestand *m*; **~merki** *n* Warenzeichen *n*; **~miði** *m* Etikett *n*; **~r** *f/pl.* Waren *pl.*; **~reikningur** *m* Faktura *f*; **~skiptaverzlun** *f* Tauschhandel *m*; Clearing(handel *m*) *n*; **~sýnishorn** *n* *Hdl.* Muster *n*; **~tegund** *f* Artikel *m*, Warengattung *f*; **~verð** *n* Warenpreise *pl.*

**vöxtur** *m* Wuchs *m*; Wachstum *n*; Gestalt *f*; Quantität *f*; **fara í vöxt** zunehmen; **mikill vexti** großwüchsig; **svo er mál með vexti** die Sache verhält sich so; *pl.* **vextir** Zins *m*, Zinsen *pl.*

## Y

**yðar** Ihr(e).

**ydd|a** spitzen; **~ur** gespitzt; spitzförmig.

**yfir** *prp.* über; **~ daginn** im Laufe des Tages; **sitja ~ borðum** bei Tisch sitzen; **sofa ~ sig** sich verschlafen; *adv.*: **þarna ~ frá** da drüben.

**yfir|boðari** *m* Vorgesetzte(r) *m/f*; **~borð** *n* Oberfläche *f*; **~borðslegur** oberflächlich; **~buga** besiegen, überwinden; **~burðir** *m/pl.* Überlegenheit *f*; **~bygging** *f* Überbau *m*; (*Wagen*) Karosserie *f*; *Mar.* Aufbauten *pl.*

**yfir|dómur** *m* Berufungsgericht *n*; **~fljótanlegur** reichlich; **~frakki** *m* Überzieher *m*, Mantel *m*; **~færa** *Hdl.* transferieren; **~færsla** *f* *Hdl.* Transfer *m*; **~gefa** verlassen; **~gnæfandi** überwiegend; **~gripsmikill** umfassend; **~heyra** verhören, (*Zeugen*) vernehmen; **~heyrsla** *f* Verhör *n*, Vernehmung *f*; **~hjúkrunarkona** *f* Oberschwester *f*; **~höfn** *f* Mantel *m*, Überzieher *m*; **~hönd** *f* Oberhand *f*; **~kennari** *m* (*Gymnasium*) Oberstudienrat *m*; (*Volksschule*) Konrektor *m*; **~leitt** überhaupt; im allgemeinen; **~lit** *n* Überblick *m*; **~lýsing** *f* Erklärung *f*; **~læknir** *m* Chefarzt *m*; **~lætislaus** bescheiden.

**yfir|maður** *m* Chef *m*, Vorgesetzte(r) *m/f*; **~náttúrlegur** übernatürlich; **~setukona** *f* Hebamme *f*; **~sjón** *f* Vergehen *n*, Verstoß *m*; Versehen *n*; **~skegg** *n* Schnurrbart *m*; **~skin** *n* Vorwand *m*; **~skrift** *f* Überschrift *f*; **~standandi** jetzig; **~sterkari** überlegen; **~stjórn** *f* Oberleitung *f*; *Mil.* Oberbefehl *m*; **~sæng** *f* Oberbett *n*, Deckbett *n*.

**yfir|vald** *n* Behörde *f*; **~vega** bedenken, erwägen; **~vegun** *f* Erwägung *f*, Überlegung *f*; **~vinna 1.** *f* Überstunden *pl.*; **vinna ~vinnu** Überstunden machen; **2.** überwinden; **~vofandi** drohend; **~völd** *n/pl.* Behörden *pl.*, Obrigkeit *f*; **~þungi** *m* Übergewicht *n*; **~þyrma** überwältigen; **~þyrming** *f* überwältigender Eindruck.
**ýkj|a** übertreiben; **~ur** *f/pl.* Übertreibung *f*.
**ykkar** euer.
**ykkur** euch.
**ýla** heulen.
**ýlda 1.** *f* Fäulnis *f*; **2.** (ver-) faulen.
**ýlf|ra** heulen, pfeifen; **~ur** *n* Heulen *n*, Pfeifen *n*.
**yllir** *n* Holunder *m*.
**yl|ur** *m* (schwache) Wärme *f*; **~volgur** lau(warm).
**ýmis** (*pl.* **ýmsir**) verschieden (verschiedene).
**ýmist ... eða** bald ... bald.
**ympra:** **~ á e-u** etw. andeuten.
**yndi** *n* Freude *f*, Lust *f*; **~ð mitt** mein Schatz; **~slegur** lieb, reizend, schön; **~sþokki** *m* Anmut *f*.
**yngja** verjüngen.
**ynnilegur** *s.* **innilegur.**
**yppta:** **~ öxlum** die Achseln zucken.
**yrða:** **~ á e-n** j-n anreden.
**yrðlingur** *m* (*Fuchs-*) Welpe [*m.*]
**yrja** *f* Sprühregen *m.*
**yrkisefni** *n* (*Dichtung*) Stoff *m*; Motiv *n*.
**yrkja** (*Boden*) bestellen, bebauen; dichten.
**ys** *m* Lärm *m*.
**ýsa** *f* Schellfisch *m*.
**ýta** schieben; **~rlegur** ausführlich.
**yztur** äußerster.

# Þ

**þá** damals, da; dann.
**það** es; das.
**þaðan** von dort, daher.
**þága** *f*: **gera e-ð í e-s þágu** etw. in j-s Interesse tun.
**þagmælsk|a** *f* Verschwiegenheit *f*; **~ur** verschwiegen. [gen.]
**þagna** still werden, schwei-
**þak** *n* Dach *n*; **~brún** *f* Dachtraufe *f*; **~gluggi** *m* Dachfenster *n*; **~herbergi** *n* Dachkammer *f*; **~inn** bedeckt.
**þakk|a** danken; **~a kærlega fyrir!** vielen Dank!; **eiga að ~a** zu verdanken haben; **~arorð** *n/pl.* Danksagung *f*; **~látur** dankbar; **~læti** *n* Dankbarkeit *f*.
**þak|ning** *f* Dachdecken *n*; Fußbodenbelag *m*; **~pappi** *m* Dachpappe *f*; **~renna** *f* Dachrinne *f*; **~skegg** *n s.* **~brún.**
**þang** *n* Tang *m*.
**þangað** dahin, dorthin; **~ til** *cj.* bis.

**þank|abrot** *n* (*meist pl.*) Kopfzerbrechen *n*; **~i** *m* Gedanke *m*.
**þanþol** *n* Elastizität *f*.
**þar** dort, da; **~ að auki** außerdem; **~ á meðal** darunter; **~ eð** *cj.* da; **hér og ~** hie(r) und da.
**þarafleiðandi** folglich.
**þarfanaut** *n* Zuchtstier *m*.
**þarf|laus** unnütz; unnötig; **~legur** nützlich; **~nast** brauchen, bedürfen; nötig haben; **~ur** nützlich.
**þari** *m* Alge *f*.
**þarmur** *m* Darm *m*.
**þarna** dort, da; **þessi ~** jener; **~ yfir frá** da drüben.
**þátttaka** *f* Teilnahme *f*, Beteiligung *f*; **~ndi** *m* Teilnehmer *m*, Beteiligte(r) *m*.
**þáttur** *m* (*Theater*) Akt *m*; Abschnitt *m*; Faktor *m*; **taka þátt í e-u** an etw. teilnehmen, sich an etw. beteiligen.
**þau** (*n/pl.*) sie *pl*.
**þaul|reyndur** altbewährt; **~spyrja** ausfragen; **~vanur**, **~æfður** routiniert, versiert.
**þáverandi** damalig.
**þef|a** riechen **~a af e-u** an etw. riechen; **~dýr** *n* Stinktier *n*; **~jan** *f* Geruchssinn *m*; Geruch *m*; Gestank *m*; **~ur** *m* Geruch *m*.
**þegar** *cj.* als, wenn; *adv.* sofort; **~ í stað** sofort, auf der Stelle.
**þegja** schweigen; **~ndi** schweigend, stumm.
**þegn** *m* Untertan *m*; **~réttindi** *n/pl.* bürgerliche Ehrenrechte *pl.*; **~skapur** *m* Loyalität *f*; **~skylduvinna** *f* Arbeitsdienst *m*.
**þei!** pst!
**þeir** (*m/pl.*) sie; **~ra** *pers. pron.* (*Gen.*) ihrer; (*als poss. pron.*) ihr.
**þekja** **1.** *f* Dach *n*; **2.** bedecken; **vera eins og úti á þekju** zerstreut sn.
**þekk|ing** *f* Kenntnis *f*, Wissen *n*; **hafa ~ingu á e-u** sich auf etw. verstehen; **~ingarleysi** *f*, **~ingarskortur** *m* Mangel *m* an Wissen; **~ja** kennen; **~ja aftur** (wieder)erkennen; **~izt þið?** kennen (kennt) Sie (ihr) sich (euch)?; **~tur** bekannt.
**þeldökkur: ~ maður** *m* Neger *m*; Farbige(r) *m*.
**þenja** dehnen, ausstrecken; **~nlegur** dehnbar.
**þensla** *f* Ausdehnung *f*; Elastizität *f*.
**þér** Sie; **~ast** sich siezen.
**þerna** *f* Hausgehilfin *f*; (*Schiff*, *Flgw.*) Stewardeß *f*.
**þerr|a** trocknen; (*Staub*) wischen; **~iblað** *n* Löschblatt *n*; **~ipappír** *m* *s.* **~iblað**; **~ir** *m* trockenes Wetter; **til ~is** zum Trocknen.
**þess: ~ vegna** daher, darum, deshalb; also.
**þessi** dieser; **~ hérna** dieser; **~ þarna** jener.
**þétt|a** verdichten; **~byggður**

dicht bevölkert; **~býll** *s.* **~byggður**; **~ing** *f* Verdichtung *f*; **~ir** *m* Kondensator *m*; **~ur** dicht.
**þið** ihr.
**þíða** 1. *f* Tauwetter *n*; 2. *v/t.* (*Eis*) schmelzen.
**þiðna** *v/i.* auftauen, schmelzen.
**þíðviðri** *n* Tauwetter *n*.
**þiggja** (*Einladung*) annehmen; **~ndi** *m* (*Geschenk*) Empfänger *m*.
**þil** *n* Holzwand *f*; **~far** *n* Deck *n*; **~farsfarmur** *m* Decksladung *f*; **~farsfarþegi** *m* Deckpassagier *m*.
**þind** *f* Zwerchfell *n*; **~arlaus** unermüdlich.
**þing** *n* Parlament *n*; Kongreß *m*; **~bundinn** konstitutionell; **~deild** *f* (*Parlament*) Kammer *f*; **~legur** parlamentarisch; **~lesa** ins Grundbuch eintragen; **~lýsa** *s.* **~lesa**; **~maður** *m* Parlamentsmitglied *n*; Abgeordnete(r) *m/f*; **~mannsefni** *n* Wahlkandidat *m*; **~ræði** *n* Parlamentarismus *m*; **~sköp** *n/pl.* (*Sitzung*) Geschäftsordnung *f*; **~sæti** *n* (*Parlament*) Sitz *m*.
**þinn** (**þín, þitt**) dein(e).
**þistill** *m* Distel *f*.
**þjá** drücken; plagen; **~st** leiden.
**þjaka** drücken, plagen.
**þjálf|a** trainieren; üben; **~ri** *m* Trainer *m*.
**þjáning** *f* Leiden *n*; **~arlaus** schmerzlos.
**þjappa** stopfen, pfropfen; **~ saman** zusammenpressen.
**þjark** *n* Zank *m*, Streit *m*; (*Preis*) Feilschen *n*; **~a** sich streiten *od.* zanken.
**þjóð** *f* Volk *n*; **~aratkvæði** *n* Volksentscheid *m*; **~arauður** *m* Volksvermögen *n*.
**þjóðar|einkenni** *n* nationaler Charakter; **~galli** *m* Nationalfehler *m*; **~rembingur** *m* Chauvinismus *m*; **~vilji** *m* Volkswille *m*.
**þjóð|banki** *m* Nationalbank *f*; **~búningur** *m* Volkstracht *f*; **~dans** *m* Volkstanz *m*; **~erni** *n* Nationalität *f*; **~félag** *n* (die bürgerliche) Gesellschaft; **~félagsfræði** *f* Soziologie *f*; **~flokkur** *m* Volksstamm *m*; **~flutningur** *m* Völkerwanderung *f*; **~fræði** *f* Völkerkunde *f*; **~garður** *m* Nationalpark *m*; **~hagslegur** volkswirtschaftlich; **~hátíð** *f* Volksfest *n*; **~hátíðardagur** *m* Nationalfeiertag *m*; **~hetja** *f* Nationalheld *m*; **~hollur** patriotisch; **~höfðingi** *m* Staatsoberhaupt *n*, Fürst *m*; **~kirkja** *f* Staatskirche *f*; **~kvæði** *n* Volkslied *n*; **~legur** national, völkisch; **~leikhús** *n* Nationaltheater *n*.
**þjóð|mál** *n/pl.* Politik *f*; **~minjasafn** *n* National-

museum *n*; **~minjavörður** (*Island*) *m* Direktor *m* des Nationalmuseums; **~nýta** verstaatlichen; **~nýting** *f* Verstaatlichung *f*; **~rækinn** patriotisch; **~rækni** *f* Patriotismus *m*, Vaterlandsliebe *f*; **~saga** *f* Volkssage *f*; **~sagnafræði** *f* Volkskunde *f*; **~skipulag** *n* Gesellschaftsordnung *f*; **~skjalasafn** *n* Staatsarchiv *n*; **~skjalavörður** *m* Staatsarchivar *m*; **~söngur** *m* Nationalhymne *f*; **~trú** *f* Volksglaube *m*; **~vegur** *m* Landstraße *f*.

**Þjóðverji** *m* Deutsche(r) *m/f*.

**þjóf|alykill** *m* Nachschlüssel *m*, Dietrich *m*; **~snautur** *m* Hehler *m*; **~ur** *m* Dieb(in *f*) *m*.

**þjón|a** dienen; bedienen, aufwarten; **~n** *m* Diener *m*; (*Restaurant*) Ober *m*, Kellner *m*; **~usta** *f* Bedienung *f*; **~ustustúlka** *f* Hausangestellte *f*.

**þjór|a** häufig (*od.* regelmäßig) trinken; **~fé** *n* Trinkgeld *n*.

**þjóta** fahren, stürzen, rennen; sausen, brausen.

**þjöl** *f* Feile *f*.

**þó** *adv.* doch, jedoch; trotzdem; **~ að** obgleich; wenn auch.

**þófta** *f* Ruderbank *f*.

**þoka** *f* Nebel *m*.

**þókn|ast** gefallen; **~un** *f* Vergütung *f*, Honorar *n*; Trinkgeld *n*; *Hdl.* Provision *f*.

**þoku|bakki** *m* Nebelbank *f*; **~kenndur** neblig; *fig.* unklar, nebelhaft; **~lúður** *m* Nebelhorn *n*; **~rák** *f* Nebelstreif *m*; **~slæða** *f* Nebelschleier *m*.

**þol** *n* Ausdauer *f*; **~a** vertragen; dulden; aushalten; **~anlegur** erträglich, leidlich; **~góður** ausdauernd, beharrlich; **~gæði** *n* Ausdauer *f*; **~hlaup** *n* Langstreckenlauf *m*, Dauerlauf *m*; **~hlaupari** *m* Langstreckenläufer *m*; **~inmóður** geduldig; **~inmæði** *f* Geduld *f*; **~leysi** *n* Mangel *m* an Ausdauer.

**þor** *n* Mut *m*, Kühnheit *f*; **~a** wagen; sich (ge)trauen.

**þorna** trocknen, trocken werden.

**þorp** *n* Dorf *n*; **~ari** *m* Bandit *m*, Schuft *m*.

**þorsk|alýsi** *n* Dorsch(leber)tran *m*; **~alifur** *f* Dorschleber *f*; **~ur** *m* Dorsch *m*; Kabeljau *m*; **~veiði** *f* Dorschfang *m*.

**þorsti** *m* Durst *m*.

**þota** *f* *Flgw.* Düsenflugzeug *n*.

**þótt** *cj.* obgleich; wenn auch.

**þótt|afullur** hochmütig; **~i** *m* Hochmut *m*; Stolz *m*.

**þrá 1.** *f* Sehnsucht *f*, Verlangen *n*; **2.** sich sehnen; (nach etw.) verlangen.

**þráð|arspotti** *m* ein Stück

Faden; **~laus** drathlos; **~ur** *m* Faden *m*, Garn *n*; Draht *m*; *El.* Leitung *f*.
**þrá|faldlegur** häufig; wiederholt; **~hyggja** *f* fixe Idee; **~i** *m* Trotz *m*; **~kálfur** *m* Trotzkopf *m*; **~lyndi** *n* Hartnäckigkeit *f*.
**þramma** stapfen.
**þrá(naðu)r** ranzig.
**þrár** ranzig; trotzig.
**þrásinnis** wiederholt.
**þrátt:** **~ fyrir** *prp.* trotz; **~ fyrir að** *cj.* obgleich.
**þraut** *f* schwere Aufgabe; Pein *f*; **~ir** *pl.* Schmerzen *pl.*; **~seigja** *f* Zähigkeit *f*, Ausdauer *f*; **~seigur** zäh, beharrlich.
**þrefalda** verdreifachen.
**þreifa** tasten; berühren; **~ á e-u** etw. anfühlen; **~ sig áfram** sich vorwärtstasten.
**þrek** *n* Kraft *f*, Energie *f*; Charakterfestigkeit *f*; **~aður** erschöpft; **~inn** kräftig gebaut; **~laus** kraftlos, schwach; **~leysi** *n* Kraftlosigkeit *f*; Mutlosigkeit *f*; **~mikill** stark; **~vaxinn** kräftig gebaut, untersetzt; **~virki** *n* Großtat *f*.
**þrenging** *f* Bedrängnis *f*, Not *f*; **~artíð** *f*, **~artími** *m* schwere Zeiten *pl*.
**þrengja** einengen; **~st** sich verengen.
**þrengsli** *n/pl.* Enge *f*; Platzmangel *m*.
**þrenn|ur** dreifach; **~s konar** dreierlei; **~ir skór** drei Paar Schuhe.
**þrep** *n* (*Treppe*) Stufe *f*.
**þreskja** dreschen.
**þrettán** dreizehn; **~di 1.** *m* Dreikönigsfest *n*; **2.** dreizehnter.
**þrevetur** drei Jahre alt.
**þreyta 1.** *f* Müdigkeit *f*, Ermüdung *f*; **2.** ermüden; **~ndi** ermüdend.
**þriðji** dritter.
**þriðj|udagur** *m* Dienstag *m*; **~ungur** *m* Drittel *n*.
**þríeining** *f* Dreieinigkeit *f*.
**þrif** *n/pl.* Gedeihen *n*; **~inn** reinlich; sauber.
**þrífa** ergreifen; (*Wohnung*) in Ordnung bringen; **~st** gedeihen.
**þrifnaður** *m* Sauberkeit *f*.
**þrí|fótur** *m* Dreifuß *m*; **~fættur** dreibeinig.
**þrí|hjól** *n* Dreirad *n*; **~hyrningafræði** *f* Trigonometrie *f*; **~hyrningur** *m* Dreieck *n*; **~kvæður** dreisilbig; **~litur** dreifarbig.
**þrír** (**þrjár, þrjú**) drei.
**þrí|skipting** *f* Dreiteilung *f*; **~skiptur** dreiteilig; **~strendur** (*Feile*) dreikantig.
**þristur** *m* (*Kartenspiel*) Drei *f*.
**þrístökk** *n* Dreisprung *m*.
**þrisvar** dreimal.
**þrítug|asti** dreißigster; **~ur** dreißig Jahre alt.
**þrívíður** dreidimensional.
**þrjátíu** dreißig.
**þrjót|a** alle werden; **ölið er þrotið** das Bier ist alle; **~ur** *m* Schurke *m*.

**þrjózk|a** *f* Trotz *m*; **~ufullur, ~ur** trotzig.
**þróast** sich entwickeln, sich entfalten.
**þrosk|a** entwickeln; **~aður** reif; **~askeið** *n* Entwicklungsstadium *n*, -periode *f*; **~ast** sich entwickeln; reifen, heranreifen; **~avænlegur** vielversprechend; **~i** *m* Reife *f*, Entwicklung *f*.
**þrot|abú** *n* Konkursmasse *f*; **~abúsmeðferð** *f* Konkursverfahren *n*.
**þrot|i** *m* Anschwellung *f*, Entzündung *f*; **~laus** unaufhörlich, ununterbrochen.
**þrótt|laus** kraftlos, energielos; **~mikill** kräftig, energisch; **~ur** *m* Kraft *f*, Energie *f*.
**þróun** *f* Entwicklung *f*; **~arkenning** *f* Abstammungslehre *f*.
**þruma 1.** *f* Donner *m*; **2.** donnern.
**þrumuveður** *n* Gewitter *n*.
**þrýst|a** drücken; **~idæla** *f* Druckpumpe *f*; **~iloft** *n* Druckluft *f*; **~iloftsflugvél** *f* Düsenflugzeug *n*; **~ing** *f*, **~ingur** *m* Druck *m*.
**þræða** (ein)fädeln.
**þræla** schuften; (*Schule*) büffeln; **~vinna** *f* Sklavenarbeit *f*; Schufterei *f*.
**þrældómur** *m* Sklaverei *f*, Knechtschaft *f*; *fig.* Schuften *n*.
**þræll** *m* Sklave *m*.
**þrælmenni** *n* Schurke *m*, Schuft *m*.
**þræta 1.** *f* Streit *m*, Zank *m*, Zwist *m*; **2.** sich streiten *od.* zanken.
**þrætu|epli** *n* Zankapfel *m*; **~gjarn** zänkisch, zanksüchtig.
**þröng|sýni** *f* Kurzsichtigkeit *f*; Beschränktheit *f*; **~sýnn** kurzsichtig; beschränkt; **~ur** eng; schmal; **~va: ~va e-m til e-s** j-n zu etw. zwingen.
**þröskuldur** *m* Schwelle *f*.
**þröstur** *m* Drossel *f*.
**þú** du; **~a** duzen; **~ast** sich duzen.
**þúfa** *f* kleine Bodenerhebung.
**þulur** *m* Ansager *m*, (*Rundfunk-*)Sprecher *m*.
**þumalfingur** *m* Daumen *m*.
**þumlungur** *m* (*Maß*) Zoll *m*.
**þunga|iðnaður** *m* Schwerindustrie *f*; **~miðja** *f* Schwerpunkt *m*.
**þung|búinn** düster, finster; **~bær** drückend; **~i** *m* Gewicht *n*; **~lyndi** *n* Schwermut *f*, Melancholie *f*; **~lyndur** schwermütig, melancholisch; **~skilinn** schwer zu verstehen; **~uð** schwanger; **~un** *f* Schwangerschaft *f*; **~ur** schwer; schwierig; **vera ~t haldinn** schwer krank sn; **stynja ~an** tief seufzen; **hvað ertu ~ur?** wieviel wiegst du?
**þunn|hærður** dünnhaarig; **~ur** dünn; *fig.* dumm.
**þurfa** brauchen, bedürfen;

**~mannahæli** *n* Armenhaus *n*.
**þurr** trocken; **~ á manninn** verdrossen, unfreundlich; wortkarg.
**þurrka 1.** *f* Geschirrtuch *n*, Küchentuch *n*; Handtuch *n*; **2.** trocknen; austrocknen, trockenlegen; **~ af** Staub wischen; **~ e-ð af e-u** etw. abstauben.
**þurrkun** *f* Trocknen *n*; Trockenlegung *f*.
**þurrkur** *m* trockenes Wetter.
**þurrkví** *f* Trockendock *n*.
**þurrviðri** *n* trockenes Wetter.
**þúsund** *n* Tausend *n*; **~asti** tausendster; **~faldur** tausendfach; **~þjalasmiður** *m* Tausendkünstler *m*.
**þvað|ra** faseln, dummes Zeug reden, quatschen; **~ur** *n* dummes Zeug, Quatsch *m*.
**þvag** *n* Urin *m*, Harn *m*; **~blaðra** *f* Harnblase *f*; **~teppa** *f* Harnverhaltung *f*.
**þvalur** feucht, feuchtkalt.
**þveginn** gewaschen.
**þver** quer; trotzig; **~haus** *m* Querkopf *m*; **~mál** *n* Durchmesser *m*; **~skurður** *m* Querschnitt *m*; **~úð** *f* Widerspenstigkeit *f*; **~úðarfullur** widerspenstig.
**því** *adv.* darum, deshalb; **~ að** *cj.* weil, denn; **~ ... ~** je ... desto.
**þving|a** zwingen; **~un** *f* Zwang *m*.
**þvo** waschen; **~ upp** aufwaschen, spülen.
**þvotta|efni** *n* Waschmittel *n*; **~fat** *n* Waschschüssel *f*; **~hús** *n* Wäscherei *f*; Waschküche *f*; **~kjallari** *m* Waschküche *f*; **~kona** *f* Waschfrau *f*; **~vél** *f* Waschmaschine *f*.
**þvottur** *m* Wäsche *f*; Waschen *n*.
**þýða** bedeuten; übersetzen; **~ndi** *m* Übersetzer *m*.
**þýðing** *f* Bedeutung *f*; Übersetzung *f*; **~arlaus** belanglos, unbedeutend; unwichtig; zwecklos; **~armikill** wichtig, von Bedeutung.
**þýður** sanft, mild(e).
**þykja** (für etw.) gelten; (als etw.) angesehen *od.* betrachtet werden; beleidigt werden, sich gekränkt fühlen; **~ gaman** sich amüsieren; **~ e-ð gott** etw. gern essen, etw. mögen; **~ vænt um e-n** j-n gern haben; **~st: ~st vera** tun, als ob ...
**þykkna** dicker werden; dichter werden; **það ~r í honum** er wird zornig.
**þykk|t** *f* Dicke *f*; (*Papier*) Stärke *f*; **~ur** dick; (*Papier*) stark.
**þyngd** *f* Gewicht *n*; **~arafl** *n* Schwerkraft *f*; **~arlögmál** *n* Gravitationsgesetz *n*; **~arpunktur** *m* Schwerpunkt *m*.
**þyngja** erschweren; **~st** schwerer werden.

**þynna** 1. *f* dünne Metallplatte *f*; Blatt *n*; Folie *f*; 2. verdünnen.
**þyrilvængja** *f*, **þyrla** *f* Hubschrauber *m*.
**þyrlast** *v/i*. (umher)wirbeln.
**þyrma** schonen.
**þyrnir** *m* Dorn *m*.
**Þyrnirós** *f* Dornröschen *n*.
**þyrpast:** ~ **að** herbeiströmen; ~ **saman** sich scharen, zusammenlaufen.
**þyrsklingur** *m* kleiner Dorsch.
**þyrsta: mig þyrstir** ich habe Durst, ich bin durstig.
**þyrstur** durstig.
**þys** *m* Lärm *m*; Geräusch *n*; (*Straßen-*)Lärm *m*.
**þytur** *m* Sausen *n*, Brausen *n*.
**þýzk|a** *f* Deutsch *n*; **Ƨaland** *n* Deutschland *n*; **~umælandi** deutschsprechend; **~ur** deutsch.
**þæfa** walken.
**þægð** *f* Dienst *m*; **til ~ar** zuliebe.
**þægi|legheit** *n/pl*. Liebenswürdigkeit *f*, Freundlichkeit *f*; **~legur** bequem; angenehm; liebenswürdig; **~ndi** *n/pl*. Komfort *m*.
**þægur** (*Kind*) artig.
**þær** (*f/pl.*) sie.
**þögull** schweigsam.
**þökk** *f* Dank *m*; ~ **fyrir** danke schön.
**þörf** *f* Bedarf *m*; Bedürfnis *n*.
**þörungur** *m* Alge *f*.

# Æ

**æ!** ach!; oh!
**æð** *f* Ader *f*.
**æða** rasen; **~bólga** *f* Venenentzündung *f*; **~hnútur** *m* Krampfader *f*; **~kökkur** *m* Blutpfropfen *m*, Thrombus *m*; **~kölkun** *f* Arterienverkalkung *f*.
**æðar|dúnn** *m* Eiderdaunen *pl.*; **~fugl** *m* Eidergans *f*, Eiderente *f*.
**æða|stífla** *f*, **~teppa** *f* Thrombose *f*, Embolie *f*.
**æði** 1. *n* Wut *f*; Raserei *f*; 2. *adv*. ziemlich; ~ **góður** ziemlich (*od.* ganz) gut.
**æðis|genginn** wütend, rasend; **~kast** *n* Wutanfall *m*.
**æðr|ast** den Mut verlieren; **~ulaus** unerschrocken.
**æfa** üben; (*Sport*) trainieren; **~gamall** uralt.
**æfi** *f s.* **ævi.**
**æfing** *f* Übung *f*; Training *n*.
**æfintýr|amaður** *m* Abenteurer *m*; **~i** *n* Abenteuer *n*; Erlebnis *n*.
**æfur** rasend, wütend.
**ægilegur** furchtbar, schrecklich.
**æki** *n* Wagenladung *f*.
**æla** kotzen.
**æpa** schreien; heulen.
**ær** 1. *f* Mutterschaf *n*; 2. rasend, verrückt.
**æra** 1. *f* Ehre *f*; 2. wahn-

sinnig *od.* verrückt machen.
**ær|andi** ohrenbetäubend; **~ast** rasend werden.
**æringi** *m* Spaßvogel *m.*
**ærlegur** ehrlich; ordentlich; tüchtig.
**æru|laus** ehrlos; **~leysi** *n* Ehrlosigkeit *f*; **~meiða** verleumden; beleidigen; **~meiðing** *f* Beleidigung *f*, Ehrverletzung *f*; **~verður** ehrwürdig.
**æsa** aufhetzen; erregen; **~ndi** aufregend; spannend.
**æsi|fregn** *f* Sensation *f*; **~ng** *f* Aufhetzung *f*; Aufregung *f*; **~ngamaður** *m* Agitator *m*; Unruhestifter *m*; Fanatiker *m.*
**æsk|a** *f* Jugend *f*; **~ilegur** erwünscht, wünschenswert; **~ja** wünschen.
**æsku|aldur** *m* Jugendjahre *pl.*; Kindheit *f*; **~lýður** *m*, **~menn** *m/pl.* Jugend *f*; **~vinkona** *f* Jugendfreundin *f*; **~vinur** *m* Jugendfreund *m.*
**æstur** aufgeregt.
**ætíð** immer, stets.
**ætilegur** eßbar.
**ætla** wollen, werden; glauben, annehmen; **við ætlum að gera það** wir wollen es tun; **hvert ~r þú?** wohin willst du?, wo willst du hin?; **ég ~, að hann hafi skilið mig** ich glaube (nehme an), daß er mich verstanden hat; **~ sér** beabsichtigen, vorhaben; **~st**: **~st fyrir** beabsichtigen.
**ætlun** *f* Meinung *f*; Absicht *f*; Vorhaben *n*; Plan *m.*
**ætt** *f* Geschlecht *n*, Familie *f*; **e-ð gengur í ~ir** etw. ist erblich; **~armót** *n* Familienähnlichkeit *f.*
**ættar|nafn** *n* Familienname *m*, Zuname *m*; **~tala** *f* Ahnentafel *f*, Stammbaum *m.*
**ætterni** *n* Familie *f*; Abstammung *f.*
**ætt|faðir** *m* Stammvater *m*; **~fólk** *n* Verwandte *pl.*, Verwandtschaft *f*; **~fræði** *f* Familienforschung *f*; **~fræðingur** *m* Familienforscher *m*; **~gengi** *n* Erblichkeit *f*, Vererbung *f*; **~gengur** erblich; **~ingi** *m* Verwandte(r) *m/f.*
**ættjarðar|ást** *f* Vaterlandsliebe *f*; **~kvæði** *n*, **~ljóð** *n* patriotisches Lied; **~söngur** *m* Nationalhymne *f*; **~vinur** *m* Patriot *m.*
**ætt|jörð** *f* Vaterland *n*; **~land** *n* s. **~jörð**; **~leiða** adoptieren; **~leiðing** *f* Adoption *f*; **~liður** *m* Generation *f*; **~menni** *n* Verwandte(r) *m/f*; **~stofn** *m* Geschlecht *n*, Stamm *m.*
**ætur** eßbar.
**æva|gamall** uralt; **~randi** immerwährend, beständig.
**ævi** *f* Leben *n*; **~ágrip** *n* kurzgefaßte Biographie; **~atriði** *n/pl.* Personalien *pl.*; **~ferill** *m* Lebenslauf *m*; **~minning** *f* Nachruf *m*; Lebensbeschreibung *f.*

**ævintýra|bók** *f* Märchenbuch *n*; **~legur** abenteuerlich; **~maður** *m* Abenteurer *m*; **~skáld** *n* Märchendichter *m*.

**ævintýri** *n* Abenteuer *n*; Erlebnis *n*; Märchen *n*.

**ævi|saga** *f* Biographie *f*, Lebensbeschreibung *f*; **~starf** *n* Lebenswerk *n*; **~söguritari** *m* Biograph *m*.

**æxl|ast** sich fortpflanzen; **~i** *n* Geschwulst *f*, Auswuchs *m*; **~un** *f* Fortpflanzung *f*; **~unarfæri** *n/pl*. Fortpflanzungsorgane *pl*.

## Ö

**öðlast** erreichen; bekommen, kriegen.

**öðli**: **frá alda ~** seit Menschengedenken, seit jeher.

**öðru hverju, ~ hvoru** hin und wieder, dann und wann, ab und zu; **~vísi** anders; **allt ~vísi** ganz anders.

**öfga|fenginn, ~fullur** wer zum Übertreiben neigt, fanatisch; **~r** *f/pl*. Übertreibung *f*, Extrem *n*; Fanatismus *m*.

**öfl|ugur** kräftig, stark; **~un** *f* Anschaffung *f*, Beschaffung *f*.

**öftrun** *f* Verhinderung *f*, Vorbeugung *f*.

**öfugur** rückwärts, rücklings; verkehrt; falsch; umgekehrt.

**öfund** *f* Neid *m*; **~a** beneiden; **~sjúkur** neidisch; **~sverður** beneidenswert.

**ögn** *f* ein bißchen, ein wenig; **upp til agna** mit Haut und Haar(en).

**ögr|a** herausfordern; **~un** *f* Herausforderung *f*.

**ök(k)l|aliður** *m* Fußgelenk *n*; **~i** *m* Fußknöchel *m*.

**öku|hraði** *m* Fahrgeschwindigkeit *f*; **~kennari** *m* Fahrlehrer *m*; **~maður** *m* Fahrer *m*, Chauffeur *m*; Kutscher *m*; **~próf** Fahrprüfung *f*; **~skírteini** *n* Führerschein *m*.

**öl** *n* Bier *n*.

**öld** *f* Jahrhundert *n*; **fyrir allar aldir** morgens in aller Frühe.

**öldóttur** wellenförmig; hügelig.

**öldu|brjótur** *m* Wellenbrecher *m*; **~gangur** *m* Seegang *m*; **~hryggur** *m* Wellenkamm *m*; **~lengd** *f* Wellenlänge *f*.

**öldung|adeild** *f*, **~aráð** *n* Senat *m*; **~ur** *m* Greis *m*.

**öldustokkur** *m* Reling *f*.

**öl|gerð** *f* Bierbrauerei *f*; **~kelda** *f* Mineralquelle *f*; **~kelduvatn** *n* Mineralwasser *n*; **~kolla** *f* Bierkrug *m*; Bierseidel *n*; **~krá** *f* Bierkeller *m*, Bierstube *f*.

**ölmus|a** *f* Almosen *n*; **~umaður** *m* Bettler *m*.

**ölvaður** berauscht; betrunken; **vera** ~ e-n Schwips haben, betrunken sn.
**öl|víma** *f* Rausch *m*; **~vun** *f* Rausch *m*, Trunkenheit *f*.
**ömurlegur** traurig; (*Gedanken*) trübe.
**önd** *f* Ente *f*; Seele *f*; **~un** *f* Atmung *f*; **~vegi** *n* Hochsitz *m*; Ehrenplatz *m*.
**öng|stræti** *n* Gasse *f*; **~ull** *m* Angel *f*; Angelhaken *m*; **~vit** *n* Bewußtlosigkeit *f*; Ohnmacht *f*.
**önug|lyndur** mürrisch, verdrießlich; **~lyndi** *n* mürrisches Wesen; **~ur** mürrisch.
**ör 1.** *f* Pfeil *m*; **2.** *n* Narbe *f*; **3.** *adj.* lebhaft, rasch; freigebig; aufbrausend.
**örbirgð** *f* Armut *f*, Elend *n*.
**örðug|leiki** *m* Schwierigkeit *f*; **~ur** schwierig, schwer.
**öreig|alýður** *m* Proletariat *n*; **~i** *m* Proletarier *m*.
**örk** *f* (*Papier-*)Bogen *m*; Arche *f*; **~in hans Nóa** die Arche Noahs.
**örkumlamaður** *m* Invalide *m*.
**örlaga|gyðja** *f* Schicksalsgöttin *f*; **~þrunginn** schicksalsschwer, verhängnisvoll.
**ör|látur** freigebig; **~læti** *n* Freigebigkeit *f*; **~lög** *n/pl.* Schicksal *n*; **~magna** erschöpft; **~magnast** verschmachten.
**örn** *m* Adler *m*.
**örnefni** *n* Ortsname *m*; Flurname *m*.
**örorka** *f* Invalidität *f*, Erwerbsunfähigkeit *f*.
**öróttur** narbig.
**ör|sjaldan** äußerst selten; **~skjótur** pfeilschnell; **~smár** sehr klein; mikroskopisch; **~stuttur** sehr kurz; **~uggleiki** *m* Sicherheit *f*; **~uggur** sicher.
**örva** aufmuntern, ermuntern, ermutigen; **~mælir** *m* (*Pfeile*) Köcher *m*; **~roddur** *m* Pfeilspitze *f*; **~sa** altersschwach; gebrechlich, hinfällig.
**örvhendur, örvhentur** linkshändig; **hann er** ~ er ist Linkshänder.
**örviln|aður** verzweifelt; **~ast** verzweifeln; **~un** *f* Verzweiflung *f*.
**örvun** *f* Aufmunterung *f*, Ermutigung *f*, Ermunterung *f*; Anregung *f*.
**örvænt|a** verzweifeln; **~ing** *f* Verzweiflung *f*; **~ingarfullur** verzweifelt.
**öryggi** *n* Sicherheit *f*; *El.* Sicherung *f*; **~sloki** *m* Sicherheitsventil *n*; **~snál** *f*, **~snæla** *f* Sicherheitsnadel *f*; **~sráðstöfun** *f* Sicherheitsmaßnahme *f*.
**öryrki** *m* Invalide *m*.
**ös** *f* (*Geschäft*) Gedränge *n*; Andrang *m*.
**öskra** schreien; brüllen.
**ösku|bakki** *m* Aschenbecher *m*; **~buska** *f* Aschenbrödel *n*; **~dagur** *m* Aschermitt-

woch *m*; **~fall** *n* Aschenregen *m*.
**öskur** *m* Schrei *m*; Brüllen *n*.
**ösku|regn** *n* Aschenregen *m*; **~reiður** rasend, wütend.
**ösla** waten; plätschern.
**ösp** *f* Pappel *f*.
**ötull** unternehmend, betriebsam, tätig.
**öxi** *f* Axt *f*; Beil *n*.
**öxl** *f* Schulter *f*; Achsel *f*.
**öxull** *m* Achse *f*, Welle *f*.

# A

**A** (das große ~), a *n* (das kleine ♀); **von ~ bis Z** frá upphafi til enda.
**Aal** *m* áll *m*.
**Aas** *n* hræ *n*; **~fliege** *f* maðkafluga *f*.
**ab** frá *Esb., Mar., Flgw.*: **~ Hamburg** frá Hamborg; burt; **~ und zu** við og við, endrum og eins; **auf und ~** fram og aftur; **von da ~** þaðan af.
**ab|ändern** breyta, laga; **~arbeiten:** *v/r.* þræla sér út, vinna sér um megn; **♀art** *f* afbrigði *n*; **♀bau** *m Bgb.* námugröftur *m*; *Gebäude*: niðurrif *n*; *Preis:* lækkun *f*; *Gehalt:* skerðing *f*, lækkun *f*; *Arbeiter*: uppsögn *f*; *Beamte:* fækkun *f*; **~bauen** rífa, taka sundur; segja upp, fækka; *Bgb.* reka, nytja; vinna; *Mech.* taka sundur, rífa.
**Abberufung** *f* heimkvaðning *f*, brottkvaðning *f*.
**ab|bestellen** *Zeitung*: segja upp; afturkalla, taka aftur, aflýsa; **~biegen** beygja frá, beygja til hliðar; víkja frá; taka á sig bugðu.
**abbilden** gera (eftir)mynd af; *Su.* *f* (eftir)myndun *f*; mynd *f*.
**Abbitte** *f* afsökun *f*; **♀n: j-m etw. ~** biðja e-n afsökunar á e-u.
**abblenden** *Licht:* deyfa, hylja að öllu eða nokkru leyti.
**abbrausen** *v/r.* fá sér steypibað.
**abbrechen** brjóta af; **ein Haus ~** rífa hús; *Gespräch*: slíta, hætta.
**ab|brennen** brenna; *Feuerwerk*: skjóta; **~bringen** koma burt, ná burt, fjarlægja; **j-n von etw. ~bringen** hafa e-n ofan af e-u; **~bröckeln** mylja; molna; **♀bruch** *m* (niður)rif *n*; rof *n*; tjón *n*; **~brühen** skálda, kalóna; **~bürsten** bursta af.
**abbüßen** afplána.
**Abc** *n* stafróf *n*.
**Abdachung** *f* halli *m*.
**abdanken** segja upp; segja af sér; *Su.* uppsögn *f*.
**abdecke|n** afþekja; **den Tisch ~n** taka af borðum; **ein Tier ~n** flá skepnu; **♀r** *m* mannhundur *m*.
**ab|dichten** þétta; **~drehen** snúa burt, víkja til hliðar; *Gas:* slökkva; *Wasser:* loka fyrir; **~drosseln** loka fyrir, hefta.
**Abdruck** *m* prófórk *f*; afrit

*n*, eftirrit *n*; ꝰen taka próförk; prenta upp aftur, endurprenta.
**Abend** *m* kvöld *n*; **gegen ~** undir kvöld; **gestern ꝰ** í gærkveldi; **vorgestern ꝰ** í fyrrakvöld; **heute ꝰ** í kvöld; **morgen ꝰ** annað kvöld; **ꝰs** á kvöldin; um kvöldið; **guten ~** gott kvöld; **am Heiligen ~** á aðfangadagskvöldið; **zu ~ essen** borða kvöldverð; **~anzug** *m* samkvæmisklæðnaður *m*; **~brot** *n* kvöldverður *m*; **~land** *n* Vesturlönd *n/pl.*; **~mahl** *n* altarissakramenti *n*; **zum ~mahl gehen** vera, ganga til altaris.
**Abenteu|er** *n* ævintýri *n*; **~rer** *m* ævintýramaður *m*.
**aber** en; **oder ~** eða þá; **ꝰglaube** *m* hjátrú *f*.
**Aberkennung** *f* neitun *f*, svipting *f*.
**abermals** aftur.
**ab|fahren** aka burt; *Schiff:* sigla burt, fara af stað; **ꝰfahrt** *f* burtför *f*, brottsigling *f*, **ꝰfall** *m* fall *n*; **~fällig** hallandi; niðrandi; **~fangen** ná í, höndla; **~färben** lita frá sér. [ing *f*.]
**abfassen** semja; *Su.* samn-
**abfertig|en** afgreiða; *Su.* afgreiðsla *f*; **ꝰungsschein** *m* tollskýrsla *f*, afgreiðsluvottorð *n*.
**abfegen** sópa burt, sópa af.
**abfeuern** hleypa af, skjóta.
**abfind|en** greiða skaðabætur *f/pl.*; **ꝰung(ssumme** *f*) sættargjald *n*.
**ab|flachen** slétta, fletja út; **~fliegen** fljúga burt, fljúga af stað; **~fließen** renna burt, streyma burt; **ꝰfluß** *m* afrennsli *n*.
**abfragen** hlýða yfir; þaulspyrja.
**Abfuhr** *f* brottakstur *m*.
**abführ|en** fara með burt; *Hdl.* greiða; **ꝰmittel** *n* hægðalyf *n*.
**abfüllen** *Weine:* flaska; *Su*, *f* flöskun *f*.
**abfüttern** fóðra vel; gefa kvöldgjöfina.
**Abgabe** *f* skil *n/pl.*, afhending *f*; afgjald *n*, skattur *m*.
**Ab|gang** *m* burtför *f*, brottför *f*; fráför *f*; **ꝰgeben** skila, afhenda; *Urteil:* kveða upp; **ꝰgebrannt** brunninn; *fig.* alveg peningalaus; **die ~gebrannten** þeir, sem brann hjá; **ꝰgebrüht** ósvífinn, kærulaus; **ꝰgedroschen** *fig.* margtugginn, margþvældur; **ꝰgefeimt** slægur, slunginn; **ꝰgegriffen** slitinn.
**abgehen** fara, leggja af stað; seljast; **~ von** *Hdl.* víkja frá, slaka til.
**abge|hetzt** þreyttur, örmagna; **~klärt** siðfágaður, heflaður; hreinsaður, skírður; **~kommen** úreltur; (*vom Weg*) villtur; **~lebt** úttaugaður, hrumur; **~legen** afskekktur.

**abgemessen** mældur; stilltur.
**abgeneigt** mótfallinn, tregur; **j-m ~ sn** vera e-m óvinveittur.
**abgenutzt** (þraut)slitinn, notaður.
**abgeordnet** sendur; **2e(r)** *m/f* þingmaður; **2enhaus** *n* fulltrúamálstofa *f*; neðri deild.
**abge|rissen** tættur, slitinn; sundurlaus; **2sandte(r)** *m/f* sendimaður *m*, sendiherra *m*.
**abgeschieden** afskekktur; einmana; **2heit** *f* einvera *f*, fásinni *n*.
**Abgeschlossenheit** *f* einangrun *f*, einvera *f*.
**abgeschmackt** bragðlaus; *fig.* smekklaus, tuddalegur; **2heit** *f* smekkleysi *n*, tuddaskapur *m*.
**abgesehen (von)** að slepptu.
**Abge|spanntheit** *f* þreyta *f*, örmagnan *f*; **2standen** daufur, bragðlaus; *Bier:* staðinn; **2tragen** slitinn; **2gewöhnen: j-m etw. 2gewöhnen** venja e-n af e-u; **2zehrt** skinhoraður.
**ab|gießen** hella úr, hella burt; *Form:* steypa; **2glanz** *m* endurskin *n*, ljómi *m*; **~gleiten** renna niður (ofan).
**Ab|gott** *m* hjáguð *m*, skurðgoð *n*; átrúnaðargoð *n*; **2göttisch** heiðinglegur, skurðgoðslegur.
**abgrenzen** takmarka, afmarka; *Su.* takmörkun *f*; mörk *n/pl.*
**Ab|grund** *m* djúp *n*, hyldýpi *n*; **~guß** *m* (eftir) steypa *f*; **2halten** *Sitzung:* halda, hafa; (*hindern*) aftra, varna; (**von etw.**) hindra (í e-u); *Su.* (fundar-, veizlu)hald *n*; hindrun *f*; *Kind:* halda barni.
**abhand|eln** *Preis:* þoka niður (verði), þjarka um verð; **2lung** *f* (*Schrift*) ritgerð *f*.
**abhanden: ~ kommen** týnast, glatast.
**Abhang** *m* brekka *f*, halli *m*.
**abhäng|en von** vera háður; **2igkeit** *f* ófrelsi *n*.
**abhärten** herða, stæla; *Su.* herðing *f*, stæling *f*.
**ab|hauen** *v/t.* höggva af; *v/i. fam.* skunda burt, stinga af; **~häuten** flá; **~heben** taka af, taka niður; taka ofan; *Karten:* draga; *Telefon:* taka (símatólið *n*); *Geld:* taka út; *v/r.* greinast frá, bera við.
**abhelfen: dem ist abzuhelfen** hægt er að bæta úr því, hægt er að ráða bót á því.
**ab|hetzen** *v/r.* vinna allt hvað af tekur, ofreyna sig, ofþreyta sig; **2hilfe** *f* bót *f*, bætur *f/pl.*; **~hobeln** hefla af, hefla.
**abholen** sækja (**j-n** e-n); *Su.* sókn *f*.
**abholzen** höggva (skóg), ryðja; *Su.* skógarhögg *n*.

**abhören** 1. yfirheyra; (*Schule*) hlýða (nemanda) yfir; 2. 2 *n* yfirheyrsla *f*.
**abhülsen** taka hýði af.
**abirren** villast (frá); *vom Wege:* villast; *Su.* frávilling *f*, afhvarf *n*.
**Abitur** *n* stúdentspróf *n*, burtfararpróf *n*; **~ient** *m* stúdentsefni *n*, stúdent *m*; **~ientin** *f* stúdentsefni *n*, kvenstúdent *m*.
**ab|jagen** gera uppgefinn; **~kanzeln** segja (j-n e-m) til syndanna; **~kaufen** kaupa (j-m etw. e-ð af e-m).
**Abkehr** *f* frávik *n*, fráhvarf *n*; **2en** *v/r*. snúa sér undan.
**ab|klären** hreinsa, skíra; **~knöpfen** hafa (j-m etw. e-ð af e-m), fá (etw. e-ð) lánað (j-m hjá e-m); **~knüpfen** leysa, leysa niður; **~kommandieren** flytja í aðra stöðu; afturkalla fyrirskipun.
**Abkommen** 1. *n* samningur *m*, samkomulag *n*; 2. 2 komast burt, sleppa (við), losna (frá); leggjast niður, úreldast.
**Abkömmling** *m* afkomandi *m*, niðji *m*, *Poet.* niður *m*.
**ab|koppeln** losa, leysa úr tengslum; **~kratzen** *v/t*. klóra af; *v/i*. *fig. fam.* sálast, deyja; **~kühlen** *v/t*. kæla, svala; *v/i*. kólna; **2kunft** *f* ætt *f*, uppruni *m*.
**abkürzen** stytta, minnka; skammstafa; *Su.* stytting *f*, minnkun *f*; skammstöfun *f*.
**abladen** afferma, skipa upp; losa, taka af.
**Ablage** *f* geymslustaður *m*, birgðahús *n*.
**ablagern** geyma, hafa forða; *v/r*. setjast á botninn; *Su.* dreggjar *f/pl*., sori *m*.
**Ablaß** *m* afsláttur *m*; *Rel.* syndalausn *f*.
**ablassen** (*überlassen*) láta fá, fá í hendur; *Wasser:* láta renna; *Preis:* slaka til; **von etw. ~** sleppa, hætta við; sleppa (**von j-m** e-m).
**Ablauf** *m* afrennsli *n*; *Zeit:* lok *n/pl*., endir *m*; **2en** *Wechsel:* falla í gjalddaga *m*; *Schuhe:* slíta út; **j-m den Rang 2en** verða e-m hlutskarpari.
**Ableben** *n* dauði *m*, andlát *n*.
**ablegen** leggja, setja frá sér; **wollen Sie nicht ~?** viljið þér ekki fara úr yfirhöfninni?
**ablehnen** neita, hafna; fella (tillögu *f*); *Su.* neitun *f*, höfnun *f*; frávísun *f*.
**ableit|bar** sem leiða má burt, frá; **~en** leiða burt, frá.
**ablenken** leiða burtu, bægja frá; *Su.* brottleiðing *f*; dægrastytting *f*.
**ableugnen** neita, afneita; *Su.* neitun *f*, afneitun *f*.
**abliefer|n** skila, afhenda; **2ungsfrist** *f* afhendingar-, afgreiðslufrestur *m*.

**ab|listen** ná frá með brögðum, véla frá; **˷lösen** leysa (losa) af; taka við af öðrum.
**abmachen** *fig.* útkljá; *Preis:* gera út um, koma sér saman um; *Su.* samningur *m*, samkomulag *n*.
**abmagern** horast; *Su.* megrun *f*, hor *m*.
**Abmarsch** *m* brottganga *f*, brottför *f*.
**abmelde|n** tilkynna burtför *od.* flutning; **≳schein** *m* brottfarar-, flutningstilkynning *f*.
**ab|messen** mæla, mæla af; **˷montieren** taka sundur; **˷mühen** *v/r.* reyna mjög á sig, gera sér mjög far um; **˷mustern** *Mar.* afskrá.
**Abnahme** *f* minnkun *f*, rýrnun *f*.
**abnehm|en** taka frá, svipta; minnka, þverra; **≳er** *m* kaupandi *m*, viðskiptavinur *m*.
**Abneigung** *f* andúð *f*, óbeit *f*.
**abnorm** óeðlilegur; afbrigðilegur.
**abnutzen** nota út, þrautslíta; *Su.* nýting *f*, slit *n*.
**Abordnung** *f* sendinefnd *f*.
**Abonn|ement** *n* áskrift *f*; **≳ieren** vera áskrifandi að, vera fastur kaupandi að.
**Abort** *m* **1.** salerni *n*; **2.** *Med.* fósturlát.
**abpassen** mæla, hnitmiða; **den rechten Augenblick ˷** sitja um rétta augnablikið.
**Abprall** *m* afturkast *n*; **≳en** hrökkva frá (af), kastast aftur.
**abpressen** kúga (**j-m etw.**) e-ð út úr e-m.
**ab|quälen** *v/r.* þræla, strita; **˷rahmen** veiða rjóma af; **˷rasieren** raka af, raka; **˷raten** ráða (**j-m etw.**) e-m frá e-u.
**abräumen** rýma burt; **den Tisch ˷** taka af borðum.
**abrechnen** reikna frá, draga frá; gera upp sakir (**mit j-m** við e-n); *Su.* frádráttur *m*; reikningsskil *n/pl.*; uppgjör *n*.
**Abrede** *f* samkomulag *n*, umtal *n*; **etw. in ˷ stellen** neita e-u.
**abreiben** núa af; fága; *Su.* núningur *m*, fágun *f*; *fig.* ákúrur *f/pl.*
**Abreise** *f* burtför *f*; **≳n** fara (af stað); leggja af stað; **˷tag** *m* brottfarardagur *m*.
**abreiß|en** rífa af, rífa frá; *Haus:* rífa; *v/i.* losna; slitna; **≳kalender** *m* dagatal *n*.
**ab|richten** temja; rétta, setja í réttar stellingar; **˷riegeln** skjóta slagbrandi fyrir; **≳riß** *m* uppkast *n*; ágrip *n*; **˷rücken** flytja burt, færa frá; *Mil.* halda burt, fara burt; fjarlægjast (**von j-m** e-n).
**Abruf** *m* *Hdl.*: **Waren auf ˷** fyrirliggjandi varningur; **≳en** kalla burt; kveðja heim.

**abrunden** gera ávalt; jafna.
**abrüst|en** afvopna, draga úr vígbúnaði; *Su.* afvopnun *f*; **2ungskonferenz** *f* afvopnunarráðstefna *f*.
**Absage** *f* neitun *f*, afsögn *f*; **2n** aflýsa; afþakka.
**absägen** saga af; *fig.* F svipta embætti.
**Absatz** *m* (*Treppe*) pallur *m*; (*Schuh*) hæll *m*; *Hdl.* sala *f*; (*Text*) greinaskil *n/pl.*; (**neuer**) **Absatz!** ný lína!; **in Absätzen** með millibilum, með hléum; **~gebiet** *n* sölusvæði *n*, markaður *m*.
**Abschaffung** *f* afnám *n*.
**abschälen** flysja, taka hýði af.
**abschätz|en** meta, virða; *Su.* mat *n*; **~ig** fyrirlitlegur.
**Abschaum** *m f fig.* afhrak *n*, úrhrak *n*.
**abscheiden** *Chem. v/t.* greina frá; *Su.* frágreining *f*.
**Abscheu** *m od. f*: **vor etw. ~ haben** hafa viðbjóð á e-u; **2lich** viðbjóðslegur, andstyggilegur.
**abschicken** senda (burt).
**abschieben** *v/i. fig.* F hypja sig burt; *v/t.* ýta burt (frá); (*ausweisen*) vísa úr landi.
**Abschied** *m* kveðja *f*; **von j-m ~ nehmen** kveðja e-n; **den ~ nehmen** segja af sér (embætti).
**abschießen** *Gewehr:* hleypa af; *Flugzeug:* skjóta niður.
**ab|schirren** leysa frá; taka aktygi af; **~schlachten** slátra.
**Abschlag** *m* synjun *f*; *Hdl.* afsláttur *m*; **auf ~** með afborgun; **2en** neita, synja.
**abschlägig**: **~ bescheiden** synja e-m um e-ð.
**ab|schleifen** fága; fægja; **~schleppen** draga burt; **~schließen** læsa; *fig.* gera út um; ljúka; **mit etw. ~schließen** enda á e-u.
**Abschluß** *m* lok *n/pl.*; **bei ~ der Bücher** við reikningsskilin.
**ab|schmieren** *Auto:* smyrja; **~schnallen** spenna af sér; **~schneiden** skera af, klippa af; *Gespräch:* rjúfa; **gut bei etw. ~schneiden** takast e-ð vel; komast vel áfram.
**Abschnitt** *m* grein *f*, kafli *m*; (*Post*) afklippingur *m*.
**ab|schöpfen** veiða ofan af; **~schrägen** skáskera, gera skáhallt; **~schrauben** skrúfa af; **~schrecken** hræða burt, fæla frá; **~schreiben** afrita.
**Abschrift** *f* afrit *n*.
**Abschuß** *m Flgw.* það að skjóta niður.
**abschüssig** snarbrattur, þverhníptur.
**ab|schwächen** draga úr, rýra; **~schweifen**: **vom Thema ~schweifen** halda sig ekki að efninu; **~schwören** sverja fyrir; **~segeln** sigla burt.
**absehen**: **das Ende ist nicht**

abzusehen óséð er enn, hvernig fer; **abgesehen:** ~ von að slepptu.
**abseits** á afviknum stað, út úr; *Sport:* rangstæður.
**absend|en** senda burt; *Su.* sending *f*; **≈er** *m* sendandi *m*.
**absetzen** víkja frá; *Su.* frávikning *f*.
**Absicht** *f* tilgangur *m*, ásetningur *m*, áform *n*; **mit ~** af ásettu ráði; **in der ~** í þeim tilgangi; **die ~ haben** hafa þann ásetning; **≈lich** vísvitandi, af ásettu ráði.
**ab|sitzen** fara af baki; afplána, sitja af sér í fangelsi; **~sondern** skilja frá, einangra; **~spannen** slaka á; *Pferd:* spenna frá.
**absperr|en** girða fyrir, loka; teppa; *Su.* lokun *f*; stöðvun *f*; **≈ventil** *n* stífluloki *m*, stífluloka *f*.
**abspielen** *v/r.* gerast.
**absprechen** neita um, dæma af.
**ab|springen** stökkva af (úr); hrökkva af (frá); **~spülen** þvo upp; *Mar.* ræsta.
**abstammen** vera kominn af, eiga kyn sitt að rekja til; *Su.* ætterni, kyn *n*.
**Abstand** *m* fjarlægð *f*; millibil *n*; **von etw. ~ nehmen** hætta við, hverfa frá e-u; **~sgeld** *n* afsölunargjald *n*.
**abstäuben** sópa, þurrka ryk af.
**absteche|n** *v/t. Tier:* stinga, slátra; *v/i.* stinga í stúf við; **≈r** *m* útúrkrókur *m*, snögg ferð.
**abstehen** láta af hendi; hætta (**von** við).
**absteig|en** fara af baki, stíga út úr (vagni); *Hotel:* stanza (í gistihúsi); **≈equartier** *n* gististaður *m*, húsnæði *n* (til skamms tíma).
**ab|stellen** *Maschine:* stöðva, stoppa; *Heizung:* loka fyrir; **~stempeln** stimpla.
**Abstieg** *m* niðurganga *f*; *fig.* hnignun *f*.
**abstimmen** greiða atkvæði; *Su.* atkvæðagreiðsla *f*.
**Abstinenzler** *m* bindindismaður *m*.
**ab|stoßen** *Boot:* ýta frá landi; *fig.* fæla frá sér; *Hdl.* selja; **~streiten** neita, hafa á móti.
**Abstufung** *f* niðurskipting *f*; blæbrigði *n/pl.*, skuggaskipti *n/pl.*
**abstumpfen** sljóvga, slæva.
**Absturz** *m Flieger:* hrap *n*.
**abstürzen** hrapa; steypa niður.
**Abteil** *n* járnbrautarklefi *m*; **≈en** skilja frá, raða; **~ung** *f* deild *f*; skipting *f*.
**abtelegraphieren** afturkalla með símskeyti *n*.
**abtönen** setja blæbrigði í (á) e-ð; *Su.* blæbrigði *n/pl.*; litaskipti *n/pl.*
**abtragen** bera burt, koma

burt; *Bau:* rífa; *Schule:* borga (af); *Kleid:* slíta.
**Abtreibung** *f Med.* fósturreyðing *f.*
**ab|trennen** skilja frá; *Naht:* spretta upp; **~treten** troða niður; *vom Amt:* láta af (embætti); **j-m etw. ~treten** láta e-ð af hendi við e-n.
**Abtritt** *m* 1. afsölun *f*; 2. (*Abort*) salerni *n.*
**abtrocknen** *v/t.* þurrka af; *v/i.* þorna; *Su.* afþurrkun *f.*
**abtrünnig:** **~ werden** svíkja, bregðast; **ꝰe(r)** *m/f* liðhlaupi *m*; **ꝰkeit** *f* sviksemi *f*, ótryggð *f.*
**abtun** útkljá.
**ab|urteilen** fordæma; dæma af; kveða upp lokadóm (**j-n** um e-n); **~verlangen** krefjast, heimta af; **~vermieten** framleigja; **~wägen** vega; **seine Worte ~wägen** tala varlega; **~warten** bíða og sjá, hvað setur.
**abwärts** niður, niður á við; *fig.:* **es geht ~ mit ihm** það hallar undan fyrir honum; **der Weg führt ~** niður liggur leiðin.
**abwasch|en** þvo (af); afmá; **ꝰtisch** *m* uppþvottarborð *n*; **ꝰwasser** *n* uppþvottarvatn *n.*
**Abwasser** *n Tech.* skolp *n.*
**abwechseln** breyta til, skiptast á; *Su.* tilbreyting *f*, dægrastytting *f.*
**Abweg** *m* villigata *f*, glapstígur *m*; **auf ~e geraten** lenda á villigötum.
**Abwehr** *f* vörn *f*, viðnám *n*; **ꝰen** aftra, varna; **~mittel** *n* varnarráðstöfun *f.*
**Abweichung** *f* frávik *n*, ósamræmi *n.*
**abweisen** vísa frá; hafna; *Su.* frávísun *f*; höfnun *f.*
**abwerfen** *Hdl. u. fig.* gefa af sér; *Zinsen:* skila vöxtum.
**abwesen|d** fjarverandi, fjarstaddur; **ꝰheit** *f* fjarvera *f.*
**abwickeln** vefja utan af; *fig.* útkljá.
**ab|wischen** þurrka af, þerra; **~wracken** *Schiff:* rífa.
**abzahlen** borga af, greiða afborgun (af); *Su.* afborgun *f.*
**abzählen** telja, telja frá
**abzapfen** tappa af; *Su.* aftöppun *f*; flöskun *f.*
**abzehren** *v/r.* veslast upp; *Su. Med.* tæring *f*, uppdráttarsýki *f.*
**Abzeich|en** *n* merki *n*, einkenni *n*; **ꝰnen** *v/t.* teikna (eftir fyrirmynd); marka; *v/r.* bera skýrt við.
**abziehen** draga af (burt); *Fell:* flá; *Messer:* brýna, leggja á; *v/i.* fara burt.
**abzielen** miða (**auf etw.** að e-u,) ætlast (**auf etw.** til e-s).
**Abzug** *m* frádráttur *m*; frárennsli *n*; *Foto:* eftirmynd *f.* [frádregnum.]
**abzüglich** (*mit gen.*) að

**Abzugsgraben** *m* skurður *m*, ræsi *n*.
**ab|zwacken** klípa af, draga af; **~zweigen** *v/t*. sveigja (greina) frá; *v/r*. kvíslast, [greinast.
**ach!** æ!
**ach so!** einmitt það! á?
**Achat** *m* (marglitt) kvarts *n*.
**Achse** *f* öxull *m*; **~l** *f* öxl *f*; **mit den ~ln zucken** yppta öxlum; **~lhöhle** *f* armkriki *m*; **~ndrehung** *f* möndulsnúningur *m*; **~nlager** *n* ásleg *n*.
**acht** átta; **heute in ~ Tagen, heute über ~ Tage** að viku liðinni, þennan dag í næstu viku.
**Acht** *f* **1.** athygli *f*; **sich in ♀ nehmen** vara sig á; **außer ♀ lassen** skeyta e-u ekki; **2.** (*Ächtung*) útlegð *f*; *Rel.* bannfæring *f*.
**achtbar** virðingarverður.
**achte|(r)** áttundi; **♀l** *n* áttungur *m*, áttundi hluti.
**achten** *v/t*. virða; *v/i*. gefa gaum, skeyta.
**ächten** gera útlægan.
**Achtersteven** *m* *Mar.* skutur *m*.
**acht|geben** gefa gaum, gæta að; **~los** gálaus, skeytingarlaus; **~sam** aðgætinn, varkár.
**Achtstundentag** *m* átta stunda vinnudagur.
**Achtung** *f* virðing *f*; **~!** varið yður! takið eftir!
**achtzehn** átján; **~te(r)** átjándi.
**achtzig** áttatíu; **~ste(r)** áttugasti.
**ächzen** stynja, kveina; *Gebälk:* braka.
**Acker** *m* akur *m*; **~bau** *m* akuryrkja *f*, akurrækt *f*; **~gaul** *m* plóghestur *m*; **♀n** plægja; **~smann** *m* akuryrkjumaður *m*, bóndi *m*.
**a. D.** = **außer Dienst** fyrrv. = fyrrverandi.
**addieren** leggja við, leggja saman.
**Adel** *m* aðall *m*.
**Ader** *f* æð *f*; **~laß** *m* blóðtaka *f*.
**Adler** *m* örn *m*; **~horst** *m* arnarhreiður *n*.
**adlig** aðalborinn, göfugur.
**adoptieren** ættleiða.
**Adressat** *m* viðtakandi bréfs.
**Adreßbuch** *n* bæjarskrá *f*.
**Adresse** *f* heimilisfang *n*, utanáskrift *f*.
**adressieren** rita utanáskrift á (e-ð).
**Advokat** *m* málfærslumaður *m*.
**Affe** *m* api *m*.
**afrikanisch** afríkanskur.
**After** *m* endaþarmsop *n*; rass *m*.
**AG** = **Aktiengesellschaft** *f* h/f = hlutafélag *n*.
**Agent** *m* umboðsmaður *m*, erindreki *m*.
**aha!** einmitt það!
**Ahle** *f* alur *m*.
**ahnden** hegna, refsa.
**ähneln** líkjast.
**ahnen** **1.** gruna; **2.** **♀** *pl.*

forfeður *m/pl.*; **℞tafel** *f* ættartala *f*.
**ähnlich** líkur; **℞keit** *f* líking *f*, svipur *m* (með e-m).
**Ahnung** *f* grunur *m*, hugboð *n*; **keine ~!** ég hef ekki hugmynd um það; **℞slos** grunlaus.
**Ahorn** *m* mösur *m*, ahorntré *n*.
**Ähre** *f* ax *n*; **~nlese** *f* eftiruppskera *f*; axatínsla *f*.
**Akademi|e** *f* listaskóli *m*; háskóli *m*; vísindafélag *n*; **~ker** *m* háskólagenginn maður, háskólaborgari *m*.
**akklimatisieren** *v/r*. venjast loftslagi (í öðru landi); *fig*. laga sig eftir (að) breyttum aðstæðum.
**Akkord** *m* ákvæðisvinna *f*, samningsvinna *f*; **~arbeit** *f* ákvæðisvinna *f*; **~arbeiter** *m* ákvæðisvinnumaður *m*.
**Akkumulator** *m* rafgeymir *m*.
**Akrobat** *m* loftfimleikamaður *m*.
**Akt** *m* verk *n*; *Thea*. þáttur *m*.
**Akten** *pl*. málsskjöl *n/pl*.; **~mappe** *f* skjalataska *f*.
**Aktien|gesellschaft** *f* hlutafélag *n*; **~inhaber** *m* hluthafi *m*.
**Aktiva** *pl*. eignir *f/pl*.
**Aktstudie** *f* stellingarmynd *f*.
**Akustik** *f* hljómburður *m*; hljómfræði *f*.
**akut** ákafur, bráður, harður.
**Akzent** *m* áherzla *f*; áherzlumerki *n*; hreimur *m*.
**akzeptieren** samþykkja; *Wechsel:* samþykkja víxil.
**Alarm** *m* herblástur *m*; uppþot *n*; **℞ieren** hringja viðvörunarbjöllu; kalla til vopna eða varnar.
**Alaun** *m* álún *n*.
**albern** heimskulegur, flónslegur; **℞heit** *f* heimska *f*, flónska *f*.
**Alibi** *n* fjarvera *f*.
**Alkohol** *m* áfengi *n*; vínandi *m*.
**all** allur, allt, allir; **~e** þrotið, búið; **~e vier Tage** fjórða hvern dag; **~e beide** báðir tveir; hvorttveggja; **~es in allem** samtals; **bei ~edem** þrátt fyrir allt; **vor ~em** um fram allt, framar öllu öðru.
**All** *n* alheimur *m*.
**allbekannt** alkunnur.
**Allee** *f* trjávegur *m*, trjágöng *n/pl*.
**allein** (al)einn; **nicht ~, sondern auch** ekki aðeins, heldur einnig; **℞berechtigung** *f* einkaréttindi *n/pl*.; **~stehend** einstæður, einn út af fyrir sig; **℞verkauf** *m* einkasala *f*; **℞vertretung** *f* einkaumboð *n*.
**allemal** alltaf.
**allenfalls** hvort sem er, að minnsta kosti.
**allenthalben** alstaðar, alls staðar.
**aller|dings** raunar, reyndar; **~erst: zu ~erst** allra fyrst;

**~hand** alls konar; **~lei** alls konar; **~letzt:** zu **~letzt** allra síðast; **~liebst** yndislegur, gullfallegur; **~meist:** am **~meisten** allra mest; oftast; **~seits** úr öllum áttum, allavega; **~weltskerl** *m* heljarkarl *m*; F karl í krapinu.
**allgemein** almennur; almennt; **im ~en** yfirleitt; **~heit** *f* almenningur *m*.
**Alli|anz** *f* bandalag *n*, samband *n*; **die ~ierten** *pl.* bandamenn *m/pl.*
**alljährlich** á hverju ári.
**Allmacht** *f* almætti *n*.
**allmählich** smátt og smátt; hægfara.
**allmonatlich** á hverjum mánuði.
**Allotria:** **~ treiben** láta fíflslegum látum.
**allseitig** alhliða; fjölhæfur.
**All|tag** *m* virkur dagur; **~täglich** hversdagslegur; **~tags** hversdagslega; **~wöchentlich** á hverri viku.
**allzu** allt of.
**Almosen** *n* ölmusa *f*.
**Alpdrücken** *n* martröð *f*.
**Alpen** *pl.* Alpafjöll *n/pl.*; Alpar *m/pl.*
**als** *cj.* þegar; sem; *nach comp.* en, (heldur) en; **~ ob** eins og; **sowohl ... ~** bæði og; **nichts ~** ekkert nema; **~dann** þá, því næst, svo.
**also** þannig; því; þá.
**alt** gamall; **~e Leute** *pl.* gamalt fólk.
**Altar** *m* altari *n*.
**altdänisch** forndanskur.
**Altenteil** *n* próventa *f*; lífeyrir *m*.
**Alter** *n* aldur *m*; elli *f*; **von ~s her** frá alda öðli; **~n** eldast; **~sgenosse** *m* jafnaldri *m*; **~sschwach** ellihrumur; **~tum** *n* fornöld *f*; *pl.* fornmenjar *f/pl.*; **~tümlich** forn; fornhelgur.
**Alt|händler** *m* skransali *m*; **~hergebracht** arfgenginn; forn; **~modisch** forntízkulegur; **~nordisch** fornnorrænn; **~nordisch** *n* fornnorræna *f*; **~weibergewäsch** *n* kerlingaþvaður *n*; **~weibersommer** *m* síðsumarþræðir *m/pl.*
**am** (*Datum*) hinn; **am 10. (zehnten) August** (hinn) 10. (tíunda) ágúst; **~ besten** bezt; beztur; **~ Abend** um kvöldið; **~ Rhein** við Rín.
**Amateur** *m* áhugamaður *m*, leikmaður *m*.
**Amboß** *m* steðji *m*.
**Ameise** *f* maur *m*; **~nhaufen** *m* mauraþúfa *f*.
**Amme** *f* barnfóstra *f*, brjóstmóðir *f*.
**amortisieren** borga (skuld) smátt og smátt.
**Ampel** *f* (hengi)lampi *m*, ljósker *n*.
**Ampere** *n* *El.* straummælieining *f*, *pop.* amper *n*.
**amputieren** taka (lim) af.
**Amsel** *f* svartþröstur *m*.
**Amt** *n* embætti *n*; opinber skrifstofa; **von ~s wegen**

í embættis nafni, samkvæmt embætti; **Auswärtiges** ~ utanríkisráðuneyti *n*; **Ꝏieren** gegna embætti; **Ꝏlich** embættislegur, embættis-.
**Amts|alter** *n* embættisaldur *m*, aldursréttur *m*; **~antritt** *m* embættisviðtaka *f*; **~befugnis** *f* embættisheimild *f*; **~bezirk** *m* hérað *n*, þinghá *f*; **~blatt** *n* lögbirtingablað *n*; **~gericht** *n* undirréttur *m*; héraðsdómur *m*; **~richter** *m* undirdómari *m*, héraðsdómari *m*; **~vorsteher** *m* (*Dorf*) hreppstjóri *m*.
**amüs|ant** skemmtilegur; **~ieren** *v/r*. skemmta sér.
**an** við; á; í; til; (*gegen*) um, allt að; **krank** ~ veikur af; **Verrat** ~ svik við, gegn; **von heute** ~ frá deginum í dag.
**an|bahnen** ryðja braut fyrir; undirbúa; **~bändeln** gefa sig að (**mit j-m** e-m).
**Anbau** *m* ræktun *f*; *Haus:* viðbótarbygging *f*; **Ꝏen** rækta; *Arch.* byggja við; *v/r*. setjast að, nema land.
**anbehalten** fara ekki úr, taka ekki af sér.
**anbei** hér með, innan í.
**an|beißen** bíta í; *a. fig.* renna á agnið; **~beraumen** (*Tagung*) ákvarða, taka til.
**anbeten** tilbiðja, dýrka; *Su.* dýrkun *f*, tilbeiðsla *f*.
**Anbetracht**: **in** ~ **dessen** vegna þess, með tilliti til þess.
**anbetreffen** snerta, varða.
**an|bieten** bjóða; **~binden** binda við, binda fast.
**Anblick** *m* sjón *f*, sýn *f*; **Ꝏen** líta á.
**anbrechen: der Tag bricht an** dagur rennur.
**anbrennen** kveikja (í); **Essen** ~ **lassen** láta mat brenna við.
**anbringen** setja, koma fyrir.
**Anbruch** *m* (*Tages*Ꝏ) afturelding *f*; dagrenning *f*.
**An|dacht** *f* guðsþjónusta *f*; guðhræðsla *f*; **Ꝏdächtig** fjálgur, guðræknislegur.
**andauern** standa, haldast; **~d** stöðugur, þrálátur.
**Andenken** *n* endurminning *f*, minning *f*; **zum** ~ **an** til minningar um.
**ander** annar; **am ~n Tage** næsta dag, daginn eftir; **~erseits** hins vegar; **ein ~mal** öðru sinni; **~nfalls** að öðrum kosti; **unter ~em** (*Abk.* **u. a.**) meðal annars (*Abk.* m.a.); **unter ~en** (*Abk.* **u. a.**) meðal annarra (*Abk.* m.a.).
**ändern** breyta; *Su.* breyting *f*.
**anders** öðruvísi; **wer ~?** hver annar?; **~wo** annars staðar.
**anderthalbjährig** hálfs annars árs.
**anderweitig** öðruvísi, á annan hátt; annars staðar.

**andeuten** gefa í skyn; *Su.* bending *f.*
**Andrang** *m* aðstreymi *n*, þyrping *f.*
**andrehen** snúa, skrúfa; *Heizung:* setja á; *Licht:* kveikja; *Motor:* setja í gang, ræsa.
**androhen** hóta, ógna; *Su.* hótun *f.*
**aneignen** *v/r.* tileinka sér (**etw.** e-ð); *Su.* tileinkun *f*, sérhelgun *f.*
**aneinander** saman; hvor gegn öðrum; **~fügen** skeyta saman; **~geraten** lenda saman; **~grenzen** liggja saman, ná saman.
**an|ekeln** vekja viðbjóð hjá; **2erbieten** *n* tilboð *n.*
**anerkenn|en** meta; viðurkenna; *Su.* viðurkenning *f*; **~enswert** virðingarverður, lofsverður.
**anfachen** blása upp; herða, stæla.
**anfahr|en** aka (á), sigla (á); *fig.* vaða upp á með skömmum; **2t** *f* heimakstur *m*; aðakstursvegur *m.*
**Anfall** *m* kast *n*, hviða *f*; árás *f*; **2en** ráðast á.
**Anfang** *m* upphaf *n*, byrjun *f*; **2en** byrja, hefja; **2s** í upphafi, upphaflega; **~sgeschwindigkeit** *f* byrjunarhraði *m*; **~sunterricht** *m* byrjendakennsla *f.*
**anfassen** taka á (í), grípa, þrífa í.
**anfecht|bar** rengjanlegur, aðfinnanlegur; **~en** rengja, vefengja; *Jur.* vefengja; *Su.* vefenging *f*, mótmæli *n/pl.*
**an|feinden** sýna fjandskap; **~fertigen** búa til, smíða; **~feuchten** væta; **~feuern** kveikja eld; *fig.* hvetja; **~flehen** sárbiðja.
**anfordern** krefjast; *Su.* krafa *f.* [spyrjast fyrir.]
**Anfrage** *f* fyrirspurn *f*; **2n**
**anfreunden** *v/r.* gerast góður vinur (**mit j-m** e-s).
**anfügen** bæta við; *Su.* viðbót *f.*
**anfühlen** *v/r.* vera viðkomu.
**anführ|en** ráða fyrir, stjórna; *fig.* gabba; **2ungszeichen** *n* tilvitnunarmerki *n.*
**Angabe** *f* frásögn *f*; fyrirmæli *n/pl.*; upplýsingar *f/pl.*
**angeb|en** færa í; skýra frá; *Jur.* kæra, segja til; *v/i.* (*prahlen*) grobba, raupa; **2er** *m* kærandi *m*; *fam.* grobbari *m*, raupari *m*; **~lich** að sögn.
**ange|boren** meðfæddur; **2bot** *n* tilboð *n*; **~bracht** viðeigandi; **~brannt: es riecht ~brannt** það er sviðalykt; **~bunden: kurz ~bunden** stuttur í spuna; **~griffen: ~griffen aussehen** vera þreytulegur; **~heitert** kenndur, hýr.
**angehör|en** teljast til; heyra (**j-m** e-m) til; **2ige(r)**: **meine 2igen** vandamenn mínir.

**Angeklagte(r)** *m* kærður *m*, kærði *m*.
**Angel** *f* öngull *m*, dorg *f*; (*Tür*2) löm *f*, hjör *f*.
**angelaufen (kommen)** koma hlaupandi.
**angelegen: sich etw. ~ sein lassen** láta sér umhugað um e-ð, láta sig e-ð varða; 2**heit** *f* mál *n*, málefni *n*.
**Angelhaken** *m* agnhald *n*.
**angeln** veiða, dorga.
**Angel|rute** *f* veiðistöng *f*; **~schnur** *f* færi *n*.
**ange|messen** viðeigandi, hæfilegur; **~nehm** viðfelldinn, þægilegur; **~nommen, daß ...** að því til skildu, að; **~sehen** virtur, mikils metinn.
**Angesicht** *n* andlit *n*, ásjóna *f*; 2**s** í viðurvist, augliti til auglitis við; með tilliti til.
**Angestellte(r)** *m/f* embættismaður *m*, starfsmaður *m*; *pl.* starfslið *n*.
**angetrunken** drukkinn.
**ange|wöhnen** venja á; 2**wohnheit** *f* vani *m*, ávani *m*.
**angleichen** samlaga, laga eftir.
**Angler** *m* sportfiskimaður *m*.
**angliedern** innlima; tengja við.
**angreif|bar** aðfinnanlegur; **~en** ráðast á; ráðast í.
**angrenzen** liggja að.
**Angriff** *m* árás *f*.
**Angst** *f* hræðsla *f*, kvíði *m*; **~ haben** vera hræddur; **~hase** *m* hugleysingi *m*, bleyða *f*; **~schweiß** *m* angistarsviti *m*.
**ängst|igen** *v/r*. vera hræddur (**vor j-m** við e-n); **~lich** kvíðinn; smeykur.
**an|haben** vera í; **~haften** hanga við, loða við.
**Anhalt** *m* staðnám *n*; stoð *f*; 2**en** stöðva; (*Zeit*) vara, haldast; **~er** *m*: *pop.* **per ~er fahren** od. **reisen** *pop.* ferðast á þumalfingrinum; **~spunkt** *m* *fig.* átylla *f*.
**Anhang** *m* viðauki *m*, viðbætir *m*.
**anhäng|en** festa við; hengja á, hengja upp; bæta við; 2**er** *m* fylgismaður *m*; (*Wagen*) aukavagn *m*, kerra *f*; **~lich** trúr; 2**sel** *n* viðhengi *n*.
**anhäufen** safna, hrúga saman; *Su.* hrúga *f*, samsafn *n*.
**anheften** festa; festa við.
**anheim|fallen** hverfa aftur til; verða að bráð; **~stellen** láta sjálfráðan um, setja í sjálfsvald *n*.
**anheischig: sich ~ machen** skuldbinda sig til.
**Anhöhe** *f* hæð *f*, hóll *m*.
**anhören** hlusta á; heyra á; *Su.* hlustun *f*.
**Ankauf** *m* kaup *n/pl.*; 2**en** kaupa.
**Anker** *m* akkeri *n*; **den ~ lichten** létta akkerum; 2**n** varpa akkerum, leggjast

við akkeri; **~winde** *f* akkerisvinda *f*.
**anketten** fjötra, binda.
**Anklage** *f* ásökun *f*, kæra *f*; **2n** kæra; *Jur.* lögsækja (*fyrir*).
**Ankläger** *m* kærandi *m*.
**Anklang** *m* endurómur *m*; **~ finden** fá góðar undirtektir.
**ankleid|en** klæða, færa í; **2eraum** *m* búningsherbergi *n*.
**anklopfen** banka, berja.
**an|knipsen** *Licht:* kveikja; **~knöpfen** hneppa á, hneppa við; **~knüpfen** hnýta við; tengja.
**ankommen** koma (til); **es darauf ~ lassen** hætta á það, reyna það.
**ankündigen** tilkynna; kunngera.
**Ankunft** *f* koma *f*.
**ankurbeln** setja í gang, *pop.* starta.
**Anlage** *f* lagning *f*, gerð *f*; mannvirki *n*; (*Brief*) fylgiskjal *n*; (*Geld*) ráðstöfun *f*; **~ zu etw. haben** *fig.* hafa hæfileika *pl.* *od.* gáfur *pl.* til e-s.
**anlangen** koma (til).
**Anlaß** *m* tilefni *n*; **aus ~** í tilefni af.
**anlass|en** setja í gang, *pop.* starta; **2er** *m* ræsir *m*, *pop.* startari *m*.
**anläßlich** í tilefni af.
**Anlauf** *m* tilhlaup *n*; **2en** (*Glas*) falla á, döggva(st).
**anlegen** *v/i.* lenda, leggja (við land); *v/t. Geld:* verja í, leggja í; *Kleider:* fara í; færa í; **es auf etw. ~** keppa að e-u, ætla sér e-ð.
**anlehnen** *v/t. Rad:* halla (upp) að; *Tür:* halla aftur; *v/r.* halla sér (upp að).
**Anleihe** *f* lán *n*.
**anleiten** leiðbeina; *Su.* leiðbeining *f*.
**Anliegen** *n* málefni *n*, erindi *n*; beiðni *f*; **2d** (með)fylgjandi, innan í.
**anmachen** festa á; *Feuer:* kveikja.
**anmaß|en** dirfast; **~end** hrokafullur, drembinn.
**anmelden** skýra frá, tilkynna; *Su.* tilkynning *f*; (*polizeiliche*) komutilkynning til lögreglunnar.
**anmerken** sjá (**j-m etw.** e-ð á e-m); *Su.* athugasemd *f*.
**anmustern** ráða, skrásetja á skip.
**Anmut** *f* yndisleiki *m*; **2ig** yndislegur.
**an|nageln** negla á, negla fast; **~nähen** sauma á, sauma við.
**annähern** *v/r.* nálgast; **~d** hér um bil.
**Annahme** *f* viðtaka *f*; *fig.* ætlun *f*; hyggja *f*.
**annehm|bar** aðgengilegur; **~en** taka við, þiggja; **2lichkeit** *f* þægileiki *m*; þægindi *n/pl.*
**annektieren** innlima.
**Annonc|e** *f* auglýsing *f*; **2ieren** auglýsa.

**anordnen** ráðstafa; ákveða; *Su.* ráðstöfun *f*; fyrirskipun *f*.
**anpassen** *v/t.* máta; laga eftir; *v/r.* laga sig eftir, semja sig að.
**anpeilen** miða, miða áttir (við).
**anpflanzen** gróðursetja; rækta; *Su.* gróðursetning *f*; ræktun *f*.
**Anprall** *m* árekstur *m*; skellur *m*; **2en** rekast á.
**an|preisen** hæla, mæla með; **~probieren** máta; **~raten** ráða til (e-s).
**anrechnen: j-m etw. hoch ~** meta e-ð mikils við e-n.
**Anrecht** *n* réttur *m*.
**Anrede** *f* ávarp *n*; **2n** ávarpa.
**anreg|en** hvetja, örva; *Su.* hvatning *f*, örvun *f*; **~end** örvandi.
**Anrichte** *f* matgagnaborð *n*; **2n** bera á borð; valda; gera.
**Anruf** *m* kall *n*, ákall *n*; *Tlph.* upphringing *f*; **2en** kalla til, ákalla; *Tlph.* hringja upp, síma til.
**anrühren** snerta; *Teig:* hræra.
**Ansage** *f* tilkynning *f*; **2n** tilkynna; **~r** *m* (*Radio*) (útvarps)þulur *m*.
**ansammeln** safna, hrúga saman; *v/r.* safnast saman.
**ansässig** búsettur.
**anschaffen** *Geld:* útvega; *Möbel:* kaupa; *Su.* útvegun *f*; innkaup *n*.
**anschau|en** horfa á, líta á; *Su.* athugun *f*; álit *n*, skoðun *f*; **~lich** greinilegur, skýr.
**Anschein** *m* útlit *n*; **dem ~ nach** að því er virðist.
**anschirren** leggja aktygi á; beita (hestum) fyrir (vagn).
**Anschlag** *m* ásláttur *m*; (götu)auglýsing *f*; (*Kosten-2*) áætlun *f*; **2en** slá á; festa upp (auglýsingu); **~säule** *f* auglýsingastaur *m*.
**anschließen** tengja við; bæta við; láta fylgja.
**Anschluß** *m* viðtenging *f*; fulltingi *n*; *Esb.* samband *n*.
**anschnallen** spenna á.
**Anschovis** *pl. fam.* ansjósur *f/pl.*
**anschrauben** skrúfa á *od.* fast.
**an|schreiben** skrifa (upp); skrifa hjá e-m; **2schrift** *f* utanáskrift *f*.
**anschwellen** þrútna, bólgna; *Su.* þrútnun *f*; bólga *f*.
**anseh|en** líta á, virða fyrir sér; álíta, telja; **2en** *n* álit *n*; **~nlich** álitlegur; talsverður.
**ansetzen** bæta við; fastsetja, ákveða.
**Ansicht** *f* skoðun *f*, álit *n*; **zur ~** til athugunar; **~skarte** *f* (myndar)póstkort *n*; **~ssache** *f* álitamál *n*.
**ansied|eln** *v/r.* setjast að, taka sér bólfestu; *Su.*

búsetning *f*; nýlenda *f*; **≈ler** *m* landnemi *m*.
**Ansinnen** *n* tilætlun *f*, krafa *f*.
**anspannen: alle Kräfte ~** neyta allrar orku; *Pferd:* spenna fyrir; *Su.* neyting *f*; beiting *f* (fyrir vagn).
**anspielen: auf etw. ~** drepa á e-ð, sveigja að e-u; *Su.* sneið *f* (til e-s).
**anspornen** hvetja; *Pferd:* keyra sporum.
**An|sprache** *f* ávarp *n*; **≈sprechen** ávarpa; leita til, snúa sér til.
**Anspruch** *m* krafa *f*, tilkall *n*; **≈slos** látlaus; óheimtufrekur; **≈svoll** heimtufrekur.
**Anstalt** *f* stofnun *f*.
**An|stand** *m* látprýði *f*; kurteisi *f*; **≈ständig** siðsam(leg)ur; sæmandi.
**anstarren** stara á.
**anstatt** í staðinn fyrir.
**ansteck|en** næla, festa á; *Licht:* kveikja; *Med. Su.* smitun *f*; **~end** smitandi.
**an|stehen** standa í biðröð; fara vel, sóma sér; **~steigen** rísa; hækka.
**anstellen** ráða í atvinnu; **etw. ~** koma e-u af stað, valda e-u; *v/r.* fara að; látast; *Su.* veiting *f* (starfs, embættis).
**anstift|en** koma til leiðar, valda; **≈er** *m* hvatamaður *m*, tilstofnandi *m*; *Su.* tilstofnun *f*.
**anstimmen** hefja söng, kyrja.
**Anstoß** *m* árekstur *m*; **~ nehmen** hneykslast (an á); **~ erregen** valda hneyksli; **≈en** hrinda e-m; *mit Gläsern:* klingja glösum.
**anstößig** hneykslanlegur.
**anstreich|en** mála; strjúka á; **≈er** *m* málari *m*.
**anstrengen** *v/r.* reyna á sig, gera sér far um; *Su.* áreynsla *f*, fyrirhöfn *f*.
**Anstrich** *m* málun *f*; *fig.* útlit *n*, blær *m*.
**An|sturm** *m* áhlaup *n*, árás *f*; **≈stürmen** ráðast fram, gera áhlaup.
**ansuchen: um etw. ~** sækja um e-ð, biðja um e-ð.
**Anteil** *m* hluti *m*, hlutdeild *f*; þátttaka *f*; **~ nehmen** taka þátt í; **~nahme** *f* þátttaka *f*; hluttekning *f*.
**Antenne** *f* loftnet *n*.
**Antlitz** *n* andlit *n*, ásjóna *f*.
**Antrag** *m* tillaga *f*; umsókn *f*; **e-n ~ stellen** sækja um; **~steller** *m* umsækjandi *m*.
**an|treffen** hitta; **~treiben** knýja áfram; herða á; **~treten: ein Amt ~treten** taka við embætti.
**Antrieb** *m* hvatning *f*; (véla)orka *f*; **aus eigenem ~** af sjálfsdáðum.
**Antritt** *m* viðtaka *f*.
**Antwort** *f* svar *n*; **≈en** svara.
**anvertrauen** fela, trúa fyrir.
**anwachsen** vaxa, aukast.
**Anwalt** *m* málfærslumaður *m*.
**anwärmen** hita, velgja.
**An|wärter** *m* vonbiðill *m*;

~wartschaft *f* bið *f*, eftirvænting *f*.
anweisen vísa á; ávísa; *Su.* fyrirmæli *n/pl.*
anwenden nota, hagnýta; *Su.* notkun *f*, hagnýting *f*.
anwesen|d viðstaddur; ♀heit *f* viðurvist *f*, návist *f*.
anwidern bjóða við; es widert mich an mér býður við því.
Anwohner *m* nágranni *m*.
Anzahl *f* tala *f*; hópur *m*.
anzahlen borga út í fyrsta sinni; borga af; *Su.* fyrsta útborgun; afborgun *f*.
anzapfen taka á, fara að eyða af.
Anzeich|en *n* tákn *n*; merki *n*; ♀nen teikna á; rita hjá sér.
Anzeige *f* auglýsing *f*; tilkynning *f*; kæra *f*; ♀n auglýsa; tilkynna; kæra.
anzetteln *fig.* stofna til.
anzieh|en fara í, klæða(st); toga í, stríkka á; *Preise:* stíga; ~end aðlaðandi, geðfelldur; ♀ungskraft *f* aðdráttarafl *n*.
Anzug *m* alfatnaður *m*.
an|zünden kveikja í; ~zweifeln efast um; rengja.
Apfel *m* epli *n*; ~sine *f* appelsína *f*; *Poet.* glóaldin *n*.
Apotheke *f* lyfjabúð *f*; ~r [*m* lyfsali *m*.]
Apparat *m* áhald *n*, tæki *n*.
Appetit *m* matarlyst *f*; ♀lich lystugur, girnilegur.
Aprikose *f* apríkósa *f*.
April *m* apríl *m*.
Aquarell *n* vatnslitamynd *f*.
Äquator *m* miðjarðarlína *f*.
Arbeit *f* vinna *f*; an die ~ gehen taka til vinnu; ♀en (an) vinna (að); ~er *m* verkamaður *m*; ~erbewegung *f* verkalýðshreyfing *f*; ~erschaft *f* verkamannastétt *f*; ~geber *m* vinnuveitandi *m*; ~geberverband *m* vinnuveitendasamband *n*; ~samt *n* ráðningarstofa *f*; vinnumiðlunarskrifstofa *f*; ~sbuch *n* vinnubók *f*; ♀sfähig vinnufær, starfhæfur; ~sleistung *f* vinnuafköst *n/pl.*; ~slohn *m* vinnulaun *n/pl.*, kaup *n*; ♀slos atvinnulaus; ~slosenunterstützung *f* atvinnuleysisstyrkur *m*; ~slosigkeit *f* atvinnuleysi *n*; ~ssperre *f* verkbann *n*, vinnustöðvun *f*; ~stag *m* vinnudagur *m*; ♀sunfähig óvinnufær; ~szeit *f* vinnutími *m*.
Arche *f* örk *f*; die ~ Noahs örkin hans Nóa.
Architekt *m* húsameistari *m*; ~ur *f* húsagerðarlist *f*.
arg slæmur, vondur; hörmulegur.
Ärger *m* gremja *f*; ♀lich gramur; önugur; ♀n *v/t.* skaprauna; *v/r.* sárna, gremjast; ~nis *n* hneyksli *n*.
Arg|list *f* undirferli *n od. f*; lævísi *f*; ♀los grunlaus; trúgjarn; ~wohn *m* grunur *m*; ♀wöhnisch tortrygginn.

arm fátækur; vesall.
**Arm** *m* armur *m*, handleggur *m*; **j-m unter die ~e greifen** *fig.* rétta e-m hjálparhönd.
**Armaturenbrett** *n* mælaborð *n*.
**Armband** *n* armband *n*; **~uhr** *f* armbandsúr *n*.
**Armee** *f* her *m*.
**Ärmel** *m* ermi *f*; **~kanal** *m* Ermarsund *n*; **~loch** *n* handvegur *m*.
**ärmlich** fátæklegur, vesallegur; **≈keit** *f* fátækt *f*, eymd *f*.
**armselig** fátækur, aumur.
**Armut** *f* fátækt *f*.
**Art** *f* tegund *f*, eðli *n*; háttur *m*; **≈ig** kurteis, siðprúður; **~igkeit** *f* kurteisi *f*, siðprýði *f*.
**Arterie** *f* slagæð *f*.
**Artikel** *m* grein *f*; *Gram.* greinir *m*; *Hdl.* vara *f*, vörutegund *f*.
**Arz|nei** *f* lyf *n*, læknislyf *n*; **~t** *m* læknir *m*.
**Ärztin** *f* kvenlæknir *m*.
**Asche** *f* aska *f*.
**Asphalt** *m* asfalt *n*, malbik *n*.
**Ast** *m* grein *f*, kvistur *m*.
**Aster** *f* astra *f*.
**Asyl** *n* hæli *n*, griðastaður *m*; gististaður *m*.
**Atelier** *n* vinnustofa listamanns.
**Atem** *m* andardráttur *m*, andi *m*; **~beschwerden** *pl.* öndunarörðugleikar *m/pl.*; **≈los** lafmóður, á öndinni.
**atmen** anda, draga andann.
**Atmosphäre** *f* gufuhvolf *n*, andrúmsloft *n*.
**Atmung** *f* andardráttur *m*.
**Äther** *m* ljósvaki *m*.
**Atom|bombe** *f* atómsprengja *f*; **~forschung** *f* atómrannsóknir *f/pl.*; **~kern** *m* atómkjarni *m*; **~spaltung** *f* atómklofning *f*.
**Attentat** *n* banatilræði *n*.
**Attest** *n* vottorð *n*.
**auch** einnig, líka; **~ nicht** ekki heldur; **wenn ~** þó að.
**Audienz** *f* áheyrn *f*.
**auf** á, ofan á; í; við; **~ die Dauer** þegar til lengdar lætur; **~ etw. zu** í áttina til e-s; **bis ~** allt að; nema; *adv.* upp; opinn; á fætur; **von klein ~** frá barnsbeini; **~ und ab** fram og aftur.
**auf|arbeiten** ljúka við; *Kleider:* gera við, dubba upp; **~atmen** draga andann djúpt; anda léttara.
**Aufbau** *m* smíð *f*, bygging *f*; viðreisn *f*.
**aufbekommen** *Schularbeit:* vera sett fyrir.
**Aufbesserung** *f* (*Gehalts≈*) launahækkun *f*.
**auf|bewahren** geyma; **~bieten** lýsa með; **~binden:** *fig.* **j-m etw. ~binden** telja e-m trú um e-ð; **~bleiben** vera (áfram) á fótum; **~brechen** brjóta upp; bresta sundur; leggja af stað; **≈bruch** *m* brottför *f*; **~bügeln** pressa aftur; **~bürden: j-m**

etw. **~bürden** leggja e-m byrði á herðar.
**aufdecken** gera bert, fletta ofan af; *fig.* leiða í ljós.
**aufdring|en** troða upp á; **~lich** áleitinn, nærgöngull.
**aufeinander** hver (hvor) ofan á öðrum; hver á fætur öðrum; **2folge** *f* (rétt) röð *f*.
**Aufenthalt** *m* dvöl *f*, viðstaða *f*; **~sgenehmigung** *f* dvalarleyfi *n*.
**auferlegen** leggja á herðar.
**auffahr|en** þjóta upp; aka upp; rekast á; **2t** *f* uppakstur *m*; akvegur upp.
**auffall|en** valda athygli, þykja kynlegt; **~end** kynlegur, áberandi.
**auffangen** grípa; *fig.* höndla, ná í.
**auffassen** skilja; *Su.* skilningur *m*.
**auffinden** finna.
**auffordern** skora á; *Su.* áskorun *f*.
**auffrischen** hressa við; rifja upp.
**Aufführung** *f* leiksýning *f*; hegðun *f*.
**auffüllen** fylla (upp); ausa.
**Aufgabe** *f* verkefni *n*; (*Schule*) lexía *f*, verkefni *n*; (*Post*) afhending; (*Geschäft*) slit *n/pl.*, lokun *f*.
**Aufgang** *m* uppganga *f*; (*Sonne*) uppkoma *f*.
**aufgeben** hætta við; *Amt:* láta af; *Brief:* afhenda (til flutnings).
**aufgebracht** reiður.
**aufgehen** ganga upp; fara í loft upp; *Teig:* þrútna, lyfta sér; *Herz:* opnast, ljúkast upp; *Saat:* spretta, koma upp; *Mond:* koma upp.
**aufgeklärt** upplýstur, menntaður.
**aufge|legt** fyrirkallaður; **~räumt** kátur, upprifinn; **~regt** æstur; **~weckt** skynugur.
**aufgießen** hella á (í).
**auf|haken** krækja sundur (frá, úr); **~halten** *v/t.* halda uppi; halda opnu; tefja; *v/r.* dveljast, vera; **~hängen** *v/t.* hengja upp; *v/r.* hengja sig. [saman.]
**aufhäufen** hrúga (safna)
**aufheben** lyfta (upp); taka upp; (*verwahren*) geyma; *Gesetz:* afnema, nema úr gildi *n*; *Su.* afnám *n*; geymsla *f*.
**auf|heitern** gleðja, örva; *v/r.* glaðna til, birta upp; glaðna; **~hetzen** *fig.* æsa upp; **~horchen** leggja við hlustirnar; bregða; **~hören** hætta; (*Regen*) stytta upp.
**aufklappen** opna.
**aufklären** skýra fyrir; fræða; *v/r.* birta upp; *Su.* fræðsla *f*, skýring *f*.
**auf|kleben** líma á, líma upp; **~knöpfen** hneppa upp; **~knüpfen** leysa (hnút); **~kochen** sjóða upp aftur.
**aufkommen** komast á fætur; komast á; **~ für** ábyrgjast.

**aufladen** hlaða.
**Auflage** *f* skattur *m*; *Buch:* upplag *n*.
**auflassen** skilja eftir opinn; *Jur.* afsala; *Su.* afsal *n*.
**Auflauf** *m* uppþot *n*; **2en** hlaupa (í loft) upp; (*anschwellen*) bólgna, þrútna.
**aufleben** hressast, lifna við aftur.
**auflegen** leggja á; *Waren:* leggja fram; *Karten:* leggja upp; *Buch:* gefa út.
**auflehnen** halla að; *v/r.* halla sér að (á); rísa (**gegen** gegn); *Su.* þrjózka *f*; uppreist *f*, uppreisn *f*.
**auf|lesen** tína upp (saman); **~lockern** losa.
**auflösen** leysa upp; *Versammlung:* slíta, rjúfa; *Su.* leysing *f*; slit *n/pl*.
**aufmachen** ljúka upp; opna *Rechnung:* gera upp, semja; *Su. Ware:* útbúnaður *m*; sjótjónsreikningur *m*.
**aufmerksam** athugull; kurteis; **2keit** *f* athygli *f*, eftirtekt *f*; kurteisi *f*.
**aufmuntern** örva, hvetja; *Su.* hvatning *f*, uppörvun *f*.
**Aufnahme** *f* upptaka *f*; viðtaka *f*; ljósmynd *f*; **~prüfung** *f* inntökupróf *n*.
**aufnehmen** taka upp; taka við; taka mynd af.
**aufopfern** fórna; *Su.* fórn *f*.
**auf|passen** taka eftir; **~pumpen** dæla upp.
**Aufputz** *m* skraut *n*, skart [*n*.]
**auf|raffen** *v/r.* taka rögg á sig, herða upp hugann; **~räumen** ryðja, ryðja til; færa í lag; **~rechnen** (**gegen**) gera gagnreikning.
**aufrecht** uppréttur; hnarreistur; **~erhalten** halda uppi, halda við.
**aufregen** æsa upp; *Su.* geðshræring *f*.
**auf|reiben** slíta; gereyða; **~reihen** raða; þræða á band; **~reißen** rífa upp; rifna; **~reizen** æsa, erta.
**aufricht|en** reisa upp; reisa; *fig.* hugga; *v/r.* rísa upp, rétta úr sér; **~ig** hreinskilinn; **2igkeit** *f* hreinskilni *f*.
**aufrollen** vefja saman; rekja sundur, breiða út.
**Aufruf** *m* kall *n*; áskorun *f*; **2en** kalla upp.
**Auf|ruhr** *m* uppreisn *f*; **~rührer** *m* uppreisnarmaður *m*.
**Aufrüstung** *f* vígbúnaður *m*.
**aufsässig** uppreistargjarn, þrjózkur.
**Aufsatz** *m* ritgerð *f*.
**auf|saugen** sjúga upp; **~schauen** líta upp; **~scheuchen** styggja, fæla á fætur; **~schieben** ýta upp; *Frist:* fresta, draga.
**Aufschlag** *m* uppþrot *n*; (*Preis2*) verðhækkun *f*; álagning *f*; **2en** *Preis:* hækka.
**auf|schließen** ljúka upp, opna; **2schluß** *m*, opnun *f*; fræðsla *f*.
**aufschnallen** spenna á; [spenna af.]

**auf|schneiden** skera upp; *fig.* raupa, ljúga; **2schnitt** *m* (*Essen*) álegg *n*.
**aufschrecken** fæla á fætur.
**Aufschrei** *m* hróp *n*, kall *n*.
**auf|schreiben** skrifa upp, skrifa hjá sér; **2schrift** *f* uppritun *f*, áletrun *f*.
**Auf|schub** *m* frestur *m*, dráttur *m*; **~schwung** *m* framför *f*.
**Aufseh|en** *n*: **~en erregen** vekja athygli; **~er** *m* umsjónarmaður *m*.
**aufsetzen** setja á *od*. upp.
**Aufsicht** *f* umsjón *f*, eftirlit *n*; **~srat** *m* stjórn *f*; fulltrúaráð *n*.
**auf|spannen** spenna á; vinda upp; **~sparen** spara saman; **~speichern** safna birgðum.
**aufspielen** *v/i*. spila, leika; *v/r*. þykjast vera.
**auf|sprengen** sprengja (í loft) upp; **~springen** stökkva upp; opnast, hrökkva upp; *Hände:* springa.
**Aufstand** *m* uppreist *f*, uppreisn *f*.
**auf|stehen** *Tür:* standa opinn; *vom Stuhl:* standa upp; *Bett:* fara á fætur; **~stellen** setja upp; raða.
**Aufstieg** *m* uppganga *f*, flug *n* upp í loftið; *fig.* framför.
**auf|stoßen** reka upp; (*Essen*) fá ropa af; **~streichen** (*Brot*) smyrja; **~streifen** (*Ärmel*) bretta upp; **~suchen** heimsækja, leita uppi; **~tauchen** koma upp *od*. fram; **~tauen** þíða; þiðna.
**Auftrag** *m* erindi *n*; umboð *n*, hlutverk *n*; skipun *f*; pöntun *f*; **im ~ j-s** fyrir hönd e-s; **2en** bera upp; *Kleidung:* slíta; *Farbe:* bera á; fela (**j-m etw.** e-m e-ð); **~geber** *m* umbjóðandi *m*; pantandi *m*; **~sbestätigung** *f* pöntunarstaðfesting *f*; **2sgemäß** samkvæmt pöntun.
**auf|treiben** reka upp *od*. á fætur; (*Geld*) útvega; **~trennen** spretta upp.
**auftreten** ganga, stíga; koma fram; leika; **2** *n* framkoma *f*; leikatriði *n*.
**auf|wachen** vakna; **~wachsen** vaxa, alast upp.
**Aufwand** *m* kostnaður *m*; óhóf *n*; neyting *f*.
**aufwärmen** hita upp.
**Aufwärterin** *f* þjónustustúlka *f*.
**aufwärts** upp, upp á við.
**Aufwartung** *f* þjónusta *f*; **j-m seine ~ machen** heimsækja e-n.
**aufwasch|en** þvo upp; **2wasser** *n* uppþvottarvatn *n*.
**auf|wecken** vekja; **~weichen** mýkja, bleyta; **~weisen** sýna, leggja fram; **~wenden** eyða, verja; **~werfen** kasta (í loft) upp; *Frage:* kasta fram.

**auf|wickeln** rekja sundur; vinda af; **~wiegeln** æsa, eggja til uppreistar; **~wiegen** vega upp á móti; **~wirbeln** þyrla(st) upp; **~wischen** þurrka upp; **~wühlen** róta upp; umhverfa.
**auf|zählen** telja upp; **~zäumen** beizla; **~zehren** éta upp til agna; eyða alveg.
**aufzeichnen** skrifa upp *od.* hjá sér; *Su.* athugasemd *f* til minnis; teikning *f.*
**auf|ziehen** *Uhr:* draga upp; *Kind:* ala upp; *Pflanze:* rækta; *Saite:* setja á; *fig.* erta, gera gys að; **Szug** *m* dráttur *m* upp; *Tracht:* klæðaburður *m,* búningur *m*; *Thea.* þáttur *m*; *Tech.* lyfta *f.*
**Augapfel** *m* augasteinn *m*; *fig.* eftirlæti *n.*
**Auge** *n* auga *n*; mit bloßem **~** með berum augum; aus den **~n** verlieren missa sjónar á; **~narzt** *m* augnlæknir *m*; **Snblicklich** tafarlaus; tafarlaust; **~nbraue** *f* augabrún *f*; **~nentzündung** *f* augnabólga *f*; **Snfällig** augljós; **~nglas** *n* gleraugu *n/pl.*; **~nhöhle** *f* augnatóft *f*; **~nlicht** *n* sjón *f*; **~nlid** *n* augnalok *n*; **~nmaß** *n* sjónhending *f*; **~nnerv** *m* sjóntaug *f*; **~nschein** *m* augsýn *f*; athugun *f*; **Snscheinlich** augsýnilegur; augsýnilega; **~nwimper** *f* augnahár *n*; **~nzeuge** *m* sjónarvottur *m.*
**August** *m* ágúst *m.*
**Auktion** *f* uppboð *n.*
**aus** 1. *prp.* úr; út úr; frá; af; 2. *adv.* út; úti; á enda, liðinn.
**aus|arbeiten** semja, búa til; ljúka við; **~arten** úrkynjast; breytast í (in etw. í e-ð); **~atmen** anda frá sér; **~baggern** losa við leðju.
**Ausbau** *m* viðhýsi *n*; *fig.* viðbót *f.*
**ausbedingen** áskilja sér.
**ausbessern** gera við, bæta; *Su.* viðgerð *f.*
**Ausbeut|e** *f* arður *m,* ábati *m*; **Sen** hagnýta; féfletta; **~er** *m* arðræningi *m.*
**aus|biegen** beygja til hliðar; víkja úr vegi; **~bilden** mennta; **~bitten** *v/r.* biðja (etw.) um e-ð; **~bleiben** koma ekki; bregðast.
**Ausblick** *m* útsýn *f.*
**ausbrechen** brjóta af *od.* úr; *v/i.* brjótast út; skella á.
**ausbreiten** breiða út; dreifa; *Su.* útbreiðsla *f*; dreifing *f.*
**Ausbruch** *m* flótti *m*; upphaf *n.*
**aus|brüten** unga út; *Plan:* brugga; **~bürsten** bursta úr.
**Ausdauer** *f* þol *n,* þolgæði *n*; **Snd** þolgóður, þolinn.
**ausdehnen** teygja, þenja; *Su.* víðátta *f*; stækkun *f,* útþensla *f.*

**aus|denken** hugsa upp, hugsa sér; **~deuten** útskýra; **~dörren** þurrka upp; **~drehen** (*Gasflamme*) snúa fyrir, slökkva, *pop.* skrúfa fyrir.
**ausdrück|en** láta í ljós; *v/r.* tala, komast að orði; **~lich** skýr, ótvíræður.
**ausdrucks|voll** skýr, svipmikill; **⁀weise** *f* orðbragð *n*, orðfæri *n*.
**auseinander** hver (hvor) frá öðrum; í sundur; **~fallen** fara í sundur, brotna; **~gehen** skiljast; **~nehmen** taka í sundur.
**auseinandersetzen** gera grein fyrir; *Su.* skýring *f*; deila *f*.
**auser|lesen** *adj.* ágætur, úrvals-; **~sehen, ~wählen** velja (úr).
**Ausfahrt** *f* ökuferð *f*; (*Tor*) hlið *n*.
**Ausfall** *m* útrás *f*; niðurstaða *f*; halli *m*.
**ausfallen** detta (út) úr; *Unterricht:* falla niður; **~ lassen** láta falla niður.
**ausfegen** sópa, sópa út.
**ausfertigen** útbúa; semja; afgreiða; *Su.* samning *f*; afgreiðsla *f*.
**ausfindig: ~ machen** komast að, komast á snoðir um.
**Ausflucht** *f* undanbrögð *n/pl.*, fyrirsláttur *m*.
**Ausflug** *m* skemmtiferð *f*.
**Ausflügler** *m* skemmtiferðamaður *m*. [mynni *n*.]
**Ausfluß** *m* útrennsli *n*;
**aus|forschen** grennslast eftir; **~fragen** þráspyrja, spyrja spjörunum úr.
**Ausfuhr** *f* útflutningur *m*; útfluttar vörur.
**ausführ|bar** útflytjanlegur; gerlegur; **⁀barkeit** *f* framkvæmanleiki *m*; **~en** flytja út; framkvæma; **⁀ung** *f* framkvæmd *f*; **~lich** ítarlegur.
**Ausfuhrzoll** *m* útflutningstollur *m*.
**ausfüllen** fylla (út), (s-n **Platz**) skipa; ausa, tæma; *Su.* (út)fylling *f*; tæming *f*.
**Ausgabe** *f* afhending *f*; útgjöld *n/pl.*; (*Buch*) útgáfa *f*; (*Fahrkarten⁀*) afhendingarstaður *m*.
**Ausgang** *m* útganga *f*; útgangur *m*, dyr *f/pl.*
**ausgeben** afhenda; *Geld:* eyða.
**Ausgeburt** *f* fóstur *n*, afspringur *m*.
**ausgedehnt** umfangsmikill.
**ausgehen** ganga út; enda; *Licht:* slokkna; **leer ~** fara tómhendur (burt).
**ausge|kocht** *fig.* slægur, slunginn; **~lassen** kátur, gáskafullur; **~nommen** að undanskildum, nema; **~rechnet** einmitt; **~sprochen** greinilegur, skýr; **~sucht** frábær, úrvals-; **~zeichnet** ágætur.
**ausgiebig** arðsamur; ríkulegur. [hella.]
**ausgießen** hella út (úr); út-

**ausgleichen** jafna; greiða; *fig.* sætta; *Su.* jöfnun *f*; sætt *f*.
**ausgleiten** skrika fótur, renna til.
**ausgraben** grafa upp; grafa innan úr; *Su.* gröftur *m*, uppgröftur *m*.
**Aus|guck** *m* útsjón *f*; varðberg *n*; **~guß** *m* skólp *n*; skólpþró *f*.
**aus|haken** krækja af *od.* úr; **~halten** þola, standast; **~händigen** skila, afhenda; **~harren** gefast ekki upp; þrauka; **~heben** *Graben:* grafa; *Mil.* bjóða út; **~helfen** hjálpa úr vandræðum.
**Aushilf|e** *f* hjálp *f*, úrræði *n/pl.*; **~spersonal** *n* aukastarfslið *n*; **2sweise** til bráðabirgða; til vara.
**ausholen** sækja út; *fig.* **zum Schlag ~** reiða til höggs; **weit ~** seilast langt aftur í tímann, hafa langan formála.
**aus|horchen** snuðra uppi; **~hungern** svelta til þrautar; **~kehren** sópa (e-u) út; **~kennen** *v/r.* þekkja sig, átta sig, þekkja e-ð til hlítar.
**Ausklang** *m* lokatónn *m*; *fig.* endir *m*.
**auskleiden** færa úr fötum, hátta.
**ausklopf|en** berja úr; **2er** *m* teppabankari *m*.
**ausklügeln** komast að, finna með heilabrotum.
**auskommen** koma út; komast af.
**Auskommen** *n* afkoma *f*.
**auskömmlich** nægilegur.
**aus|kratzen** skafa út; *fig.* forða sér; **~kundschaften** njósna um, komast að (með njósnum).
**Auskunft** *f* upplýsing *f*; **~ei** *f* upplýsingaskrifstofa *f*.
**aus|lachen** hlæja að; **~laden** afferma.
**Auslag|e** *f* gluggaútstilling *f*; **~en** *pl.* (*Geld*) kostnaður *m*, útgjöld *n/pl.*
**Aus|land** *n* útlönd *n/pl.*; **~länder(in** *f*) *m* útlendingur *m*; **2ländisch** útlendur, erlendur.
**auslassen** fella úr, sleppa; *Fett:* bræða; *Su.* úrfelling *f*; bræðsla *f*.
**aus|laufen** hlaupa út; renna út; **~laugen** bleyta, afvatna; **~leeren** tæma.
**auslegen** hafa til sýnis; skýra; greiða í svipinn; *Su.* sýning *f*; skýring *f*, túlkun *f*.
**ausleihen** leigja (út); lána.
**Ausles|e** *f* úrval *n*; úrvals varningur; **2en** velja úr; *Buch:* lesa til enda.
**aus|liefern** afhenda; **~löschen** slökkva; afmá; *v/i.* slokkna; **~losen** velja með hlutkesti; **~lösen** kaupa lausan; leysa inn.
**aus|machen** útkljá, ákveða; *Licht:* slökkva; *fig.* **das macht nichts aus** það gerir ekkert til; **~malen** útmála.

**Ausmaß** *n* ummál *n*, yfirgrip *n*.

**aus|merzen** uppræta, nema burt; **~messen** mæla út; **~mieten** leigja út; **~misten** moka.

**Ausnahm|e** *f* undantekning *f*; **~eangebot** *n* sértilboð *n*. **~slos** undantekningarlaus; **~sweise** sem undantekning, örsjaldan.

**aus|packen** taka upp *od.* úr, leysa utan af; **~plaudern** kjafta frá; **~polstern** troða út, fylla; **~pressen** kreista úr *od.* út; kúga út úr; **~probieren** þrautreyna.

**Auspuff** *m* (*Motor*) útblástur *m*; **~rohr** *n* útblástursípa *f*; **~topf** *m* hljóðdempari *m*.

**aus|radieren** skafa út *od.* af; **~rechnen** reikna (út).

**Ausrede** *f* fyrirsláttur *m*; **~n** ljúka máli sínu; **j-m etw. ~n** telja e-n af e-u; *v/r.* segja það, sem í brjósti býr.

**ausreich|en** nægja; **~end** nægilegur.

**Ausreise** *f* burtför *f*; (*ins Ausland*) för úr landi; **~erlaubnis** *f* fararleyfi *n* úr landi.

**ausreißen** rífa úr *od.* upp; strjúka.

**aus|renken** snúa úr liði, skekkja í liði; **~richten** annast, framkvæma.

**ausrotten** uppræta; eyða; *Su.* útrýming *f*.

**Ausruf** *m* hróp *n*, kall *n*; **~en** hrópa upp, kalla.

**aus|ruhen** hvíla sig; **~rupfen** reyta (rífa) upp.

**ausrüsten** útbúa, búa út; *Su.* útbúnaður *m*.

**ausrutschen** renna, skrika fótur.

**Aus|saat** *f* útsæði *n*; sáning *f*; **~säen** sá, dreifa.

**Aussag|e** *f Jur.* framburður fyrir dómi; **~en** segja; *Jur.* bera vitni.

**aussätzig** holdsveikur, líkþrár.

**aus|saugen** sjúga úr; féfletta; **~schalten** taka úr sambandi; rjúfa rafstraum; útiloka.

**Ausschank** *m* veiting *f*; veitingaborð *n*.

**ausscheid|en** fara frá *od.* úr; *v/t.* greina sundur; gefa frá sér; *Su.* frágreining *f*; *Med.* útrennsli *n*; **~ungskampf** *m* undanrás *f*.

**aus|schicken** senda út; senda (**nach j-m** eftir e-m); **~schiffen** skipa upp, flytja á land; **~schlafen** (*a. v/r.*) sofa út.

**Ausschlag** *m* útbrot *n/pl.*; **~en** slá, slá úr; neita; **~gebend** sem ræður úrslitum, mikilvægur.

**ausschließ|en** loka úti; útiloka; **~lich** einskorðaður; eingöngu, aðeins.

**Ausschluß** *m* útilokun *f*; burtrekstur *m*.

**Aus|schnitt** *m* útdráttur *m*; úrklippa *f*; **~schreitung** *f* afbrot *n*, lögbrot *n*; **~schuß** *m* nefnd *f*.

**ausschütten** hella út *od.* úr; *Dividende:* borga út.
**ausschweif|en** svallsamur, **~end** svallsamur, gjálífur; *Su.* svall *n*, slark *n*.
**aussehen** líta út, vera út-lits.
**Aussehen** *n* útlit *n*.
**außen** úti, utan á, að utan; von **~** utan að, að utan; nach **~** út á við; **2bordmotor** *m* utanborðsmótor *m*; **2handel** *m* utanríkisverzlun *f*; **2seite** *f* úthlið *f*, ytri hlið; **2stände** *pl.* ógreiddar skuldir; **2welt** *f* umheimur *m*.
**außer** fyrir utan, úti fyrir; auk, nema; **~ sich** frá sér numinn.
**äußer-** útverður, ytri.
**außer|dem** auk þess; **~ehelich** óskilgetinn; **~gewöhnlich** óvenjulegur; **~halb** fyrir utan, úti fyrir.
**äußerlich** ytri, útvortis; **2keit** *f* ytra útlit, yfirborð *n*.
**äußern** segja, láta í ljós.
**äußerst** ákaflega, mjög.
**außer|ordentlich** óvenjulegur; frábær; **~stande**: **~stande sein** geta ekki.
**Äußerung** *f* orð *n*, ummæli *n/pl.*
**aussetzen** setja út; *Zahlung:* fresta; *v/i. Motor:* stöðvast; **sich e-r Gefahr ~** stofna sér í hættu.
**aussöhnen** afplána; friða.
**ausspannen** þenja út; (*Wagen*) spenna frá; (*von der Arbeit*) hvíla sig, taka sér frí; *Su.* þensla *f*; hvíld *f*.
**aussperren** glenna út; útiloka; *Su.* útilokun *f*; vinnuteppa *f*, verkbann *n*.
**ausspielen** spila *od.* leika á enda; *Karte:* spila út.
**Aus|sprache** *f* framburður *m*; ummæli *n/pl.*; **2sprechen** *v/t.* bera fram; *v/r.* láta uppi álit sitt (über etw. á e-u); **~spruch** *m* orð *n*, ummæli *n/pl.*; úrskurður *m*.
**aus|spucken** spýta út úr sér; **~spülen** hella út; (*Glas*) skola.
**Ausstand** *m* ó(inn)heimt skuld; verkfall *n*.
**ausstatten** búa út; gera að heiman; *Su.* útbúnaður *m*; heimanfylgja *f*.
**aus|stehen** vera til sýnis; *Bestätigung:* vanta; þola; **~steigen** stíga út, stíga út úr vagni *od.* af skipsfjöl.
**ausstellen** hafa til sýnis; *Wechsel:* gefa út; *Su.* útstilling *f*; útgáfa *f* (víxils).
**aussterben** deyja út.
**Aussteuer** *f* heimanfylgja *f*.
**aus|strahlen** geisla; **~strekken** breiða út; teygja; **~streichen** strika út; **~suchen** velja úr.
**Austausch** *m* skipti *n/pl.*
**austeilen** skipta; úthluta.
**Auster** *f* ostra *f*.
**austragen** bera út *od.* burt; útkljá; *Kleid:* nýta til þrautar.
**aus|treten** ganga *od.* fara út; *Treppe:* slíta; *Schuhe:* skæla; *Verein:* segja sig

úr; ꝰtritt *m* úrsögn *f*, brottför *f*.
**aus|trocknen** þurrka (upp); þorna upp; **~üben** iðka, stunda.
**Ausverkauf** *m* útsala *f*.
**Aus|wahl** *f* úrval *n*; **ꝰwählen** velja úr.
**auswandern** flytjast úr landi.
**auswärtig** utanbæjar; erlendur; **ꝰes Amt** utanríkisráðuneyti *n*.
**auswärts** úti; út á við; utanbæjar.
**Ausweg** *m* úrræði *n*, ráð *n*.
**ausweichen** víkja undan; víkja úr vegi.
**Ausweis** *m* nafnsönnun *f*; skilríki *n*; **ꝰen** gera landrækan; *v/r*. sanna nafn sitt.
**auswendig** utanverður; utan bókar.
**aus|werfen** fleygja út *od*. burt; *Blut:* hósta upp; **~werten** nota til hlítar; **~wickeln** rekja úr, taka úr umbúðum; **~wirken** koma til leiðar; **~wischen** þurrka (burt); afmá.
**Auswurf** *m* brottköstun *f*; *Med*. hráki *m*; *fig*. úrþvætti *n*, úrkast *n*.
**auszahlen** greiða, borga út; *Su*. útborgun *f*.
**Auszehrung** *f* úttaugun *f*; tæring *f*.
**auszeichnen** hafa í hávegum; *Waren:* verðmerkja; *v/r*. skara fram úr; *Su*. frami *m*; afburðir *m/pl*.
**ausziehen** *v/t*. draga út *od*. úr; *Kleider:* fara úr; *v/i*. fara burt; flytjast búferlum.
**auszischen** blístra niður, lýsa vanþóknun sinni með blístri.
**Auszug** *m* brottför *f*; ágrip *n*; útdráttur *m*.
**Auto** *n* bíll *m*, bifreið *f*; **~bahn** *f* bílabraut *f*; **~bus** *m* strætisvagn *m*; áætlunarbíll *m*; **~fahrer** bílstjóri *m*; **~gramm** *n* eiginrithönd *f*; **~hupe** *f* bílflauta *f*; **~mat** *m* sjálfsali *m*.
**Autor** *m* (rit)höfundur *m*.
**Axt** *f* öxi *f*.

# B

**Bach** *m* lækur *m*; **~stelze** *f* máríuerla *f*.
**Backbord** *m* *Mar*. bakborði *m*.
**Backe** *f* kinn *f*, vangi *m*.
**backen** baka.
**Backenzahn** *m* jaxl *m*.
**Bäcker** *m* bakari *m*; **~ei** *f* bakarí *n*; **~laden** *m* bakarí *n*, bakarabúð *f*.
**Back|ofen** *m* bakaraofn *m*; **~pfeife** *f fam*. löðrungur *m*; **~stein** *m* tígulsteinn *m*; **~ware** *f*, **~werk** *n* sætabrauð *n*.
**Bad** *n* bað *n*; baðstaður *m*.
**Bade|anstalt** *f* baðhús *n*; **~anzug** *m* baðföt *n/pl*.; **~gast** *m* baðgestur *m*; **~hose** *f* sundbuxur *f/pl*., sundbol-

ur *m*; **~kappe** *f* baðhetta *f*; **~mantel** *m* baðkápa *f*; **~meister** *m* baðstjóri *m*; **2n** baða; *v/r*. baða sig; **~ort** *m* baðstaður *m*; **~tuch** *n* baðhandklæði *n*; **~wanne** *f* baðker *n*.
**Bagger** *m* leðjugrafa *f*; leðjudæla *f*; **2n** dæla upp leðju.
**Bahn** *f* braut *f*; (*Eisen2*) járnbraut *f*; (*Stoff2*) breidd *f* (dúks); **2brechend** brautryðjandi; **~brecher** *m* brautryðjandi *m*, frumherji *m*; **~hof** *m* járnbrautarstöð *f*; **~steig** *m* brautarpallur *m*; **~steigkarte** *f* brautarpallsmiði *m*; **~wärter** *m* brautarvörður *m*.
**Bahre** *f* börur *f/pl.*; líkbörur *f/pl.*
**Bai** *f* flói *m*.
**Baisse** *f* verðfall *n*; lágverð *n*.
**Bakterie** *f* sóttkveikja *f*, sýkill *m*; gerill *m*.
**bald** brátt, bráðum; (*fast*) *fam.* nærri; **~möglichst** eins fljótt og unnt er.
**Baldrian** *m* garðabrúða *f*.
**Balken** *m* bjálki *m*, biti *m*; **~werk** *n* stórviðargrind *f*.
**Balkon** *m* svalir *f/pl.*
**Ball** *m* bolti *m*, knöttur *m*; (*Tanzfest*) dansleikur *m*, ball *n*.
**Ballast** *m* kjölfesta *f*.
**ballen**: **die Faust ~** kreppa hnefann.
**Ballen** *m* (vöru)balli *m*, vörubaggi *m*.
**Ballett** *n* danssjónleikur *m*, *fam.* ballett *m*.
**Ballon** *m* loftbelgur *m*, flugbelgur *m*.
**Banane** *f* banani *m*, bjúgaldin *n*.
**Band 1.** *n* band *n*; *fig.* hlekkur *m*; **laufendes ~** færiband *n*; **2.** *m* (*Buch*) bindi *n*.
**Bande** *f* óaldarflokkur *m*.
**bändigen** temja; *Su.* tamning *f*.
**Bandwurm** *m* bandormur *m*.
**bang(e)** hræddur, kvíðinn.
**Bank** *f* **1.** (*Sitz2*) bekkur *m*; **durch die ~** hver sem er, undantekningarlaust; **2.** *Hdl.* banki *m*; **~beamte(r)** *m* bankastarfsmaður *m/f.*; **~geschäft** *n* banki *m*; bankastarfsemi *f*; **~note** *f* bankaseðill *m*.
**Bankrott** *m* gjaldþrot *n*; **~ machen** verða gjaldþrota.
**Bann** *m* bannfæring *f*; töfrar *m/pl.*; **2en** bannfæra; töfra, heilla; *Geister:* særa fram; **~kreis** *m* töfrahringur *m*: **~meile** *f* bæjarhelgi *f*, bæjarland *n*.
**bar** ber, nakinn; út í hönd; **~es Geld** reiðupeningar *m/pl.*
**Bär** *m* björn *m*, bjarndýr *n*; **j-m e-n ~en aufbinden** telja e-m trú um e-ð, pretta e-n; **2beißig** önugur, stirðlyndur.
**Baracke** *f* skúr *m*; hermannaskýli *n*.

**bar|fuß** berfættur; **~häuptig** berhöfðaður.
**barmherzig** miskunnsamur; **≈keit** *f* miskunnsemi *f*.
**Barren** *m* málmstöng *f*; slá *f*.
**Barsch 1.** *m* aborri *m* **2.** **≈** *adj.* byrstur.
**Barschaft** *f* reiðupeningar *m/pl.*
**Bart** *m* skegg *n*; (*Schlüssel≈*) lykilskegg *n*.
**Barzahlung** *f* borgun út í hönd.
**Base** *f* föður-, móðursystir *f*; *Chem.* lútur *m*.
**Baß** *m* bassi *m*.
**basteln** klastra við; dunda við; föndra.
**Bastler** *m* klastrari *m*; dútlari *m*.
**Batterie** *f* *El.* rafhlaða *f*.
**Bau** *m* smíðar *f/pl.*; bygging *f*; **~art** *f* húsgerðarlag *n*, stíll *m*.
**Bauch** *m* kviður *m*, magi *m*; **~fell** *n* lífhimna *f*; **~weh** *n* magaverkir *m/pl.*
**bauen** smíða, byggja.
**Bauer** *m* bóndi *m*.
**Bäuerin** *f* bóndakona *f*.
**bäu(e)risch** sveitalegur; ruddalegur.
**bau|fällig** hrörlegur; **≈genossenschaft** *f* samvinnubyggingafélag *n*; **≈gesellschaft** *f* byggingafélag *n*; **≈gerüst** *n* smíðapallur *m*; **≈holz** *n* smíðaviður *m*; **≈kosten** *pl.* byggingarkostnaður *m*.
**Baum** *m* tré *n*; (*Schlag≈*) vegarslá *f*; **~schule** *f* trjáreitur *m*, gróðrarstöð *f*; **~stumpf** *m* trékubbur *m*, bútur *m*.
**Baumeister** *m* húsagerðarmeistari *m*; húsasmíðameistari *m*.
**baumeln** dingla; róla sér.
**Baumwolle** *f* bómull *f*, baðmull *f*.
**Bausch** *m*: **in ~ und Bogen kaufen** kaupa holt og bolt; **≈en** bunga út, belgjast út.
**Baustelle** *f* hússtæði *n*, byggingarstaður *m*.
**Bazillus** *m* sóttkveikja *f*.
**beabsichtigen** hafa í hyggju, ætla.
**beacht|en** gefa gaum; *Su.* athygli *f*, gaumur *m*; **~enswert** athyglisverður.
**Beamt|e(r)** *m* embættismaður *m*, starfsmaður *m*; **~in** embættiskona *f*; **~enschaft** *f* embættis-, starfsmenn *m/pl.*
**beängstigend** kvíðvænlegur.
**beanspruchen** krefjast, heimta.
**beanstanden** andmæla; neita; *Su.* andmæli *n/pl.*, mótmæli *n/pl.*
**beantragen** leggja til; sækja um.
**beantworten** svara.
**beauf|sichtigen** hafa tilsjón með; **~tragen: j-n mit etw. ~tragen** fela e-m e-ð.
**bebauen** byggja; rækta.
**beben** skjálfa, titra.
**Becher** *m* bikar *m*, staup *n*.
**Becken** *n* þvottaskál *f*; *Anat.* mjaðmagrind *f*.

**bedächtig** aðgætinn, gætinn.
**bedanken** *v/r.* þakka fyrir sig; (*ironisch*) afþakka.
**Bedarf** *m* þörf *f*, þarfir *pl.*; im **~sfall** ef nauðsyn krefur.
**bedauer|lich** hörmulegur; **~n** harma, þykja leitt; j-n **~n** sjá aumur á e-m; **2n** *n* harmatölur *f/pl.*; leiðindi *n/pl.*
**bedeck|en** þekja, hylja; **~ter Himmel** skýjaður himinn.
**bedenken** íhuga, hugleiða.
**Bedenken** *n* íhugun *f*; efasemdir *f/pl.*
**bedeut|en** þýða, merkja; **~end** talsverður; mikilvægur; *Su.* þýðing *f*, merking *f*; mikilvægi *n.*
**bedien|en** þjóna til borðs; *Amt:* gegna; **bitte, ~en Sie sich** gerið svo vel (að taka til matar); *Su.* þjónusta *f*; afgreiðsla *f*; **2ungsgeld** *n* þjónustugjald *n.*
**Bedingung** *f* skilyrði *n*; **2slos** skilyrðislaus.
**bedräng|en** þjaka, kvelja; **2nis** *f* andstreymi *n*, þrenging *f.*
**bedrohen** ógna; *Su.* ógnun *f*, hótun *f.*
**bedrücken** þjaka.
**bedürf|en** þurfa, þarfnast; **2nis** *n* þörf *f*, þarfir *f/pl.*; **2nisanstalt** *f* salerni *n*; **~tig** þurfandi, fátækur; **2tigkeit** *f* fátækt *f*, umkomuleysi *n.*
**Beefsteak** *n* nautabauti *m.*
**be|ehren** heiðra; *v/r.* hafa þann heiður, vera heiður að; **~eiden** sverja; *Zeugen:* láta e-n sverja; **~eilen** *v/r.* flýta sér.
**beeindrucken** hafa áhrif á.
**beeinflussen** hafa áhrif á; *Su.* áhrif *n/pl.*
**beeinträchtigen** gera baga, spilla, rýra, skerða.
**beendigen** enda, ljúka; *Su.* endir *m*, lyktir *f/pl.*
**be|engen** þrengja (að); takmarka; **~erben** erfa (e-n).
**beerdigen** jarða, greftra; *Su.* jarðarför *f*, greftrun *f.*
**Beere** *f* ber *n.*
**Beet** *n* beð *n*, reitur *m.*
**befähig|en** gera hæfan; **~t** hæfur, fær; *Su.* hæfileiki *m*, dugnaður *m.*
**be|fallen** *Furcht:* grípa; *Krankheit:* taka, verða fyrir; **~fangen** feiminn, þvingaður; **~fassen** *v/r.* (**mit etw.**) fást við e-ð.
**Befehl** *m* skipun *f*; fyrirmæli *n/pl.*; **2en** skipa; **~shaber** *m* stjórnandi *m*, foringi *m.*
**befestigen** festa; víggirða; *Su.* festing *f*; víggirðing *f.*
**befeuchten** væta.
**befinden** álíta, telja; **für gut ~** telja gott; *v/r.* líða (vel *od.* illa).
**Befinden** *n* álit *n*; líðan *f.*
**befindlich** sem er e-s staðar.
**Beflaggung** *f* flöggun *f.*
**befleißigen** *v/r.* gera sér far um.
**beflissen** ákafur; **2heit** *f* kapp *n*, ástundun *f.*

**befolgen** fara eftir, hlýða.
**befördern** flytja; *Beamte:* veita hærra embætti; *Su.* flutningur *m*; hækkun í tign.
**befragen** spyrja.
**befrei|en** (aus) frelsa (úr); **~en** (von) leysa (undan); **Ṡer(in** *f*) *m* bjargvættur *m*.
**befremd|en** furða, koma á óvart; **~end** kynlegur, óvæntur.
**befreunden** *v/r*. vingast (**mit** j-m við e-n).
**befriedigen** fullnægja; gera ánægðan; *Su.* fullnæging *f*; ánægja *f*.
**befruchten** frjóvga; *Su.* frjóvgun *f*.
**Befugnis** *f* heimild *f*; réttur *m*; réttmæti *n*.
**Befund** *m* ásigkomulag *n*; málavextir *m/pl.*; *Med.* sjúkdómsgreining *f*.
**befürchten** óttast.
**befürworten** mæla með, styðja.
**begab|t** gáfaður; **Ṡung** *f* gáfur *f/pl.*; gáfa *f*; hæfileiki *m*.
**begatten** *v/r*. tímgast, eðla sig.
**begeben** *v/r*. fara; *Ereignis:* koma fyrir, gerast.
**begegnen** mæta; *fig.* koma fyrir, henda; *Su.* mót *n*, fundur *m*.
**begehen** fremja; *Geburtstag:* halda hátíðlegan.
**begehren** girnast; krefjast.
**Begehren** *n* ósk *f*; krafa *f*.
**begehr|enswert** eftirsóknarverður; **Ṡlichkeit** *f* græðgi *f*, fíkn *f*.
**begeistern** hrífa, heilla; *Su.* hrifning *f*.
**Begier|de** *f* græðgi *f*; ástríða *f*; **Ṡig** gráðugur, sólginn.
**begießen** væta, vökva.
**beginnen** byrja, byrja á.
**Beginnen** *n* byrjun *f*.
**beglaubigen** votta, staðfesta; *Su.* vottun *f*, staðfesting *f*.
**begleichen** jafna, eyða; *Rechnung:* borga.
**begleiten** verða samferða; fylgja; *Su.* samfylgd *f*, fylgd *f*.
**beglückwünschen** óska til hamingju; (**zu etw.** með e-ð); *Su.* heillaósk *f*.
**begnadigen** náða; *Su.* náðun *f*.
**begnügen** *v/r*. (**mit etw.**) láta sér (e-ð) nægja.
**Begräbnis** *n* greftrun *f*, jarðarför *f*; **~kosten** *pl.* jarðarfararkostnaður *m*; **~stätte** *f* legstaður *m*.
**begreifen** skilja.
**begrenzen** takmarka; *Su.* takmörkun *f*.
**Begriff** *m* hugtak *n*; skilningur *m*; hugmynd *f*.
**begründ|en** grundvalla; rökstyðja; *Su.* stofnsetning *f*; rökstuðning *f*; **Ṡer** *m* stofnandi *m*.
**begrüßen** heilsa; fagna (**etw.** e-u); *Su.* kveðjuorð *n/pl.*; heilsun *f*.
**begünstigen** vera hliðholl-

ur; styðja; *Su.* hliðhollusta *f*, ívilnun *f*; stuðningur *m*.
**begutacht|en** meta. segja álit sitt á; **&er** *m* matsmaður *m*; *Su.* mat *n*; álit *n*.
**begütert** efnaður, ríkur.
**behäbig** ánægður; makindalegur.
**Behag|en** *n* vellíðan *f*, ánægja *f*; **&lich** ánægður; notalegur.
**be|halten** halda (eftir); muna (e-ð); **recht ~halten** reynast hafa á réttu að standa; **&hälter** *m* geymir *m*; hylki *n*.
**behandeln: j-n gut ~** fara vel með e-n; *Su.* meðferð *f*.
**beharr|en** halda (**bei etw.** e-u) áfram; (**auf**) standa fast við; **~lich** þolinn; sífelldur; **&ungsvermögen** *n* aldeyfa *f*, tregða *f*.
**behaupten** fullyrða; **das Feld ~** halda velli; *v/r.* standast, haldast; *Su.* fullyrðing *f*.
**Behausung** *f* hýsing *f*; húsaskjól *n*. [**~ in** ættaður úr.]
**beheimatet** heimilisfastur;]
**Behelf** *m* neyðarúrræði *n*; **&en** *v/r.* komast af.
**behelligen** ónáða, ómaka.
**behend|e** fimur; fljótur; **&igkeit** *f* fimi *f*; flýtir *m*.
**be|herbergen** hýsa; **~herrschen** hafa á valdi sínu.
**beherz|igen** íhuga vel; **~t** hugaður.
**behilflich** hjálplegur.
**behindern** aftra, varna.
**Behörd|e** *f* yfirvöld *n/pl.*; **&lich** af hálfu yfirvaldanna.
**be|hüten** vernda, gæta; **~hutsam** gætinn, varkár.
**bei** við; hjá; **~ sich** á sér; **~ Strafe** að viðlagðri refsingu; **~ Tag** að degi (til).
**Beiblatt** *n* aukablað *n*.
**beibringen** *Beweise:* útvega; *Kenntnisse:* koma inn hjá, kenna.
**Beichte** *f* skriftir *f/pl.*; **&n** skrifta.
**beide** báðir; **die ~n** báðir tveir; **~s** hvorttveggja; **~rseits** beggja megin.
**beieinander** saman.
**Beifall** *m* lófatak *n*, góðar undirtektir. [hjálagt.]
**beifolgend** meðfylgjandi,]
**bei|fügen** láta fylgja; bæta við; **~kommen** komast í færi við.
**Beil** *n* (viðar)öxi *f*.
**Beilage** *f* fylgiskjal *n*; aukablað *n*.
**beiläufig** lauslegur; **~ gesagt** meðal annarra orða.
**beilegen** láta fylgja; *Streit:* jafna.
**Beileid** *n* samhryggð *f*.
**beiliegend** meðfylgjandi.
**beimengen** blanda saman við.
**Bein** *n* fót(legg)ur *m*; **die ~e in die Hand nehmen, lange ~e machen** taka til fótanna; **~kleid** *n* buxur *f/pl*.

**beinah(e)** nærri, því nær.
**Beiname** *m* viðurnefni *n*; auknefni *n*.
**beipflichten:** j-m ~ samþykkja; fallast á skoðun e-s, taka undir með e-m.
**beirren** trufla, rugla.
**beisammen** saman; **2sein** *n* samvera *f*, samvistir *f/pl*.
**Bei|schlaf** *m* samhvíla *f*; samfarir *f/pl.*; **~sein** *n* návist *f*.
**beiseite** frá, út úr.
**beisetzen** jarða; *Su.* jarðarför *f*.
**Beispiel** *n* dæmi *n*; **zum ~** (*Abk.* **z. B.**) til dæmis (*Abk.* t. d.); **2sweise** sem dæmi.
**beispringen** skunda til hjálpar.
**beißen** bíta.
**Bei|stand** *m* hjálp *f*, aðstoð *f*; **2stehen** hjálpa, aðstoða.
**bei|steuern** leggja til, greiða tillag; **~tragen** stuðla (**zu etw.** að e-u), styrkja e-ð.
**beitreiben** *Schuld:* heimta inn; *Su.* innheimta *f*.
**bei|treten** ganga í félag, bandalag; **2tritt** *m* innganga í félag *od.* bandalag.
**Beiwagen** *m* hliðarvagn *m*, karfa *f* (bifhjóls); aukavagn *m*.
**beiwohnen** vera viðstaddur.
**beizeiten** í tæka tíð *f*.
**beizen** bæsa; *Su.* bæsing *f*.
**bejahen** *Frage:* játa; *Su.* játun *f*.
**bejahrt** aldurhniginn.
**bejammern** harma, barma sér yfir; **~swert** hörmulegur.
**bekämpfen** berjast gegn; *Su.* barátta gegn (e-u).
**bekannt** kunnugur; þekktur; **2gabe** *f* auglýsing *f*, birting *f*; **~geben** kunngera, birta; **~lich** eins og kunnugt er; **~machen** gera kunnugt, birta; kynna; **2schaft** *f* kunningsskapur *m*.
**bekenn|en** játa; *v/r.* játa (**zu etw.** e-ð), játa sig fylgjandi e-u; **2tnis** *n* játning *f*.
**beklagen** *v/r.* kvarta.
**Beklagte(r)** *m* kærður *m*.
**Bekleidung** *f* klæðnaður *m*.
**Be|klemmung** *f* þjökun *f*; **2klommen** dapur, kvíðinn.
**be|kommen** fá; *v/i.* eiga við; **~kömmlich** hollur.
**beköstigen** veita (gefa) mat; *Su.* matur *m*, viðurværi *n*.
**bekräftigen** staðfesta; *Su.* staðfesting *f*.
**bekreuzigen** *v/r.* krossa sig.
**bekritteln** dæma smásálarlega.
**Bekümmer|nis** *f* áhyggja *f*; **2t** áhyggjufullur, hryggur.
**belächeln** brosa að.
**beladen** hlaða, ferma; *fig.* þjaka.
**Belag** *m* lag *n*, skán *f*; ofanálag *n*; **2ern** setjast um, sitja um.
**Belang** *m* mikilvægi *n*; **ohne ~ sn** skipta engu; **2en** snerta, koma við;

*Jur.* lögsækja; ≈los ómerkilegur, marklaus.
**belasten** hlaða; ferma; þjaka; kæra, saka.
**belästigen** ónáða, þjaka.
**belaufen** *v/r.* nema.
**beleb|en** lífga, fjörga; **~t** *Straße:* fjölfarinn.
**beleg|en** þekja; *Platz:* tryggja sér; *Kolleg:* innrita sig sem áheyranda við fyrirlestra; **≈schaft** *f Fabrik, Grube:* starfslið *n*; **~tes Brot** brauð með áleggi. [*f.*]
**belehren** fræða; *Su.*fræðsla
**beleidigen** móðga, særa; *Su.* móðgun *f*, smán *f*.
**beleihen** taka lán út á; lána út á.
**belesen** lesinn, víðlesinn.
**beleuchten** skína á, lýsa; *Su.* lýsing *f*; ljós *n*.
**belieb|en** þóknast; **~ig** hver sem er; eftir vild; **~t** vinsæll; **≈theit** *f* hylli *f*.
**bellen** gelta. [*n/pl.*]
**belohnen** launa; *Su.* laun
**Belt** *m* belti *n*, sund *n*; **der Große, der Kleine ~** Stóra, Litla Beltið *n*.
**belügen** ljúga að; rægja.
**belustigen** skemmta; *Su.* skemmtun *f*, gaman *n*.
**be|mächtigen** *v/r.* ná á sitt vald; **~mängeln** finna að; **~mannen** manna, skipa mönnum.
**bemerk|en** taka eftir; segja; **~enswert** eftirtektarverður; *Su.* athugun *f*; athugasemd *f*.
**bemitleiden** kenna í brjósti um, aumka; **~swert** aumkunarverður.
**bemittelt** efnaður.
**bemühen** ónáða, ómaka; *Su.* ómak *n*, viðleitni *f*; áreynsla *f*.
**benachbart** nálægur; nágranna... (*i. Zssgn., s. a.* **Nachbar...**).
**benachrichtigen** skýra frá, láta vita; *Su.* tilkynning *f*; frétt *f*, vitneskja *f*.
**benachteiligen** gera afskiptan, baka tjón; *Su.* rangsleitni *f*; tjón *n*.
**benehmen** *v/r.* hegða sér, koma fram.
**Benehmen** *n* framkoma *f*.
**beneiden** öfunda; **~swert** öfundsverður.
**benennen** nefna, kalla.
**benetzen** væta.
**Bengel** *m* lurkur *m*, barefli *n*; *fig.* sláni *m*, strákur *m*.
**benommen** ringlaður, frá sér numinn.
**benötigen** þarfnast, þurfa.
**benutzen** nota, nýta; *Su.* notkun *f*; not *n/pl*.
**Benzin** *n* bensín *n*; **~behälter** *m* bensíngeymir *m*; **~tank** *m* bensíntankur *m*, bensíngeymir *m*.
**beobachten** taka eftir; gefa gaum; *Su.* athugun *f*.
**bequem** þægilegur; makráður; **~en** *v/r.* fá sig (zu etw. til e-s); **≈lichkeit** *f* þægindi *n/pl.*; makindi *n/pl*.
**berat|en** ráðleggja; *v/r.* ráð-

gast um; 2er *m* ráðgjafi *m*; 2ung *f* ráðabrugg *n*, umræður *f/pl.*; *Med.* (læknis-) viðtal *n*.
**berauben** ræna.
**berausch|en** gera ölvaðan; ~t ölvaður.
**berech|nen** reikna út, áætla; *Su.* útreikningur *m*; 2tigung *f* réttur *m*, heimild *f*.
**bered|en** ræða; tala sig saman um; 2samkeit *f* mælska *f*; ~t mælskur.
**Bereich** *m* (umráða)svið *n*; *fig.* víðtæki *n*, yfirgrip *n*.
**bereichern** auðga; *Su.* auðgun *f*, gróði *m*.
**Bereifung** *f* hjólbarðar *m/pl.*
**bereisen** *Land:* ferðast um.
**bereit** tilbúinn; ~en útbúa; búa til; ~s þegar, nú þegar; ~willig fús, reiðubúinn.
**bereuen** iðrast, sjá eftir.
**Berg** *m* fjall *n*, fell *n*; 2ab niður fjallið, niður á við; 2auf upp, upp á við; ~bau *m* námugröftur *m*, -rekstur *m*; 2en bjarga; 2ig fjöllóttur; ~mann *m* námumaður *m*; ~steiger *m* fjallgöngumaður *m*; ~werk *n* náma *f*.
**Bericht** *m* skýrsla *f*; tilkynning *f*; 2en skýra frá; tilkynna; ~erstatter *m* skýrslugjafi *m*, fréttaritari *m*; ~erstattung *f* skýrsla *f*; frásögn *f*.
**berichtigen** leiðrétta; *Su.* leiðrétting *f*.
**Bernstein** *m* raf *n*.
**bersten** bresta; springa.
**berüchtigt** alræmdur, illræmdur.
**berücksichtigen** taka tillit til; *Su.* tillit *n*.
**Beruf** *m* atvinna *f*; köllun *f*; 2en kalla; stefna; *v/r.* sich auf etw. 2en bera eitthvað fyrir sig; 2lich sem heyrir til atvinnu, starfi; starfs-; ~sberatung *f* stöðuvalsleiðbeiningar *f/pl.*; ~sgenosse *m* starfsbróðir *m*; ~ung *f* köllun *f*, kvaðning *f*; *Jur.* áfrýjun *f*; ~ung einlegen áfrýja máli (dómi) til æðra dóms.
**beruhen** stafa af; etw. auf sich ~ lassen láta e-ð eiga sig.
**beruhigen** sefa, friða, róa; *Su.* sefun *f*, friðun *f*, róun *f*.
**berühmt** frægur, nafntogaður; 2heit *f* frægð *f*; *pop.* frægur maður.
**Berührung** *f* snerting *f*.
**besag|en** skipta máli; ~t áðurnefndur, umgetinn.
**besänftigen** sefa, blíðka; *Su.* sefun *f*, blíðkun *f*.
**Besatz** *m* (*Borte*) leggingar *f/pl.*
**Besatzung** *f* *Mil.* setulið *n*; skipshöfn *f*; ~smacht *f* hernámsveldi *n*.
**beschädig|en** skemma; meiða; *v/r.* meiða sig; *Su.* skemmd *f*; ~t meiddur; skemmdur.
**beschaffen** útvega; wohl ~

vel lagaður, vel á sig kominn.
**beschäftigen** veita atvinnu, láta starfa; *Su.* atvinna *f*, starf *n*.
**beschäm|en** gera sneyptan; gera skömm til; *Su.* sneypa *f*; **~end** auðmýkjandi; **~t** sneyptur.
**beschatten** skyggja á, skyggja.
**beschaulich** djúphugull, íhugull; **2keit** *f* djúphygli *f*, íhygli *f*.
**Bescheid** *m* svar *n*; upplýsingar *f/pl.*; **j-m ~ sagen (geben)** láta vita; **~ wissen** vera kunnugur (e-u), kunna skil á; **2en** *v/r.* vera ánægður, sætta sig við; *adj.* hæverskur; hóflegur; **~enheit** *f* hæverska *f*; lítilþægni *f*.
**bescheinigen** votta; kvitta fyrir; *Su.* vottun *f*, vottorð *n*.
**beschenken** gefa (**j-n mit etw.** e-m e-ð).
**bescheren** gefa; úthluta; *Su.* (jóla)gjöf *f*; úthlutun *f*.
**beschießen** skjóta á; *Su.* skothríð á (e-ð).
**beschimpfen** smána, móðga; *Su.* svívirðing *f*, móðgun *f*.
**beschirmen** vernda.
**Beschlag** *m* málmlegging *f*.
**beschlagen** *v/t.* leggja, þekja; *Pferd:* járna; *adj.:* **in etw. gut ~ sein** vera vel að sér í e-u.
**Beschlagnahm|e** *f* löghaldsálagning *f*, löghald *n*; **2en** leggja löghald á.
**beschleunigen** flýta, hraða; *Su.* hröðun *f*.
**Beschluß** *m* ákvörðun *f*; samþykkt *f*.
**beschmutzen** óhreinka; *Su.* óhreinkun *f*.
**beschönigen** fegra, prýða; *Su.* fegrun *f*.
**beschränk|en** takmarka; **~t** takmarkaður; *fig.* vitgrannur.
**beschreiben** lýsa; *Su.* lýsing *f*.
**beschuldigen** saka um; *Su.* ákæra *f*, ásökun *f*.
**beschützen** vernda.
**Beschwerde** *f* erfiðleiki *m*; kvörtun *f*; **~buch** *n* kvartanabók *f*.
**beschwer|en** (of)þyngja; gera óþægindi; *v/r.* kvarta; **~lich** erfiður.
**beschwichtigen** róa, stilla, sefa.
**beschwindeln** svíkja, pretta.
**beschwören** sverja; sárbiðja; *Su.* eiður *m*; særing *f*.
**beseitigen** fjarlægja; *Su.* útrýming *f*.
**Besen** *m* sópur *m*.
**besessen** óður, viti sínu fjær.
**besetz|en** hernema; **~t** *Platz:* upptekinn; *Saal:* fullskipaður.
**besichtigen** skoða; *Su.* skoðun *f*.
**besiedeln** byggja, nema (land).

**besiegeln** innsigla; staðfesta.
**besinn|en** *v/r.* muna, átta sig; *Su.* umhugsun *f*; meðvitund *f*; **~ungslos** meðvitundarlaus.
**Besitz** *m* eign *f*; **2en** eiga, hafa; **~ergreifung** *f* eignartaka *f*; eignarnám *n*; **~tum** *n* eign *f*.
**besoffen** drukkinn.
**besohlen** sóla.
**besolden** greiða kaup *od.* laun; *Su.* kaupgreiðsla *f*; kaup *n*.
**besonder-** sérstakur; (**ins~e**) sérstaklega; **nichts 2es** ekkert sérstakt; **~s** sérstaklega; einkum.
**besonnen** gætinn, rólegur.
**besorg|en** annast, sjá um; **2nis** *f* áhyggja *f*, ótti *m*; **~t** áhyggjufullur; *Su.* sendiferð *f*; erindi *n*.
**bespannen** beita fyrir.
**besprechen** tala um, ræða; *Buch:* rita um, ritdæma; *Su.* umræða *f*; ritdæming *f*.
**be|spritzen** gusa á (yfir), sprauta á; **~spülen** skola.
**besser** betri; betur.
**besser|n** bæta, laga; **2ung** *f* bati *m*; betrun *f*; **gute 2ung!** góðan bata!
**best-** beztur; bezt; **am ~en** bezt; **zum ~en haben** gera gabb (**j-n** að e-m); **zum ~en geben** skemmta.
**Bestand** *m* ending *f*; birgðir *f/pl.*; (*Kasse*) sjóður *m*; **~saufnahme** *f* birgðatalning *f*; sjóðtalning *f*.
**beständig** stöðugur; staðfastur; *adv.* sífellt, stöðugt.
**Bestandteil** *m* hluti *m*.
**bestärken** styrkja, styðja.
**bestätigen** staðfesta, sanna; *Su.* staðfesting *f*.
**bestatten** greftra, jarðsyngja; *Su.* greftrun *f*.
**bestaubt** rykugur.
**bestechen** múta; *Su.* mútur *f/pl.*
**Besteck** *n Mar.* leiðarmiðun *f*; (*Eß2*) mataráhöld *n/pl.*
**bestehen** haldast; standast; krefjast (**auf etw.** e-s).
**bestehlen** stela frá.
**bestell|en** panta; *Land*; rækta; *Gruß:* bera, færa; *Brief:* skila; *Vormund:* skipa, gera að; *Su.* pöntun *f*; burður *m*; ræktun *f*; **2zettel** *m* pöntunarseðill *m*.
**besten|falls** í hæsta lagi; **~s** sem bezt, kærlega.
**besteuern** skattleggja.
**Bestie** *f* villidýr *n*; mannhrak *n*.
**bestimm|en** ákveða; **~t** ákveðinn; *adv.* ábyggilega; *Su.* ákvörðun *f*; **2ungsort** *m* ákvörðunarstaður *m*.
**bestrafen** hegna; *Su.* hegning *f*.
**Bestrahlung** *f Med.* geislun *f*, geislalækningar *f/pl.*
**bestreben** *v/r.* reyna, gera sér far um; *Su.* tilraun *f*, viðleitni *f*.

**bestreiten** vefengja; *Kosten:* greiða, bera.
**bestürz|t** agndofa; **2ung** *f* felmtur *m*.
**Besuch** *m* heimsókn *f*; **e-n ~ machen** heimsækja, fara í heimsókn; **2en** heimsækja; **~skarte** *f* nafnspjald *n*.
**betagt** hniginn að aldri, aldurhniginn.
**betasten** þreifa á; þukla (á).
**betätigen** *v/r.* starfa, taka þátt... *Su.* starfsemi *f*, þátttaka *f*.
**betäuben** deyfa, svæfa; *Su.* deyfing *f*, svæfing *f*; ringl *n*, svimi *m*.
**beteilig|en** *v/r.* taka þátt (**an** etw. í e-u); **2te(r)** *m/f* þátttakandi *m*; *Su.* þátttaka *f*.
**beten** biðja, biðjast fyrir.
**beteuern** fullvissa.
**Beton** *m* steinsteypa *f*.
**betonen** leggja áherzlu á; *Su.* áherzla *f*.
**betören** tæla, blekkja.
**Betracht** *m*: **in ~ ziehen** taka tillit til, taka til íhugunar.
**Betrachtung** *f* athugun *f*, skoðun *f*.
**beträchtlich** talsverður.
**Betrag** *m* upphæð *f*; **im ~e von** að upphæð; **2en** *v/i.* nema, vera að að upphæð; *v/r.* hegða sér, koma fram; **~en** *n* framkoma *f*.
**betrauen** fela (**j-n mit etw.** e-m e-ð).
**betrauern** syrgja, harma.
**Betreff** *m* tillit *n*; **in 2** varðandi; **2en** snerta, koma við; **2s** viðvíkjandi, varðandi. [reka.]
**betreiben** hraða; *Geschäft:*]
**betreten** ganga (inn) í *od.* (upp) á; *adj.* forviða.
**betreuen** annast, sjá um.
**Betrieb** *m* starfsemi *f*; (*Unternehmen*) rekstur *m*; fyrirtæki *n*; **2sam** starfsamur, atorkusamur; **~skapital** *n* starfsfé *n*; **~skosten** *pl.* rekstursskostnaður *m*; **~sleiter** *m* framkvæmdastjóri *m*; **~srat** *m* framkvæmdaráð *n*; **~ssicherheit** *f* rekstursöryggi *n*.
**betrinken** *v/r.* drekka sig fullan.
**betroffen** hissa; vandræðalegur; **2heit** *f* undrun *f*; vandræði *n/pl.*
**betrüb|en** hryggja; **2nis** *f* hryggð *f*, sorg *f*.
**Be|trug** *m* svik *n/pl.*, blekking *f*; **2trügen** svíkja, blekkja; **j-n um etw. 2trügen** pretta, hafa e-ð af e-m.
**betrunken** ölvaður, drukkinn; **2heit** *f* ölæði *n*, ölvíma *f*.
**Bett** *n* rúm *n*, hvíla *f*; (*Deck2*) (yfir)sæng *f*; **das ~ hüten** liggja rúmfastur; **das ~ machen** búa um rúmið; **zu ~ gehen** hátta, ganga til hvílu; **zu ~ liegen** liggja rúmfastur; **~bezug** *m* rúmföt *n/pl.*; **~decke** *f* rúmábreiða *f*.

**Bettelei** *f* betl *n*.
**betteln** betla, sníkja (um um).
**bett|en** leggja í rúmið; **~lägerig** rúmfastur.
**Bettler** *m* betlari *m*.
**Bett|stelle** *f* rúmstæði *n*; **~tuch** *n* lak *n*; **~vorlage** *f* smáteppi *n* við rúm; **~zeug** *n* rúmföt *n/pl*.
**beugen** beygja.
**Beule** *f* kúla *f*; beygla *f*, dæld *f*.
**beunruhigen** gera órólegan; *Su.* órói *m*, kvíði *m*.
**beurlauben** gefa heimfararleyfi, leyfa að fara.
**beurteilen** dæma um; *Su.* dómur *m*; gagnrýni *f*.
**beurkunden** sanna með skilríkjum, staðfesta.
**Beute** *f* bráð *f*, fengur *m*, veiði *f*.
**Beutel** *m* budda *f*; poki *m*.
**bevölkern** byggja fólki; *Su.* íbúar *m/pl.*, landslýður *m*.
**bevollmächtig|en** gefa umboð; **Ste(r)** *m/f* umboðsmaður *m*, fulltrúi *m*.
**bevor** áður (en), fyrr en; **~munden** *fig.* siða, aga; **~rechtigt** sem hefur forréttindi; **~stehen** vera í vændum; **~zugen** kjósa heldur, draga taum (e-s).
**bewachen** gæta, hafa vörð á; *Su.* gæzla *f*.
**bewaffnen** vopna; *Su.* vopnun *f*.
**bewahren** gæta, vernda (vor fyrir); (*hüten*) geyma.
**bewähr|en** *v/r.* reynast vel; **~t** þrautreyndur; **Sungsfrist** *f* skilorðsbundin frestun (hegningar).
**bewaldet** skógi vaxinn.
**bewältigen** sigrast á, anna.
**bewandert** vel að sér, leikinn.
**Bewässerung** *f* vökvun *f*, áveitur *f/pl.*; **~sgraben** *m* áveituskurður *m*.
**beweg|en** hreyfa, færa; *fig.* fá til, koma til; **Sgrund** *m* ástæða *f*, hvöt *f*; **~lich** hreyfanlegur; fjörlegur; *Su.* hreyfing *f*; **~ungslos** hreyfingarlaus.
**beweinen** gráta, harma.
**Beweis** *m* sönnun *f*; **Sbar** sannanlegur; **Sen** sanna; auðsýna; **~führung** *f* rökleiðsla *f*; **~stück** *n* sönnunargagn *n*.
**bewerben** *v/r.* sækja (um etw. um e-ð); *Mädchen:* biðla til (stúlku); *Su.* umsókn *f*; bónorð *n*.
**bewerkstelligen** framkvæma.
**bewerten** meta, áætla.
**bewilligen** veita; leyfa; *Su.* veiting *f*; leyfi *n*.
**bewillkommnen** segja *od.* bjóða velkominn; *Su.* fagnaðarkveðja *f*.
**bewirken** koma til leiðar.
**bewirten** veita, veita beina *m*; *Su.* veitingar *f/pl.*, beini *m*.
**bewohn|bar** byggilegur; **~en** búa í, byggja; **Ser** *m* íbúi *m*.
**bewölk|en** þekja skýjum;

*v/r.* þykkna upp; ~t skýjaður.
**bewundern** dást að; *Su.* aðdáun *f*.
**bewußt** vitandi; vísvitandi; **die ~e Sache** hið umrædda mál; **2losigkeit** *f* meðvitundarleysi *n*; **2sein** *n* meðvitund *f*.
**bezahlen** borga; **es macht sich bezahlt** það borgar sig.
**bezähmen** *v/r.* stilla sig.
**bezaubern** heilla, töfra; *Su.* heillun *f*, töfrun *f*.
**bezeichn|en** merkja; nefna; **~end** sérkennandi, einkennandi; *Su.* táknun *f*; nafn *n*, heiti *n*.
**bezeigen** sýna, láta í ljós.
**bezeugen** votta; *Su.* vottun *f*, vottorð *n*.
**bezichtigen** saka um; *Su.* sökun *f* (um e-ð), væning *f*.
**beziehen** þekja; *Wohnung:* flytja; *Gehalt:* hafa, fá; *Ware:* kaupa, fá; heimfæra (**auf** upp á); *v/r.* skírskota (**auf j-n** til e-s).
**Beziehung** *f* samband *n*; tillit *n*; **in ~ treten** komast í samband við; **2sweise** (*Abk.* **bzw.**) hlutfallslega; eða, sem sé.
**beziffern** *v/r.* nema (**auf** e-u).
**Bezirk** *m* hérað *n*, lögsagnarumdæmi *n*.
**Bezug** *m* (*Möbel2*) áklæði *n*, fóður *n*; **mit ~ auf** með tilliti til; **~sschein** *m* skömmtunarseðill *m*.
**bezüglich** sem heyrir til; viðvíkjandi, hvað snertir.
**be|zwecken** ætla, áforma, miða að; **~zweifeln** efa, efast um; **~zwingen** buga, sigra.
**Bibel** *f* biblía *f*.
**Biber** *m* bifur *m*, bjór *m*.
**Bibliothek** *f* bókasafn *n*; **~ar** *m* bókavörður *m*.
**bieder** heiðarlegur, ráðvandur.
**bieg|en** beygja, sveigja; *v/r.* bogna, svigna; **~sam** sveigjanlegur; *Su.* bugða *f*, bugur *m*.
**Biene** *f* býfluga *f*; **~nkorb** *m* býflugnabú *n*; **~nwabe** *f* vaxkaka *f*.
**Bier** *n* öl *n*, bjór *m*; **~brauer** *m* ölbruggari *m*; **~faß** *n* öltunna *f*.
**bieten** bjóða.
**Bilanz** *f* reikningsjöfnuður *m*; **die ~ ziehen** gera jafnaðarreikning.
**Bild** *n* mynd *f*; **~bericht** *m* skýrsla með myndum.
**bilden** mynda; mennta; *v/r.* myndast; mennta sig, menntast; *Su.* myndun *f*; menntun *f*.
**Bilder|bogen** *m* myndaörk *f*; **~buch** *n* myndabók *f*.
**Bild|funk** *m* myndaútvarp *n*; **~hauer** *m* myndhöggvari *m*; **2lich** líkingarlegur; óeiginlegur; **~nis** *n* mynd *f*; **~säule** *f* myndastytta *f*, líkneski *n*; **2schön** undurfagur.
**Billard** *n* knattborð *n*; knattborðsleikur *m*.

**Billett** *n* aðgöngumiði *m*.
**billig** ódýr; sanngjarn; **~en** samþykkja; *Su.* samþykki *n*.
**Bimsstein** *m* vikur *m*, vikurkol *n/pl*.
**Bind|e** *f* band *n*; umbúðir *f/pl.*; (*Damen*2) dömubindi *n*; **2en** binda; **~faden** *m* seglgarn *n*.
**binnen** innan.
**Binse** *f* sef *n*.
**biologisch** líffræðilegur.
**Birke** *f* birki *n*.
**Birnbaum** *m* perutré *n*.
**Birne** *f* pera *f* (*a. El.*).
**bis** unz, þangað til; **~ auf** nema; **~ dahin** þangað; þangað til þá.
**Bischof** *m* biskup *m*.
**bisher** hingað til; **~ig** sem verið hefur til þessa.
**Biß** *m* bit *n*. [svo lítið.]
**Bißchen:** **ein ~** dálítið,|
**Biss|en** *m* (munn)biti *m*; ögn *f*; **2ig** grimmur; *fig.* meinyrtur; **~igkeit** *f* grimmd *f*; meinyrði *n* (*meist pl.*).
**Bistum** *n* biskupsdæmi *n*.
**bisweilen** stundum, við og við.
**Bitte** *f* bón *f*; **2 sehr!** gerið svo vel!, gerðu svo vel!; **wie 2?** hvað segið þér (segir þú)?
**bitter** beiskur; **~böse** sárreiður; hranalegur; **~kalt** nístandi kaldur.
**Bitt|gesuch** *n*, **~schrift** *f* bænarskjal *n*; **~steller** *m* beiðandi *m*, umsækjandi *m*.
**bläh|en** *v/r.* rembast, gorta; *Su.* þemba *f*; **2ungen** *pl.* vindgangur *m*.
**blaken** *Lampe:* ósa, rjúka.
**blamieren** *v/r.* gera sér hneisu, verða sér til skammar.
**blank** gljáandi; ber, auður.
**Blankovollmacht** *f* handhafaumboð *n*.
**Blas|e** *f* bóla *f*; *Anat.* blaðra *f*; **~ebalg** *m* físibelgur *m*, smiðjubelgur *m*; **2en** blása; **~enleiden** *n* blöðrubólga *f*; **~instrument** *n* blástursshljóðfæri *n*.
**blaß** bleikur, fölur.
**Blässe** *f* fölvi *m*.
**Blatt** *n* blað *n*; **~ern** *pl. Med.* bólan *f*.
**blätter|n** blaða (í bók); **2teig** *m* smjördeig *n*.
**blau** blár; **ins 2e hinein** út í bláinn; **2beere** *f* bláber *n*; **2stift** *m* blár blýantur.
**Bläu|e** *f* blámi *m*, blár litur *m*; **2lich** bláleitur.
**Blech** *n* blikk *n*; (*Schutz*2) aurbretti *n*; **~dose** *f* blikkdós *f*.
**Blei** *n* (*Metall*) blý *n*; (**~***stift*) blýantur *m*; (*Fisch*) *m* blýr *m*.
**bleiben** vera, vera kyrr; haldast; verða af; **laß das ~** láttu það ógert, vertu ekki að þessu.
**bleich** bleikur, fölur; **~en** bleikja; *v/i.* blikna; **2sucht** *f* bleikjusótt *f*, blóðleysi *n*.

**bleiern** *fig.* þjakandi.
**Bleistift** *m* blýantur *m.*
**blend|en** blinda; valda ofbirtu; **2laterne** *f* skriðbytta *f*; **2rahmen** *m* blindrammi *m.*
**Blick** *m* (augna)tillit *n*; augnaráð *n*; **auf den ersten ~** við fyrsta tillit; **2en** horfa, líta; **sich 2en lassen** láta sjá sig; **~feld** *n* sjónarsvið *n.*
**blind** blindur; *Spiegel:* döggvaður, með móðu; **2heit** *f* blinda *f*; **~lings** í blindni.
**blink|en** blika, glampa, skína; **2feuer** *n* blossaviti *m.*
**blinzeln** depla augunum.
**Blitz** *m* elding *f*, leiftur *n*; **~ableiter** *m* eldingavari *m*; **2blank** fagurgljándi; **2en** leiftra; blika; **2schnell** örskjótur.
**Block** *m* drumbur *m*; (*Haus*) húsaröð *f*; **~ade** *f* hafnbann *n*; **~flöte** *f* blokkflauta *f*; **2ieren** setja hafnbann á; stöðva.
**blöd|e** uppburðarlítill; aulalegur; **2igkeit** *f* einurðarleysi *n*; aulaskapur *m*; **2sinn** *m* heimska *f*; rugl *n*; **~sinnig** fábjánalegur; heimskulegur.
**blond** ljóshærður.
**bloß** *adj.* eintómur; nakinn; *Auge:* ber; *adv.* aðeins; **~stellen** gera beran; koma upp um.
**Blöße** *f* nekt *f*; höggstaður *m*; **sich e-e ~ geben** gefa höggstað á sér.
**blühen** blómgast; dafna.
**Blume** *f* blóm *n*; *Bier:* froða *f*; **~nkohl** *m* blómkál *n*; **~nstrauß** *m* blómvöndur *m*; **~ntopf** *m* blómsturpottur *m.*
**Bluse** *f* blússa *f.*
**Blut** *n* blóð *n*; **~andrang** *m* blóðsókn *f*; **2arm** blóðlítill; bláfátækur; **~egel** *m* blóðsuga *f.*
**Blüte** *f* blómgun *f*; blómi *m.*
**blut|en** blæða (*a. fig.*); *Su.* blóðmissir *m*; **2gefäß** *n* æð *f*; **~gierig** blóðþyrstur; **~ig** blóðugur; **2lache** *f* blóðpollur *m*; **2rache** *f* blóðhefnd *f*; **2schande** *f* sifjaspell *n*; **2sverwandtschaft** *f* blóðskyldleiki *m*; **2vergießen** *n* blóðsúthellingar *f/pl.*; **2vergiftung** *f* blóðeitrun *f*; **2verlust** *m* blóðmissir *m*; **~wenig** sáralítið; **2zeuge** *m* píslarvottur *m.*
**Bö** *f* stormhviða *f*; stormskúr *f.*
**Bock** *m* geithafur *m*; (*Fehler*) skyssa *f*; **2beinig** kiðfættur; *fig.* þrár, staður; **2ig** þrjózkur; **~shorn: j-n ins ~shorn jagen** koma e-m í bobba.
**Boden** *m* botn *m*; jarðvegur *m*; (*Fuß2*) gólf *n*; (*Haus2*) (háa)loft *n*; **2los** botnlaus; afskaplegur; **~satz** *m* dreggjar *f/pl.*, botngrugg *n*; **~schätze** *pl.*

verðmæti í jörð, málmar í jörð; 2ständig innlendur, rótfastur.
**Bogen** *m* bogi *m*; bugða *f*, beygja *f*; (*Papier*2) örk *f*; **~lampe** *f* bogaljóslampi *m*; **~sehne** *f* bogastrengur *m*.
**Bohle** *f* planki *m*.
**Bohne** *f* baun *f*.
**bohner|n** bóna; **2wachs** *n* bónáburður *m*.
**bohr|en** bora; **in den Grund ~en** *Mar.* sökkva skipi; *Su.* borun *f*; **2er** *m* bor *m*, nafar *m*.
**böig** með storm- og regnhviðum.
**Boje** *f* dufl *n*.
**Bollwerk** *n* varnarvirki *n*.
**Bolzen** *m* stór nagli, bolti *m*.
**bombardieren** gera stórskotahríð á (e-ð).
**Bombe** *f* sprengja *f*, sprengikúla *f*; **~nerfolg** *m* stórsigur *m*, stórkostlegur árangur.
**Bomber** *m* sprengjuflugvél *f*.
**Bonbon(s** *pl.*) *m* (*n*) brjóstsykur *m*.
**Boot** *n* bátur *m*; **~smann** *m* bátstjóri *m*, bátsmaður *m*.
**Bord** *m* (*Schiffs*2) borðstokkur *m*; **an ~** á skipsfjöl *f*; **von ~ gehen** stíga af skipsfjöl.
**Bord|schwelle** *f*, **~stein** *m* jaðarsteinn *m*.
**Borg** *m*: **Waren auf ~ kaufen** fá vörur lánaðar; **2en** lána; fá lánað.
**Borke** *f* börkur *m*.
**Börse** *f* peningabudda *f*; *Hdl.* kauphöll *f*; **~nmakler** *m* kauphallarmiðlari *m*.
**Borste** *f* (*Schwein*2) burst *f*.
**Borte** *f* brydding *f*, borði *m*; veggræma *f*.
**bösartig** illkynjaður; illkvittinn.
**Böschung** *f* brekka *f*, halli *m*.
**böse** illur, vondur; reiður; **2wicht** *m* illmenni *n*, óþokki *m*.
**bos|haft** meinyrtur, illkvittnislegur; **2heit** *f* illska *f*; meinyrði *n*.
**Bote** *m* boðberi *m*, sendiboði *m*; **~ngang** *m* sendiferð *f*.
**Botschaft** *f* boð *n/pl.*, skilaboð *n/pl.*; sendiráð *n*.
**Böttcher** *m* beykir *m*.
**Bowle** *f* púns *n*.
**box|en** boxa, leika hnefaleik; **2er** *m* boxari *m*, hnefaleikamaður *m*; **2kampf** *m* hnefaleikur *m*.
**brach**: **~ liegen** liggja ósáinn *od.* óræktaður; **2feld** *n* ósáinn akur.
**Branche** *f* grein *f*, svið *n*.
**Brand** *m* bruni *m*.
**brand|en** brima; *Su.* brim *n*; **2bombe** *f* eldsprengja *f*; **2mal** *n* brennimark *n*; **2sohle** *f* innsóli *m*; **2stiftung** *f* íkveikja *f*; **2wunde** *f* brunasár *n*.
**Branntwein** *m* brennivín *n*.
**braten** steikja; *v/i.* steikjast, stikna; **2** *m* steik *f*.

**Brat|kartoffeln** *pl.* brúnað-ar (steiktar) kartöflur; **~ofen** *m* steikarofn *m*; **~pfanne** *f* steikarpanna *f*.
**brauch|bar** nýtilegur, nothæfur; **~en** þurfa, þarfnast.
**Braue** *f* augabrún *f*.
**brau|en** brugga; **2erei** *f* ölgerð *f*.
**braun** brúnn; *Pferd:* jarpur; **2kohle** *f* brúnkol *n/pl.*; surtarbrandur *m*.
**bräunen** gera brúnt, brúna; *v/r.* verða brúnn.
**Brause** *f* steypibað *n*; (*Getränk*) gosdrykkur *m*; **2n** ólga.
**Braut** *f* brúður *f*; unnusta *f*.
**Bräutigam** *m* brúðgumi *m*; unnusti *m*.
**Braut|leute** *pl.* brúðhjón *n/pl.*; **~stand** tilhugalíf *n*.
**brav** góður, vandaður; hraustur.
**brech|bar** brjótanlegur; brothættur; **2eisen** *n* járnkarl *m*; **~en** brjóta; brotna; **2mittel** *n* uppsölulyf *n*.
**Brei** *m* grautur *m*.
**breit** breiður; **2e** *f* breidd *f*; **~treten** *fig.* þvæla *fig.*, þvæla (um) e-ð; **2engrad** *m* breiddargráða *f*, breiddarstig *n*.
**Bremse** *f* hemill *m*, bremsa *f*; **2n** hemla, bremsa.
**brenn|en** brenna; **2erei** *f* brennsla *f*; **2glas** *n* brennigler *n*; **2holz** *n* brenni *n*; **2nessel** *f* brenninetla *f*; **2öl** *n* brennsluolía *f*; **2punkt** *m* brennidepill *m*; **2stoff** *m* eldsneyti *n*; **2weite** *f* brennivídd *f*.
**brenzlig** sviðinn, viðbrunninn; *fig. pop.* grunsamlegur, ískyggilegur.
**Brett** *n* fjöl *f*; (*Bücher2*) hilla *f*; (*Tablett*) (bolla-) bakki *m*; **am schwarzen ~** á auglýsinga-, tilkynningatöflunni; **bei j-m e-n Stein im ~ haben** vera inn undir hjá e-m; **~spiel** *n* tafl *n*.
**Brezel** *f* kringla *f*.
**Brief** *m* bréf *n*, sendibréf *n* (an mich til mín); **~beschwerer** *m* bréfapressa *f*; **~bogen** *m* pappírsörk *f*; **~bote** *m* póstsveinn *m*; **~kasten** *m* póstkassi *m*, bréfakassi *m*; **2lich** bréflega; **~marke** *f* frímerki *n*; **~tasche** *f* seðlaveski *n*; **~umschlag** *m* umslag *n*; **~waage** *f* bréfavog *f*.
**Brill|e** *f* gleraugu *n/pl.*; **~enfutteral** *n* gleraugnahylki *n*.
**bringen** færa, flytja; **mit sich ~** hafa í för með sér; **j-n um etw. ~** svipta e-n e-u; **es zu etw. ~** verða e-ð, ná e-u marki.
**bröcklig** brothættur.
**Brocken** *m* moli *m*; biti *m*; **der ~** Brokksfjall(ið) *n*.
**brodeln** sjóða, ólga.
**Brodem** *m* gufa *f*; móða *f*.
**Brombeere** *f* brumber *n*.
**Bronzezeit** *f* bronsöld *f*.
**bronzieren** bronsa.
**Brosche** *f* brjóstnál *f*.

**broschiert** heft(ur).
**Brot** *n* brauð *n*; (*Schwarz*⁀) rúgbrauð *n*; (*Weiß*⁀) hveitibrauð *n*.
**Brötchen** *n* brauðsnúður *m*; **belegtes ~** brauðsnúður með áleggi.
**Brot|schnitte** *f* brauðsneið *f*; **~suppe** *f* brauðsúpa *f*.
**Bruch** 1. [bru:x] *m* mýri *f*; 2. [brux] brot *n*; sprunga *f*; *Med.* kviðslit *n*; (*Zahl*) brot *n/pl.*; **~band** *n* kviðslitsband *n*; **~rechnung** *f* brotareikningur *m*; **~stück** *n* brot *n* (af e-u), moli *m*.
**brüchig** rifinn, sprunginn; brothættur.
**Brücke** *f* brú *f*.
**Bruder** *m* bróðir *m*.
**brüder|lich** bróðurlegur; **⁀schaft trinken** drekka dús.
**Brüh|e** *f* seyði *n*, soð *n*; **⁀en** skálda; sjóða.
**brüllen** öskra, baula.
**brumm|en** rymja; nöldra; *fam.* (*gefangen sein*) dúsa í fangelsi; **⁀er** maðkafluga *f*; *fig.* nöldursseggur *m*; **~ig** önugur, önuglyndur.
**brünett** jarpur; dökkhærður.
**Brunft** *f* fengitími *m*.
**Brunnen** *m* brunnur *m*; ölkelda *f*.
**Brunst** *f* losti *m*, ástríða *f*.
**brünstig** lostafullur; ofsafullur.
**Brust** *f* brjóst *n*; bringa *f*; **~bild** *n* brjóstmynd *f*.
**brüsten** *v/r.* stæra sig.
**Brust|fell** *n* brjósthimna *f*; **~korb** *m* brjóstkassi *m*.
**Brut** *f* ungahópur *m*; (*Fisch*⁀) seyði *n*; **~apparat** *m* útungunarvél *f*.
**brüten** (*Vogel*) liggja á.
**brutto** brúttó, vergur.
**Bube** *m* drengur *m*; þorpari *m*; (*Kartenspiel*) gosi *m*; **~nstreich** *m* strákapar *n*; níðingsverk *n*.
**Buch** *n* bók *f*; **~binder** *m* bókbindari *m*; **~deckel** *m* spjald *n* (á bók); **~drucker** *m* prentari *m*.
**Buche** *f* beyki *n*, beykitré *n*.
**buchen** *Hdl.* bóka, bókfæra, *Su.* bókun *f*.
**Bücher|abschluß** *m* uppgjör *n*, reikningsjöfnuður *m*; **~brett** *n* bókahilla *f*; **~erei** *f* bókasafn *n*; **~schrank** *m* bókaskápur *m*.
**Buchfink** *m* bókfinka *f*.
**Buch|führung** *f* bókhald *n*, bókfærsla *f*; **~halter** *m* bókhaldari *m*; **~handlung** *f* bókaverzlun *f*.
**Buchsbaum** *m* sortulyngsviður *m*.
**Büchs|e** *f* baukur *m*, dós *f*; (*Flinte*) byssa *f*, riffill *m*; **~enfleisch** *n* dósakjöt *n*, niðursoðið kjöt *n*; **~enöffner** *m* dósalykill *m*, dósaopnari *m*.
**Buchstab|e** *m* bókstafur *m*; **⁀ieren** stafa.
**buchstäblich** bókstaflega.
**Bucht** *f* vík *f*; flói *m*.
**Buckel** *m* kryppa *f*; herðakistill *m*.

**bücken** *v/r.* beygja sig.
**bucklig** með herðakistil.
**Bückling** *m* reykt síld *f*; *fig.* hneiging *f*.
**Bude** *f* búð(arhola *f*) *f*; smáherbergi *n*.
**Budget** *n* fjárhagsáætlun *f*.
**Büffel** *m* villinaut *n*, buffall *m*; **~ei** *f* strit *n*.
**Büffett** *n* matgagnaskápur *m*, framreiðsluborð *n*: kaltes **~** kalt borð.
**Bug** *m* *Mar.* kinnungur *m*.
**Bügel** *m* ístað *n*; herðatré *n*; **~eisen** *n* straujárn *n*, straubolti *m*; **2n** (*Kleider*) pressa.
**bugsieren** draga (skip).
**buhlen** biðla til; daðra.
**Bühn|e** *f* leiksvið *n*; (ræðu-) pallur *m*; **~endichter** *m* leikritaskáld *n*; **2engewandt** sviðvanur, leikvanur.
**Bullauge** *n* *Mar.* skipsljóri *m*; *fam.* kýrauga *n*.
**Bulle** *m* naut *n*, boli *m*.
**Bummel** *m* skemmtiganga *f*; slark *n*; **~ei** *f* slæpingsskapur *m*, slark *n*; **2n** flækjast; slarka.
**Bund** **1.** *n* böggull *m*; knippi *n*; **2.** *m* bandalag *n*; sáttmáli *m*.
**Bündel** *n* böggull *m*, baggi [*m*.]
**Bundes|genosse** *m* bandamaður *m*; **~republik** *f* sambandslýðveldi *n*; **~staat** *m* sambandsríki *n*; **~tag** *m* sambandsþing *n*.
**Bündnis** *n* samband *n*, bandalag *n*.
**Bunker** *m* (*Schiff*) kolageymsla *f*; *Mil.* skothelt byrgi.
**bunt** marglitur; *fig.* sundurleitur; meir en nóg boðið; **2druck** *m* litprentun *f*.
**Bürde** *f* byrði *f*, þyngsli *n/pl.*
**Bürg|e** *m* ábyrgðarmaður *m*; **2en** ábyrgjast; **~er** *m* borgari *m*; **~erkrieg** *m* borgarastyrjöld *f*; **~erliches Gesetzbuch** einkamálalögbók *f*; **~ermeister** *m* borgarstjóri *m*; **~erschaft** *f* borgarastétt *f*, borgarar *m/pl.*; **~ersteig** *m* gangstígur *m*, gangstétt *f*.
**Bürgschaft** *f* ábyrgð *f*; **~ leisten** ganga í ábyrgð (für j-n fyrir e-n).
**Büro** *n* skrifstofa *f*; **~angestellte(r)** *m* skrifstofumaður *m*; **~stunden** *pl.* skrifstofutími *m*.
**Bursch|e** *m* piltur *m*, unglingur *m*.
**Bürste** *f* bursti *m*.
**Bus** *m* strætisvagn *m*; áætlunarbíll *m*; **~reise** *f* ferð með áætlunarbíl.
**Busch** *m* runnur *m*, runni *m*, kjarr *n*.
**Büschel** *n* klasi *m*; skúfur *m*.
**busch|ig** skúfmyndaður; runnum vaxinn; **2werk** *n* kjarr *n*.
**Busen** *m* barmur *m*; brjóst *n*; (*Meer2*) flói *m*; **~freund** *m* tryggðavinur *m*; **~nadel** *f* brjóstnál *f*.

**Buße** *f* iðrun *f*, yfirbót *f*; (*Geld*2) fébætur *f/pl*.
**büßen** iðrast, gera yfirbót; bæta.
**buß|fertig** iðrandi; **2geld** *n* fésekt *f*; **2tag** *m* iðrunardagur *m*, bænadagur *m*.
**Büst|e** *f* brjóstmynd *f*, brjóstlíkan *n*; **~enhalter** *m* brjóstahaldari *m*.
**Bütte** *f* kirna *f*, stampur *m*.
**Butter** *f* smjör *n*; **~brot** *n* smurt brauð; **~faß** *n* strokkur *m*; **~milch** *f* áfir *f/pl.*; **2n** strokka.

## C

**Café** *n* kaffihús *n*.
**Cello** *n* knéfiðla *f*.
**Champagner** *m* kampavín *n*
**Champignon** *m* ætisveppur *m*.
**Chance** *f* möguleiki *m*, tækifæri *n*.
**Chaussee** *f* þjóðvegur *m*; **~graben** *m* vegarskurður *m*.
**Chef** *m* forstjóri *m*, yfirmaður *m*.
**Chemi|e** *f* efnafræði *f*; **~ker** *m* efnafræðingur *m*.
**Chiffre** *f* leyniletur *n*.
**Chin|a** *n* Kína *n*; **~ese** *m* Kínverji *m*.
**Chinin** *n* kínín *n*.
**Chirurg** *m* skurðlæknir *m*.
**Cholera** *f* kólera *f*.
**Chor** *m* kór *m*, söngflokkur *m*; **~al** *m* sálmur *m*, sálmalag *n*.
**Christ** *m* kristinn maður; **~entum** *n* kristindómur *m*, kristni *f*; **2lich** kristilegur, kristinn; **~us** *m* Kristur *m*.
**Chronik** *f* annáll *m*, árbók *f*.
**Couch** *f* dívan *m*, legubekkur *m*.

## D

**da** þar, þarna; hér, hérna; við, viðstaddur; þá, á þeim tíma; **hier und ~** hér og hvar; öðru hvoru; **von ~** (**ab,an**) frá þeirri stundu, upp frá því; (*weil*) þar eð, úr því að.
**dabei** við það; um leið; samt sem áður; **~sein** vera að e-u; vera viðstaddur.
**dableiben** vera kyrr, vera þar.
**Dach** *n* þak *n*; **~boden** *m* loft *n*, háaloft *n*; **~decker** *m* (flísa)þakasmiður *m*; **~fenster** *n* þakgluggi *m*; **~first** *m* mænir *m*; **~geschoß** *n* þakhæð *f*; **~pappe** *f* þakpappi *m*; **~rinne** *f* þakrenna *f*.
**Dachs** *m* greifingi *m*; **~bau** *m* greifingjagreni *n*; **~hund** *m* greifingjahundur *m*.
**Dach|stube** *f* þakherbergi *n*; **~ziegel** *m* þaksteinn *m*.

**dadurch** gegnum það; við það; með því.
**dafür** fyrir það; í staðinn fyrir; hins vegar; ich kann nicht ~ ég get ekki gert að því; **ⵒhalten** *n* álit *n*, skoðun *f*.
**dagegen** þar á móti; á móti því; í samanburði við það.
**daheim** heima, hér heima, þar heima; ⵒ *n* heimili *n*, heimkynni *n*.
**daher** þaðan; hingað; þess vegna.
**dahin** þangað; farinn, horfinn; **bis ~** þangað til, til þeirrar stundar.
**dahingestellt**: **~ sein lassen** segja ekkert (**etw.** um e-ð), láta óútkljáð.
**dahinsiechen** dragast upp.
**dahinten** þar(na) á bak við, fyrir aftan.
**dahinter** bak við; **es steckt etw. ~** hér býr e-ð undir; **~kommen** komast að e-u.
**damal|ig** þáverandi; **~s** þá, á þeim tímum.
**Dame** *f* kona *f*; hefðarkona *f*; **~nbinde** *f* dömubindi *n*; **~spiel** *n* dammtafl *n*.
**damit** með það, með því; til þess að.
**dämlich** *pop.* kjánalegur, heimskulegur.
**Damm** *m* stífla *f*, flóðgarður *m*; (*Fahr*ⵒ) akbraut *f*.
**dämmer|ig** rokkinn, hálfdimmur; **~n** birta; skyggja, húma; **~t: es ~t** það birtir; (*abends*) það húmar; *Su.* ljósaskipti *n/pl.*, dögun *f*; rökkur *n*, húm *n*.
**Dampf** *m* gufa *f*; **~boot** *n* gufubátur *m*; **ⵒen** gufa; **~er** *m* gufuskip *n*.
**Dampf|heizung** *f* gufuupphitun *f*; **~kessel** *m* gufuketill *m*; **~maschine** *f* gufuvél *f*; **~schiff** *n*, **~er** *m* gufuskip *n*; **~wäscherei** *f* gufuþvottahús *n*.
**danach** á eftir því; samkvæmt því; **es sieht nicht ~ aus** ekki lítur út fyrir það.
**Däne** *m* Dani *m*; **~mark** *n* [Danmörk *f*.]
**daneben** við hliðina á því; auk þess.
**daniederliegen** liggja veikur; *Hdl.* vera daufur, ganga illa.
**dänisch** danskur; ⵒ *n* danska *f*.
**Dank** *m* þökk *f*, þakklæti *n*; **besten ~!** kærar þakkir!; **Gott sei ~!** guði sé lof!; ⵒ **seiner Hilfe** vegna hjálpar hans.
**dank|bar** þakklátur; **~en** þakka; afþakka; **~end: Betrag ~end erhalten!** Greitt!; **ⵒsagung** *f* þakklæti *n*, þakkargerð *f*.
**dann** þá; því næst, svo, síðan; **~ und wann** við og við, öðru hvoru.
**daran** á það *od.* því; um *od.* við það.
**darauf** á það *od.* því, við því; svo; því næst; seinna.
**daraus** úr *od.* af því.

**darben** skorta, vanta.
**dar|bieten** rétta fram; bjóða; *Su.* skemmtun *f*; sýning *f*; **~bringen** færa, flytja.
**darin** því, þar í.
**Darm** *m* þarmur *m*.
**darstell|en** *Chem.* búa til, framleiða; *Thea.* leika; (*Bild*) sýna, vera; *Su.* tilbúningur *m*; leikur *m*; sýning *f*; **꞉er** *m* leikari *m*.
**darüber** yfir það *od.* því; út af því.
**darum** um það; þess vegna.
**darunter** undir það *od.* því; þar á meðal.
**Dasein** *n* tilvera *f*, líf *n*.
**daselbst** þar, á þeim stað.
**daß** að; svo að; **auf ~** til þess að; **ohne ~** án þess að.
**datieren** dagsetja.
**Dattel** *f* daðla *f*.
**Datum** *n* dagsetning *f*, mánaðardagur *m*.
**Dauer** *f* varanleiki *m*, langæi *n*; **auf die ~** til lengdar *f*; **꞉haft** endingargóður; traustur; **꞉n** *v/i*. endast; haldast; **~wellen** *f/pl.* varanleg hárliðun, *pop.* permanent *n*.
**Daumen** *m* þumalfingur *m*; þumlungur *m*.
**Daune** *f* dúnn *m*; **~ndecke** *f* dúnsæng *f*.
**davon** þar frá, þaðan; af því; um það; burt af stað; **~bleiben** koma ekki nærri því; **~fliegen** fljúga burt; **~laufen** hlaupa burt, strjúka; **~tragen** ná; vinna.
**davor** fyrir framan (það); þar fyrir utan.
**dazu** til þess; **noch ~** þar að auki; auk þess.
**dazwischen** þar á milli; á milli þeirra; **~kommen** hindra; **~reden** grípa fram í.
**Debatte** *f* umræður *f/pl.*
**Debet** *n* úttekt *f*, skuld *f*.
**Deck** *n* þilfar *n*, þiljur *f/pl.*; **~bett** *n* yfirsæng *f*.
**Decke** *f* ábreiða *f*; yfirbreiðsla *f*; (*Zimmer*꞉) loft *n*.
**Deckel** *m* lok *n*; (*Buch*) spjald *n*.
**deck|en** (*Tisch*) breiða dúk á; (*Dach*) þekja; *Su.* þakning *f*; (*Kosten*) greiðsla *f*.
**Deck|mantel** *m* skálkaskjól *n*, yfirvarp *n*; **~name** *m* dulnefni *n*.
**Degen** *m* sverð *n*, korði *m*.
**dehn|bar** teygjanlegur, þenjanlegur; **꞉barkeit** *f* teygjanleiki *m*; **~en** teygja, þenja; *Su.* teyging *f*, lenging *f*.
**Deich** *m* díki *n*, flóðgarður *m*.
**Deichsel** *f* vagnstöng *f*.
**dein** þinn; **~erseits** af þinni hálfu; **~esgleichen** þinn líki *m*; **~etwegen** þín vegna; **die ꞉(ig)en** *pl.* fjölskylda þín.
**dem|entsprechend** samkvæmt því; svarandi til þess; **~gegenüber** þar á

móti; **~gemäß** samkvæmt því; **~nach** þess vegna; **~nächst** bráðlega; því næst.
**Demut** *f* auðmýkt *f*.
**demütig** auðmjúkur; **~en** auðmýkja; *Su*. auðmýking *f*.
**demzufolge** samkvæmt því, þess vegna.
**Denk|art** *f* hugsunarháttur *m*; **2bar** hugsanlegur; **2en** (an) hugsa (um); halda; **~mal** *n* minnismerki *n*; **~schrift** *f* minningarrit *n*; (*Memorandum*) álit *n*, skýrsla *f*; **~zettel** *m* minnisblað *n*.
**denn** því að; (*als*) heldur en; **mehr ~ je** meir en nokkru sinni; **es sei ~, daß** nema því aðeins að.
**dennoch** samt (sem áður), þó.
**der** (**die, das,** *pl.* **die**) *best. Artikel* hinn, -(i)nn (hin, -in, -n; hið, -ið, -ð; *pl*. hinir, -nir; hinar, -nar; hin, -in); *dem. pron.* sá (sú, það; *pl*. þeir (þær, þau); *relat. pron.* sem, er.
**derart(ig)** þannig, svo mjög; slíkur.
**derb** (*Stoff*) sterk(leg)ur, grófgerður; (*Wort*) óheflaður, ruddalegur.
**dergleichen** þess konar, slíkur; **und ~** og því um líkt.
**der-, die-, dasjenige,** *pl.* **diejenigen** sá, sú, það, *pl*. þeir, þær, þau.
**derselbe** sá hinn sami; sá.
**desgleichen** slíkur; slíkt hið sama; sömuleiðis.
**deshalb** þess vegna.
**desinfizieren** sótthreinsa.
**dessen** þess; **~ungeachtet** þrátt fyrir það, samt.
**desto** því, þeim mun; **je ... ~** því ... þeim mun ...
**deswegen** þess vegna.
**Detail** *n* einstakt atriði.
**deut|en** skýra, útskýra; *Träume:* ráða; **auf j-n ~en** benda á e-n; benda (**auf etw.** til e-s); **~lich** greinilegur; **2lichkeit** *f* greinileiki *m*; **2ung** *f* skýring *f*; ráðning *f*.
**deutsch** þýzkur; **2** *n* þýzka *f*; **ins 2e übersetzen** þýða á þýzku; **2er** *m* Þjóðverji *m*; **2e(n)** *pl*. Þjóðverjar *m/pl.*; **2land** *n* Þýzkaland *n*.
**Devise** *f* orðtak *n*; *Hdl.* erlendur gjaldeyrir; **~nstelle** *f* gjaldeyrisskrifstofa *f*.
**Dezember** *m* desember *m*.
**dgl.** *s.* **dergleichen.**
**Diät** *f* matarhæfi *n*; **strenge ~ halten** fylgja ströngum reglum í matarhæfi.
**dicht** þéttur; alveg, rétt; **~ bevölkert** þéttbyggður; **~ dabei** rétt þar hjá; **2e** *f* þéttleiki *m*; **~en 1.** þétta; **2.** yrkja; **2er** *m* skáld *n*; **2kunst** *f* skáldskaparlist *f*; **2ung** *f* **1.** þétting *f*; **2.** skáldskapur *m*, skáldverk *n*.
**dick** þykkur; gildur, feitur;

**~e Milch** *f* súrmjólk *f*; **sich ~tun** raupa, gorta; **≈e** *f* gildleiki *m*; þykkt *f*; **≈icht** *n* (skógar)þykkni *n*.
**Dieb** *m* þjófur *m*; **≈isch** þjófóttur; **~stahl** *m* þjófnaður *m*.
**Diele** *f* fjöl *f*; anddyri *n*; veitingastofa *f*.
**dien|en** þjóna; *Mil.* gegna herþjónustu; **≈er** *m* þjónn *m*; **≈erin** *f* þjónustustúlka *f*; **≈erschaft** *f* þjónustufólk *n*; **~lich** hentugur, gagnlegur.
**Dienst** *m* þjónusta *f*; greiði *m*; **außer ~** fyrrverandi, uppgjafa-.
**Dienstag** *m* þriðjudagur *m*.
**Dienst|bote** *m* hjú *n*; **≈frei** laus við starf; **~mädchen** *n* þjónustustúlka *f*; **~mann** *m* sendill *m*; burðarkarl *m*; **~stelle** *f* skrifstofa *f*; **≈unfähig** óvinnufær; óvopnfær; **~verhältnis** *n* þjónusta *f*; **≈willig** greiðvikinn; **~wohnung** *f* embættisbústaður *m*; **~zeit** *f* starfstími *m*; herskyldutími *m*.
**diesbezüglich** viðvíkjandi þessu.
**diese, ~r, ~s,** *pl.* **~** þessi (hérna), þetta; *pl.* þessir, þessar, þessi; **~ Nacht** í nótt; **~s Jahr** á þessu ári; **am ersten ~s Monats** hinn fyrsta þessa mánaðar.
**dies|jährig** þessa árs; **~mal** í þetta skipti; **~seits** hérna megin.
**Dietrich** *m* þjófalykill *m*.
**Diktat** *n* upplestur *m*; **~or** *m* einræðisherra *m*; **~ur** *f* einræði *n*.
**diktieren** lesa fyrir.
**Dilettant** *m* leikmaður *m*; skussi *m*.
**Ding** *n* hlutur *m*; *fam.* telpa; **vor allen ~en** umfram allt.
**Diphtherie** *f* barnaveiki *f*.
**Direktion** *f* stjórn *f*.
**Dirigent** *m* hljómsveitarstjóri *m*.
**Dirne** *f* stúlka *f*; (*Straßen≈*) skækja *f*.
**Diskont** *m* fyrirfram greiddir lánsvextir; afföll *n/pl.*; **≈ieren** kaupa verðbréf með afföllum; forvaxta.
**diskret** varkár; þagmælskur; háttvís.
**dispensieren** veita lausn (von frá).
**Dissertation** *f* doktorsritgerð *f*.
**Distel** *f* þistill *m*.
**Divid|ende** *f* hluti *m*, hlutgróði *m*; **≈ieren** deila.
**doch** þó, samt (sem áður); (*nach Verneinung*) jú; **nicht ~** nei, sei sei nei.
**Docht** *m* kveikur *m*.
**Dock** *n* (*Schiffs≈*) skipakví *f*.
**Dolch** *m* rýtingur *m*.
**dolmetsch|en** túlka; **≈er** *m* túlkur *m*; skjalaþýðari *m*, skjalaþýðandi *m*; *Jur.* **vereidigter ≈er** eiðsvarinn túlkur.
**Dom** *m* dómkirkja *f*.
**Donner** *m* þruma *f*; *fig.* **wie vom ~ gerührt** eins og

þrumulostinn; **~schlag** *m* reiðarslag *n*; **~stag** *m* fimmtudagur *m*; **~wetter!** hver fjandinn!
**Doppel** *n* afrit *n*, samrit *n*; *i. Zssgn.* tví-; **~decker** *m* tvíþekja *f*; **~punkt** *m* tvípunktur *m*, tvídepill *m*; **2sinnig** tvíræður; **2t** tvöfaldur; **~zentner** *m* 100 kg; **~zimmer** *n* tveggja manna herbergi *n*.
**Dorf** *n* þorp *n*.
**Dorn** *m* þyrnir *m*; gaddur *m*; **2ig** þyrnóttur.
**dörren** þurrka.
**Dorsch** *m* þorskur *m*.
**dort** þar, þarna; **~her** þaðan; **~hin** þangað; **~ig** þarverandi.
**Dose** *f* dós *f*, dósir *f/pl*.
**Dotter** *m* (*n*) eggjarauða *f*.
**Drache** *m* dreki *m*.
**Draht** *m* vír *m*; **2en** ritsíma; **2los** þráðlaus; **~nachricht** *f* símskeyti *n*; **~seil** *n* vírkaðall *m*; **~seilbahn** *f* vírkaðlabraut *f*.
**drainieren** þurr-ræsa, ræsa fram, þurrka.
**Dramatiker** *m* leikritaskáld *n*.
**Drang** *m* hvöt *f*; þröng *f*.
**drängen** ýta, stjaka; leggja fast að; **die Zeit drängt** það liggur á.
**Drangsal** *f* neyð *f*, andstreymi *n*.
**Draufgänger** *m* þjarkur *m*, þjösni *m*, jarðvöðull *m*, sá, er gengur að með oddi og egg.
**draußen** þarna úti, fyrir utan, úti; **von ~** að utan.
**drech|seln** renna; **2sler** *m* rennismiður *m*.
**Dreck** *m* óþverri *m*; skítur *m*; **2ig** óhreinn, skítugur.
**Dreh|bank** *f* rennibekkur *m*; **~bleistift** *m* skrúfblýantur *m*; **~buch** *n* kvikmyndahandrit *n*; **2en** snúa; vinda; (*Film*) taka (kvikmynd); **~orgel** *f* *pop.* lírukassi *m*; **~ung** *f* snúningur *m*; taka *f* (kvikmyndar).
**drei** þrír; **2eck** *n* þríhyrningur *m*; **2einigkeit** *f* þrenning *f*; **~erlei** þrenns konar; **~fach** þrefaldur; **2fuß** *m* þrífótur *m*; **~mal** þrisvar, þrem sinnum.
**dreißig** þrjátíu; **~ster** þrítugasti.
**dreist** djarfur; hrokafullur; **2igkeit** *f* dirfska *f*; blygðunarleysi *n*.
**dreizehnter** þrettándi.
**dresch|en** þreskja; lúberja; **2maschine** *f* þreskivél *f*.
**Drilling** *m* þríburi *m*.
**dringen** ryðjast; **~d!** áríðandi (að berist fljótt)!
**dringlich** innilegur; brýnn; **die Sache ist ~** hafa þarf hraðann á; málið er mjög mikilvægt; **2keit** *f* brýn nauðsyn; **2keitsbescheinigung** *f* vottorð um, að liggur á.
**drinnen** þar inni, inni.
**Dritte|l** *n* þriðjungur *m*; **2ns** í þriðja lagi; **2(r)** þriðji.

**Droge** *f* lyfsalavara *f*; lyfjaefni *n*; **~rie** *f* lyfja(efna)-verzlun *f*.
**droh|en** ógna; **2ung** *f* ógnun *f*, hótun *f*.
**dröhnen** drynja, dynja.
**drollig** skrítinn, skringilegur. [leigubíll *m*.]
**Droschke** *f* léttivagn *m*;
**drosseln** kyrkja; *Einfuhr:* draga úr.
**drüben** fyrir handan, hinum megin. [prenta.]
**Druck** *m* prentun *f*; **2en**
**drücken** þrýsta; þjá; **sich ~** kinoka sér við (e-ð), koma sér hjá e-u.
**Drücker** *m* hurðarhandfang *n*; (*Gewehr*) byssugikkur *m*.
**Drucker|ei** *f* prentsmiðja *f*; **~schwärze** *f* prentsverta *f*.
**Druck|fehler** *m* prentvilla *f*; **~knopf** *m* þrýstihnappur *m*; **~sache** *f* prentað mál, prent *n*.
**Drüse** *f* eitill *m*, kirtill *m*.
**du** þú.
**ducken** lúta, beygja.
**Duell** *n* einvígi *n*.
**Duett** *n* tvísöngur *m*.
**Duft** *m* ilmur *m*; móða *f*; **2en** ilma.
**duld|en** þola; umbera; **2er** *m* píslarvottur *m*; **~sam** umburðarlyndur.
**dumm** heimskur; **~es Zeug** bull *n*, þvaður *n*; **2heit** *f* heimska *f*.
**dumpf** dimmur; sljór; drungalegur; **~ig** mollulegur; myglaður.
**Düne** *f* sandhóll *m*, sandalda *f*. [*f*.]
**Dung** *m* áburður *m*, mykja
**Dünge|mittel** *n* efni *n* til áburðar, áburður *m*; **2n** bera á.
**dunkel** dimmur; óljós; **2heit** *f* myrkur *n*.
**Dünkel** *m* hroki *m*, mont *n*.
**dunkeln** *v/i*. dimma; sortna.
**dünken** virðast; *v/r*. ímynda sér, að maður sé, finnast maður vera. [mjór.]
**dünn** þunnur; grannur,
**Dunst** *m* móða *f*; gufa *f*; **2ig** svælumikill; þokumikill.
**Dünung** *f* undiralda *f*; brim *n*.
**durch** gegnum; milli; með; **~ und ~** algerlega, að öllu leyti.
**durchaus** algerlega; endilega; **~ nicht** alls ekki.
**durch|blättern** blaða í, fletta; **2blick** *m* útsýni *n* (gegnum e-ð); **~blicken lassen** láta e-ð skiljast *od.* á sér skilja; **~brechen** brjótast gegnum; brotna sundur; brjóta sundur; **~brennen** *fig.* strjúka; **~denken** velta fyrir sér, gagnhugsa; **~dringen** komast *od.* ryðjast gegnum.
**durcheinander** 1. í hrærigraut; 2. **2** *n* hrærigrautur *m*.
**Durch|fahrt** *f* akstur *m od.* sigling *f* um (e-ð); hlið *n*; sund *n*; **~fall** *m* niðurgangur *m*; *Examen:* fall *n*; **2fallen** detta gegnum;

falla; ♀fließen renna *od.* streyma gegnum.
**durchführen** framkvæma.
**Durch|gang** *m* gegnumgangur *m*; umferð *f*; leið *f*, vegur *m*; **♀gängig** venjulegur.
**Durchgangszoll** *m* vöruflutningstollur *m*.
**durch|gefroren** sárkaldur, gegnumkaldur; **~gehen** fara *od.* komast í gegnum; *fig.* strjúka; **~greifen** *fig.* gera öflugar ráðstafanir; **~kommen** *fig.* komast gegnum; *Examen:* standast; **~kreuzen** (*Pläne*) koma í veg fyrir; **~laufen** *fig.* yfirfara lauslega; **~lesen** lesa alveg; lesa lauslega; **~leuchten** *Med.* gegnumlýsa; **~löchert** gataður, settur götum; **♀messer** *m* þvermál *n*; **~näßt** gagndrepa, gegnumblautur.
**durch|queren** fara (þvert) yfir; **~rechnen** reikna yfir, yfirfara; **♀reise** *f* ferðalag um e-n stað; **sich ~ringen** brjótast fram úr, berjast gegnum; **~schauen** sjá í gegnum; sjá (e-n) út; **etw. ~scheinen lassen** láta á sér skilja; **♀schlag** *m* (ritvélar-) samrit *n*; **sich ~schlagen** bjargast; ryðja sér braut; (**im**) **♀schnitt** *m* (að) meðaltal(i) *n*; **etw. ~setzen** koma e-u fram; **sich ~setzen** láta ekki á sig ganga, gera sig gildandi.
**Durchsicht** *f*: **zur ~** til athugunar *od.* skoðunar.
**durch|sickern** sytra *od.* vætla í gegnum; *fig.* berast út; **~sieben** sálda; **~sprechen** ræða; **~stöbern** snuðra *od.* róta í e-u; **~streichen** strika út; **~streifen** sveima *od.* flakka um; **~suchen** leita vandlega um, rannsaka ítarlega; **♀suchung** *f* leit *f*, rannsókn *f*; **~trieben** slægur, slunginn; **~wachsener Speck** *m* flesk með kjöttægjum; **~wärmen** verma *od.* hita í gegn; **~waten** vaða yfir; **~weg** alveg að öllu leyti; yfirleitt; **~weichen** gera gegnum blautt *od.* mjúkt; **~wühlen** róta í; **♀zug** *m* (*Luft*) súgur *m*; **sich ~zwängen** troða sér gegnum.
**dürf|en** mega; **~tig** fátækur; fátæklegur; aumur; **♀igkeit** *f*, þörf *f*, þurft *f*; fátækleiki *m*; fátækt *f*.
**dürr** þurr; **♀e** *f* þurrkur *m*.
**Durst** *m* þorsti *m*; **ich habe ~** ég er þyrstur.
**dürsten** þyrsta (**nach etw.** eftir e-u).
**Dusche** *f* steypibað *n*.
**Düse** *f* pípuopota *f*; **~nflugzeug** *n* þrýstiloftsflugvél *f*; **~njäger** *m* þrýstiloftsorustuflugvél *f*, orustuþota *f*.
**düster** dimmur; dapur.
**Dutzend** *n* tylft *f*.
**duzen** þúa; **sich mit j-m ~** þúa e-n.
**D-Zug** *m* hraðlest *f*, samgangslest *f*.

# E

**Ebbe** *f* fjara *f*; ~ **und Flut** flóð og fjara.
**eben** jafn; flatur, sléttur; **zu** ~**er Erde** á stofuhæð *od.* neðstu hæð; *adv.* (*ja*) einmitt; ~**da** (á) sama stað.
**Ebene** *f* slétta *f*; flötur *m.*
**ebenfalls** sömuleiðis.
**Ebenholz** *n* íbenviður *m.*
**ebenso** eins, einnig.
**Eber** *m* (villi)göltur *m*; ~**esche** *f* reynir *m*, reyniviður *m.*
**ebnen** jafna, slétta.
**Echo** *n* bergmál *n*, endurómur *m*; ~**lot** *n* bergmálsdýptarmælir *m.*
**echt** ósvikinn, ekta.
**Eck|e** horn *n*; ~**haus** *n* hornhús *n*; ♀**ig** strendur; ~**platz** *m* hornsæti *n*; ~**zahn** *m* augntönn *f*; vígtönn *f.*
**edel** göfugur; aðalborinn; ♀**frau** *f* aðalskona *f*; ♀**hirsch** *m* krónhjörtur *m*; ♀**leute** *pl.* aðalsmenn *m/pl.*; ♀**mut** *m* göfuglyndi *n*, veglyndi *n*; ♀**stein** *m* gimsteinn *m.*
**Efeu** *m* vafningsviður *m.*
**Effekt** *m* áhrif *n/pl.*, afleiðing *f*; ~**en** *pl.* verðbréf *n/pl.*
**Egge** *f* herfi *n.*
**ehe 1.** áður en, fyrr en; **2.** ♀ *f* hjónaband *n*; ~**brechen** drýgja hór(dóm) *m*; ~**fähig** gjafvaxta; ♀**frau** *f* (eigin)kona *f*; ♀**gatte** *m* (eigin)maður *m*; ♀**leute** *pl.* hjón *n/pl.*; ~**lich** hjónabands-, hjúskaparlegur; ~**liche Kinder** hjónabandsbörn *n/pl.*; ~**malig** fyrrverandi; ~**mals** *adv.* forðum, fyrrum; ♀**mann** *m* eiginmaður *m*; ♀**paar** *n* hjón *n/pl.*
**eher** áður; fremur.
**ehern** úr málmi; *fig.* strangur, ósveigjanlegur.
**Ehe|scheidung** *f* hjónaskilnaður *m*; ~**trennung** *f* skilnaður að borði og sæng; ~**vertrag** *m* kaupmáli *m*; ~**zwist** *m* hjónadeila *f.*
**ehrbar** heiðvirður.
**Ehre** *f* sæmd *f*; **j-m zu** ~**n** e-m til sæmdar; ♀**n** heiðra; virða mikils; ~**namt** *n* virðingarstaða *f*; ♀**nhaft** heiðarlegur, heiðvirður; ♀**nhalber** fyrir heiðurs sakir; ~**nkränkung** *f* ærumeiðing *f*; ~**nmann** *m* sæmdarmaður *m*; ~**mitglied** *n* heiðursfélagi *m*; ~**nrettung** *f* uppreisn *f* (á) æru; ♀**nrührig** ærumeiðandi; ~**nsache** *f* drengskaparmál *n*, sjálfsögð skylda; ♀**nvoll** heiðarlegur; ~**nwort** *n* drengskaparorð *n.*
**ehr|erbietig** lotningarfullur; ♀**furcht** *f* lotning *f*; ♀**gefühl** *n* sómatilfinning *f*; ♀**geiz** *m* metnaðargirni *f*; ~**lich**

heiðarlegur, vandaður; ♀-lichkeit *f* ráðvendni *f*, heiðarleiki *m*; ~los ærulaus.

**Ei** *n* egg *n*.

**Eichamt** *n* löggildingarstofa mæli- og vogartækja.

**Eiche** *f* eik *f*, eikartré *n*; ~l *f* *Bot.* akarn *n*.

**eichen** löggilda (mæli og vog).

**Eichhörnchen** *n* íkorni *m*.

**Eichung** *f* löggilding *f* (mæli- og vogartækja).

**Eid** *m* eiður *m*; **e-n ~ leisten** vinna eið (**auf etw.** að e-u); **an ~es Statt** að viðlögðum eiði; **♀brüchig** eiðrofa, meinsærinn.

**Eidechse** *f* sandeðla *f*.

**Eier|becher** *m* eggjabikar *m*; **~kuchen** *m* eggjakaka *f*; pönnukaka *f*.

**Eifer** *m* ákafi *m*, kapp *n*; **~sucht** *f* afbrýði(ssemi) *f*; **♀süchtig** afbrýðissamur.

**eifrig** ákafur; kappsamur.

**Eigelb** *n* eggjarauða *f*.

**eigen** eiginn; sérstakur; undarlegur; **auf ~e Faust** af eigin rammleik, upp á eigin spýtur; **~artig** einkennilegur; **~händig** eiginhandar-, með eigin hendi; **♀lob** *n* sjálfshól *n*; **♀name** *m* eiginnafn *n*; **♀nutz** *m* sérplægni *f*, eigingirni *f*; **~s** sérstaklega; beinlínis; **♀schaft** *f* eiginleiki *m*, eðli *n*; **~sinnig** einþykkur; **~tlich** eiginlega; **♀tum** *n* eign *f*; **♀tümer** *m* eigandi *m*; **~tümlich** einkennilegur; **♀tumsrecht** *n* eignarréttur *m*.

**eignen: sich zu etw. ~** vera vel fallinn til e-s.

**Eilbote** *m* hraðboði *m*; **durch ~n** með hraðboða.

**Eilbrief** *m* hraðbréf *n*.

**Eile** *f* hraði *m*, flýtir *m*; **~ haben** flýta sér, liggja á; **♀n** fara hart *od.* hratt; flýta sér; **es eilt** það liggur á.

**Eilfracht** *f* hraðflutningur *m*.

**eilig** skjótur; sem liggur á.

**Eilzug** *m* hraðlest *f*.

**Eimer** *m* fata *f*.

**ein, eine, ein** *unbest. Artikel* (*im Isländischen kaum vorhanden*) nokkur, nokkurt; **~ Mann** maður nokkur; *num.* einn, ein, eitt; **ein für allemal** (í) eitt skipti fyrir öll.

**einander** hvor annan, hver annan, hvor *od.* hver öðrum.

**ein|arbeiten** *v/r.* setja sig inn í; **~armig** einhendur, einarma; **~äschern** brenna til kaldra kola; *Leiche:* brenna, gera bálför (e-s); **~atmen** anda að sér; **♀bahnstraße** *f* einstefnuakstursbraut *f*, *pop.* einstefnuakstur *m*.

**Ein|band** *m* band *n* (á bók); **♀begriffen** meðtalinn; **♀bilden** *v/r.* ímynda sér

e-ð; ~bildung *f* ímyndun *f*; ~blick *m* skilningur *m*; ≈brechen brjótast inn; ~brecher *m* innbrotsþjófur *m*; ≈bringen *Geschäft:* gefa af sér; *Versäumtes:* vinna upp; ~bruch *m* innbrot *n*; ~bruch der Nacht koma næturinnar; ≈bürgern veita borgararétt *m*; ≈büßen missa, tapa.
ein|dringen troðast *od.* ryðjast inn; ~dringlich ákafur; áhrifamikill; ≈druck *m* áhrif *n/pl.*; guten ~druck machen bjóða af sér góðan þokka, falla vel í geð; ~engen þrengja; ~erlei sams konar; es ist mir ~erlei mér stendur á sama um það; ~erseits annars vegar.
ein|fach einfaldur; blátt áfram; *adv.* blátt áfram, beinlínis; ~fädeln *Nadel:* þræða; ≈fahrt *f* heimakstur *m*; ≈fall *m* hugmynd *f*; ~fallen hrynja; (*Einfall*) detta í hug; *Mus.* taka undir; ~fältig einfaldur; ~farbig einlitur; ~finden: sich ~finden koma; ~flößen *fig. Angst:* vekja; ≈fluß *m* áhrif *n/pl.*; ~flüstern hvísla að; *fig.* blása í brjóst; ~fordern heimta inn; ~förmig tilbreytingarlaus; ~fried(ig)en afgirða; ≈fuhr *f* innflutningur *m*; ~führen flytja inn; *Sitten:* innleiða; ≈fuhrerlaubnis *f* innflutningsleyfi *n*; ≈fuhrzoll *m* innflutningstollur *m*; ~füllen fylla.
Ein|gabe *f* afhending *f*; umsókn *f*; ~gang *m* inngangur *m*; *Briefe:* koma *f*; ~gangsbestätigung *f* viðtökustaðfesting *f*; ≈geben *Arznei:* gefa inn; *Gedanken:* blása í brjóst; ≈gebildet ímyndaður; montinn; ≈geboren innfæddur, innlendur; ~gebung *f fig.* innblástur *m*; ≈gedenk: einer Sache ≈gedenk sn vera minnugur e-s.
eingehen ganga inn; *Post:* berast, koma; *Verpflichtung:* gangast undir e-ð; ~d nákvæmur, ítarlegur.
Ein|gemachtes *n* sulta *f*; ~geständnis *n* játning *f*; ≈gestehen játa, viðurkenna; ~geweide *n* innyfli *n/pl.*; ≈gewurzelt rótgróinn; ≈gießen hella í; ≈gleisig einspora; ≈graben grafa í jörð
eingreifen 1. taka í taumana; 2. ≈ *n* afskipti *n/pl.*
Ein|halt *m* stöðvun *f*; ~halt tun = ≈halten stöðva; efna (etw. e-ð); hætta (mit etw. e-u); ≈händigen afhenda; ≈heimisch innlendur; ≈heitlich af sama tagi; ≈heizen hita upp, kynda; ≈holen *Erlaubnis:* fá, ná sér í; (*kaufen*) kaupa inn; *Mar.* draga inn; ≈hüllen hjúpa, hylja.
einig sammála; ~en sam-

eina; **sich über etw. ~en** koma sér saman um e-ð; **~e** (-r, -s) nokkur, nokkurt; *pl.* nokkrir, nokkrar, nokkur; **~ermaßen** nokkurn veginn; **2keit** *f* samlyndi *n*, eining *f*; **2ung** *f* sátt *f*; sameining *f*; **2ungsamt** *n* sáttanefnd *f*.
**einjährig** eins árs; einær.
**einkassieren** innheimta.
**Ein|kauf** *m* innkaup *n/pl.*; **2kehren** *im Gasthaus:* halda inn í, koma (til); **2klammern** setja í sviga; **~klang** *m* samhljómur *m*, samræmi *n*; **im ~klang stehen mit** vera í samræmi við; **2kochen** sjóða niður; **2kommen** koma inn; berast; sækja (**um etw.** um e-ð); **~kommen** *n* tekjur *f/pl.*; **~kommensteuer** *f* tekjuskattur *m*.
**ein|laden** bjóða heim; *Su.* heimboð *n*; **2lage** *f* (skó-) ílag *n*; (*Sparguthaben*) innstæða *f*; (*im Geschäft*) framlag *n*; **~lassen** hleypa inn; **sich ~lassen mit j-m** gefa sig að e-m; **2laßkarte** *f* aðgöngumiði *m*; **~leben** *v/r.* átta sig; **in etw. ~leben** gera sér e-ð tamt; **~leiten** leiða inn; (*Buch*) rita inngang (að e-u); **2leitung** *f* inngangur *m*; **~lenken** *fig.* láta undan síga; **~leuchtend** auðsær; **~liefern** skila, afhenda; **~liegend** í bréfinu; **~lösen** *Wechsel:* innleysa, greiða; *sein Wort:* efna; **2lösung** *f* greiðsla *f*; efndir *f/pl.*
**ein|machen** sjóða niður; **~mal** einu sinni; **auf ~mal** allt í einu; í senn; **2maleins** *n*: (**das kleine, große** litla, stóra) margföldunartaflan; **~mengen** *v/r.* skipta sér af, blanda sér; **2mischung** *f* afskipti *f/pl.*; **~mütig** einróma.
**Ein|nahme** *f* tekjur *f/pl.*; *Mil.* hertaka *f*; **2nehmen** *Pulver:* taka inn; *Frühstück:* neyta; *Mil.* hertaka; **~nehmer** *m* skattheimtumaður *m*; **2nicken** dotta; **~öde** *f* auðn *f*; **2ölen** smyrja, olíusmyrja.
**ein|packen** láta niður, búa um; **~pflanzen** gróðursetja; innræta; **~pökeln** salta (niður); **~prägen** móta; innræta.
**einquartieren** vista, koma fyrir (til vistar *od.* dvalar).
**ein|rahmen** innramma; *Su.* innrömmun *f*; **~räumen** játa; láta fá; *Möbel:* koma fyrir, hagræða; **~rechnen** telja með; **~reiben** núa inn í; **~reichen** senda, afhenda; **~reihen** raða *od.* skipa inn í; **~reihig** einhnepptur; **2reiseerlaubnis** *f* fararleyfi *n* inn í land; **~renken** kippa í lið; **~richten** koma fyrir; útbúa; *Su.* tilhögun *f*; útbúnaður *m*.

**Eins** *f* (talan) einn; (*Schule*) ágætiseinkunn *f*.
**ein|salzen** salta; **~sam** einmana; **2samkeit** *f* einmanaleiki *m*; **~sammeln** safna; **2satz** *m* skerfur *m*, framlag *n*; það, sem sett er að veði.
**ein|schalten** skjóta inn í; tengja við; *Licht:* kveikja; **Gang ~schalten** *Auto:* skipta um gír; **~schärfen** brýna fyrir; **~schenken** hella í; **~schlafen** sofna; **~schläfern** svæfa; **~schlagen** reka inn (í); brjóta; *Blitz:* ljósta niður; **~schlägig** lútandi að; viðkomandi; **~schleichen** *v/r*. læðast inn; **~schleppen** draga inn; *Seuchen:* bera með sér.
**einschließ|en** loka inni; ná yfir; **~lich** meðtalinn.
**ein|schmieren** smyrja; **~schmuggeln** smygla inn; **~schneidend** *fig.* áhrifamikill; **2schnitt** *m* skora *f*; skurður *m*; **~schränken** takmarka; **sich ~schränken** færa saman kvíarnar; *Su.* takmörkun *f*; fyrirvari *m*.
**Einschreibe|brief** *m* ábyrgðarbréf *n*; **~gebühr** *f* skrásetningargjald *n*; ábyrgðargjald *n*; **2n** skrá, innrita; **~n!** í ábyrgð!
**ein|schreiten** taka í taumana; **~schüchtern** hræða, skjóta skelk í bringu.
**ein|segnen** (*Kirche*) ferma; *Su.* ferming *f*; **~sehen** skilja, sjá fram á; **~seifen** bera sápu á; gabba; **~seitig** einhliða; **~senden** senda; aðsenda; **~setzen** *v/i*. byrja; *v/t*. *Ausschuß:* skipa; setja að veði, hætta e-u; *Su.* innsetning *f*; skipun *f*; **2sicht** *f* athugun *f*; skilningur *m*; **~sichtsvoll** skilningsgóður; **2siedler** *m* einsetumaður *m*; **~silbig** *fig.* fámáll; **~sitzig** með einu sæti.
**ein|spannen** *Pferde:* spenna fyrir; **~sperren** setja í varðhald; **~spritzen** sprauta *od.* dæla inn í; *Su.* innsprautun *f*; **2spruch** *m* (*Protest*) mótmæli *n/pl.*; kvörtun *f*.
**ein|stampfen** troða niður (*od.* inn); **~stecken** stinga á sig, stinga í vasann; **für j-n ~stehen** ábyrgjast fyrir e-n; **~steigen** stíga inn í; **~stellen** stilla inn; *Radio:* stilla á; (*aufgeben*) stöðva; *v/r*. koma; *Su.* innstilling *f*; stöðvun *f* **~stimmen** fallast á, samþykkja; **~stimmig** samróma, samhljóða; **~stöckig** einlyftur.
**Ein|sturz** *m* hrun *n*; **2stürzen** hlaupa inn; hrynja.
**einstweil|en**, **~ig** bráðabirgða-, sem er um stundarsakir.
**ein|tauchen** dýfa í; **~teilen** skipta; raða niður; **~tönig**

tilbreytingarlaus; **≈topfgericht** *n* einrétta (soðinn) miðdegisverður; **≈tracht** *f* eindrægni *f*; **~tragen** bera inn; bóka, skrá; gefa af sér; **~träglich** arðsamur; **~treffen** koma; **~treten** ganga *od.* koma inn; gerast; **~treten für** taka málstað e-s, styðja; **≈tritt** *m* innganga *f*; aðgangur *m*; **≈trittskarte** *f* aðgöngumiði *m*; **≈trittspreis** *m* aðgangseyrir *m*; **~trocknen** þorna upp, skorpna.
**einver|standen** samþykkur; **≈ständnis** *n* samkomulag *n*; samlyndi *n*.
**Einwand** *m* mótbára *f*.
**einwandern** flytjast inn.
**einwandfrei** óaðfinnanlegur, gallalaus.
**einwärts** inn á við.
**ein|wechseln** fá í skiptum; **~weihen** vígja; **≈weihung** *f* vígsla *f*; **~wenden** finna að, hafa á móti; **~wickeln** vefja inn í; **~willigen** samþykkja, fallast á; *Su.* samþykki *n*; **≈wirkung** *f* áhrif *n/pl.*
**Einwohner** *m* íbúi *m*; **~meldeamt** *n* manntalsskrifstofa *f*; **~schaft** *f* (allir) íbúarnir *m/pl.*
**Einwurf** *m* (*Brief≈*) bréfaloka *f*, póstkassarifa *f*.
**Ein|zahl** *f* eintala *f*; **≈zahlen** borga (inn á); **≈zäunen** girða; **≈zeichnen** skrá, bóka; *Su.* skráning *f*, bókun *f*.
**Einzel|handel** *m* smásala *f*; **~heit** *f* smáatriði *n*; **≈n** einstakur; einn og einn; **~verkauf** *m* smásala *f*, lausasala *f*; **~wesen** *n* einstaklingur *m*.
**einzieh|en** draga inn; *Ruder:* leggja upp; *Mil.* innkalla; *Nachricht:* safna, leita; *Wohnung:* flytja(st) inn í; **≈ung** *f* innköllun *f*; upptaka *f*.
**einzig** einn, eini, einka-; **sein ~es Kind** einkabarn hans; *fig.* einstæður, frábær; **~ und allein** eingöngu.
**Ein|zug** *m* innreið *f*; flutningur *m*; **≈zwängen** þrýsta inn í.
**Eis** *n* ís *m*; **~bahn** *f* skautabraut *f*; **~bär** *m* ísbjörn *m*; **~brecher** *m* ísbrjótur *m*; **~diele** *f* ísbar *m*.
**Eisen** *n* járn *n*; **~bahn** *f* járnbraut *f*; **~bahnfahrkarte** *f* járnbrautarfarmiði *m*; **~beton** *m* járnbent steinsteypa; **~warenhandel** *m* járnvöruverzlun *f*. [járnharður.]
**eisern** járn-, úr járni;
**eis|gekühlt** ískældur; **~ig** ískaldur, nístandi; **≈lauf** *m* skautahlaup *n*; **≈maschine** *f* frystivél *f*; **≈meer** *n* íshaf *n*; **≈scholle** *f* ísjaki *m*; **≈schrank** *m* ísskápur *m*; **≈zapfen** *m* klakadröngull *m*, grýlukerti *n*.
**eitel** hégómlegur; eintómur; **≈keit** *f* hégómleiki *m*; fallvelti *n*.

**Eiter** *m* gröftur *m*; **&n** grafa (í).
**Eiweiß** *n* eggjahvíta *f*.
**Ekel 1.** *m* viðbjóður *m*; velgja *f*; **2.** *n pop.* viðbjóðslegur náungi; **&haft** viðbjóðslegur; **&n** *v/r.* bjóða við, hafa andstyggð á.
**elastisch** fjaðurmagnaður.
**Elch** *m* elgur *m*, elgsdýr *m*.
**elektrisch** rafmagnaður, rafmagns-; **~er Schlag** *m* rafmagnshögg *n*; **~er Stuhl** *m* rafmagnsstóll; **&e** *f* sporvagn *m*.
**elektrisieren** rafmanga; rafknýja; *fig.* örva.
**Elektr|izität** *f* rafmagn *n*; **~izitätswerk** *n* rafveita *f*; **&oingenieur** *m* rafmagnsverkfræðingur *m*; **~omonteur** *m* rafvirki *m*; **~otechnik** *f* rafmagnsverkfræði *f*; rafvirkjun *f*; **~otechniker** *m* rafmagnsiðnfræðingur *m*.
**Element** *n* frumefni *n*; frumatriði *n*; höfuðskepna *f*.
**elend 1.** aumur; **2.** **&** *n* eymd *f*, neyð *f*.
**elf** ellefu; **der ~te (des Monats)** ellefti (mánaðarins).
**Elfenbein** *n* fílabein *n*.
**Ell(en)bogen** *m* olnbogi *m*.
**Elle** *f* alin *f*.
**Elster** *f* skjór *m*.
**Eltern** *pl.* foreldrar *m/pl.*; **~haus** *n* foreldrahús *n/pl.*
**Empfang** *m* viðtaka *f*, móttaka *f*; **&en** taka við, taka á móti; *v/i.* (*Frau*) verða þunguð *od.* ófrísk; **~sbestätigung** *f* viðtökustaðfesting *f*, kvittun *f*; **~szimmer** *n* móttökuherbergi *n*; gestastofa *f*.
**Empfäng|er** *m* viðtakandi *m*; viðtökutæki *n*; **&lich** næmur; **~nis** *f* getnaður *m*.
**empfehl|en** mæla með; *v/r.* kveðja; *Su.* meðmæli *n/pl.*; kveðja *f*; **~enswert** verður meðmæla.
**empfind|en** finna (til); **~lich** viðvæmur; tilfinnanlegur; **~lich gegen Kälte** kulvís; **&lichkeit** *f* viðkvæmni *f*; tilfinnanleiki *m*; **&ung** *f* tilfinning *f*; **~ungslos** tilfinningarlaus.
**empor** upp.
**empören** espa, æsa (upp); vekja andstyggð; *v/r.* gera uppreisn (**gegen** gegn); *Su.* uppreisn *f*; gremja *f*.
**emsig** iðinn, kappsamur.
**End|e** *n* endir *m*, endalok *n/pl.*; endi *m*; **~e März** í marzlok; **am ~e** að lokum; þegar á allt er litið; **&en** enda, lykta; **&gültig** fullkominn; fullnaðar-; **&lich** loks, að síðustu; **&los** óendanlegur; **~punkt** *m* endi *m*; endapunktur *m*; **~ung** *f* ending *f*.
**Energie** *f* táp *n*; orka *f*.
**eng** þröngur; þéttur; **~e Freundschaft** *f* náin vinátta; **in ~erem Sinn** í þrengra skilningi; **&e** *f*

þrengsli *n/pl.*; öngvegi *n*; **ꝰpaß** *m* einstigi *n*; *fig. Hdl.* útvegunartregða *f*.
**Engel** *m* engill *m*.
**Eng|länder** *m* Englendingur *m*; **ꝰlisch** enskur.
**Engroshandel** *m* heildsala *f*.
**Enkel** *m* barnabarn *n*, sonarsonur *m*, dóttursonur *m*; **‿in** *f* barnabarn *n*, sonardóttir *f*, dótturdóttir *f*.
**entarten** úrkynjast, hnigna; *Su.* úrkynjun *f*, hnignun *f*.
**entbehr|en** vera án; sakna; *Su.* skortur *m*, vöntun *f*; **‿lich** missanlegur, sem vera má án.
**entbind|en** leysa undan *od.* frá; *fig.* hjálpa við barnsburð; *Su.* undanlausn *f*, lausn undan *od.* frá (e-u); barnsburður *m*; **ꝰungsanstalt** *f* fæðingarstofnun *f*.
**entblößen** gera beran; afhjúpa; *Su.* afhjúpun *f*.
**entdecken** uppgötva; skýra frá; *Su.* uppgötvun *f*; tilkynning *f*.
**Ente** *f* önd *f*.
**ent|ehren** smána, vanvirða; *Frau:* nauðga; *Su.* smán *f*, óvirðing *f*; nauðgun *f*; **‿eignen** taka eignarnámi; *Su.* eignarnám *n*; **‿erben** svipta arfi.
**entfallen** detta *od.* falla úr *od.* af; *fig.* gleyma.
**entfalten** breiða út; fletta sundur (*a. fig.*); *Su.* útbreiðsla *f*.
**entfern|en** fjarlægja; *v/r.* fara; *Su.* fjarlæging *f*; fjarlægð *f*; **‿t** fjarri, fjarlægur; **weit ‿t** langt burtu, í fjarska; fjarri sanni.
**Entfettungskur** *f* svelti- *od.* megrunarlækning *f*.
**ent|fliehen** flýja (undan); **‿führen** nema burt; *Su.* brottnám *n*.
**entgegen** á móti; andstæður; **‿gehen** ganga á móti (j-m e-m); **‿gesetzt** mótsettur; **‿kommen** koma til móts við; *Wünsche:* verða við; **ꝰkommen** *n* greiðvikni *f*, samúð *f*; **‿nehmen** taka á móti, taka við; **‿sehen** búast við, vænta; **‿treten** ganga til móts við; aftra.
**ent|gegnen** svara; **‿gehen** komast undan; **ꝰgelt** *n* endurgjald *n*, þóknun *f*; **‿gleisen** renna út af teinunum; gera glappaskot; **‿halten** hafa að geyma, innihalda; *v/r.* forðast, sneiða hjá; **‿haltsam** hófsamur, bindindissamur; **‿haupten** hálshöggva; *Su.* hálshögg *n*, aftaka *f*; **‿hüllen** afhjúpa; **‿hülsen** afhýða, flysja; **‿kommen** sleppa, komast undan; **‿kräften** veikja; hrekja, ósanna, afsanna.
**ent|laden** afferma; *Su.* afferming *f*; **‿lang** fram með; eftir; **‿larven** koma upp um; **‿lassen** sleppa, láta lausan; (*Amt*) reka, víkja burt; *Mil.* veita heimfar-

arleyfi; *Su.* lausn *f*; brottvikning *f*; heimfararleyfi *n*; **~laufen** strjúka; komast undan; **~ledigen** *v/r.* losa sig við; *e-s Auftrags:* rækja, framkvæma; **~legen** afskekktur, fjarri; **~lehnen** fá að láni; **~locken** véla út úr; **~lohnen** borga; **~mutigen** draga kjark úr; *Su.* kjarkleysi *n*; **~nehmen** taka úr; taka frá; *fig.* álykta; ráða (af e-u).

**ent|rätseln** ráða gátu; skýra; **~reißen** rífa *od.* hrifsa frá; **~richten** greiða, gjalda; *Gruß:* skila; **~rinnen** sleppa við; **~rüsten** *v/r.* reiðast; **~rüstet** reiður, sár; *Su.* reiði *f*; **~sagen** *Welt:* hafna; *Thron:* afsala sér; **~schädigen** bæta tjón e-s; *Su.* skaðabætur *f/pl.*; endurgjald *n*; **~scheiden** úrskurða; skera úr; *Su.* úrskurður *m*; úrslit *n/pl.*; *Jur.* dómur *m*; **~scheidend** sem sker úr, úrslita-.

**ent|schieden** útkljáður; ákveðinn; **ℒschiedenheit** *f* festa *f*, einbeitni *f*; **~schlafen** sofna; deyja; **~schließen** *v/r.* afráða, ákveða; *Su.* ákvörðun *f*; **~schlossen** ákveðinn; einbeittur; **~schlüpfen** sleppa frá; **ℒschluß** *m* ásetningur *m*, ákvörðun *f*; **~schuldigen** afsaka; *Su.* afsökun *f*.

**entsenden** senda frá sér, senda burt.

**entsetz|en 1.** (*e-s Amtes*) víkja frá; *v/r.* skelfast; **2. ℒen** *n* skelfing *f*, hræðsla *f*; **~lich** skelfilegur, hræðilegur; **ℒlichkeit** *f* skelfing *f*, hrylling *f*.

**ent|sinnen** *v/r.* muna (eftir); **ℒspannung** *f* hvíld *f*, afslöppun *f*; **~sprechen** samsvara; *Wunsch:* verða við; **~sprechend** samsvarandi, viðeigandi; **~springen** (*Fluß*) eiga upptök sín; **~stehen** hefjast; **ℒstehen** *n* upphaf *n*, upptök *n/pl.*; **~stellen** afmynda; afbaka; *Su.* afmyndun *f*, afbökun *f*; **~täuschen** vonsvíkja; *v/r.* verða fyrir vonbrigðum; *Su.* vonbrigði *n/pl.*

**ent|waffnen** afvopna; *Su.* afvopnun *f*; **~wässern** þurr-ræsa, þurrka; **~weder ... oder** annaðhvort ... eða; **~weichen** strjúka, komast undan; **~weihen** vanhelga, saurga; **~wenden** stela *od.* ná frá; **~werfen** gera uppkast að; **~werten** rýra (gildi e-s); ógilda; *Su.* verðfall *n*, verðfelling *f*; ógilding *f*; **~wickeln** þroska; *Phot.* framkalla; *Su.* þroskun *f*, framfarir *f/pl.*; framköllun *f*; **~wirren** greiða úr, laga; **~wöhnen** venja af; **ein Kind ~wöhnen** venja barn af brjósti; **~würdigen** rýra, óvirða; *Su.* rýring *f*, óvirðing *f*; **ℒwurf** *m* uppkast *n*; **~wurzeln** rífa upp með rótum; **~wurzelt** *fig.* rótlaus; **~ziehen** draga burt *od.* úr *od.* frá; *v/r.* forðast e-ð, skjóta sér undan e-u; **~ziffern** lesa úr, skýra.

**entzück|en** hrífa; **Ձen** *n* hrifni(ng) *f*, fögnuður *m*; **~end** hrífandi; **~t** hrifinn.

**Entzündung** *f* kveiking *f*; bólga *f*.

**entzwei** sundur, brotinn; **~en** gera ósátta; *v/r.* verða ósáttur (mit j-m við e-n); **~reißen** rífa sundur; **~schlagen** brjóta sundur.

**Epoche** *f* tímabil *n*; aldahvörf *n/pl*.

**er** hann.

**er|achten** álíta, hyggja; **m-s Ձachtens** (= m. E.) að minni hyggju; **~barmen** *v/r.* sjá aumur á, miskunna sig yfir; **Ձbarmen** *n* meðaumkun *f*, miskunn *f*; **~bärmlich** brjóstumkennanlegur; aumur; **~bauen** reisa; siðbæta; **Ձbauer** *m* reisandi *m*, smiður *m*; **~baulich** sálubætandi, uppbyggilegur.

**Erbe 1.** *m* erfingi *m*; **2.** *n* arfur *m*.

**erbeben** titra, skjálfa.

**erb|en** erfa; **Ձfolge** *f* erfðir *f/pl.*; **Ձin** *f* (kven)erfingi *m*.

**erbieten** *v/r.* bjóðast (til).

**er|bitten** biðja um; **~bittern** gera beiskan *od.* graman, reita til reiði; *Su.* beiskja *f*, reiði *f*; **~blassen** blikna.

**Erb|lasser** *m* arfleiðandi *m*; **Ձlich** arf- *od.* ættgengur.

**er|blicken** koma auga á, sjá; **~blinden** verða blindur; **~brechen** brjóta upp; (*Tür*) opna; *v/r.* selja *od.* kasta upp; **Ձbrechen** *n* (*Tür*) uppbrot *n*; uppsala *f*.

**Erb|recht** *n* erfðaréttur *m*; **~schaft** *f* arfur *m*.

**Erbse** *f* erta *f*, baun *f*; **~nschote** *f* baunahýði *n*; **~nsuppe** *f* ertu- *od.* baunasúpa *f*.

**Erbteil** *n* arfur *m*, erfðahluti *m*.

**Erd|anschluß** *m* (*Radio*) jarðsamband *n*; **~ball** *m* jarðarhnöttur *m*; **~beben** *n* jarðskjálfti *m*; **~beere** *f* jarðarber *n*; **~boden** *m* jarðvegur *m*; jörð *f*.

**Erde** *f* jörð *f*; mold *f*; jarðvegur *m*; **Ձn** setja í jarðsamband.

**erdenklich** hugsanlegur.

**erdfarben** moldarlitur; gulgrár (í framan).

**Erd|geschoß** *n* stofuhæð *f*; **~kugel** *f* jarðarhnöttur *m*; **~kunde** *f* landafræði *f*; **~öl** *n* jarðolía *f*; **~teil** *m* heimsálfa *f*.

**er|dreisten: sich ~dreisten** dirfast; **~drosseln** kyrkja; **~drücken** buga; kreista til bana; **~drückend** þjakandi; **~dulden** þola, bera.

**ereig|nen** *v/r.* koma fyrir bera við; **Ձnis** *n* viðburður *m*, atburður *m*.

**erfahren** frétta, komast að; *Undank:* verða fyrir; *adj.* reyndur; *Su.* reynsla *f*.

**er|fassen** *Unruhe:* grípa; skilja; **~finden** finna upp; *Su.* uppfinning *f*; **~finderisch** hugvitssamur.
**Erfolg** *m* árangur *m*; gengi *n*; **2en** verða, gerast; **2los** árangurslaus; **2reich** árangursmikill.
**erforder|lich** nauðsynlegur; **~lichenfalls** ef nauðsyn krefur; **~n** þurfa, krefjast; **2nis** *n* þörf *f*; krafa *f*.
**erforschen** rannsaka; *Su.* rannsókn *f*.
**erfreu|en** *v/r.* gleðjast; *Gesundheit:* njóta; **~lich** gleðilegur; **~t** glaður.
**er|frieren** helfrjósa; stirðna af kulda; **~frischen** hressa; *Su.* hressing *f*; **~füllen** uppfylla; *Su.* uppfylling *f*, fullnæging *f*.
**ergänzen** fullgera; bæta við; *Su.* viðbót *f*; viðauki *m*.
**ergeb|en** *v/r.* gefast upp, sætta sig við; koma í ljós; **Ihr ~ener** yðar einlægur; **2enheit** *f* einlægni *f*; virðing *f*; **2nis** *n* árangur *m*, úrslit *n/pl.*; **~nislos** árangurslaus.
**er|giebig** frjósamur; arðsamur; **~gießen** *v/r.* renna í; **~greifen** hræra, koma við; **~greifend** átakanlegur; **2griffenheit** *f* geðshræring *f*; **~gründen** rannsaka; **2guß** *m* úthelling *f*.
**er|haben** tignarlegur, háfleygur; **~haben über etw.** hafinn yfir e-ð; **2habenheit** *f* tign *f*; **~halten** fá; varðveita; *Su.* móttaka *f*; varðveizla *f*; **~hältlich** fáanlegur; **~hängen** hengja; **~härten** harðna; staðfesta, sanna; **~haschen** grípa (í), þrífa (í).
**erheb|en** lyfta (upp); *Geld:* hefja; **Klage gegen j-n ~en** stefna e-m, höfða mál gegn e-m; *v/r.* rísa á fætur, standa upp; *Su.* hóll *m*; (*Steuern*) innheimta *f*; uppreisn *f*; **~heblich** talsverður, allmikill.
**er|hellen** *v/i.* sjást, vera ljóst; **~hitzen** (sjóð)hita; espa; *v/r.* æsast; **~höhen** hækka; auka; *Su.* hækkun *f*; hæð *f*; **~holen** *v/r.* ná sér, hressast; *Su.* hressing *f*; hvíld *f*; **2holungsheim** *n* hvíldar-, hressingarhæli *n*; **~hören** bænheyra.
**erinnern** *v/r.* muna, minnast; *Su.* endurminning *f*, minning *f*.
**er|kalten** kólna; **~kälten** *v/r.* kvefast, verða innkulsa; *Su.* kvef *n*.
**erkenn|bar** þekkjanlegur; sýnilegur **2en** þekkja endurþekkja; *Jur.* dæma; **auf Todesstrafe ~en** kveða upp dauðadóm; **~tlich** þakklátur; **2tnis** *f* skilningur *m*, dómgreind *f*; **2ungsmarke** *f* (*Soldat, Kripo*) einkennismerki *n*.
**Erker** *m* útskot *n* (á húsi).
**erklär|en** skýra, lýsa yfir; *Su.* yfirlýsing *f*; skýring *f*;

**~lich** skiljanlegur, skýranlegur.
**erklingen** hljóma.
**erkranken** verða veikur, veikjast; *Su.* veikindi *n/pl.*
**erkundigen** *v/r.* grennslast eftir, spyrjast fyrir.
**er|langen** öðlast, hljóta; **2laß** (stjórnar)skipun *f*; **~lassen** *Verordnung:* gefa út, birta; *Strafe:* gefa upp *od.* eftir; *Su.* eftir-, uppgjöf *f.*
**erlaub|en** leyfa; **2nis** *f* leyfi *n*; **~t** leyfður.
**erläutern** skýra; *Su.* skýring *f.*
**Erle** *f* elri(tré) *n.*
**erleb|en** lifa; reyna; **2nis** *n* atburður *m.*
**erled|igen** ljúka, útkljá; afgreiða; *Su.* afgreiðsla *f*, lyktir *f/pl.*; **in 2ung Ihres Schreibens** sem svar við bréfi yðar.
**erlegen** *Wild:* leggja að velli; *Geld:* greiða.
**er|leichtern** létta; auðvelda; *Su.* léttir *m*; auðveldun *f*; **~leiden** þola, verða fyrir; **~lesen** *adj.* valinn, úrvals-; **~leuchten** uppljóma; fræða; **~liegen** bíða lægra hlut; **2lös** *m* söluverð *n*; arður *m*; **~löschen** slokkna; líða undir lok; *Firma:* hætta; *Liebe:* hverfa, slokkna.
**er|mächtigen** heimila, veita vald *od.* umboð; *Su.* heimild *f*, umboð *n*; **~mahnen** áminna; vara við; **~mäßigen** lækka, færa niður; *Su.* lækkun *f*, niðurfærsla *f*; **~matten** þreytast; *Su.* þreyta *f*; **~messen** mat *n*, ætlun *f*; **~mitteln** uppgötva; rannsaka; *Su.* uppgötvun *f*; rannsókn *f.*
**er|möglichen** gera fært *od.* kleift; **~morden** myrða; *Su.* morð *n*; **~müden** þreytast; þreyta; *Su.* þreyta *f*; **~muntern** hvetja; gleðja; **~mutigen** hughreysta, hvetja, telja kjark í.
**er|nähren** fæða, ala önn fyrir; *Su.* næring *f*, framfærsla *f*; **~nennen** útnefna, skipa; *Su.* útnefning *f*, skipun *f*; **~neuern** endurnýja; *Su.* endurnýjun *f*; **~niedrigen** óvirða, auðmýkja; *Su.* óvirðing *f*, auðmýking *f.*
**Ernst** *m* alvara *f*; **im ~** í alvöru; **2(haft)** alvarlegur.
**Erober|er** *m* sigurvegari *m*; **2n** vinna, leggja undir sig; *Su.* sigurvinning *f.*
**er|öffnen** opna, byrja; *fig.* skýra frá; *Su.* opnun *f*, byrjun *f*; *fig.* skýrsla *f*; **~örtern** ræða; *Su.* umræða *f.*
**erpressen** kúga út úr; *Su.* fjárkúgun *f.*
**erproben** reyna, þaulreyna.
**erquicken** hressa, endurnæra; *Su.* hressing *f*, endurnæring *f.*

**erraten** geta, ráða.
**erreg|bar** viðkvæmur; **~en** *Aufsehen:* vekja; æsa; *Su.* geðshræring *f*; æsing *f*; **Ser** *m* sóttkveikja *f*.
**erreich|bar** fáanlegur; **~en** ná í; *Ziel:* ná; *Stadt:* komast til.
**er|retten** bjarga, frelsa (**von** frá); **~richten** reisa; stofna; **~ringen** öðlast með baráttu; **~röten** roðna; **S~rungenschaft** *f* sigurvinning *f*, árangur *m*.
**Er|satz** *m* uppbót *f*, skaðabætur *f/pl.*; **~satzmann** *m* varamaður *m*; **~satzreifen** *m* varahjólbarði *m*; **~satzteil** *m* varahluti *m*.
**er|saufen** (*Tier*) drukkna; **~säufen** drekkja.
**er|scheinen** koma í ljós, birtast; koma; *Buch:* koma út; *Su.* birting *f*; fyrirbæri *n*; *Buch:* útkoma *f*; **~schießen** skjóta (til bana); **~schlaffen** linast, sljóvgast; *Su.* þreyta *f*, slappleiki *m*; **~schlagen** drepa; **~schließen** opna, gera aðgengilegt.
**er|schöpfen** tæma; þreyta; *Su.* tæming *f*; þreyta *f*; **~schrecken** hræðast, skelfast; *v/t.* hræða, skelfa; **~schüttern** hrista; *fig.* fá á; *Su.* hristingur *m*; hrelling *f*; **~schweren** torvelda.
**ersetzen** bæta, endurgjalda; koma í staðinn fyrir.
**er|sichtlich** sjáanlegur, sýnilegur; greinilegur; **Ssparnis** *f* sparnaður *m*; **Ssparnisse** *pl.* sparifé *n*.
**erst** ekki fyrr en; ekki nema; **~klassig** fyrsta flokks; **~ recht nicht** þá einmitt alls ekki.
**er|starren** stirðna; **~statten** endurgreiða, bæta; *Bericht:* gefa; *Su.* endurgreiðsla *f*; birting *f*; **~staunen 1.** verða undrandi; **2.** *n* undrun *f*; **in Sstaunen setzen** gera hissa; **~staunlich** furðulegur.
**erste (der, die, das)** (hinn) fyrsti, (hin, hið) fyrsta.
**er|stechen** drepa; **~steigen** klífa, klifrast upp á.
**ersten|mal: zum ~mal** í fyrsta sinn; **~s** í fyrsta lagi.
**er|sticken** kafna; *v/t.* kæfa; **~streben** keppa eftir; **~strecken** *v/r.* teygja sig, ná; **~suchen** biðja, fara (e-s) á leit; **Ssuchen** *n* beiðni *f*; **~teilen** úthluta, veita; **~tönen** hljóma, óma.
**Ertrag** *m* arður *m*; **Sen** þola; gefa arð.
**erträglich** þolanlegur.
**er|tränken** drekkja; **~trinken** drukkna; **~tüchtigen** stæla, herða, gera dugandi; **~übrigen** hafa afgangs; **es ~übrigt sich** það er óþarfi *od.* óþarft.
**er|wachen** vakna; **~wachsen** vaxa upp; hljótast; *adj.* fullorðinn; **~wägen** íhuga, hugleiða; **in Swägung ziehen** taka til at-

hugunar; ~wähnen minnast á; ~wärmen hita, verma; ~warten eiga von á, búast við; *Su.* eftirvænting *f*; von *f*.
**er|weichen** bleyta, mýkja; *fig.* koma til að vikna; *v/i.* vikna, komast við; ~**weisen** *v/r.* reynast, koma í ljós; ~**weitern** víkka, stækka, færa út; *Su.* víkkun *f*, stækkun *f*.
**erwerb|en** afla, ávinna sér; *Su.* öflun *f*; fengur *m*; ~**sfähig** atvinnufær; ~**slos** atvinnulaus; **Ssquelle** *f* tekjulind *f*; **Sszweig** *m* atvinnuvegur *m*.
**erwidern** svara; endurgjalda; *Su.* svar *n*; endurgjald *n*.
**er|wirken** koma til leiðar; ~**würgen** kyrkja.
**Erz** *n* málmgrýti *n*; málmur *m*.
**erzählen** segja frá; *Su.* frásaga *f*, saga *f*.
**Erz|bischof** *m* erkibiskup *m*; ~**bistum** *n* erkibiskupsdæmi *n*.
**erzeigen** sýna; auðsýna.
**er|zeugen** framleiða; geta (af sér); ~**ziehen** ala upp; **Sziehung** *f* uppeldi *n*; ~**zielen** fá, bera úr býtum, ná; ~**zürnen** gera reiðan; *v/i.* reiðast; ~**zwingen** knýja fram.
**es** það.
**Esche** *f* askur *m*, eskiviður *m*.
**Esel** *m* asni *m*; ~**sohr** *n* hundseyra *n* (í bók).
**Espe** *f* ösp *f*.
**Esse** *f* eldstó *f*; reykháfur *m*.
**essen 1.** borða, eta; **2.** S *n* matur *m*; át *n*.
**eßbar** ætur, ætilegur.
**Essig** *m* edik *n*.
**Eß|löffel** *m* matskeið *f*; ~**tisch** *m* matborð *n*; ~**ware** *f* matvara *f*; ~**zimmer** *n* borðstofa *f*.
**Etage** *f* hæð *f* (í húsi); ~**nwohnung** *f* íbúðarhæð *f*.
**Etat** *m* fjárhagsáætlun *f*; **Smäßig** samkvæmt fjárhagsáætlun; ~**sjahr** *n* fjárlagaár *n*.
**etliche** nokkrir.
**etwa** ef til vill; hér um bil; ~**ig** hugsanlegur.
**etwas** eitthvað; dálítið (af).
**euch** *acc. u. dat.* ykkur.
**euer** *poss. pron.* ykkar; *pers. pron. gen.* ykkar.
**Eule** *f* ugla *f*.
**Euter** *n* júgur *n*.
**ewig** eilífur; sífelldur; **auf** ~ að eilífu; **Skeit** *f* eilífð *f*.
**Examen** *n* próf *n*; **ein** ~ **machen** taka próf; **durchs** ~ **fallen** falla á prófi.
**Ex|empel** *n* dæmi *n*; ~**emplar** *n* eintak *n*.
**exerzieren** æfa, þjálfa.
**Exist|enz** *f* tilvera *f*; **Sieren** vera til.
**explodieren** springa.
**Export** *m* útflutningur *m*; ~**eur** *m* útflytjandi *m*.
**extra** aukalega; sérstaklega; **Szug** *m* aukalest *f*.

# F

**Fabel** *f* dæmisaga *f*; **2haft** ótrúlegur; lygilegur; stórkostlegur, ágætur.
**Fabrik** *f* verksmiðja *f*; **~arbeiter** *m* verksmiðjuverkamaður *m*; **~at** *n* verksmiðjusmíði *n*; verksmiðjuvara *f*; **~zeichen** *n* verksmiðjumerki *n*.
**fabrizieren** búa til (í verksmiðju).
**Fach** *n* hólf *n*; bás *m*; hilla *f*; (*Schub2*) skúffa *f*; *fig.* námsgrein *f*; sérgrein *f*; **~arbeiter** *m* faglærður verkamaður; **~arzt** *m* sérmenntaður læknir; **~mann** *m* sérfræðingur *m*; iðnlærður maður.
**fäch|eln** veifa; **2er** *m* blævængur *m*.
**Fachschule** *f* sérfræðiskóli *m*; iðnskóli *m*.
**Fackel** *f* blys *n*; **~zug** *m* blysför *f*.
**Faden** *m* þráður *m*; **2scheinig** lóslitinn; *fig.* (*Lüge*) sem auðvelt er að sjá í gegnum.
**fähig** hæfur; vel gefinn; **2keit** *f* hæfileiki *m*, gáfa *f*.
**fahl** bleikur; fölur.
**fahnden** leita að, elta.
**Fahne** *f* fáni *m*, flagg *n*.
**Fahr|bahn** *f*, **~damm** *m* akbraut *f*; **2bar** fær; skipgengur.
**Fähre** *f* ferja *f*.
**fahr|en** aka; sigla; ferðast; þjóta; **Schlitten ~en** aka á sleða; **erster Klasse ~en** ferðast á fyrsta farrými; **2er** *m* ökumaður *m*; bílstjóri *m*; **2gast** *m* farþegi *m*; **2geld** *n* fargjald *n*; **2karte** *f* farmiði *m*, farseðill *m*; **2kartenschalter** *m* farmiðasala *f*; **~lässig** hirðulaus; gálaus; **2plan** *m* ferðaáætlun *f*; **~planmäßig** samkvæmt ferðaáætlun; **2preis** *m* ökutaxti *m*; **2rad** *n* reiðhjól *n*; **2schein** *m* farseðill *m*; **2stuhl** *m* lyfta *f*.
**Fahrt** *f* ferð *f*; sigling *f*; sjóferð *f*; **~richtung** *f* ökustefna *f*; **~richtungsanzeiger** *m* stefnuvísir *m*.
**Fahrzeug** ökutæki *n*; *Mar.* skip *n*.
**Falke** *m* fálki *m*, valur *m*.
**Fall** *m* fall *n*; tilfelli *n*; *Jur.* mál *n*; **auf jeden ~** hvernig sem fer; **auf keinen ~** með engu móti.
**Falle** *f* gildra *f*.
**fallen** falla; detta; lækka; **~ lassen** missa; hætta við.
**fäll|en** fella; **~ig** fallinn í gjalddaga *m*; *Schiff:* vera[væntanlegur.]
**falls** ef.
**Fallschirm** *m* fallhlíf *f*; **~absprung** *m* fallhlífarstökk *n*.
**falsch** falskur; svikinn; rangur, skakkur; **2heit** *f* fals *n*, fláræði *n*.

**fälschen** falsa, svíkja; *Su.* fölsun *f*.
**Falt|boot** *n* sambrotsbátur *m*; **~e** *f* felling *f*; hrukka *f*; **2en** brjóta saman; *Stirn:* hrukka; **~er** *m* fiðrildi *n*; **2ig** felldur, með fellingum; *Stirn:* hrukkóttur.
**Falz** *m* gróp *n*, fals *n*; **2en** grópa.
**Familie** *f* fjölskylda *f*; **~nname** *m* ættarnafn *n*.
**Fang** *m* veiði *f*, fengur *m*.
**fangen** grípa, höndla; **Feuer ~** taka eld, kvikna (í); *v/r.* festast, höndlast.
**Farb|band** *n* ritvélarband *n*; **~e** *f* litur *m*.
**färb|en** lita; *Su.* litun *f*; litblær *m*; **2erei** *f* litunarhús *n*.
**Farb|film** *m* litkvikmynd *f*; **2ig** litaður, mislitur; **~ige(r)** *m/f* þeldökkur maður, þeldökk kona; **~stift** *m* litblýantur *m*; **~ton** *m* litblær *m*.
**Farnkraut** *n* burkni *m*.
**Fasan** *m* fasani *m*.
**Fasching** *m* föstuinngangur *m*; (*Bayern*) kjötkveðjuhátíð *f*.
**faseln** rugla, þvaðra.
**Faser** *f* trefja *f*; **2ig** trefjóttur.
**Faß** *n* tunna *f*, áma *f*.
**Fassade** *f* framhlið *f*.
**fassen** grípa, þrífa; *fig.* skilja; **sich ~** átta sig.
**faßlich** skiljanlegur; áþreifanlegur.
**Fassung** *f* umgerð *f*; samning *f*; stilling *f*; **2slos** frá sér (numinn); vanstilltur; **~svermögen** *n* skilningur *m*; rúmtak *n*.
**fast** nærri, því nær; **~en** fasta; **2nacht** *f* föstuinngangur *m*.
**fatal** örlagaþrunginn, hrapallegur.
**fauchen** hvæsa.
**faul** skemmdur; lélegur; latur; **~en** rotna; **~enzen** slæpast; **2enzer** *m* letingi *m*, slæpingi *m*; **2heit** *f* leti *f*; **2pelz** *m* húðarletingi *m*.
**Fäulnis** *f* fúi *m*; rotnun *f*.
**Faust** *f* hnefi *m*; **auf eigene ~** af eigin rammleik; **~handschuh** *m* belgvettlingur *m*.
**FD-Zug** (= **Fernndurchgangszug**) *m* hraðlest *f*.
**Februar** *m* febrúar *m*.
**fechten** skylmast.
**Feder** *f* fjöður *f*; penni *m*; **~bett** *n* fiðursæng *f*; **~gewicht** *n* (*Sport*) fjaðurvigt *f*; **~halter** *m* pennaskaft *n*; **2n** fjaðra, vera fjaðurmagnaður; **~vieh** *n* alifuglar *m/pl*; **~zeichnung** *f* pennateikning *f*.
**Fee** *f* álfkona *f*, dís *f*.
**Fegefeuer** *n* hreinsunareldur *m*.
**fegen** sópa; hreinsa.
**Fehl|betrag** *m* tap *n*, sjóðþurrð *f*; **~bitte** *f* árangurslaus bón; **2en** yfirsjást; syndga; vanta; **~er** *m* villa *f*, yfirsjón *f*; galli *m*;

2erhaft gallaður; 2erlos gallalaus; ~geburt f fósturlát n; óburður m; ~griff m handaskol n/pl; 2schlagen misheppnast, bregðast; ~tritt m fótaskortur m; yfirsjón f.
Feier f hátíð f; veizla f; ~abend machen ljúka vinnu þann daginn; 2lich hátíðlegur; 2n hvílast; halda hátíðlegan; ~tag m frídagur m; helgidagur m.
feige 1. ragur; 2. 2 f fíkja f.
Feig|heit f ragmennska f; ~ling m ragmenni n, bleyða f.
feil falur, til sölu; ~bieten bjóða til kaups.
Feile f þjöl f.
feilschen þjarka, þrefa (um verð).
fein fínn; *Wetter:* góður.
Feind m fjandmaður m, óvinur m; 2lich fjandsamlegur; ~schaft f óvinátta f, fjandskapur m.
fein|fühlig næmgeðja, viðkvæmur; nærgætinn; 2gefühl n nærgætni f, næmlyndi n; 2heit f fínleiki m; 2schmecker m sælkeri m.
feist feitur, spikaður.
Feld n akur m; *Mil.* vígvöllur m; ~bett n ferðarúm n, (hermanna)beddi m; ~herr m hershöfðingi m; ~marschall m yfirhershöfðingi m; ~maus f hagamús f.
Feld|messer m landmælingamaður m; ~stecher m sjónauki m; ~weg m akurgata f, engjagata f; ~zug m herför f.
Felge f felgja f.
Fell n skinn n, húð f.
Fels|(en) m klettur m; bjarg n; ~wand f hamraveggur m; 2ig klettóttur.
Fenster n gluggi m; ~brett n gluggakista f; ~flügel m gluggavængur m; ~kreuz n gluggastólpi m; ~laden m gluggahleri m; ~rahmen m gluggagrind f; ~riegel m hleraslá f; ~scheibe f gluggarúða f.
Ferien pl. leyfi n, frí n.
Ferkel n grís m.
fern fjarlægur, fjarri; 2amt n landsími(nn) m, langlínustöð f; 2e f fjarlægð f, fjarski m; ~er fjær; frekari; ennfremur; 2flug m langflug n; 2gespräch n landsímtal n; 2glas n, 2rohr n sjónauki m; 2ruf m símanúmer n, sími m; 2sehen n sjónvarp n; 2sicht f fjarsýni n, útsýni n.
Fernsprech|amt n talsímastöð f; ~anschluß m talsímasamband n; ~er m talsími m; ~teilnehmer m talsímahafi m; ~zelle f símaklefi m.
Fernzug m langferðalest f.
Ferse f hæll m (á fæti).
fertig tilbúinn; reiðubúinn; 2fabrikat n varningur m tilbúinn til sölu; 2keit f leikni f; hæfni f.
Fessel f fjötur m; 2n fjötra;

*fig.* heilla, hrífa; ≈nd *fig.* áhrifamikill.
**fest** 1. fastur; 2. ≈ *n* veizla *f*; hátíð *f*; **≈essen** *n* veizla *f*, veizlumatur *m*; hátíðamatur *m*; **~halten** halda (e-u) föstu; **an etw. ~halten** halda fast við e-ð; **≈igkeit** *f* (stað)festa *f*; **≈land** *n* meginland *n*; **~nehmen** handtaka, taka fastan; **~setzen** ákveða; **~stellen** ákveða; sannreyna; **≈tag** *m* hátíðardagur *m*; helgidagur *m*; **≈ung** *f* kastali *m*; **≈zug** *m* skrúðganga *f*.
**fett** 1. feitur; 2. ≈ *n* fita *f*; **≈fleck** *m* fitublettur *m*; **~ig** fitulegur; þvalur.
**Fetzen** *m* snepill *m*; tuska *f*.
**feucht** rakur; **≈igkeit** *f* raki *m*.
**Feuer** *n* eldur *m*; eldsvoði *m*; bál *n*; (*Leucht≈*) viti *m*; **~bestattung** *f* bálför *f*; **≈fest** eldtraustur; **≈gefährlich** eldfimur; **~haken** *m* brunastjaki *m*; **~löschapparat** *m* slökkvitæki *n*; **~meldeapparat** *m* brunaboði *m*; **≈n** skjóta; **~sbrunst** *f* eldsvoði *m*; **~schiff** *n* vitaskip *n*; **~spritze** *f* slökkvidæla *f*; **~ung** *f* kynding *f*; eldsneyti *n*; **~versicherung** *f* brunatrygging *f*; **~waffe** *f* skotvopn *n*; **~wehr** *f* bruna- *od.* slökkvilið *n*; **~wehrmann** *m* brunaliðsmaður *m*; **~werk** *n* flugeldar *m/pl.*; **~zeug** *n* kveikjari *m*.
**feurig** glóandi; fjörugur.
**Fichte** *f* (rauð)greni *n*.
**Fieber** *n* hitasótt *f*; **≈haft** *fig.* ákaflega; **≈n** hafa hitasótt; hafa óráð.
**Fiedel** *f* fiðla *f*.
**Figur** *f* mynd *f*; vaxtarlag *n*.
**Filiale** *f* út(i)bú *n*.
**Film** *m* kvikmynd *f*; filma *f*; **~atelier** *n* kvikmyndunarvinnustofa *f*; **≈en** gera kvikmynd; **~regisseur** *m* kvikmyndaleikstjóri *m*; **~schauspieler** *m* kvikmyndaleikari *m*; **~star** *m* kvikmyndastjarna *f*.
**Filter** *m* sía *f*.
**Filz** *m* flóki *m*; **~hut** *m* flókahattur *m*.
**Finanzamt** *n* skattstofa *f*.
**Finanz|en** *pl.* fjármál *n/pl.*; fjárhagur *m*; **~minister** *m* fjármálaráðherra *m*; **~ministerium** *n* fjármálaráðuneyti *n*.
**find|en** finna; hitta; virðast; **~ig** hugvits(s)amur.
**Finger** *m* fingur *m*; **≈fertig** handlaginn; **~hut** *m* fingurbjörg *f*; **~nagel** *m* fingurnögl *f*; **~zeig** *m* bending *f*.
**Fink** *m* *Zo.* finka *f*.
**Finne** *m* Finni *m*, Finnlendingur *m*.
**Finne** *f* graft(r)arbóla *f*, graft(r)arnabbi *m*.
**finster** (nið)dimmur; **≈nis** *f* (niða)myrkur *n*.
**Firma** *f* firma *n*, fyrirtæki *n*.

**Firnis** *m* fernis *m*, gljákvoða *f*.
**Fisch** *m* fiskur *m*; **~ auf Eis** ísaður *od.* ísvarinn fiskur; **~bein** *n* (hval-) skíði *n*; **~dampfer** *m* togari *m*; **≗en** fiska, veiða; **~erboot** *n* fiskibátur *m*; **~erdorf** *n* fiskiþorp *n*; **~fang** *m* fiskveiðar *f/pl.*; fiskafli *m*; **~gräte** *f* fiskbein *n*.
**Fjord** *m* fjörður *m*.
**flach** flatur; **≗land** *n* láglendi *n*, sléttlendi *n*.
**Fläche** *f* flötur *m*; **~ninhalt** *m* flatarstærð *f*.
**Flachs** *m* hör *m*; **≗köpfig** ljóshærður.
**flackern** blakta, flökta.
**Flagge** *f* flagg *n*, fáni *m*; **≗n** flagga.
**Flamme** *f* logi *m*, blossi *m*; **~nwerfer** *m* eldkastari *m*.
**Flanell** *m* flúnel *n*.
**Flasche** *f* flaska *f*; **~nbier** *n* flöskuöl *n*; **~nzug** *m* hjólavinda *f*.
**flatter|haft** kviklyndur; **~n** flögra; vera hviklyndur.
**flau** máttlaus; *Geschäfte*: daufur.
**Flaum** *m* dúnn *m*; hýungur *m*.
**Flecht|e** *f* (*Zopf*) flétta *f*; *Bot.* skóf *f*; *Med.* útbrot *n/pl.*; **≗en** flétta.
**Fleck** *m* blettur *m*; staður *m*; pjatla *f*, bót; **≗en** bletta, saurga; **≗ig** blettóttur.
**Fledermaus** *f* leðurblaka *f*.
**Flegel** *m* þreskibarefli *n*; þorpari *m*; **~ei** *f* þorparaháttur *m od.* -bragð *n*.
**flehen** sár- *od.* grátbæna.
**Fleisch** *n* kjöt *n*; **~brühe** *f* kjötsúpa *f od.* -seyði *n*; **~er** *m* slátrari *m*; **≗ig** kjötmikill; holdugur.
**Fleiß** *m* iðni *f*; **≗ig** iðinn.
**flicken 1.** bæta, gera við; **2. ≗** *m* bót *f*, pjatla *f*.
**Flieder** *m* sýringur *m*; (*Holunder*) yllir *m*.
**Fliege** *f* fluga *f*; **~nklappe** *f* flugnaskella *f*.
**fliegen** fljúga.
**Flieger** *m* flugmaður *m*; **~abwehr** *f* loftvarnir *f/pl.*; **~alarm** *m* loftárásarmerki *n*; **~angriff** *m* loftárás *f*.
**fliehen** flýja.
**Fliese** *f* hella *f*, flaga *f*.
**Fließ|band** *n* færiband *n*; **≗en** fljóta, renna; **≗end** fljótandi; reiprennandi.
**flimmern** glitra, blika.
**flink** röskur, hvatur.
**Flinte** *f* byssa *f*; **die ~ ins Korn werfen** leggja árar í bát.
**Flirt** *m* daður *n*; **≗en** daðra.
**Flitter** *m* glingur *n*, glys *n*; **~wochen** *pl.* hveitibrauðsdagar *m/pl.*
**Flock|e** *f* flygsa *f*, hnoðri *m*; **≗ig** flygsóttur.
**Floh** *m* fló *f*.
**Flor** *m* slæða *f*; blómi *m*; **≗ieren** blómgast, dafna.
**Floß** *n* (timbur)fleki *m*.
**Flosse** *f* uggi *m*; bægsl(i) *n*.
**Flöte** *f* flauta *f*.

**flott** glæsilegur; ríkmannlegur.
**Flotte** *f* floti *m*; **~nbasis** *f* flotabækistöð *f*.
**Fluch** *m* bölvun *f*; bölbænir *f/pl.*; blótsyrði *n*; **2en** bölva; formæla.
**Flucht** *f* flótti *m*; **in e-r ~** í beinni röð *f*.
**flücht|en** forða; *v/r.* flýja; **~ig** á flótta; lauslegur, yfirborðslegur; **2ling** *m* flóttamaður *m*.
**Flug** *m* flug *n*; flýtir *m*; (*Vogel2*) flokkur *m*; **~blatt** *n* flugrit *n*.
**Flügel** *m* vængur *m*; álma *f*, armur; *Mus.* flygill *m*; **~mann** *m* maður yzt í fylkingararmi; **~tür** *f* vængjahurð *f*.
**Fluggast** *m* flugfarþegi *m*.
**flügge** fleygur.
**Flug|hafen** *m* flugvöllur *m*; **~platz** *m* flugvöllur *m*; **~post** *f* loftpóstur *m*; **~wesen** *n* flugmál *n/pl.*; **~zeug** *n* flugvél *f*; **~zeugführer** *m* flugmaður *m*; **~zeugträger** *m* flugvélamóðurskip *n*.
**Flunder** *f* skarkoli *m*.
**Flur 1.** *f* akur *m*; engi *n*; **2.** *m* forstofa *f*, anddyri *n*.
**Fluß** *m* fljót *n*, á *f*; **~bett** *n* árfarvegur *m*.
**flüssig** fljótandi; **2keit** *f* vökvi *m*.
**flüstern** hvísla.
**Flut** *f* flóð *n*; *Poet.* alda *f*; **2en** falla að; flæða.
**Fohlen** *n* folald *n*.
**Föhre** *f* fura *f*.
**Folge** *f* afleiðing *f*; ályktun *f*; röð *f*; **~ leisten** hlýða (e-m), verða við óskum (e-s); **2n** fylgja, koma á eftir; **2ndermaßen** á eftirfarandi hátt; **2richtig** rétt ályktaður, samkvæmur.
**folg|ern** álykta; *Su.* ályktun *f*; **~lich** því, þess vegna; **~sam** fylgisamur, hlýðinn.
**Folter** *f* píslarfæri *n*, pyndingartæki *n*; pynding *f*; kvöl *f*.
**foltern** kvelja, pynda.
**Fonds** *m* sjóður *m*; *pl.* verð-, ríkisskuldabréf *n/pl.*
**Förde** *f* fjörður *m*, vík *f*.
**Förderband** *n* færiband *n*.
**fordern** krefjast, heimta; *Su.* krafa *f*.
**fördern** efla, styðja; *Bgb.* ná upp (úr jörðu); *Su.* efling *f*; *Bgb.* framleiðsla *f*.
**Forelle** *f* silungur *m*.
**Form** *f* form *n*; lögun *f*, mynd *f*; **2al** formlegur; **~alität** *f* formsatriði *n*; **~at** *n* stærð *f*; **~el** *f* regla *f*, formúla *f*; **2en** mynda, móta.
**förmlich** formlegur; greinilegur.
**Form|losigkeit** *f* formleysi *n*; ókurteisi *f*; **~ular** *n* eyðublað *n*.
**forsch|en** rannsaka; þaulspyrja; *Su.* rannsókn *f*; **2er** *m* könnuður *m*, vísindamaður *m*; **2ungsreise** *f* rannsóknarleiðangur *m*.

**Forst** *m* skógur *m*.
**Förster** *m* (yfir)skógarvörður *m*; **~ei** *f* skógarvarðarhús *n*; skóggæzlusvæði *n*.
**fort** burt; af stað; farinn; **in einem ~** stöðugt, í sífellu; **und so ~** og svo framvegis.
**fort|bestehen** standa *od.* haldast áfram; **~bewegen** flytja burt *od.* áfram; **~bilden** *v/r.* stunda framhaldsnám *n*; **2bildungsschule** *f* framhaldsskóli *m*; **~dauern** haldast, halda áfram; **~fahren** *fig.* halda áfram; **~geschritten** *fig.* lengra kominn; **2kommen** *n* velgengni *f*; **~laufend** óslitinn; **~schreiten** *fig.* taka framförum; **~setzen** halda áfram; *Su.* framhald *n*; **~während** sífelldur, stöðugur; **~ziehen** draga burt; *v/i.* fara burt; flytjast (burt).
**Fracht** *f* farmgjald *n*; farmur; *m* **~brief** *m* farmskrá *f*; **~dampfer** *m* vöruflutningaskip *n*; **~gut** *n* flutningur *m*; **~satz** *m* flutningataxti *m*.
**Frack** *m* kjólföt *n/pl.*, kjóll *m*.
**Frage** *f* spurning *f*; mál *n*; fyrirspurn *f*; **e-e ~ stellen** beina spurningu (til); **das kommt nicht in ~** það kemur ekki til mála; **~bogen** *m* spurningaeyðublað *n*.
**fragen: nach etw. ~** spyrja um e-ð; **j-n um Rat ~** spyrja e-n ráða.
**fraglich** umræddur; vafasamur.
**frank|ieren** borga undir (bréf); **~o** burðargjaldslaust, sem borgað er (hefur verið) undir.
**Frankreich** *n* Frakkland *n*.
**Franse** *f* kögur *n*.
**Franz|ose** *m* Frakki *m*; **~ösin** *f* frönsk kona, Frakki *m*; **2ösisch** franskur; **~ösisch** *n* franska *f*.
**Fratze** *f* skrípamynd *f*; gretta *f*.
**Frau** *f* kona; (*Ehe2*) eiginkona *f*, húsfreyja *f*; **gnädige ~** (kæra) frú; **~ Hansen** frú Hansen; **~enarzt** *m* kvensjúkdómalæknir *m*; **~enbewegung** *f* kvenfrelsishreyfing *f*; **~enrechtlerin** *f* kvenréttindakona *f*; **~enstimmrecht** *n* kosningaréttur kvenna; **~enzimmer** *n* kvenmaður *m*; kvennsnift *f*.
**Fräulein** *n* fröken *f*.
**frech** frekur; blygðunarlaus; **2heit** *f* frekja *f*; ósvífni *f*.
**frei** frjáls; frjálsmannlegur; **~ Haus** flutt ókeypis heim; **2bad** *n* baðstaður við á *od.* vatn; **~bleibend** óbundinn; **2denker** *m* fríhyggjumaður *m*; **~en: um ein Mädchen ~en** biðja sér konu; **2er** *m* biðill *m*; **~geben** láta lausan, sleppa; **~gebig** örlátur; **2gebigkeit** *f* ör-

læti *n*; **⁓gepäck** *n* farangur fluttur ókeypis; **⁓hafen** *m* fríhöfn *f*; **⁓halten** halda auðum; borga fyrir; **⁓handel** *m* frjáls verzlun; **⁓heit** *f* frelsi *n*; **⁓heitsberaubung** *f* frelsissvipting *f*; **⁓heitsstrafe** *f* fangelsishegning *f*; **⁓herr** *m* barón *m*; **⁓karte** *f* ókeypis aðgöngumiði; **⁓lassen** sleppa; **⁓lich** reyndar, að vísu; vissulega; **⁓lichtbühne** *f* leiksvið undir berum himni; **⁓machen** losa, leysa; borga undir (bréf); **⁓marke** *f* frímerki *n*; **⁓maurer** *m* frímúrari *m*; **⁓mütigkeit** *f* einurð *f*, djörfung *f*; **⁓schwimmen** *v/r.* taka próf í sundi; **⁓sinnig** frjálslyndur; **⁓sprechen** sýkna; **⁓spruch** *m* sýknun *f*; **⁓staat** *m* lýðveldi *n*; **⁓stehen** *fig.* vera frjálst *od.* leyfilegt.

**Frei|tag** *m* föstudagur *m*; **⁓übungen** *pl.* leikfimi *f* (án áhalda); **⁓umschlag** *m* umslag með álímdu frímerki; **⁓willig** sjálfviljugur.

**fremd** framandi, ókunnugur, erlendur; **⁓e(r)** *m/f* ókunnug(ur maður) kona; útlendingur *m*; **⁓enbuch** *n* gestabók *f*; **⁓enführer** *m* leiðsögumaður *m*; **⁓enverkehr** *m* ferðamannaaðsókn *f*; **⁓sprache** *f* erlent tungumál; **⁓sprachlich**: **⁓sprachlicher Unterricht** *m* tungumálakennsla *f*; **⁓wort** *n* útlent orð.

**fressen** éta; (*Rost*) brenna.

**Freud|e** *f* gleði *f*; **⁓ig** glaður; gleðilegur.

**freuen**: **sich ⁓** gleðjast (**über** af, **auf** hlakka til).

**Freund** *m* vinur *m*; **⁓in** *f* vinkona *f*; **⁓lich** vingjarnlegur (**gegen** við); **⁓schaft** *f* vinátta *f*; **⁓schaftshalber** fyrir vináttu sakir.

**Frevel** *m* glæpur *m*; **⁓haft** glæpsamlegur; **⁓n** syndga, fremja glæp.

**Friede** *m* friður *m*; **⁓nsbruch** *m* friðarrof *n*; **⁓nsschluß** *m* friðarsamning *f*; **⁓nsvertrag** *m* friðarsamningur *m*.

**fried|fertig** friðsam(leg)ur; **⁓hof** *m* kirkjugarður *m*; **⁓lich** friðsam(leg)ur.

**frieren** frjósa; **es friert** það er frost; **ich friere** (**es friert mich**) mér er kalt.

**frisch** nýr, ferskur; frískur; **⁓e Butter** nýtt smjör; **auf ⁓er Tat ergreifen** standa (e-n) að verki; **⁓ gestrichen** nýmálaður; **⁓e** *f* nýleiki *m*, ferskleiki *m*; fjör *n*; **⁓weg** rösklega.

**fris|ieren** greiða *od.* skrýfa hár; **⁓eur** *m* hárskeri *m*.

**Frist** *f* frestur *m*; tími *m*; **⁓en** fresta; **⁓gewährung** *f* frestveiting *f*.

**Frisur** *f* hárbúnaður *m*, (hár)greiðsla *f*.

**froh** glaður, gleðilegur.

**fröhlich** glaður, gleðilegur; **2keit** *f* kæti *f*; gleði *f*.
**Frohsinn** *m* gleði *f*, glaðværð *f*.
**fromm** guðhræddur; heiðarlegur.
**Frömmigkeit** *f* guðhræðsla *f*.
**Fron** *f* kvaðarvinna *f*.
**fronen** vinna skylduvinnu; þrælka fyrir (**j-n** e-n).
**Fronleichnam** *m* líkami Krists; Dýridagur *m*.
**Front** *f* fylkingarbrjóst *n*; vígvöllur *m*; framhlið *f*.
**Frosch** *m* froskur *m*.
**Frost** *m* frost *n*.
**frösteln** kenna kuldahrolls, skjálfa.
**frostig** kaldur; kuldalegur.
**frottier|en** nudda; **2tuch** *n* baðhandklæði *n*.
**Frucht** *f* ávöxtur *m*; (*Leibes2*) fóstur *n*; **2bar** frjósamur; **2los** árangurslaus.
**früh** tímanlegur; snemma; **heute ~** í morgun; **morgen ~** í fyrramálið; **2aufsteher** *m* árrisull maður; **~er** fyrr, áður; **~estens** í fyrsta lagi; **2jahr** *n* vor *n*; **2ling** *m* vor *n*; **~reif** bráðþroska (-ður); **2schoppen** *m* morgunbjór *m*; **erstes 2stück** *n* árbítur *m*; **zweites 2stück** *n* morgunmatur *m od.* -verður *m*; **~stücken** borða morgunverð; **~zeitig** tímanlegur *od.* -lega; **2zug** *m* morgunlest *f*.
**Fuchs** *m* refur *m*; (*Pferd*) Rauður *m*; **~pelz** *m* tófuod. refaskinnskápa *f*; **~schwanz** *m* (*Säge*) stingsög *f*.
**Fug: mit ~ und Recht** með fullum rétti.
**Fuge** *f* felling *f*, samskeyti *n*/*pl*.; *Mus.* fúga *f*.
**fügen** *v*/*r*. sætta sig við; vilja til; *Su.* ráðstöfun *f*, tilhögun *f*.
**fügsam** eftirlátur.
**fühl|bar** áþreifanlegur; **~en** finna (til), verða var við; *Su.* áþreifun *f*; samband *n*; **2er** *m Zo.* fálmari *m*; *fig.* fyrirþreifun *f*.
**Fuhre** *f* vagnhlass *n*.
**führ|en** leiða; stjórna; **2er** *m* fylgdarmaður *m*; leiðtogi *m*; **2erschein** *m* ökuskírteini *n*.
**Führung** *f* leiðsaga *f*; stjórn *f*; hegðun *f*; **~ungszeugnis** *n* hegðunar-, *od.* **(polizeiliches)** hegningarvottorð *n*.
**Fuhrwerk** *n* vagn *m*, ökutæki *n*.
**Fülle** *f* gnægð *f*; fyrirferð *f*; **in Hülle und ~** í ríkum mæli.
**füllen** fylla.
**Füllen** *n* folald *n*.
**Füll|federhalter** *m* lindarpenni *m*; **~horn** *n* nægtahorn *n*.
**Fund** *m* fundur *m*; **~ament** *n* undirstaða *f*; **~büro** *n* skrifstofa fyrir fundna muni; **~sachen** *pl*. fundnir munir
**fünf** fimm; **~ter** fimmti; **2uhrtee** *m* tedrykkja klukk-

an fimm; ~zehn fimmtán; ~zehnter fimmtándi; ~zig fimmtíu; ~zigster fimmtugasti.
**fünisch** fjónskur.
**Funke** *m* neisti *m*; 2ln leiftra.
**funken** senda loftskeyti.
**Funker** *m* loftskeytamaður *m*.
**Funk|spruch** *m* loftskeyti *n*; ~station *f* loftskeytastöð *f*; ~zeitung *f* útvarpsblað *n*.
**für** fyrir; **das ist ~ dich** þetta er handa þér; ~ **jetzt** núna.
**Fürbitte** *f* fyrirbæn *f*.
**Furche** *f* far *n*, skora *f*; (*Runzel*) hrukka *f*.
**Furcht** *f* ótti *m*; 2bar hræðilegur.
**fürcht|en** óttast; *v/r*. óttast; ~erlich ógurlegur.
**furcht|los** óhræddur; ~sam hræðslugjarn.
**Furnier** *n* (*Holz*) spónn *m*.
**Fürsorge** *f* umönnun *f*; ~amt *n* framfærslumálaskrifstofa *f*.
**Fürsprache** *f* fyrirbæn *f*.
**Fürst** *m* fursti *m*; ~in *f* furstafrú *f*; 2lich furstalegur; stórrausnarlegur.
**Furt** *f* vað *n*.
**Furunkel** *m* blóðkýli *n*.
**Fuß** *m* fótur *m*; **zu ~** fótgangandi; ~ **fassen** ná fótfestu; ~ball *m* fótbolti *m*; ~ballspiel *n* knattspyrna *f*; ~ballspieler *m* knattspyrnumaður *m*; ~bank *f* skemill *m*; ~boden *m* gólf *n*; **auf etw. 2en** *fig*. styðjast við e-ð; ~gänger *m* gangandi maður *m*; ~gestell *n* fótstallur *m*; ~weg *m* troðningur *m*, stígur *m*.
**Futter** *n* fóður *n*; (*Stoff*) fóður *n*; ~al *n* hylki *n*; ~pflanze *f* fóðurjurt *f*.
**füttern** *Tier:* fóðra; *Kleider:* fóðra.
**Futur** *n* *Gram*. framtíð *f*.

# G

**Gabe** *f* gjöf *f*; gáfa *f*.
**Gabel** *f* gaffall *m*; 2n *v/r*. skiptast, greinast; *Su*. (tví)skipting *f*.
**gackern** kvaka, gagga.
**gaff|en** gapa; góna; 2er *m* forvitinn áhorfandi.
**Gage** *f* laun *n/pl*.
**gähnen** geispa.
**galant** kurteis, fagurmáll; 2eriewaren *pl*. skrautvarningur *m*.
**Galerie** *f* gangsvalir *f/pl*.; myndasafn *n*.
**Galgen** *m* gálgi *m*; ~frist *f* skammgóður vermir.
**Galle** *f* gall *n*; ~nstein *m* gallsteinn *m*.
**Gallert** *n* hlaup *n*, mauk *n*.
**Galopp** *m* (*Reiten*) stökk *n*; (*Tanz*) stökkdans *m*.
**Gamasche** *f* legghlíf *f*.
**Gang** *m* ganga *f*; göngulag

*n*; (*Mahlzeit*) réttur *m*; (*Auto*) gír *m*.
**gang und gäbe** (mjög) almennt.
**Gans** *f* gæs *f*.
**Gänse|blume** *f* mura *f*; **~braten** *m* gæsa(r)steik *f*; **~füßchen** *pl*. gæsalappir *f/pl*.; **~marsch** *m* gæsagangur *m*; halarófa *f*; **~rich** *m* gæsarsteggur *m*.
**ganz** heill; **ein Ꝯes** heild *f*; *num*. einn heill; **im ~en** alls, samtals; **im ~en genommen** yfirleitt.
**gänzlich** algerður; algerlega.
**gar** fullsoðinn *od*. -steiktur; **~ nicht** alls ekki; **~ nichts** alls ekkert; **ganz und ~** alveg.
**Garage** *f* bílskúr *m*.
**Garantie** *f* ábyrgð *f*; **~schein** *m* ábyrgðarseðill *m*.
**Garbe** *f* bundin *n*.
**Garderobe** *f* fatageymsla *f*; fatnaður *m*; *Thea*. búningsherbergi *n*; **~(n)frau** *f* fatageymslukona *f*; **~(n)marke** *f* fatageymslumiði *m od*. -merki *n*; **~(n)ständer** *m* fatasnagi *m*.
**Gardine** *f* gluggatjald *n*.
**gären** ólga.
**Garn** *n* band *n*, garn *n*; **Ꝯknäuel** *n* band- *od*. garnhnykill *m*.
**Garnele** *f* rækja *f*, marþvari *m*, kampalampi *m*.
**Garnison** *f* setulið *n*.
**garstig** óhreinn; andstyggilegur.
**Garten** *m* garður *m*; **~bau** *m* garðyrkja *f*.
**Gärtner** *m* garðyrkjumaður *m*.
**Gärung** *f* ólga *f*, gerð *f*, gerjun *f*.
**Gas** *n* gas *n*; **~anstalt** *f* gasstöð *f*; **~hebel** *m* (*Auto*) bensíngjafi *m*; **~herd** *m* gaseldavél *f*; **~maske** *f* gasgríma *f*.
**Gasse** *f* (mjó) gata *f*; öngstræti *n*; **~njunge** *m* götustrákur *m*.
**Gast** *m* gestur *m*; **~freund** *m* gistivinur *m*; **Ꝯfreundlich** gestrisinn; **~freundlichkeit** *f* gestrisni *f*; **~freundschaft** *f* gistivinátta *f*; **~geber** *m* gestgjafi *m*; **~haus** *n* veitingahús *n*; **~hof** *m* gistihús *n*; **~mahl** *n* veizla *f*; **~spiel** *n* gest(a)leikur *m*; **~wirt** *m* gestgjafi *m*; **~wirtschaft** *f* veitingahús *n*; **~zimmer** *n* gestaherbergi *n*.
**Gatte** *m* maki *m*, eiginmaður *m*.
**Gatter** *n* grind *f*.
**Gattin** *f* eiginkona *f*.
**Gattung** *f* tegund *f*, kynstofn *m*.
**Gau** *m* hérað *n*, sveit *f*.
**Gaukler** *m* loddari *m*.
**Gaul** *m* (áburðar)hestur *m*.
**Gaumen** *m* gómur *m*.
**Gauner** *m* þorpari *m*, bófi *m*; **~erei** *f* þorparabragð *n*; svik *n/pl*.
**Gaze** *f* sáralín *n*; grisjungur *m*.

**Gebäck** *n* kökur *f/pl.*, sætabrauð *n.*
**Gebälk** *n* stórviðargrind *f.*
**Gebärde** *f* látbragð *n*; **⁓n** *v/r.* hegða sér.
**Gebaren** *n* hegðun *f*, framkoma *f.*
**gebär|en** fæða; **⁓mutter** *f Anat.* leg *n.*
**Gebäude** *n* bygging *f*, hús *n.*
**Gebell** *n* gelt *n.*
**geben** gefa; rétta; *Thea.* sýna, leika; **in die Lehre ⁓** koma fyrir til iðnnáms; **zu Protokoll ⁓** láta bóka; **sich Mühe ⁓** gera sér far (um); **sich zufrieden ⁓** láta sér lynda; **es gibt ...** til er(u) ...., það er(u) til ...
**Gebet** *n* bæn *f*; **⁓buch** *n* bænabók *f.*
**Gebiet** *n* svið *n*, svæði *n*; **⁓en** skipa; **(über)** ráða yfir (fyrir); **⁓er** *m* drottnari *m*; húsbóndi *m*; **⁓erisch** ráðríkur; höstugur.
**Gebilde** *n* mynd *f*; **⁓t** menntaður.
**Gebirg|e** *n* fjöll *n/pl.*; **⁓ig** [fjöllóttur.]
**Gebiß** *n* tennur *f/pl.*; (*künstlich*) gervitennur; (*Zaum*) járnmél *n/pl.*
**geblümt** (*Stoff*) rósóttur.
**geboren werden** fæðast.
**geborgen** hólpinn, óhultur.
**Gebot** *n* boðorð *n.*
**Gebrauch** *m* notkun *f*; siður *m*; **⁓en** nota; **⁓sanweisung** *f* notkunarreglur *f/pl.*; **⁓sfähig** nothæfur.
**gebrech|en** vanta, skorta; **⁓en** *n* galli *m*; lýti *n/pl.*; **⁓lich** hrumur; vanheill.
**Gebrüder** *pl.* (*Firma*) Bræðurnir *m/pl.*
**Gebrüll** *n* öskur *n.*
**Gebühr** *f* gjald *n*; **nach ⁓** *fig.* að verðleikum.
**gebühren** bera, eiga tilkall til; **⁓d** skyldur; sæmandi.
**Geburt** *f* fæðing *f*; **⁓enregelung** *f* takmörkun barneigna; **⁓enziffer** *f* fæðingatala *f*; **⁓shelfer** *m* yfirsetumaður *m*; **⁓shelferin** *f* yfirsetukona *f*; **⁓sjahr** *n* fæðingarár *n*; **⁓sort** *m* fæðingarstaður *m*; **⁓sschein** *m* fæðingarvottorð *n*; **⁓stag** *m* afmælisdagur *m.*
**Gebüsch** *n* kjarr *n.*
**Geck** *m* spjátrungur *m*; kjáni *m.*
**Gedächtnis** *n* minni *n*; minning *f*; **aus dem ⁓** eftir minni; **zum ⁓ des Mannes** til minningar um manninn.
**Gedank|e** *m* hugsun *f*; **⁓enfreiheit** *f* hugsanafrelsi *n*; **⁓enlos** hugsunarlaus; **⁓enstrich** *m* þankastrik *n*; **⁓enübertragung** *f* hugsanaflutningur *m*; **⁓envoll** hugsandi, hugsi.
**Gedärm** *n* þarmar *m/pl.*, innyfli *n/pl.*
**Gedeck** *n* borðáhöld *n/pl.* (handa einum).
**gedeih|en** þrífast, dafna; **⁓lich** gagnlegur, heppilegur.
**gedenken 1.** muna, minn-

ast; hafa í hyggju; 2. ♀ *n* (endur)minning *f*.
**Gedicht** *n* kvæði *n*.
**gediegen** (*Metall*) skír, hreinn; *fig*. traustur.
**gedörrt** þurrkaður.
**Gedräng|e** *n* þröng *f*; *fig*. vandræði *n/pl*.; ♀**t** þéttur; stuttorður.
**gedrungen** þéttur, stuttur; *fig*. samanrekinn.
**Geduld** *f* þolinmæði *f*; ♀**en** *v/r*. vera þolinmóður; ♀**ig** þolinmóður.
**geeignet** viðeigandi, vel fallinn (**für etw.** til e-s).
**Gefahr** *f* hætta *f*, áhætta *f*; ~ **laufen** hætta á, eiga á hættu.
**gefähr|den** stofna í hættu; ~**lich** hættulegur; ♀**t** *n* vagn *m*; fararæki *n*; ♀**te** *m* förunautur *m*, félagi *m*.
**Gefälle** *n* halli *m*, fall *n*.
**gefallen** falla í geð, geðjast; **es gefällt mir** mér líkar það vel; **sich etw.** ~ **lassen** láta sér e-ð vel líka; láta bjóða sér e-ð; **an etw.** ♀ **finden** hafa ánægju af e-u, líka e-ð vel; **j-m e-n** ♀ **tun** gera e-m greiða.
**gefällig** alúðlegur, greiðvikinn; þægilegur; ♀**keit** *f* alúð *f*, greiðvikni *f*; þægileiki *m*.
**gefangen** fangaður, höndlaður; **sich** ~ **geben** gefast upp; ~**nehmen** taka höndum; ♀**e(r)** *m* fangi *m*; ♀**nahme** *f* handtaka *f*; ♀**schaft** *f* fangavist *f*.
**Gefängnis** *n* fangelsi *n*; ~**strafe** *f* fangelsisrefsing *f*; ~**wärter** *m* fangavörður *m*.
**Gefäß** *n* ílát *n*; æð *f*.
**gefaßt** stilltur; **auf etw.** ~ **sn** vera viðbúinn e-u.
**Gefecht** *n* bardagi *m*, or(r)usta *f*.
**Gefieder** *n* fjaðrir *f/pl*.; fjaðurhamur *m*.
**Geflecht** *n* flétta *f*.
**gefleckt** blettóttur, flekkóttur.
**geflissentlich** af ásettu ráði.
**Geflügel** *n* alifuglar *m/pl*.; ~**zucht** *f* alifuglarækt *f*.
**Gefolge** *n* fylgdarlið *n*.
**Gefolgschaft** *f* fylgislið *n*; ~ **leisten** hlýða, fara eftir.
**gefräßig** gráðugur.
**Gefreite(r)** *m* undirforingi *m*.
**gefrier|en** frjósa; ♀**fisch** *m* freðfiskur *m*; ♀**fleisch** *n* fryst kjöt *n*; ♀**punkt** *m* frostmark *n*.
**Gefrorene(s)** *n* ís *m*.
**gefügig** eftirlátssamur; liðugur.
**Gefühl** *n* tilfinning *f*; ♀**los** tilfinningarlaus; ♀**voll** tilfinningaríkur.
**gegebenenfalls** ef svo fer.
**gegen** gegn, á móti; allt að, hér um bil; (*im Vergleich zu*) í samanburði við; ~ **bar** gegn staðgreiðslu.
**Gegend** *f* sveit *f*; hérað *n*.
**Gegen|gewicht** *n* mótvægi *n*; ~**gift** *n* móteitur *n*; ~**liebe** *f* endurgoldin ást;

~mittel *n* ráð *n* (við e-u); móteitur *n*; ~rede *f* andsvar *n*; mótbára *f*; ~satz *m* andstæða *f*; 2seitig gagnkvæmur; ~stand *m* hlutur *m*; viðfangsefni *n*; ~stück *n* hliðstæða *f*; ~teil *n* mótsetning *f*; andstæða *f*; 2über andspænis; ~über *n* andbýlingur *m*; ~überstellung *f* samanburður *m*; ~vorschlag *m* móttillaga *f*; ~wart *f* viðurvist,*f*; nútíð *f*; 2wärtig viðstaddur; núverandi; ~wert *m* andvirði *n*; ~wind *m* mótvindur *m*; 2zeichnen meðundirrita.

**Gegner** *m* andstæðingur *m*; 2isch fjandsamlegur; ~schaft *f* mótspyrna *f*, fjandskapur *m*.

**Gehalt** 1. *m* innihald *n*; gildi *n*; 2. *n* kaup *n*, laun *n/pl.*; 2voll efnismikill; ~szulage *f* launaviðbót *f*.

**gehässig** heiftúðlegur; 2keit *f* heiftúð *f*.

**Gehäuse** *n* hylki *n*; fræhylki *n*.

**Gehege** *n* girðing *f*, gerði *n*.

**geheim** leynilegur; 2er Rat (*Titel*) leyndarráð *n*; 2fach *n* leynihólf *n*; 2nis *n* leyndarmál *n*; 2polizei *f* leynilögregla *f*.

**Geheiß** *n* skipun *f*.

**gehen** ganga, fara; *Teig:* lyfta sér; schlafen ~ fara að sofa.

**geheuer: nicht** ~ ekki allt með felldu.

**Geheul** *n* öskur *n*, ýlfur *n*.

**Gehilf|e** *m* aðstoðarmaður *m*; ~in *f* aðstoðarstúlka *f*.

**Gehirn** *n* heili *m*; ~erschütterung *f* heilahristingur *m*.

**Gehöft** *n* búgarður *m*.

**Gehölz** *n* skógur *m*, lundur *m*.

**Gehör** *n* heyrn *f*; áheyrn *f*; sich ~ verschaffen afla sér áheyrnar.

**gehorchen** hlýða.

**gehör|en** tilheyra, vera eign (e-s); *v/r.* sæma, eiga við; ~ig *fig.* viðeigandi, rækilegur.

**gehorsam** hlýðinn; 2 *m* hlýðni *f*; ~st lotningarfyllst.

**Gehrock** *m* lafafrakki *m*.

**Geier** *m* gammur *m*.

**Geifer** *m* slefa *f*; froða *f*.

**Geige** *f* fiðla *f*; 2n leika á fiðlu; ~nbogen *m* fiðlubogi [*m.*]

**geil** lostafullur.

**Geisel** *m od. f* gísl *m*.

**Geißel** *f* svipa *f*; 2n hýða, berja.

**Geist** *m* andi *m*; der Heilige ~ heilagur andi; 2erhaft draugalegur; 2esabwesend annars hugar; ~esgegenwart *f* snarræði *n*; 2eskrank geðveikur; 2esschwach vitsmunasljór; 2ig andlegur.

**geistlich** prestlegur, kirkjulegur; 2e(r) *m* prestur *m*, klerkur *m*; 2keit *f* klerkastétt *f*.

**geist|los** andlaus; ~reich andríkur; ~voll andríkur.

**Geiz** *m* nízka *f*; **2en** vera nízkur; **~hals** *m* nirfill *m*; **2ig** nízkur.
**Gekritzel** *n* hrafnaspark *n*.
**Gelächter** *n* hlátur *m*.
**Gelage** *n* gildi *n*, drykkjuveizla *f*.
**gelähmt** lamaður; máttvana.
**Gelände** *n* svæði *n*; landslag *n*; **~lauf** *m* víðavangshlaup *n*; **~r** *n* handrið *n*; **~spiele** *pl*. víðavangsleikír *m/pl*.
**gelangen** koma(ast); **zur Reife ~** ná þroska.
**gelassen** rólegur, stilltur.
**geläufig** lipur; reiprennandi.
**gelaunt** fyrirkallaður; **gut ~** í góðu skapi.
**Geläute** *n* hringing *f*, bjölluhljómur *m*.
**gelb** gulur; **~lich** gulleitur; **2sucht** *f* gula *f*.
**Geld** *n* peningar *m/pl*.; **bares ~** reiðupeningar; **etw. zu ~ machen** koma e-u í peninga; **~beutel** *m* (peninga-) budda *f*; **~brief** *m* peningabréf *n*; **~entwertung** *f* genigislækkun *f*; **~markt** *m* peningamarkaður *m*; **~verkehr** *m* peningaviðskipti *n/pl*.
**Gelee** *n* hlaup *n*, þykkni *n*.
**gelegen** staðsettur; *fig*. þægilegur; **2heit** *f* tækifæri *n*; **bei 2heit** við tækifæri; í tilefni af; **2heitskauf** *m* tækifæriskaup *n/pl*.; **~tlich** við tækifæri, þegar svo ber undir.

**gelehr|ig** námfús; **2samkeit** *f* lærdómur *m*, þekking *f*; **~t** lærður; **2te(r)** *m* lærður maður *m*, vísindamaður *m*.
**Geleise** *n* hjólfar *n*; brautarteinar *m/pl*.; **ins ~ bringen** koma í lag.
**Geleit** *n* fylgd *f*; grið *n/pl*.; **2en** fylgja, segja til vegar.
**Gelenk** *n* liður *m*, liðamót *n/pl*.; **2ig** sveigjanlegur, fimur; **~rheumatismus** *m* liðagigt *f*.
**geliebt** elskaður; **2e(r)** *m* elskhugi *m*, unnusti *m*; **2e** *f* ástmær *f*, unnusta *f*.
**gelind** mjúkur; vægilegur.
**ge|lingen** heppnast; **~loben** heita, lofa; **2löbnis** *n* heit *n*.
**gelt|en** gilda; *Su*. gildi *n*; **zur 2ung kommen** njóta sín.
**Gelübde** *n* heit *n*.
**gelungen** vel heppnaður.
**Gelüst** *n* löngun *f*, þrá *f*; **2en** girnast, langa (í).
**Ge|mach** *n* herbergi *n*; **2mächlich** rólegur, makindalegur; **2macht** tilgerðarlegur; **ein 2machter Mann** sjálfbjarga (*od*. sjálfstæður) maður.
**Gemahl** *m* eiginmaður *m*; **~in** *f* eiginkona *f*.
**Gemälde** *n* málverk *n*; **~galerie** *f* málverkasafn *n*.
**gemäß** samkvæmt; **~igt** hóflegur; tempraður.
**Gemäuer** *n* múrar *m/pl*., veggir *m/pl*.
**gemein** sameiginlegur; venjulegur, au(ð)virði-

legur; svívirðilegur; 2de *f* sveitarfélag *n*; sókn *f*; 2devorsteher *m* hreppstjóri *m*; ~gefährlich hættulegur samfélagi manna; 2heit *f* ódrengskapur *m*; ~nützig almennt gagnlegur; 2platz *m* tuggyrði *n*; ~sam sameiginlegur; 2schaft *f* sameining *f*; samfélag *n*; (*eheliche*) hjónaband *n*; ~verständlich auðskilinn; 2wesen *n* þjóðfélag *n*, samfélag *n*; 2wohl *n* almenningsheill *f* (*a. n/pl.*).

**Ge|menge** *n* sambland *n*; 2messen mældur; ~metzel *n* manndráp *n*; ~misch *n* sambland *n*, blanda *f*.

**Gemse** *f* gemsa *f*.

**Gemurmel** *n* taut *n*; (*Bach*) niður *m*.

**Gemüse** *n* kálmeti *n*; ~garten *m* kálgarður *m*; ~händler(in *f*) *m* matjurtasali *m*.

**Gemüt** *n* geð *n*, skap *n*; 2lich vistlegur; (*Person*) geðugur; ~sart *f* lundarfar *n*; ~sbewegung *f* geðshræring *f*; 2skrank þunglyndur; geðbilaður.

**genau** nákvæmur; 2igkeit *f* nákvæmni *f*.

**genehmigen** samþykkja; leyfa; *Su.* viðurkenning *f*; samþykki *n*; leyfi *n*.

**General|stab** *m* herforingjaráð *n*; ~vollmacht *f* einkaumboð *n*.

**genesen** batna, frískast; *Su.* (aftur)bati *m*.

**genial** snjall, andríkur.

**Genick** *n* hnakki *m*; háls *m*; (sich) das ~ brechen hálsbrotna.

**Genie** *n* snillingur *m*; sich 2ren vera feiminn.

**Genosse** *m* félagi *m*; ~nschaft *f* kaupfélag *n*.

**genug** nógur, nægilegur; von etw. ~ haben vera orðinn leiður á e-u.

**Genüge** *f* nægð *f*; fullnæging *f*; ~ tun fullnægja (e-m); zur ~ nægilega; 2n nægja; das genügt þetta nægir; sich ~ lassen láta sér (e-ð) nægja; s-r Pflicht ~ rækja skyldu sína; 2nd nægilegur.

**genügsam** nægjusamur; 2keit *f* nægjusemi *f*.

**Genugtuung** *f* fullnæging *f*; ánægja *f*.

**Genuß** *m* neyzla *f*; nautn *f*; 2süchtig nautnasjúkur.

**Geometrie** *f* flatarmálsfræði *f*.

**Gepäck** *n* farangur *m*; ~abfertigung *f* farangursafgreiðsla *f*; ~aufbewahrung *f* (*Esb.*) farangursgeymsla *f*; ~schein *m* farangursskírteini *n*; ~träger *m* burðarkarl *m*; (*Fahrrad*) bögglaberi *m*.

**Gepflogenheit** *f* venja *f*.

**Ge|plapper** *n* raus *n*; þvaður *n*; ~plauder *n* skraf *n*; ~polter *n* hávaði *m*, skarkali *m*; ~präge *n* einkenni *n*, blær *m*.

**gerade 1.** beinn; uppréttur;

*fig.* blátt áfram; *adv.* einmitt; 2. 𝔖 *f* bein lína; ~aus beint áfram; ~zu beinlínis.
Gerät *n* áhald *n*; búsgögn *n/pl.*
geraten lenda; in Brand ~ kvikna í; in Streit ~ lenda í deilu; in Vergessenheit ~ falla í gleymsku; in Wut ~ verða ofsalega reiður; gut ~ vel heppnaður; schlecht ~ misheppnaður.
Geratewohl: aufs ~ út í bláinn.
geräumig rúmgóður.
Geräusch *n* hávaði *m*; þrusk *n*; 𝔖los hávaðalaus; 𝔖voll hávaðasamur.
gerb|en súta; 𝔖säure *f* sútunarsýra *f*.
gerecht réttlátur; 𝔖igkeit *f* réttlæti *n*.
Gerede *n* þvaður *n*; ins ~ kommen verða fyrir illu umtali.
gereizt æstur, æfur; 𝔖heit *f* æsing *f*.
gereuen iðrast; es gereut mich ég iðrast þess.
Gericht *n* réttur *m* (*a. Essen*), dómstóll *m*; das Jüngste ~ dómsdagur *m*; zu ~ sitzen über kveða upp dóm yfir; 𝔖lich lagalegur; 𝔖liches Verfahren *n* dómsmál *n*; málarekstur *m*; ~sbarkeit *f* dómsvald *n*; lögsagnarumdæmi *n*; ~sbeschluß *m* dómsúrskurður *m*; ~sdiener *m* réttarþjónn *m*; ~shof *m* dómstóll *m*; ~skosten *pl.* málskostnaður *m*; ~ssitzung *f* réttarhald *n*; ~svollzieher *m* (borgar)fógeti *m*; ~szeuge *m* dómsvitni *n*.
gerieben slunginn.
gering lítilfjörlegur; lítill; nicht im ~sten ekki vitund; 𝔖fügigkeit *f* smámunir *m/pl.*; ~schätzen meta lítils; 𝔖schätzung *f* lítilsvirðing *f*.
gerinnen storkna; geronnen storkinn; (*Milch*) ystur.
Geripp|e *n* beinagrind *f*; 𝔖t rifjaður; gáróttur.
gerissen *fig.* slunginn, viðsjáll.
gern gjarna; j-n ~ haben þykja vænt um e-n; etw. ~ essen þykja e-ð gott.
Geröll *n* hnullungagrjót *n*; möl *f*.
Gerste *f* bygg *n*; ~nkorn *n* byggkorn *n*; *Med.* vogrís *m*.
Gerte *f* tág *f*; keyri *n*.
Geruch *m* ilman *f*; lykt *f*; 𝔖los lyktarlaus.
Gerücht *n* orðrómur *m*.
geruh|en þóknast; ~sam rólegur.
Gerümpel *n* rusl *n*, drasl *n*.
Gerüst *n* pallur *m*, grind *f*.
Gesamt|betrag *m* heildarupphæð *f*; ~eindruck *m* heildaráhrif *n/pl.*; ~heit *f* heild *f*.
Gesandt|e(r) *m* sendiherra *m*; ~schaft *f* sendiráð *n*.
Gesang *m* söngur *m*; ~verein *m* söngfélag *n*.
Gesäß *n* sitjandi *m*, rass *m*.

**Geschäft** *n* viðskipti *n/pl.*; verzlun *f*; **2ig** starfsamur; **2lich** viðskiptalegur; verzlunar-, viðskipta-; **~sbericht** *m* verzlunarskýrsla *f*; **~sbrief** *m* verzlunarbréf *n*; **~sführer** *m* verzlunarstjóri *m*; **~sinhaber** *m* verzlunareigandi *m*; **~smann** *m* kaupsýslumaður *m*; **~sordnung** *f* vinnutilhögun *f*; þingsköp *n/pl.*; **~sreisende(r)** *m* farandsali *m*; **~sstelle** *f* skrifstofa *f*; **~sträger** *m* sendifulltrúi *m*.
**gescheh|en** bera við, gerast; **2nis** *n* viðburður *m*, atburður *m*.
**gescheit** hygginn; dugandi.
**Geschenk** *n* gjöf *f*.
**Geschichte** *f* saga *f*; **e-e schöne ~!** ljóta sagan!
**Geschick** *n* (*Schicksal*) örlög *n/pl.*, forlög *n/pl.*; (*~lichkeit*) dugnaður *m*; lagni *f*; **2t** dugandi; laginn, fimur.
**geschieden** skilinn (um hjón).
**Geschirr** *n* leirtau *n*; ílát *n*; (*Pferde2*) aktygi *n/pl.*
**Geschlecht** *n* kyn *n*; kynslóð *f*; **2lich** holdlegur, kynferðilegur; **~skrankheit** *f* kynsjúkdómur *m*.
**geschliffen** slípaður, fágaður (*a. fig.*).
**Geschmack** *m* smekkur *m*, bragð *n*; **an etw. ~ finden** geðjast að e-u; **2los** *fig.* ósmekkvís; **2voll** smekklegur.
**Geschmeid|e** *n* skartgripur *m*; **2ig** fimur.
**Geschöpf** *n* vera *f*; manneskja *f*.
**Geschoß** *n* kúla *f*, skeyti *n*; (*Stockwerk*) hæð *f*.
**geschraubt** *fig.* tilgerðarlegur.
**Geschrei** *n* óp *n*, hróp *n*.
**Geschütz** *n* fallbyssa *f*.
**Geschwader** *n* flota-, flugvéladeild *f*.
**Geschwätz** *n* þvaður *n*, rugl *n*; **2ig** málugur; **~igkeit** *f* mælgi *f*.
**geschwind** fljótur, skjótur; **2igkeit** *f* hraði *m*, flýtir *m*; **2igkeitsmesser** *m* hraðamælir *m*.
**Geschwister** *pl.* systkin *n/pl.*
**Geschworene(r)** *m* eiðsvari *m*, kviðdómari *m*.
**Geschwulst** *f* bólga *f*, kýli *n*.
**Geschwür** *n* ígerð *f*, kýli *n*.
**Gesell|e** *m* iðnsveinn *m*; félagi *m*; **2ig** félagslyndur; **das 2ige Leben** samkvæmislífið *n*; **~schaft** *f* samkvæmi *n*; félag *n*; *Pol.* þjóðfélag *n*; **~schafter** *m* gleðimaður *m*, samkvæmismaður *m*; **~schaftsanzug** *m* (*Herr*) samkvæmisföt *n/pl.*; **~schaftsreise** *f* hópferðalag *n*.
**Gesetz** *n* lög *n/pl.*; **~buch** *n* lögbók *f*; **~entwurf** *m* lagafrumvarp *n*; **~gebung** *f* löggjöf *f*; **2lich** lagalegur; löglegur.
**gesetzt** ráðsettur; **~, daß ...** setjum svo, að ...

**gesetzwidrig** ólöglegur.
**Gesicht** *n* (*Sehvermögen*) sjón *f*; andlit *n*; **~sausdruck** *m* andlitssvipur *m*; **~skreis** *m* sjóndeildarhringur *m*; **~spunkt** *m* sjónarmið *n*.
**Gesinde** *n* vinnuhjú *n/pl.*; **~l** *n* skríll *m*, hyski *n*.
**Gesinnung** *f* hugarfar *n*; **2slos** stefnulaus, kærulaus; **~swechsel** *m* sinnaskipti *n/pl.*
**gesitt|et** siðaður, kurteis; **2ung** *f* siðmenning *f*.
**Gespann** *n* eyki *n*; **2t** spenntur, eftirvæntingarfullur; **~theit** *f* órói *m*, spenna *f*, ofvæni *n*.
**Gespenst** *n* draugur *m*; **2isch** draugalegur.
**Gespiel|e** *m* leikfélagi *m*; **~in** leiksystir *f*.
**Gespinst** *n* spuni *m*; vefur *m*.
**Gespött** *n* háð *n*; athlægi *n*.
**Gespräch** *n* samtal *n*; **2ig** ræðinn; **~sstoff** *m* umtalsefni *n*, umræðuefni *n*.
**Gestade** *n* strönd *f*, bakki *m*.
**Gestalt** *f* vöxtur *m*; mynd *f*; **2en** mynda, móta; **sich 2en** taka á sig svip, verða, þróast; **~ung** *f* sköpun *f*, myndun *f*.
**gestanden: offen ~** í hreinskilni sagt.
**geständ|ig: ~ig sein** játa (e-ð); **2nis** *n* játning *f*.
**Gestank** *m* stækja *f*.
**gestatten** leyfa, heimila.
**Geste** *f* látbragð *n*, hreyfing *f*.
**gestehen** játa.
**Gestehungskosten** *pl.* framleiðslukostnaður *m*.
**Gestein** *n* grjót *n*, urð *f*; gimsteinar *m/pl;* **~skunde** *f* steinafræði *f*.
**Gestell** *n* pallur *m*; (fót-) stallur *m*.
**gestern** í gær; **~ abend** í gærkvöldi; **~ morgen** í gærmorgun; **~ nacht** síðustu nótt.
**Gestirn** *n* stjarna *f*; stjörnumerki *n*; **2t** (al)stirndur.
**Gestöber** *n* snjókoma *f*, fjúk *n*.
**gestreift** röndóttur.
**Gestrüpp** *n* kjarr *n*.
**Gestüt** *n* stóð *n*.
**Gesuch** *n* umsókn *f*; **2t** eftirsóttur; tilgerðarlegur.
**gesund** heilbrigður, heill; **~en** batna, verða heilbrigður; **2heit** *f* heilsa *f*, heilbrigði *f*; **auf j-s 2heit trinken** drekka minni e-s; **2heitsamt** *n* heilbrigðisráð *n*; **2heitspflege** *f* heilsugæzla *f*; **~heitsschädlich** heilsuspillandi.
**Getöse** *n* hávaði *m*, gnýr *m*.
**Getränk** *n* drykkur *m*; **~esteuer** *f* áfengisskattur *m*.
**getrauen** *v/r.* þora, dirfast.
**Getreide** *n* korn *n*.
**Getriebe** *n* drifhjól *n*.
**Getümmel** *n* hávaði *m*, ys *m*.
**Gewächs** *n* jurt *f*; gróður *m*; **~haus** *n* gróðurhús *n*.
**Gewähr** *f* ábyrgð *f*, trygging *f*; **~ bieten** veita ábyrgð; **2en** leyfa, heimila;

veita; j-n ℒen lassen láta e-n afskiptalausan; *Su.* leyfi *n*; veiting *f*; ℒleisten ábyrgjast; heimila.
**gewahr|en** taka eftir, koma auga á; ℒ**sam** *m* varðveizla *f*; varðhald *n*.
**Gewalt** *f* vald *n*; ofbeldi *n*; ~ antun beita ofbeldi; ℒ**ig** feiknlegur; ℒ**sam** ofsalegur; ofbeldislegur; ℒ**tätig** ofbeldisfullur.
**Gewand** *n* klæðnaður *m*.
**gewandt** lipur, fimur.
**Gewässer** *n* vatn *n*; sjór *m*; skipaleið *f*.
**Gewebe** *n* vefnaður *m*; vefur *m*.
**Gewehr** *n* byssa *f*; ~**kolben** *m* byssuskefti *n*; ~**lauf** *m* byssuhlaup *n*.
**Geweih** *n* hjartarhorn *n*.
**Gewerb|e** *n* atvinna *f*; iðn *f*; ~**eschein** *m* atvinnuleyfi *n*, borgarabréf *n*; ~**eschule** *f* iðnskóli *m*; ℒ**lich**, ℒ**smäßig** iðnaðarlegur, iðnaðar-; atvinnu-.
**Gewerkschaft** *f* iðnfélag *n*, stéttarfélag *n*, verkalýðsfélag *n*.
**Gewicht** *n* vigt *f*, þungi *m*; (*Uhr*) lóð *n*.
**Gewimmel** *n* sægur *m*, urmull *m*.
**Gewinde** *n* skrúfugangur *m*.
**Gewinn** *m* gróði *m*; vinningur *m*; ℒ**bringend** ábatasamur; ℒ**en** græða; *Wette:* vinna; ~**liste** *f* vinningaskrá *f*; ~**sucht** *f* gróðafíkn *f*.
**Gewirr** *n* ringulreið *f*, hrærigrautur *m*.
**gewiß** viss, áreiðanlegur.
**Gewissen** *n* samvizka *f*; ℒ**haft** samvizkusamur; ℒ**los** samvizkulaus; ~**sbisse** *pl.* samvizkubit *n*.
**gewissermaßen** að vissu leyti.
**Gewißheit** *f* (full)vissa *f*.
**Gewitter** *n* þrumuveður *n*; ℒ**schwül** molluheitur.
**gewogen** hliðhollur.
**gewöhnen** venja.
**Gewohnheit** *f* venja *f*, siður *m*; ~**srecht** *n* hefð *f*.
**gewöhnlich** venjulegur; tilkomulítill.
**gewöhn|t** vanur (e-u); ℒ**ung** *f* venja *f*.
**Gewölbe** *n* hvelfing *f*.
**gewunden** (*Rede*) tilgerðarlegur; (*Erklärung*) loðinn, óljós.
**Gewürz** *n* krydd *n*.
**Gezänk** *n* rifrildi *n*, deila *f*.
**Gezeiten** *pl.* sjávarföll *n/pl.*
**geziemend** sæmandi, viðeigandi.
**geziert** tilgerðarlegur.
**Gezwitscher** *n* kvak *n*, tíst *n*.
**gezwungen** tilneyddur; *fig.* þvingaður.
**Gicht** *f* gigt *f*.
**Giebel** *m* gafl *m*.
**Gier** *f* græðgi *f*; ℒ**ig** gráðugur.
**Gieß|bach** *m* fjallalækur *m*; ℒ**en** hella; *Blumen:* vökva; *Form:* steypa; ~**erei** *f* steypismiðja *f*; ~**kanne** *f* vökvunarkanna *f*.

**Gift** *n* eitur *n*.
**Gilde** *f* iðnfélag *n*, gildi *n*.
**Gipfel** *m* tindur *m*; hámark *n*.
**Gips** *m* gips *n*; **~verband** *m* gipsumbúðir *f/pl*.
**Giro** *n* milliskrift *f*; (*Wechsel*) ábeking *f*.
**girren** kurra.
**Gischt** *m* (*f*) froða *f*, löður *n*.
**Gitarre** *f* gítar *m*.
**Gitter** *n* grind *f*.
**Glanz** *m* ljómi *m*, glampi *m*.
**glänzen** glampa, glóa; **~d** glæsilegur, ljómandi.
**Glas** *n* gler *n*, glas *n*; (*Augen*~) gleraugu *n/pl*.; **~er** *m* glerskeri *m*.
**gläsern** úr gleri, gler-.
**Glas|hütte** *f* glersmiðja *f*; **~ig** glerkenndur; **~scheibe** *f* (gler)rúða *f*.
**glatt** háll; sléttur; *adv*. auðveldlega; **~eis** *n* ísing *f*.
**Glätte** *f* hálka *f*; sléttleiki *m*; **~n** slétta; fægja.
**Glatz|e** *f* skalli *m*; **~köpfig** sköllóttur.
**Glaub|e** *m* trú *f*; **auf Treu und ~en** upp á æru og trú; **~ensbekenntnis** *n* trúarjátning *f*; **~ensfreiheit** *f* trúfrelsi *n*.
**glaubhaft** trúlegur.
**gläubig** trúaður; **~e(r)** *m* trúmaður *m*; **~er** *m* *Hdl.* lánardrottinn *m*.
**glaublich** trúlegur.
**gleich** líkur; jafn, eins; **zu ~er Zeit** á sama tíma; **es ist mir ~** mér er sama; **~ groß** jafnstór; **wenn~** þó að, enda þótt; **~altrig** jafnaldra; **~artig** sams konar; **~bedeutend** sömu merkingar; **~berechtigung** *f* jafnrétti *n*; **~en** líkjast; **~falls** sömuleiðis, einnig; **~förmig** tilbreytingarlaus; **~gewicht** *n* jafnvægi *n*; **~gültig** hirðulaus, kærulaus; **~heit** *f* jöfnuður *m*; **~mäßig** jafn; **~mut** *m* jafnlyndi *n*; **~mütig** jafnlyndur; **~nis** *n* líking *f*; **~richter** *m* straumréttir *m*; **~strom** *m* rakstraumur *m*; **~ung** *f* *Math.* líking *f*, jafna *f*; **~viel** sama; **~wertig** jafnverðmætur; **~wohl** samt sem áður, þó; **~zeitig** samtímis.
**Gleis** *n* hjólfar *n*; brautarteinar *m/pl*.; *s*. **Geleise**.
**gleit|en** renna; **~flieger** *m* svifflugvél *f*; **~flug** *m* svifflug *n*, renniflug *n*; **~schutzkette** *f* snjókeðja *f*.
**Gletscher** *m* jökull *m*; skriðjökull *m*.
**Glied** *n* liður *m*; *Anat.* limur *m*.
**gliedern** raða, skipa niður; *Su*. niðurröðun *f*; sundurliðun *f*.
**glimmen** lifa í glóðum; glóa.
**glimpflich** vægur, mildur.
**glitzern** glitra, glampa.
**Glock|e** *f* klukka *f*, bjalla *f*; **~enzug** *m* klukku-, bjöllustrengur *m*.
**glotzen** glápa, góna.
**Glück** *n* gæfa *f*, gengi *n*; **j-m ~ wünschen** óska e-m

heilla; **auf gut ~** upp á von og óvon.

**Glucke** *f* varphæna *f*.

**glück|en** heppnast; **~lich** hamingjusamur; heppinn; **~selig** sæll; unaðssæll; **∻sfall** *m* slembilukka *f*, happ *n*; **∻spilz** *m* gæfumaður *m*; **∻wunsch** *m* heillaósk *f*; **herzlichen ∻wunsch!** hjartanleg heillaósk!

**Glüh|birne** *f* rafmagnspera *f*; **∻en** glóa; vera glóandi; **~hitze** *f* ofsahiti *m*; **~wein** *m* toddý *n*, púns *n*; **~wurm** *m* ljósbjalla *f*.

**Glut** *f* glóð *f*; eldur *m*; **∻rot** eldrauður.

**GmbH** (= **Gesellschaft mit beschränkter Haftung**) hlutafélag *n* með takmarkaðri ábyrgð.

**Gnad|e** *f* náð *f*; **~enbrot** *n* náðarbrauð *n*, gustukagjafir *f/pl.*; **~engesuch** *n* náðunarbeiðni *f*; **~enstoß** *m* líknarhögg *n*, banahögg *n*, banastunga *f*.

**gnädig** náðugur, miskunnsamur; **das ~e Fräulein** [frökenin *f*.]

**Gold** *n* gull *n*.

**golden** gullinn, úr gulli; **~e Hochzeit** *f* gullbrúðkaup *n*.

**goldig** gullinn; *fig.* elskulegur.

**Gold|schmied** *m* gullsmiður *m*; **~stück** *n* gullpeningur *m*; **~währung** *f* gullgengi *n*, gullmyntarfótur *m*.

**Golf 1.** *m* flói *m*; **2.** (*Sport*) *n* golf *n*; **~jacke** *f* golftreyja *f*.

**gönn|en** unna (e-m e-s); **∻er** *m* velunnari *m*.

**Gosse** *f* göturæsi *n*.

**Gott** *m* guð *m*; **der liebe ~** góður guð; **du lieber ~!** hamingjan góða! **weiß ~** það veit guð; **~ bewahre!** guð komi til; **um ~es willen!** í guðanna bænum! **leider ~es** því miður.

**Gottes|dienst** *m* guðsþjónusta *f*; **~lästerung** *f* guðlast *n*; **~leugner** *m* trúleysingi *m*, guðsafneitari *m*.

**Gottheit** *f* guðdómur *m*; guðdómleiki *m*.

**gott|los** guðlaus, óguðlegur; **∻vertrauen** *n* guðstraust *n*.

**Götze** *m* hjáguð *m*, goð *n*.

**Grab** *n* gröf *f*; **∻en** grafa; **~en** *m* skurður *m*; **~hügel** *m* leiði *n*; haugur *m*; **~mal** *n* legsteinn *m*.

**Grad** *m* gráða *f*; stig *n*; **~messer** *m* stigmælir *m*, mælikvarði *m*.

**Graf** *m* greifi *m*.

**Gräfin** *f* greifafrú *f*.

**Gram** *m* sorg *f*.

**gräm|en** *v/r.* hryggjast, vera hryggur; **~lich** önugur.

**Gramm** *n* gramm *n* (*Abk.* g).

**Grammatik** *f* málfræði *f*.

**Grammophon** *n* grammófónn *m*.

**Granate** *f* sprengikúla *f*.

**Graphik** *f* svartlist *f*.

**Gras** *n* gras *n*; strá *n*; **∻en** vera á beit, bíta

**gräßlich** skelfilegur, óskaplegur.
**Grat** *m* fjallsegg *f*; brún *f*.
**Gräte** *f* (fisk)bein *n*.
**gratulieren** óska til hamingju.
**grau** grár; gráhærður.
**grauen** 1. elda aftur; **mir graut vor ihm** mig hryllir við honum; 2. ♀ *n* afturelding *f*; hryllingur *m*.
**grauenhaft** hryllilegur.
**Graupe** *f* grjón *n*; ♀**ln: es graupelt** það er haglhríð.
**Graus** *m* skelfing *f*; ♀**am** grimmur; ♀**ig** skelfilegur.
**gravieren** stinga letur, krota.
**gravitätisch** hátíðlegur.
**Grazi|e** *f* yndisleiki *m*; ♀**ös** yndislegur.
**Greis** *m* öldungur *m*; ♀**enhaft** ellilegur; **~in** *f* gömul kona.
**grell** hvellur; (*Licht*) skær, skellibjartur.
**Grenze** *f* landamæri *n/pl.*; takmörk *n/pl.*; ♀**n an** liggja að; *fig.* jaðra við.
**Grenz|fall** *m* tilfelli *n*, sem er á mörkum; **~sperre** *f* landamæralokun *f*.
**Greuel** *n* skelfing *f*, andstyggð *f*; **~tat** *f* ódæðisverk *n*.
**greulich** andstyggilegur, ógurlegur.
**griesgrämig** önugur, geðillur.
**Griff** *m* tak *n*; handarhald *n*.
**Grill|e** *f* engispretta *f*; duttlungur *m*; ♀**enhaft** duttlungafullur.
**grinsen** glotta.
**Grippe** *f* inflúenza *f*.
**grob** grófur.
**Grog** *m* (heit) rommblanda *f*; grogg *n*.
**Groll** *m* reiði *f*, fæð *f*; ♀**en: j-m** ♀**en** bera kala til e-s.
**Grön|land** *n* Grænland *n*; **~länder** *m* Grænlendingur *m*.
**groß** stór; **der** ♀**e Belt** Stórabeltið *n*; **~artig** stórkostlegur; ágætur.
**Größ|e** *f* stærð *f*; *fig.* tign *f*; **~enwahn** *m* mikilmennskuæði *n*.
**Groß|eltern** afi *m* og amma *f*; **~industrie** *f* stóriðnaður *m*; **~industrielle(r)** *m* stóriðjuhöldur *m*; ♀**jährig** fullveðja; **~kaufmann** *m* stórkaupmaður *m*, heildsali *m*; **~macht** *f* stórveldi *n*; ♀**mäulig** *fig.* raupsamur; ♀**mütig** göfuglyndur; **~mutter** *f* amma *f*; **~onkel** *m* afa-, ömmubróðir *m*; **~stadt** *f* stórborg *f*; **~tante** *f* afa-, ömmusystir *f*; **~vater** *m* afi *m*; ♀**ziehen** ala upp; ♀**zügig** stórbrotinn; *fig.* rausnarlegur.
**größtenteils** að mestu leyti.
**Grübchen** *n* spékoppur *m*; *(am Kinn)* pétursspor *n*.
**Grube** *f* gryfja *f*; *Bgb.* náma *f*.
**grübeln** brjóta heilann (um e-ð).
**Gruft** *f* grafhvelfing *f*.

**grün** grænn; ein **~er Junge** græningi *m*.
**Grund** *m* botn *m*; grundvöllur *m*; ástæða *f*; **auf ~ von** vegna; **e-r Sache auf den ~ gehen** athuga mál frá rótum; **in den ~ bohren** skjóta í kaf; **~besitz** *m* jarðeign *n*; **~buch** *n* jarðabók *f*; afsalsbók *f*.
**gründ|en** stofna, setja á stofn; *Su.* stofnun *f*, stofnsetning *f*; **2er** *m* stofnandi *m*; **~lich** rækilegur.
**Grund|lage** *f* grundvöllur *m*, undirstaða *f*; **2los** botnlaus; ástæðulaus.
**Gründonnerstag** *m* skírdagur *m*.
**Grund|riß** *m* ágrip *n*; **~satz** *m* meginregla *f*; **2sätzlich** grundvallarlegur, grundvallar-; **~stück** *n* lóðarblettur *m*.
**grün|en** grænka; **2futter** *n* grængresisfóður *n*; **2kohl** *m* grænkál *n*.
**grunzen** rýta.
**Gruppe** *f* hópur *m*, flokkur *m*.
**gruseln** hrylla.
**Grütze** *f* grjón *n/pl*; (*Brei*) grautur *m*.
**guck|en** gægjast; **2loch** *n* gægjugat *n*.
**gültig** gildur; gildandi.
**Gummi** *m* gú(m)mi *n*; (*Auto*) barði *m*; **~absatz** *m* gúmhæll *m*; **~band** *n* teygjuband *n*; **~knüppel** *m* gúmkylfa *f*; **~schuh** *m* skóhlíf *f*.
**Gunst** *f* hylli *f*.
**günst|ig** hagstæður; **2ling** *m* uppáhald *n*.
**Gurgel** *f* kverkar *f/pl.*; **2n** skola (kverkarnar); ólga.
**Gurke** *f* gúrka *f*.
**Gurt** *m* belti *n*.
**Gürt|el** *m* belti *n*; **~elrose** *f Med.* ristill *m*; **2en** gyrða; spenna um.
**Guß** *m* (*Regen2*) skúr *f*; steypa *f*; **~eisen** *n* steypujárn *n*; **~stahl** *m* steypustál *n*.
**gut** góður; *adv.* vel; **~er Anzug** *m* fallegur klæðnaður; **sei so ~** gerðu svo vel; **~er Dinge sn** vera í góðu skapi.
**Gut** *n* gæði *n/pl.*; eigur *f/pl.*; jarðeign *f*; **~achten** *n* mat *n*, álitsgerð *f*; **2artig** vægur; góðlátur; **~dünken** *n* geðþótti *m*.
**Güte** *f* gæzka *f*; gæði *n/pl.*; **haben Sie die ~** gerið þér svo vel.
**Güter|abfertigung** *f* varningsafgreiðsla *f*; **~gemeinschaft** *f* sameign *f*; **~trennung** *f* fjárskilnaður *m*; **~verkehr** *m* vöruflutningar *m/pl.*; **~wagen** *m* varningsvagn *m*.
**Gut|haben** *n* innstæða *f*, inneign *f*; **2heißen** samþykkja; **2herzig** hjartagóður, vænn.
**güt|ig** góðfús, vingjarnlegur; **~lich** í bróðerni; **sich an etw. ~lich tun** gæða sér á e-u.

**gut|machen** bæta úr aftur; **~mütig** góðlát(leg)ur; **~sagen** ábyrgjast; **℥sbesitzer** *m* stórjarðareigandi *m*; **~schreiben** skrifa tekjumegin (hjá e-m); **℥schrift** *f* innritun tekjumegin.
**Gymnasium** *n* lærður skóli, menntaskóli *m*.
**Gymnastik** *f* leikfimi *f*.

# H

**Haar** *n* hár *n*; **~ausfall** *m* hárlos *n*; **~locke** *f* hárlokkur *m*; **~nadel** *f* hárnál *f*; **~netz** *n* hárnet *n*; **~schneiden** *n* klipping *f*; **~schneider** *m* hárskeri *m*; **℥sträubend** hræðilegur; **~trockner** *m* hárþurrka *f*; **~wurzel** *f* hársrætur *f/pl*.
**Habe** *f* eign *f*, eigur *f/pl*.
**haben** hafa; eiga; **was hast du?** hvað er að þér?; **j-n gern ~** þykja vænt um e-n; **es eilig ~** liggja á.
**Habenichts** *m* fátæklingur *m*, armingi *m*.
**hab|gierig** ágjarn; **~haft: e-r Sache ~haft werden** ná í e-ð.
**Habicht** *m* haukur *m*.
**Hab|seligkeiten** *pl*. pjönkur *f/pl*.; **~sucht** *f* ágirnd *f*.
**Hacken** *m* hæll *m*.
**hack|en** höggva; (*Holz*) kljúfa; **℥fleisch** *n* saxað kjöt.
**Hafen** *m* höfn *f*.
**Hafer** *m* hafrar *m/pl*.; **~brei** *m* hafragrautur *m*; **~flokken** *pl*. hafragrjón *n/pl*.
**Haff** *n* lón *n*.
**Haft** *f* varðhald *n*, fangelsi *n*; **℥bar** ábyrgur; **℥en** vera fastur, loða við; **für etw. ℥en** bera ábyrgð á e-u; **~pflicht** *f* ábyrgðarskylda *f*; **~pflichtversicherung** *f* ábyrgðartrygging *f*; **~ung** *f* ábyrgð *f*; **mit beschränkter ~ung** (*Abk.* mbH) með takmarkaðri ábyrgð.
**Häftling** *m* fangi *m*.
**Hagel** *m* hagl *n*; **℥n: es hagelt** það er haglél; **~schrot** *n* smáhögl *n/pl*.
**hager** magur, horaður.
**Hagestolz** *m* piparsveinn *m od*. -karl *m*.
**Hahn** *m* hani *m*.
**Hai(fisch)** *m* hákarl *m*.
**häkeln** hekla.
**Haken** *m* krókur *m*; agnhald *n*; (*Kleider℥*) snagi *m*.
**halb** hálfur; *adv*. að hálfu leyti; **~ und ~** hálft í hvoru.
**Halb|fabrikat** *n* hálfunnin vara; **~heit** *f* hálfvelgja *f*; **℥ieren** helminga; **~insel** *f* skagi *m*, nes *n*; **~jahr** *n* missiri *n*; **~kugel** *f* hálfkúla *f*; **℥mast: ℥mast hissen** flagga í hálfa stöng; **~mond** *m* hálft tungl; hálfmáni *m*; **~schuh** *m* lágskór *m*; **℥wegs** hálfvegis; **~zeit** *f* (*Sport*) hálfleikur *m*.
**Hälfte** *f* helmingur *m*.

**Halle** *f* salur *m*, skáli *m*; **2n** hljóma, óma; **~ntennis** *n* tennisleikur *m* (innanhúss).
**Halm** *m* strá *n*.
**Hals** *m* háls *m*; **~ über Kopf laufen** hlaupa sem fætur toga; **~band** *n* hálsband *n*; **2brecherisch** háskalegur; **2starrig** þrár, þrjózkur; **~tuch** *n* hálsklútur *m*.
**Halt** *m* stanz *m*; stoð *f*, festa *f*; **2bar** haldgóður, endingargóður; **2en** halda; rúma; álíta; **es mit j-m 2en** draga taum e-s; **was hältst du davon?** hvað heldur þú um það?; **~estelle** *f* stoppistöð *f*; **2los** festulaus, reikull; **2machen** nema staðar, stanza; **~ung** *f* fas *n*; stellingar *f/pl.*; framkoma *f* (við sérstakar aðstæður).
**Halunke** *m* þorpari *m*, illmenni *n*.
**Hammel** *m* sauður *m*; **~braten** *m* kindakjötssteik *f*; **~keule** *f* sauðarlæri *n*.
**Hammer** *m* hamar *m*.
**hämmern** hamra.
**Hand** *f* hönd *f*; **rechter ~** til hægri; **an ~** með aðstoð; **zur ~** við höndina, til taks; **zu Händen von** afhendist ... persónulega.
**Hand|arbeit** *f* handavinna *f*; **~buch** *n* handbók *f*.
**Händedruck** *m* handtak *n*.
**Handel** *m* verzlun *f*.
**Händel** *pl.* deila *f*; handalögmál *n/pl.*
**handel|n** breyta; verzla; **es handelt sich um etw.** um e-ð er að ræða; **2skammer** *f* verzlunarráð *n*; **2sschiff** *n* kaupfar *n*; **2sschule** *f* verzlunarskóli *m*; **2sstadt** *f* verzlunarborg *f*; **2svertrag** *m* verzlunarsamningur *m*.
**händelsüchtig** þrætugjarn.
**Hand|fertigkeit** *f* handlagni *f*; **~gelenk** *n* úlnliður *m*; **~gepäck** *n* handfarangur *m*; **~griff** *m* handtak *n*; handfang *n*; **2haben** handleika; **~koffer** *m* handtaska *f*.
**Händler** *m* kaupmaður *m*.
**hand|lich** handhægur; **2lung** *f* athöfn *f*; breytni *f*; verzlun *f*; **2lungsreisende(r)** *m* farandsali *m*; **2schelle** *f* handjárn *n/pl.*; **2schrift** *f* handrit *n*; **2schuh** *m* hanzki *m*, glófi *m*; **2tasche** *f* handtaska *f*; **2tuch** *n* handklæði *n*; **2voll** *f* handfylli *f*; **2werk** *n* handiðn *f*; **2werker** *m* iðnaðarmaður *m*; **2werkszeug** *n* verkfæri *n*, smíðatól *n/pl.*
**Hanf** *m* hampur *m*.
**Hang** *m* hneigð *f*; *(Abhang)* brekka *f*, hlíð *f*.
**Hänge|brücke** *f* hengibrú *f*; **~matte** *f* hengirúm *n*.
**hängen** *v/i.* hanga; *v/t.* hengja; láta lafa.
**hänseln** stríða, erta.
**hantieren** handleika; *(schaffen)* starfa.
**Happen** *m* biti *m*, munnbiti *m*.
**Harfe** *f* harpa *f*.

**Harke** *f* hrífa *f*; **2n** raka.
**harmlos** meinlaus, saklaus.
**Harmonika** *f* harmoníka *f*.
**Harn** *m* þvag *n*; **2en** *Med.* kasta af sér vatni.
**harren** bíða.
**hart** harður; **~ am Abgrund** rétt hjá hyldýpinu.
**Härte** *f* harka *f*; strangleiki *m*.
**härten** herða; *v/r*. harðna.
**Hart|geld** *n* skiptimynt *f*; **2gesotten** *fig.* harðsoðinn; harðsvíraður; **2herzig** harðbrjósta; **2näckig** þrjózkur.
**Harz** 1. *m Geogr.* Harzfjöll *n/pl.*; 2. *n* viðarkvoða *f*.
**haschen** grípa, hrifsa.
**Hase** *m* héri *m*.
**Hasel** *f* hesli *n*; **~nuß** *f* heslihnot *f*; **~strauch** *m* heslirunnur *m*.
**Haß** *m* hatur *n*.
**hassen** hata.
**häßlich** ljótur, herfilegur.
**Hast** *f* flýtir *m*; **2en** flýta sér; **2ig** fljótur; óðagotslegur; **nicht zu 2ig!** hægan!
**hätscheln** gæla við.
**Haube** *f* hetta *f*; (*Motor2*) kælishlíf *f*.
**Hauch** *m* andvari *m*; **2en** anda, blása.
**hauen** höggva; berja, lemja.
**Hauer** *m* (*Zahn*) vígtönn *f*.
**Häuer** *m* námumaður *m*.
**Haufen** *m* hrúga *f*, haugur *m*; hópur *m*, fjöldi *m*; **über den ~ schießen** skjóta niður.
**häuf|en** hrúga saman; *v/r*. safnast saman; fjölga; *Su.* hrúgun *f*; aukning *f*, vöxtur *m*; **~ig** tíður; *adv.* oft.
**Haupt** *n* höfuð *n*; *fig.* foringi *m*; **~bahnhof** *m* aðaljárnbrautarstöð *f*; **~buch** *n* höfuðbók *f*.
**Haupt|mann** *m* höfuðsmaður *m*; **2postlagernd** biðpóstur á aðalpósthúsinu; **~sache** *f* aðalatriði *n*; **~stadt** *f* höfuðborg *f*; **~straße** *f* aðalgata *f*; **~versammlung** *f* aðalfundur *m*.
**Haus** *n* hús *n*; heimili *n*; **nach ~e** heim; **zu ~e** heima; **von ~ aus** frá upphafi; **~angestellte** *f* vinnukona *f*; **~arzt** *m* heimilislæknir *m*; **2backen** *fig.* hversdagslegur; **2en** búa; **~flur** *m* anddyri *n*; **~frau** *f* húsfreyja *f*; **~halt** *m* heimilishald *n*; fjárlög *n/pl.*; **2halten** halda sparlega (**mit etw.** á e-u); **~hälterin** *f* ráðskona *f*; **~haltsplan** *m* fjárlagafrumvarp *n*; **~herr** *m* húsbóndi *m*, heimilisfaðir *m*; **2ieren** ganga á milli húsa og bjóða varning sinn; **~ierer** *m* farandsali *m*; **~knecht** *m* húskarl *m*, vinnumaður *m*.
**Häuserblock** *m* húsasamstæða *f*.
**häuslich** húslegur; heimilislegur.
**Haus|mädchen** *n* innistúlka *f*; **~nummer** *f* húsnúmer *n*; **~rat** *m* húsgögn *n/pl.*; **~schlüssel** *m* húslykill *m*; **~schuhe** *pl.* inniskór *m/pl.*;

**~suchung** *f* húsrannsókn *f*; **~tier** *n* húsdýr *n*; **~tür** *f* útidyr *f/pl.*; **~verwalter** *m* ráðsmaður *m*; **~wirt** *m* húseigandi *m*; **~zins** *m* húsaleiga *f*.
**Haut** *f* húð *f*, skinn *n*; (*Milch*) skán *f*; **~pflege** *f* hörundshirða *f od.* -snyrting *f*.
**häuten** flá; *v/r.* hafa hamskipti.
**Havarie** *f* sjótjón *n*.
**Hebamme** *f* yfirsetukona *f*.
**Hebebaum** *m* lyftistöng *f*.
**Hebel** *m* lyftistöng *f*, vogarstöng *f*; stillir *m*.
**hebe|n** hefja, lyfta; **2er** *m* lyftir *m*; sogari *m*.
**Hecht** *m* gedda *f*.
**Heck** *n* afturlyfting *f*.
**Hecke** *f* limgerði *n*.
**hecken** æxlast; verpa; **2nrose** *f* glitrós *f*.
**Heer** *n* her *m*; **~esdienst** *m* herþjónusta *f*.
**Hefe** *f* ger *n*; dreggjar *f/pl.*
**Heft** *n* stílabók *f*; (*Werkzeug*) handfang *n*; (*Messer*) skaft *n*, skefti *n*.
**heft|en** hefta, festa; þræða; **2faden** *m* þráður *m*; **~ig** ákafur; ofsalegur; **2pflaster** *n* heftiplástur *m*.
**hegen** girða; annast; **~ und pflegen** leggja rækt við.
**Hehl** *n*: **kein ~ aus etw. machen** draga enga dul á e-ð; **2en** leyna; hilma; **~er** *m* hilmari *m*, þjófsnautur *m*; **~erei** *f* hilming *f*.
**Heide** 1. *f* heiði *f*; 2. *m* heiðingi *m*; **~kraut** *n* lyng *n*.
**Heidelbeere** *f* bláber *n*.
**heidnisch** heiðinn.
**heikel** flókinn, erfiður.
**Heil** *n* blessun *f*; velferð *f*; frelsun *f*; **~and** *m* frelsari *m*; **~anstalt** *f* hressingarhæli *n*; **2bar** læknanlegur, læknandi.
**Heilbutt** *m* flyðra *f*, lúða *f*.
**heilen** lækna(st), græða(st); *Su.* lækning *f*.
**Heilgymnastik** *f* sjúkraleikfimi *f*.
**heilig** heilagur, helgur; **der 2e Abend** aðfangadagskvöld *n*; **der 2e Geist** heilagur andi; **~en** helga; **2enschein** *m* dýrðarbaugur *m*; **~halten** halda heilagan; **~sprechen** taka í dýrlingatölu; **2sprechung** *f* helgun dýrlings; **2tum** *n* helgidómur *m*.
**heil|los** óskaplegur, svívirðilegur; **2mittel** *n* læknislyf *n*; **2quelle** *f* heilsulind *f*; **~sam** læknandi; hollur; **2sarmee** *f* Hjálpræðisherinn *m*.
**heim** *adj.* heim; **2** *n* heimili *n*; **2arbeit** *f* heimilisiðnaður *m*; **2at** *f* átthagar *m/pl.*; föðurland *n*; **~atlos** heimilislaus; **2atstaat** *m* ættland *n*, föðurland *n*; **2atvertriebene(r)** *m* maður, rekinn úr ættlandi sínu; **~isch** heimalegur; vistlegur; **2kehr** *f* heimkoma *f*; **~lich** leynilegur; *adv.* leynilega; **2suchung** *f* áfelli *n*;

heimsókn *f*; **~tückisch** fláráður; **~wärts** heimleiðis; **2weg** *m* heimleið *f*; **2weh** *n* heimþrá *f*.
**Heirat** *f* gifting *f*; **2en** giftast; **~santrag** *m* hjúskaparboð *n*; **2sfähig** gjafvaxta; **~sgut** *n* heimanmundur *m*; **~svermittler** *m* hjúskaparmiðill *m*.
**heiser** hás; **2keit** *f* hæsi *f*.
**heiß** heitur; **sich ~ laufen** *Tech.* hita sig; **~blütig** blóðheitur, geðríkur.
**heißen 1.** *v/t.* kalla, nefna; skipa; **willkommen ~** bjóða velkominn; **2.** *v/i.* heita; þýða; **wie heißt du?** hvað heitir þú?; **das heißt** (*Abk.* **d. h.**) það er (að segja) (þ. e.).
**heiß|geliebt** ástfólginn; **~hungrig** sársvangur.
**heiter** (*Wetter*) heiður, bjartur; kátur; **2keit** *f* kæti *f*; heiðríkja *f*.
**Heiz|anlage** *f* hitaveita *f*; **2bar** hitanlegur; **2en** hita, kynda; **~er** *m* kyndari *m*; **~kissen** *n El.* hitapúði *m*; **~körper** *m* (miðstöðvar-) ofn *m*; **~ung** *f* hitun *f*, kynding *f*.
**Held** *m* hetja *f*; **2enmütig** hugprúður; **~entat** *f* þrekvirki *n*; **~entum** *n* hetjuskapur *m*.
**helf|en** hjálpa; **2ershelfer** *m* aðstoðarmaður *m*.
**hell** bjartur; skær; **~blond** glóbjartur; **2e** *f* birta *f*.
**hell|hörig** heyrnargóður; (*Haus*) hljóðbær; **2seher** *m* skyggn maður.
**Helm** *m* hjálmur *m*.
**Hemd** skyrta *f*; **~särmel** *m* skyrtuermi *f*; **in ~särmeln** snöggklæddur.
**hemm|en** stöðva; hindra; **2nis** *n* hindrun *f*; **2schuh** *m* hamla *f*.
**Hengst** *m* graðhestur *m*.
**Henkel** *m* handarhald *n*; lykkja *f*.
**Henker** *m* böðull *m*.
**Henne** *f* hæna *f*.
**her** hingað; **komm ~!** komdu hingað!; **wo kommt ihr ~?** hvaðan komið þið?; **wie lange ist es ~?** hve langt er síðan?; **hinter etw. ~ sein** elta e-ð á röndum; **hin und ~** fram og aftur; **nicht weit ~ sein** vera skammt að kominn; *fig.* kveða lítið að.
**herab** (hingað) niður; niður eftir; **~lassend** lítillátur; **~setzen** *Preise:* lækka; *Person:* rýra, níða.
**heran** hingað (að); nær; **~bilden** mennta; **~kommen** koma nær; **~wachsen** vaxa (upp); **~ziehen** kveðja til; draga að sér.
**herauf** (hingað) upp, upp eftir; **~beschwören** særa fram.
**heraus** (hingað) út, fram; **~bekommen** ná út; komast að; *Geld:* fá til baka; **~bringen** færa út; koma *od.* stynja upp; **~finden** komast að; **~fordern** ögra;

skora á hólm; **~geben** *Buch:* gefa út; láta af hendi; *Geld:* gefa til baka; hleypa út; fella úr; **sich etw. ~nehmen** leyfa sér e-ð.
**herb** beiskur; *fig.* strangur; fráhrindandi.
**herbei** hingað (að); **~bringen** koma með; útvega; **~eilen** skunda að *od.* til; **~führen** koma með; koma til leiðar.
**Herberge** *f* gistihús *n.*
**Herbst** *m* haust *n*; **Ȣlich** haustlegur.
**Herd** *m* arinn *m*; eldavél *f*; *fig.* heimili *n.*
**Herde** *f* hjörð *f.*
**herein** (hingað) inn; **~!** kom inn!; **~brechen** brjótast inn; *Nacht:* skella á; **~fallen** *fig.* fara ófarir; **~lassen** hleypa inn.
**herfallen:** **~ über** vaða upp á; ráðast á.
**Her|gang** *m* gangur málsins; **Ȣgeben** rétta, afhenda; **Ȣgebracht** arftekinn, forn; **Ȣgehen: es ging lustig her** það var glatt á hjalla; **Ȣholen** sækja.
**Hering** *m* síld *f*; **gesalzener ~** saltsíld *f*; **~sfabrik** *f* síldarverksmiðja *f*; **~sfang** *m* síldveiðar *f/pl.*; **~sfaß** *n* síldartunna *f.*
**her|kommen: von etw. ~kommen** stafa af e-u; **~kömmlich** forn, gamall; **Ȣkunft** *f* uppruni *m*; **~leiten** *fig.* leiða af, rekja; **~machen** *v/r.* fara að glíma (über etw. við e-ð); **~nehmen** fá, ná í.
**hernieder** hér niður, hingað niður.
**Herr** *m* herra *m*; húsbóndi *m*; **~ Hansen** hr. Hansen; **Ȣenlos** húsbóndalaus; **~gott** *m* drottinn *m.*
**Herr|in** *f* drottning *f*, frú *f*; **Ȣisch** ráðríkur; **Ȣlich** dýr(ð)legur; **~schaft** *f* yfirráð *n/pl.*; fyrirfólk *n.*
**herrsch|en** drottna, ríkja; **Ȣer** *m* drottnari *m*; **Ȣsucht** *f* drottnunargirni *f.*
**her|rühren** stafa af; **~sagen** segja fram; **~stammeln** stama út úr sér; **~stammen** rekja ætt sína til; **~stellen** setja hingað *od.* hér; framleiða; **wieder ~gestellt sn** vera orðinn frískur aftur; **Ȣstellung** *f* tilbúningur *m*; bati *m*, lækning *f.*
**herüber** hingað yfir, yfir um.
**herum** kringum; **um diese Zeit ~** um þetta leyti; **~drehen** snúa; **~irren** ráfa um; **~schlagen** *v/r.* berjast (við); **~sprechen** *v/r.* berast út; **~treiben** *v/r.* rangla iðjulaus.
**herunter** (hingað) niður, niður eftir; **~kommen** koma niður; *fig.* lenda í basli; **~lassen** hleypa niður; **~machen** *fig.* níða, rægja; **~reißen** rífa niður; *fig.* rægja.
**hervor** fram, út; **~brechen** brjótast fram; **~bringen**

framleiða; koma upp; **~gehen** ganga fram; sannast, vera ljóst af e-u; **~heben** taka fram; **~ragend** framúrskarandi; **~rufen** kalla fram; vekja; **~tun** *v/r.* skara fram úr.
**Herz** *n* hjarta *n*; **sich etw. zu ~en nehmen** taka sér e-ð nærri; **sich ein ~ fassen** taka í sig kjark; **~beklemmung** *f* kvíði *m*; **2brechend** átakanlegur; **~eleid** *n* hugarangur *n*; **2en** láta vel að, gæla við; **2ensgut** innilega góður.
**Herzenslust** *f*: **nach ~** eftir vild.
**Herzfehler** *m* hjartabilun *f*.
**herz|haft** hugaður; rækilegur; **~ig** indæll; innilegur; **2klopfen** *n* hjartsláttur *m*; **~lich** hjartanlegur; **~los** miskunnarlaus.
**Herzog** *m* hertogi *m*.
**Herzschlag** *m* hjartaslag *n*.
**Hetz|e** *f* ofsókn *f*; **2en** æsa, ofsækja; (*Hund*) siga; *Pol.* reka áróður, æsa upp; **~jagd** *f* eltingaveiðar *f/pl.*
**Heu** *n* hey *n*; **~boden** *m* heyloft *n*.
**Heuchel|ei** *f* hræsni *f*; **2n** hræsna.
**Heuchler** *m* hræsnari *m*; **2isch** hræsnisfullur.
**Heuer** *f* sjómannskaup *n*; skipsleiga *f*; **2n** leigja, taka á leigu.
**Heugabel** *f* heykvísl *f*.
**heulen** ýlfra, væla; blása.
**Heuschrecke** *f* engispretta *f*.
**heute** í dag; **~ früh, ~ morgen** í morgun; **~ abend** í kvöld.
**heutzutage** nú á dögum.
**Hexe** *f* (galdra)norn *f*; **2n** galdra; **~nschuß** *m Med.* þursabit *n*.
**Hieb** *m* högg *n*.
**hier** hér; **bis ~** hingað; **von ~** héðan; **~an** á þessu; hér við; **~auf** á þessu; því næst; **~aus** af þessu; **~bei** við þetta, með þessu; **~durch** með þessu; **~für** fyrir þetta; **~her** hingað; **~in** í þessu; **~mit** hér með; með þessu; **~von** frá þessu; um þetta; héðan; **~zu** hingað; til þessa; **~zulande** hérlendis, í þessu landi.
**hiesig** sem er hér, sem er héðan runninn; hérlendur.
**Hilfe** *f* hjálp *f*; **mit ~ j-s** með aðstoð e-s; **zu ~ kommen** koma til hjálpar.
**Hilf|eruf** *m* neyðaróp *n*; **2los** hjálparvana; **2reich** hjálpsamur; **2sbedürftig** hjálparþurfi; **2sbereit** hjálpfús; **~smittel** *n* hjálpargagn *n*; **~smotor** *m* hjálparvél *f*; **~squelle** *f* hjálp *f*, björg *f*.
**Himbeere** *f* hindber *n*.
**Himmel** *m* himinn *m*; **am ~** á himninum; **~fahrtstag** *m* uppstigningardagur *m*; **~reich** *n* himnaríki *n*; **~sgegend** *f* átt *f*; himinbelti *n*; **~srichtung** *f* átt *f*.
**himmlisch** himneskur.

**hin** þangað, burt; horfinn; liðinn; ~ **und wieder** við og við; ~ **und zurück** fram og aftur; ~ **und her** fram og aftur; **wo denkst du** ~? að þér skuli koma slíkt til hugar!; **auf die Gefahr** ~ með þeirri áhættu.
**hinab** niður, niður eftir; ~**lassen** hleypa niður.
**hinan** upp, upp eftir, upp á við.
**hinauf** upp, upp eftir, upp á við.
**hinaus** út; út eftir; **darüber** ~ **sein** vera kominn út yfir e-ð; **zur Tür** ~ út um dyrnar; ~**gehen** ganga *od.* fara út; **die Fenster gehen auf die Straße** ~ gluggarnir snúa út að götunni; ~**ziehen** *fig.* fara *od.* halda út.
**Hinblick: im** ~ **auf etw.** þegar tekið er tillit til e-s.
**hinbringen** fara með; *Zeit:* eyða, verja.
**hinder|lich** bagalegur; til tálmunar; ~**n** hindra, aftra; ≈**nis** *n* hindrun *f.*
**hindurch** í gegnum.
**hinein** inn; inn *od.* niður í; **bis tief in die Nacht** ~ langt fram á nótt; **sich in etw.** ~**finden** fara að kunna við e-ð.
**hinfahr|en: über etw.** ~**en** fara hratt *od.* lauslega yfir e-ð; ≈**t** *f* ferð *f* til e-s staðar.
**hinfällig** hrumur; hrörlegur.
**Hingabe** *f* uppgjöf *f*; *fig.* auðsveipni *f.*
**hingeben** afsala sér; *v/r.* gefa sig á vald; fórna sér.
**hingehen:** *fig.* **etw.** ~ **lassen** láta e-ð viðgangast.
**hingezogen: sich** ~ **fühlen** finna sig dreginn að.
**hinhalten** *fig.* draga (e-n) á (e-u).
**hinken** haltra, vera haltur.
**hinlegen** leggja frá sér; *v/r.* leggjast (fyrir).
**hinnehmen** taka við; *fig.* taka e-u.
**hinreißen** *fig.* hrífa; ~**d** hrífandi.
**hinrichten** taka af lífi; *Su.* líflát *n.*
**hinsetzen** setja frá sér; *v/r.* setjast.
**Hinsicht** *f* tillit *n*; ≈**lich** með tilliti til.
**hinstellen** setja (frá sér).
**hintansetzen** láta sitja á hakanum.
**hinten** fyrir aftan, bak við; **von** ~ aftan frá; ~**über** aftur á bak.
**hinter** aftur fyrir, fyrir aftan, bak við; ≈**bein** *n* afturfótur *m*; ≈**bliebene(r)** *m/f* eftirlifandi náinn ættingi; ~**einander** hvað eftir annað, í röð; ≈**grund** *m* baksýn *f*, bakgrunnur *m*; ≈**halt** *m* launsátur *n*; ≈**haus** *n* bakhús *n*; ~**her** á eftir, síðar; ~**lassen** láta að baki sér; láta eftir sig; ~**legen** láta (fé) í vörzlu; setja sem tryggingu;

~listig undirförull; ≈rad n afturhjól n; ~rücks aftan frá; aftur á bak; fig. lymskulega; ≈teil n od. m afturhluti m; sitjandi m; ~treiben koma í veg fyrir; ≈tür f bakhurð f.
hinüber yfir (um); fyrir handan.
hinunter niður, niður á við.
Hinweg m leiðin þangað.
hinweg burt; sich über etw. ~setzen láta e-ð ekki á sig fá.
Hinweis m skírskotun f; ≈en skírskota (til e-s).
hinwerfen kasta burt; fig. hripa lauslega.
hinziehen draga þangað od. áfram; v/r. teygja sig, ná.
hinzu til; í viðbót; ~fügen bæta við; ~kommen ganga að od. nær; bætast við; ~ziehen kveðja til.
Hirn n heili m; ~schale f hauskúpa f.
Hirsch m hjörtur m; ~kalb n hjartarkálfur m; ~kuh f hind f; ~leder n hjartarskinn n.
Hirt m hirðir m, smali m.
hissen *Flagge:* vinda upp.
Hitz|e f hiti m; fig. æsing f; ≈ig uppstökkur; ~schlag m sólstunga f.
Hobel m hefill m; ≈n hefla (a. fig.).
hoch 1. hár; auf hoher See á rúmsjó; 2. ≈ n *Wetterkunde:* hæð f; *Hochruf:* húrrahróp n; ~achtungsvoll virðingarfyllst; ≈antenne f loftnet n; ≈druck m háþrýstingur m; ≈ebene f háslétta f; ≈frequenz f hátíðni f; ≈genuß m mikil nautn f; ~gradig afarmikill; ≈haus n skýjakljúfur m; ~herzig veglyndur; e-n ~leben lassen hrópa húrra fyrir e-m; ≈mut m dramb n, hroki m; ≈ofen m (málm)bræðsluofn m; ≈schule f háskóli m; technische ≈schule tekniskur háskóli; ≈sommer m hásumar n; ≈spannung f háspenna f; ≈stapler m fjárglæframaður m, svikari m.
höchst hæstur; adv. mjög; ~ens í hæsta lagi; ≈geschwindigkeit f hámarkshraði m; ≈preis m hámarksverð n.
Hoch|verrat m landráð n/pl.; ~wasser n háflæði n, flóð n; ≈wohlgeboren hávelborinn; ~zeit f brúðkaup n; ~zeitsgeschenk n brúðargjöf f.
hocken húka, sitja á hækjum sér.
Hocker m skemill m, teiknistóll m.
Höcker m herðakistill m; þúfa f.
Hode(n m) m od. f eista n.
Hof m búgarður m; (*Königs*≈) hirð f; bei ~e við hirðina; j-m den ~ machen reyna að koma sér í mjúkinn hjá e-m; ~besitzer m óðalsbóndi m.

**hoff|en** vona; **~entlich** vonandi; **2nung** *f* von *f*; **guter 2nung sein** vera með barni; **~nungslos** vonlaus; **~nungsvoll** vongóður.
**höflich** kurteis.
**Höhe** *f* hæð *f*; (*An2*) hóll *m*, hæð *f*; **in die ~** upp (í loft).
**Hoheit** *f* mikilleiki *m*; tign *f*.
**Höhensonne** *f* háfjallasól *f*.
**Höhepunkt** *m* hámark *n*; tindur *m*.
**höher** hærri; *adv.* hærra.
**hohl** holur.
**Höhle** *f* hellir *m*; hola *f*.
**Hohl|heit** *f* hvilft *f*; tómleikur *m*; **~saum** *m* gatsaumur *m*; **~spiegel** *m* holspegill *m*.
**Hohn** *m* háð *n*.
**höhn|en** hæða; **~isch** háðslegur.
**hold** yndislegur; vinveittur; **~selig** yndislegur; ástúðlegur.
**holen** sækja; **Atem ~** draga andann; kasta mæðinni.
**Hölle** *f* helvíti *n*; **~nmaschine** *f* vítisvél *f*.
**höllisch** djöfullegur.
**holprig** ósléttur.
**Holunder** *m* yllir *m*.
**Holz** *n* viður *m*, timbur *n*; (*Brenn2*) eldiviður *m*.
**hölzern** úr tré; *fig.* klunnalegur.
**Holz|fäller** *m* skógarhöggsmaður *m*; **~handel** *m* timburverzlun *f*; brennisala *f*; **~kohle** *f* viðarkol *n/pl.*; **~scheit** *n* eldiviðarbútur *m*, skíði *n*; **~schnitt** *m* tréskurður *m*; **~schnitzer** *m* myndskeri *m*; **~schuh** *m* tréskór *m*; **~stoß** *m* skíðahlaði *m*; **auf dem ~weg sn** *fig.* vera á villigötum; **~wolle** *f* tréull *f*.
**Honig** *m* hunang *n*.
**Honorar** *n* þóknun *f*; ritlaun *n/pl.*
**Hopfen** *m* humall *m*.
**hopsen** hoppa.
**hör|bar** heyranlegur; **2bericht** *m* útvarpsfrétt *f*.
**horchen** hlusta, hlera.
**Horde** *f* flokkur *m*; óaldarflokkur *m*.
**hören** heyra; *fig.* **auf j-n ~** hlýða e-m; **2sagen: vom 2sagen** af afspurn.
**Hörer** *m* áheyrandi *m*; útvarpshlustandi *m*; *Tlph.* heyrnartól *n*; **~schaft** *f* áheyrendur *m/pl.*
**hörig** háður, ánauðugur.
**Horizont** *m* sjóndeildarhringur *m*.
**horizontal** lárjettur.
**Horn** *n* horn *n*; lúður *m*; **~haut** *f* hornhúð *f* *od.* -himna *f*.
**Hornisse** *f* geitungur *m*.
**Horoskop** *n* stjörnumát.
**Hör|rohr** *n* heyrnarpípa *f*; **~saal** *m* fyrirlestrarstofa *f*; **~spiel** *n* útvarpsleikrit *n*.
**Horst** *m* ránfuglshreiður *n*; *Mil.* flugmannabækistöð *f*.
**Hörweite** *f* heyrnarsvið *n*.
**Hose(n)** *f(pl.)* buxur *f/pl.*

**Hosenträger** *m* axlabönd *n/pl.*
**Hospital** *n* sjúkrahús *n*, spítali *m*.
**Hotel** *n* gistihús *n*.
**hübsch** snotur, laglegur; *adv.* vel, alveg.
**Hubschrauber** *m* þyrilvængja *f*, þyrla *f*.
**Huf** *m* hófur *m*; **~eisen** *n* skeifa *f*; **~schmied** *m* járningasmiður *m*.
**Hüft|e** *f* mjöðm *f*; **~halter** *m* mjaðmabelti *n*.
**Hügel** *m* hæð *f*, hóll *m*; **~kette** *f* hæðadrög *n/pl.*
**hügelig** hæðóttur.
**Huhn** *n* hæna *f*.
**Hühner** *pl.* hænsni *n/pl.*; **~auge** *n* líkþorn *n*; **~leiter** *f* hænsnastigi *m*; **~stall** *m* hænsnahús *n*.
**Huld** *f* náð *f*, hylli *f*; yndisleiki *m*.
**huldig|en** hylla; **≈ung** *f* hylling *f*; aðdáun *f*.
**Hülle** *f* hjúpur *m*; slæða *f*.
**Hülse** *f* hýði *n*; fræhús *n*; **~nfrucht** *f* hýðisávöxtur *m*.
**Humbug** *m* svik *n/pl.*, tál *n*.
**Hummel** *f* humalfluga *f*.
**Hummer** *m* humar *m*.
**Humor** *m* kímni *f*, glettni *f*; **≈istisch** fyndni.
**humpeln** haltra, staulast.
**Hund** *m* hundur *m*; **junger ~** hvolpur *m*; **~ehütte** *f* hundakofi *m*.
**hundert** hundrað.
**Hünd|in** *f* tík *f*; **≈isch** hundslegur; svívirðilegur.
**Hüne** *m* risi *m*, kappi *m*.
**Hunger** *m* hungur *n*, sultur *m*; **~ haben** vera svangur; **≈n** hungra; **~snot** *f* hungursneyð *f*, sultur *m*.
**hungrig** hungraður, soltinn.
**Hupe** *f* bílflauta *f*; **≈n** *Auto:* flauta.
**hüpfen** hoppa.
**Hürde** *f* kvíar *f/pl.*; grind *f*; **~nlauf** *m* grindahlaup *n*; **~nrennen** *n* hindrunarveðhlaup *n*.
**Hure** *f* hóra *f*, skækja *f*.
**hüsteln** kjöltra, hósta lítið eitt.
**husten** hósta; *fig. pop.* **auf etw. ~** fussa við e-u.
**Husten** *m* hósti *m*.
**Hut 1.** *m* hattur *m*; **2.** *f* varðveizla *f*; **auf der ~ sn** vera á varðbergi.
**hüten** gæta, vakta, varðveita; **das Bett ~** liggja rúmfastur; *v/r.* vara sig.
**Hut|krempe** *f* hattbarð *n*; **~schachtel** *f* hattöskjur *f/pl.*
**Hütte** *f* kofi *m*, hreysi *n*; *Bgb.* málmbræðsluhús *n*, náma *f*.
**Hygiene** *f* heilsufræði *f*; hollusta *f*.
**hypnotisieren** dáleiða.
**Hypothek** *f* veðskuld *f*; **~enbank** *f* veðlánabanki *m*; **~enbrief** *m* veðskuldabréf *n*.
**hysterisch** móðursjúkur, ímyndunarveikur.

# I

**ich** ég; ~ **bin es** það er ég.
**Idee** *f* hugmynd *f*; hugsjón *f*. [sjálfkenna.]
**identifizieren** rekja saman;]
**Idiot** *m* fáviti *m*; asni *m*.
**Idyll** *n* sveitasæla *f*.
**Igel** *m* broddgöltur *m*.
**ignorieren** hafa að engu.
**ihr** (*in der Anrede*) þið.
**ihr**; **Ihr** hennar, þeirra, sinn, sín, sitt; yðar; *Zssg. s. unter* **dein.**
**Illustration** *f* mynd *f*, myndskreyting *f*.
**Imbiß** *m* morgunverður *m*.
**immatrikulieren** rita í stúdentatölu, innrita.
**immer** alltaf, sífellt; ~ **mehr** meira og meira; **wer** ~ hver sem; **was** ~ hvað sem; ~**dar** alltaf; ~**fort** stöðugt; ~**hin** samt, þó; ~**zu** alltaf; áfram!
**impf|en** ágræða; bólusetja; *Su.* ágræðing *f*; bólusetning *f*; **2schein** *m* bólusetningarvottorð *n*.
**imponieren** láta finnast til um.
**Import** *m* innflutningur *m*.
**imprägnieren** gera vatnshelt.
**imstande**: ~ **sein** geta.
**in** í, inn(i) í; innan í; út(i) í; niður í, upp(i) í; eftir.
**Inanspruchnahme** *f* annríki *n*.
**Inbegriff** *m* meðtalning *f*; ímynd *f*; **2en** meðtalinn.
**Inbrunst** *f* alúð *f*; ákafi *m*.
**indem** um leið og; þar eð.
**indes(sen)** á meðan; samt.
**individuell** sérkennilegur, einstaklingsbundinn.
**Industrie** *f* iðnaður *m*.
**ineinander** hver í annan; hver innan um annan.
**infam** svívirðilegur, skammarlegur.
**Infanterie** *f* fótgönguliö *n*.
**Infektion** *f* sýking *f*.
**Inflation** *f* verðbólga *f*, gjaldeyrishrun *n*.
**infolge** eftir; vegna; ~**dessen** þess vegna, samkvæmt því.
**Information** *f* upplýsingar *f/pl.*; fregn *f*; fyrirspurn *f*.
**Ingenieur** *m* verkfræðingur *m*. [handhafi *m*.]
**Inhaber** *m* eigandi *m*;]
**Inhalt** *m* innihald *n*; ~**sverzeichnis** *n* efnisskrá *f*.
**Inland** *n* heimaland *n*; uppland *n*.
**Inländ|er** *m* innlendur maður *m*; **2isch** innlendur.
**Inlett** *n* sængurver *n*.
**inliegend** innan í, (sem) fylgir. [meðal.]
**inmitten** í miðjum; mitt á]
**innehaben** hafa, eiga; *Amt:* gegna.
**innehalten** gæta, rækja; hætta (um stund).
**innen** inni í, innan í, að innanverðu; **von** ~ að innan; **nach** ~ inn á við;

**⁓minister** *m* innanríkisráðherra *m*; **⁓ministerium** *n* innanríkisráðuneyti *n*; **⁓seite** *f* innri hlið.
**Innere(s)** *n* (*Land*) miðbik *n*.
**inner|halb** fyrir innan; innan; **⁓lich** innilegur; innanverður.
**innig** innilegur, ástúðlegur.
**Innung** *f* iðnfélag *n*.
**Insasse** *m* íbúi *m*; (*Gefängnis⁓*) fangi *m*.
**insbesondere** sérstaklega, einkum.
**Inschrift** *f* áletrun *f*.
**Insekt** *n* skordýr *n*; **⁓enpulver** *n* skordýraeitur *n*.
**Insel** *f* eyja *f*.
**Inserat** *n* auglýsing *f*.
**ins|geheim** í leyni; **⁓gesamt** samtals, alls.
**inso|fern** að svo miklu leyti (sem); svo framarlega sem; **⁓weit** að svo miklu leyti (sem).
**instand|halten** halda (e-u) við; **⁓haltung** *f* viðhald *n*; **⁓setzen** gera við.
**Instinkt** *m* eðlishvöt *f*.
**inszenieren** sviðsetja.
**Interesse** *n* áhugi *m*; hagsmunir *m/pl*.
**Interpunktion** *f* greinarmerki *n/pl.*; setning *f* greinarmerkja.
**Interview** *n* viðtal *n*.
**Intrige** *f* brögð *n/pl.*, undirferli *n/pl*.
**Invalide** *m* örkumlamaður *m*; öryrki *m*; **⁓nversicherung** *f* örorkutrygging *f*.
**Inventurausverkauf** *m* árleg útsala.
**investieren** fjárfesta.
**inwendig** innanverður, innri.
**inwieweit** að hve miklu leyti; að svo miklu leyti [sem.
**inzwischen** á meðan.
**ird|en** úr leir; **⁓isch** jarðneskur.
**Ire** *m* Írlendingur *m*, Íri *m*.
**irgend|ein** einhver; **⁓einer** einhver; **⁓ etwas** eitthvað; **⁓wann** einhvern tíma; **⁓wie** einhvern veginn; **⁓wo** einhvers staðar; **⁓wohin** á einhvern stað.
**irisch** írskur; **⁓** *n* írska *f*.
**ironisch** háðslegur.
**irr** villtur; hvarflandi; **⁓e(r)** *m* geggjaður maður.
**irre|führen** villa, leiða á villigötur; **⁓führend** villandi; **⁓gehen** villast; **⁓machen** trufla, rugla.
**irren** *v/r*. skjátlast; **⁓anstalt** *f* geðveikrahæli *n*.
**irrereden** tala óráð.
**Irrfahrt** *f* villuráf *n*; flakk *n*.
**irrig** skakkur, rangur.
**Irr|licht** *n* hrævareldur *m*; **⁓sinn** *m* geðveiki *f*; **⁓sinnig** vitskertur; **⁓tum** *m* villa *f*; **⁓tümlich** rangur.
**Ischias** *f* lærtaugargigt *f*.
**Isländ|er** *m* Íslendingur *m*; **⁓erin** *f* íslenzk kona *f*; **⁓isch** íslenzkur; **⁓isch** *n* íslenzka *f*.
**isolieren** einangra.
**Italien|er** *m* Ítali *m*; **⁓erin** *f* ítölsk kona *f*; **⁓isch** ítalskur; **⁓isch** *n* ítalska *f*.

# J

ja já; jú.
**Jacht** *f* lystisnekkja *f*.
**Jacke** *f* jakki *m*, treyja *f*.
**Jackett** *n* lafajakki *m*; **~anzug** *m* lafajakkaklæðnaður *m*.
**Jagd** *f* veiðar *f/pl*.; **~flinte** *f* veiðibyssa *f*; **~frevel** *m* veiðiþjófnaður *m*.
**jagen** veiða.
**Jäger** *m* veiðimaður *m*.
**jäh** snöggur, skyndilegur; snarbrattur.
**Jahr** *n* ár *n*; **dieses ~** þetta ár; á þessu ári; **voriges ~** í fyrra; **in drei ~en** (*nach*) eftir þrjú ár; (*während*) á þremur árum; **er war drei ~e hier** hann var hér í þrjú ár; **alle drei ~e** þriðja hvert ár; **ein Mann von dreißig Jahren** þrítugur maður *m*; **ﬁelang** árum saman.
**Jahres|abschluß** *m* árslok *n/pl*.; *Hdl.* ársreikningslok *n/pl*.; **~anfang** *m* ársbyrjun *f*; **~einnahme** *f* árstekjur *f/pl*.; **~tag** *m* ársminningardagur *m*; **~zahl** *f* ártal *n*; **~zeit** *f* árstíð *f*.
**Jahrhundert** *n* öld *f*.
**jährlich** árlegur.
**Jahr|markt** *m* ársmarkaður *m*; **~tausend** *n* þúsund ár; **~zehnt** *n* áratugur *m*.
**Jähzorn** *m* bráðlyndi *n*.
**Jammer** *m* eymd *f*; sorg *f*; **ﬁn** kveina; **er ﬁt mich** ég kenni í brjósti um hann.
**jämmerlich** aumur.
**Januar** *m* janúar *m*.
**jäten** reyta (illgresi).
**Jauche** *f* haugvatn *n*, áburðarlögur *m*.
**jauchzen** hrópa af gleði.
**Jawort** *n* jáyrði *n*, já *n*.
**je** nokkru sinni, nokkurn tíma; **für ~ zehn Worte** fyrir hver tíu orð; **~ nachdem** eftir því hvernig á er litið; **je ... desto** því ... þeim mun.
**jedenfalls** að minnsta kosti.
**jede** (**-r, -s**) sérhver, (sérhvert); **ohne ~n Einfluß** án nokkurrra áhrifa.
**jeder|mann** sérhver; **~zeit** hvenær sem er.
**jedesmal** í hvert skipti.
**jedoch** þó, samt sem áður.
**jeher**: **von ~** frá fornu fari, frá upphafi, alltaf.
**je|mals** nokkru sinni; **~mand** einhver.
**jene** (**-r, -s**) þessi (þetta) (þarna).
**jenseit|ig** hinum megin; **~s** hinum megin; **ﬁs** *n* annað líf.
**jetzig** núverandi.
**jetzt** nú; **bis ~** hingað til; **von ~ an** upp frá þessu.
**Joch** *n* ok *n*; sameyki *n*; (*Bergﬁ*) fjallshryggur *m*.
**jodeln** jóðla.
**Johannis|beere** *f* ribsber *n*;

schwarze ~beere sólber *n*; ~tag *m* Jónsmessudagur *m*.
**johlen** öskra, æpa.
**Jolle** *f* skipskæna *f*.
**Joppe** *f* úlpa *f*, treyja *f*.
**Journalist** *m* blaðamaður *m*.
**Jubel** *m* fögnuður *m*; **2n** fagna.
**Jubiläum** *n* fagnaðarár *n*; fagnaðarhátíð *f*.
**Juchten** *n* rússskinn *n*; **2** *adj*. úr rússskinni, rússskinns-.
**jucken** klæja.
**Jude** *m* Gyðingur *m*.
**jüdisch** gyðinglegur.
**Jugend** *f* æska *f*; **~amt** *n* barnaverndarráð *n*; **~herberge** *f* gististaður *m* farfugla; **2lich** ungur, ungæðislegur; **~streich** *m* æskubrek *n*.
**Juli** *m* júlí *m*.
**jung** ungur; (*Komparativ*) yngri; (*Superlativ*) yngstur; **der Jüngste Tag** dómsdagur *m*.
**Junge** *m* drengur *m*; **2n** kasta, bera, gjóta.
**Jünger** *m* lærisveinn *m*.
**Jungfer** *f*, **Jungfrau** *f* ungfrú *f*; mær *f*; **~nschaft** *f* meydómur *m*.
**Junggeselle** *m* piparsveinn *m*.
**Jüngling** *m* unglingur *m*.
**jüngst** (= *vor kurzer Zeit*) nýlega.
**Juni** *m* júní *m*.
**Jurist** *m* lögfræðingur *m*; **2isch** lögfræðilegur.
**Justiz** *f* dómgæzla *f*, réttarfar *n*.
**Jüt|land** *n* Jótland *n*; **~länder** *m* Jóti *m*; **2ländisch** józkur.
**Juwel** *n* gimsteinn *m*; **~ier** *m* skartgripasali *m*.
**Jux** *m pop*. spaug *n*, glens *n*.

# K

**Kabel** *n* kapall *m*; sæ- *od*. jarðsímastrengur *m*; **2n** símrita.
**Kabeljau** *m* þorskur *m*.
**Kabine** *f* káeta *f*, farþegaklefi *m*.
**Kachel** *f* leirflaga *f*; **~ofen** *m* kakalofn *m*.
**Käfer** *m Zo*. bjalla *f*.
**Kaffee** *m* kaffi *n*; **~bohne** *f* kaffibaun *f*; **~haus** *n* kaffihús *n*; **~tasse** *f* kaffibolli *m*.
**Käfig** *m* búr *n*.
**kahl** sköllóttur; nakinn; gróðurlaus; **2kopf** *m* skalli *m*, sköllótt höfuð; **~köpfig** sköllóttur.
**Kahn** *m* bátur *m*; prammi *m*.
**Kai** *m* bryggja *f*.
**Kajüte** *f* káeta *f*.
**Kakao** *m* kakó *n*.
**Kalb** *n* kálfur *m*; **~fleisch** *n* kálfskjöt *n*; **~sbraten** *m* kálfasteik *f*.
**Kalender** *m* almanak *n*.
**Kaliber** *n* hlaupvídd *f*.

**kalt** kaldur; **~blütig** stilltur, rólegur.
**Kälte** *f* kuldi *m*; *fig.* kaldlyndi *n*.
**Kaltwelle** *f* kalt permanent *n*.
**Kamelhaar** *n* úlfaldahár *n*.
**Kamera** *f* ljósmyndavél *f*.
**Kamerad** *m* félagi *m*; **~schaft** *f* félagsskapur *m*.
**Kameramann** *m* kvikmyndatökumaður *m*.
**Kamin** *m* arinn *m*, eldstó *f*; **~sims** *m* arinhilla *f*.
**Kamm** *m* greiða *f*, kambur *m*.
**Kammer** *f* herbergi *n*, kompa *f*.
**Kampf** *m* bardagi *m*; **≈unfähig** óvígur.
**kämpf|en** berjast; **≈er** *m* bardagamaður *m*.
**Kanal** *m* skurður *m*; skolpræsi *n*; **~isation** *f* ræsing *f*, framræsla *f*.
**Kanarienvogel** *m* kanarífugl *m*.
**Kaninchen** *n* kanína *f*.
**Kanne** *f* kanna *f*.
**Kanone** *f* fallbyssa *f*; **~nrohr** *n* fallbyssuhlaup *n*.
**Kant|e** *f* brún *f*, rönd *f*; faldur *m*; knipplingur *m*; **≈en** gera strendan; reisa á rönd; **≈ig** strendur.
**Kanzel** *f* prédikunarstóll *m*.
**Kanz|lei** *f* stjórnarskrifstofa *f*; **~ler** *m* forsætisráðherra *m*, kanslari *m*.
**Kap** *n* höfði *m*.
**Kapell|e** *f* bæn(a)hús *n*, kapella *f*; hljómsveit *f*; **~meister** *m* hljómsveitarstjóri *m*.
**kapern** hertaka.
**Kapital** *n* höfuðstóll *m*; fjármagn *n*; **~anlage** *f* varning *f* fjármagns.
**Kapitän** *m* skipstjóri *m*; **~ zur See** herskipstjóri *m*.
**Kaplan** *m* aðstoðarprestur *m*.
**Kappe** *f* hetta *f*; húfa *f*.
**Kapsel** *f* hylki *n*; nisti *n*.
**Kapuze** *f* hetta *f*.
**Karaffe** *f* karafla *f*.
**Karfreitag** *m* föstudagurinn langi.
**karg, kärglich** naumur, af skornum skammti.
**kariert** köflóttur.
**Karotte** *f* gulrót *f*.
**Karpfen** *m* karfi *m*.
**Karren** *m* kerra *f*; handvagn *m*; hjólbörur *f/pl*.
**Karte** *f* spil *n*; bréfspjald *n*.
**Kartei** *f* spjaldskrá *f*.
**Karten|ausgabe** *f* miðasala *f*; **~legerin** *f* spilaspákona *f*.
**Kartoffel** *f* kartafla *f*; **~krankheit** *f* kartöflusýki *f*; **~puffer** *m* kartöflukaka *f*; **~schale** *f* kartöfluhýði *n*.
**Karussel** *n* hringekja *f*.
**Karwoche** *f* páskavika *f*, dymbilvika *f*.
**Käse** *m* ostur *m*; **≈n** ysta.
**Kaserne** *f* hermannaskáli *m*.
**Kasse** *f* peningahirzla *f*; **bei ~ sn** hafa peninga; **~nbestand** *m* sjóðforði *m*; **~npatient** *m* sjúkrasamlagssjúklingur *m*.
**kassier|en** innheimta; *Jur.*

ógilda; 2er *m* gjaldkeri *m*.
**Kasten** *m* kassi *m*; kistill *m*.
**Katalog** *m* bókaskrá *f*.
**Katarrh** *m* kvef *n*.
**Kater** *m* högni *m*; *fig.* timburmenn *m/pl*.
**Katheder** *n* kennaraborð *n*.
**Kathedrale** *f* dómkirkja *f*.
**katholisch** kaþólskur.
**Katze** *f* köttur *m*; **~nauge** *n* kattarauga *n*; **~nsprung** *m* kattarstökk *n*; *fig.* örstuttur spölur.
**Kauderwelsch** *n* hrognamál *n*, skollaþýzka *f*.
**kauen** tyggja.
**Kauf** *m* kaup *n/pl*.; **2en** kaupa.
**Käufer** *m* kaupandi *m*.
**Kaufhaus** *n* vöruhús *n*.
**käuflich** falur; *fig.* mútanlegur.
**Kaufmann** *m* kaupmaður *m*.
**kaufmännisch** kaupmanns-, verzlunar-.
**Kaugummi** *n* tyggigúmm(í) *n*.
**kaum** varla, tæplega.
**Kautabak** *m* munntóbak *n*.
**Kaution** *f* ábyrgð *f*.
**Kautschuk** *m* (*a. n*) togleður *n*, harðgúm *n*.
**Kauz** *m* ugla *f*; *fig.* sérvitringur *m*.
**keck** djarfur.
**Kegel** *m* keila *f*; **~ schieben** leika keiluleik.
**Kehl|e** *f* barki *m*; kverkar *f/pl*., háls *m*; **~kopf** *m* barkakýli *n*.
**kehren** snúa; sópa; *v/r.*: **sich an etw. ~** fást um e-ð; **in sich gekehrt** dulur.
**Kehr|icht** *m* (*n*) sorp *n*, rusl *n*; **~reim** *m* viðkvæði *n*; **~seite** *f* úthverfa *f*; bakhlið *f*; *fig.* skuggahlið *f*; **2tmachen** snúa (sér) við.
**keifen** rífast; gjamma.
**Keil** *m* fleygur *m*; **~e** *f pop.* barsmíð *f*; **~erei** *f* áflog *n/pl*.; **~kissen** *n* skápúði *m*.
**Keim** *m* kím *n*, frjó *n*, frjóangi *m*; **~drüse** *f* kynkyrtill *m*; **2en** frjóvgast; gróa.
**kein** (**-e, -er, -es**) enginn, ekkert (engin, enginn, ekkert); **~(e)s von beiden** hvorugt; **~esfalls** ekki fyrir neinn mun; **~eswegs** engan veginn, alls ekki.
**Keks** *m* (*a. n*) kex *n*.
**Kelch** *m* bikar *m*; *krch.* kaleikur *m*.
**Kelle** *f* ausa *f*, sleif *f*.
**Keller** *m* kjallari *m*; **~ei** *f* stór vínkjallari *m*; **~meister** *m* kjallaravörður *m*.
**Kellner** *m* veitingaþjónn *m*; **~in** *f* veitingastúlka *f*.
**Kelter** *f* vínpressa *f*.
**kennen** þekkja; **j-n ~lernen** kynnast e-m.
**Kenn|er** *m* sérfræðingur *m*; **2tlich** þekkjanlegur; **~tnis** *f* þekking *f*; **zur ~ nehmen** lýsa yfir að hafa fengið að vita e-ð; **~wort** *n* einkunnarorð *n*; **~zeichen** *n* einkenni *n*, auðkenni *n*; **2zeichnen** einkenna, auðkenna; lýsa.

**kentern** hvolfa(st).
**Kerbe** *f* skora *f.*
**Kerker** *m* fangelsi *n.*
**Kerl** *m* náungi *m.*
**Kern** *m* kjarni *m*; **2gesund** stálhraustur.
**Kerze** *f* (vax)kerti *n*; *Tech.* (*Auto*) kerti *n*; **2ngerade** þráðbeinn.
**Kessel** *m* ketill *m*; pottur *m*
**Kette** *f* keðja *f*; festi *f*; **an die ~ legen** hlekkja.
**Ketzer** *m* trúvillingur *m.*
**keuch|en** mása, stynja; **2-husten** *m* kíghósti *m.*
**Keule** *f* kylfa *f.*
**keusch** skírlífur.
**kichern** flissa.
**Kiebitz** *m* vepja *f.*
**Kiefer** 1. *m* kjálki *m*, skoltur *m*; 2. *f* fura *f.*
**Kiel** *m* *Mar.* kjölur *m*; **~wasser** *n* kjölfar *n.*
**Kieme** *f* tálkn *n/pl.*
**Kienapfel** *m* furualdin *n.*
**Kiepe** *f* tágakarfa *f*; *pop.* stráhattur *m.*
**Kies** *m* möl *f*; **~el** *m* kísill *m*, steinvala *f.*
**Kilo|gramm** *n* kíló *n*; **~meter** *m od. n* kílómetri *m*; **~watt** *n* kílóvatt *n.*
**Kind** *n* barn *n*; **an ~es Statt annehmen** ættleiða; **~bett** *n* sængurvika *f*, sæng *f*; **~bettfieber** *n* barnsfararsótt *f*; **~erei** *f* barnaskapur *m.*
**Kinder|garten** *m* barnaheimili *n*, leikskóli *m*; **~lähmung** *f* mænuveiki *f*; **2leicht** auðléttur; **~mädchen** *n* barnfóstra *f*; **2reich** barnmargur; **~wagen** *m* barnavagn *m.*
**Kind|heit** *f* bernska *f*; **2isch** barnalegur; **2lich** barnslegur; **~taufe** *f* barnsskírn *f.*
**Kinn** *n* haka *f*; **~haken** *m* hökuhögg *n.*
**Kino** *n* bíó *n*, kvikmyndahús *n.*
**kipp|en** vega salt; fara um koll; **2lader** *m* steypivörubíll *m.*
**Kirche** *f* kirkja *f*; **zur ~ gehen** sækja kirkju; **~nlied** *n* sálmur *m*; **~nmusik** *f* kirkjutónlist *f*; **~nsteuer** *f* kirkjugjald *n.*
**Kirch|gänger** *m* kirkjugestur *m*; **~hof** *m* kirkjugarður *m*; **2lich** kirkjulegur; **~spiel** *n* sókn *f*; **~turm** *m* kirkjuturn *m.*
**Kirsch|baum** *m* kirsiberjatré *n*; **~e** *f* kirsiber *n*; **2rot** kirsiberjarauður; **~wasser** *n* kirsiberjabrennivín *n.*
**Kissen** *n* koddi *m*, púði *m.*
**Kiste** *f* kassi *m.*
**Kitsch** *m* ómynd *f*, lélegt listaverk; **2ig** ósmekklegur.
**Kitt** *m* kítti *n*; **2en** kítta.
**Kitz|el** *m* kitlur *f/pl.*; **2eln** kitla; **2lig** kitligjarn.
**kläffen** gelta, gjamma.
**Klage** *f* kvörtun *f*; *Jur.* kæra f; **2n** kvarta; **gegen j-n 2n** kæra e-n.
**Kläg|er** *m* kærandi *m*; *Jur.*

saksóknari *m*; ≈lich aumkunarlegur.
**klamm** þröngur; *pop.* af skornum skammti.
**Klamm** *f* gil *n*.
**Klammer** *f* klemma *f*; svigi *m*; ≈n *v/r.* halda dauðahaldi (**an etw.** í e-ð).
**Klang** *m* hljómur *m*; ≈**voll** hljómmikill.
**Klappe** *f* flugnaskella *f*; ventill *m*; (*Luke*) hlemmur *m*; **zwei Fliegen mit einer ~ schlagen** slá tvær flugur í einu höggi; ≈**n** skella(st); *pop.* heppnast; ≈**rn** skrölta; *pop.* bulla.
**Klappstuhl** *m* sambrotsstóll *m*.
**Klaps** *m* skellur *m*; **e-n ~ haben** vera ekki með öllum mjalla.
**klar** skær; tær; heiður; augljós; ≈**heit** *f* skærleiki *m*; skírleiki *m*; vissa *f*.
**klären** skíra; hreinsa; *v/r.* létta upp; verða ljóst.
**klarmachen** skýra; *Mar.* gera tilbúið.
**Klass|e** *f* flokkur *m*; stétt *f*; bekkur *m*; **erster ~e** fyrsta flokks; **erster ~e reisen** ferðast á fyrsta farrými; **~enkampf** *m* stéttabarátta *f*; ≈**isch** sígildur.
**Klatsch** *m fig.* þvaður *n*, slúður *n*; ≈**en** skella; *fig.* segja gróusögur; ≈**naß** rennvotur; **~sucht** *f* málæði *n*.
**Klaue** *f* kló *f* (*a. fig.*).
**Klausel** *f* skilyrði *n*.
**Klavier** *n* píanó *n*, slagharpa *f*.
**kleb|en** loða við; líma; **~rig** límkenndur; ≈**stoff** *m* lím (-efni) *n*.
**Klecks** *m* klessa *f*; ≈**en** bletta.
**Klee** *m* smári *m*; **~blatt** *n* smárablað *n*; **vierblättriges ~blatt** fjögralaufasmári *m*.
**Kleid** *n* (*Damen*≈) kjóll *m*; búningur *m*; *pl.* föt *n/pl.*; ≈**en** klæða; búa; **~erbügel** *m* herðatré *n*; **~erbürste** *f* fatabursti *m*; **~erschrank** *m* fataskápur *m*; **~erständer** *m* fatagrind *f*; **~ung** *f* búningur *m*, fatnaður *m*.
**klein** lítill; **der** ≈**e Belt** Litlabeltið *n*; **von ~ auf** frá barnæsku; **ein ~ wenig** ofurlítið; **~ beigeben** láta undan; ≈**bahn** *f* aukabraut *f*; ≈**geld** *n* smápeningar *m/pl.*; ≈**handel** *m* smásala *f*; ≈**igkeit** *f* smámunir *m/pl.*; **~laut** hnugginn, kjarklaus; **~lich** smámunalegur; ≈**od** *n* dýrgripur *m*; ≈**stadt** *f* smáborg *f*.
**Kleister** *m* hveitilím *n*.
**klemmen** klemma.
**Klempner** *m* blikksmiður *m*.
**klettern** klifra.
**Klima** *n* loftslag *n*.
**Klinge** *f* brandur *m*; (*Messer*) blað *n*.
**Klingel** *f* bjalla *f*, klukka *f*; ≈**n** hringja.
**klingen** hljóma, óma.
**Klinik** *f* sjúkrahús *n*.
**Klinke** *f* klinka *f*; handfang *n*.

**klipp und klar** altilbúið; skýrt og greinilegt.
**Klippe** *f* klettur *m*; sker *n*.
**klirren** glamra, skrölta.
**Klischee** *n* myndamót *n*.
**klobig** klunnalegur.
**klopfen** berja, klappa.
**klöppeln** knippla.
**Klops** *m* kjötsnúður *m*.
**Klosett** *n* salerni *n*; **~papier** *n* salernispappír *m*.
**Kloß** *m* köggull *m*; bolla *f*.
**Kloster** *n* klaustur *n*; **~gang** *m* klausturgangur *m*.
**Klotz** *m* trédrumbur *m*; klunni *m*; **2ig** klunnalegur.
**Klubsessel** *m* klúbbstóll *m*.
**Kluft** *f* gjá *f*.
**klug** hygginn; **aus etw. ~ werden** botna í e-u; **2heit** *f* hyggindi *n/pl*.
**Klump|en** *m* köggull *m*, hnaus *m*; **~fuß** *m* klepp-fótur *m*.
**knabbern** naga.
**Knabe** *m* drengur *m*.
**Knäckebrot** *n* hrökkbrauð *n*.
**knacken** braka, brotna; *v/t*. brjóta.
**Knacks** *m* brestur *m*; sprunga *f*; *fig*. áfall *n*.
**Knall** *m* hvellur *m*, smellur *m*; **~ und Fall** skyndilega; **2en** smella; skjóta.
**knapp** naumur; af skornum skammti; stuttorður.
**Knarre** *f* hrossabrestur *m*.
**knarren** marra, braka.
**knattern** snarka, smella.
**Knäuel** *m* (*a. n*) hópur *m*, þvaga *f*; (*Garn*) hnykill *m*.
**knauserig** nízkur.
**Knebel** *m* barefli *n*; ginkefli *n*; **2n** kefla; berja.
**Knecht** *m* vinnumaður *m*; þræll *m*; **2en** þrælka, kúga; **2isch** þýlyndur; **~schaft** *f* þrældómur *m*.
**kneif|en** klípa; **~zange** *f* naglbítur *m*.
**Kneipe** *f* drykkjukrá *f*; **2n** drekka, svalla; **~rei** *f* svall *n*.
**kneten** hnoða; nudda.
**knicken** brjóta; *v/t*. brotna.
**Knickerbocker** *f/pl*. poka-buxur *f/pl*.
**knicksen** hneigja sig.
**Knie** *n* kné *n*; **2n** krjúpa á kné; **~gelenk** *n* hnéliður *m*; **~hose** *f* stuttbuxur *f/pl*.; **~kehle** *f* hnésbót *f*; **~scheibe** *f* hnéskel *f*; **~strumpf** *m* hnésokkur *m*.
**Kniff** *m* klip *n*; *fig*. bragð *n*; **2lich** örðugur.
**knipsen** taka ljósmynd; (*Billett*) gata.
**Knirps** *m* snáði *m*, hnokki *m*.
**knirschen** marra; **mit den Zähnen ~** gnísta tönnum.
**knistern** snarka, braka.
**knitter|frei** sem ekki krypplast; **~n** snarka, skrjáfa; böggla.
**knobeln** leika að *od*. kasta teningum.
**Knoblauch** *m* geirlaukur *m*.
**Knöchel** *m* hnúi *m*; ökkli *m*.
**Knochen** *m* bein *n*; **~bruch** *m* beinbrot *n*; **~splitter** *m* beinflís *f*.

**knochig** stórbeinóttur.
**Knopf** *m* hnappur *m*; (hnakk)nef *n*; **~loch** *n* hnappagat *n*.
**knöpfen** hneppa.
**Knorpel** *m* brjósk *n*.
**knorrig** kvistóttur; hnýttur.
**Knospe** *f* blómhnappur *m*; **2n** blómgast.
**knoten** hnýta; **2** *m* hnútur *m*; *Mar.* sjómíla *f*; **2punkt** *m* vegamót *n/pl.*, járnbrautamót *n/pl.*
**knüllen** böggla.
**knüpfen** hnýta; tengja saman.
**Knüppel** *m* barefli *n*.
**knurren** urra; nöldra.
**knusprig** (*Gebäck*) stökkur.
**knutschen** faðma að sér, kyssa.
**Kobold** *m* álfur *m*.
**Koch** *m* matsveinn *m*; **~buch** *n* matreiðslubók *f*; **2en** sjóða; búa til mat; **~er** *m* suðuvél *f*; **~geschirr** *n* matreiðsluáhöld *n/pl.*; **~herd** *m* eldavél *f*; **~kiste** *f* suðukassi *m*, moðkassi *m*; **~topf** *m* pottur *m*.
**Köder** *m* beita *f*; **2n** (*Angel*) beita.
**Koffer** *m* ferðataska *f*; **~grammophon** *n* ferðafónn *m*.
**Kohl** *m* kál *n*; *fig.* rugl *n*.
**Kohle** *f* kol *n/pl.*; **~nbergwerk** *n* kolanáma *f*; **~nkeller** *m* kolakjallari *m*; **~nsäure** *f* kolsýra *f*; **~papier** *n* kalkipappír *m*.
**Köhler** *m* kolagerðarmaður *m*.
**Kohl|kopf** *m* kálhöfuð *n*; **~rübe** *f* næpa *f*.
**Koje** *f* hengirúm *n*.
**kokett** ástleitinn.
**Koks** *m* koks *n*.
**Kolben** *m* byssuskefti *n*; kylfa *f*; *Tech.* bulla *f*.
**Kolleg** *n* fyrirlestur *m* (í háskóla); **~e** *m* starfsbróðir *m*.
**kollidieren** rekast á; vera í mótsögn (**mit** við).
**Kolonialwarenhändler** *m* nýlenduvörukaupmaður *m*.
**Kolon|ie** *f* nýlenda *f*; **~ist** *m* landnemi *m*.
**Komet** *m* halastjarna *f*.
**komisch** skoplegur, skringilegur.
**kommand|ieren** stýra; skipa; **2itgesellschaft** *f* samlagsfélag *n* með óvirkum félagsmönum; *Jur.* hjáfélag *n*; **2obrücke** *f* stjórnpallur *m*, brúin *f*.
**kommen** koma; **gelaufen ~** koma hlaupandi; **ihm kam der Gedanke** honum datt í hug.
**Kommunist** *m* kommúnisti *m*.
**Komödie** *f* gamanleikur *m*.
**Komparse** *m* þegjandi leikari, statisti *m*.
**Kompaß** *m* áttaviti *m*.
**Kompott** *n* ávaxtamauk *n*.
**Komponist** *m* tónskáld *n*.
**Kondensmilch** *f* dósamjólk *f*.

**Konditor** *m* kökubakari *m*; **~ei** *f* kökubúð *f*; kaffihús *n*.
**König** *m* konungur *m*; **~in** *f* drottning *f*; **Ωlich** konunglegur; **~reich** *n* konungsríki *n*.
**Konjunktur** *f* horfur *f/pl.*; markaðshorfur *f/pl.*; hágengi *n*.
**Konkurrenz** *f* samkeppni *f*.
**Konkurs** *m* gjaldþrot *n/pl.*
**können** geta.
**Konserve** *f* niðursoðin vara.
**Konsul** *m* ræðismaður *m*, konsúll *m*; **~at** *n* ræðismannsskrifstofa *f*.
**Konsumverein** *m* kaupfélag *n*, pöntunarfélag *n*.
**Kontakt** *m* snerting *f*; *El.* tengill *m*.
**Konto** *n* (viðskipta)reikningur *m*; **~korrent** *n* hlaupareikningur *m*.
**Kontrolle** *f* eftirlit *n*.
**Konzert** *n* hljómleikar *m/pl.*; samsöngur *m*; söngskemmtun *f*.
**Kopenhagen** *n* Kaupmannahöfn *f*; **~er** *m* Kaupmannahafnarbúi *m*; *pop.* vínarbrauð *n*.
**Kopf** *m* höfuð *n*; **den ~ hängen lassen** vera niðurlútur; **den ~ schütteln** hrista höfuðið.
**köpfen** hálshöggva.
**Kopf|hörer** *m* heyrnartól *n*; **~kissen** *n* koddi *m*; **~schmerzen** *pl.* höfuðverkur *m*; **Ωüber** á höfuðið; **~zerbrechen** *n* heilabrot *n/pl.*
**kopier|en** afrita; **Ωstift** *m* blekblýantur *m*.
**Koralle** *f* kórall *m*.
**Korb** *m* karfa *f*; **~sessel** *m* körfustóll *m*.
**Kork** *m* korkur *m*; **~en** *m* korktappi *m*; **~enzieher** *m* tappatogari *m*.
**Korn** *n* korn *n*; útsæði *n*; **~blume** *f* kornblóm *n*; **~feld** *n* kornakur *m*.
**Körper** *m* líkami *m*, búkur *m*; **~bau** *m* líkamsbygging *f*; **Ωlich** líkamlegur; **~pflege** *f* líkamsrækt *f*; **~schaft** *f* (sam)félag *n*.
**korpulent** feitur.
**Korrespondenz** *f* bréfaviðskipti *n/pl.*
**kosten** kosta; bragða á.
**Kosten** *pl.* kostnaður *m*; **auf meine ~** á minn kostnað; **~anschlag** *m* kostnaðaráætlun *f*; **Ωlos** kostnaðarlaus.
**köstlich** dýr(ð)legur.
**Kostüm** *n* (grímu-, leikara-, þjóð)búningur *m*; (*Damen*Ω) jakkakjóll *m*; **~fest** *n* grímudansleikur *m*, grímuball n.
**Kot** *m* for *f*, skarn *n*; **~flügel** *m* aurbretti *n*.
**Kotelett** *n* rifjasteik *f*.
**krabbeln** skríða.
**Krach** *m* brak *n*, brestur *m*; *pop.* rifrildi *n*.
**krächzen** garga.
**kraft** *prp.* samkvæmt.
**Kraft** *f* kraftur *m*, afl *n*; **~droschke** *f* leigubifreið *f*;

~fahrer *m* bílstjóri *m*; ~fahrzeug *n* bifreið *f*, bíll *m*.
**kräftig** sterkur, öflugur.
**kräftigen** styrkja (sich sig).
**Kragen** *m* kragi *m*; flibbi *m*; ~knopf *m* flibbahnappur *m*.
**Krähe** *f* kráka *f*; 2n gala.
**Kralle** *f* kló *f*.
**Kram** *m* smávara *f*; *fig.* skran *n*; 2en róta (í).
**Krampf** *m* krampi *m*, sinadráttur *m*; ~ader *f* æðahnútur *m*; 2haft krampakenndur, krampa-.
**Kran** *m* lyftikrani *m*.
**Kranich** *m* *Zo.* trana *f*.
**krank** sjúkur.
**kränkeln** vera lasinn.
**kranken**: an etw. ~ þjást af e-u.
**kränken** móðga; *Su.* móðgun *f*.
**Kranken|haus** *n* sjúkrahús *n*; ~kasse *f* sjúkrasamlag *n*; ~pflege *f* sjúkrahjúkrun *f*; ~schwester *f* hjúkrunarkona *f*.
**krank|haft** sjúklegur; 2heit *f* sjúkdómur *m*; ~heitshalber af sjúkdómsástæðum.
**Kranz** *m* sveigur *m*, krans *m*.
**kratzen** klóra; krafsa.
**kraus** ýfður; hrokkinn; 2e *f* ýfing *f*; hálsmálsræma *f*.
**kräuseln** ýfa; skrýfa, liða.
**Kraut** *n* jurt *f*; kál *n*.
**Krawatte** *f* hálsbindi *n*; hálsknýti *n*.
**Krebs** *m* krabbi *m*; *Med.* krabbamein *n*; ~schere *f* griptengur *f/pl*.
**Kreditbrief** *m* úttektarheimild *f*.
**Kreide** *f* krít *f*.
**Kreis** *m* hringur *m*; flokkur *m*; ~lauf *m* hringrás *f*.
**kreischen** æpa, hljóða.
**Kreisel** *m* skopparakringla *f*.
**kreisen** fara í hring.
**Krempe** *f* hattbarð *n*.
**Krepp** *m* grisja *f*.
**Kreuz** *n* kross *m*, krossmark *n*; 2 und quer þvert og endilangt; ~band *n* krossband *n*; 2en krossleggja; *Mar.* slaga; 2igen krossfesta; *Su.* krossfesting; slögun *f*; ~worträtsel *n* krossgáta *f*.
**kriechen** skríða.
**Krieg** *m* stríð *n*, styrjöld *f*; ~sbeschädigte(r) *m* stríðsörkumlamaður *m*; ~sgefangene(r) *m* herfangi *m*; ~sschauplatz *m* ófriðarstvöðvar *f/pl*.; ~sschiff *n* herskip *n*.
**Kriminal|polizei** *f* rannsóknarlögregla *f*; ~roman *m* glæpareyfari *m*.
**kringeln** *v/r*. hlykkjast, liðast.
**Krippe** *f* jata *f*.
**Kristall** *m* kristall(ur) *m*.
**krönen** krýna; *Su.* krýning *f*.
**Kröte** *f* padda *f*.
**Krücke** *f* hækja *f*.
**Krug** *m* krukka *f*, kolla *f*; (*Schenke*) krá *f*.
**Krume** *f*, **Krümel** *m* brauðmoli *m*.

**krumm** boginn.
**krümmen** beygja.
**Krüppel** *m* krypplingur *m*; örkumlamaður *m*.
**Kruste** *f* skorpa *f*, hrúður *n*.
**Kübel** *m* bali *m*, stampur *m*.
**Küche** *f* eldhús *n*; **~nausguß** *m* skólpþró *f*, frárennsli *n*.
**Kuchen** *m* kaka *f*.
**Kuckuck** *m* gaukur *m*.
**Kugel** *f* kúla *f*; **2n** velta; **~lager** *n* kúluleg(a *f*) *n*; **~schreiber** *m* kúlupenni *m*.
**Kuh** *f* kýr *f*; **~handel** *m* *fig.* hrossakaup *n/pl.*
**kühl** svalur; **2e** *f* svali *m*; **~en** kæla; **2er** *m* kælir *m*; **2schrank** *m* kæliskápur *m*; **2ung** *f* kæling *f*.
**kühn** djarfur.
**Küken** *n* kjúklingur *m*.
**Kulisse** *f* leiktjald *n*.
**Kultur** *f* menning *f*; **~film** *m* fræðslumynd *f*.
**Kümmel** *m* kúmen *n*; kúmenbrennivín *n*.
**kümmern** skipta, varða; *v/r.* láta sig (**um etw.** e-ð) varða.
**kündbar** uppsegjanlegur.
**Kunde 1.** *m* viðskiptavinur *m*; **2.** *f* frétt *f*.
**Kundgebung** *f* tilkynning *f*; kröfuganga *f*.
**kündig|en** segja upp; **2ung** *f* uppsögn *f*.
**Kundschaft** *f* viðskiptavinir *m/pl.*
**künftig** komandi; tilvonandi; framvegis.
**Kunstgewerbe** *n* listiðnaður *m*.
**Künst|ler** *m* listamaður *m*; **2lich** tilbúinn, gervi-.
**Kupfer** *n* kopar *m*; **~stich** *m* eirstunga *f*.
**Kuppe** *f* tindur *m*.
**Kuppel|ei** *f* saurlífismang *n*; **2n** tengja saman.
**Kupplung** *f* *Tech.* tengsl *n/pl.*, kúppling *f*.
**Kur** *f* lækning *f*.
**Kurbel** *f* sveif *f*; **2n** snúa.
**Kur|gast** *m* baðgestur *m*; **~ort** *m* heilsuhæli *n*, hressingarhæli *n*.
**Kurs** *m* stefna *f* (skips); (*Geld*) gengi *n*; **~bericht** *m* gengisskýrsla *f*.
**Kürschner** *m* loðskinnasali *m*.
**Kurve** *f* boglína *f*; (*Straße*) beygja *f*.
**kurz** stuttur; **~ und gut** í stuttu máli sagt; **~ angebunden** stuttur í spuna; **vor ~em** fyrir stuttu; **über ~ oder lang** fyrr eða síðar.
**kürz|en** stytta; **~lich** fyrir skömmu.
**Kurz|schluß** *m* *El.* skammhlaup *n*; **~schrift** *f* hraðritun *f*; **2sichtig** nærsýnn; *fig.* skammsýnn; **~waren** *pl.* smá(járn)varningur *m*.
**Kuß** *m* koss *m*; **2fest** kossekta.
**küssen** kyssa.
**Küste** *f* strönd *f*.
**Küster** *m* hringjari *m*.
**Kutscher** *m* ekill *m*, ökumaður *m*.
**Kutter** *m* skúta *f*; björgunarbátur *m*.

# L

**laben** hressa, svala.
**lächeln** brosa.
**Lächeln** *n* bros *n*.
**lachen** hlæja; **über j-n ~** hlæja að e-m.
**lächerlich** hlægilegur.
**Lachs** *m* lax *m*.
**Lack** *m* lakk *n*.
**laden** hlaða, ferma; (*Gewehr*) hlaða; *Jur.* stefna.
**Laden** *m* búð *f*; **~schluß** *m* lokunartími *m* búða; **~tisch** *m* búðarborð *n*.
**Ladung** *f* hleðsla *f*, farmur *m*; *Jur.* stefna *f*.
**Lage** *f* lega *f*; aðstaða *f*.
**Lager** *n* ból *n*; herbúðir *f/pl.*; vörubirgðir *f/pl.*; **~bier** *n* gamalbjór *m*; **~geld** *n* pakkhúsleiga *f*.
**lahm** máttlaus; haltur; **~en** haltra.
**lähm|en** lama; **~ung** *f* lömun *f*.
**Laie** *m* leikmaður *m*.
**Laken** *n* lak *n*.
**Lamm** *n* lamb *n*.
**Lampe** *f* lampi *m*.
**Land** *n* land *n*; jörð *f*; **an ~ gehen** ganga á land; **~arbeit** *f* sveitavinna *f*; **~einwärts** inn(ar) í landið; **~en** lenda (*a. Flugzeug*).
**Länderkampf** *m* landskeppni *f*.
**Land|esfarben** *pl.* fánalitir *m/pl*; **~eskirche** *f* þjóðkirkja *f*; **~esverrat** *m* landráð *n/pl.*; **~haus** *n* sveitabústaður *m*; sumarbústaður *m*; **~karte** *f* landsuppdráttur *m*; **~läufig** almennur; **~partie** *f* skemmtiferð upp í sveit; **~schaft** *f* landslag *n*; **~smann** *m* landi *m*; **~straße** *f* þjóðvegur *m*; **~streicher** *m* flakkari *m*.
**ländlich** sveitalegur; landtamur; óbrotinn.
**Landung** *f* lending *f*; **~sbrücke** *f* (lendingar-) bryggja *f*.
**Landwirt** *m* bóndi *m*; **~schaft** *f* landbúnaður *m*.
**lang** langur; *adv.* lengi.
**Länge** *f* lengd *f*; **in die ~ ziehen** draga á langinn.
**Langeweile** *f* leiðindi *n/pl.*
**länglich** aflangur, ílangur.
**längs** fram með.
**langsam** hægur, seinn.
**längst** fyrir löngu.
**langweil|en** gera leiðindi; *v/r.* leiðast; **~ig** leiðinlegur.
**Lappen** *m* pjatla *f*, tuska *f*; þvaga *f*.
**Lärm** *m* hávaði *m*, háreysti *f*; **~ machen** hafa hátt; **~ schlagen** blása herblástur *m*; **~en** hafa hátt.
**lassen** láta; sleppa, láta ógert; **laß das!** hættu þessu!; **etw. fallen ~** missa e-ð.
**lässig** latur; hirðulaus.
**Last** *f* byrði *f*; *Jur.* afgjald *n*, skattur *m*; (*Ladung*) farmur *m*; **j-m zur ~ fallen**

ver(ð)a e-m byrði; ~aufzug *m* vörulyfta *f*; ~auto *n* vörubíll *m*.
**Laster** *n* löstur *m*; **ߢhaft** lastafullur.
**lästern** rógbera, rægja; *Su.* rógburður *m*.
**lästig** erfiður, hvimleiður.
**Latein** *n* latína *f*; **ߢisch** latneskur.
**Laterne** *f* ljósker *n*; ~**npfahl** *m* ljóskerastaur *m*.
**Latte** *f* rimill *m*.
**Laub** *n* lauf *n*.
**Laube** *f* laufskáli *m*.
**Lauch** *m* laukur *m*.
**lauern** liggja í leyni; standa á hleri.
**Lauf** *m* hlaup *n*; rennsli *n*; ~**bahn** *f* hlaupabraut *f*; *fig.* æviskeið *n*; ~**bursche** *m* sendill *m*, vikadrengur *m*; **ߢen** hlaupa; *Film, Motor:* ganga; **ߢende Nummer** skrártala *f*, töluröð *f*.
**Läufer** *m* hlaupari *m*; (*Schach*) biskup *m*.
**Lauge** *f* lútur *m*.
**Laun|e** *f* skap *n*; duttlungar *m/pl.*; **guter (schlechter) ~ sein** vera í góðu (vondu) skapi; **ߢig** gamansamur; **ߢisch** mislyndur.
**Laus** *f* lús *f*.
**lauschen** hlusta.
**laut 1.** *prp.* samkvæmt; **2.** *adj.* hár; hávær; **3.** **ߢ** *m* hljóð *n*; **ߢe** *f* gítar *m*; ~**en** hljóma, hljóða.
**läuten** hringja.
**lauter** hreinn; eintómur.
**läutern** hreinsa, skíra.
**Laut|sprecher** *m* hátalari *m*; ~**stärke** *f* hljóðstyrkleiki *m*.
**lauwarm** volgur.
**Lawine** *f* skriða *f*; snjóflóð *n*.
**Lazarett** *n* sjúkraskýli *n*.
**leben 1.** lifa; **2.** **ߢ** *n* líf *n*; **am ߢ sn** vera á lífi; ~**dig** lifandi; fjörlegur.
**lebens|fähig** lífvænlegur; ~**gefährlich** háskalegur, banvænn; ~**groß** í líkamsstærð; ~**länglich** ævilangur; **ߢlauf** *m* æviferill *m*; **ߢmittel** *pl.* matvæli *n/pl.*; **ߢversicherung** *f* líftrygging *f*.
**Leber** *f* lifur *f*.
**Lebewohl** *n* kveðja *f*.
**lebhaft** fjörugur, fjörlegur.
**leck** lekur.
**lecken** sleikja.
**Leckerbissen** *m* sælgæti *n*.
**Leder** *n* leður *n*; skinn *n*; ~**handschuh** *m* skinnhanzki *m*.
**ledig** ógiftur; auður; ~**lich** eingöngu, aðeins.
**leer** tómur, auður; **ߢe** *f* tóm *n*, auðn *f*; tómleiki *m*; ~**en** tæma; **ߢlauf** *m* lausagangur (vélar) *m*.
**legen** leggja; **sich schlafen ~** leggjast til svefns.
**Lehm** *m* leir *m*; ~**boden** *m* leirjörð *f*; **ߢig** leirblandinn.
**Lehn|e** *f* (stól)bak *n*, armhægindi *n*; (*Bergߢ*) hlíð *f*; **ߢen** hallast; *v/r.* halla sér (an *od.* **gegen etw.** upp að e-u); ~**stuhl** *m* hægindastóll *m*; ~**wort** *n* tökuorð *n*.

**Lehre** *f* kenning *f*; lærdómur *m*; **2n** kenna; **~r** *m* kennari *m*.
**Lehr|fach** *n* kennslugrein *f*; **~geld** *n* kennslugjald *n*; **2haft** fræðandi; **~ling** *m* iðnnemi *m*; **~plan** *m* námsskrá *f*; **~stuhl** *m* kennaraembætti *n*.
**Leib** *m* líkami *m*, kroppur *m*; magi *m*; **j-m zu ~e gehen** ráðast á e-n; **~binde** *f* mittisband *n*; **aus ~eskräften** allt hvað af tekur; **~gericht** *n* uppáhaldsréttur *m*; **2haftig** lifandi, ljóslifandi; **mein 2licher Bruder** skilgetinn bróðir minn; **~schmerzen** *pl.* magaverkir *m/pl.* **~wäsche** *f* nærföt *n/pl.*
**Leiche** *f* lík *n*; **~nverbrennung** *f* líkbrennsla *f*.
**Leichnam** *m* lík *n*.
**leicht** léttur; auðveldur; **2athletik** *f* frjálsar íþróttir; **~gläubig** auðtrúa; **2gläubigkeit** *f* auðtrú *f*; gagnrýnisleysi *f*; **2igkeit** *f* léttleiki *m*; **~sinnig** léttúðugur.
**leid**: **es tut mir ~** mér þykir leitt; **2** *n* sorg *f*; **~en** þjást; þola; láta sér lynda; **2en** *n* þjáning *f*; **2enschaft** *f* ástríða *f*. [þolanlegur.]
**leid|er** því miður; **~lich**
**Leierkasten** *m pop.* lírukassi *m*.
**Leih|amt** *n* veðlánahús *n*; **~bibliothek** *f* útlánabókasafn *n*.
**leih|en** lána; fá lánað; **~weise** að láni.
**Leim** *m* lím *n*; **2en** líma.
**Leine** *f* band *n*; fiskilína *f*.
**leinen 1.** úr líni, lín-; **2. 2** *n* léreft *n*.
**Lein|öl** *n* línolía *f*; **~wand** *f* léreft *n*.
**leise** hljóður, lágur.
**Leiste** *f* listi *m*; **2n** afkasta, inna af hendi; *v/r.*: **sich etw. ~ können** hafa ráð *od.* efni á e-u.
**Leistung** *f* afrek *n*, afköst *n/pl.*; greiðsla *f*; **2sfähig** afkastamikill; vinnufær.
**leit|en** stjórna; leiða; **2artikel** *m* ritstjórnargrein *f*, leiðari *m*; **2er 1.** *m* foringi *m*, forstöðumaður *m*; **2.** *f* stigi *m*; **2faden** leiðarvísir *m*; **2ung** *f* handleiðsla *f*; stjórn *f*; *El.* leiðsla *f*.
**Lende** *f* lend *f*.
**lenk|bar** stýranlegur; **~en** stýra, stjórna; (*Gespräch*) beina; **~sam** eftirlátur; **2stange** *f* stýrisstöng *f*.
**Lenz** *m poet.* vor *n*.
**Lerche** *f* lævirki *m*.
**lernbegierig** námfús.
**lernen** læra; **j-n kennen~** kynnast e-m.
**lesen** lesa; tína.
**letzte** (**der, die, das ~**) hinn síðasti, hin, hið síðasta.
**leucht|en** lýsa; **2er** *m* kertastjaki *m*; **2turm** *m* viti *m*.
**leugnen** (af)neita.
**Leute** *pl.* fólk *n*.
**Lexikon** *n* orðabók *f*.
**Licht** *n* ljós *n*; **~bild** *n*

skuggamynd *f*; **≈empfindlich** ljósnæmur; **≈en** (*Wald*) grisja; (*Anker*) létta; **~spielhaus** *n* kvikmyndahús *n*; **~ung** *f* rjóður *n*.
**Lid** *n* augnalok *n*.
**lieb** ljúfur; kær; **≈e** *f* ást *f*; **~en** elska; **~haben** þykja vænt um; **≈haber** *m* elskhugi *m*; áhugamaður *m*; **~kosen** kjassa; **≈kosung** *f* ástaratlot *n/pl.*, kjass *n*; **~lich** yndislegur; **≈ling** *m* uppáhald *n*; **≈reiz** *m* yndisleiki *m*; **≈schaft** *f* ástamök *n/pl.*
**Lied** *n* ljóð *n*; söngur *m*.
**liederlich** sóðalegur; svallsamur.
**Liefer|ant** *m* birgðasali *m*; **~auto** *n* vöru- *od.* sendibíll *m*; **~frist** *f* afhendingarfrestur *m*; **≈n** afhenda, senda; *Su.* afhending *f*, sending *f*.
**liegen** liggja.
**Lift** *m* lyfta *f*.
**Limonade** *f* gosdrykkur *m*.
**Linde** *f* linditré *n*.
**lindern** sefa, draga úr.
**link-** vinstri; **~e Seite** (*Gewebe*) ranghverfa *f*; **≈e** *f* vinstri hönd.
**linkisch** klaufalegur.
**links** til vinstri; **~händig** örvhendur.
**Linse** *f* linsa *f*.
**Lippe** *f* vör *f*; **~nstift** *m* varalitur *m*.
**lispeln** hvísla.
**Liste** *f* listi *m*.
**listig** slunginn.
**Liter** *n od. m* lítri *m*.
**litera|risch** bókmenntalegur; **≈tur** *f* bókmenntir *f/pl.*
**Litfaßsäule** *f* auglýsingasúla *f*.
**Lob** *n* lof *n*, hrós *n*; **≈en** lofa, hrósa.
**Loch** *n* gat *n*, hola *f*; **≈en** gata; **~er** *m* gatari *m*.
**Locke** *f* lokkur *m*; **≈n** liða (hár). [á.]
**locker** laus; **~n** losa; slaka
**lockig** hrokkinhærður.
**Löffel** *m* skeið *f*.
**Loge** *f* *Thea.* stúka *f*.
**Lohe** *f* logi *m*; sútunarbörkur *m*.
**Lohn** *m* laun *n/pl.*; kaup *n*; **≈en** launa; **~erhöhung** *f* launahækkun *f*; **~steuer** *f* tekjuskattur *m*; *v/r.*: **es ≈t sich nicht** það borgar sig ekki.
**Lokal** *n* húsnæði *n*; veitingastofa *f*.
**Lokomotive** *f* eimreið *f*.
**Lorbeer** *m* lárviður *m*.
**Los** *n* hlutskipti *n*; happdrættismiði *m*; **das große ~** stóri vinningurinn.
**los** laus, laus við; **etw. ~ sn** hafa losnað við e-ð; **was ist ~?** hvað gengur á?
**Lösch|blatt** *n* þerriblað *n*; **≈en** slökkva; afmá; *Schiff:* losa, afferma.
**losen** varpa hlutkesti.
**lösen** leysa; losa; (*Rätsel*) ráða; *Su.* leysing *f*; lausn *f*.
**loslassen** sleppa, láta laus-an.
**lossagen** *v/r.* segja skilið

(von etw. við e-ð), afsala sér e-u.
**Losung** *f Mil.* einkennisorð *n.*
**Lot** *n* lóð *n*; sakka *f*; **≈en** mæla dýpi.
**löten** lóða, kveikja.
**Lotse** *m* hafnsögumaður *m.*
**Lotterielos** *n* happdrættismiði *m.*
**Löwe** *m* ljón *n.*
**Lücke** *f* skarð *n*; eyða *f.*
**Luft** *f* loft *n*; **~ schöpfen** draga andann; **an die ~ gehen** ganga út undir bert loft; **≈dicht** loftþéttur; **~druck** *m* loftþrýstingur *m.*
**lüften** viðra; *Hut:* lyfta.
**Luft|kissen** *n* vindkoddi *m*; **~landetruppen** *pl.* fallhlífarhersveitir *f/pl.*; **~post** *f* flugpóstur *m*; **~pumpe** *f* loftdæla *f*; **~schiff** *n* loftfar *n*; **~schutz** *m* loftvarnir *f/pl.*; **~schutzkeller** *m* loftvarnakjallari *m*; **~verkehr** *m* loftsamgöngur *f/pl.*; **~waffe** *f* loftvopn *n*; flugher *m*; **~zug** *m* loftrás *f.*
**Lüge** *f* lygi *f*; **≈n** ljúga.
**Lügner** *m* lygari *m.*
**Luke** *f* lúkugat *n*; hleri *m*, hlemmur *m.*
**Lümmel** *m* sláni *m.*
**Lump** *m* ræfill *m*; þorpari *m*; **~en** *m* tuska *f*; **≈ig** tötralegur, vesall.
**Lungen|entzündung** *f* lungnabólga *f*; **~schwindsucht** *f* lungnatæring *f.*
**Lupe** *f* stækkunargler *n.*
**Lust** *f* löngun *f*; fýsn *f*; unaður *m.*
**lüstern** *adj.* fíkinn, sólginn.
**lustig** kátur, skemmtilegur.
**Luther|aner** *m* lúterstrúarmaður *m*; **≈isch** lúterskur.

# M

**machen** gera; búa til; **sich auf den Weg ~** leggja af stað; **sich aus dem Staube ~** hlaupa burt, forða sér.
**Macht** *f* vald *n.*
**mächtig** voldugur; heljarmikill.
**machtlos** magnlaus; áhrifalaus.
**Mädchen** *n* stúlka *f.*
**Mad|e** *f* maðkur *m*, vía *f*; **≈ig** maðkaður.
**Mädel** *n* stúlka *f.*
**Magd** *f* vinnukona *f.*
**Magen** *m* magi *m*; **~schmerzen** *pl.* magaverkir *m/pl.*
**mager** magur.
**Mahagoni** *n* rauðviður *m*, mahóní *n.*
**mähen** slá (gras); *v/i.* (*blöcken*) jarma.
**mahl|en** mala; **≈zeit** *f* máltíð *f*; **(gesegnete) ≈zeit!** verði yður (þér) að góðu!
**Mähne** *f* fax *n*, makki *m.*
**mahn|en** minna á; áminna; rukka; **≈ung** *f* áminning *f*; rukkun *f.*
**Mai|glöckchen** *n* maílilja *f*; **~käfer** *m* aldinbori *m.*
**Mais** *m* maís *m.*

**Makel** *m* blettur *m*, galli *m*; **2los** flekklaus, gallalaus.
**Makler** *m* (verzlunar)miðlari *m*.
**Mal** *n* skipti *n*, sinn *n*; **mit e-m ~** allt í einu.
**mal|en** mála; **2er** *m* málari *m*.
**Malz** *n* malt *n*; **~bier** *n* maltöl *n*.
**manch|er, ~e, ~es** margur, mörg, margt; **~erlei** margs konar; **~mal** oft; stundum.
**Mandel** *f* mandla *f*; *Med.* hálskirtill *m*.
**Mangel** 1. *f* trafakefli *n*; *pop.* taurúlla *f*; 2. *m* skortur *m*; galli *m*; **2haft** gallaður, ófullkominn; **2n** rúlla (þvott); vanta; **2s** vegna vöntunar (á).
**Maniküre** *f* handsnyrting *f*.
**Mann** *m* (karl)maður *m*.
**Männchen** *n* (*Tier*) karldýr *n*.
**mannigfach** margfaldur.
**männlich** karlmannlegur, karlmanns-; (*Gram.*) karlkyns.
**Mannschaft** *f* skipshöfn *f*; (*Sport*) lið *n*.
**Mansarde** *f* kvistur *m*, kvisthæð *f*.
**Manschette** *f* handlín *n*, *pop.* mansétta *f*; **~nknopf** *m* manséttuhnappur *m*.
**Mantel** *m* kápa *f*, yfirhöfn *f*.
**Mappe** *f* bréfataska *f*.
**Märchen** *n* ævintýri *n*.
**Marder** *m* mörður *m*.
**Marine** *f* sjóher *m*.
**Mark** 1. *f* landamæraland *n*; *Hdl.* mark *n*; 2. *n* mergur *m*.
**Marke** *f* merki *n*; vörumerki *n*; **~nartikel** *m* vönduð vara *f*.
**Markt** *m* markaður *m*; (sölu)torg *n*; **~frau** *f* torgsölukona *f*; **~tag** *m* markaðsdagur *m*.
**Marmelade** *f* aldinmauk *n*.
**Marsch** 1. *m* herganga *f*; (her)göngulag *n*; 2. *f* merski *n*, flæðiland *n*; **~all** *m* marskálkur *m*; **2ieren** ganga hergöngu; fara, halda.
**martern** kvelja, pynda.
**Märtyrer** *m* píslarvottur *m*.
**Marzipan** *n* marsipan *n*.
**Masche** *f* möskvi *m*.
**Maschine** *f* vél *f*; **~ngewehr** *n* vélbyssa *f*.
**Masern** *pl.* mislingar *m/pl.*
**Maskenball** *m* grímudansleikur *m*.
**Maß** *n* mælikvarði *m*; **~anzug** *m* föt eftir máli; **über die ~en** fram úr (öllu) hófi.
**Massage** *f* nuddlækningar *f/pl.*, nudd *n*.
**Masse** *f* fjöldi *m*, feikn *n/pl.*; **~nandrang** *m* gífurleg aðsókn; **2nhaft** feikna mikill.
**maßgebend** sem sker úr; sem ræður mestu.
**massig** efnismikill, þungur.
**mäßig** hófsamur; hóflegur; **~en** stilla í hóf; *v/r.* hafa taumhald á sér; **2keit** *f* hóf *n*; *Su.* hófsemd *f*.

**maß|los** hóflaus; **≈nahme** *f*, **≈regel** *f* ráðstöfun *f*; **≈stab** *m* mælikvarði *m*.
**Mast** *m* siglutré *n*.
**Mastdarm** *m* endaþarmur *m*.
**Material** *n* efni *n*; hráefni *n*.
**Matratze** *f* dýna *f*.
**Matrose** *m* háseti *m*.
**matt** máttfarinn; daufur; (*Schach*) mát; **≈e** *f* (*Geflecht*) motta *f*; (*Wiese*) engi *n*, hagi *m*.
**Mauer** *f* (múr)veggur *m*; **≈n** múra.
**Maul** *n* túli *m*; **halts ~!** haltu kjafti!; **~korb** *m* bitmúll *m*; **~schelle** *f* löðrungur *m*; **~wurf** *m* *Zo.* moldvarpa *f*.
**Maurer** *m* múrari *m*.
**Maus** *f* mús *f*; **~efalle** *f* músagildra *f*.
**mechanisch** vélrænn; véla-.
**Medizin** *f* læknisfræði *f*; læknislyf *n*.
**Meer** *n* haf *n*, sjór *m*; **~busen** *m* flói *m*; **≈grün** hafgrænn; **~rettich** *m* piparrót *f*; **~schaum** *m* haflöður *n*; sæfrauð *n*, *pop.* merskúm; **~schwein** *n* hnísa *f*; höfrungur *m*.
**Mehl** *n* mjöl *n*; **~speise** *f* mjölréttur *m*.
**mehr** meir(a), meiri; fleiri; **um so ~** því meir; **~ere** allmargir; **≈heit** *f* meiri hluti *m*; **≈kosten** *pl.* aukakostnaður *m*; **~mals** þráfaldlega; **≈zahl** *f* meirihluti *m*; *Gram.* fleirtala *f*.
**meiden** forðast, varast.
**Meile** *f* míla *f*; **~nstein** *m* mílnasteinn *m*.
**mein, ~e, ~es** minn, mín, mitt.
**Meineid** *m* meinsæri *n*; **≈ig** meinsærinn, meinsæris-.
**meinen** ætla, halda.
**mein|erseits** af minni hálfu; **~esgleichen** minn líki, mínir líkar; **~ethalben, ~wegen** mín vegna; sama er mér!
**Meinung** *f* ætlun *f*; álit *n*.
**Meißel** *m* meitill *m*.
**meist** mestur; flestur; **~bietend** hæstbjóðandi *m*; **~ens, ~enteils** aðallega, einkum; venjulega.
**Meister** *m* (iðn)meistari *m*; listsnillingur *m*; **≈haft** meistaralegur, frábær; **~schaft** *f* meistaratign *f*; meistaradómur *m*.
**Melde|amt** *n* manntalsskrifstofa *f*; **≈n** tilkynna; *Su.* tilkynning *f*.
**melken** mjólka.
**Membrane** *f* himna *f*.
**Menge** *f* fjöldi *m*, sægur *m*; feikn *n/pl.*; **≈n** blanda.
**Mensch** *m* maður *m*, manneskja *f*; **~enalter** *n* mannsaldur *m*; **~enrechte** *pl.* mannréttindi *n/pl.*; **≈enscheu** mannfælinn; **gesunder ~enverstand** *m* heilbrigð skynsemi; **~heit** *f* mannkyn *n*; **≈lich** mannlegur; mannúðlegur; **~lichkeit** *f* mannúð *f*.
**merk|en** setja á sig; taka eftir; **≈blatt** *n* minnisblað

*n*; ~lich greinilegur, greinanlegur; 2mal *n* auðkenni *n*, kennimerki *n*; 2würdigkeit *f* merkisstaður *m*; fágæti *n*.
Messe *f* messa *f*; *Hdl.* kaupstefna *f*.
messen mæla.
Messer 1. *m* mælir *m*; mælingamaður *m*; 2. *n* hnífur *m*; ~schneide *f* hnífsegg *f*.
Messing *n* messing *n*, látún *n*.
Metall *n* málmur *m*.
Meter *n od. m* metri *m*.
Mettwurst *f* hangibjúga *n*.
Metzger *m* slátrari *m*.
Meuter|ei *f* uppreisn *f*; 2n gera uppreisn; ~er *m* uppreisnarmaður *m*.
Miene *f* svipur *m*.
Miet|e *f* leiga *f*; 2en leigja; ~er *m* leigjandi *m*; ~vertrag *m* leigusamningur *m*.
Mikrophon *n* hljóðnemi *m*.
Milch *f* mjólk *f*; (*Fisch2*) svil *n/pl.*; ~straße *f* vetrarbraut *f*; ~zahn *m* barnatönn *f*.
Milde *f* mildi *f*, þýðleiki *m*; 2rn milda, lina; 2rnde Umstände *pl.* málsbætur *f/pl.*
militär|isch hernaðarlegur; 2pflicht *f* herskylda *f*.
Milliarde *f* milljarður *m*.
Milz *f* milti *n*.
minder minni; 2heit *f* minnihluti *m*; ~jährig ófullveðja; ~wertig rýrari, gildisminni; 2wertigkeitskomplex *m* vanmáttarkennd *f*.
mindest|(ens) að minnsta kosti; nicht im ~en ekki vitund; zum ~en að minnsta kosti.
Mine *f* náma *f*; tundurdufl *n*.
Minute *f* mínúta *f*.
mir mér; ~ nichts, dir nichts umsvifalaust.
Misch|ehe *f* blendingshjónaband *n*; 2en blanda; *Su.* blanda *f*, sambland *n*; ~ling *m* kynblendingur *m*; ~rasse *f* blendingskyn *n*.
miß|billigen vera mótfallinn; 2brauch *m* misnotkun *f*.
missen sakna, vera án.
Miß|erfolg *m* illur árangur, árangursleysi *n*; ~ernte *f* uppskerubrestur *m*.
Misse|tat *f* ódæðisverk *n*; ~täter *m* illvirki *m*.
miß|fallen mislíka (j-m e-m); 2geburt *f* vanburður *m*; 2geschick *n* ólán *n*, óhapp *n*; ~gestimmt óglaður; ~glücken misheppnast; ~gönnen unna ekki (j-m etw. e-m e-s); 2griff *m* mistök *n/pl.*; 2handlung *f* misþyrming *f*; ~lich varhugaverður; ~lingen misheppnast; ~mutig hnugginn; 2stimmung *f* þykkja *f*, gremja *f*; ~trauen vantreysta; 2verständnis *n* misskilningur *m*.
Mist *m* tað *n*, áburður *m*, mykja *f*.
mit með; 2arbeiter *m* samstarfsmaður *m*; 2esser *m* mötunautur *m*; *Med.*

graft(r)arnabbi *m*; 2gift *f* heimanmundur *m*; 2glied *n* meðlimur *m*; ~hin því, þess vegna; ~kommen koma með, verða samferða; ~laufen hlaupa með; *fig.* fylgja (að málum); 2leid *n* meðaumkun *f*; in 2leidenschaft ziehen flækja inn í, bendla við; ~leidig brjóstgóður; ~machen taka þátt í; ~nehmen taka með sér; *fig.* þreyta; ~reden leggja orð í belg; ~reißen hrífa með sér; 2schüler *m* skólabróðir *m*.

**Mittag** *m* hádegi *n*; morgen 2 um hádegið á morgun; ~essen *n* hádegisverður *m*; 2s um hádegið.

**Mitte** *f* miðja *f*; ~ Januar um miðjan janúar.

**mitteil|en** tilkynna; 2ung *f* tilkynning *f*.

**Mittel** *n* ráð *n*, úrræði *n/pl.*; ~alter *n* miðaldir *f/pl.*; ~ding *n* sambland *n*; ~finger *m* langatöng *f*; ~meer *n* Miðjarðarhaf *n*; 2mäßig í meðallagi; lélegur; ~punkt *m* miðdepill *m*; 2s með; ~stand *m* millistétt *f*; ~stufe *f* miðþrep *n*; meðalstig *n*; (*Schule*) millibekkir *m/pl.*; ~stürmer *m* miðframherji *m*; ~welle *f* (*Radio*) miðbylgjur *f/pl*.

**mitten** mitt; ~ auf der Straße á miðri götunni.

**Mitternacht** *f* miðnætti *n*.

**mittler|e** (der, die, das) sem er í miðið; von ~er Größe meðalstór; ~weile á meðan.

**Mobiliar** *n* húsgögn *n/pl.*

**Mobilmachung** *f* vígbúnaður *m*, hervæðing *f*.

**möbliertes Zimmer** herbergi með húsgögnum.

**Mode** *f* tízka *f*; ~(n)schau *f* tízkusýning *f*.

**Modell** *n* uppkast *n*; fyrirmynd *f*.

**Moder** *m* ýlda *f*; mygla *f*; rotnun *f*; 2ig fúinn, úldinn; 2n rotna.

**modern** *adj.* nýtízkulegur, nýr.

**mögen** falla í geð; þykja gott; vilja; nenna.

**möglich** mögulegur; ~st früh eins snemma og unnt er.

**Mohn** *m* draumsóley *f*.

**Molkerei** *f* mjólkurbú *n*.

**Molle** *f* bjórkolla *f*.

**Momentaufnahme** *f* augnabliksmynd *f*.

**Monat** *m* mánuður *m*; im ~ Mai í maímánuði; 2lich mánaðarlega; ~sbinde *f* dömubindi *n*.

**Mönch** *m* munkur *m*.

**Mond** *m* tungl *n*; ~finsternis *f* tunglmyrkvi *m*.

**Montag** *m* mánudagur *m*.

**Montage** *f* uppsetning (véla) *f*; útbúnaður *m*.

**Monteur** *m* vélvirki *m*.

**Moor** *n* mýri *f*; ~bad *n* leðjubað *n*.

**Moos** *n* mosi *m*; Isländisches ~ fjallagrös *n/pl*.

**moralisch** siðferðilegur, siðgæðilegur.
**Morast** *m* fen *n*.
**Mord** *m* morð *n*; **2en** myrða.
**Mörder** *m* morðingi *m*.
**morgen** 1. *adv*. á morgun; **~ früh** í fyrramálið; **~ nachmittag** síðdegis á morgun; 2. **2** *m* morgunn *m*; **2dämmerung** *f* dögun *f*; **2land** *n* Austurlönd *n/pl.*; **~s** á morgnana; um morguninn; **2zeitung** *f* morgunblað *n*.
**Morphium** *n* morfín *n*.
**morsch** fúinn; kominn að hruni.
**Mörser** *m* mortél *n*; *Mil.* fallbyssa *f*.
**Motor|rad** *n* bifhjól *n*; **~schiff** *n* vélskip *n*.
**Motte** *f* melur *m*.
**Möwe** *f* máfur *m*.
**Mücke** *f* mýfluga *f*.
**müd|e** þreyttur; **2igkeit** *f* þreyta *f*.
**Muff(e)** *m* (*f*) handskjól *n*; *Tech.* múffa *f*.
**muffig** myglaður, með fúkkalykt.
**Mühe** *f* erfiði *n*; ómak *n*; **mit ~ und Not** með herkjumunum; **2los** fyrirhafnarlaus, erfiðislaus; **2n**: *v/r.* gera sér far (um); **2voll** erfiður, örðugur.
**Mühle** *f* mylla *f*.
**mühsam** erfiður.
**Mull** *m* hýjalín *n*, *pop.* moll [*n*.]
**Müll** *m* mylsna *f*; rusl *n*; **~abfuhr** *f* sorphreinsun *f*; **~eimer** *m* sorpílát *n*.
**Müller** *m* malari *m*.
**Müllkutscher** *m* sorphreinsunarkarl *m*.
**multiplizieren** margfalda.
**Mund** *m* munnur *m*; **j-m den ~ verbieten** stinga upp í e-n; **~stück** *n* munnstykki *n*; **~wasser** *n* munnvatn *n*.
**Mündel** *m od. n* skjólstæðingur *m*.
**münd|en** renna út í; *Su.* mynni *n*; **~ig** myndugur, fullveðja; **~lich** munnlega.
**Munition** *f* skotfæri *n/pl.*
**munkeln** hjala á bak við tjöldin.
**Münster** *n* dómkirkja *f*.
**munter** kátur, fjörugur.
**Münze** *f* mynt *f*.
**mürbe** meyr; auðmjúkur.
**murmeln** muldra; urra.
**Mus** *n* stappa *f*, mauk *n*.
**Muschel** *f* skel *f*; skelfiskur *m*.
**Musikal|ienhandlung** *f* hljóðfæraverzlun *f*; **2isch** söngvinn; tónlistar-.
**Muskel** *m* vöðvi *m*.
**Muße** *f* tómstundir *f/pl.*
**müssen** verða, hljóta.
**müßig** iðjulaus; gagnslaus; athafnalaus; **2gang** *m* iðjuleysi *n*.
**Muster** *n* sýnishorn *n*; fyrirmynd *f*; **~ ohne Wert** verðlaust sýnishorn; **2gültig** til fyrirmyndar, ágætur; **~karte** *f* sýnishornaspjald *n*; **2n** skrá (sem háseta *od.* hermann); *Su.* skráning *f*; liðskönnun *f*.

**Mut** *m* kjarkur *m*; **j-m ~ machen** telja kjark í e-n; **guten ~s sn** vera í góðu skapi; **≈ig** kjarkgóður; **≈maßen** hyggja, gruna

**Mutter** *f* móðir *f*; **~ Gottes** guðsmóðir *f*, María mey.

**mütterlicherseits** í móðurætt.

**Mutter|mal** *n* fæðingarblettur *m*; **~sprache** *f* móðurmál *n*; **~witz** *m* heilbrigð skynsemi.

**Mutwill|e** *m* gáski *m*; **≈ig** gáskafullur.

**Mütze** *f* húfa *f*; **~nschirm** *m* húfuskyggni *n*.

**Mythus** *m* goðsaga *f*, goðsögn *f*.

# N

**Nabe** *f* hjólnöf *f*; **~l** *m* nafli *m*.

**nach** eftir; til (um staði); (á) eftir; **fünf Minuten ~ eins** (klukkan) fimm mínútur yfir eitt; **~ Berlin** til Berlínar; **dem Namen ~** að nafni; **er riecht ~ Tabak** það er tóbaksþefur af honum; **~ etw. fragen** spyrja um e-ð; **~ und ~** smátt og smátt; **~ wie vor** eins og áður.

**nach|ahmen** herma *od.* líkja eftir; *Su.* eftirlíking *f*; **≈bar** *m* nágranni *m*; **~bestellen** panta síðar (til viðbótar); **~bleiben** verða eftir *od.* afgangs; *Schule:* sitja eftir (eftir kennslustundir); **~dem** eftir það; *cj.* eftir að; **~denken** velta fyrir sér; **~denklich** íhugandi; **≈druck** *m* eftirprentun *f*; *fig.* áherzla *f*; **~eifern** keppa eftir, líkjast; **~einander** hvor *od.* hver *od.* hverjir á eftir öðrum; *adv.* hvað eftir annað; **≈folge** *f* það sem við tekur, afleiðing *f*; **≈folger** *m* eftirmaður *m*; **~forschen** grennlast eftir, rannsaka; **≈forschung** *f* eftirgrennslan *f*, rannsókn *f*; **≈frage** *f* eftirspurn *f*; **~geben** láta undan; **≈geburt** *f* fylgja *f*; (*Tier*) hildir *f/pl.*; **~gehen** (*Uhr*) seinka sér; **s-n Geschäften ~gehen** gegna störfum sínum; **~giebig** eftirlátur; **~haltig** langvinnur; **~helfen** rétta hjálparhönd; **~her** síðan, síðar; **≈hilfestunde** *f* aukatími *m*; **~holen** sækja síðar; vinna upp; **~jagen** elta; **≈komme** *m* afkomandi *m*; **≈kommenschaft** *f* niðjar *m/pl.*; afkomendur *m/pl.*; **≈laß** *m* eftirlátnar eigur, arfur *m*; afsláttur *m*; **~lässig** hirðulaus; **~laufen** hlaupa á eftir; **~machen** líkja eftir; **das soll mir e-r ~machen** þetta getur enginn leikið eftir mér; **~mittags** síðdegis; **≈nahme**

*f* eftirkrafa *f*; **~prüfen** rannsaka; **~rechnen** reikna aftur; **~rede** *f*: **üble ~rede** söguburður *m*; **~richt** *f* frétt *f*; **~richtendienst** *m* fréttaþjónusta *f*; **~ruf** *m* eftirmæli *n/pl.*; **~schicken: bitte ~schicken!** óskast sent!; **~schlagen** fletta upp í; **~schlüssel** *m* falskur lykill; **~schrift** *f* eftirmáli *m*; **~schub** *m* liðsauki *m*; **~-sehen** gæta að; líta eftir; endurskoða; **~sehen: das ~sehen haben** vera gabbaður; **~senden** *s.* **~schikken**; **~sicht** *f* umburðarlyndi *n*; **~sinnen** velta fyrir sér; **~spiel** *n* eftirleikur *m*.
**nächst** næst á eftir; **mein ~er** *bibl.* náungi minn; **~enliebe** *f* náunganskærleikur *m*; **~ens** mjög bráðlega.
**nach|stehend** eftirfarandi; **~stellen: j-m ~stellen** sitja um e-n.
**Nacht** *f* nótt *f*; **heute ~** í nótt (er var eða kemur); **des ~s** á næturnar; um nóttina; **über ~** næturlangt; áður en varir (varði).
**Nachteil** *m* tjón *n*, óhagur *m*.
**Nacht|frost** *m* næturfrost *n*; **~geschirr** *n* næturgagn *n*; **~hemd** *n* náttskyrta *f*; (*Damen~*) náttkjóll *m*.
**Nachtigall** *f* næturgali *m*.
**Nachtisch** *m* eftirmatur *m*.
**Nachtrag** *m* viðauki *m*; **~en** bæta við; *fig.* **j-m etw. ~en** erfa e-ð við e-n.
**nachträglich** viðbótar-; síðari; síðar.
**Nacht|tisch** *m* náttborð *n*; **~wächter** *m* næturvörður *m*.
**Nachweis** *m* sönnun *f*; tilvísun *f*; **~en** sanna; vísa á.
**Nachwelt** *f* komandi kynslóðir.
**nach|wirken** verka eftir á; *Su.* áhrif eftir á, afleiðing *f*; **~wort** *n* eftirmáli *m*; **~-wuchs** *m* unga kynslóðin, æskan *f*, ungviðið *n*; **~zählen** endurtelja; **~zahlung** *f* viðbótargreiðsla *f*; **~zügler** *m* eftirlegukind *f*, strandaglópur *m*.
**Nack|en** *m* hnakki *m*; háls *m*; **~end, ~t** nakinn; **~theit** *f* nekt *f*.
**Nadel** *f* nál *f*; **~holz** *n* barrtré *n*; **~öhr** *n* nálarauga *n*.
**Nagel** *m* nögl *f*; nagli *m*; **~bürste** *f* naglabursti *m*; **~feile** *f* naglaþjöl *f*; **~lack** *m* naglalakk *n*; **~lackentferner** *m* naglalakkeyðir *m*; **~n** negla; **~neu** glænýr.
**nage|n** naga; **~tier** *n* nagdýr *n*.
**nah(e)** nálægur; *adv.* nálægt; **~ daran sein** vera að því kominn.
**Nähe** *f* nánd *f*.
**nahen** nálgast.
**nähen** sauma.
**näher** nær.
**Nähe|rei** *f* saumaskapur *m*; **~rin** *f* saumakona *f*.

**nähern** *v/r.* nálgast (j-m e-n)
**nahezu** nærri.
**Näh|garn** *n* tvinni *m*; **~nadel** *f* saumnál *f*.
**nähren** næra; ala önn fyrir; *Kind:* hafa á brjósti.
**nahrhaft** saðsamur, kjarngóður.
**Nahrung** *f* næring *f*, fæða *f*; **~smittel** *pl.* matvæli *n/pl.*, matvara *f*.
**Nährwert** *m* næringargildi *n*.
**Naht** *f* saumur *m*.
**Nähzeug** *n* saumar *m/pl.*
**naiv** barnalegur.
**Name** *m* nafn *n*; **im ~n von** fyrir hönd; **Ωnlos** nafnlaus; **~nsvetter** *m* nafni *m*; **Ωntlich** einkum; með nafnakalli.
**nämlich** nefnilega; **der Ωe** hinn sami.
**Napf** *m* pottur *m*, skál *f*; **~kuchen** *m* (jóla)kaka *f*.
**Narbe** *f* ör *n*; (*Leder*) hársvörður *m*.
**Narkose** *f* deyfing *f*, dá *n*.
**Narr** *m* heimskingi *m*.
**närrisch** kjánalegur.
**nasch|en** narta í; **Ωkatze** *f* sætindabelgur *m*.
**Nase** *f* nef *n*; **~nloch** *n* nös *f*; **Ωweis** framhleypinn.
**naß** votur, blautur; **~kalt** hráslagalegur.
**Nässe** *f* væta *f*.
**Nationalhymne** *f* þjóðsöngur *m*.
**Natter** *f* naðra *f*, höggormur *m*.
**natur|getreu** sannur, réttur; **Ωkunde** *f* (*Schulfach*) náttúrufræði *f*.
**natürlich** eðlilegur; *adv.* auðvitað.
**Natur|schutz** *m* náttúruvernd *f*; **Ωwidrig** óeðlilegur, ónáttúrlegur; **~wissenschaften** *pl.* náttúruvísindi *n/pl.*; **~wunder** *n* náttúruundur *n*.
**Nebel** *m* þoka *f*; **~horn** *n* þokulúður *m*; **Ωig** þokufullur.
**neben** hjá, við hliðina á; **Ωbedeutung** *f* aukamerking *f*; **~bei** aukreitis; **Ωbuhler** *m* meðbiðill *m*; **~einander** hvor við annars hlið; hvað með öðru; **Ωfach** *n* aukagrein *f*; **Ωfluß** *m* þverá *f*; **Ωgeleise** *n* *Esb.* hliðarteinar *m/pl.*; **Ωgeräusch** *n* aukahljómur *m*; **~her** nálægt; aukreitis; **~her gehen** ganga við hliðina á; **Ωsache** *f* aukaatriði *n*; **~sächlich** sem er aukaatriði; **Ωsatz** *m* aukasetning *f*; **Ωstraße** *f* hliðargata *f*.
**nebst** (ásamt) með.
**necken** stríða, erta.
**Neffe** *m* bróður- *od.* systursonur *m*.
**Neger** *m* negri *m*, svertingi *m*.
**nehmen** taka; **etw. auf sich ~** taka e-ð á sig.
**Neid** *m* öfund *f*; **Ωisch** öfundsjúkur.
**Neige** *f* dreggjar *f/pl.*, leifar [*f/pl.*]

**neigen** *v/r.* hallast; hneigja sig; ~ **zu** hafa tilhneiging(u) til.
**nein** nei.
**Nelke** *f* nellika *f*.
**nennen** nefna, kalla; **beim Namen** ~ nefna með nafni; **sich** ~ heita, nefnast; ~**swert** sem teljandi sé.
**Nenn|er** *m* nefnari *m*; ~**wert** *m* nafnverð *n*.
**Nerv** *m* taug *f*; ~**enheilanstalt** *f* taugalækningahæli *n*; 𝔖**ös** taugaveiklaður; taugaóstyrkur.
**Nessel** *f* (brenni)netla *f*.
**Nest** *n* hreiður *n*; ~**häkchen** *n* eftirlæti *n*.
**nett** snotur; geðugur.
**netto** hreinn, að frádregnum kostnaði.
**Netz** *n* net *n*.
**neu** nýr; **was gibt's Neues?** hvað er að frétta?; **von** ~**em** á nýjan leik; 𝔖**bau** *m* nýbygging *f*; ~**erdings** nýlega, upp á síðkastið; 𝔖**erung** *f* nýjung *f*, breyting *f*; 𝔖**gestaltung** *f* gjörbreyting *f*; 𝔖**gier** *f* forvitni *f*; 𝔖**heit** *f* nýjung *f*; 𝔖**igkeit** *f* nýjung *f*, frétt *f*; 𝔖**jahr** *n* nýár *n*; **prosit** 𝔖**jahr!** gleðilegt nýár!; ~**lich** nýlega; 𝔖**ling** *m* byrjandi *m*; ~**modisch** nýtízkulegur; 𝔖**mond** *m* nýtt tungl.
**neun** níu; ~**ter** níundi; ~**zehn** nítján; ~**zig** níutíu.
**Neureiche(r)** *m* nýríkur maður *m*.
**neutral** hlutlaus.
**Neuzeit** *f* nútími *m*; nýja öldin.
**nicht** ekki; **durchaus** ~ alls ekki; ~ **wahr?** er ekki svo?; ~ **doch** nei, nei.
**Nichte** *f* bróður- *od.* systurdóttir *f*.
**Nicht|einmischung** *f* afskiptaleysi *n*; 𝔖**ig** fánýtur.
**Nichtraucher** *m* tóbaksbindindismaður *m*.
**nichts** ekkert, ekki neitt; ~**nutzig** gagnslaus; ~**sagend** ómerkilegur; ~**würdig** einskisverður.
**Nickel** *n* nikkel *n*.
**nicken** kinka kolli.
**nie** aldrei.
**nieder** niður; 𝔖**frequenz** *f* lágtíðni *f*; 𝔖**gang** *m fig.* hnignun *f*; 𝔖**geschlagenheit** *f* dapurleiki *m*; 𝔖**kunft** *f* barnsburður *m*; 𝔖**lassung** *f* bólfesta *f*; nýlenda *f*; 𝔖**schlag** *m* úrkoma *f*; *Chem.* botnfall *n*; ~**schlagen** *fig.* bæla niður; ~**setzen** *v/r.* setjast; 𝔖**spannung** *f* lágspenna *f*; 𝔖**ung** *f* dæld *f*, dalur *m*.
**nied|lich** snotur, indæll; ~**rig** lágur; *fig.* au(ð)virðilegur.
**nie|mals** aldrei; ~**mand** enginn.
**Niere** *f* nýra *n*.
**niesen** hnerra.
**Nießbrauch** *m Jur.* notaréttur *m*.
**Niete** *f* núll *n* (í hlutaveltu);

hnoðnagli *m*; 2n hnoða nagla.
**nirgend(s)** hvergi.
**Nische** *f* veggskot *n*.
**nisten** byggja *od.* hafa hreiður.
**Nixe** *f* hafmey *f*.
**noch: weder ... ~** hvorki ... né; *adv.* ennþá, enn; **~mals** enn einu sinni; aftur, í annað sinn, öðru sinni.
**Nonne** *f* nunna *f*.
**Nord|en** *m* norður *n*; Norðurlönd *n/pl.*; **2isch** norrænn, skandinavískur.
**nördlich** norðlægur; *prp.* (*mit gen.*) **~ von** fyrir norðan; *adv.* **norður frá.**
**Nordpol** *m* norðurpóll *m*.
**Nordsee** *f* Norðursjór *m*.
**Norm** *f* regla *f*, fyrirmynd *f*.
**nörgeln** nöldra; setja út á.
**Norweg|en** *n* Noregur *m*; **~er** *m* Norðmaður *m*; **~erin** *f* norsk kona *f*; **2isch** norskur; **~isch** *n* norska *f*.
**Not** *f* neyð *f*, þröng *f*.
**Notar** *m* skjalaritari *m*.
**Not|ausgang** *m* neyðarútgöngudyr *f/pl.*; **~behelf** *m* neyðarúrræði *n/pl.*; **~bremse** *f* neyðarhemill *m*; **~durft** *f* þörf *f*; **2dürftig** ófullnægjandi.
**Note** *f* millirikjaorðsending *f*; (*Schule*) einkunn *f*; *Mus.* nóta *f*; (*Geld*) (banka-) seðill *m*.
**not|falls** ef í nauðir rekur; **~gedrungen** tilneyddur; **2groschen** *m* varapeningar *m/pl.*
**nötig** nauðsynlegur; **etw. ~ haben** þurfa e-ð, þarfnast e-s.
**nötigen** neyða; ganga eftir.
**Notiz** *f* athugasemd *f*; gaumur *m*.
**Not|lage** *f* neyðarástand *n*; **2landen** nauðlenda; **2leidend** bágstaddur; **~stand** *m* bágindi *n/pl.*; **~wehr** *f* neyðarvörn *f*; **2wendig** nauðsynlegur.
**Novelle** *f* smásaga *f*, **saga** *f*, stutt skáldsaga.
**November** *m* nóvember *m*.
**nüchtern** algáður, ódrukkinn; *fig.* raunsær, rólegur, skynsamlegur.
**Nudel** *f* núðla *f*; **2n** fita.
**Null** *f* núll *n*.
**Nummern|scheibe** *f* *Tlph.* númeraskífa *f*; **~schild** *n* (*Auto*) númerskilti *n*.
**nun** nú; **von ~ an** upp frá þessu.
**nur** aðeins, eingöngu, bara.
**Nuß** *f* hnot *f*, hneta *f*; **~baum** *m* hnottré *n*; (*Holz*) hnotviður *m*; **~knacker** *m* hnotbrjótur *m*.
**Nüster** *f* nös *f*.
**nutz|bar** gagnlegur; **~en** gagna, stoða; **2holz** *n* smíðaviður *m*.
**nütz|en** gagna; nota; **~lich** gagnlegur.
**nutz|los** gagnslaus; **2nießer** *m* notandi *m*.
**Nylon** *n* nælon *n*; **~strumpf** *m* nælonsokkur *m*.

# O

**Oase** *f* vin *f*.
**ob** hvort; **als ~** eins og.
**Obacht** *f* gæzla *f*; athygli *f*; **~ geben** vara sig.
**Obdach** *n* skjól *n*, húsaskjól *n*; **£los** heimilislaus.
**oben** uppi; **von ~** (her) að ofan; **nach ~** upp; **~drein** í ofanálag; **~erwähnt** ofannefndur.
**Ober** *m* (veitinga)þjónn *m*; **Herr ~!** þjónn!
**obere:** (der, die ~) hinn, hin efri; das ~ hið efra.
**Ober|fläche** *f* yfirborð *n*; **£flächlich** yfirborðslegur; **£halb** fyrir ofan; **~hemd** *n* herraskyrta *f*; **~in** *f* yfirhjúkrunarkona *f*; **£irdisch** ofanjarðar-; **~kellner** *m* yfirþjónn *m*; **~leutnant** *m* yfirlautinant *m*; **~lippe** *f* efri vör; **~schenkel** *m* læri *n*.
**oberste:** (der, die, das ~) efstur, hæstur, hinn efsti *od*. hæsti, efst, hæst, hin, hið, efsta; **zu~** efst.
**obgleich** þó að, þótt.
**Obhut** *f* vernd *f*, eftirlit *n*.
**objektiv** hlutlægur.
**Obrigkeit** *f* yfirvöld *n/pl*.
**Obst** *n* ávextir *m/pl*.; **~bau** *m* aldinrækt *f*; **~baum** *m* aldintré *n*.
**obwohl** þó að, þótt.
**Ochs(e)** *m* uxi *m*.
**Öde** *f* tómleiki *m*; auðn *f*.
**oder** eða; **entweder ... ~** annaðhvort ... eða.
**Ofen** *m* ofn *m*.
**offen** opinn; **~bar** augljós; **~baren** opinbera; **~herzig** hreinskilinn; **~kundig** alkunnur; **~sichtlich** augljós.
**öffentlich** opinber; **£keit** *f* almenningur *m*.
**offer|ieren** bjóða (til kaups); **£te** *f* (kaup)boð *n*.
**Offizier** *m* liðsforingi *m*.
**öffnen** opna; *Su*. op *n*, gat *n*; opnun *f*.
**oft** oft.
**öfter(s)** oft; við og við.
**ohne** án; **~gleichen** óviðjafnanlegt; **~hin** auk þess, hvort sem er.
**Ohnmacht** *f* vanmáttur *m*; yfirlið *n*; **in ~ fallen** falla í ómegin.
**ohnmächtig** magnlaus; í yfirliði.
**Ohr** *n* eyra *n*; **~enarzt** *m* eyrnalæknir *m*; **~enschmalz** *m* eyrnamergur *m*.
**Öhr** *n* (nálar)auga *n*; lykkja *f*.
**Ohr|feige** *f* löðrungur *m*; **~läppchen** *n* eyrnasnepill *m*; **~ring** *m* eyrnahringur *m*.
**Oktober** *m* október *m*.
**Öl** *n* olía *f*; **~druckmesser** *m* olíuþrýstimælir *m*; **£en** olíubera; **~feuerung** *f* olíukynding *f*; **~gemälde** *n* olíumálverk *n*; **~kanne** *f*

olíukanna *f*; ~standanzeiger *m* olíumælir *m*.
**Olive** *f* olífa *f*.
**Omelett** *n* eggjakaka *f*.
**Omnibus** *m* strætisvagn *m*; langferðabíll *m*.
**Onkel** *m* föður- *od.* móðurbróðir *m*.
**Oper** *f* ópera *f*; ~**ette** *f* smásöngleikur *m*, óperetta *f*; ~**nglas** *n* leikhússjónauki *m*.
**Operation** *f* aðgerð *f*; *Med.* uppskurður *m*.
**Opfer** *n* fórn *f*; fórnarlamb *n*; 2**n** fórna.
**opponieren** andmæla.
**Optiker** *m* sjóntækjasmiður *m*; sjóntækjasali *m*.
**Orange** *f* appelsína *f*.
**Orchester** *n* hljómsveit *f*.
**Orden** *m* heiðursmerki *n*, orða *f*.
**Ord|er** *f* skipun *f*; pöntun *f*; 2**nen** raða *od.* skipa niður, laga, ganga frá (e-u), ráðstafa (e-u); ~**nung** *f* regla *f*; skipulag *n*; ~**nungsstrafe** *f* refsing fyrir agabrot.
**Organ** *n* líffæri *n*; málgagn *n*.
**Orgel** *f* orgel *n*.
**orientieren** leiðbeina, skýra fyrir; *v/r.* átta sig, glöggva sig á.
**original** frumlegur; upprunalegur.
**Orkan** *m* fárviðri *n*.
**Ort** *m* staður *m*; **an ~ und Stelle** á réttum stað, á staðnum.
**orten** *Flgw.* miða, gera staðarákvörðun.
**örtlich** staðar-, staðbundinn. [bær *m*.]
**Ortschaft** *f* þorp *n*, (lítill)
**Orts|gespräch** *n* innanbæjarsímtal *n*; 2**üblich** sem tíðkast á staðnum.
**Öse** *f* lykkja *f*.
**Osten** *m* austur *n*.
**Oster|montag** *m* annar í páskum; ~**n** *n od. pl.* páskar *m/pl.*; **fröhliche ~n!** gleðilega páska!; ~**sonntag** *m* páskadagur *m*.
**Österreich** *n* Austurríki *n*; ~**er** *m* Austurríkismaður *m*; ~**erin** *f* austurrísk kona *od.* stúlka; 2**isch** austurrískur. [fyrir austan.]
**östlich** austlægur, austur-;
**Ost|see** *f* Eystrasalt *n*; ~**wind** *m* austanvindur *m*.
**Otter** 1. *m* otur *m*; 2. *f* höggormur *m*.
**Ouvertüre** *f* forleikur *m*.
**Ozean** *m* úthaf *n*; **der Atlantische ~** Atlantshafið *n*; **der Stille ~** Kyrrahafið *n*.

# P

**paar** 1. **ein ~** nokkrir; 2. 2 *n* tvennt af e-u.
**paaren** *v/r.* maka sig, tímgast.
**Pacht** *f* leiga *f*; (*Zins*) leigugjald *n*; 2**en** taka á leigu.
**Pack** *n* skríll *m*, hyski *n*.

**Päckchen** *n* (bréfa)böggull *m.*
**packen** láta niður (í tösku), búa um; þrífa; *v/r.* hypja sig burtu; **~d** hrífandi, áhrifamikill.
**Pack|er** *m* pakkhúsmaður *m*; **~papier** *n* umbúðapappír *m*; **~ung** *f* umbúðir *f/pl.*; pakki *m*; **~wagen** *m* flutningsvagn *m.*
**Paket** *n* böggull *m*; **~annahme** *f* bögglaviðtaka *f*; **~ausgabe** *f* bögglaafhending *f.*
**Pakt** *m* sáttmáli *m.*
**Palast** *m* höll *f.*
**Palme** *f* pálmi *m.*
**Panik** *f* ofsahræðsla *f.*
**Panne** *f* óhapp *n*; vélbilun *f.*
**Panther** *m* pardusdýr *n*, hlébarði *m.*
**Pantoffel** *m* inniskór *m.*
**Panzer** *m* skriðdreki *m*; **~auto** *n* brynvarin bifreið.
**Papagei** *m* páfagaukur *m.*
**Papier** *n* pappír *m*; **~geld** *n* peningaseðlar *m/pl.*; **~korb** *m* pappírskarfa *f.*
**Papp|band** *m* pappaband *n*; **~e** *f* pappi *m*; **~el** *f* ösp *f.*
**Papst** *m* páfi *m*; **~tum** *n* páfadæmi *n.*
**Parade** *f* hersýning *f*; skrúðfylking *f.*
**Paradies** *n* Paradís *f.*
**paradox** þverstæður.
**Paragraph** *m* grein *f.*
**Parfüm** *n* ilmvatn *n*; **Ꝫieren** ilmbera.
**park|en** leggja bifreið; **Ꝫett** *n* tiglagólf *n*; **Ꝫplatz** *m* bifreiðastæði *n*; **Ꝫuhr** *f* (*Verkehr*) stöðumælir *m.*
**Parlament** *n* þing *n.*
**Partei** *f* (stjórnmála)flokkur *m*; **~geist** *m* flokksandi *m*; **Ꝫisch** hlutdrægur.
**Parterre** *n* neðsta hæð (í húsi), stofuhæð *f.*
**Partisan** *m* skæruliði *m.*
**Partner** *m* hluthafi *m*; (*Mitspieler*) leiknautur *m.*
**Paß** *m* vegabréf *n*; skarð *n*; **~abfertigung** *f* vegabréfaskoðun *f*; **~zwang** *m* vegabréfaskylda *f.*
**Passagier** *m* farþegi *m.*
**Passant** *m* vegfarandi *m.*
**passen** hæfa; vera mátulegur; *Anzug:* fara vel.
**Pat|e** *m* guðfaðir *m*; **~in** *f* guðmóðir *f*; **~enkind** *n* skírnar- *od.* guðbarn *n.*
**Patent|amt** *n* einkaleyfaskrifstofa *f*; **~inhaber** *m* einkaleyfishafi *m.*
**Patriot** *m* föðurlandsvinur *m.*
**Patrone** *f* skothylki *n.*
**Pauke** *f* bumba *f.*
**Pauschalsumme** *f* heildarupphæð *f.*
**Pausenzeichen** *n* hlémerki *n.*
**Pech** *n* tjara *f*; *fig.* óhapp *n*, slys *n.*
**peil|en** miða (áttir); **Ꝫgerät** *n* miðunartæki *n*; **Ꝫung** *f* miðun *f.*
**Pein** *f* kvöl *f*; **Ꝫigen** kvelja, pynda; **Ꝫlich** vandræðalegur.

**Peitsche** *f* svipa *f*; **2n** berja, hýða.
**Pell|e** *f* hýði *n*, flus *n*; **2en** flysja; **~kartoffeln** *pl.* óflysjaðar kartöflur.
**Pelz** *m* skinn *n*; loðkápa *f*.
**Pendel** *n* hengill *m* (í klukku); **2n** sveiflast; **~verkehr** *m* samgöngur fram og aftur (með sama farartæki).
**Pension** *f* eftirlaun *n/pl.*; (*Fremdenheim*) mötuneyti (ásamt húsnæði).
**per Adr.** afhendist hjá.
**Periode** *f* tímabil *n*.
**Perlmutter** *f* perlumóðir *f*.
**Perlon** *n* perlon *n*.
**Persenning** *f* *Mar.* (tjargaður segldúkur), yfirbreiðsla *f*.
**Person|al** *n* starfsfólk *n*; **~alausweis** *m* nafnsönnunarskilríki *n*; **~enzug** *m* fólksflutningalest *f*.
**persönlich** persónulegur; sjálfur; **2keit** *f* persónuleiki *m*.
**Perücke** *f* hárkolla *f*.
**Petersilie** *f* steinselja *f*.
**Petroleum** *n* steinolía *f*; **~kocher** *m* prímus *m*; **~tank** *m* steinolíugeymir *m*.
**Pfad** *m* stígur *m*, gata *f*; **~finder** *m* skáti *m*.
**Pfahl** *m* staur *m*, stólpi *m*.
**Pfand** *n* veð *n*; **~brief** *m* veðbréf *n*.
**pfänden** taka að veði.
**Pfandleihe** *f* veðlánahús *n*; **~r** *m* veðlánamangari *m*.
**Pfann|e** *f* panna *f*; **~kuchen** *m* pönnukaka *f*.
**Pfarr|e** *f* prestakall *n*; **~ei** kirkjusókn *f*; prestssetur *n*; **~haus** *n* prestssetur *n*.
**Pfau** *m* páfugl *m*.
**Pfeffer** *m* pipar *m*; **~minze** *f* piparmynta *f*; **2n** pipra.
**Pfeife** *f* pípa *f*; **2n** blístra; blása (í pípu).
**Pfeil** *m* ör *f*; **~er** *m* stólpi *m*, súla *f*.
**Pfennig** *m* penningur *m*; eyrir *m*.
**Pferd** *n* hestur *m*; **~erennen** *n* veðreiðar *f/pl.*; **~estärke** *f* hestafl *n*.
**Pfiff** *m* blístur *n*; bragð *n*; **2ig** slunginn.
**Pfifferling** *m* ætisveppur *m*.
**Pfingst|en** *n od. pl.* hvítasunna *f*; **frohe ~en!** gleðilega hvítasunnuhátíð!; **~montag** *m* annar í hvítasunnu; **~sonntag** *m* hvítasunnudagur *m*.
**Pfirsich** *m* ferskja *f*.
**Pflanz|e** *f* jurt *f*, planta *f*; **2en** gróðursetja; **~ung** *f* gróðursetning *f*; gróðurekra *f*.
**Pflaster** *n* steinlegging *f*, steinstræti *n*; *Med.* plástur *m*; **2n** steinleggja; plástra.
**Pflaume** *f* plóma *f*.
**Pflege** *f* hjúkrun *f*, umönnun *f*; **2n** hjúkra; vera vanur.
**Pflicht** *f* skylda *f*; **~eifer** *m* skyldurækni *f*; **2vergessen** óskyldurækinn.
**Pflock** *m* tjóðurhæll *m*.

**pflücken** tína, reyta.
**Pflug** *m* plógur *m*.
**pflügen** plægja.
**Pforte** *f* hlið *n*.
**Pförtner** *m* dyravörður *m*.
**Pfosten** *m* stólpi *m*.
**Pfote** *f* löpp *f*, hrammur *m*.
**Pfropfen** *m* tappi *m*.
**propfen** græða á.
**Pfuhl** *m* pyttur *m*, díki *n*.
**pfui!** svei!
**Pfund** *n* pund *n*; **Ꝫweise** í pundatali.
**pfuschen** káka, klastra.
**Pfütze** *f* pollur *m*, pyttur *m*.
**Phantasie** *f* ímyndunarafl *n*.
**Photo|(graphie** *f*) *n* ljósmynd *f*; **~apparat** *m* myndavél *f*; **~graph** *m* myndasmiður *m*; **Ꝫgraphieren** taka ljósmynd.
**Physik** *f* eðlisfræði *f*.
**Pickel** *m* *Med.* graft(r)arnabbi *m*.
**picken** narta í, kroppa; höggva, pikka.
**piepen** tísta; vola.
**Pille** *f* pilla *f*.
**Pilot** *m* flugmaður *m*.
**Pilz** *m* sveppur *m*.
**Pinsel** *m* pensill *m*.
**Pinzette** *f* smátöng *f*; sáratöng *f*.
**Pistole** *f* skammbyssa *f*.
**Plage** *f* kvöl *f*; **Ꝫn** kvelja, þjaka.
**Plakat** *n* uppfest auglýsing *f*, götuauglýsing *f*.
**Plan** *m* áform *n*; uppkast *n*; **Ꝫen** ráðgera; gera áætlun; **Ꝫlos** ráðalaus; skipulagslaus; **Ꝫmäßig** samkvæmt áætlun; **~wirtschaft** *f* áætlunarbúskapur.
**Planke** *f* planki *m*.
**plappern** rausa, bulla.
**Plattform** *f* (ræðu)pallur *m*; stöðvarstétt *f*.
**platt** flatur; hversdagslegur; lágþýzkur; **Ꝫdeutsch** *n* lágþýzka *f*; **Ꝫe** *f* flötur *m*; plata *f*.
**Plätt|eisen** *n* strokjárn *n*, *pop.* straujárn *n*; **Ꝫen** strjúka lín, *pop.* straua.
**Platz** *m* staður *m*; sæti *n*; torg *n*; **~anweiser(in** *f*) *m* maður (kona), sem vísar til sætis; **Ꝫen** springa; **~karte** *f* *Esb.* tölusett sæti.
**plaudern** masa, rabba.
**Plomb|e** *f* tannfylling *f*; **Ꝫieren** fylla tönn.
**plötzlich** skyndilegur.
**plump** luralegur, kauðalegur.
**Plunder** *m* skran *n*, rusl *n*.
**plündern** ræna, rupla.
**Plüsch** *m* flos *n*.
**pöbelhaft** skrílslegur.
**pochen** banka, berja; *Herz:* slá.
**Pocken** *pl.* bólan *f*; **Ꝫnarbig** bólugrafinn.
**Pökelfleisch** *n* saltkjöt *n*.
**pökeln** salta.
**polieren** fægja, skyggja.
**Polizei** *f* lögregla *f*; **~amt** *n* lögreglustöð *f*; **Ꝫlich** lögreglu-, af hálfu lögreglunnar; **Ꝫlich verboten!** bannaður af lögreglunni!; **~wache** *f* lögregluvörður *m*, -stöð *f*.

**Polizist** *m* lögregluþjónn *m*.
**polnisch** pólskur.
**Polster** *n* hægindi *n*, sessa *f*; **2n** bólstra.
**poltern** skarka, gera háreysti.
**Portemonnaie** *n* peningabudda *f*.
**Portier** *m* dyravörður *m*.
**Porto** *n* burðargjald *n*; **2frei** burðargjaldslaust; **2pflichtig** burðargjaldsskyldur.
**Porzellan** *n* postulín *n*.
**Posaune** *f* básúna *f*.
**Posse** *f* skrípaleikur *m*; **~n** *pl.* skrípalæti *n/pl.*
**Post** *f* póstur *m*; póststöð *f*; **~amt** *n* póststöð *f*, pósthús *n*; **~anweisung** *f* póstávísun *f*; **~bote** *m* bréfberi *m*; **~briefkasten** *m* póstkassi *m*.
**Posten** *m* vörður m, varðstaða *f*; (*Rechnungs2*) liður *m*.
**Post|fach** *n* pósthólf *n*; **~karte** *f* bréfspjald *n*; **2lagernd** afgreiðist sem biðpóstur; **~schalter** *m* afgreiðslustaður *m* (í pósthúsi); **~scheck** *m* póstávísun *f*; **~stempel** *m* bréfstimpill *m*; **2wendend** um hæl; **~wertzeichen** *n* frímerki *n*.
**Pottasche** *f* pottaska *f*.
**Pracht** *f* skraut *n*, viðhöfn *f*; skart *n*.
**prächtig** skrautlegur, ágætur.
**Prägung** *f* mótun *f*; (*Münze*) slátta *f*.
**prahlen** raupa, gorta.
**praktisch** hentugur; hagsýnn; **~er Arzt** *m* praktiserandi læknir .
**Praline** *f pop.* konfekt *n*.
**prall** stinnur; þrýstinn.
**Prämie** *f* verðlaun *n/pl.*; **2ren** verðlauna.
**Pranger** *m*: **an den ~ stellen** setja í gapastokkinn.
**präparieren** undirbúa.
**Präsident** *m* forseti *m*; formaður *m*.
**prasseln** snarka; skrölta.
**Praxis** *f* framkvæmd *f*; venja *f*.
**predig|en** prédika; **2er** *m* prestur *m*; **2t** *f* prédikun *f*.
**Preis** *m* verð *n*; verðlaun *n/pl.*; **~ausschreiben** *n* verðlaunasamkeppni *f*; **~elbeere** *f* týtuber *n*; **2en** lofa, hrósa; **~ermäßigung** *f* afsláttur *m*; **~liste** *f* verðlisti *m*; **~richter** *m* verðlaunadómari *m*; **~träger** *m* verðlaunahafi *m*.
**Premiere** *f* frumsýning *f*.
**Presse** *f* blöð *n/pl.*; **~freiheit** *f* prentfrelsi *n*; **2n** pressa.
**Preßkohle** *f* kolþviti *m*, móþviti *m*.
**Priester** *m* (kaþólskur) prestur *m*.
**Primel** *f* maríulykill *m*.
**prinzipiell** grundvallar-; samkvæmt *od.* eftir grundvallarreglu.
**privat** einka-, einstaklings-.
**Probe** *f* æfing *f*; sýnishorn *n*; **auf die ~ stellen** reyna

(e-n); ²weise til reynslu.
**probieren** reyna; (*kosten*) bragða.
**Professur** *f* prófessorsembætti *n*.
**Profil** *n* hliðarmynd *f*.
**Prognose** *f* útlit *n*; veðurspá *f*.
**Programm** *n* leikskrá *f*; stefnuskrá *f*.
**Prokurist** *m* umboðsmaður *m*, *pop*. prókúruhafi *m*.
**Proletarier** *m* öreigi *m*.
**prompt** skjótur, greiður.
**Propeller** *m* flugvélarskrúfa; skipsskrúfa *f*.
**prophezei|en** spá; ²**ung** *f* spádómur *m*.
**prosit!** skál!
**Protest** *m* mótmæli *n/pl*.
**Protokoll** *n* gerðabók *f*; þingbók *f*; **ein ~ aufnehmen** bóka fundarskýrslu; bóka framburð fyrir rétti.
**protzen** gorta, raupa.
**Proviant** *m* nesti *n*; vistir *f/pl*.
**Provision** *f* umboðslaun *n/pl*.; þóknun *f*.
**Prozent** *n* hundraðshluti *m*, prósenta *f*; ²**ig** af hundraði.
**Prozeß** *m* mál *n*, málaferli *n/pl*.; þróunarferill *m*; **~kosten** *pl*. málskostnaður *m*.
**prozessieren: mit j-m ~** eiga í máli við e-n.
**prüf|en** reyna (e-n), rannsaka; prófa; ²**ung** *f* raun *f*, rannsókn *f*; próf *n*.
**Prügel** *m* barefli *n*; *pl. a.* barsmíð *f*; ²**n** berja.
**Prunk** *m* skart *n*, glys *n*.
**Psalm** *m* sálmur *m*.
**Publikum** *n* almenningur *m*; áheyrendur *m/pl*., áhorfendur *m/pl*.
**Pudding** *m* búðingur *m*.
**Puder** *n* (andlits)púður *n*; **~dose** *f* púðurdós *f*; ²**n** púðra.
**puffen** hvella; bólgna (út).
**Puls** *m* slagæð *f*; **~schlag** *m* lífæðasláttur *m*.
**Pult** *n od. m* púlt *n*.
**Pulver** *n* duft *n*; (*Schieß*²) púður *n*.
**pump|en** dæla; *fig. pop.* fá lánað, lána; ²**werk** *n* dælustöð *f*.
**Punkt** *m* punktur *m*; *fig.* atriði *n*; **~ zwölf (Uhr)** nákvæmlega klukkan tólf.
**pünktlich** stundvís; nákvæmur.
**Punsch** *m* púns *n*.
**Pupille** *f* augasteinn *m*.
**Puppe** *f* brúða *f*; *Zo.* púpa *f*.
**Purzel|baum** *m* kollhnís *m*; ²**n** velta kollhnís; detta.
**Pute(r** *m*) *f* kalkúnshæna *f* (kalkúni *m*).
**Putsch** *m* uppþot *n*, smáuppreisn *f*; ²**en** gera uppþot.
**Putz** *m* skart *n*; skreyting *f*; ²**en** skreyta; *Schuhe:* bursta; **~macherin** *f* tízkusölukona *f*; ²**ig** skrítinn.
**Pyjama** *m* náttföt *n/pl*.
**Pyramide** *f* pýramídi *m*.

# Q

**Quacksalber** *m* skottulæknir *m.*
**Quadrat** *n* ferningur *m.*
**Quai** *m* hafnargarður *m.*
**quaken** kvakka.
**quälen** kvelja.
**Qualität** *f* gæði *n/pl.*; (*Art*) tegund *f.*
**Qualle** *f* marglitta *f.*
**Qualm** *m* svækja *f*, svæla *f*; **≈en** (*von Räuchern*) reykja, svæla.
**Quantität** *f* mergð *f*, magn *n.*
**Quark** *m* mjólkurhlaup *n*; ystingur *m*; *ung.* skyr *n.*
**Quartal** *n* ársfjórðungur *m.*
**Quartier** *n* gististaður *m*; setustaður *m* (herliðs).
**Quaste** *f* skúfur *m.*
**Quecksilber** *n* kvikasilfur *n.*
**Quelle** *f* uppspretta *f*, lind *f*; heimild *f*; **≈n** vella fram, spretta upp; bólgna.
**quer** þver; þversum; **kreuz und ~** þvert og endilangt, fram og aftur; **~feldein** þvert yfir akrana; *fig.* beint af augum; **≈straße** *f* þvergata *f.*
**quetsch|en** lemstra; merja; **≈ung** *f* lemstrun *f*; mar *n.*
**Quirl** *m* þyrill *m*; **≈en** hræra, þeyta.
**quitt|ieren** kvitta; *Dienst:* segja af sér, hætta; **≈ung** *f* kvittun *f.*
**Quote** *f* hlutfallshluti *m.*

# R

**Rabatt** *m* afsláttur *m.*
**Rabe** *m* hrafn *m.*
**Rache** *f* hefnd *f*; **~n** *m* kok *n*, barki *m.*
**rächen** hefna; endurgjalda; *v/r.* hefna sín (**an j-m** á e-m).
**Rad** *n* hjól *n*; (*Fahr≈*) reiðhjól *n*; (*Steuer≈*) stýrishjól *n*; **≈eln** hjóla; **~fahrer** *m* hjólreiðamaður *m*; **~fahrweg** *m* hjólreiðabraut *f.*
**radier|en** skafa *od.* strjúka út; **≈gummi** *m* strokleður *n*; **≈ung** *f* ætimynd *f*, *pop.* radering *f.*
**Radieschen** *n* radísa *f.*
**Radiostation** *f* útvarpsstöð *f.*
**Rad|reifen** *m* hjólbarði *m*; **~welle** *f* hjólás *m.*
**Rahm** *m* rjómi *m.*
**Rahmen** *m* rammi *m*; umbúningur *m* (dyra *od.* glugga).
**Rakete** *f* eldflaug *f*; púðurfluga *f.*
**Rampe** *f* (*Bühne*) sviðljós *n/pl.*; (*Auffahrt*) skáhallur uppakstur.
**Rand** *m* rönd *f*, brún *f.*
**Rang** *m* metorð *n/pl.*, tign *f*; *Thea.* svalir *f/pl.*, hæð *f*; **ersten ~es** fyrsta flokks.

**Ranke** *f* vafteinungur *m*.
**Ränke** *pl*. vélar *f/pl*., brögð *n/pl*., klækir *m/pl*.
**Ranz|en** *m* malur *m*; skólataska *f*; **≈ig** þrá(naðu)r.
**Rappe(n)** *m* brúnn hestur.
**rar** sjaldgæfur.
**rasch** röskur, fljótur.
**rasen** æða, geisa; **∼d** æðisgenginn; bálreiður.
**Rasen** *m* grassvörður *m*; þaka *f*; **∼fläche** *f* grasflötur *m*.
**Rasier|apparat** *m* rakvél *f*; **≈en** raka; **∼klinge** *f* rakblað *n*; **∼messer** *n* rakhnífur *m*; **∼pinsel** *m* rakbursti *m*; **∼seife** *f* raksápa *f*; **∼zeug** *n* rakstursáhöld *n/pl*.
**Rasse** *f* kynþáttur *m*; **≈ln** skrölta.
**Rast** *f* hvíld *f*; **≈en** hvílast; **≈los** eirðarlaus.
**Rat** *m* ráð *n*; ráðgjafi *m*; **≈en** ráðleggja; **∼haus** *n* ráðhús *n*; **≈sam** ráðlegur; **∼schlag** *m* ráð *n*.
**Rätsel** *n* gáta *f*; **≈haft** dularfullur.
**Ratte** *f* rotta *f*.
**Raub** *m* rán *n*; ránsfengur *m*; ránýrkja *f*; **∼gier** *f* ránfíkn *f*; **∼tier** *n* rándýr *n*; **∼überfall** *m* ræningjaárás *f*; **∼vogel** *m* ránfugl *m*.
**rauben** ræna.
**Rauch** *m* reykur *m*; **≈en** reykja; **∼er** *m* reykingamaður *m*.
**räuchern** *Fleisch:* reykja.
**Rauchtabak** *m* reyktóbak *n*.
**Räude** *f* hrúður *n*; geitur *f/pl*.; (*von Tieren*) kláði *m*.
**raufen** *v/r*. fljúgast á; **≈rei** *f* áflog *n/pl*.
**rauh** óséttur; hrjúfur; *fig*. hryssingslegur; **≈reif** *m* hrím *n*, héla *f*.
**Raum** *m* svið *n*, geimur *m*; herbergi *n*.
**räumen** rýma burt; ryðja til; *Su*. ruðning *f*; rýming *f*.
**Raupe** *f* lirfa *f*; kálormur *m*; **∼nschlepper** *m* beltistraktor *m*.
**Rausch** *m* víma *f*, ölæði *n*; **≈en** þjóta; skrjáfa; **∼gift** *n* eiturlyf *n*.
**räuspern** *v/r*. ræskja sig.
**Rebe** *f* (vínviðar)teinungur *m*.
**Rebhuhn** *n* akurhæna *f*.
**Rechen** *m* hrífa *f*; **∼fehler** *m* reikningsskekkja *f*; **∼maschine** *f* reiknivél *f*; **∼schaft** *f* reikningsskil *n/pl*.
**rechnen** 1. reikna; 2. **≈** *n* (*Schulfach*) reikningur *m*.
**recht** 1. rétt(ilega); 2. **≈** *n* réttur *m*; lög *n/pl*.; **≈eck** *n* rétthyrningur *m*; **∼eckig** rétthyrndur; **≈fertigung** *f* réttlæting *f*; **∼gläubig** rétttrúaður; **∼haberisch** þrætugjarn; **∼lich** heiðarlegur; lögmætur; **∼los** réttlaus; **∼mäßig** réttmætur.
**rechts** til hægri; **∼ von** hægra megin við; **von ∼** frá hægri; **≈anspruch** *m* réttarkrafa *f*; **≈anwalt** *m* málfærslumaður *m*; **≈außen** *m* (*Fußball*) hægri útherji.

**recht|schaffen** heiðarlegur; **2schreibung** *f* réttritun *f*, stafsetning *f*; **~sgültig** löggildur; **~skräftig** lögmætur; **2sprechung** *f* dómsuppsögn *f*; **2sstreit** *m* mál *n*, málaferli *n/pl.*; **~swidrig** ólöglegur; **~winklig** rétthyrndur; **~zeitig** á réttum tíma, réttstundis.

**Reck** *n* slá *f*; **2en** rétta, teygja; *v/r* teygja sig.

**Redakteur** *m* ritstjóri *m*.

**Rede** *f* ræða *f*; **2n** tala; **2gewandt** tungulipur; **~nsart** *f* talsháttur *m*, orðatiltæki *n*.

**Red|lichkeit** *f* ráðvendni *f*; **~ner** *m* ræðumaður *m*; **2selig** skrafhreifur, málgefinn.

**Reede** *f* skipalægi *n*; **~r** *m* útgerðarmaður *m*; **~rei** *f* útgerð *f*.

**Referat** *n* skýrsla *f*; fyrirlestur *m*.

**Referendar** *m* kandidat *m*; embættismannsefni *n*; aðstoðardómari *m*.

**Referent** *m* skýrslugjafi *m*.

**Referenz** *f* meðmæli *n/pl.*

**reffen** *Mar.* rifa.

**reflektieren** endurgeisla; *fig.* íhuga.

**Reform** *f* endurbót *f*; **~ation** *f* siðaskipti *n/pl.*, siðbót *f*; **~ator** *m* siðbótarmaður *m*.

**Regal** *n* bókahilla *f*, bókaskápur *m*.

**Regel** *f* regla *f*; fyrirsögn *f*

**regeln** raða, skipa niður; koma skipan á.

**regelmäßig** reglulegur.

**regen 1.** hreyfa, hræra; **2. 2** *m* regn *n*; **2bogen** *m* regnbogi *m*; **2guß** *m* steypiregn *n*; **2mantel** *m* regnkápa *f*; **2schirm** *m* regnhlíf *f*.

**Regie** *f* leikstjórn *f*.

**regier|en** stjórna; *Su.* ríkisstjórn *f*; **2ungsbezirk** *m* hérað *n*, sýsla *f*.

**Regisseur** *m* leikstjóri *m*.

**regne|n** rigna; **~risch** rigningasamur; rigningar-.

**regsam** fjörugur; starfsamur.

**Regung** *f* hræring *f*.

**regulieren** tempra, stilla; skipa niður.

**Reh** *n* rádýr *n*; **~bock** *m* rádýrshafur *m*; **~braten** *m* rádýrasteik *f*.

**reiben** núa, nudda; *Su.* núningur *m*; *fig.* deilur *f/pl.*

**Reich 1.** *n* ríki *n*; **2. 2** *adj.* ríkur; **2en** rétta; ná; nægja; **2haltig** auðugur; **2lich** ríkulegur; **~tum** *m* auður *m*.

**reif 1.** þroskaður; **~ werden** þroskast; **2. 2** *m* gjörð *f*; hringgjörð *f*; **2e** *f* þroski *m*; **2eprüfung** *f* stúdentspróf *n*.

**reifen 1.** þroska(st); **es reift** það hrímar; **2. 2** *m* (tunnu-) gjörð *f*; hjólgjörð *f*; (*Auto*) hjólbarði *m*; **2schaden** *m* hjólsprenging *f*, punktéring *f*.

**Reihe** *f* röð *f*; lína *f*; **ich bin an der ~** röðin er komin að mér; **der ~ nach** eftir röð;

**~nfolge** *f* rétt röð; **2nweise** í röðum.
**Reiher** *m* hegri *m*.
**Reim** *m* rím *n*.
**rein** hreinn; **2ertrag** *m* hreinn ágóði; **~igen** hreinsa; **etw. von etw. ~igen** losa e-ð við e-ð; *Su.* hreinsun *f*; **~lich** hreinlegur, þrifinn.
**Reis 1.** *m* hrísgrjón *n/pl.*; **2.** *n* teinungur *m*; lim *n*; græðlingur *m*.
**Reise** *f* ferð *f*; **~büro** *n* ferðaskrifstofa *f*; **2fertig** ferðbúinn; **~gepäck** *n* farangur *m*; **~koffer** *m* ferðataska *f*; **~ziel** *n* áætlunarstaður *m*.
**reisen** ferðast; **ins Bad ~** fara á baðstaðinn.
**Reisig** *n* kjarr *n*; hrís *n*.
**Reißbrett** *n* teikniborð *n*.
**reißen 1.** rífa; *v/r.* berjast (**um etw.** um e-ð); **2. 2** *n* liðagigt *f*.
**Reiß|feder** *f* ristunál *f*; **~verschluß** *m* rennilás *m*; **~zeug** *n* teikniáhöld *n/pl.*
**reit|en** ríða; **2er** *m* reiðmaður *m*; riddari *m*; **2pferd** *n* reiðhestur *m*; **2peitsche** *f* svipa *f*, keyri *n*; **2weg** *m* reiðvegur *m*.
**Reiz** *m* espun *f*; yndisleiki *m*; **2bar** uppstökkur, fyrtinn; **2en** erta; espa; hrífa; *Su.* espun *f*, erting *f*; **2end** yndislegur.
**Reklam|e** *f* auglýsing *f*; **2ieren** kvarta.
**Rekord** *m* met *n*.
**religiös** trúaður.
**Renn|bahn** *f* veðreiða-, kappreiðabraut *f*; **2en** hlaupa, renna; **~en** *n* veðreiðar *f/pl.*, kappreiðar *f/pl.*; **~fahrer** *m* (*Auto*) kappakstursmaður *m*.
**Ren(ntier)** *n* hreindýr *n*.
**rentabel** arðsamur.
**Rentner** *m* stóreignamaður *m* (sem lifir af vaxtafé sínu); lífeyrishafi *m* (sem fær reglulegan lífeyri frá tryggingafélagi).
**Reparatur** *f* viðgerð *f*.
**Report|age** *f* skýrsla *f* (handa útvarpi, blöðum); **~er** *m* fréttaritari *m*.
**Reserve** *f* varaforði *m*; varalið *n*; **~rad** *n* varahjól *n*.
**Reservoir** *n* vatnsgeymir *m*.
**Residenz** *f* aðseturssstaður *m*.
**Respekt** *m* virðing *f*, lotning *f*.
**Rest** *m* afgangur *m*, eftirstöðvar *f/pl.*; **~bestand** *m* vöruleifar *f/pl.*; **2los** allur; alveg.
**Resultat** *n* árangur *m*, niðurstaða *f*; úrslit *n/pl.*
**retten** bjarga; *Su.* björgun *f*.
**Rettich** *m* hreðka *f*.
**Rettungs|boot** *n* björgunarbátur *m*; **~gürtel** *m* björgunarbelti *n*; **~ring** *m* björgunarhringur *m*.
**Reue** *f* iðrun *f*; **2n** iðrast; **es reut mich** ég iðrast þess; **2voll** iðrunarfullur.
**revidieren** endurskoða.
**Rezept** *n* lyfseðill *m*; uppskrift *f*.

**Rhabarber** *m* rabarbari *m*.
**Rhein** *m* Rín *f*; **⁓isch** rínar-.
**Rhythmus** *m* hrynjandi *f*, hljómfall *n*.
**richt|en** beina; dæma; **zugrunde ⁓en** eyðileggja; **⁓er** *m* dómari *m*; **⁓fest** *n* reisugildi *n*; **⁓ig** réttur; **⁓igstellen** leiðrétta, færa í lag; **⁓linie** *f* stefna *f*; **⁓schnur** *f* *fig*. mælikvarði *m*; **⁓strahler** *m* stuttbylgjustöð *f*, sem sendir aðeins í eina átt; **⁓ung** *f* átt *f*, stefna *f*; **⁓weg** *m* gagnvegur *m*, skemmsta leið.
**Richtungsanzeiger** *m* (*Auto*) stefnumerki *n*.
**riechen** þefa; þefja; **an etw. ⁓** þefa af e-u; **nach etw. ⁓** vera með e-m þef *od*. e-i lykt.
**Riegel** *m* slá *f*, slagbrandur *m*.
**Riemen** *m* reim *f*, ól *f*; (*Ruder*) ár *f*.
**Riese** *m* risi *m*, tröll *n*; **⁓ln** niða; sáldrast; **⁓ngroß** risavaxinn.
**Riff** *n* rif *n*, grynning *f*.
**Rille** *f* skora *f*, rauf *f*.
**Rind** *n* nautgripur *m*; **⁓e** *f* börkur *m*; (*Brot*) skorpa *f*; **⁓erbraten** *m* nautasteik *f*; **⁓fleisch** *n* nautakjöt *n*.
**ring|eln** liða; hringa; *v/r*. liðast; **⁓en** glíma; berjast; *Hände:* fórna; **⁓er** *m* glímumaður *m*; **⁓finger** *m* baugfingur *m*; **⁓kampf** *m* glíma *f*; **⁓s** umhverfis, hringinn í kring.
**Rinn|e** *f* renna *f*; rák *f*; dæld *f*; **⁓en** streyma; **⁓stein** *m* steinræsi *n*, göturæsi *n*.
**Rippe** *f* rif *n*; **⁓nfellentzündung** *f* brjósthimnubólga *f*.
**Risiko** *n* áhætta *f*.
**Riß** *m* rifa *f*, rauf *f*.
**rissig** rifinn, sprunginn.
**Ritt** *m* reið *f*; **⁓er** *m* riddari *m*.
**rittlings** klofvega.
**Rittmeister** *m* riddarahöfuðsmaður *m*.
**Ritze** *f* rifa *f*; rispa *f*; **⁓n** rispa; rista.
**Rizinusöl** *n* laxerolía *f*.
**Robbe** *f* selur *m*.
**röcheln** korra.
**Rock** *m* (*Frauen⁓*) pils *n*; (*Herren⁓*) jakki *m*; frakki *m*.
**rodeln** renna sér á sleða.
**roden** ryðja (land).
**Rogen** *m* hrogn *n*.
**Roggen** *m* rúgur *m*.
**roh** hrár; **⁓kost** *f* hrámeti *n*; **⁓köstler** *m* hrámetisæta *f*.
**Rohr** *n* rör *n*, pípa *f*; *Bot*. sef *n*; **⁓zucker** *m* reyrsykur *m*.
**Röhre** *f* pípa *f*, hólkur *m*; *Radio:* a. lampi *m*.
**Rohstoff** *m* hráefni *n*.
**Roll|e** *f* vinda *f*; valta *f*, *pop*. rúlla *f*; **⁓n** velta; **⁓feld** *n* flugbraut *f*; **⁓schuh** *m* hjólaskauti *m*; **⁓treppe** *f* rennistigi *m*.
**röntgen** röntgenmynda; **⁓aufnahme** *f* röntgenmynd *f*.
**rosig** rósrauður.
**Rosine** *f* rúsína *f*.

**Rösselsprung** *m* (*Schach*) riddaragangur *m*.
**Roß** *n* hross *n*, hestur *m*; **~haar** *n* hrosshár *n*.
**Rost** *m* ryð *n*; **~braten** *m* grill-steik *f*; **2en** ryðga; **2frei** ryðfrí; **2freier Stahl** ryðfrítt stál; **2ig** ryðgaður.
**rösten** steikja á rist; brúna.
**rot** rauður.
**Röte** *f* roði *m*; **2n** gera *od.* lita rauðan.
**rotieren** (hring)snúast.
**Rot|käppchen** *n* Rauðhetta *f*; **~kehlchen** *n* rauðbrystingur *m*; **~kohl** *m* rauðkál *n*; **~wild** *n* krónhirtir *m/pl*.
**Rübe** *f* rófa *f*; næpa *f*; **gelbe ~** gulrót *f*; **rote ~** rauðrófa *f*.
**Rubin** *m* roðasteinn *m*.
**ruch|bar** alkunnur; **~los** guðlaus, glæplundaður.
**Ruck** *m* rykkur *m*, kippur *m*.
**Rückantwort** *f* (and)svar *n*.
**rücken** færa; færa sig.
**Rücken** *m* hryggur *m*; **~lehne** *f* stólbak *n*; **~mark** *m* mæna *f*.
**Rück|fahrkarte** *f* farseðill báðar leiðir; **~fahrt** *f* heimferð *f*; **~fall** *m* afturkippur *m*; hnignun *f*; **2gängig machen** rifta; **~halt** *m* bakhjallur *m*; **~kaufsrecht** *n* endurkaupsréttur *m*; **2lings** aftur á bak; **~schlag** *m* afturkippur *m*; afturkast *n*; **~schritt** *m* afturför *f*, afturkippur *m*; **~seite** *f* bakhlið *f*; **~sicht** *f* tillit *n*; **~sitz** *m* aftursæti *n*; **~sprache nehmen** ráðgast (mit j-m við e-n); **~stand** *m* ógoldin skuld; **~strahler** *m* afturljós *n*; **~tritt** *m* afsögn *f* (embættis); **~trittbremse** *f* (*Fahrrad*) afturhjólsbremsa *f*; **2wärts** aftur á bak; **~wärtsgang** *m* (*Auto*) bakgír *m*; **~wirkung** *f* afturverkun *f*; **~zug** *m* undanhald *n*.
**Rudel** *n* flokkur *m*, hópur [*m*.]
**Ruder** *n* (*Boot*) ár *f*; (*Steuer2*) stýri *n*; **~er** *m* ræðari *m*; **2n** róa.
**Ruf** *m* kall *n*; köllun *f*; **guter ~** gott mannorð; **2en** kalla hrópa.
**rügen** ávíta, vanda um.
**Ruh|e** *f* ró *f*, kyrrð *f*; **~ebett** *n* legubekkur *m*; **~egehalt** *n* eftirlaun *n/pl.*; **2en** hvílast; **~estörung** *f* truflun *f*; **~etag** *m* hvíldardagur *m*; **2ig** rólegur, kyrrlátur.
**Ruhm** *m* frægð *f*, orðstír *m*; **~begierde** *f* metnaðargirni *f*.
**rühm|en** hrósa; **~lich** lofs- [verður.]
**Ruhr** *f* blóð(kreppu)sótt *f*.
**Rühr|ei** *n* þeytt egg, eggjahræra *f*; **2en** snerta; hreyfa; hræra; **~ung** *f* hreyfing *f*; viknun *f*.
**Ruin|e** *f* rúst *f*; **2ieren** gera félausan; eyðileggja.
**Rum** *m* romm *n*.
**Rumpf** *m* skrokkur *m*, [bolur *m*.]
**rümpfen** hrukka.
**rund** kringlóttur; sívalur; **2e** *f* hringur *m*, hringför *f*;

(*Rennen*) hringur *m*; (*Boxen*) lota *f*; **⁀fahrt** *f* hringferð *f*; **⁀funk** *m* útvarp *n*; **⁀funkempfänger** *m* viðtæki *n*; **⁀funkgebühr** *f* útvarpsgjald *n*; **⁀funksprecher** *m* útvarpsþulur *m*; **~lich** ávalur; bústinn; **⁀reise** *f* hringferð *f*; **⁀schreiben** *n* umburðarbréf *n*; **⁀ung** *f* ávölun *f*; hringlögun *f*.
**Runzel** *f* hrukka *f*; **⁀ig** hrukkóttur; **⁀n** hrukka.
**rupfen** reyta, plokka.
**Ruß** *m* sót *n*.
**Russ|e** *m* Rússi *m*; **⁀isch** rússneskur; **~land** *n* Rússland *n*.
**Rüssel** *m* rani *m*, trýni *n*.
**rüst|en** búa út; **~ig** röskur, hraustur; **⁀ung** *f* (út)búnaður *m*.
**Rute** *f* tág *f*; svipa *f*.
**Rutsch|bahn** *f* rennibraut *f*; **⁀en** bruna, renna; skrika.
**rütteln** hrista, skaka.

# S

**Saal** *m* salur *m*.
**Saat** *f* (út)sæði *n*; fræ *n*; sáning *f*.
**Säbel** *m* sverð *n*.
**sabotieren** vinna skemmdarverk.
**Sach|e** *f* hlutur *m*, mál *n*; *Jur.* mál *n*, dómsmál *n*; **⁀lich** sem heldur sér við efnið; efnislegur; **~register** *n* efnisyfirlit *n*; **⁀te** hægur, kyrrlátur; **~verständige(r)** *m/f* sérfræðingur *m*; **~wert** *m* raunverulegt verðmæti.
**sächlich** hvorugkyns.
**Sack** *m* poki *m*, sekkur *m*; **~gasse** *f* blindgata *f*.
**säen** sá.
**Saft** *m* safi *m*; saft *f* (*n*).
**Sage** *f* þjóðsaga *f*, sögn *f*; **⁀n** segja.
**Säge** *f* sög *f*; **⁀n** saga; **~späne** *pl.* sag *n*.
**Sahne** *f* rjómi *m*.
**Saison** *f* árstíð *f*; aðalviðskiptatími *m*.
**Saite** *f* strengur *m*.
**Salat** *m* salat *n*.
**Salbe** *f* áburður *m*, smyrsl *n/pl.*
**Salz** *n* salt *n*; **⁀en** salta; **⁀ig** saltur; **~wasser** *n* saltvatn *n*.
**Same(n)** *m* fræ *n*; sæði *n*.
**samm|eln** safn; **⁀lung** *f* safn *n*.
**Samstag** *m* laugardagur *m*.
**Samt** *m* flauel *n*.
**sämtlich** allir.
**Sand** *m* sandur *m*; **⁀ig** sendinn.
**Sandale** *f* ilskór *m*, sandali *m*.
**Sand|bank** *f* sandrif *n*; **~stein** *m* sandsteinn *m*.
**sanft** blíður, mildur; **⁀mut** *f* blíðlyndi *n*.
**Sänger** *m* söngvari *m*.
**Sardelle** *f*, **Sardine** *f* sardína *f*.
**Sarg** *m* líkkista *f*.
**Satan** *m* satan *m*, djöfull *m*

**Satire** *f* ádeilurit *n.*
**satt** saddur; *fig.* leiður á.
**Sattel** *m* söðull *m*, hnakkur *m*; **2n** söðla, leggja á.
**Sattler** *m* söðlasmiður *m.*
**Satz** *m* setning *f*; (*Sprung*) stökk *n*; (*Boden2*) grugg *n*, dreggjar *f/pl.*, botnfall *n*; (*Druck*) leturspilda *f*; (*Geschirr*) samstæða *f*; **~ung** *f* tilskipun *f*; **~ungen** *pl.* félagslög *n/pl.*
**Sau** *f* gylta *f.*
**sauber** þrifinn, þrifalegur; **2keit** *f* hreinleiki *m*, þrifnit[*f.*]
**säubern** hreinsa.
**sauer** súr; **2kraut** *n* súrkál *n*; **2teig** *m* súrdeig *n.*
**säuerlich** súr, með súrkeim.
**Sauerstoff** *m* súrefni *n.*
**saufen** drekka, svolgra; *fam.* svalla.
**Säufer** *m* drykkjurútur *m.*
**saugen** sjúga.
**säugen** hafa á brjósti.
**Säug|etier** *n* spendýr *n*; **~ling** *m* brjóstbarn *n*, hvítvoðungur *m.*
**Säule** *f* súla *f*; stólpi *m.*
**Saum** *m* saumur *m*; faldur *m*, jaðar *m.*
**säum|en** brydda; *fig.* dunda, slóra; **~ig** hægfara, dundgjarn.
**Säure** *f* sýra *f.*
**sausen** suða, þjóta.
**schaben** skafa; klóra.
**schäbig** kláðugur; aumur; níðingslegur.
**Schablone** *f* fyrirmynd *f*; venja *f.*
**Schach** *n* tafl *n*; **~brett** *n* taflborð *n*; **2ern** bralla; **2matt** (skák og) mát.
**Schacht** *m* náma *f*; gryfja *f*; **~el** *f* askja *f*, öskjur *f/pl.*; alte **~el** gömul kerling.
**schade: es ist ~** það er skaði; **wie ~!** en hvað það er leitt!
**Schädel** *m* hauskúpa *f*; **~bruch** *m* höfuðkúpubrot *n.*
**schad|en 1.** skemma, spilla; **2. 2en** *m* tjón *n*; **2enersatz** *m* skaðabætur *f/pl.*; **2enfreude** *f* meinfýsi *f*; **~haft** skemmdur.
**schäd|igen** skemma, skadda; **~lich** skaðlegur.
**Schaf** *n* (sauð)kind *f.*
**Schäfer** *m* hirðir *m*, smali *m.*
**schaff|en** útvega; hafast að; (*er~*) skapa; yrkja; **2ner** *m* vagnvörður *m.*
**Schafott** *n* höggstokkur *m.*
**Schaft** *m* skaft *n*; skefti *n.*
**schäkern** glettast; daðra.
**schal** daufur; andlaus.
**Schal** *m* sjal *n.*
**Schale** *f* skál *f*; hýði *n*; skurn *f* (*a. n*).
**schälen** flysja, afhýða; *v/r.* flagna.
**Schalk** *m* skálkur *m*, þrjótur *m.*
**Schall** *m* hljómur *m*, hljóð *n*; **~dämpfer** *m* hljóðdeyfir *m*; **2en** hljóma, gjalla; **~platte** *f* hljómplata *f*; **~welle** *f* hljóðalda *f.*
**Schalt|brett** *n* *El.* skiptiborð *n*; (*Auto*) mælaborð [*n*; **2en** skjóta inn í; *El.* setja í samband; (*Auto*)

skipta um gír; ~er *m* farmiðasala *f*, sölugluggi *m*; *El.* slökkvari *m*; ~hebel *m* (*Auto*) gírstöng *f*; *El.* straumrofi *m*; ~jahr *n* hlaupár *n*.
**Scham** *f* blygðun *f*, sneypa *f*; óframfærni *f*.
**schämen** *v/r.* skammast sín.
**scham|haft** blygðunarsamur; feiminn; ~los blygðunarlaus; ~rot dreyrrauður (af sneypu).
**Schand|e** *f* skömm *f*; svívirðing *f*; ~fleck *m* skömm *f*, vansi *m*.
**schänd|en** svívirða; saurga; ~lich skammarlegur.
**Schankwirtschaft** *f* (vín-) veitingahús *n*.
**Schanze** *f* víggirðing *f*, vígi *n*.
**Schar** *f* skari *m*, hópur *m*; 2en *v/r.* safnast saman.
**scharf** beittur; strangur; 2blick *m* skarpskyggni *f*.
**Schärfe** *f* harka *f*, strangleiki *m*; 2n skerpa, brýna.
**Scharf|richter** *m* böðull *m*; ~sinn *m* skarpskyggni *f*.
**Scharlach** *m* skarlat *n*; *Med.* skarlatssótt *f*.
**Scharnier** *n* (*Türangel*) hjarir *f/pl.* lamir *f/pl.*
**Schärpe** *f* lindi *m*.
**scharren** krafsa, skafa.
**Scharte** *f* (skot)skarð *n*.
**Schatt|en** *m* skuggi *m*; ~ierung *f* skygging *f*; litod. skuggabrigði *n/pl.*; 2ig skuggasæll.
**Schatz** *m* fjársjóður *m*; *pop.* ástvinur *m*; ~anweisung *f* ávísun á ríkissjóð *od.* 'banka.
**schätzen** meta; hafa mætur á; hyggja; *Su.* mat *n*, virðing *f*; ágizkun *f*, áætlun *f*.
**Schau** *f* sýning *f*; athugun *f*.
**Schauder** *m* hryllingur *m*, hrollur *m*; 2haft hryllilegur.
**schau|en** sjá; líta; skoða; 2er *m* (regn)skúr *f* (*a. m*).
**Schaufel** *f* skófla *f*; 2n skófla, moka.
**Schaufenster** *n* búðargluggi *m*. [rugga.]
**Schaukel** *f* róla *f*; 2n róla,
**Schaum** *m* froða *f*, löður *n*.
**schäumen** freyða.
**Schau|platz** *m* vettvangur *m*, sjónarsvið *n*; ~spiel *n* sjónleikur *m*; ~turnen *n* leikfimisýning *f*.
**Scheck** *m* (banka)ávísun *f*; ~buch *n* ávísanahefti *n*.
**Scheibe** *f* kringla *f*, skífa *f*; (*Fenster*2) rúða *f*; ~nwischer *m* (*Auto*) gluggaþurrka *f*.
**Scheid|e** *f* slíður *n*; 2en skilja (við); kveðja, fara; ~ewand *f* milliveggur *m*; ~ung *f* (að)skilnaður *m*; *Jur.* hjónaskilnaður *m*.
**Schein** *m* skin *n*; vottorð *n*; (*Geld*2) seðill *m*; 2bar sem virðist vera; sennilegur; 2en skína; virðast; **es scheint mir** mér virðist.
**Scheinwerfer** *m* kastljós *n*; (*Auto*) bílljós *n*.

**Scheitel** *m* hvirfill *m*; skipting *f* (í hári); **2n** skipta (hári).
**Scheiter|haufen** *m* bálköstur *m*; **2n** stranda; misheppnast.
**Schelle** *f* (dyra)bjalla *f*.
**Schellfisch** *m* ýsa *f*.
**Schelm** *m* skálkur *m*; gárungi *m*.
**Schelte** *f* skammir *f/pl.*; **2n** skamma.
**Schema** *n* fyrirmynd *f*; eyðublað *n*.
**Schemel** *m* skemill *m*.
**Schenk|e** *f* krá *f*; **~el** *m* læri *n*; **2en** gefa; *Su.* gjöf *f*.
**Scherbe** *f* glerbrot *n*.
**Schere** *f* skæri *n/pl.*; (*Hummer2*) griptengur *f/pl.*; **2n** klippa; *fig.* koma (e-ð) við; **~rei** *f* ónæði *n*, skapraun *f*.
**Scherz** *m* spaug *n*; gaman *n*; **2en** gera að gamni sínu; **2haft** glettinn; **~wort** *n* gamanyrði *n*.
**scheu 1.** feiminn; **2. 2** *f* feimni *f*; hræðsla *f*.
**scheuchen** fæla burt.
**scheuen** forðast.
**Scheuer|frau** *f* ræstinga(r)kona *f*; **2n** ræsta, þvo; **~tuch** *n* gólfklútur *m*.
**Scheune** *f* hlaða *f*.
**Scheusal** *n* viðurstyggð *f*, ófreskja *f*.
**scheußlich** andstyggilegur.
**Schi** *m s.* **Ski.**
**Schicht** *f* lag *n*; (*Arbeits2*) flokkur *m*; **2en** hlaða, stafla.
**schick** snotur, glæsilegur.
**schicken** senda; *v/r.* semja sig að; hæfa, sæma.
**schicklich** viðeigandi, hæfilegur.
**Schicksal** *n* örlög *n/pl.*
**schieben** ýta; okra með; *Su.* brask *n*; svik *n/pl.*
**Schieds|gericht** *n* gerðardómur *m*; **~richter** *m* gerðardómari *m*; **~spruch** *m* gerðardómsúrskurður *m*.
**schief** skakkur, skáhallur.
**Schiefer** *m* flögusteinn *m*; **~tafel** *f* (reiknings)spjald *n*.
**schielen** vera rangeygur; skjóta hornauga til.
**Schienbein** *n* sköflungur *m*.
**Schiene** *f* spöng *f*; *Esb.* spor *n*, járnbrautarteinn [*m.*]
**schießen** skjóta.
**Schiff** *n* skip *n*; **2bar** skipgengur; **2brüchig** skipreika; **~chen** *n* smáskip *n*, bátur *m*; (*Weber2*) (vefjar-) skytta *f*; **~er** *m* skipstjóri *m*; farmaður *m*; **~fahrt** *f* siglingar *f/pl.*; **~sjunge** *m* skipsdrengur *m*; **~spapiere** *pl.* skipsskjöl *n/pl.*
**schikanieren** erta, ónotast við.
**Schild 1.** *m* skjöldur *m*; **2.** *n* skilti *n*; **2ern** lýsa; *Su.* lýsing *f*; **~kröte** *f* skjaldbaka *f*; **~patt** *n* skjaldbökuskel *f*.
**Schilf** *n* sef *n*, reyr *m*.
**Schimmel** *m* mygla *f*; (hélu)grár hestur.
**Schimmer** *m* skíma *f*; glampi *m*; **2n** blika, glampa.

**Schimpf** *m* smán *f*; **ˇen** skamma(st); **ˇlich** smánarlegur; **~wort** *n* skammaryrði *n*.
**schinden** flá; kvelja.
**Schinken** *m* (svíns)læri *n*.
**Schippe** *f* skófla *f*.
**Schirm** *m* skermur *m*; *fig.* vernd *f*; **ˇen** vernda, skýla.
**Schlacht** *f* orrusta *f*, bardagi *m*; **ˇen** slátra; **~feld** *n* vígvöllur *m*; **~hof** *m* sláturhús *n*.
**Schlächter** *m* slátrari *m*.
**Schlacke** *f* gjall *n*, sori *m*.
**Schlaf** *m* svefn *m*; **~anzug** *m* náttföt *n/pl.*; **~couch** *f* svefnsófi *m*.
**Schläfe** *f* gagnauga *n*.
**schlafen** sofa; **~ gehen** fara að hátta, fara að sofa.
**schlaff** slappur, linur.
**schläfrig** syfjaður.
**Schlaf|rock** *m* innisloppur *m*; **~wagen** *m* svefnvagn *m*; **~zimmer** *n* svefnherbergi *n*.
**Schlag** *m* högg *n*; **~ader** *f* slagæð *f*; **~anfall** *m* heilablóðfall *n*; **ˇartig** skyndilega; **~baum** *m* vegarslá *f*; **ˇen** slá; *Sahne:* þeyta; **aus der Art ˇen** úrkynjast, ólíkjast; **~er** *m* dægurlag *n*.
**Schläger** *m* (*Tennis*) tennisspaði *m*.
**schlag|fertig** orðsnar, orðheppinn; vígbúinn; **ˇsahne** *f* þeyttur rjómi; **ˇwort** *n* vígorð *n*.
**Schlamm** *m* leðja *f*, for *f*; **ˇig** gruggugur, forugur.
**Schlange** *f* naðra *f*, höggormur *m*; **~ stehen** standa í biðröð.
**schlängeln** *v/r.* liðast, bugðast.
**schlank** grannur, spengilegur.
**schlapp** linur, slappur; **ˇe** *f* ófarir *f/pl.*, ósigur *m*.
**schlau** slægur, slunginn.
**Schlauch** *m* (*Reifen*) slanga *f*; **~boot** *n* gúm(m)íbátur *m*.
**schlecht** vondur, lélegur; **ˇigkeit** *f* vonzka *f*, illmennska *f*.
**schleich|en** læðast; **ˇhandel** *m* leyniverzlun *f*, smygl *n*.
**Schleier** *m* slæða *f*, blæja *f*.
**Schleife** *f* slaufa *f*, lykkja *f*.
**schleif|en** slípa; **ˇstein** *m* hverfisteinn *m*, brýni *n*.
**Schleim** *m* slím *n*; **ˇig** slímugur.
**schlemmen** svalla.
**schlenkern** rugga, reika, riða.
**Schlepp|dampfer** *m* dráttarskip *n*; **~e** *f* (kjól)slóði *m*; **ˇen** draga; rogast með.
**schleuder|n** slöngva, kasta; selja gjafverði; **ˇpreis** *m* gjafverð *n*.
**schleunig** fljótur.
**Schleuse** *f* flóðgátt *f*.
**schlicht** sléttur; óbrotinn.
**schließen** loka; ljúka, enda; **eine Ehe ~** ganga í hjónaband.
**Schließ|fach** *n* (póst)hólf *n*; **ˇlich** loks(ins), að síðustu.
**Schliff** *m* fágun *f*; kurteisisbragur *m*.

**schlimm** slæmur, vondur; lasinn; **~stenfalls** ef verst lætur, ef allt fer sem verst.
**Schlinge** *f* snara *f*; **~l** *m* þorpari *m*; **~n** slöngva, vefja; **~rn** rugga.
**Schlingpflanze** *f* vafningsjurt *f*.
**Schlips** *m* (háls)bindi *n*.
**Schlitten** *m* sleði *m*.
**Schlittschuh** *m* skauti *m*; **~ laufen** renna sér á skautum; **~läufer** *m* skautamaður *m*.
**Schlitz** *m* rifa *f*, rauf *f*; rispa *f*.
**Schloß** *n* lás *m*; höll *f*.
**Schlosser** *m* lásasmiður *m*; járnsmiður *m*.
**Schlot** *m* reykháfur *m*.
**schlottern** riða, skjögra; dingla.
**Schlucht** *f* gjá *f*, gil *n*.
**schluchzen** 1. snökta; 2. **~** *n* snökt *n*.
**Schluck** *m* sopi *m*, teygur *m*; **~auf** *m*, **~en** *m* hiksti *m*; **~en** gleypa, kingja.
**Schlummer** *m* blundur *m*.
**schlummern** blunda.
**Schlund** *m* gin *n*; hyldýpi *n*.
**schlüpf|en** skjótast, smeygja sér; **~er** *m* kvenbuxur *f/pl.*; **~rig** sleipur, háll.
**Schlupfwinkel** *m* fylgsni *n*.
**schlürfen** sötra.
**Schluß** *m* endir *m*; ályktun *f*; lokun *f*; **~folgerung** *f* ályktun *f*; **~ machen** hætta.
**Schlüssel** *m* lykill *m*; **~bein** *n* viðbein *n*; **~bund** *n* lyklakippa *f*; **~loch** *n* skráargat *n*.
**schlüssig** ákveðinn; **~ werden** taka ákvörðun.
**Schmach** *f* smán *f*; **~ten** vanmegnast; þrá innilega.
**schmächtig** grannur.
**schmachvoll** smánarlegur.
**schmackhaft** ljúffengur.
**schmäh|en** smána; **~lich** smánarlegur.
**schmal** mjór; ónógur; **~film** *m* mjófilma *f*; **~spurig** *Esb.* spormjór.
**schmälern** draga úr, rýra.
**Schmalz** *n* feiti *f*.
**Schmarotzer** *m* sníkjudýr *n*.
**Schmarre** *f* skráma *f*, ör *n*.
**schmatzen** smjatta; kyssa.
**Schmaus** *m* veizla *f*, gildi *n*; **~en** halda veizlu.
**schmecken** bragða á; bragð-[ast.]
**Schmeichel|ei** *f* skjall *n*; gullhamrar *m/pl.*; **~haft** skjallandi; **~n** skjalla, smjaðra.
**schmeißen** kasta.
**Schmelz** *m* glerungur *m*; gljái *m*; **~e** *f* bræðsla *f*; hláka *f*; **~en** bráðna; bræða; **~ofen** *m* bræðsluofn *m*.
**Schmerz** *m* sársauki *m*; **~en** kenna til; **~haft** sár; **~lich** sár; sárgrætilegur.
**Schmetterling** *m* fiðrildi *n*.
**Schmied** *m* járnsmiður *m*; **~e** *f* smiðja *f*; **~eeisen** *n* smíðajárn *n*; **~en** smíða, hamra.

**schmieg|en:** sich an j-n **~en** hjúfra sig upp að e-m; **~sam** sveigjanlegur; eftirlátur.
**Schmier|e** *f* áburður *m*; *fig.* ráðning *f*; **2en** smyrja; **~gelder** *pl. fig.* mútufé *n*; **2ig** fitugur; sóðalegur; **~seife** *f* grænsápa *f*.
**Schminke** *f* andlitsfarði *m*; **2n** fegra, bera farða á.
**schmollen** vera fýldur; *pop.* brosa.
**schmoren** steikja; stikna.
**schmuck** fallegur.
**Schmuck** *m* skartgripur *m*; **~sachen** *pl.* skartgripir *m/pl.*
**schmuggeln** tollsvíkja, smygla.
**schmunzeln** brosa í kampinn.
**Schmutz** *m* óhreinindi *n/pl.*, sorp *n*, saur *m*; **2ig** óhreinn, sóðalegur.
**Schnabel** *m* (fugls)nef *n*.
**Schnalle** *f* sylgja *f*; **2n** spenna.
**schnapp|en** glefsa; smella; **2schloß** *n* skellilás *m*, smekklás *m*; **2schuß** *m* (*Photo*) augnabliksmynd *f*.
**Schnaps** *m* brennivín *n*; staup af brennivíni; **~glas** *n* brennivínsstaup *n*.
**schnarchen** hrjóta.
**schnattern** garga; *fig.* bulla.
**schnauben, schnaufen** blása, frýsa.
**Schnauze** *f* trýni *n*; trantur *m*.
**Schnecke** *f* snigill *m*.
**Schnee** *m* snjór *m*; **~glöckchen** *n* snjóklukka *f*; **~treiben** *n* snjókoma *f*, hríð *f*.
**Schneide** *f* (hnífs)egg *f*; **2n** skera; *mit der Schere:* klippa; **~r** *m* klæðskeri *m*; **~rin** *f* saumakona *f*; kvenskraddari *m*; **2rn** klæðskerasauma; **~zahn** *m* framtönn *f*.
**schneidig** beittur, bitur; glæsilegur; röskur; grófur, orðhvatur.
**schneien** snjóa; **es schneit** það snjóar.
**schnell** fljótur, skjótur; **2hefter** *m* bréfamappa *f*; **2igkeit** *f* hraði *m*, flýtir *m*; **2zug** *m* hraðlest *f*.
**Schnepfe** *f* snípa *f*.
**schnippisch** afundinn.
**Schnitt** *m* skurður *m*; klipping *f*; uppskera *f*; **~e** *f* sneið *f*, brauðsneið *f*; **~er** *m* sláttumaður *m*; **~lauch** *m* graslaukur *m*; **~muster** *n* (fata)snið *n*.
**Schnitze|l** *n* rifjasteik *f*; **2n** skera út; **~r** *m* tréskeri *m*, myndskeri *m*; *fig.* skyssa *f*.
**schnöde** svívirðilegur; fyrirlitlegur.
**Schnörkel** *m* útflúr *n*.
**schnüffeln** snuðra.
**Schnupfen** *m* kvef *n*.
**schnupfen** *Tabak:* taka í nefið.
**Schnur** *f* snúra *f*, band *n*.
**schnüren** binda, reyra.
**Schnurr|bart** *m* yfirskegg *n*; **2en** *Katze:* mala.
**Schnürsenkel** *m* skóreim *f*.

**Schofför** *m* bílstjóri *m*.
**Scholle** *f* (*Erde*) moldarköggull *m*; bújörð *f*; (*Eis*♀) (ís)jaki *m*; (*Fisch*) skarkoli *m*, rauðspretta *f*.
**schon** nú þegar, þegar; vissulega; bara; **wenn ~** þó að.
**schön** fallegur, fagur; góður; **bitte ~**! gerið, (þér, þið), gerðu svo vel!
**schonen 1.** hlífa; *Wild:* friða; **2.** ♀ *n Geogr.* Skánn *m*; **~d** vægilegur, vægilega.
**Schönheit** *f* fegurð *f*; falleg kona (stúlka).
**Schonung** *f* (*Forst*) friðaður skógur, nýgræðslusvæði *n*; hlífni *f*.
**schöpf|en** ausa; **Atem ~en** draga andann, kasta mæðinni; *Su.* sköpun *f*; (sköpunar)verk *n*; ♀**er** *m* skapari *m*.
**Schorf** *m* hrúður *n*, kláði *m*.
**Schornstein** *m* reykháfur *m*.
**Schoß** *m* skaut *n*, kelta *f*.
**Schote** *f* hýði *n*, belgur *m*.
**Schotte** *m* Skoti *m*.
**schräg** skáhallur.
**Schramme** *f* skráma *f*.
**Schrank** *m* skápur *m*; **~e** *f* grindur *f/pl.*; girðing *f*; *fig.* takmörk *n/pl.*; ♀**enlos** takmarkalaus; **~koffer** *m* stórt ferðakoffort.
**Schraube** *f* skrúfa *f*; ♀**n** skrúfa; **~nschlüssel** *m* skrúflykill *m*.
**Schraubstock** *m* skrúfstykki *n*.
**Schreck|(en)** *m* hræðsla *f*; ♀**en** hræða; ♀**haft** hræddur; ógurlegur; ♀**lich** hræðilegur, skelfilegur.
**Schrei** *m* óp *n*.
**schreiben 1.** skrifa; **2.** ♀ *n* bréf *n*.
**Schreib|feder** *f* penni *m*; **~heft** *n* stílabók *f*; **~maschine** *f* ritvél *f*; **~tisch** *m* skrifborð *n*.
**schreien** æpa.
**schreiten** ganga.
**Schrift** *f* skrift *f*; rit *n*; **~führer** *m* ritari *m*; **~leiter** *m* ritstjóri *m*; **~leitung** *f* ritstjórn *f*; ♀**lich** skriflegur; **~sprache** *f* ritmál *n*; **~steller(in** *f*) *m* rithöfundur *m*.
**schrill** skrækur, hvellur.
**Schritt** *m* skref *n*, spor *n*.
**schroff** (snar)brattur; *fig.* hranalegur.
**Schrot** *m* hagl *n*; (*Korn*) grófmalað korn; **~brot** *n* kjarnbrauð *n*.
**Schrott** *m* járnarusl *n*.
**Schrubber** *m* gólfbursti *m*.
**Schub|karren** *m* hjólbörur *f/pl.*; **~lade** *f* skúffa *f*.
**schüchtern** feiminn, óframfærinn.
**Schuft** *m* þorpari *m*.
**Schuh** *m* skór *m*; **~anzieher** *m* skóhorn *n*; **~macher** *m* skósmiður *m*; **~sohle** *f* skósóli *m*; **~wichse** *f* skóáburður *m*.
**Schul|arbeit** *f* skólavinna *f*; lexía *f*; **~arbeiten machen** læra *od.* lesa lexíur.
**Schuld** *f* skuld *f*; sök *f*; **~en**

machen safna skuldum; 2en skulda; 2ig skuldugur; sekur; 2los saklaus; ~ner *m* skuldunautur *m*; ~schein *m* skuldabréf *n*.
**Schule** *f* skóli *m*.
**Schüler** *m* nemandi *m*; skóladrengur *m*; ~in *f* skólatelpa *f*.
**Schul|ferien** *pl*. skólaleyfi *n*; ~freund *m* skólafélagi *m*; ~mappe *f* skólataska *f*.
**Schulter** *f* öxl *f*.
**Schulung** *f* kennsla *f*, æfing *f*.
**Schund** *m* rusl *n*; sorp *n*.
**Schupo** *m* lögregluþjónn *m*.
**Schuppe** *f* (*Fische*) hreistur *n*; (*Haar*2) flasa *f*; 2n afhreistra; *v/r*. flagna; ~n *m* skúr *m*, hjallur *m*.
**schüren** skara í.
**Schurke** *m* þorpari *m*, bófi [*m*.]
**Schürze** *f* svunta *f*.
**Schurzfell** *n* skinnsvunta *f*.
**Schuß** *m* skot *n*.
**Schüssel** *f* skál *f*, fat *n*; (*Eß*2) réttur *m*.
**Schuß|waffe** *f* skotvopn *n*; ~weite *f* skotmál *n*.
**Schutt** *m* möl *f*.
**Schüttel|frost** *m* kuldahrollur *m*; 2n hrista; den Kopf 2n hrista höfuðið.
**schütten** hella.
**Schutz** *m* vernd *f*; skjól *n*, hlé *n*; ~blech *n* aurbretti *n*; ~brille *f* hlífðargleraugu *n/pl*.
**Schütze** *m* skytta *f*; 2n vernda; ~ngraben *m* skotgröf *f*.
**schutz|los** verndarlaus, óvarinn; 2mann *m* lögregluþjónn *m*; 2marke *f* vörumerki *n*; 2scheibe *f* framrúða í bíl; 2zoll *m* verndartollur *m*.
**schwach** veiklaður, veill.
**Schwäche** *f* veikleiki *m*; 2n veikja, veikla.
**schwach|sinnig** sljór, vitgrannur; 2strom *m* lágspennustraumur *m*.
**Schwager** *m* mágur *m*.
**Schwägerin** *f* mágkona *f*.
**Schwalbe** *f* svala *f*.
**Schwamm** *m* svampur *m*.
**Schwan** *m* svanur *m*, álft *f*.
**schwanger** ófrískur, barnshafandi.
**Schwank** *m* gamanleikur *m*; 2en riða, rugga; *fig*. vera óviss; 2end reikull, óstöðugur.
**Schwanz** *m* (*Katze*) rófa *f*, skott *n*; (*Kuh*) hali *m*; (*Pferd*) tagl *n*; (*Vogel*) stél *n*; (*Fisch*) sporður *m*.
**Schwarm** *m* sægur *m*.
**schwärmen** sveima; dreyma (um e-ð).
**schwarz** svartur; 2brot *n* rúgbrauð *n*; 2handel *m* svartamarkaðsverzlun *f*; 2seher *m* bölsýnismaður *m*.
**schwatz|en** rausa; kjafta frá; ~haft málugur; lausmáll.
**Schwätzer** *m* kjaftaskúmur *m*, þvoglari *m*.
**schwebe|n** svífa; 2bahn *f* svifbraut *f*.

**Schwed|e** *m* Svíi *m*; **~in** *f* sænsk kona (stúlka); **~en** *n* Svíþjóð *f*; **Sisch** sænskur.
**Schwefel** *m* brennisteinn *m*; **~säure** *f* brennisteinssýra *f*.
**Schweif** *m* rófa *f*, hali *m*; slóði *m*; **Sen** ráfa, flakka.
**schweig|en** þegja; **Sen** *n* þögn *f*; **~end** þegjandi; **~sam** þögull.
**Schwein** *n* svín *n*; **~ebraten** *m* svínakjötssteik *f*; **~efleisch** *n* svínakjöt *n*; **~erei** *f* sóðaskapur *m*; klámyrði *n*; **~eschmalz** *n* svínafeiti *f*.
**Schweiß** *m* sviti *m*; **Sen** *Tech.* sjóða saman (járn).
**Schweiz** *f* Svissland *n*, Sviss *f*; **~er** *m* Svisslendingur *m*; **~erin** *f* svissnesk kona (stúlka); **Serisch** svissneskur.
**schwelgen** svalla, slarka.
**Schwelle** *f* þröskuldur *m*.
**schwellen** þrútna, svella.
**schwenken** sveifla; *v/i.* snúa sér; *Su.* sveifla *f*, snúningur *m*.
**schwer** þungur; erfiður; **Se** *f* þyngd *f*; þungi *m*; *fig.* harka *f*; **~fällig** þunglamalegur, stirðbusalegur; **Sgewicht** *n* þungavigt *f*; **~hörig** heyrnarsljór; **Sindustrie** *f* þungaiðnaður *m*; **Skraft** *f* þyngdarafl *n*; **Smut** *f* þunglyndi *n*; **Spunkt** *m* þungamiðja *f*.
**Schwert** *n* sverð *n*.
**Schwester** *f* systir *f*; hjúkrunarkona *f*.
**Schwieger|eltern** *pl.* tengdaforeldrar *m/pl.*; **~mutter** *f* tengdamóðir *f*.
**Schwiel|e** *f* sigg *n*, þrymill *m*; **Sig** siggborinn, skinnþykkur.
**schwierig** erfiður.
**Schwimm|bad** *n* sundhöll *f*; **~dock** *n* flotkví *f* (fyrir skip); **Sen** synda; fljóta; **~er** *m* sundmaður *m*; *Tech.* flotholt *n*; **~gürtel** *m* sundbelti *n*; **~veranstaltung** *f* sundmót *n*.
**Schwindel** *m* svimi *m*; *fig.* prettir *m/pl.*; **Sn** *fig.* pretta, svíkja; **mir ist schwindlig** mig svimar.
**schwind|en** hverfa; **Ssucht** *f* tæring *f*; **~süchtig** tæringarveikur.
**schwingen** sveifla(st); *Su.* sveifla *f*.
**Schwips** *m* (létt) ölvíma *f*.
**schwitzen** svitna.
**schwören** sverja.
**schwül** mollulegur; **Se** *f* molla *f*, molluhiti *m*.
**Schwulst** *m* **1.** *a. f* bólga *f*, ígerð *f*; **2.** orðaglamur *n*, mærð *f*; **~ig** bólginn.
**schwülstig** íburðarmikill, ofhlaðinn.
**Schwung** *m* sveifla *f*; fjör *n*; **~rad** *n* kasthjól *n*.
**Schwur** *m* eiður *m*; **~gericht** *n* kviðdómur *m*.
**sechs** sex; **~ter** sjötti.
**sech|zehn** sextán; **~zig** sextíu.
**See 1.** *m* stöðuvatn *n*; **2.** *f* haf *n*, sjór *m*; **~fisch** *m*

sjófiskur *m*; **~gang** *m* sjógangur *m*, hafrót *n*; **~hund** *m* selur *m*; **~krankheit** *f* sjóveiki *f*; **~land** *Geogr.* *n* Sjáland *n*.
**Seel|e** *f* sál *f*; **ꝫisch** sálarlegur, salar-.
**See|mann** *m* sjómaður *m*; **~meile** *f* sjómíla *f*; **~wolf** *m* steinbítur *m*; **~zeichen** *n* siglingarmerki *n*.
**Segel** *n* segl *n*; **~boot** *n* seglbátur *m*; **~flieger** *m* svifflugmaður *m*; **~flugzeug** *n* svifflugvél *f*; **ꝫn** sigla; **~tuch** *n* segldúkur *m*.
**Seg|en** *m* blessun *f*; **ꝫnen** blessa.
**sehen** sjá; **ꝫswürdigkeit** *f* það, sem markverðast er að sjá.
**Sehn|e** *f* sin *f*; bogastrengur *m*; **ꝫen** *v/r.* þrá.
**Sehnerv** *m* sjóntaug *f*.
**Sehnsucht** *f* þrá *f*.
**sehr** mjög.
**Seh|schärfe** *f* sjónskerpa *f*; **~weite** *f* sjónarsvið *n*, sjónvídd *f*.
**seicht** grunnur; *fig.* grunnhygginn.
**Seid|e** *f* silki *n*; **~enpapier** *n* silkipappír *m*; **~enstrumpf** *m* silkisokkur *m*; **ꝫig** silkimjúkur.
**Seife** *f* sápa *f*.
**Seil** *n* kaðall *m*, taug *f*; **~er** *m* kaðlari *m*; **~tänzer** *m* línudansari *m*.
**sein** 1. vera; 2. **ꝫ** *n* tilvera *f*.
**sein, ~e** sinn, sitt, hans, þess; sínir, sínar, sín.
**seiner|seits** af hans (sinni) hálfu; **~zeit** á sínum tíma.
**seinesgleichen** hans (þess, sinn) líki.
**seit** síðan; **~ wann** síðan hvenær; **~ langem** lengi, um langt skeið.
**Seite** *f* hlið *f*; blaðsíða *f*; **ꝫns** af hálfu (e-s); **~nsprung** *m* hliðarstökk *n* *od.* -hopp *n*; **~nstück** *n* hliðstæða *f*.
**seit|lich** til hliðar, hliðar-; **~wärts** til hliðar; á hlið.
**Sekretär** *m* ritari *m*.
**Sekt** *m* kampavín *n*.
**Sekunde** *f* sekúnda *f*.
**selbst** sjálfur; **von ~** af sjálfu sér.
**selbständig** sjálfstæður.
**Selbst|beherrschung** *f* sjálfsstjórn *f*; **~bestimmungsrecht** *n* sjálfsákvörðunarréttur *m*; **ꝫbewußt** þóttafullur; **ꝫgebacken** heimabakaður; **~gefühl** *n* þótti *m*; **~gespräch** *n* eintal *n*; **~kostenpreis** *m* innkaupsverð *n*; **~mord** *m* sjálfsmorð *n*; **~sucht** *f* eigingirni *f*; **ꝫverständlich** sjálfsagður; **~verwaltung** *f* sjálfræði *n*.
**selig** sæll; **ꝫkeit** *f* sæla *f*, hamingja *f*.
**Sellerie** *m* selja *f*, seljurót *f*.
**selt|en** sjaldgæfur; sjaldan; **~sam** undarlegur.
**Selterswasser** *n* sódavatn *n*.
**Semmel** *f* hveitibrauðssnúður *m*.
**send|en** senda; (*Radio*) útvarpa; **ꝫeraum** *m* (*Radio*)

útvarpsklefi *m*; ≈er *m* útvarpsstöð *f*; *Su.* sending *f*; (*Radio*) útvarpaðl efni.

**Senf** *m* sinnep *n*.

**sengen** svíða, brenna.

**Senk|el** *m* skóreim *f*; ≈en sökkva; **~fuß** *m* ilsig *n*; ≈recht lóðréttur; **~ung** *f* lækkun *f*, sig *n*; dæld *f*.

**Sense** *f* ljár *m*.

**Serviette** *f* handþerra *f*.

**Sessel** *m* hægindastóll *m*.

**seßhaft** heimilisfastur.

**Setz|ei** *n* steikt egg; ≈en setja; **~er** *m* setjari *m*.

**Seuche** *f* (landfar)sótt *f*, faraldur *m*.

**seuf|zen** andvarpa; ≈zer *m* andvarp *n*.

**sezieren** kryfja.

**sich** sig, sér; hvor annan, hverir aðra.

**Sichel** *f* sigð *f*.

**sicher** öruggur; viss, áreiðanlegur; **~heitshalber** til öryggis; ≈heitsnadel *f* öryggisnæla *f*; **~lich** áreiðanlega; **~n** tryggja; ≈ung *f* trygging *f*; *El.* öryggi *n*, vartappi *m*.

**Sicht** *f* sýn *f*; augsýn *f*; *Hdl.* framvísun *f*; ≈bar sýnilegur; ≈en fá í augsýn, koma auga á; sía; ≈lich (aug)sýnilegur; **~vermerk** *m* vegabréfsáritun *f*.

**sickern** seytla.

**sie** hún; *pl.* þeir, þær, þau; ≈ þér.

**Sieb** *n* sía *f*; sáld *n*; ≈en sía, sálda.

**sieben** *num.* sjö.

**sieb|zehn** seytján; **~zig** sjötíu; **~zigjährig** sjötugur; **~zigster** sjötugasti.

**siech** sjúkur; ≈tum *n* vanheilsa *f*.

**siedeln** setjast að.

**sied|en** sjóða; ≈epunkt *m* suðumark *n*.

**Siedlung** *f* nýbýli *n*; nýrækt *f*; nýlenda *f*.

**Sieg** *m* sigur *m*.

**Siegel** *n* innsigli *n*; ≈n innsigla.

**sieg|en** sigra; ≈er *m* sigurvegari *m*.

**Signal** *n* merki *n*.

**Silbe** *f* atkvæði *n*.

**Silber** *n* silfur *n*; silfurborðbúnaður *m*.

**Silvesterabend** *m* gamlárskvöld *n*.

**singen** syngja.

**sinken** sökkva; hníga.

**Sinn** *m* hugur *m*; skilningarvit *n*; skilningur *m*; merking *f*; **~bild** *n* mynd *f*; ≈en velta fyrir sér; ≈lich munaðarlegur; ≈los meiningarlaus, tilgangslaus; **~spruch** *m* heilræði *n*; spakmæli *n*.

**Sintflut** *f* syndaflóð *n*.

**Sippe** *f* fjölskylda *f*, ætt *f*.

**Sitte** *f* siður *m*, venja *f*; **~nlosigkeit** *f* siðspilling *f*.

**sittlich** siðsamur.

**Sitz** *m* sæti *n*; *fig.* aðsetur *n*; ≈en sitja; ≈enbleiben sitja kyrr; (*Schule*) sitja eftir í bekk; **~platz** *m* sæti *n*; **~ung** *f* fundur *m*.

**Skala** *f* tónstigi *m*; einkunnastigi *m*.

**Skandal** *m* hneyksli *n*, óhæfa *f*.
**Skelett** *n* beinagrind *f*.
**Ski** *m* skíði *n*; ~ **laufen** fara á skíðum; ~**läufer** *m* skíðamaður *m*.
**Skizze** *f* frumdrættir *m/pl.*, drög *n/pl.* (til e-s); rissmynd *f* (*a. fig.*).
**Sklave** *m* þræll *m*.
**Skonto** *n* afsláttur (við greiðslu út í hönd) *m*.
**Skorbut** *m* skyrbjúgur *m*.
**so** þannig, svo(na); ~**bald** *cj.* jafnskjótt og.
**Socke** *f* sokkur *m*; háleistur *m*; ~**nhalter** *m* sokkaband *n*.
**Sockel** *m* fótstallur *m*.
**sodann** svo, því næst.
**Sodawasser** *n* sódavatn *n*.
**Sodbrennen** *n* brjóstsviði *m*.
**soeben** rétt áðan, rétt í þessu.
**Sofa** *n* legubekkur *m*.
**so|fern** ef, svo framarlega sem; ~**fort** strax, þegar í stað; ~**gar** meira að segja; ~**genannt** svonefndur; ~**gleich** undir eins.
**Sohle** *f* sóli *m*; il *f*.
**Sohn** *m* sonur *m*.
**solange wie** svo lengi sem, á meðan.
**solch** slíkur.
**Soldat** *m* hermaður *m*.
**solid(e)** traustur; áreiðanlegur.
**Soll** *n* skuldadálkur *m*, skuld *f*; ~ **und Haben** skuldir og eignir; ≈**en** skulu, eiga; ~**einnahme** *f* áætlaðar tekjur.
**somit** því, þess vegna.
**Sommer** *m* sumar *n*; **diesen** ~ (nú) í sumar; ~**frische** *f* sumardvöl *f*; ~**frischler** *m* sumargestur *m*; ~**sprosse** *f* frekna *f*.
**sonder|bar** kynlegur; ≈**ling** *m* sérvitringur *m*; ~**n** 1. greina sundur *od.* frá; aðgreina; 2. *cj.* heldur (á eftir neitun); ≈**zug** *m* *Esb.* aukalest *f*.
**Sonnabend** *m* laugardagur *m*.
**Sonne** *f* sól *f*; **die** ~ **geht auf** (**unter**) sólin kemur upp (sezt); ≈**n** sóla, viðra; *v/r.* sóla sig; ~**nblume** *f* sólblóm *n*; ~**nbrille** *f* sólgleraugu *n/pl.*; ~**nschein** *m* sólskin *n*; ~**nschirm** *m* sólhlíf *f*; ~**nstich** *m* sólstunga *f*; ≈**nverbrannt** sólbrenndur; ~**nwende** *f* sólstöður *f/pl.*, sólhvörf *n/pl.*
**Sonntag** *m* sunnudagur *m*.
**sonst** annars.
**Sorg|e** *f* áhyggja *f*; umhyggja *f*; **für etw.** ~**e tragen** hugsa um e-ð; ≈**en für** annast um; ≈**enfrei** áhyggjulaus; ≈**envoll** áhyggjufullur; ~**falt** *f* umhyggja *f*; nákvæmni *f*; ≈**los** áhyggjulaus; fyrirhyggjulaus.
**Sorte** *f* tegund *f*.
**Soße** *f* ídýfa *f*, sósa *f*.
**Souffleur** *m* hvíslari *m*.
**so|weit** *cj.* að svo miklu leyti sem; ~**wie** *cj.* jafnskjótt sem; ~**wieso** hvort

sem er; ~wohl ... als (auch) bæði ... og.
**Sowjetunion** *f* Ráðstjórnarríkin *n/pl.*
**Sozialismus** *m* jafnaðarstefna *f*, sósíalismi *m*.
**spähen** skima, rýna; njósna.
**Spähtrupp** *m* njósnasveit *f*.
**Spalt** *m* sprunga *f*, rifa *f*; ~e *f* sprunga *f*; (*Zeitung*) dálkur *m*; 2en kljúfa; *Su.* klofning *f*.
**Span** *m* spónn *m*, flís *f*.
**Spange** *f* sylgja *f*, hringja *f*.
**Spann** *m* rist *f* (á fæti); 2end spennandi; ~ung *f* spenna *f*; eftirvænting *f*.
**Spar|büchse** *f* aurabaukur *m*; 2en spara.
**Spargel** *m* spergill *m*.
**spärlich** naumur, rýr, af skornum skammti.
**sparsam** sparsamur; 2keit *f* sparsemi *f*.
**Spaß** *m* spaug *n*; aus ~ til gamans; 2en spauga; 2ig skemmtilegur.
**spät** seinn; *adv.* seint; **wie ~ ist es?** hvað er klukkan?
**Spaten** *m* skófla *f*, spaði *m*.
**spät|er** seinni; seinna; ~estens í síðasta lagi.
**Spatz** *m* spör(fugl) *m*.
**spazier|engehen** ganga sér til skemmtunar; 2gang *m* skemmtiganga *f*.
**Specht** *m* spæta *f*.
**Speck** *m* flesk *n*; spik *n*.
**Spediteur** *m* flutningamiðlari *m*.
**Speer** *m* spjót *n*.
**Speiche** *f* hjólteinn *m*, spæll *m*.
**Speichel** *m* munnvatn *n*, slefa *f*; hráki *m*.
**Speicher** *m* vörugeymsluhús *n*.
**speien** spýta.
**Speise** *f* matur *m*; matarréttur *m*; ~karte *f* matseðill *m*; 2n borða; ~saal *m* borðsalur *m*; ~wagen *m* matarvagn *m*.
**Spekulant** *m* braskari *m*.
**Spende** *f* gjöf *f*, úthlutun *f*.
**Sperre** *f* lokun *f*, bann *n*; (*Bahnhof*) farmiðaskoðun *f*; 2n loka; *Mar.* setja hafnbann á.
**Spesen** *pl.* kostnaður *m*.
**speziell** sérstakur, einka-.
**Spick|aal** *m* reyktur áll; ~gans *f* reykt gæsabrjóst.
**Spiegel** *m* spegill *m*; ~ei *n* steikt egg; 2n spegla(st).
**Spiel** *n* leikur *m*; 2en leika; leika sér; *Instrument:* spila; ~feld *n* leikvöllur *m*; ~karte *f* spil *n*; ~raum *m* svigrúm *n*; ~sachen *pl.* leikföng *n/pl.*; ~zeug *n* leikfang *n*.
**Spieß** *m* spjót *n*; steikarteinn *m*.
**Spinat** *m* spínat *n*.
**Spindel** *f* snælda *f*.
**Spinn|e** *f* kónguló *f*; 2en spinna; ~(en)gewebe *n*, ~webe *f* kóngulóarvefur *m*.
**Spion** *m* njósnari *m*; ~age *f* njósnir *f/pl.*; ~ageabwehr *f* njósnavarnir *f/pl.*
**Spiritus** *m* vínandi *m*; ~kocher *m* sprittsuðuvél *f*.

**spitz** oddhvass; **2bart** *m* hökutoppur *m*; **2bube** *m* prakkari *m*, bófi *m*.
**Spitz|e** *f* oddur *m*; toppur *m*; (*Turm*) spíra *f*; kniplingur *m*.
**Spitzel** *m* (lögreglu)njósnari *m*.
**Spitz|enleistung** *f* metafköst *n/pl.*; metframmistaða *f*; **2findig** hártogunargjarn; **~hacke** *f* haki *m*; **~name** *m* uppnefni *n*.
**Splitter** *m* flís *f*.
**Sport** *m* íþrótt *f*, íþróttir *pl.*; **2lich** íþróttalegur, íþrótta-; **~platz** *m* íþróttavöllur *m*.
**Spott** *m* háð *n*, spott *n*; **2en** hæða.
**spöttisch** hæðnislegur.
**Sprach|e** *f* mál *n*; tungumál *n*; **~gebrauch** *m* málvenja *f*.
**sprech|en** tala; **2er** *m* framsögumaður *m* (nefndar); (*Radio*) útvarpsþulur *m*; **2stunde** *f* viðtalstími *m*; **2zimmer** *n* viðtalsherbergi *n*.
**spreizen** glenna sundur.
**spreng|en** sprengja; stökkva (vatni) á; **2stoff** *m* sprengiefni *n*; **2wagen** *m* vatnsvagn *m*.
**Sprichwort** *n* málsháttur *m*.
**sprießen** spretta, skjóta frjóöngum.
**Spring|brunnen** *m* gosbrunnur *m*; **2en** stökkva; **~er** *m* stökkmaður *m*; (*Schach*) riddari *m*.
**Spritz|e** *f* dæla *f*, sprauta *f*; **2en** dæla, sprauta; **~regen** *m* úði *m*, suddi *m*.
**spröde** stökkur, brothættur; *fig.* teprulegur.
**Sprosse** *f* rim *f*; þrep *n*; [frekna *f*.]
**Sprößling** *m* afkomandi *m*, niður *m*.
**Spruch** *m* spakmæli *n*; *Jur.* úrskurður *m*.
**sprudeln** vella, spretta upp.
**sprüh|en** skvettast; sindra; **2regen** *m* úði *m*, suddi *m*.
**Sprung** *m* stökk *n*; rifa *f*, sprunga *f*; **~brett** *n* stökkpallur *m* *od.* -fjöl *f*; **~schanze** *f* skíðastökkpallur *m*.
**Spucke** *f* hráki *m*; **2n** spýta, hrækja.
**spuken; es spukt in diesem Zimmer** það er reimt *od.* draugagangur í þessu herbergi.
**Spule** *f* spóla *f*; snælda *f*.
**spül|en** skola(st); þvo upp; **2klosett** *n* vatnssalerni *n*.
**Spur** *f* verksummerki *n*; snefill *m*.
**spür|en** verða var við, finna; **2sinn** *m* ratvísi *f*.
**Staat** *m* ríki *n*; (*Putz*) skart *n*; **2lich** ríkis-; **~sangehörigkeit** *f* borgararéttur *m*; þjóðerni *n*; **~sanwalt** *m* saksóknari ríkisins; **~sexamen** *n* embættispróf *n*; **~skosten** *pl.*: **auf ~skosten** á kostnað ríkisins; **~smann** *m* stjórnmálamaður *m*.
**Stab** *m* stafur *m*, prik *n*;

*Mil.* herforingjaráð *n*; **~hochsprung** *m* stangarstökk *n*.
**Stachel** *m* broddur *m*; þyrnir *m*; **~beere** *f* stikilsber *n*; **~draht** *m* gaddavír *m*.
**stachlig** göddóttur; broddóttur.
**Stadion** *n* íþróttavangur *m od.* -völlur *m*.
**Stadt** *f* borg *f*; **~bahn** *f* bæjarbraut *f*.
**Städt|er** *m* bæjar- *od.* borgarbúi *m*; **2isch** borgar- *od.* kaupstaðar-.
**Stadt|teil** *m* borgarhluti *m*; **~verordnete(r)** *m/f* bæjarfulltrúi *m*; **~viertel** *n* bæjarhverfi *n*.
**Staffel** *f* (stiga)þrep *n*; *Flgw.* sveit *f*, deild *f*; (*Sport*) riðill *m*; **~lauf** *m* boðhlaup *n*.
**Stahl** *m* stál *n*.
**stählen** herða; breyta í stál.
**Stahl|feder** *f* stálfjöður *f*; stálpenni *m*; **~kammer** *f* stálhólf *n*.
**Stall** *m* peningshús *n*; fjós *n*, fjár- *od.* hesthús *n*.
**Stamm** *m* stofn *m*; ætt *f*; **~baum** *m* ættartala *f*.
**stammeln** stama.
**stamm|en** vera kominn af; **2gast** *m* daglegur gestur.
**stämmig** sterk(leg)ur.
**stampfen** stappa; þjappa.
**Stand** *m* stétt *f*; staða *f*; **~bild** *n* líkneski *n*.
**Ständchen** *n* mansöngur *m*.
**Ständer** *m* fatagrind *f*; stólpi *m*.
**Stand|esamt** *n* hjúskaparskrifstofa *f*; **2haft** staðfastur; **~punkt** *m* sjónarmið *n*.
**ständig** sífelldur.
**Stange** *f* stöng *f*; **~nspargel** *m* stangaspergill *m*.
**stanzen** stappa, þjappa.
**Stapel** *m* stafli *m*; **~lauf** *m* hlaup *n* af stokkunum.
**Star** *m* star(r)i *m*; *Med.* starblinda *f*; (*Film2*) leikstjarna *f*.
**stark** sterkur; **2strom** *m* sterkstraumur *m*.
**Stärk|e** *f* styrkur *m*, kraftur; línsterkja *f*; **2en** styrkja; (*Wäsche*) stífa (lín); **~ung** *f* styrking *f*, efling *f*.
**starr** stífur, ósveigjanlegur; **~en** stara.
**starten** hefja, stofna; *v/i.* halda af stað.
**Statist** *m pop.* statisti *m*.
**Statistik** *f* skýrsla *f*, yfirlit *n*.
**statt** *prp.* í staðinn fyrir; an meiner 2 í minn stað.
**Stätte** *f* staður *m*; (bruna-) rúst *f*.
**statt|finden** eiga sér stað; gerast; **~haft** leyfilegur, löglegur; **~lich** myndarlegur, veglegur.
**Staub** *m* ryk *n*, duft *n*; **2en** fjúka, þyrlast; **2ig** rykugur; **~sauger** *m* ryksuga *f*; **~tuch** *n* rykþurrka *f*.
**stau|en** hlaða; stífla; **2becken** *n* stífla *f*, vatnsuppistaða *f*; **2werk** *n* stífla *f*.
**staunen** undrast.

**stech|en** stinga; **2fliege** *f* bitfluga *f*.
**Steck|brief** *m* strokumannslýsing *f*; **~dose** *f* tengildós *f*; **2en** stinga, setja (í); **2enbleiben** sitja fastur; **~kontakt** *m* tengill *m*; **~nadel** *f* títuprjónn *m*.
**Steg** *m* stígur *m*; fjalabrú *f*.
**stehen** standa; *Kleid:* fara (vel *od.* illa); **~bleiben** standa kyrr; nema staðar.
**Steh|kragen** *m* standflibbi *m*; **~platz** *m* stæði *n*.
**stehlen** stela.
**steif** stinnur, stífur.
**Steig** *m* stígur *m*, gata *f*; **~eisen** *n* mannbroddar *m/pl.*; klifskór *m/pl.* (símamanna).
**steigen** stíga; hækka, vaxa; *Su.* hækkun *f*; halli *m*, brekka *f*.
**steigern** auka, hækka; *Gram.* stigbreyta; *Su.* hækkun *f*; stigbreyting *f*.
**steil** brattur.
**Stein** *m* steinn *m*; **~butt** *m* *Zo.* sandhverfa *f*; **2ig** grýttur; **~kohle** *f* steinkol *n/pl.*
**Stelldichein** *n* stefnumót *n*.
**Stell|e** *f* staður *m*; staða *f*, starfi *m*; **2en** setja; *Su.* staða *f*; **~envermittlung** *f* ráðningarskrifstofa *f*; **2enweise** sums staðar; **~vertreter** *m* staðgengill *m*.
**Stemm|eisen** *n* sporjárn *n*; **2en** spyrna; stífla; *v/r.* spyrna (**gegen etw.** á móti e-u).
**Stempel** *m* stimpill *m*; **~gebühr** *f* stimpilgjald *n*.
**stempeln** stimpla; **~ gehen** ganga undir atvinnuleysisskráningu, vera atvinnulaus.
**Stengel** *m* stöngull *m*, jurtarleggur *m*.
**Steno|graphie** *f* hraðritun *f*; **~typistin** *f* hrað- og vélritunarstúlka *f*.
**Steppdecke** *f* fóðrað og stungið sængurteppi *n*.
**sterb|en** deyja; **~lich** dauðlegur.
**Stern** *m* stjarna *f*; **~schnuppe** *f* stjörnuhrap *n*.
**stets** stöðugt, alltaf.
**Steuer 1.** *n* stýri *n*; **2.** *f* skattur *m*, afgjald *n*.
**steuern** stýra.
**Steuerrad** *n* stýrishjól *n*.
**Stich** *m* stunga *f*; nálspor *n*.
**stick|en** sauma í, baldýra; **~ig** kæfandi; **2stoff** *m* köfnunarefni *n*.
**Stief|bruder** *m* stjúp- *od.* hálfbróðir *m*; **~mutter** *f* stjúpmóðir *f*; **~vater** *m* stjúpfaðir *m*.
**Stiefel** *m* stígvél *n*; **~wichse** *f* skóáburður *m*.
**Stiefmütterchen** *n* *Bot.* þrenningarfjóla *f*.
**Stiel** *m* skaft *n*; *Bot.* stöngull *m*.
**Stier** *m* naut *n*, tarfur *m*.
**stift|en** stofna; gefa; **2ung** *f* stofnun *f*; gjöf *f*.
**Stil** *m* stíll *m*; málfar *n*.
**still** hljóður; kyrr; hæglátur; **2e** *f* kyrrð *f*; **~en** (*Säug-*

*ling*) hafa á brjósti, láta sjúga; **~schweigend** steinþegjandi; **~stehen** standa kyrr; nema staðar.
**Stimme** *f* rödd *f*; *fig.* atkvæði *n*; **♀n** standa heima; *fig.* greiða atkvæði; *Su.* skap *n*; hugblær *m*; hrifning *f*.
**Stimm|gabel** *f* tónhvísl *f*; **~recht** *n* atkvæðisréttur *m*; **~wechsel** *m* raddbreyting *f*, mútur *f/pl.*
**stinken** þefja illa, dauna.
**Stirn** *f* enni *n*; **j-m die ~ bieten** sporna við e-m.
**Stock** *m* stafur *m*, prik *n*; *(Etage)* hæð *f*; **♀en** reka í vörður; stanza; *Su.* stöðvun *f*; **♀fleckig** með rakablettum; **~schnupfen** *m* stíflukvef *n* (í nefi); **~werk** *n* hæð *f* (í húsi).
**Stoff** *m* efni *n* (*a. fig.*); **~wechsel** *m* efnaskipti *n/pl.*
**stöhnen** stynja.
**Stolle** *f* jólakaka *f*; **♀n** *m* *Bgb.* lárétt námugöng *pl.*
**stolpern** staulast; hrasa.
**stolz** stoltur, mikillátur; **♀** *m* stolt *n*, mikillæti *n*.
**stopf|en** troða; stoppa; **♀nadel** *f* stopp(u)nál *f*.
**Stoppel** *f* stúfur *m*, stubbur *m*.
**stopp|en** stöðva(st); **♀uhr** *f* skeiðklukka *f*.
**Stöpsel** *m* tappi *m*.
**Storch** *m* storkur *m*.
**stören** trufla; *Su.* truflun *f*.
**störrisch** þrjózkur, þrár.
**Stoß** *m* högg; hrinding *f*; stafli *m*; **♀en** hrinda; stinga; **~stange** *f* (*Auto*) högg-vari *m*; *pop.* stuðari *m*. [fram.
**stottern** stama; stama e-n
**Strafe** *f* hegning *f*; (*Geld♀*) fjársekt *f*; **bei ~** að viðlagðri hegningu; **♀n** hegna; sekta.
**straff** strengdur; stinnur.
**Sträfling** *m* hegningarfangi *m*.
**Straf|prozeß** *m* sakamál *n*; **~stoß** *m* vítaspyrna *f*.
**Strahl** *m* geisli *m*; **♀en** geisla.
**Strähne** *f* hárlokkur *m*; hárstrengur *m*.
**strampeln** sprikla, iða.
**Strand** *m* strönd *f*; **♀en** stranda; **~gut** *n* reki *m*.
**Strang** *m* strengur *m*; snara *f*.
**Strapaze** *f* strit *n*; hrakningar *m/pl.*
**Straße** *f* stræti *n*, gata *f*; **~nbahn** *f* sporvagn *m*; **~npflaster** *n* steinlögð gata.
**sträuben** *v/r.* rísa upp, standa út í loftið; *fig.* færast undan.
**Strauch** *m* runnur *m*, kjarr *n*; **♀eln** hrasa (*a. fig.*).
**Strauß** *m* blómvöndur *m*; *Zo.* strútur *m*; **~enfeder** *f* strútsfjöður *f*.
**streben** 1. leitast við, keppa eftir; 2. **♀** *n* viðleitni *f*.
**Strecke** *f* spölur *m*; vegalengd *f*; áætlunarleið *f*.
**Streich** *m* högg *n*; grikkur *m*; **♀eln** strjúka, klappa;

ⵒen (*Bart*) strjúka; strika; (*Liste*) strika út; (*Brot*) smyrja; mála; **~holz** *n* eldspýta *f*.
**Streifband** *n* krossband *n*.
**streifen 1.** flakka; snerta; **2.** ⵒ *m* rák *f*; ræma *f*.
**Streik** *m* verkfall *n*; **ⵒen** gera verkfall.
**Streit** *m* deila *f*; **ⵒen** deila; rífast; **~kräfte** *pl.* liðskostur *m*; **~sucht** *f* þrasgirni *f*.
**Strenge** *f* strangleiki *m*, harka *f*.
**streuen** strá, dreifa.
**Strich** *m* strik *n*; lína *f*.
**Strick** *m* band *n*; snara *f*; **ⵒen** prjóna; **~nadel** *f* (band)prjónn *m*.
**Striemen** *m* rák *f*; rönd *f*.
**Stroh** *n* hálmur *m*; **~halm** *m* hálmstrá *n*.
**Strolch** *m* flakkari *m*, flækingur *m*.
**Strom** *m* straumur *m*; á *f*; **ⵒab, ⵒabwärts** niður eftir ánni; **ⵒaufwärts** upp eftir ánni; **~linie** *f* straumlína *f*; **~schalter** *m* straumrofi *m*; **~schnelle** *f* árstrengur *m*; hringiða *f*.
**Strömung** *f* straumur *m*; *fig.* stefna *f*.
**strotzen** vera þrunginn af.
**Strudel** *m* hringiða *f*.
**Strumpf** *m* sokkur *m*; **~halter** *m* sokkaband *n*.
**struppig** úfinn, stríður.
**Stube** *f* stofa *f*; **~nmädchen** *n* stofustúlka *f*.
**Stück** *n* biti *m*, stykki *n*; hluti *m*.
**Student** *m* stúdent *m*; **~in** *f* kvenstúdent *m*.
**Studienrat** *m* menntaskólakennari *m*.
**studieren** stunda nám.
**Stufe** *f* þrep *n*; stig *n*.
**Stuhl** *m* stóll *m*; **~gang** *m* hægðir *f/pl*.
**stumm** þögull; mállaus.
**Stummel** *m* stubbur *m*.
**Stümper** *m* klastrari *m*, klaufi *m*; **ⵒhaft** klaufalegur.
**stumpf** sljór; bitlaus; **~sinnig** sljór; heimskur.
**Stunde** *f* klukkustund *f*; kennslustund *f*; **ⵒn** veita greiðslufrest; **ⵒnlang** klukkustundum saman.
**Sturm** *m* stormur *m*; *fig.* áhlaup *n*.
**stürm|en** gera áhlaup; **ⵒer** *m* (*Fußball*) framherji *m*; **~isch** hvass; ofsafenginn.
**Sturz** *m* fall *n*; hrun *n*; skriða *f*.
**stürzen** steypa(st); velta; detta.
**Sturzflug** *m* steypiflug *n*.
**Stute** *f* hryssa *f*.
**Stütze** *f* stoð *f*, stytta *f*; **ⵒn** styðja, hjálpa.
**stutz|en** undrast; **ⵒer** *m* spjátrungur *m*; **~ig** hissa.
**Suche** *f* leit *f*; **ⵒn** leita; **~r** *m* leitandi *m*; (*Kamera*) leitari *m*, leitsjá *f*; (*Auto*) leitarljós *n*.
**Sucht** *f* sýki *f*, sjúkdómur *m*.
**Süden** *m* suður; Suðurlönd *n/pl.*; nach **~** suður á bóginn.

**süd|lich** suðlægur; suðrænn; **~lich** von fyrir sunnan; **2osten** *m* suðaustur *n*; **2wind** *m* sunnanvindur *m*.
**Sühne** *f* afplánun *f*; **2n** afplána.
**Sülze** *f* kryddsúrs *n*; (salt)-[pækill *m*.]
**Summe** *f* upphæð *f*, summa *f*; **2n** suða; (*Lied*) raula.
**Sumpf** *m* mýri *f*; fen *n*; **2ig** mýrlendur; fenjóttur.
**Sund** *m* sund *n*.
**Sünde** *f* synd *f*.
**Suppenwürfel** *m* súputeningur *m*.
**süß** sætur; **~en** sæta; **2igkeiten** *pl.* sælgæti *n*, sætindi *n/pl.*; **2wasser** *n* ferskt vatn.
**Symbol** *n* táknmynd *f*.
**Symphonie** *f* hljómkviða *f*.
**Szene** *f* leiksvið *n*; atburður *m*; **~nwechsel** *m* leiksviðsbreyting *f*, leiktjaldaskipti *pl.*

# T

**Tabak** *m* tóbak *n*.
**Tabelle** *f* tafla *f*, skrá *f*.
**Tablett** *n* bollabakki *m*.
**Tadel** *m* álas *n*; galli *m*; (*Schule*) athugasemd *f*, áminning *f*; **2los** lýtalaus, gallalaus; ágætur; **2n** lasta; ávíta.
**Tafel** *f* tafla *f*, (*Tisch*) borð *n*; (*Schokolade*) plata *f*; **2n** matast; **~obst** *n* borðávextir *m/pl.*
**Täfelung** *f* þiljun *f*; tigla-[gólf *n*.]
**Tag** *m* dagur *m*; **bei ~e** á daginn; **2elang** dögum saman; **~elöhner** *m* daglaunamaður *m*; **2en** daga; *fig.* halda fund, þinga; **~esgespräch** *n* umræðuefni líðandi stundar; **~eskurs** *m* daggengi *n*; **~esordnung** *f* dagskrá *f*; **~espresse** *f* dagblöðin *n/pl.*; **~ewerk** *n* dagsverk *n*.
**täglich** daglegur.
**Tagung** *f* (þing)fundur *m*; (þing)samkoma *f*; ráðstefna *f*.
**Taille** *f* mitti *n*.
**Taktlosigkeit** *f* ónærgætni *f*.
**Tal** *n* dalur *m*.
**Talar** *m* síðhempa *f*.
**Tank** *m* geymir *m*; brynreið *f*; **2en** taka bensín; **~stelle** *f* bensínsölustöð *f*; **~wart** *m* bensínumsjónarmaður *m*.
**Tanne** *f* greni *n*; **~nbaum** *m* grenitré *n*; jólatré *n*; **~nzapfen** *m* greniköngull *m*.
**Tante** *f* frænka *f*; föður- *od.* móðursystir *f*.
**Tanz** *m* dans *m*; **2en** dansa.
**Tänzer(in** *f*) *m* dansmaður *m* (dansmær *f*).
**Tanz|kapelle** *f* danshljómsveit *f*; **~stunde** *f* danskennlustund *f*; **~vergnügen** *n* dansskemmtun *f*.
**Tapete** *f* veggfóður *n*.
**tapfer** kjarkmikill; hraustur; **2keit** *f* hugprýði *f*; hreysti *f*.

**Tarif** *m* verðskrá *f*.
**tarn|en** fela, hylja; fara dult með; *Su.* hula *f*; hulning *f*; **Ȣhelm** *m* huliðshjálmur *m*.
**Tasche** *f* vasi *m*; veski *n*, taska *f*; **~ndieb** *m* vasaþjófur *m*; **~nmesser** *n*; vasahnífur *m*; **~nspieler** *m* loddari *m*, sjónhverfingamaður *m*; **~ntuch** *n* vasaklútur *m*; **~nuhr** *f* vasaúr *n*.
**Tasse** *f* bolli *m*.
**Tast|e** *f* nóta *f* (á hljóðfæri); **Ȣen** snerta; þreifa; **~sinn** *m* þreifiskynjun *f*.
**Tat** *f* dáð *f*; verk *n*.
**Tät|er** *m* verknaðarmaður *m*; **Ȣig** starfsamur, atorkusamur; starfandi; **~igkeit** *f* starf, starfsemi *f*; **Ȣlich**: **Ȣlich werden** fara í handalögmál *n/pl*.
**Tat|kraft** *f* atorka *f*; **~sache** *f* staðreynd *f*; **Ȣsächlich** raunverulegur.
**Tatze** *f* loppa *f*, löpp *f*, hrammur *m*.
**Tau** 1. *n* kaðall *m* 2. *m* dögg *f*.
**taub** heyrnarlaus; **Ȣe** *f* *Zo.* dúfa *f*.
**Tauf|becken** *n* skírnarfontur *m* *od.* -skál *f*; **~e** *f* skírn *f*; **Ȣen** skíra; **~name** *m* skírnarnafn *n*; **~schein** *m* skírnarvottorð *n*.
**taug|en** duga, gagna, vera nýtur; **Ȣenichts** *m* ónytjungur *m*; **~lich** nýtur; nýtilegur.
**tauig** döggvaður.
**Taumel** *m* svimi *m*; hrifning *f*; **Ȣn** skjögra, reika í spori.
**Tausch** *m* skipti *n/pl*.; **Ȣen** hafa skipti á.
**täusch|en** blekkja, gabba; *Su.* blekking *f*; vonbrigði *n/pl*. [þúsundbrá *f*.]
**tausend** þúsund; **Ȣschön** *n*
**Tauwetter** *n* hláka *f*, þíða *f*.
**Tax|e** *f* verðlag *n*, lögverð *n*; leigubíll *m*; **~i** *n* leigubíll *m*.
**Technik** *f* tækni *f*.
**Tee** *m* te *n*; **~kanne** *f* tepottur *m*; **~löffel** *m* teskeið *f*.
**Teer** *m* tjara *f*; **Ȣen** tjarga.
**Teig** *m* deig *n*.
**Teil** *m* hluti *m*, partur *m*; **zum ~** að nokkru leyti; **Ȣbar** skiptanlegur; **Ȣen** skipta; deila; **~haber** *m* hluthafi *m*, þátttakandi *m*; **~nahme** *f* þátttaka *f*; **Ȣnehmen an** taka þátt í; **Ȣs ... Ȣs** ýmist ... eða; **~strecke** *f* gjaldskiptistöð *f*; **~zahlung** *f* afborgun *f*.
**Tele|gramm** *n* símskeyti *n*; **~phon** *n* sími *m*, *s.* **Fernsprecher**; **~phonbuch** *n* símaskrá *f*.
**Teller** *m* diskur *m*.
**Temperament** *n* skapsmunir *m/pl*., lunderni *n*; ákaflyndi *n*.
**Tempo** *n* hraði *m*.
**Tenne** *f* þreskihús *n*.
**Tennis** *n* tennis *m*; **~platz** *m* tennisvöllur *m*; **~schläger** *m* tennisspaði *m*.

**Teppich** *m* (gólf)teppi *n*.
**Termin** *m* tiltekinn tími; gjalddagi *m*.
**Terrasse** *f* hjalli *m*.
**Terrine** *f* súpuskál *f*.
**Testament** *n* erfðaskrá *f*.
**teuer** dýr; *Su.* dýrtíð *f*, hallæri *n*.
**Teufl|el** *m* djöfull *m*, fjandi *m*; **2lisch** djöfullegur.
**Text** *m* texti *m*.
**Theater** *n* leikhús *n*; **~programm** *n* leikskrá *f*; **~zettel** *m* leikauglýsing *f* (úti).
**Thermosflasche** *f* hitabrúsi *m*.
**Thron** *m* hásæti *n*; **~folger** *m* ríkiserfingi *m*.
**ticken** tifa.
**tief** djúpur; **2e** *f* djúp *n*; dýpt *f*; **2gang** *m* *Mar.* djúprista *f*; **2land** *n* láglendi *n*; **2seeforschung** *f* hafdjúpsrannsóknir *f/pl*.
**Tiegel** *m* deigla ; panna *f*.
**Tier** *n* dýr *n*; **~arzt** *m* dýralæknir *m*; **~garten** *m* dýragarður *m*; skemmtigarður *m*; **2isch** dýrslegur.
**tilgen** afmá; greiða að fullu; *Su.* afmáning *f*; greiðsla *f* (skuldar að fullu); afborgun *f* (skuldar).
**Tinte** *f* blek *n*; **~nfaß** *n* blekbytta *f*; **~nstift** *m* blekblýantur *m*.
**tipp|en** vélrita; **2fräulein** *n* vélritunarstúlka *f*, skrifstofustúlka *f*.
**Tisch** *m* borð *n*; **zu ~ gehen** setjast að borðum; **~ler** *m* húsgagnasmiður *m*, trésmiður *m*; **~tuch** *n* borðdúkur *m*; **~zeug** *n* borðbúnaður *m*.
**Titel** *m* titill *m*; nafnbót *f*.
**tob|en** hamast, æða; drynja; **2sucht** *f* æði *n*, tryllingur *m*.
**Tochter** *f* dóttir *f*.
**Tod** *m* dauði *m*; **~esanzeige** *f* dánartilkynning *f*; **~esgefahr** *f* lífshætta *f*; **~esstrafe** *f* dauðahegning *f*; **~feind** *m* svarinn óvinur; **2krank** fárveikur.
**tödlich** banvænn.
**Toilette** *f* snyrting *f*; búningur *m*; (*Abort*) salerni *n*; **~npapier** *n* salernispappír *m*.
**toll** óður, trylltur; **~en** ólmast; **2heit** *f* óhemjuskapur *m*; **2wut** *f* æði *n*; hundaæði *n*.
**Tölpel** *m* klunni *m*.
**Tomate** *f* tómati *m*.
**Ton** *m* tónn *m*; (*Lehm*) leir *m*; **~abnehmer** *m* hljóðdós *f*; **~band** *n* segulband *n*.
**tönen** hljóma.
**Ton|film** *m* tal- *od.* hljómkvikmynd *f*; **~leiter** *f* tónstigi *m*.
**Tonne** *f* tunna *f*; (*Gewicht*) tonn *n*.
**Topf** *m* pottur *m*; krukka *f*.
**Töpfer** *m* leirkerasmiður *m*.
**Tor** 1. *m* heimskingi *m*; 2. *n* hlið *n*; (*Sport*) mark *n*.
**Torf** *m* mór *m*, svörður *m*.
**Torheit** *f* heimska *f*; heimskupar *n*.
**töricht** heimskulegur.

**Torte** *f* terta *f*.
**Tor|wart** *m* markvörður *m*; **~weg** *m* innakstur *m*.
**tosen** drynja, duna.
**tot** dauður.
**töten** drepa; *Su*. dráp *n*.
**Toten|gräber** *m* grafari *m*; **~kopf** *m* hauskúpa *f*; **~schein** *m* dánarvottorð *n*.
**Toto** *m* veðmálastofa (við veðhlaup) *f*; **im ~ spielen** veðja.
**Totschlag** *m* manndráp *n*.
**Tour** *f* skemmtiferð *f*; snúningur *m*; **~ist** *m* ferðamaður *m*.
**Trab** *m* brokk *n*.
**Tracht** *f* búningur *m*; byrði *f*; **Ձen: nach etw. Ձen** keppa eftir e-u.
**trächtig** (*Tier*) með fangi, kvíðug(ur).
**Trag|bahre** *f* börur *f/pl*.; **Ձbar** beranlegur; **Ձen** bera; **~fähigkeit** *f* burðarþol *n*.
**träge** þungur, latur.
**Träg|er** *m* berandi *m*; *Tech*. stólpi *m*, biti *m*; (*GepäckՁ*) burðarmaður *m*; **~heit** *f* leti *f*, tregða *f*.
**Tragödie** *f* sorgarleikur *m*.
**Tragweite** *f* draglengd *f*; yfirgrip *n*.
**trainieren** þjálfa, æfa.
**Trajekt** *n od*. *m* ferja *f* (einkum fyrir járnbrautarlest).
**trampeln** þramma, traðka.
**Träne** *f* tár *n*.
**Trank** *m* drykkur *m*.
**Tränke** *f* vatnsból *n*; brunnþró *f*; **Ձn** brynna; væta.
**Traube** *f* vínberjaklasi *m*; vínber *n*.
**trauen** gefa saman, gifta; trúa, treysta; *v/r*. dirfast, þora.
**Trauer** *f* sorg *f*; sorgarbúningur *m*; **~fall** *m* mannslát *n*; **Ձn** syrgja.
**Traufe** *f* þakrenna *f*; þakrennsli *n*.
**traulich** notalegur, vistlegur; einlægur.
**Traum** *m* draumur *m*.
**träum|en** dreyma; **~erisch** draumlyndur; dreymandi.
**trau|rig** hryggur, dapur; **Ձring** *m* giftingarhringur *m*; **Ձschein** *m* hjúskaparvottorð *n*; **Ձung** *f* hjónavígsla *f*; **Ձzeuge** *m* hjúskaparvottur *m*, svaramaður *m*.
**Trecker** *m* dráttarvél *f*.
**treffen 1.** hitta; hæfa; *v/r*. hittast; **2. Ձ** *n* mót *n*, fundur *m*.
**Treff|er** *m* markskot *n*; **~punkt** *m* fundar- *od*. stefnumótsstaður *m*.
**Treib|eis** *n* rekís *m*; **Ձen** reka; verka á; *Bot*. fá (blöð *od*. brum); **~haus** *n* gróðurhús *n*; **~jagd** *f* fæliveiðar *f/pl*.; **~mine** *f* rekdufl *n*; **~riemen** *m* gangreim *f*; **~stoff** *m* eldsneyti *n*.
**trennen** skilja; (*Naht*) spretta sundur *od*. upp; *v/r*. skilja(st); *Su*. aðgreining *f*; skilnaður *m*; uppspretting *f*.
**Treppe** *f* stigi *m*, tröppur *f/pl*.; **drei ~n hoch** á fjórðu hæð; **~nabsatz** *m* stiga

pallur *m*; **~ngeländer** *n* stigarið *n*, handrið *n*.
**treten** ganga; sparka.
**treu** tryggur, trúr; **2e** *f* tryggð *f*; **auf 2 und Glauben** upp á æru og trú.
**Trichine** *f* fleskormur *m*.
**Trichter** *m* trekt *f*.
**Trickfilm** *m* teiknifilma *f*.
**Trieb** *m* frjóangi *m*; (*Natur*) hvöt *f*; **~feder** *f* aflfjöður *f*; **~rad** *n* ganghjól *n*.
**triefen** drjúpa, leka; renna.
**trink|en** drekka; **2er** *m* drykkjumaður *m*; **2geld** *n* þjórfé *n*, ómakslaun *n/pl.*; **2spruch** *m* skálaræða *f*, minni *n*; **2wasser** *n* drykkjarvatn *n*.
**trippeln** trítla.
**Tritt** *m* spor *n*, skref *n*; (*Fuß2*) spark *n*; **~brett** *n* þrep *n*.
**trocken** þurr; **2legung** *f* framræsla *f*; **2platz** *m* þurrkunarstaður *m*.
**trocknen** þurrka; þorna.
**tröd|eln** dunda; verzla með gamlan varning; **2ler** *m* dundari *m*; skransali *m*.
**Trog** *m* trog *n*.
**Trommel** *f* bumba *f*; **~fell** *n* hljóðhimna *f*.
**Trompete** *f* lúður *m*.
**Tropen** *pl.* hitabelti *n*.
**tropfen** 1. drjúpa, leka; 2. **2** *m* dropi *m*.
**Trost** *m* huggun *f*; **2los** óhuggandi; ömurlegur.
**trösten** hugga.
**trotz** þrátt fyrir; **~dem** þrátt fyrir það.
**trüb|e** óskír, gruggugur; *fig.* dapur; **~en** grugga; myrkva; *Su.* gruggun *f*; myrkvun *f*.
**trübselig** hryggur; dapurlegur.
**trudeln** *Flgw.* snúast um lengdaröxul sinn, *pop.* spinna.
**Trug** *m* blekking *f*, svik *n/pl.*
**trüge|n** blekkja, svíkja; **~risch** sviksamlegur, blekkjandi.
**Trugschluß** *m* falsályktun *f*.
**Truhe** *f* kista *f*.
**trunken** drukkinn, ölvaður; *fig.* gagntekinn; **2heit** *f* ölæði *n*; *fig.* hrifning *f*.
**Trunksucht** *f* ofdrykkja *f*, drykkjusýki *f*.
**Trupp** *m* flokkur *m*, liðssveit *f*; **~e** *f* hersveit *f*.
**Truthahn** *m* kalkúni *m*.
**Tuch** *n* dúkur *m*; klútur *m*.
**tüchtig** duglegur; *adv.* rækilega.
**Tück|e** *f* fláræði *n*, lævísi *f*; **2isch** fláráður, lævís.
**Tugend** *f* dyggð *f*; **2haft** dyggðugur.
**Tüll** *m* slæðudúkur *m*; **~e** *f* pípa *f*, rör *n*; túða *f*.
**Tulpe** *f* túlípani *m*.
**Tümpel** *m* pollur *m*, vilpa *f*.
**tun** gera; **~, als ob ...** láta sem ...
**Tünche** *f* kölkun *f*; kalk *n*; *fig.* blær *m*, svipur *m*; **2n** hvíta, kalka.
**Tunichtgut** *m* ónytjungur *m*, mannleysa *f*.

**tunlich** gerlegur, mögulegur.
**Tür** *f* dyr *f/pl.*; hurð *f*; **~angel** *f* hurðarlöm *f*; **~drücker** *m* hurðarhandfang *n*.
**Türke** *f* Tyrki *m*; **~i** *f* Tyrkland *n*.
**Turm** *m* turn *m*; **~spitze** *f* turnspíra *f*.
**Turn|anzug** *m* leikfimisbúningur *m*; **~en** *n* leikfimi *f*; **Ձen** vera *od.* stunda leikfimi; **~er** *m* leikfimismaður *m*; **~halle** *f* leikfimissalur *m*; **~verein** *m* leikfimisfélag *n*.
**Türschild** *n* dyraskilti *n*.
**Tusche** *f* túskur *m*; **Ձn** teikna með túsk.
**Tüte** *f* bréfstikill *m*.
**tuten** blása, pípa, *pop.* flauta.
**Typhus** *m* taugaveiki *f*.
**typisch** einkennandi.
**Tyrann** *m* harðstjóri *m*; **~ei** *f* harðstjórn *f*; **Ձisieren** kúga, þrælkúga.

# U

**übel 1.** illur, slæmur; **mir wird ~** mér verður illt, ég fæ velgju; **2. Ձ** *n* mein *n*, slæmska *f*; **Ձkeit** *f* velgja *f*; **~nehmen** misvirða; **Ձtäter** *m* illræðismaður *m*.
**üben** æfa, iðka; (*Gnade*) sýna.
**über** *prp.* yfir, fyrir handan; við; *adv.* meira en; **~ etw. reden** tala um e-ð; **~ Nacht** um nótt; að óvörum.
**über|all** alls staðar; **~arbeiten** *v/r.* vinna sér um megn; **~aus** ákaflega; **~belichten** (*Film*) oflýsa; **~bieten** bjóða betur; *fig.* skara fram úr; **Ձbleibsel** *n* leifar *f/pl.*, eftirstöðvar *f/pl.*; **~blicken** líta yfir; **Ձbringer** *m* færandi *m*, flytjandi *m*; **~brücken** brúa.
**über|dauern** standa lengur en; **~dies** auk þess; **Ձdruß** *m* leiðindi *n/pl.*; **~drüssig** leiður á; **~eilen** *v/r.* flýta sér um of; **Ձeilung** *f* bráðræði *n*, fljótfærni *f*, flas *n*; **~einander** hvað ofan á annað; í kross; **~einkommen** koma sér saman um; **Ձeinkommen** *n* samkomulag *n*.
**über|fahren** aka yfir *od.* á (e-n); **Ձfahrt** *f* yfirferð *f*, sjóferð *f*; **Ձfall** *m* árás *f*; **Ձfluß** *m* gnægð *f*; **~fluten** streyma yfir; **~führen** *fig.* sanna á; **Ձführung** *f* leið yfir; flutningur yfir; *fig.* sönnun *f*; **Ձgabe** *f* afhending *f*; framsal *n*; **Ձgang** *m* leið yfir; *fig.* tímamót *n/pl.*; breyting *f*; **~geben** afhenda; *v/r.* selja upp; **~gehen** hverfa yfir til; fara fram úr; **Ձgewicht** *n* yfirþungi *m*; **~greifen** grípa út yfir; breiðast út yfir.

**über|handnehmen** fara í vöxt, verða yfirgnæfandi; **~haupt** yfirleitt; **~holen** sækja yfir; *Auto:* fara fram úr; **~kochen** sjóða upp *od.* út úr; **~lassen** láta (e-m e-ð) eftir; **~laufen** hlaupa yfir; flóa yfir; **~leben** lifa (e-n); **~legen** íhuga; *adj.* yfirsterkari, fremri; *Su.* íhugun *f*; **2macht** *f* ofurefli *n*; **2maß** *n* ofurmagn *n*, óhóf *n*; **~mäßig** geysilegur; óhóflegur; **~mitteln** afhenda, senda; **~morgen** ekki á morgun, heldur hinn daginn; **2mut** *m* hroki *m*; gáski *m*; **~nachten** gista; **~nehmen** taka við; **~queren** fara (þvert) yfir.

**über|ragen** gnæfa upp yfir; skara fram úr; **~raschen** koma á óvart; **2redung** *f* fortölur *f/pl.*, sannfærsla *f*; **~reichen** rétta, afhenda; **~reizt** espur, æstur.

**über|schätzen** ofmeta; **~schlagen** fella úr; áætla lauslega; **~schreiten** ganga yfir; *Gesetz:* brjóta; **2schrift** *f* yfirskrift *f*, titill *m*; **2schuh** *m* skóhlíf *f*; **~schuldet** skuld(un)um vafinn; **2schuß** *m* afgangur *m*; gróði *m*; **2schwemmung** *f* flóð *n*; **~schwenglich** ákaflegur; öfgafullur.

**Übersee** *f* handanhafsland[n.]

**über|setzen** flytja yfir; *Sprache:* þýða; *Su.* þýðing *f*; **2sicht** *f* yfirlit *n*; yfirsýn *f*; **~sichtlich** skýr, glöggur; **~siedeln** flytjast búferlum; *Su.* (bú)flutningur *m*; **~spannen** spenna yfir; ofreyna; **~spannt** öfgafullur; **~stehen** gnæfa *od.* skaga út *od.* upp; *fig.* standast, afbera; **~steigen** *fig.* stíga yfir; *fig.* fara fram úr; **~stimmen** bera (e-n) atkvæðum; **2stunde** *f* stund fram yfir; **2stunden** *pl.* yfirvinna *f*, eftirvinna *f*; **2stunden machen** vinna fram yfir *od.* eftirvinnu; **~stürzen** *v/r.* steypast kollhnís; flýta sér um of.

**übertrag|bar** flytjanlegur (yfir); þýðanlegur; **~en** fela (e-m e-ð); þýða; *Summe:* flytja; *Radio:* senda, útvarpa; *Su.* afhending *f*; flutningur *m*; útvarpssending *f*; þýðing *f*.

**über|treffen** taka (e-m) fram; **2treibung** *f* ýkjur *f/pl.*; **~treten** ganga yfir; *Gesetz:* brjóta, óhlýðnast; *Su.* brot *n*; **~trieben** ýktur; **2tritt** *m* liðhlaup *n*, snúningur *m*; **2völkerung** *f* ofmikið þéttbýli; **~vorteilen** afskipta, pretta.

**über|wachen** hafa umsjón með, vaka yfir; *Su.* gæzla *f*, umsjón *f*; **~wältigen** yfirbuga; *Su.* sigrun *f*, bugun *f*; **~weisen** afhenda; *Geld:* ávísa; *Su.* afhending *f*; ávísun *f*; **~werfen** *v/r.* verða ósáttur (mit e-m

vīð e-n); ~wiegen vega meira en; mega sín meira; ≈windung *f* sigurvinning *f*; ~zählig afgangs, fram yfir rétta tölu; ~zeugen sannfæra; *Su.* sannfæring *f*; ≈zieher *m* yfirfrakki *m*; ≈zug *m* flutningur *m*; kodda- *od.* sængurver *n*.
**üblich** venjulegur.
**U-Boot** *n* kafbátur *m*; ~mannschaft *f* kafbátsáhöfn *f*.
**übrig** sem eftir er; afgangs; im ~en annars; ~ens annars; ~bleiben vera eftir, ganga af.
**Übung** *f* æfing *f*; (*Schule*) stíll *m*.
**Ufer** *n* ár- *od.* sjávarbakki *m*; strönd *f*; ≈los bakkalaus; ótakmarkaður.
**Uhr** *f* klukka *f*, úr *n*; wieviel ~ ist es? hvað er klukkan?; ≈macher *m* úrsmiður *m*; ≈zeiger *m* vísir *m*.
**Uhu** *m* (horn)ugla *f*.
**Ulk** *m* glettur *f/pl.*, glens *n*; ≈ig glettinn; skemmtilegur.
**Ulme** *f* álmviður *m*.
**Ultimo** *m* síðasti dagur mánaðarins.
**um** kringum, hringinn í kringum; *Zeit:* um; ~ Mittag um hádegi; ~ vier Uhr klukkan fjögur; wissen ~ vita um; ~ so mehr þeim mun heldur; ~ zu til þess að; (*zu Ende*) á enda, liðinn.
**um|ändern** breyta; ~arbeiten gera upp aftur; ~armen faðma að sér; *Su.* föðmun *f*; ~binden binda utan um; ~blättern fletta; ~bringen drepa, svipta lífi; ≈drehung *f* (hring-) snúningur *m*.
**um|fallen** detta um koll; ≈fang *m* ummál *n*; yfirgrip *n*; ~fassend víðtækur, yfirgripsmikill; ≈frage *f* fyrirspurn *f*; ≈gangssprache *f* talmál *n*, daglegt mál; ~geben umlykja; *Su.* umhverfi *n*; ≈gegend *f* umhverfi *n*, nágrenni *n*; ~gehen ganga um; mit j-m ~gehen umgangast e-n; koma fram við; *fig.* komast hjá, forðast; *Su.* sneiðing hjá (e-u); ~gehend um hæl; ~gekehrt öfugur; ~hängen hengja utan um; fara í; ~her fram og aftur.
**umhin:** nicht ~können geta ekki stillt sig um.
**Umhüllung** *f* hjúpur *m*.
**Umkehr** *f* heimför *f*; afturhvarf *n*; ≈en snúa við, hverfa aftur; *v/t.* snúa e-u við.
**um|kippen** hvolfa; ~kleiden *v/r.* hafa fataskipti; ≈kleidung *f* fataskipti *n/pl.*; ~kommen farast, deyja; ~laden endurferma; ~laufen vera í umferð.
**Umlegekragen** *m* tvöfaldur flibbi.
**umlegen** leggja niður, beygja; *Steuer:* snúa.

**um|nachten** myrkva; **~rahmen** setja í (nýja) umgerð; **~rechnen** umreikna; **~rennen** velta um koll; **~ringen** umkringja; **2riß** *m* útlínur *f/pl.*; **~rühren** hræra í; **2satz** *m* viðskiptavelta *f*.

**um|schalten** rjúfa (straum), breyta (straumi); **~schichtig** til skiptis; **~schiffen** sigla umhverfis; **2schlag** *m* umslag *n*; **~schlagen** velta um koll; *Wetter:* breytast; **~schnallen** gyrða sig (e-u); **~schreiben** skrifa upp aftur; hreinrita; umrita (*a. Math.*), skýra með öðrum orðum; **2schweife** *pl.* málalengingar *f/pl.*, vífilengjur *f/pl.*; **2schwung** *m* breyting *f*.

**um|setzen** *Hdl.* selja; **2sicht** *f* aðgætni *f*; **~sonst** ókeypis; árangurslaust; **~spannen** ná yfir; **2stand** *m* kringumstæður *f/pl.*; **unter 2ständen** ef svo stendur á; **in anderen 2ständen sn** vera barnshafandi; **~ständlich** (of) nákvæmur, margorður; **~steigen** skipta um vagn *od.* lest; **~stellen** færa, færa til; **2sturz** *m* bylting *f*; hrun *n*; **2tausch** *m* skipti *n/pl.*

**um|wälzen** kollvarpa; **2wandlung** *f* breyting *f*; **~wechseln** skipta; **2weg** *m* krókur *m*; **~wickeln** vefja utan um (e-ð); **2zäunung** *f* girðing *f*; **~ziehen** flytja(st); **~zingeln** umkringja; **2zug** *m* bústaðaskipti *n/pl.*, flutningur *m*.

**un...** ó...

**un|abhängig** óháður; **~absehbar** óútreiknanlegur; **~absichtlich** óvart, óviljandi; **~achtsam** ógætinn; **~ähnlich** ólíkur; **~anfechtbar** óvefengjanlegur; **~angenehm** óþægilegur; **~annehmbar** óaðgengilegur, ótækur; **2art** *f* ókurteisi *f*; (*Kind*) óþekkt *f*; **~auffällig** óáberandi; **~ausstehlich** óþolandi.

**unbarmherzig** miskunnarlaus.

**unbe|dingt** skilyrðislaus; **~fangen** hispurslaus; **~friedigt** óánægður; **~fugt** heimildarlaus; óviðkomandi; **2fugten Zutritt verboten!** óviðkomandi bannaður aðgangur!; **~greiflich** óskiljanlegur; **~grenzt** ótakmarkaður; **2hagen** *n* óþægindi *n/pl.*, vanþóknun *f*; **~holfen** klaufalegur; úrræðalaus; **~kannt** óþekktur; ókunnugur; **~liebt** óvinsæll; **~quem** óþægilegur; **~rufen** ótilkvaddur; **~schränkt** ótakmarkaður; **~schreiblich** ólýsanlegur; **~sonnen** óforsjáll; **~stimmt** óákveðinn; **~stritten** tvímælalaus; **~trächtlich** óverulegur; **2wußt** óvitandi.

**unbrauchbar** ónothæfur.

**Undank** *m* vanþakklæti *n*; **2bar** vanþakklátur.

**un|denkbar** óhugsandi; **~deutlich** ógreinilegur; **≈ding** *n* fjarstæða *f*; ógerningur *m*; **~durchdringlich** (*Wald*) ófær; **~echt** svikinn; stældur; **~ehelich** utan hjónabands; **~ehrlich** óheiðarlegur; **~empfindlich** óviðkvæmur; tilfinningarlaus; **~endlich** óendanlegur; **~entbehrlich** ómissandi; **~entgeltlich** ókeypis; **~entschieden** óútkljáður; **~erbittlich** ósveigjanlegur; **~erhört** óheyrilegur, óheyrður; **~erklärlich** óskýranlegur; **~ermeßlich** óskaplegur; **~ermüdlich** óþreytandi; **~erreichbar** ófáanlegur; **~erträglich** óþolandi; **~erwartet** óvæntur; **~erwünscht** óæskilegur, óvelkominn.

**un|fähig** óhæfur, ekki fær um; **≈fall** *m* óhapp *n*, slys *n*; **≈fallstation** *f* slysavarðstofa *f*; **~fehlbar** óskeikull; **~frankiert** ófrímerktur; **~freundlich** óvingjarnlegur; (*hart*) hryssingslegur; **≈fug** *m* óhæfa *f*, gauragangur *m*.

**unge|achtet** *prp.* (*mit gen.*) þrátt fyrir; **~ahnt** ógrunaður, óvæntur; **~bräuchlich** óvenjulegur; **~bunden** óbundinn; **≈duld** *f* óþolinmæði *f*; **~fähr** ágizkaður; *adv.* hér um bil; **~fällig** óvingjarnlegur; **~heuer** afskaplegur; **≈heuer** *n* ófreskja *f*; **~künstelt** tilgerðarlaus; **~legen** óhentugur, bagalegur; **~lernt** ófaglærður; **~rade** óbeinn; odda-; **~rade Zahl** *f* oddatala *f*; **~raten** illa uppalinn; misheppnaður; **~recht** ranglátur; **~stüm** ofsafenginn, ákafur; **~sund** óhollur; óheilbrigður; **≈tüm** *n* ófreskja *f*; **~wiß** óviss; **~wöhnlich** óvenjulegur; **≈ziefer** *n* óþrif *n/pl.*, óværa *f*; **~zogen** illa uppalinn; **~zwungen** óþvingaður, frjálslegur.

**Unglaub|e** *m* trúleysi *n*, vantrú *f*; **≈lich** ótrúlegur: **≈glaubwürdig** óáreiðanlegur.

**ungleich** ólíkur; ójafn; **~mäßig** ójafn, ósamræmur.

**ungültig** ógildur, ómerkur.

**Unglück** *n* óhamingja *f*; slys *n*; **≈licherweise** til allrar óhamingju; **~sfall** *m* slys *n*.

**Unheil** *n* ógæfa *f*; **≈bar** ólæknandi.

**unhöflich** ókurteis.

**Universität** *f* háskóli *m*.

**un|kenntlich** óþekkjanlegur; **≈kenntnis** *f* vankunnátta *f*; **≈kosten** *pl.* kostnaður *m*; **≈kraut** *n* illgresi *n*; **~lauterer Wettbewerb** *m* óheiðarleg samkeppni; **~leserlich** ólæsilegur; **~mittelbar** beinn; **~möglich** ómögulegur; **≈mut** *m* óánægja *f*, ólund *f*; **~nahbar** óaðgengilegur; **~nötig** ónauðsynlegur; **~nütz**

gagnslaus; ónýtur; ~parteiisch óhlutdrægur; ~päßlich lasinn; 2rast f óró f; 2rat m rusl n; skarn n; ~recht rangur, skakkur; im 2recht sn hafa rangt fyrir sér; ~regelmäßig óreglulegur; ~reif óþroskaður; ~rentabel arðlítill; ~rettbar óbjargandi; 2ruhe f órói m.

uns okkur.

un|sagbar ósegjanlegur; ~sauber óhreinn; ~scharf óskýr; ~schlüssig óákveðinn; 2schuld f sakleysi n.

unser okkar; ~erseits af okkar hálfu; ~twegen okkar vegna.

unsicher óvís, óöruggur.

Un|sinn m rugl n, vitleysa f; ~sitte f ósiður m; 2sterblich ódauðlegur; 2stet(ig) óstöðugur, hvarflandi; ~stimmigkeit f ósamræmi n; 2streitig tvímælalaus; ~summe f afskapleg upphæð; ~tat f ódæði n; 2tätig athafnalaus; ~tauglich ónothæfur, ónýtur.

unten niðri, fyrir neðan; nach ~ niður; von ~ að neðan, neðan frá.

unter prp. undir; meðal; ~ anderem meðal annars; ~ uns okkar á milli; was versteht man ~ ...? hvað er átt við með...?; der ~e neðri.

Unterarm m framhandleggur m.

Unter|bilanz f reikningshalli m; 2bleiben farast fyrir; 2brechen rjúfa; taka fram í fyrir; Su. hlé n; rof n; 2breiten fig. leggja fyrir, bera upp fyrir; 2bringen hýsa, vista, koma fyrir; 2dessen á meðan; ~drückkung f kúgun f; 2einander sín á milli; í hrærigraut; ~ernährung f veiklun vegna ónógs fæðis; ~führung f undirgöng n/pl.; ~gang m hrun n, tortíming f; (der Sonne) sólsetur n; ~gebene(r) m/f þegn m, undirmaður m; 2gehen tortímast, farast; Sonne: ganga til viðar; ~grundbahn f neðanjarðar(járn)braut f.

Unter|grundbewegung f neðanjarðarhreyfing f; 2halb fyrir neðan; ~halt m lífsframfæri n; 2halten v/r. ræðast við; Su. samtal n; ~hemd n nærskyrta f; ~holz n undirskógur m; ~hose f nærbuxur f/pl.; 2jochen undiroka; ~kleid n undirkjóll m; 2kommen komast í húsaskjól; ~kommen n húsaskjól n; 2lassen láta hjá líða, sleppa; 2legen adj. minni máttar; 2liegen fara halloka, bíða ósigur; es 2liegt keinem Zweifel það er engum vafa undirorpið; in ~miete wohnen hafa herbergi á leigu.

unternehm|en takast á hendur; hefja; Su. framkvæmd *f*; **~end** framkvæmdasamur; **2ungsgeist** *m* atorka *f*.

**Unteroffizier** *m* undirforingi *m*.

**Unter|redung** *f* viðræða *f*, samtal *n*; **~richt** *m* kennsla *f*; **~rock** *m* nærpils *n*; **2-sagen** banna; **2scheiden** aðgreina, þekkja sundur; *Su.* aðgreining *f*; **~schied** *m* (mis)munur *m*.

**unter|schlagen** krossleggja; *fig.* draga sér fé; **2schlupf** *m* skýli *n*, hæli *n*; **2schrift** *f* undirskrift *f*; **2seeboot** *n* kafbátur *m*; **~setzt** samanrekinn; **zu ~st** neðst; **2-stand** *m Mil.* skýli *n*; **der ~ste** hinn neðsti; **~stehen 1. sich ~** dirfast; **2. (j-m)** vera (e-m) háður; **2stützung** *f* aðstoð *f*; **2suchung** *f* rannsókn *f*, skoðun *f*; **2suchungshaft** *f* gæzluvarðhald *n*; **2tan** *m* þegn *m*; **~tänig** undirgefinn, háður; **2tasse** *f* undirskál *f*; **~tauchen** kafa niður, stinga sér; **2wäsche** *f* nærföt *n/pl.*; **~wegs** á leiðinni; **2welt** *f* undirheimar *m/pl.*; glæpamannaheimur *m*; **~-würfig** auðmjúkur; **~-zeichnen** undirrita; **~ziehen** *v/r.* (*Arbeit*) taka að sér; (*Mühe*) leggja á sig; (*Operation*) gangast undir.

**Un|treue** *f* ótryggð *f*, sviksemi *f*; **~tugend** *f* ódyggð *f*; **2überlegt** gálaus; **2übersetzbar** óþýðanlegur; **2-übertrefflich** framúrskarandi; **2umgänglich** óþjáll, óþýður; **2unterbrochen** sífelldur; **2unterschrieben** óundirskrifaður.

**unver|änderlich** óbreytilegur; **~antwortlich** ábyrgðarlaus; **~besserlich** óbetranlegur; **~bindlich** óbindandi; **~daulich** ómeltanlegur; **~verdrossen** ótrauður; **~einbar** ósamræmanlegur; **~heiratet** ógiftur; **~hofft** óvæntur; **~käuflich** óseljandi; **~kennbar** auðsær; **~meidlich** óhjákvæmilegur; **~mittelt** skyndilegur; **~richteter Sache** árangurslaust, erindisleysa *f*; **~schämt** ósvífinn; **~-sehens** óvænt; **~ständig** óskynsamur; **~ständlich** óskiljanlegur; **~züglich** tafarlaus.

**unvoll|kommen** ófullkominn; **~ständig** ófullkominn, sem vantar í.

**un|wahr** ósannur; **~wahrscheinlich** ósennilegur; **~-wesentlich** óverulegur; **2-wetter** *n* óveður *n*; **~wirsch** önugur; **~wissend** fáfróður; óvitandi; **~wissentlich** óvitandi; **~wohl** lasinn; **2wohlsein** *n* lasleiki *m*; **~-zählig** óteljandi; **zur 2zeit** í ótíma.

**un|zertrennlich** óaðskiljanlegur; **2zucht** *f* saurlífi *n*; **~zufrieden** óánægður; **~zulänglich** ónógur; **~zuverlässig** óáreiðanlegur

**üppig** gróskumikill; frjósamur.
**Ur|ahn(e** *f*) *m* ættfaðir *m* (ættmóðir *f*); **2alt** ævagamall; **~aufführung** *f* frumsýning *f*; **2bar machen** rækta; **~enkel** *m* barnabarnabarn *n*; **~heberrecht** *n* höfundarréttur *m*.
**Urin** *m* þvag *n*.
**Urkunde** *f* skjal *n*, skilríki *n*; **~nfälschung** *f* skjalafölssun *f*.
**Urlaub** *m* orlof *n*, leyfi *n*; **~er** *m* (sumar)gestur *m*; *Mil.* hermaður í orlofi.
**Ur|sache** *f* orsök *f*; **~sprung** *m* uppruni *m*; **2sprünglich** upprunalegur.
**Urteil** *n* dómur *m*; dómgreind *f*; **2en** dæma.
**Urwald** *m* frumskógur *m*.
**Utensilien** *pl.* áhöld *n*/*pl*.

# V

**Vampir** *m* blóðsuga *f*; (*Fledermaus*) leðurblaka *f*.
**Vanille** *f* vanilla *f*.
**Varieté** *n* fjölleikahús *n*.
**Vase** *f* skrautker *n*; blómker *n*, blómavasi *m*.
**Vater** *m* faðir *m*; **~land** *n* föðurland *n*; **2ländisch** ættjarðar-.
**väterlich** föðurlegur; föður-; **~erseits** af föðurins hálfu; í föðurætt.
**Vater|schaft** *f* faðerni *n*; **~ unser** *n* faðirvor *n*.
**Vegetarier** *m* jurtaæta *f*, (maður, sem lifir á jurtafæðu).
**Veilchen** *n* fjóla *f*.
**Venenentzündung** *f* æðabólga *f*.
**Ventil** *n* ventill *m*, loki *m*.
**verab|folgen** afhenda; **~reden** binda fastmælum; **2redung** *f* fastmæli *n*/*pl*.; stefnumót *n*; **~scheuen** hafa viðbjóð á; **sich ~schieden** kveðja (e-n).
**ver|achten** fyrirlíta; *Su.* fyrirlitning *f*; **~ächtlich** fyrirlitlegur; **~allgemeinern** alhæfa; **~altet** úreltur; **~änderlich** breytilegur; óstöðugur; **2anlagung** *f* (*Steuer*) álagning *f*; hæfileiki *m*; **~anlassen** gefa tilefni til; leiða af sér; *Su.* tilefni *n*; **~anschaulichen** gera ljóst, skýra; **~anstalten** stofna til, gangast fyrir; *Su.* tilhlutun *f*; skemmtun *f*, athöfn *f*.
**verantwort|en** ábyrgjast; *Su.* ábyrgð *f*; **~lich** ábyrgur.
**ver|arbeiten** vinna úr; **2armung** *f* örbirgð *f*; **~äußern** selja; *Su.* sala *f*.
**Ver|band** *m* (sára)umbúðir *f*/*pl*.; (*Bund*) samband *n*; **~bandkasten** *m* (sára)umbúðakassi *m*; **~bandzeug** *n* (sára)umbúðir *f*/*pl*.; **2bannen** gera útlægan; bannfæra; *Su.* útlegð(ardómur

*m*) *f*; bannfæring *f*; **2bergen** fela, leyna; **2bessern** bæta; leiðrétta; **2beugen** *v/r.* hneigja sig; *Su.* hneiging *f*; **2biegen** beygja; **2bieten** banna.
**verbind|en** binda um; sameina; gefa símasamband; **ich bin falsch verbunden** ég hef fengið skakkt (síma-)númer; *Su.* sameining *f*; (viðskipta)samband *n*; **~lich** skuldbindandi; vingjarnlegur; **2lichkeit** *f* skuldbinding *f*; vingjarnleiki *m*.
**ver|bitten** *v/r.* biðjast undan (etw. e-u); **2bitterung** *f* beiskja *f*; **~blassen** blikna; upplitast; **~blüffen** gera agndofa; **~blühen** visna, fella blóm; **~blümt** tvíræður, óljós; **~bluten** blæða út; **~bohrt** geggjaður; þrjózkur; **~borgen** *v/t.* lána; *adj.* leyndur, falinn; **2bot** *n* bann *n*; **~boten** bannaður; **2brauch** *m* eyðsla *f*, neyzla *f*; **~brechen**: **etw. ~brochen haben** hafa brotið e-ð af sér; **2brechen** *n* glæpur *m*, afbrot *n*; **2brecher** *m* glæpamaður *m*; **~brecherisch** glæpsamlegur; **~breitern** breikka; **2breitung** *f* útbreiðsla *f*; **~brennen** brenna; **2brennung** *f* brennsla *f*; **~bringen** dvelja(st), eyða; **~brühen** brenna (í heitu vatni), *pop.* kalúna.
**verbummeln** eyða í svalli; leggjast í leti og ómennsku.
**ver|bünden** *v/r.* sameinast; **~bürgen** *v/r.* (für) ganga í ábyrgð (fyrir).
**Ver|dacht** *m* grunur *m*; **j-n in ~dacht haben** gruna e-n (um e-ð); **2dächtig** grunsamlegur; **2dächtigen** gruna, tortryggja; gera grunsamlegan; **2dammen** sakfella; bölva; *Su.* sakfelling *f*.
**ver|dampfen** gufa upp; **~danken** eiga (e-m e-ð) að þakka; **~dauen** melta; *Su.* melting *f*; **2deck** *n* þilfar *n*; **~derben** spilla(st), eyðileggja(st); **2derben** *n* eyðilegging *f*, glötun *f*; **~dienen** vinna sér inn, græða; eiga skilið; **2dienst** *m* gróði *m*; *n* verðleikar *m/pl.*; **~dolmetschen** túlka; **~doppeln** tvöfalda; **~dorren** þorna upp, skrælna; **2drängung** *f* brottflæming *f*; *Mar.* særými *n*; **~dreht** skældur; öfugur; vitlaus.
**verdrieß|en** gremjast; **~lich** gramur; gremjulegur.
**Ver|druß** *m* gremja *f*; skapraun *f*; **2dunkeln** myrkva; **~dunkelung** *f* myrkvun *f*; **2dünnen** þynna; **2dunsten** gufa upp; *Su.* uppgufun *f*; **2dursten** vanmegnast úr þorsta; **~dutzt** agndofa.
**ver|ehren** heiðra; dýrka; *Su.* lotning *f*; dýrkun *f*; **~ehrter Herr ...!** heiðraði

herra ...!; ♀ehrer *m* aðdáandi *m*.
**vereidig|en** eiðfesta; *Su.* eiðfesting *f*; **‿t** eiðsvarinn; löggiltur.
**Verein** *m* félag *n*; **♀bar** sameinanlegur; **♀baren** koma sér saman um; *Su.* samkomulag *n*; **♀fachen** einfalda; **♀igen** sameina; **‿te Nationen** *f/pl.* Sameinuðu þjóðirnar *f/pl.*; **♀zelt** einstakur, einn og einn.
**ver|eiteln** ónýta, kollvarpa; **‿enden** drepast; **‿engen** þrengja; **‿erben** arfleiða; *Su.* erfðir *f/pl.*; ættgengi *n*.
**ver|fahren** haga sér, fara (svo eða svo) að; **♀fahren** *n* aðferð *f*; málflutningur *m*; **♀fall** *m* hnignun *f*; **‿fallen** hnigna; **♀falltag** *m* gjalddagi *m*; **‿fälschen** falsa; **‿fänglich** lævís; hættulegur; **‿färben** *v/r.* fölna; upplitast.
**verfass|en** semja; **♀er** *m* (rit)höfundur *m*; **♀ung** *f* stjórnarskrá *f*.
**ver|faulen** rotna; **‿fehlen** *Weg*: fara götuvillt; **j-n ‿** hitta e-n ekki; **‿fließen** streyma burt; *Zeit*: líða; **‿fluchen** bölva; **‿flüssigen** breyta í vökva; **‿folgen** elta; ofsækja; *Su.* eftirför *f*, ofsókn *f*; **‿frachten** senda (vörur).
**verfüg|bar** handbær; **‿en** ráðstafa; hafa til umráða; *Su.* ráðstöfun *f*; umráð *n/pl.*
**ver|führen** tæla; *Su.* tálar *f/pl.*; **♀gangenheit** *f* fortíð *f*, liðnir tímar *pl.*; **‿gänglich** fallvaltur; **‿gasen** breyta í gas; **♀gaser** *m* (*Auto*) blöndungur *m*.
**vergeb|en** gefa (burt); (*Schuld*) fyrirgefa; **‿ens, ‿lich** árangurslaust; **♀ung** *f* fyrirgefning *f*.
**vergehen 1.** *Zeit*: líða; líða hjá; **sich an j-m ‿** gera á hluta e-s; **2. ♀** *n* yfirsjón *f*; afbrot *n*.
**vergelten** endurgjalda; *Su.* endurgjald *n*; hefnd *f*.
**vergess|en** gleyma; **in ♀enheit geraten** gleymast.
**vergeßlich** gleyminn.
**ver|geuden** eyða, sóa; **‿gewaltigen** beita ofbeldi; nauðga; *Su.* ofbeldi *n*; nauðgun *f*.
**ver|gewissern** fullvissa; **‿giften** byrla eitur; **♀gißmeinnicht** *n* gleymmérei *n*; **♀gleich** *m* samanburður *m*; *Jur.* sáttargerð *f*; **‿gleichen** bera saman; sætta; **‿gnügen** *v/r.* skemmta sér; **♀gnügen** *n* skemmtun *f*; **‿gnügt** ánægður; glaður; **‿golden** gylla.
**ver|graben** grafa (niður); **‿greifen** *v/r.* taka (an etw. e-ð) traustataki; **‿griffen** uppseldur; **‿größern** stækka; *Su.* stækkun *f*; **♀größerungsglas** *n* stækkunargler *n*; **♀günstigung** *f* hlunnindi *n/pl.*; tilslökun *f*; **‿güten** bæta upp, bæta;

*Su.* uppbót *f*; greiðsla *f*.
**ver|haften** handtaka; *Su.* handtaka *f*; **2hältnis** *n* samband *n*; hlutfall *n*; **~hältnismäßig** hlutfallslegur; **~handeln** ræða (e-ð); selja.
**ver|haßt** óvinsæll, hataður; **~heerend** eyðileggjandi; hræðilegur; **2heerung** *f* eyðilegging *f*; **~heimlichen** dylja, halda leyndu; **~heiraten** *v/r*. giftast; **2heißung** *f* loforð *n*; **~hindern** hindra; **2hör** *n* yfirheyrsla *f*; **~hören** *v/r*. misheyrast; **~hüllen** hylja; leyna; **~hungern** svelta í hel; **~irren** *v/r*. villast; **~jährt** fyrndur; **2jährung** *f* hefð *f*; fyrning *f*; **~jüngen** yngja.
**Verkauf** *m* sala *f*; **2en** selja.
**Verkäufer** *m* seljandi *m*; (*Laden2*) búðarmaður *m*; **~in** *f* sölukona *f*; búðarstúlka *f*.
**Verkehr** *m* samgöngur *f/pl*.; umferð *f*; **2en** fara fram og aftur; (*mit*) umgangast; **~sampel** *f* umferðarljós *n*; **~sflugzeug** *n* áætlunarflugvél *f*; **~smittel** *n* samgöngutæki *n*; **~sregelung** *f* umferðarstjórn *f*; **~sstörung** *f* samgöngutruflun *f*, umferðarteppa *f*; **2t** öfugur; rangur.
**ver|kennen** misvirða, vanmeta; *Su.* vanmat *n*; **~klagen** kæra; stefna; **~kleiden** dulbúa; *Su.* dulbúningur *m*; **~kleinern** minnka; *Su.* minnkun *f*, smækkun *f*; **~kommen** hnigna; *adj*. illa út leikinn, hrakinn; **~körpern** (í)klæða holdi; **~krüppelt** kyrkingslegur; bæklaður; **~künden** boða, tilkynna; *Su.* boðun *f*; **2kürzung** *f* stytting *f*; skerðing *f*; **2lag** *m* forlag *n*, bókaútgáfa *f*.
**verlangen 1.** krefjast; biðja um; **~ nach** þrá; **2. 2** *n* krafa *f*; þrá *f*.
**ver|längern** (fram)lengja; **~langsamen** hægja á; **~lassen** yfirgefa; *v/r*. (**auf j-n, etw.**) treysta (e-m, e-u); **~laufen** *v/r*. villast; **~lauten** kvisast, fréttast; **~leben** eyða, dveljast.
**ver|legen** gefa út (bók); leggja á óvísan stað; *adj*. vandræðalegur; **j-m etw. ~leiden** gera e-n leiðan á e-u; **~leihen** lána; úthluta; **~leiten** afvegaleiða; **~lernen** gleyma; **~letzen** særa; *fig*. móðga; *Su.* sár *n*; móðgun *f*; **~leugnen** afneita; **2leumdung** *f* rógur *m*; **~lieben** *v/r*. verða ástfanginn; **2liebtheit** *f* hrifning *f*, *pop*. skot *n*; **~lieren** glata, týna; **~loben** *v/r*. trúlofast; **2lobte(r** *m*) *f* unnusta *f* (unnusti *m*); **2losung** *f* hlutavelta *f*; **2lust** *m* tjón *n*; **~machen** arfleiða; **2mählung** *f* gifting *f*; **~mehren** auka; fjölga; **~meiden** forðast;

**~mengen** blanda saman; **Ωmerk** *m* athugasemd *f*; **~merken** gera athugasemd; **~messen** mæla (út); *adj.* (fífl)djarfur; **~mieten** selja á leigu, leigja; **Zimmer zu ~mieten** herbergi til leigu; **Ωminderung** *f* smækkun *f*, minnkun *f*; **~mischen** blanda; **~missen** sakna; **Ωmißte(r)** *m/f* kona *f* (maður *m*), sem saknað er.

**vermitt|eln** miðla; **Ωler** *m* miðlari *m*, milligöngumaður *m*; *Su.* miðlun *f*.

**vermodern** rotna, fúna.

**vermögen 1.** geta, megna; **2. Ω** *n* eigur *f/pl.*, efni *n/pl.*; auður *m*; **~d** efnaður, ríkur.

**vermut|en** búast við, gruna; **~lich** sennilega.

**ver|nachlässigen** vanrækja; *Su.* vanræksla *f*; **~nehmen** heyra, greina; *Jur.* yfirheyra; *Su.* yfirheyrsla *f*; **~neigen** *v/r.* hneigja sig; *Su.* hneiging *f*; **~neinen** neita; *Su.* neitun *f*; **~nichten** ónýta, tortíma; **Ωnunft** *f* skynsemi *f*, vit *n*; **~nünftig** skynsamlegur; **~öffentlichen** birta, opinbera; **~ordnen** fyrirskipa; *Su.* fyrirskipun *f*, tilskipun *f*.

**ver|pachten** selja á leigu; **~packen** búa um, láta niður; *Su.* umbúðir *f/pl.*; **~passen** *Zug:* missa af; **~pfänden** veðsetja; *Su.* veðsetning *f*; **~pflanzen** gróðursetja á öðrum stað; flytja; **~pflegen** veita fæði; *Su.* fæði *n*; **~pflichten** skuldbinda; *Su.* skuldbinding *f*; **~proviantieren** búa vistum; **Ωrat** *m* svik *n/pl.*; **~raten** svíkja; koma upp um; **~rechnen** reikna út; *v/r.* reikna skakkt; **~reisen** fara í ferðalag; **~renken** færa úr liði; *v/r.* fara úr liði; *Su.* liðhlaup *n*; **~richten** framkvæma, inna af hendi; *Su.* framkvæmd *f*; **~ringern** minnka, rýra; **~rosten** ryðga; **~rückt** vitlaus; **in Ωruf bringen** koma óorði á.

**Vers** *m* ljóðlína *f*; vers *n*.

**ver|sagen** neita; bregðast; *Motor:* bila; **~sammeln** *v/r.* safnast saman, halda fund; *Su.* samkoma *f*, fundur *m*; **Ωsand** *m* sending *f*; (út)flutningur *m*; **~säumen** vanrækja; *Zug:* missa af; **~schaffen** útvega; **~schärfen** skerpa, herða; **~schenken** gefa; **~schieben** færa til; fresta; **~schieden** frábrugðinn; ýmis; **~schiffen** senda á skipi; **~schlafen** sofa (e-ð) af sér; *adj.* syfjulegur; **~schlechtern** spilla, rýra; **~schließen** loka, læsa; **~schlimmern** gera verra; **~schlossen** *fig.* dulur; **~schlucken** gleypa; **sich ~schlucken** svelgjast á; **Ωschluß** *m* lokun *f*; lás *m*; **~schmachten** vanmegnast.

**ver|schmähen** smá, hafna; **~schnupft sein** vera kvefaður; *fig.* vera móðgaður; **~schönern** fegra; **~schreiben** *v/r.* misrita; **~schrotten** bræða upp (gamla málmhluti); *Schiff:* rífa.
**verschuld|en** hlaða skuldum; **2en** *n* sök *f*, yfirsjón *f*; **~et** skuldugur; **~ermaßen** að verðleikum.
**ver|schütten** hella niður; moka ofan á; **~schweigen** þegja yfir; **~schwenden** eyða, sóa; **~schwiegen** þagmælskur; **~schwinden** hverfa; **~schwommen** óskýr; **~schwören** *v/r.* gera samsæri; (**gegen j-n** gegn e-m); *Su.* samsæri *n*; **~sehen** búa út; *Dienst:* gegna, rækja; **2sehen** *n* yfirsjón *f*, skyssa *f*; **~sehentlich** í ógáti.
**ver|senden** senda; *Su.* sending *f*; **~sengen** svíða, brenna; **~senken** sökkva (e-u); **~setzen** færa, flytja; veðsetja; *Su.* flutningur *m*; veðsetning *f*; **~sichern** vátryggja; fullvissa; *Su.* (vá)trygging *f*; vissa *f*; fullvissun *f*; **~siegeln** innsigla; **~siegen** þrjóta, þorna upp; **~silbern** silfra; **~sinken** sökkva; **~söhnen** sætta; *v/r.* sættast; **~sorgen** birgja; **~späten** *v/r.* verða of seinn, koma of seint; *Su.* seinkun *f*; **~sperren** loka; **~spotten** hæða.
**versprechen 1.** lofa, heita (e-u); **2.** **2** *n* loforð *n*.
**ver|sprochen** (trú)lofaður; **~staatlichen** þjóðnýta; *Su*, þjóðnýting *f*.
**Verstand** *m* vit *n*, skilningur *[m.]*
**verständ|igen** tilkynna, gera kunnugt (**von** um); *v/r.* koma sér saman (**mit j-m über etw.** við e-n um e-ð); *Su.* samkomulag *n*; **~lich** skiljanlegur; greinilegur; **2nis** *n* skilningur *m*; samkomulag *n*.
**Verstärk|erröhre** *f* lampi í viðtæki; **~ung** *f* styrking *f*, aukning *f*.
**verstauchen** *v/r.*: **den Fuß ~** snúast í fæti.
**Ver|steck** *n* felustaður *m*; **2stehen** skilja; **~steigerung** *f* uppboð *n*.
**verstellen** færa, flytja; *v/r.* vera með ólíkindalæti.
**verstimm|t** vanstilltur; óglaður; **~ung** *f* ógleði *f*, depurð *f*.
**ver|stohlen** leynilegur; **2stopfung** *f* teppa *f*; hægðaleysi *n*; **~storben** dáinn; **2stoß** *m* yfirsjón *f*, glappaskot *n*; **gegen etw. ~stoßen** brjóta í bág við; **~streichen** *Zeit:* líða; **~stümmeln** limlesta; **~stummen** þagna; **2such** *m* tilraun *f*; **~suchen** reyna; freista; *Su.* freisting *f*.
**ver|tagen** fresta (fundi); *Su.* frestun *f*; **~tauschen** hafa skipti á; skipta um í misgripum; **~teidigen** verja;

*Su.* vörn *f*; ≈teidiger *m*; verjandi *m*; (*Sport*) bakvörður *m*; **~teilen** úthluta; skipta; **~tiefen** dýpka; **~tilgen** eyða; má út; *Su.* uppræting *f*, eyðing *f*; **~tippen** *v/r.* skrifa skakkt á ritvél; **≈trag** *m* samningur *m*; **~tragen** *v/r.* koma sér saman; **~trauen** treysta (e-m); **≈trauen** *n* traust *n*; **~traulich** alúðlegur; trúnaðar-; **~treiben** reka burt; *Hdl.* selja; *Su.* brottrekstur *m*; sala *f*.

**vertret|en** koma í staðinn fyrir (e-n); halda uppi vörn fyrir; *Su.* staðganga *f*; umboð *n*; **≈er** *m* staðgengill *m*; umboðsmaður *m*.

**Vertrieb** *m* sala *f*.

**vertrocknen** þorna, skrælna.

**ver|üben** fremja, drýgja; **~unglücken** slasast, farast af slysi; **~unreinigen** óhreinka; saurga; **~unstalten** afskræma; **~untreuen** draga sér, stela; **~ursachen** valda, hafa í för með sér; **~urteilen** dæma; *Su.* dómfelling *f*.

**ver|vielfältigen** margfalda; fjölrita; *Su.* margföldun *f*; fjölritun *f*; **~vollkommnen** fullkomna; **~vollständigen** gera heilt; fullgera; **~wahren** geyma, varðveita; *v/r.* (**gegen etw.**) andmæla (e-u); tryggja sig (gegn e-u); **in ≈wahrung nehmen** taka til geymslu.

**verwalten** hafa umsjón með; stjórna; *Su.* (umboðs)stjórn *f*; umsjón *f*.

**verwandeln** breyta.

**verwandt** skyldur; **≈e(r** *m*) *f* frænka *f* (frændi *m*); **≈schaft** *f* skyldleiki *m*; skyldfólk *n*.

**ver|wechseln** villast á; taka í misgripum; **~wegen** fífldjarfur; **~weigern** neita um; *Su.* neitun *f*; **~weilen** dveljast; **≈weis** *m* ákúrur *f/pl.*; **~weisen** vísa (til); gera útlægan; **~welken** visna; **~wenden** nota; *Su.* notkun *f*; **~werfen** *fig.* hafna; **~werten** hagnýta, koma í peninga; **~wesen** rotna; **≈wicklung** *f* flækja *f*; vandræði *n/pl.*; **~winden** vefja (saman); **~wirklichen** framkvæma; **~wirrt** truflaður, ringlaður; **~wittert** veðraður; **~wöhnen** dekra við; **~wunden** særa; móðga; *Su.* sár *n*, meiðsli *n*; móðgun *f*.

**verwunder|lich** furðulegur; **≈ung** *f* undrun *f*.

**ver|wünschen** bölva (e-m); töfra; **~wüsten** eyða; *Su.* eyðilegging *f*.

**ver|zagen** missa kjarkinn; **~zaubern** töfra, heilla; **~zehren** neyta (e-s); tæra; **~zeichnen** skrá, skrifa upp; **≈zeichnis** *n* skrá *f*, listi *m*.

**ver|zeihen** fyrirgefa, afsaka; *Su.* fyrirgefning *f*, afsökun *f*; **~zerren** skæla,

afmynda; ~zichten afsala (auf et. sér e-u); ~zieren skreyta; ~zinsen ávaxta; *Su.* vextir *m/pl.*; ~zögern fresta, draga á langinn; ~zollen greiða toll af; 2zückung *f* hrifning *f*.
**verzweifeln** örvænta; *Su.* örvænting *f*.
**verzweigen** *v/r.* greinast.
**verzwickt** flókinn, erfiður.
**Veto** *n* synjunarvald *n*, neitunarvald *n*; ~ **einlegen** neita, synja, mótmæla; ~**recht** *n* synjunarvald *n*, synjunarréttur *m*.
**Vetter** *m* bræðrungur *m*, systrungur *m*, frændi *m*.
**Vieh** *n* kvikfé *n*; ~**zucht** *f* kvikfjárrækt *f*.
**viel** mikill; *pl.* margir; ~**es** margt; ~ **lieber** miklu heldur; ~**erlei** margs konar; ~**fach** margfaldur; ~**leicht** ef til vill; ~**mals** oft; ~**mehr** þvert á móti; ~**sagend** mikilsverður; ~**seitig** marghliða(ður); fjölhæfur; ~**sprachig** á mörgum tungumálum.
**vier** fjórir; 2**eck** *n* ferhyrningur *m*; ~**ter** fjórði; 2**tel** *n* fjórði hluti (partur); 2**teljahr** *n* ársfjórðungur *m*; 2**telstunde** *f* stundarfjórðungur *m*; ~**tens** í fjórða lagi; ~**zehn** fjórtán; ~**zig** fjörutíu.
**Villa** *f* einbýlishús *n*, *pop.* villa *f*.
**Violine** *f* fiðla *f*.
**Visitenkarte** *f* nafnspjald *n*.
**Visum** *n* vegabréfsáritun *f*.
**Vitamin** *n* fjörefni *n*, bætiefni *n*.
**Vogel** *m* fugl *m*; ~**bauer** *n* fuglabúr *n*; 2**frei** útlægur, friðlaus; ~**scheuche** *f* fuglahræða *f*.
**Volk** *n* þjóð *f*.
**Völker|bund** *m* þjóðabandalag *n*; ~**recht** *n* þjóðaréttur *m*.
**Volks|entscheid** *m* þjóðaratkvæði *n*; ~**herrschaft** *f* lýðræði *n*; ~**kartei** *f* manntalsskrá *f*; ~**lied** *n* þjóðkvæði *n*; þjóðvísa *f*; ~**schule** *f* barnaskóli *m*; alþýðuskóli *m*; 2**tümlich** þjóðlegur; alþýðlegur; ~**wagen** *m pop.* fólksvagn *m*; ~**wirtschaft** *f* þjóðarbúskapur *m*; hagfræði *f*; ~**zählung** *f* manntal *n*.
**voll** fullur; ~**auf** í fullum mæli; 2**bart** *m* alskegg *n*; 2**blut** *n* kyngæðingur *m*; ~**bringen** framkvæma; ~**enden** fullgera; ~**endet** fullgerður; alger.
**völlig** alger; *adv.* algerlega.
**voll|jährig** fullveðja, myndugur; ~**kommen** fullkominn; 2**macht** *f* umboð *n*; 2**milch** *f* nýmjólk *f*; 2**mond** *m* fullt tungl; ~**ständig** fullkominn, alger; ~**strecken** framkvæma; ~**zählig** með tölu, allir.
**Volontär** *m* sjálfboð(alið)i *m*.
**Volt** *n* volt *n*.
**von** frá; af; úr; ~ **außen**

að utan; ~ **hier aus** héðan; ~ **neuem** að nýju; ~ **nun an** upp frá þessu; ~ **oben** að ofan; ~ **vorn** að framan; frá upphafi; ~ **wo?** hvaðan?; ~**einander** hvor (hver) af öðrum; hvor (hver) frá öðrum.

**vor** fyrir, fyrir framan, frammi fyrir; *Zeit*: fyrir, á undan; ~ **allem** framar öllu (öðru); ~ **Hunger sterben** deyja úr hungri; ~ **5 Uhr** fyrir kl. 5; ~ **vier Tagen** fyrir fjórum dögum; **nach wie vor** framvegis eins og áður.

**Vor|abend** *m* kvöldið áður; ~**ahnung** *f* hugboð *n*; **2an** á undan; áfram; ~**anschlag** *m* (kostnaðar-) áætlun *f*; ~**arbeit** *f* undirbúningsvinna *f*.

**voraus** á undan; **im** ~ fyrir fram; ~**sagen** spá, segja fyrir; **2setzung** *f* skilyrði *n*, forsenda *f*; ~**sichtlich** sennilegur; *adv.* væntanlega.

**Vorbe|dacht** *m* ásetningur *m*; ~**halt** *m*; **mit** ~**halt** með fyrirvara.

**vorbei** fram hjá; liðinn; **an j-m** ~**gehen** ganga fram hjá e-m; ~**lassen** hleypa fram hjá.

**Vor|bereitung** *f* undirbúningur *m*; **2bestraft** sem áður hefur verið refsað; **2beugen** koma í veg fyrir; ~**bild** *n* fyrirmynd *f*; **2**~**bildlich** fyrirmyndar-; ~**bildung** *f* undirbúningsmenntun *f*; ~**bote** *m* fyrirboði *m*.

**Vorder|ansicht** *f* framhlið *f*; **2hand** í svipinn; ~**haus** *n* framhús *n*; **der (die, das) 2ste** hinn fremsti (hin, hið fremsta).

**vor|dringen** ryðjast fram; **2druck** *m* eyðublað *n*; ~**eilig** flasfenginn; ~**enthalten** halda fyrir, varna; ~**erst** fyrst og fremst; í bráðina; ~**erwähnt** áðurnefndur.

**Vor|fahr** *m* fyrirrennari *m*; *pl.* forfeður *m/pl.*; ~**fahrtsrecht** *n* (öku)réttur *m*; ~**fall** *m* atburður *m*; ~**führdame** *f* tízkusýningardama *f*; ~**führer** *m* (*Kino*) sýningarmaður *m*; ~**führung** *f* sýning *f*; ~**gang** *m* atburður *m*; fordæmi *n*; ~**gänger** *m* fyrirrennari *m*; ~**garten** *m* forgarður *m*; **2gehen** ganga á undan; gerast; *Uhr:* flýta sér; ~**gehen** *n* framganga *f*; háttalag *n*; aðferð *f*; **2genannt** áður nefndur; ~**gesetzte(r)** *m/f* yfirmaður *m*; **2gestern** í fyrra dag.

**vor|haben** hafa í huga; **2haben** *n* fyrirætlun *f*; ~**handen** fyrir hendi; **2hang** *m* glugga- *od.* dyratjald *n*; *Thea.* tjald *n*; **der Eiserne 2hang** Járntjaldið *n*; **2hängeschloß** *n* hengilás *m*.

**vorher** áður; **am Abend** ~ kvöldið áður; ~**gehend**

undanfarandi, undangenginn.
**vorherrschen** bera mest á, ráða mestu.
**vorhin** áðan; fyrir skemmstu.
**vorig|e** **~es Jahr** í fyrra; **~en Freitag** á föstudaginn var.
**Vor|kenntnis** *f* undirbúningsþekking *f*; **2kommen** koma fyrir; **~kommen** *n* fundarstaður *m* (málms); **~ladung** *f* stefna *f*; **~lage** *f* lagafrumvarp *n*; **2lassen** veita áheyrn; veita aðgang; **2läufig** bráðabirgða-; í bili; **2laut** framhleypinn, hávær; **~leben** *n* fyrra líf; **2legen** leggja fyrir (til úrlausnar); **~legeschloß** *n* hengilás *m*; **2lesen** lesa upp fyrir; *Su.* háskólafyrirlestur *m*; **2letzte(r)** næstsíðastur; **~liebe** *f* dálæti *n*; **2liegen** liggja fyrir, vera fyrir hendi; **2machen** sýna (e-m, hvernig á að fara að e-u); *fig.* telja trú um e-ð; **2mals** áður fyrr; **~marsch** *m* framganga *f*; **2merken** skrifa hjá sér; **~mittag** *m* fyrri hluti dags; **heute 2mittag** árdegis í dag; **2mittags** árdegis; **~mund** *m* fjárhaldsmaður *m*.
**vorn** fyrir framan, fremst; **nach ~ hinaus** út að götunni; **nach ~** fram á við; **von ~** að framan.
**Vor|name** *m* fornafn *n*, skírnarnafn *n*; **2nehm** tiginn.
**vornehmen** *v/r.* taka sér e-ð fyrir hendur.
**vornherein: von ~** frá upphafi.
**vornüber** fram; fram yfir sig.
**Vorort** *m* útborg *f*, úthverfi *n*; **~(s)verkehr** *m* nágrennissamgöngur *f/pl.*; **~(s)zug** *m* úthverfalest *f*.
**Vor|rang** *m* yfirburðir *m/pl.*; **~rat** *m* birgðir *f/pl.*; **2rätig** fyrirliggjandi; **~recht** *n* forréttindi *n/pl.*; **~rede** *f* formáli *m*.
**Vor|richtung** *f* útbúnaður *m*; **2rücken** halda fram; **~satz** *m* áform *n*; **~schlag** *m* uppástunga *f*; **2schlagen** stinga upp á; **2schreiben** fyrirskipa; **~schrift** *f* fyrirmæli *n/pl.*
**Vor|schuß** *m* fyrirframgreiðsla *f*; **2schützen** bera við, afsaka sig með; **2sehen** *v/r.* fara varlega; *Su.* forsjón *f*; **j-m etw. 2setzen** bera e-ð fram fyrir e-n; **~sicht** *f* varúð *f*; **2sichtig** varkár.
**Vorsitz** *m*: **den ~ führen** vera formaður (forseti *m*); **~ende(r)** *m/f* formaður *m*, forseti *m*; **zweite(r) ~ende(r)** varaformaður *m*.
**Vor|sorge** *f* forsjá *f*, umönnun *f*; **~speise** *f* formatur *m*; **~spiel** *n* forleikur *m*; **~sprung** *m* snös *f*; forskot *n*; **~stadt** *f* úthverfi

*n*; **~stand** *m* stjórn *f*; forstöðumaður *m*; **~standssitzung** *f* stjórnarfundur *m*.
**vorsteh|en** standa fram; stjórna; **2er** *m* forstöðumaður *m*.
**vorstellen** kynna; *Su.* kynning *f*; (leik)sýning *f*.
**Vor|stoß** *m* árás *f*; **2strecken** teygja fram; **~studien** *pl.* undirbúningsnám *n*.
**Vorteil** *m* hagnaður *m*; **2haft** hagkvæmur.
**Vortrag** *m* fyrirlestur *m*, erindi *n*; **2en** flytja, lesa upp.
**vor|trefflich** ágætur; **~treten** ganga fram; **j-m den 2tritt lassen** láta e-n ganga á undan sér.
**vorüber** fram hjá; um garð genginn; **~gehen** ganga fram hjá; líða hjá; **~gehend** sem gengur fram hjá; sem er um stundarsakir.
**Vor|urteil** *n* hleypidómur *m*; **~verkauf** *m* forsala *f*; **2vorgestern** í hittifyrradag; **~wand** *m* yfirskin *n*, átylla *f*.
**vorwärts** áfram.
**vorwegnehmen** taka fyrir fram.
**vorwerfen: j-m etw. ~** álasa e-m fyrir e-ð.
**Vor|wort** *n* formáli *m*; **~wurf** *m* álösun *f*; **~zeichen** *n* fyrirboði *m*; *Mus.* formerki *n*; **2zeigen** sýna; **2zeitig** of snemma; **2ziehen** kjósa keldur; **~zimmer** *n* forherbergi *n*; **~zug** *m* kostur *m*; **2züglich** ágætur; *adv.* einkum; **2zugsweise** einkanlega, öðru framar.
**Vulkan** *m* eldfjall *n*; **2isch** [eldfjalla-.

# W

**Waage** *f* vog *f*, vogarskál *f*; **2recht** láréttur.
**Waagschale** *f* vogarskál *f*.
**Wabe** *f* vaxkaka *f*; **~nhonig** *m* vaxkökuhunang *n*.
**wach** vakandi; **~ werden** vakna.
**Wache** *f* vörður *m*; varðstofa *f*; **~ stehen** standa vörð.
**wachen** vaka.
**Wachs** *n* vax *n*.
**wachsam** árvakur, aðgætinn.
**wachsen** 1. vaxa; aukast; *Bot.* gróa; 2. (*Wachs*) vaxbera; (*Fußboden*) bóna.
**wächsern** úr vaxi, vax-.
**Wachs|tuch** *n* vaxdúkur *m*; **~tum** *n* vöxtur *m*.
**Wächter** *m* (nætur)vörður *m*.
**wackeln** riða.
**wacker** góður; duglegur; *adv.* rækilega.
**Wade** *f* kálfi *m*.
**Waffe** *f* vopn *n*; **~nstillstand** *m* vopnahlé *n*.
**Waffel** *f* vafla *f*.
**waffnen** vopna.

**wagen** þora, voga.
**Wagen** *m* vagn *m*; **~heber** *m pop.* tjakkur *m*; **~ladung** *f* vagnhlass *n*; **~schlag** *m* vagnhurð *f*.
**wägen** vega; íhuga.
**Waggon** *m* járnbrautar-(vöru)vagn *m*.
**Wahl** *f* val *n*, kosning *f*; **ohne ~** út í bláinn.
**wähl|bar** kjörgengur; **~en** velja; kjósa; **~erisch** vandlátur.
**Wahl|recht** *n* kosningarréttur *m*; **~spruch** *m* kjörorð *n*; **~zettel** *m* kjörseðill *m*.
**Wahn** *m* villa *f*, hugarórar *m/pl.*; **~sinn** *m* vitfirring *f*; **≈sinnig** vitstola.
**wahr** sannur; **nicht ~?** er ekki svo?
**währen** vara, standa, hald-[ast.]
**während** *Zeit:* á meðan e-ð stendur; **~ des Krieges** (á) meðan stríðið stendur (stóð); um; **~ der Nacht** um nóttina; *cj.* (á) meðan; **~dessen** á meðan.
**wahr|haftig** sannur; sannorður; **≈heit** *f* sannleikur *m*; **~lich** sannarlega.
**wahrnehm|bar** skynjanlegur; **~en** skynja; taka eftir; *Gelegenheit:* nota; **≈ung** *f* eftirtekt *f*.
**wahrsag|en** spá; **≈er** *m* spámaður *m*; **≈ung** *f* spádómur *m*.
**wahrscheinlich** sennilegur; *adv.* sennilega.
**Währung** *f* gjaldeyrir *m*, gjaldmiðill *m*.
**Waise** *f* munaðarleysingi *m*; **~nhaus** *n* munaðarleysingjahæli *n*.
**Wal** *m* hvalur *m*; **~fang** *m* hvalveiðar *f/pl.*
**Wald** *m* skógur *m*; **~hüter** *m* skóggæzluþjónn *m*; **≈ig** skógi vaxinn.
**Walküre** *f* valkyrja *f*.
**Wall** *m* (virkis)veggur *m*, garður *m*; **≈en** ólga, ganga í öldum; *Su.* ólga *f*; **≈fahren** fara pílagrímsför; **~fahrer** *m* pílagrímur *m*; **~fahrt** *f* pílagrímsför *f*; **~graben** *m* (kastala)díki *n*; öldugangur *m*.
**Wal|nuß** *f* valhnot *f*; **~statt** *f* vígvöllur *m*.
**walten** ráða, drottna; *Amt:* gegna, rækja.
**Walze** *f* sívalningur *m*, *pop.* vals *m*; **≈n** slétta, *pop.* valsa.
**Walzer** *m* (*Tanz*) vals *m*.
**Wand** *f* veggur *m*; skilrúm *n*.
**Wandel** *m* hegðun *f*, lifnaður *m*; breyting *f*; **≈bar** breytilegur; **≈n** ganga, reika; breyta; *v/r.* breytast; *Su.* breyting *f*; þróun *f*.
**wander|n** ganga, ferðast; **≈er** *m* göngumaður *m*, vegfarandi *m*; **≈preis** *m* farandbikar *m*; **≈schaft** *f* gönguför *f*; ferðalag *n*.
**Wand|malerei** *f* veggmynd *f*; **~tafel** *f* vegg- *od.* skólatafla *f*.
**Wange** *f* vangi *m*, kinn *f*.

**wankelmütig** hverflyndur, reikull. [reikull.
**wanken** reika, riða; vera
**wann?** hvenær?; **dann und ~** við og við; **seit ~?** hversu lengi?
**Wanne** *f* baðker *n*, bali *m*.
**Wanze** *f* veggjalús *f*.
**Wappen** *n* skjaldarmerki *n*.
**Ware** *f* vara *f*, varningur *m*; **~nbestand** *m* vöruforði *m*; **~nhaus** *n* vöruhús *n*; **~nprobe** *f* vörusýnishorn *n*; **~nzeichen** *n* vörumerki *n*.
**warm** hlýr; heitur.
**Wärm|e** *f* hiti *m*; hlýja *f*; **zehn Grad ~e** tíu gráða hiti; **2en** hita; **~flasche** *f* hitaflaska (í rúm) *f*.
**Warmwasserheizung** *f* miðstöðvarupphitun *f*.
**warnen** aðvara, vara við; *Su.* viðvörun *f*.
**warten** bíða; (*pflegen*) hjúkra; *Tech.* hirða *Su.* hjúkrun *f*; *Tech.* hirðing *f*.
**Wärter** *m* varðmaður *m*, vörður; hjúkrunarmaður *m*; **~in** *f* barnfóstra *f*; hjúkrunarkona *f*.
**Warte|saal** *m* *Esb.* biðsalur *m*; **~zimmer** *n* biðstofa *f*.
**warum** hvers vegna.
**Warze** *f* varta *f*.
**was** *interr. pron.* hvað; *rel. pron.* það, sem; sem.
**Wasch|anstalt** *f* þvottahús *n*; **~becken** *n* þvottaskál *f*.
**Wäsche** *f* þvottur *m*; lín *n*, nærfatnaður *m*; **große ~** stórþvottur *m*; **schmutzige ~** óhreinn þvottur
**wasch|echt** þvottheldur; **~en** þvo; **2frau** *f* þvottakona *f*; **2korb** *m* þvottakarfa *f*; **2tisch** *m* þvottaborð *n*.
**Wasser** *n* vatn *n*; **2dicht** vatnsþéttur; **~flasche** *f* vatnsflaska *f*; **~flugzeug** *n* sjóflugvél *f*; **~glas** *n* vatnsglas *n*; **~hahn** *m* vatnskrani *m*; **~leitung** *f* vatnsleiðsla *f*.
**wassern** *Flgw.* lenda á sjó *od.* vatni. [yfir.
**wässern** væta, veita vatni
**Wasser|nixe** *f* hafmær *f*; **~sport** *m* vatnsíþróttir *f/pl.*; **~stoff** *m* vatnsefni *n*; **~stoffbombe** *f* vetnissprengja *f*; **~strahl** *m* vatnsbogi *m*; **~sucht** *f* vatnssýki *f*; **~waage** *f* hallamælir *m*; **~weg** *m* sjóleið *f*; **~wellen** *pl.* vatnsbylgjur *f/pl.* (í hári); **~werk** *n* vatnsveituhús *n*; **~zeichen** *n* vatnsmerki *n*.
**waten** vaða.
**Watt** *n* 1. *El.* vatt *n*; 2. *Geogr.* (*Nordsee*) leira *f*.
**Watte** *f* vatt *n*, fóðurbaðmull *f*.
**web|en** vefa; **2stuhl** *m* vefstóll *m*.
**Wechsel** *m* breyting *f*; *Hdl.* víxill *m*; **~fälschung** *f* víxlafölsun *f*; **~geld** *n* skiptimynt *f*; **~kurs** *m* (víxil)gengi *n*; **2n** skipta, hafa skipti; **2seitig** gagnkvæmur; **~strom** *m* riðstraumur *m*.

**weck|en** vekja; **Ser** *m* vekjaraklukka *f*.
**wedeln** veifa; **mit dem Schwanz ~** dingla rófunni.
**weder ... noch** hvorki ... né.
**weg** burt; farinn; **weit ~** langt í burtu.
**Weg** *m* vegur *m*.
**wegbleiben** koma ekki; falla úr *od.* niður.
**wegen** vegna; **von Amts ~** í embættis nafni.
**weg|fallen** falla burt; **~geben** gefa burt; **~gehen** ganga *od.* fara burt; **~lassen** sleppa; fella undan; **~legen** leggja frá sér; **~nehmen** taka burt; taka frá; **~reisen** fara burt; **~tun** taka burt.
**Wegweiser** *m* vegvísir *m*.
**wegwerfen** kasta burt.
**weh 1.** sár, viðkvæmur; **der Kopf tut mir ~** mér er illt í höfðinu; **2. S** *n* sársauki *m*, verkur *m*; sorg *f*; **~en** blása; **Smut** *f* angurblíða *f*.
**Wehr 1.** *f* vörn *f*; vopn *n*; **2.** *n* varnar- *od.* flóðgarður *m*; **Sen** verja, vernda; varna; *v/r.* verjast; spyrna á móti; **S-fähig** vopnfær; **Slos** varnarlaus; **~macht** *f* her *m*, ríkisher *m*; **~pflicht** *f* herskylda *f*.
**Weib** *n* kona *f*, kvensnift *f*; **~chen** *n* kvendýr *n*; kvenfugl *m*; **Sisch** kvenmannlegur; **Slich** kvenlegur; kven-; kvenkyns.
**weich** mjúkur, linur; **~es Ei** linsoðið egg.
**Weiche** *f* nári *m*; *Esb.* skiptispor *n*.
**weich|en** víkja; **~lich** lingerður; **Sling** *m* vesalingur *m*.
**Weide** *f* víðir *m*, pílviður *m*; (*ViehS*) hagi *m*; **Sn** *v/i.* vera á beit; *v/r.* gleðjast (an við [e-ð]).
**weigern** *v/r.* færast undan; *Su.* undanfærsla *f*, neitun *f*.
**weihen** vígja; helga; **dem Tode geweiht** feigur.
**Weiher** *m* (fiski)tjörn *f*.
**Weihnacht|en** *pl.* (*od. n*) jól *n/pl.*; **~sabend** *m* aðfangadagskvöld *n*; **~sbaum** *m* jólatré *n*; **~sgeschenk** *n* jólagjöf *f*.
**Weihrauch** *m* reykelsi *n*.
**weil** af því að; **Se** *f* stundarkorn *n*; **~en** dveljast.
**Wein** *m* vín *n*; vínviður *m*; **~bau** *m* vínrækt *f*; **~beere** *f* vínber *n*.
**wein|en** gráta; **Skrampf** *m* þungur grátur, ekki *m*.
**Wein|ernte** *f* vínuppskera *f*; **~flasche** *f* vínflaska *f*; **~geist** *m* vínandi *m*; **~glas** *n* vínglas *n*; **~keller** *m* vínkjallari *m*; **~lese** *f* vínuppskera *f*, vínberjatínsla *f*; **~traube** *f* vínberjaklasi *m*.
**weis|e** vitur; **Se** *f* háttur *m*; þjóðlag *n*; **Sheit** *f* vizka *f*, speki *f*; **j-m etw. ~machen** telja e-m trú um e-ð.
**weiß** hvítur.

**weissagen** spá, segja fyrir.
**Weiß|brot** *n* hveitibrauð *n*, franskbrauð *n*; **~kohl** *m* hvítkál *n*; **~waren** *pl.* línvarningur *m*; **~wein** *m* hvítvín *n*.
**Weisung** *f* fyrirmæli *n/pl.*, skipun *f*.
**weit** víður, víðáttumikill; langur; *adv.* langt; **~aus** langsamlega; **Ωe** *f* vídd *f*; lengd *f*; **~en** víkka; **sich ~en** víkka; **~er** lengri; frekari; *adv.* enn fremur; **bis auf ~eres** fyrst um sinn; **ohne ~eres** umsvifalaust; **~gehend** víðtækur; **~läufig, ~schweifig** langorður, margorður; **~sichtig** langsýnn; **Ωsprung** *m* langstökk *n*.
**Weizen** *m* hveiti *n*.
**welch|er** (**~e, ~es**) *rel. pron.* sem, er; *interr. pron.* hver (hver, hvert), hvaða; *unbest. pron.* nokkur (nokkur, nokkurt).
**welk** visinn; **~ werden** visna; **~en** visna, blikna (*a. fig.*).
**Wellblech** *n* bárujárn *n*.
**Well|e** *f* bylgja *f*, alda *f*; *Tech.* ás *m*, öxull *m*; **~enbrecher** *m* öldubrjótur *m*, brimbrjótur *m*; **~enlänge** *f* bylgjulengd *f*; **Ωig** bylgjaður.
**Welt** *f* heimur *m*, veröld *f*; **~all** *n* alheimur *m*; **~anschauung** *f* lífsskoðun *f*; **Ωbekannt** heimsfrægur; **~bürgertum** *n* heimsborgarar *m/pl.*; **~geschichte** *f* mannkynssaga *f*; **~handel** *m* heimsverzlun *f*; **~herrschaft** *f* heimsyfirráð *n/pl.*; **~krieg** *m* heimsstyrjöld *f*; **Ωlich** veraldlegur; **~markt** *m* heimsmarkaður *m*; **~meister** *m* heimsmeistari *m*; **~rekord** *m* heimsmet *n*.
**Wende** *f* snúningur *m*; hvarfdepill *m*; tímamót *n/pl.*; **~kreis** *m* hvarfbaugur *m*; **~ltreppe** *f* vindustigi *m*; **Ωn** snúa; *v/r.*: **Ωn an j-n** snúa sér til e-s; **Ωn gegen j-n** snúa sér að e-m.
**wenig** lítill; *pl.* fáir *pl.*; **ein ~** dálítill, svolítill; **die ~sten** fæstir, hinir fæstu; **viel ~er** miklu síður; **nichts ~er als** allt annað en; **~stens** að minnsta kosti.
**wenn** ef; (*Zeit*) þegar; **selbst ~** jafnvel þó að; **wie ~** eins og; **~ möglich** ef mögulegt er.
**wer** *interr. pron.* hver; *rel. pron.* sá sem, hver sem.
**werben** sækjast (**um etw.** eftir e-u); biðla (**um ein Mädchen** til stúlku), biðja (sér) konu (*gen.*); *Hdl.* auglýsa; *Su.* bónorð *n*, biðlun *f*; *Hdl.* auglýsing *f*.
**werden** verða; (*Hilfsverb*) munu, ætla.
**werfen** kasta.
**Werft** *f* skipasmíðastöð *f*.
**Werk** *n* verk *n*, starf *n*; rit *n*; verksmiðja *f*; **~meister** *m* verkstjóri *m*; **~statt** *f* verkstæði *n*; **~-**

student *m* stúdent, sem vinnur fyrir sér á námsárunum; **~tag** *m* virkur dagur; **~zeug** *n* verkfæri *n*.
**wert** verður; kær; virtur.
**Wert** *m* verð *n*, verðmæti *n*; virði *n*; **keinen ~ auf etw. legen** hirða ekkert um e-ð; **~brief** *m* verðbréf *n*; **2los** verðlaus; **~papier** *n* verðbréf *n*; **~sachen** *pl.* verðmætir munir; **2voll** verðmætur, dýrmætur; **~zoll** *m* verðtollur *m*.
**Wesen** *n* vera *f*; eðli *n*; fas *n*; **2tlich** (raun)verulegur; helztur.
**weshalb** hvers vegna.
**Wespe** *f* geitungur *m*.
**wessen?** hvers?
**West** *m* vestur *n*; vestanvindur *m*; **~en** *m* vestur *n*; **2wärts** til vesturs, vestur.
**Weste** *f* vesti *n*.
**Wett|bewerb** *m* samkeppni *f*; **~e** *f* veðmál *n*; **~eifer** *m* keppni *f*; **2eifern** keppa; **2en** veðja.
**Wetter** *n* veður *n*; **~bericht** *m* veðurskýrsla *f*, veðurfréttir *f/pl.*; **~leuchten** *n* rosaljós *n*; **2wendisch** hviklyndur; **~wolke** *f* þrumuský *n*.
**Wett|kampf** *m* kappleikur *m*, keppni *f*; **~rennen** *n* kappreiðar *f/pl.*; **~streit** *m* keppni *f*.
**Wichse** *f* skóáburður *m*; *pop.* barsmíðar *f/pl.*
**wichtig** mikilvægur.
**wickeln** vefja; reifa.
**wider** á móti, gegn; **2haken** *m* agnhald *n*; **2hall** *m* bergmál *n*; **~legen** hrekja; *Su.* afsönnun *f*; **~lich** viðbjóðslegur; **~rechtlich** ólöglegur; **2rede** *f* andmæli *n/pl.*; **2ruf** *m* afturköllun *f*; **2sacher** *m* andstæðingur *m*; **2schein** *m* endurskin *n*; **~setzen** *v/r.* rísa gegn (e-u); **~sinnig** fráleitur; þrjózkur; **~spenstig** þrjózkur; **~sprechen** mæla á móti; fara í bága við; **2spruch** *m* mótmæli *n/pl.*; mótsögn *f*; **2stand** *m* mótspyrna *f*; **~streben** spyrna á móti; **~wärtig** andstæður; andstyggilegur; **2wille** *m* óbeit *f*; ógeð *n*; **~willig** tregur.
**widmen** tileinka; helga; *v/r.* helga sig; *Su.* tileinkun *f*; helgun *f*.
**wie** hvernig; hve, hversu; en hvað; **~ heißt du?** hvað heitir þú?; **~ bitte?** hvað segið þér (segir þú)?; *cj.* eins og.
**wieder** aftur, að nýju; hins vegar; **immer ~** aftur og aftur; **hin und ~** fram og aftur; við og við; **2aufbau** *m* endurreisn *f*, uppbygging *f*; **2aufrüstung** *f* endurvígbúnaður *m*; **~beleben** endurlífga; **~erkennen** þekkja aftur; **2gabe** *f* endurafhending *f*; túlkun *f*; **~gutmachen** bæta (tjón); **~herstellen** koma aftur í lag; endur-

reisa; **~holen** endurtaka; **~holt** hvað eftir annað; **Ꝍkäuer** *m* jórturdýr *n*; **Ꝍkehr** *f* afturkoma *f*, heimkoma *f*; **auf Ꝍsehen!** verið þér sælir (sælar)!, verið þið sælir! (vertu sæll, sæl!); **~um** aftur, að nýju; hins vegar; **Ꝍverkäufer** *m* heildsali *m*, umboðssali *m*.
**Wiege** *f* vagga *f*; **Ꝍn** vagga; (= **wägen**) vega, vigta.
**wiehern** hneggja; *fig.* skellihlæja.
**Wiese** *f* engi *n*, engjar *f/pl*.
**wie|so** hvernig þá; **~viel** hve mikill, mikil, mikið (*pl.* margir, margar, mörg); **~weit** að hve miklu leyti, hvort.
**Wiking(er)** *m* víkingur *m*.
**wild 1.** villtur, hrikalegur; óræktaður; **2.** **Ꝍ** *n* veiðidýr *n*; **Ꝍbraten** *m* villibráð *f*; **Ꝍente** *f* villiönd *f*; **Ꝍe(r)** *m* villimaður; **Ꝍleder** *n* rúskinn *n*; **Ꝍnis** *f* auðn *f*, óbyggð *f*; **Ꝍschwein** *n* villisvín *n*.
**Wille|(n)** *m* vilji *m*; **um Gottes Ꝍn!** í guðanna bænum!; **Ꝍnlos** viljalaus; **~nsfreiheit** *f* frjálsræði *n*, frelsi viljans; **~nskraft** *f* viljaþrek *n*.
**will|ig** reiðubúinn; **~kommen** velkominn; **j-n ~kommen heißen** segja *od.* bjóða e-n velkominn.
**Willkür** *f* geðþótti *m*; gjörræði *n*; **Ꝍlich** gjörræðislegur; handahófslegur.
**wimmeln** úa og grúa.
**wimmern** kjökra, kveina.
**Wimpel** *m* oddveifa *f*, veifa *f*.
**Wimper** *f* augnahár *n*.
**Wind** *m* vindur *m*, stormur *m*; **~beutel** *m* vindbelgur *m*; froðusnakkur *m*; **~e** *f* *Tech.* vinda *f*, dráttarvinda *f*; *Bot.* vafningsjurt *f*; **~el** *f* reifar *f/pl.*; *pop.* bleyja *f*; **Ꝍen** vefja, vinda; reifa; *v/r.* vindast; bugðast; *Su.* snúningur *m*, bugða *f*; **Ꝍig** hvass; *fig.* ótraustur; **~mühle** *f* vindmylla *f*; **~pocken** *pl.* hlaupabóla *f*; **Ꝍschief** undinn, rammskakkur; **~schutzscheibe** *f* framrúða í bíl; **~stille** *f* logn *n*; **~stoß** *m* vindhviða *f*.
**Wink** *m* bending *f*.
**Winkel** *m* krókur *m*, skot *n*; *Math.* horn *n*; **Ꝍig** krókóttur. [stefnuljós *n*.]
**wink|en** veifa; **Ꝍer** *m* (*Auto*)
**Winter** *m* vetur *m*; **im ~** á vetrum; **diesen ~** í vetur.
**Winzer** *m* vínræktarmaður *m*; víngarðsmaður *m*.
**winzig** örlítill.
**Wipfel** *m* trjátoppur *m*.
**wir** við, vér; **~ sind es** það erum við.
**Wirbel** *m* hringiða *f*; *Anat.* hryggjarliður *m*; **Ꝍn** þyrla(st); **~säule** *f* hryggur *m*; **~sturm** *m* fellibylur *m*.
**wirk|en** starfa; verka; *Su.* afleiðing *f*; verkun *f*; **~lich** raunverulegur; **~sam**

áhrifamikill; ötull; **~ungslos** áhrifalaus.
**Wirkwaren** *pl.* vefnaðarvörur *f/pl.*
**wirr** flókinn; ruglingslegur; **Ꝛnis** *f* ruglingur *m*, ringulreið *f*; **Ꝛwarr** *m* hrærigrautur *m*, ringulreið *f*.
**Wirt** *m* veitingamaður *m*; húsráðandi *m*; **~in** *f* veitingakona *f*; húsmóðir *f*; **Ꝛlich** vistlegur; sparsamur; **~schaft** *f* rekstur *m*; búrekstur *m*; heimilishald *n*; veitingahús *n*; **Ꝛschaften** stjórna heimili; **~schafterin** *f* ráðskona *f*; **Ꝛschaftlich** sparsemdar-, sparsamur; **~schaftlichkeit** *f* sparsemi *f*; hagnýtni *f*.
**wischen** þurrka.
**Wissen** 1. *n* þekking *f*, vitund *f*; 2. **Ꝛ** vita; kunna; **weißt du noch?** manstu það enn?; **~schaft** *f* vísindi *n/pl.*; **~schaftler** *m* vísindamaður *m*; **Ꝛschaftlich** vísindalegur; **Ꝛtlich** sjálfráður; af ásettu ráði.
**wittern** viðra; þruma; þefa; *Su.* þefur *m*; (*Wetter*) veður *n*, veðrátta *f*.
**Witwe** *f* ekkja *f*; **~r** *m* ekkill *m*.
**Witz** *m* vit *n*; skrítla *f*, fyndni *f*; **~blatt** *n* gamanblað *n*; **Ꝛeln** segja fyndni.
**wo** (*Ort*) hvar; (*Zeit*) þegar; *relat. pron.* þar sem, sem; **~anders** einhversstaðar annarsstaðar; **~bei** hjá hverju; en í því sambandi.
**Woche** *f* vika *f*; **~nbett** *n* (barns)sæng *f*; **~nende** *n* vikulok(afrí *n*) *n/pl.*; **Ꝛnlang** vikum saman; **~nschau** *f* (*Kino*) fréttamynd vikunnar; **~ntag** *m* virkur dagur, vikudagur *m*.
**wöch|entlich** vikulegur; *adv.* vikulega; **Ꝛnerin** *f* sængurkona *f*.
**wo|durch** með hverju, við hvað; **~für** fyrir hvað; en fyrir það.
**Woge** *f* bylgja *f*, alda *f*; **Ꝛn** ólga, streyma.
**wo|her** hvaðan; **~hin** hvert; **~hingegen** aftur á móti.
**wohl** 1. hress; **mir ist ~** ég er hress; 2. *adv.* vel; víst; að vísu; 3. **Ꝛ** *n* velferð *f*, heill *f*; **auf Ihr Ꝛ!** yðar skál!; **~behalten** heill á húfi; **Ꝛergehen** *n* vellíðan *f*; **Ꝛfahrt** *f* velferð *f*; **Ꝛfahrtsamt** *n* framfærsluskrifstofa *f*; **~feil** ódýr; **Ꝛgefallen** *n* velþóknun *f*; **Ꝛgeruch** *m* angan *f*; **~habend** efnaður; **~ig** notalegur; **~schmeckend** bragðgóður; **Ꝛstand** *m* velmegun *f*; **Ꝛtat** *f* góðverk *n*; **Ꝛtäter** *m* velgerðamaður *m*; **Ꝛtätigkeit** *f* góðgerða(starf)semi *f*; **~tun** hressa gera gott; **Ꝛwollen** *n* velvild *f*; **~wollend** góðviljaður.
**wohn|en** búa; **~haft** búsettur, heimilisfastur; **~lich** vistlegur; *Su.* íbúð *f*; **Ꝛungsmangel** *m* húsnæðis-

skortur *m*; **2zimmer** *n* dagstofa *f*.
**wölben** *v/r*. hvelfast; *Su*. hvelfing *f*.
**Wolf** *m* úlfur *m*; *Tech*. söxunar-, hakkavél *f*.
**Wolk|e** *f* ský *n*; **~nbruch** *m* skýfall *n*, steypiregn *n*; **~enkratzer** *m* skýjakljúfur *m*; **2ig** skýjaður.
**Wolle** *f* ull *f*.
**woll|en** úr ull, ullar-; **2kleid** *n* ullarkjóll *m*.
**Wollust** *f* unaður *m*; lostasemi *f*.
**wo|mit** með hverju, við hvað; **~nach** eftir hverju; en síðan.
**Wonne** *f* unaður *m*, sæla *f*; fögnuður *m*; **~gefühl** *n* fagnaðartilfinnig *f*.
**wor|an** á hvað; við hvað; að hverju; **~auf** á hverju; um hvað; eftir hverju; **~aus** úr hverju; af hverju; eftir hverju; **~in** í hverju; með hverju.
**Wort** *n* orð *n*; **2brüchig** óorðheldinn.
**Wörterbuch** *n* orðabók *f*.
**wort|getreu** orðréttur; **~karg** orðfár; **2laut** *m* orðalag *n*.
**wörtlich** orðréttur, bókstaflegur.
**Wort|spiel** *n* orðaleikur *m*; **~wechsel** *m* orðaskipti *n/pl*.; orðasenna *f*.
**wo|rüber** um hvað, af hverju; um það sem, af því sem; **~rum** um hvað; um það sem; **~unter** undir hverju, meðal hvers (hverra); meðal þeirra (þess) sem; **~von** um hvað, af hverju; um það sem, af því sem; **~vor** fyrir framan hvað; við hvað; við það sem.
**Wrack** *n* skipsflak *n*; skipbrotsfé *n*.
**wringen** vinda.
**Wucher** *m* okur *n*; **~er** *m* okrari *m*; **2n** okra; vaxa ört; **~zins** *m* okurvextir *m/pl*.
**Wuchs** *m* vöxtur *m*.
**Wucht** *f* þungi *m*, farg *n*; **2ig** þungur.
**wühlen** róta, grafa; *fig*. æsa upp.
**wund** sár, særður; **sich ~ laufen** verða fótsár.
**Wunde** *f* sár *n*.
**Wunder** *n* undur *n*; kraftaverk *n*; **2bar** dásamlegur; **~kind** *n* undrabarn *n*; **2lich** undarlegur; **2n** *v/r*. undrast; **2schön** undurfagur; **2voll** dásamlegur.
**Wunsch** *m* ósk *f*.
**wünschen** óska; **~swert** æskilegur.
**Würd|e** *f* tign *f*; virðuleiki *m*; **2ig** verður; **2igen** virða (e-s); **j-n keines Blickes 2igen** virða e-n ekki viðlits.
**Wurf** *m* kast *n*; **~speer** *m* kastspjót *n*.
**Würfel** *m* teningur *m*; **~becher** *m* teningabikar *m*; **2n** kasta teningum; **~zucker** *m* molasykur *m*.
**würgen** kyrkja.
**Wurm** *m* ormur *m*; *fig*.

angi *m*; ≈stichig ormsmoginn.
**Wurst** *f* pylsa *f*, bjúga *n*.
**Würze** *f* krydd *n*.
**Wurzel** *f* rót *f*; ≈n festa rætur.
**würz|en** krydda; ~ig kryddaður.
**wüst** auður, eyðilegur; óræktaður; ≈e *f* eyðimörk *f*; auðn *f*.
**Wut** *f* æði *n*, ofsareiði *f*; ~anfall *m* æðiskast *n*.
**wüten** æða, vera æðisgenginn; ~d bálreiður.

# X

**X-beinig** kiðfættur.
**x-beliebig** einhver, hver sem vera skal.
**x-mal** ótal sinnum.
**X-Strahlen** *pl.* x-geislar *m/pl.*; röntgengeislar *m/pl.*

# Z

**Zack|e** *f* gaddur *m*, tindur *m*; ≈ig tindóttur.
**zaghaft** kvíðinn, hikandi.
**zäh|e** seigur; þrautseigur; ~flüssig þykkur, sem rennur dræmt.
**Zahl** *f* tala *f*; ≈bar sem greiða ber, sem fallin er í gjalddaga.
**zahlen** borga, greiða.
**zählen** telja; auf j-n ~ reiða sig á e-n.
**Zähler** *m* teljandi *m*; *Math.* teljari *m*.
**Zahlkarte** *f* póstávísun *f*.
**zahl|los** óteljandi; ~reich margur; ≈tag *m* greiðsludagur *m*.
**Zahlung** *f* greiðsla *f*, borgun *f*; ~saufschub *m* greiðslufrestur *m*; ~sfähigkeit *f* greiðslufærni *f*.
**Zählung** *f* talning *f*.
**zahm** taminn; spakur.
**zähmen** temja; *Su.* tamning *f*.
**Zahn** *m* tönn *f*; ~arzt *m* tannlæknir *m*; ~bürste *f* tannbursti *m*; ~fleisch *n* tannhold *n*; ~geschwür *n* tannkýli *n*; ~paste *f* tannsápa *f*; ~radbahn *f* tannhjólsbraut *f*; ~schmerz *m* tannverkur *m*; ~stocher *m* tannstöngull *m*; ~ziehen *n* tanndráttur *m*.
**Zange** *f* töng *f*; naglbítur *m*.
**Zank** *m* þræta *f*, rifrildi *n*; ≈en rífast.
**zapfen** (af)tappa; ≈ *m* tappi *m*; ≈streich *m* *Mil.* kvöldbumba *f*.
**Zapfstelle** *f* bensín(sölu)-stöð *f*.
**zappeln** sprikla.
**zart** fíngerður; grannur; viðkvæmur; ≈gefühl *n* nærgætni *f*; ≈heit *f* fínleiki *m*; viðkvæmni *f*.
**zärtlich** ástúðlegur.
**Zauber** *m* töfrar *m/pl.*;

galdrar *m/pl.*; **~er** *m* töframaður *m*; galdramaður *m*; **~erin** *f* galdrakona *f*; **≈haft** heillandi; **~stab** *m* töfrasproti *m*.
**zaudern** hika.
**Zaum** *m* taumur *m*.
**Zaun** *m* girðing *f*, limgarður *m*.
**Zeche** *f* samdrykkja *f*; *Bgb.* náma *f*; **≈n** drekka, svalla.
**Zehe** *f* tá *f*.
**zehn** tíu; **~te(r)** tíundi.
**zehren** neyta; tæra.
**Zeichen** *n* merki *n*, bending *f*; tákn *n*; **~lehrer** *m* teiknikennari *m*; **~setzung** *f* setning greinarmerkja; **~sprache** *f* merkjamál *n*.
**zeichnen** teikna; *Su.* teikning *f*.
**Zeige|finger** *m* vísifingur *m*; **≈n** benda (á); sýna; **~r** *m* vísir *m*; **großer (kleiner) ~r** stóri (litli) vísirinn.
**Zeile** *f* lína *f*.
**Zeit** *f* tími *m*; **zur ~** sem stendur; **~abschnitt** *m* tímabil *n*; **~alter** *n* tímabil *n*, tími *m*, öld *f*; **≈gemäß** eftir kröfum tímans; hagkvæmur; **~genosse** *m* samtímamaður *m*; **≈ig** tímanlegur; tímabær; **≈lebens** alla ævi; **≈lich** jarðneskur; **~mangel** *m* tímaskortur *m*; **~punkt** *m* tími *m*, stund *f*; **≈raubend** tímafrekur; **~raum** *m* tímabil *n*, tímaskeið *n*; **~schrift** *f* tímarit *n*.
**Zeitung** *f* dagblað *n*; **~sstand** *m* blaðsölubúð *f*, blaðsöluturn *m*.
**Zeit|vertreib** *m* dægrastytting *f*; **≈weilig** sem er um stundarsakir, bráðabirgða-; **≈weise** við og við; **~zeichen** *n* tímamerki *n*.
**Zelle** *f* klefi *m*; fruma *f*.
**Zellstoff** *m* „sellulósu"-efni *n*.
**Zelt** *n* tjald *n*; **≈en** búa í tjöldum.
**Zement** *m* sement *n*.
**Zensur** *f* ritskoðun *f*; vitnisburður *m* (í skóla).
**Zentimeter** *n od. m* sentimeter *m*.
**Zentner** *m* vætt *f*, 50 kg.
**Zentralheizung** *f* miðstöðvarhitun *f*.
**Zepter** *n* veldissproti *m*.
**zer|brechen** brjóta; *v/i* brotna; **~brechlich** brothættur; **~fallen** sundrast hrynja; **~fetzen** rífa (í tætlur); ɂ**~fließen** renna sundur, bráðna; **~gehen** leysast sundur, bráðna; **~gliedern** lima sundur; rekja sundur; **~hauen** höggva sundur; **~kleinern** mylja, hluta í smátt; **~knirscht** yfirbugaður af iðrun; **~knüllen** böggla; **~lassen: ~lassene Butter** *f* brætt smjör; **~legen** greina sundur; hluta sundur; **~lumpt** tötralegur; **~quetschen** kremja sundur, mylja; **~reißen** rífa (sundur); *v/i.* rifna sundur, slitna.

**Zerr|bild** *n* afskræmd mynd; **≈en** toga.
**zer|rinnen** renna sundur, hverfa; **~rüttet** ruglaður, á ringulreið; spilltur; **~schellen** brotna (í spón); **~schmettern** brjóta; *v/i.* brotna; **~setzen** leysa upp *od.* sundur; **~splittern** kljúfa; *v/i.* klofna; **~stören** eyðileggja; *Su.* eyðing *f*, tortíming *f*; skemmdir *f/pl.*; **≈störer** *m* tortímari *m*; **~streuen** dreifa; **~streut** *fig.* annars hugar, viðutan; *Su.* dreifing *f*; skemmtun *f*; **~stückeln** hluta sundur; **~trümmern** mölva, eyðileggja; **~zausen** ýfa.
**Zettel** *m* seðill *m*, miði *m*.
**Zeug** *n* efni *n*, dúkur *m*; áhöld *n/pl.*; **dummes ~** þvættingur *m*, bull *n*.
**Zeug|e** *m* vitni *n*; **≈en** bera vitni (**von** um); *v/t.* geta (afkvæmi); *Su.* getnaður *m*; **~enaussage** *f* vitnisframburður *m*; **~nis** *n* vitni *n*; vottorð *n*; (*Schule*) einkunn *f*, vitnisburður *m*; **≈ungsfähig** getnaðarfær.
**Ziege** *f* geit *f*.
**Ziegel** *m* tigulsteinn *m*; **~ei** *f* tigulsteinaverksmiðja *f*.
**Ziegenpeter** *m* hettusótt *f*.
**zieh|en** draga, toga; ala upp; *Hut:* taka ofan; *Wechsel:* gefa út víxil (á e-n); **es zieht** það er súgur; **≈harmonika** *f* dragspil *n*, harmóníka *f*; **≈ung** *f* (*Lotterie*) dráttur *m*.
**Ziel** *n* takmark *n*; **≈bewußt** stefnufastur; **~scheibe** *f* skotkringla *f*; skotspónn *m*.
**ziem|en** *v/r.* sæma, sóma; **~lich** *adv.* tiltölulega, sæmilega, all-.
**Zier|at** *m* skraut *n*; **~de** *f* prýði *f*, skraut *n*; **≈en** prýða, skreyta; *v/r.* vera með tilgerð; **~erei** *f* tepruskapur *m*, tilgerð *f*; **~garten** *m* blómagarður *m*; **≈lich** fíngerður; snotur.
**Ziffer** *f* tala *f*, tölustafur *m*; **~blatt** *n* úrskífa *f*.
**Zigar|ette** *f* sígaretta *f*, vindlingur *m*; **~ettenetui** *n* vindlingaveski *n*; **~illo** *m* smávindill *m*; **~re** *f* vindill *m*.
**Zigeuner** *m* tatari *m*, flökkumaður *m*, sígauni *m*.
**Zimmer** *n* herbergi *n*; **~arrest** *m* stofufangelsi *n*; **~decke** *f* loft *n*; **~mann** *m* trésmiður *m*; **≈n** smíða (úr timbri).
**zimperlich** kvíðinn; teprulegur.
**Zimt** *m* kanill *m*.
**Zink** *n* sink *n*.
**Zinn** *n* tin *n*; **~e** *f* þakstallur *m*; þak *n*.
**Zins** *m* skattur *m*; afgjald *n*; (*Miete*) leiga *f*; **≈en** *pl.* vextir *m/pl.*; **~fuß** *m* vaxtastofn *n*; **~schein** *m* vaxtamiði *m*.
**Zipfel** *m* sepi *m* horn *n*.

**Zirkel** *m* sirkill *m*; *fig.* hópur *m*.
**Zirkus** *m* hringleikhús *n*.
**zischen** hvissa; hvæsa.
**Zit|at** *n* tilvitnun *f*; **&ieren** vitna í, vísa til.
**Zitrone** *f* sítróna *f*; **~nlimonade** *f* sítrónudrykkur *m*.
**zitt|ern** titra, skjálfa; **~erig** skjálfandi.
**Zivil** *n*: **in ~** í borgarabúningi; **~isation** *f* siðmenning *f*; **~trauung** *f* borgaraleg gifting.
**Zofe** *f* þerna *f*.
**zögern** hika; dunda.
**Zögling** *m* nemandi *m*.
**Zoll** *m* tollur *m*; (*Maß*) þumlungur, tomma *f*; **~abfertigung** *f* tollagreiðsla *f*; **~amt** *n* tollstofa *f*; **~beamte(r)** *m* tollþjónn *m*; **~(inhalts)erklärung** *f* tollskýrsla *f*; **&frei** tollfrjáls; **&pflichtig** tollskyldur; **~revision** *f* tollskoðun *f*; **~schein** *m* tollmiði *m*; **~stock** *m* kvarði *m*, *pop.* tommustokkur *m*; **~verschluß** *m* tollinnsigli *n*.
**Zone** *f* (jarð)belti *n*; (*Gegend*) svæði *n*.
**Zoo** *m* dýragarður *m*.
**Zopf** *m* hárpískur *m*, flétta *f*.
**Zorn** *m* reiði *f*; **&ig** reiður.
**zu 1.** til; (*Ort*) í; á; að; **zur See** á sjó, *pop.* til sjós; **~ Hunderten** hundruðum saman; **~ zweien** tveir og tveir; **~ meinen Füßen** við fætur mér; **~ der Zeit, als** á þeim tíma, er; **gut ~ j-m sn** vera góður við e-n; **die Tür ist ~** dyrnar eru lokaðar; **auf- und ~machen** opna og loka; **~ groß** of stór; **auf etw. ~** í áttina til e-s; **ab und ~** við og við; **Tür ~!** lokið (þér), lokið (þið), lokaðu dyrunum!; **2.** (*vor Infinitiv*) að; **um ~** til þess að.
**Zu|behör** *n* allt, sem fylgir, varahlutir *m/pl.*; **&bereiten** tilbúa; elda, sjóða; **&billigen** leyfa, veita; **&binden** binda fyrir; **&bringen** dveljast, vera.
**Zucht** *f* ræktun *f*, eldi *n* siðsemi *f*.
**züchten** rækta; aga.
**Zuchthaus** *n* hegningarhús *n*; **lebenslänglisches ~** ævilöng fangelsisvist.
**Zuchthäusler** *m* hegningarhúsfangi *m*.
**Züchtigung** *f* ögun *f*, refsing *f*.
**Züchtung** *f* ræktun *f*; undaneldi *n*.
**Zuchtvieh** *n* kynbótafé *n*, kynbótagripir *m/pl.*
**zucken** titra; kippast við; *Su.* kippur *m*.
**Zucker** *m* sykur *m*; **~krankheit** *f* sykursýki *f*; **&n** sykra; **~rohr** *n* sykurreyr *m*; **~rübe** *f* sykurrófa *f*.
**zu|decken** þekja; fela; **~dringlich** áleitinn; **~erkennen** úthluta, dæma (j-m e-ð); **~erst** fyrst; fyrst og fremst; **&fall** *m* tilviljun *f*; **~fällig** af tilviljun; **&flucht**

*f* hæli *n*, athvarf *n*; **ˆfluß** *m* aðstreymi *n*; þverá *f*; **~folge** samkvæmt; **~frieden** ánægður; **ˆfriedenheit** *f* ánægja *f*; **~friedenstellen** gera ánægðan; **~frieren** frjósa, leggja; **~fügen** gera (j-m e-ð), valda (j-m e-u); **ˆfuhr** *f* aðflutningur *m*, aðdrættir *m/pl.*
**Zug** *m* dráttur *m*; *Esb.* (járnbrautar)lest *f*.
**Zu|gabe** *f* viðbót *f*; **~gang** *m* aðgangur *m*; inngangur *m* **ˆgänglich** aðgengilegur; alúðlegur.
**Zugbrücke** *f* vindubrú *f*.
**zu|geben** játa; láta í kaupbæti; **~gegen** viðstaddur; **auf j-n ~gehen** ganga (í áttina) til e-s; **das Fenster geht nach der Straße ~** glugginn snýr út að götunni; **j-m etw. ~gehen lassen** senda e-m e-ð, láta e-n fá e-ð; **~gehörig** sem fylgir e-u; sem er eign e-s.
**Zügel** *m* taumur *m*; **ˆn** beizla; *fig.* hafa taumhald á.
**Zuge|ständnis** *n* leyfi *n*; tilslökun *f*; **ˆstehen** slaka til um; láta í té; **~tan** vinveittur, hollur (e-m).
**Zugführer** *m* lestarstjóri *m*.
**zugig**: **es ist ~** það er súgur.
**Zug|kraft** *f* dráttarafl *n*; **ˆkräftig** áhrifamikill.
**zugleich** jafnframt; samtímis.
**Zugluft** *f* súgur *m*.
**zugreifen** taka til hendinni; taka til starfa.
**zugrunde**: **~ gehen** farast verða að aumingja; **~ legen** (**~ liegen**) leggja (liggja) til grundvallar; **~ richten** eyðileggja.
**zugunsten** e-m í hag, til málsbóta fyrir e-n.
**zugute**: **~ kommen** vera (e-m) til góðs *od.* að gagni.
**Zugvogel** *m* farfugl *m*.
**zu|halten** halda e-u lokuðu; **auf etw. ~** halda í áttina til e-s.
**zu|hören** hlusta á; **ˆhörer** *m* tilheyrandi *m*; **~kleben** líma saman; **~klinken** loka; **~knöpfen** hneppa (saman); **ˆkunft** *f* framtíð *f*; **in ˆkunft** í framtíðinni; **~künftig** ókominn, framtíðar-.
**Zu|lage** *f* launaviðbót *f*; **ˆlangen** seilast til, taka til matar síns; **ˆlassen** *fig.* leyfa; hleypa inn; *Su.* aðgangur *m*; leyfi *n*; **ˆlässig** leyfilegur.
**Zulauf** *m* aðsókn *f*; **ˆen**: **auf j-n ˆen** hlaupa (í áttina) til e-s.
**zu|legen** bæta við; **~lernen** læra til viðbótar; **~letzt** að síðustu; **nicht ~letzt** ekki sízt; **j-m ~liebe** e-m til geðs.
**zu|machen** loka, læsa; **~muten** ætlast til af, vænta af; *Su.* tilætlun *f*, krafa *f*.
**zu|nächst** fyrst og fremst; fyrst um sinn; **~nageln** negla aftur; **ˆnahme** *f*

aukning *f*, vöxtur *m*; **⁀name** *m* ættarnafn *n*.
**zünd|en** kveikja; **⁀er** *m* kveikjari *m*; **⁀holz** *n*, **⁀hölzchen** *n* eldspýta *f*; **⁀kerze** *f* rafkerti *n*; **⁀ung** *f* kveiking *f*.
**zu|nehmen** aukast, vaxa; **~neigen** *v/t*. halla að; **~neigen** *v/r*. laðast (j-m að e-m); *Su*. hneigð *f*; velvild *f*, ást *f*.
**Zunft** *f* gildi *n*, iðnfélag *n*.
**Zunge** *f* tunga *f*.
**zunichte: ~ machen** ónýta.
**zuoberst** efst.
**zupfen** toga í; *pop*. plokka.
**zu|raten** ráðleggja; **~rechnungsfähig** sakbær; (fær um að vera) ábyrgur gerða sinna.
**zurecht** í lag(i); **sich ~finden** átta sig; **~machen** ljúka, koma í lag; **~weisen** leiðbeina; ávíta; *Su*. leiðbeining *f*; ávítur *f/pl*.
**zu|reden** hvetja, eggja; áminna; **~richten** útbúa, búa til; **j-n übel ~richten** leika e-n illa; **~riegeln** loka með slagbrandi.
**zürnen** reiðast, vera (e-m) reiður.
**zurück** aftur, til baka; **~behalten** halda eftir; **~berufen** kveðja heim; segja upp starfi; **~datieren** dagsetja aftur í tímann; **~denken an** minnast (e-s); **~erstatten** endurgreiða, bæta upp; **~fordern** endurkrefjast; **~gehen** snúa við; víkja aftur á bak; lækka; hnigna; **~gezogen** einangraður; **~haltend** óframgjarn; dulur; **~kehren** snúa aftur, halda heim; **~legen** *Geld:* spara; *Weg:* fara, leggja að baki sér; **~nehmen** *Versprechen:* taka aftur; afturkalla; **~prallen** hrökkva til baka; **~schlagen** slá(st) til baka; **~schrecken** fæla burt; *v/i*. hrökkva skelfdur frá; **⁀setzung** *f* lítilsvirðing *f*. hjásetning *f*; **~stellen** (*Uhr*) seinka; **~stoßen** hrinda til baka; hrekja frá sér; **~treten** hörfa aftur, víkja; draga sig í hlé; **~weichen** víkja til baka, hörfa; **~weisen** hafna, synja; **~zahlen** endurgreiða; **~ziehen** *v/r*. draga sig í hlé; víkja.
**Zu|ruf** *m* kall (til e-s) *n*; **~sage** *f* samþykki *n*, loforð *n*.
**zusammen** saman; alls; **~brechen** hníga niður; **⁀bruch** *m* hrun *n*; gjaldþrot *n*; **~falten** brjóta saman; **~fassen** taka saman; innibinda; **~fügen** fella saman; **~gehörig** sem á saman, samstæður; **~gesetzt** samsettur; **⁀hang** *m* samhengi *n*; atvik *n/pl*.; **⁀kunft** *f* mót *n*, fundur *m*; **~nehmen** *v/r*. taka rögg á sig, herða upp hugann; **~rufen** kalla saman; **⁀sein** *n* samvera *f*; **~stellen** setja saman; **⁀spiel**

*n* samleikur *m*; 2stoß *m* árekstur *m*; ~stoßen rekast á; 2treffen *n* samkoma *f*, fundur *m*; ~ziehen draga saman; ~zucken hrökkva við.

**Zu|satz** *m* viðbót *f*, viðauki *m*; 2**sätzlich** viðbótar-, auka-, til viðbótar.

**zu|schanden**: ~**schanden machen** eyðileggja; ~**schauen** horfa á; 2**schauer** *m* áhorfandi *m*; 2**schauerraum** *m* áhorfendasvæði *n*; ~**schicken** senda (e-m e-ð); 2**schlag** *m* viðbót *f*; aukagreiðsla *f*; ~**schlagen** skella aftur, berja; ~**schließen** loka, læsa; ~**schneiden** sníða, klippa (til); ~**schnüren** reyra saman; ~**schreiben** *fig.* eigna, kenna; 2**schrift** *f* bréf *n*; tilkynning *f*; **sich etw. ~schulden kommen lassen** gera sig sekan um e-ð; 2**schuß** *m* tillag *n*, viðbót *f*; ~**schütten** moka yfir, fylla moldu.

**zusehen** horfa á; varast; ~**ds** greinilega; á svipstundu.

**zu|senden** senda (e-m e-ð); ~**setzen** bæta við; leggja (fast) að; **j-m mit Fragen ~setzen** bráspyrja e-n; ~**sichern** tryggja (e-m e-ð), ábyrgjast; ~**spitzen** ydda; **sich ~spitzen** (*die Lage*) versna; 2**spruch** *m* upphörvun *f*, huggun *f*.

**Zustand** *m* ástand *n*, ásigkomulag *n*; 2**e bringen** koma í lag; 2**e kommen** komast í framkvæmd.

**zu|ständig** réttbær, réttur; ~**statten** að gagni; ~**stehen** heyra til; ~**stimmen** fallast á, vera samþykkur; 2**stimmung** *f* samþykki *n*; ~**stoßen** (*Tür*) skella aftur; (*Unglück*) verða fyrir (slysi); 2**strom** *m* aðstreymi *n*; ~**tage kommen** koma í ljós; 2**taten** *pl.* (*Schneiderei*) *pop.* tillegg *n*; (*Kochkunst*) viðbætur *f/pl.*, íaukar *m/pl.*; ~**tragen** *v/r.* gerast; 2**träger** *m* kjaftaskúmur *m*; ~**träglich** gagnlegur; heilsusamlegur; ~**trauen** treysta til, búast við af; 2**trauen** *n* traust *n*; ~**traulich** fullur trúnaðarstraustsr; einlægur; ~**treffend** viðeigandi; réttur; ~**trinken** skála við (e-n); 2**tritt** *m* aðgangur *m*; 2**tun** *n* aðstoð *f*.

**zu|verlässig** áreiðanlegur; 2**versicht** *f* trúnaðartraust *n*; ~**versichtlich** vongóður; áreiðanlegur.

**zuviel** of mikill; *pl.* of margir.

**zuvor** áður; á undan.

**zuvorkommen** verða fyrri til; ~**d** alúðlegur, hjálpsamur; 2**heit** *f* alúð *f*.

**Zuwachs** *m* vöxtur *m*, fjölgun *f*.

**zu|weilen** stundum; ~**wenden** snúa að; útvega (e-m e-ð); 2**wendung** *f* gjöf *f*; ~**werfen** kasta (e-u) til (e-s); (*Tür*) skella aftur.

**zuwider** á móti; **er ist mir ~** hann er mér á móti skapi; **~handeln** breyta á móti; (*Gesetz*) brjóta; **Żhandlung** *f* afbrot *n*.
**zu|zahlen** borga í viðbót; **~zählen** telja með; **~ziehen** draga að; kveðja til; *v/r*. baka sér e-ð; **Żzug** *m* (viðbótar) innflutningur *m*; liðsauki *m*; **~züglich** að viðbættu; **Żzugsgenehmigung** *f* innflutningsleyfi *n*.
**Zwang** *m* þvingun *f*; **sich ~ antun** þvinga sjálfan sig.
**zwängen** þvinga, pressa; troða.
**zwanglos** óþvingaður.
**Zwangs|arbeit** *f* þvingunarvinna *f*; **~jacke** *f* spennistakkur *m*; **Żläufig** óhjákvæmilegur; **~versteigerung** *f* nauðungaruppboð *n*; **~vollstreckung** *f* fjárnám *n*; aðför *f*.
**zwanzig** tuttugu; **Żstel** *n* tuttugasti hluti.
**zwar** að vísu; raunar; **und ~** og það, nefnilega.
**Zweck** *m* tilgangur *m*, markmið *n*; **~e** *f* trénagli *m*; **Żlos** tilgangslaus; **Żmäßig** hentugur, hagkvæmur; **Żs** *prp.* vegna.
**zwei** tveir; **zu ~en** tveir og tveir (í einu); **~beinig** tvífættur; **~deutig** tvíræður.
**Zweifel** *m* efi *m*, efasemd *f*, vafi *m*; **Żhaft** vafasamur; **Żlos** vafalaus.
**zweifeln** efast.
**Zweig** *m* kvistur *m*, smágrein *f*; *fig.* (atvinnu)grein *f*; **~bahn** *f* hliðar- *od.* aukabraut *f*; **~geschäft** *n* útibú *n*, deild *f*; **~linie** *f* hliðarlína *f* (í ættartölu).
**zweigleisig** tvísporaður.
**zwei|händig** tvíhentur; **Żkampf** *m* einvígi *n*, hólmganga *f*; **~mal** tvisvar sinnum; **Żrad** *n* reiðhjól *n*; **~seitig** tvíhliða(ður); **~sitzig** tveggja sæta; **~sprachig** með (á) tveimur málum, tveggja mála; **~stöckig** tveggja hæða.
**zweite** (**der, die, das ~**) annar (önnur, annað); **~ns** í öðru lagi.
**Zwerchfell** *n* þind *f*.
**Zwerg** *m* dvergur *m*.
**Zwieback** *m* tvíbaka *f*.
**Zwiebel** *f* laukur *m*.
**Zwiegespräch** *n* tvítal *n*, samtal *n*.
**Zwielicht** *n* ljósaskipti *n/pl.*; rökkur *n*.
**Zwietracht** *f* sundurþykki *n*.
**Zwilling** *m* tvíburi *m*.
**zwingen** neyða, kúga.
**zwinkern: mit den Augen ~** depla augunum.
**Zwirn** *m* tvinni *m*.
**zwischen** (á) milli; **Żakt** *m* leikhlé *n*; **Żdeck** *n* milliþilfar *n*; **~durch** út á milli; við og við; **Żfall** *m* atburður *m*; **Żglied** *n* milliliður *m*; **Żlandung** *f* millilending *f*; **Żpause** *f* hlé *n*; **Żraum** *m*

millibil *n*; ≈stock *m* millihæð *f*; ≈wand *f* milliveggur *m*; ≈zeit *f* millibil *n*, hlé *n*.
**zwölf** tólf; ~ter tólfti; ≈tel *n* tólfti hluti.
**Zyklon** *m* hvirfilvindur *m*.
**Zylinder** *m* *Tech.* sívalningur *m*; strokkur *m*; (*Hut*) pípuhattur *m*; (*Lampe*) lampaglas *n*.
**zynisch** óskammfeilinn; ruddalegur.
**Zypresse** *f* kýprusviður *m*

## Verzeichnis der häufigsten deutschen (a) und isländischen (b) Abkürzungen.

## Listi yfir algengustu þýzkar (a) og íslenzkar (b) skammstafanir

a

*A.G. Aktiengesellschaft*, hlutafélag, h/f.
*d. h. das heißt*, það er (að segja), þ. e. (a. s.).
*d. J. dieses Jahres*, þessa árs, þ. á.
*d. M. dieses Monats*, þessa mánaðar, þ. m.
*bzw. beziehungsweise*, eða, sem sé.
*i. A. im Auftrage*, fyrir hönd..., f. h. ...
*i. V. in Vertretung*, eftir umboði, e. u.
*m. E. meines Erachtens*, að minni hyggju.
*m. W. meines Wissens*, að því er ég veit.
*ppa. per Prokura*, pr. pr.
*s. siehe*, sjá, s.
*s. Z. seinerzeit*, á sínum tíma.
*u. a. unter anderem, u. anderen*, meðal annars, m. a., meðal annarra, m. a.
*u. ä. und ähnliche(s)*, og þess háttar, o. þ. h.
*u. a. m. und andere(s) mehr*, og fleiri (fleira), o. fl.
*usf. und so fort*, og svo framvegis, o. s. frv.
*usw. und so weiter*, og svo framvegis, o. s. frv.
*u. U. unter Umständen*, ef svo stendur á, ef svo ber undir.
*u. V. unter Vorbehalt*, með fyrirvara.
*u. W. unseres Wissens*, að því er við vitum.
*vgl. vergleiche*, samanber, sbr.
*z. B. zum Beispiel*, til dæmis, t. d.
*z. Z. zur Zeit*, sem stendur p. t. (pro tempore).

b

*aðall.* aðallega, *hauptsächlich.*
*alm.* almennt, *allgemein.*
*au.* aurar, *Ör(e).*
*e. t. v.* ef til vill, *vielleicht, unter Umständen.*
*e. u.* eftir umboði, *in Vertretung.*
*e. þ. l.* eða því (um) líkt, *und ähnliches.*
*f. h.* fyrir hönd ..., *im Auftrage.*
*h/f* hlutafélag, *Aktiengesellschaft.*
*h. u. b.* hér um bil, *ungefähr, etwa.*
*kr.* króna (krónur), *Krone(n).*
*m. a.* meðal annarra, *unter anderen*, meðal annars, *unter anderem.*
*m. ö. o.* með öðrum orðum, *mit anderen Worten.*
*o. fl.* og fleira (fleiri), *und anderes (andere) mehr.*
*o. þ. h.* og þess háttar, *und ähnliche(s).*
*o. s. frv.* og svo framvegis, *und so weiter.*
*pr. pr.* per prokura, eftir umboði, *per Prokura.*
*p. t.* pro tempore, sem stendur, *zur Zeit.*
*s.* sjá, *siehe.*
*sbr.* samanber, *vergleiche.*
*s. st.* sama stað, *ebendaselbst (Abk. ebd.).*
*t. d.* til dæmis, *zum Beispiel.*
*þ. á.* þessa árs, *dieses Jahres.*
*þ. e.* það er (að segja), *das heißt.*
*þ. m.* þessa mánaðar, *dieses Monats.*

## Zahlwörter — Töluorð

### Grundzahlen — Frumtölur

0 núll *n* *Null f*
1 einn, ein, eitt *eins*
2 tveir *zwei*
3 þrír *drei*
4 fjórir *vier*
5 fimm *fünf*
6 sex *sechs*
7 sjö *sieben*
8 átta *acht*
9 níu *neun*
10 tíu *zehn*
11 ellefu *elf*
12 tólf *zwölf*
13 þrettán *dreizehn*
14 fjórtán *vierzehn*
15 fimmtán *fünfzehn*
16 sextán *sechzehn*
17 sautján *siebzehn*
18 átján *achtzehn*
19 nítján *neunzehn*
20 tuttugu *zwanzig*
21 tuttugu og einn *einundzwanzig*
22 tuttugu og tveir *zweiundzwanzig*

30 þrjátíu *dreißig*
40 fjörutíu *vierzig*
50 fimmtíu *fünfzig*
60 sextíu *sechzig*
70 sjötíu *siebzig*
80 áttatíu *achtzig*
90 níutíu *neunzig*
100 hundrað, eitt hundrað *hundert*
200 tvöhundruð *zweihundert*
572 fimm hundruð sjötíu og tveir *fünfhundertzweiundziebzig*
1000 þúsund, eitt þúsund *tausend*
1959 nítján hundruð fimmtíu og níu *neunzehnhundertneunundfünfzig*
1 000 000 ein milljón *eine Million*

### Ordnungszahlen — Raðtölur

1. fyrsti (fyrsta) *erste*
2. annar (önnur, annað) *zweite*
3. þriðji *dritte*
4. fjórði *vierte*
5. fimmti *fünfte*
6. sjötti *sechste*
7. sjöundi *sieb(en)te*
8. áttundi *achte*
9. níundi *neunte*
10. tíundi *zehnte*
11. ellefti *elfte*

| | |
|---|---|
| 12. | tólfti *zwölfte* |
| 13. | þrettándi *dreizehnte* |
| 14. | fjórtándi *vierzehnte* |
| 15. | fimmtándi *fünfzehnte* |
| 16. | sextándi *sechzehnte* |
| 17. | sautjándi *siebzehnte* |
| 18. | átjándi, *achtzehnte* |
| 19. | nítjándi *neunzehnte* |
| 20. | tuttugasti *zwanzigste* |
| 21. | tuttugasti og fyrsti *einundzwanzigste* |
| 22. | tuttugasti og annar *zweiundzwanzigste* |
| 30. | þrítugasti *dreißigste* |
| 40. | fertugasti *vierzigste* |
| 50. | fimmtugasti *fünfzigste* |
| 60. | sextugasti *sechzigste* |
| 70. | sjötugasti *siebzigste* |
| 80. | áttugasti *achtzigste* |
| 90. | nítugasti *neunzigste* |
| 100. | hundraðasti *hundertste* |
| 200. | tvöhundruðasti *zweihundertste* |
| 572. | fimm hundruð sjötugasti og annar *fünfhundertzweiundsiebzigste* |
| 1000. | þúsundasti *tausendste* |
| 1959. | nítján hundruð fimmtugasti og níundi *neunzehnhundertneunundfünfzigste* |
| 1 000 000. | milljónasti *million(s)te* |

## Bruchzahlen — Brot

| | | |
|---|---|---|
| ½ | hálfur, hálf, hálft | *ein Halb(es)* |
| ⅓ | einn þriðji, þriðji hluti | *ein Drittel* |
| ¼ | einn fjórði, fjórði hluti | *ein Viertel* |
| $^1/_{20}$ | einn tuttugasti (hluti) | *ein Zwanzigstel* |
| ¾ | þrír fjórðu (hlutar) | *drei Viertel* |

| | | | |
|---|---|---|---|
| 1½ | hálfur annar | *anderthalb* | = einn og hálfur |
| 2½ | hálfur þriðji | *zweieinhalb* | = tveir og hálfur |
| 3½ | hálfur fjórði | *dreieinhalb* | = þrír og hálfur *usw.* |

| | |
|---|---|
| eitt pund (*od.* hálft kíló) | *ein Pfund* |
| einn fjórðungur úr pundi | *ein Viertelpfund* |
| einn mílufjórðungur | *¼ Meile* |
| einn ársfjórðungur | *ein Vierteljahr* |

## Uhrzeit — Upplýsingar um klukku og tíma

| | |
|---|---|
| Klukkan er (kl. er): | *Es ist:* |
| 8¾, $8^{45}$ kortér fyrir níu, átta fjörutíu og fimm | *drei Viertel neun, Viertel vor neun, acht Uhr fünfundvierzig* |

| | |
|---|---|
| 8 ¼, $8^{15}$ kortér yfir átta, átta fimmtán | *ein Viertel neun, Viertel nach acht, acht Uhr fünfzehn* |
| fimm stundarfjórungar | 1 ¼ *Stunden* |
| þrír stundarfjórðungar | ¾ *Stunden* |
| stundarfjórðungur | *Viertelstunde* |
| kl. hálf sjö | *um halb sieben* (*Uhr*) |

sólarhringur = 24 *Stunden* = 1 *Tag* (*und* 1 *Nacht*)

## Andere Verbindungen mit Zahlen
## Önnur talnasambönd

| | | | |
|---|---|---|---|
| 1 | einu sinni | *einmal* | *usw.* |
| 2 | tvisvar (sinnum) | *zweimal* | |
| 3 | þrisvar (sinnum) | *dreimal* | |
| 4 | fjórum sinnum | *viermal* | |
| 1. | í fyrsta lagi | *erstens* | *usw.* |
| 2. | í öðru lagi | *zweitens* | |
| 3. | í þriðja lagi | *drittens* | |
| 4. | í fjórða lagi | *viertens* | |

| | | |
|---|---|---|
| eins konar | *einerlei* | *usw.* |
| tvenns konar | *zweierlei* | |
| þrenns konar | *dreierlei* | |
| tvöfaldur | *zweifach* | *usw.* |
| fimmfaldur | *fünffach* | |
| tífaldur | *zehnfach* | |
| níu stafa | *9stellig* | |
| þriggja stafa tölur | *3stellige Zahlen* | |
| eins árs, ársgamall | *einjährig* | |
| tólf ára (gamall) | *zwölfjährig* | |
| fertugur | *vierzigjährig* | |
| sextugur | *sechzigjährig* | |

hátt á fertugsaldri *hoch in den Dreißigern*

á áttunda tug aldarinnar *in den siebziger* (*70er*) *Jahren* (*des Jahrhunderts*)

vín frá 1934 = 1934*er* (*Wein*)

á 16. (sextándu) öldinni *im* 16. (*sechzehnten*) *Jahrhundert*

fjögurra stunda (tíma) *vierstündig*

fjörutíu og átta stunda vinnuvika 48-Stundenwoche

sólarhringsvinna *Arbeit von 24 Stunden*

## Bekanntmachungen und Warnungen
## Tilkynningar og aðvaranir

| | |
|---|---|
| Aðeins gegn staðgreiðslu. | *Nur gegen bar.* |
| Aðgangur bannaður. | *Zutritt verboten.* |
| Aðvörun. | *Warnung.* |
| Akið hægt. | *Langsam fahren.* |
| Akvegur í gegn. | *Durchfahrt.* |
| Allt upptekið. | *Alles besetzt.* |
| Bannað að ganga út á teinana. | *Betreten der Gleise verboten.* |
| Bannað að hafa hunda meðferðis. | *Hunde dürfen nicht mitgenommen werden.* |
| Bannað að hrækja. | *Nicht ausspucken.* |
| Bannað börnum. | *Jugendliche haben keinen Zutritt.* |
| Bifreiðastæði. | *Parkplatz.* |
| Bifreiðastæði bönnuð. | *Parken verboten.* |
| Borgið við (peninga)kassann. | *An der Kasse zahlen.* |
| Drykkjarvatn. | *Trinkwasser.* |
| Dyrnar eru opnar. | *Die Tür ist offen.* |
| Dyrnar lokast sjálfkrafa. | *Die Tür schließt von selbst.* |
| Engir drykkjupeningar. | *Kein Trinkgeld.* |
| Farið varlega. | *Vorsicht.* |
| Forðizt að óhreinka. | *Verunreinigung verboten.* |
| Fyrir fótgangendur. | *Für Fußgänger.* |
| Gangið ekki á grasinu. | *(Das) Betreten des Rasens (ist) verboten.* |
| Gerið svo vel að hringja. | *Bitte klingeln.* |
| Gætið yðar fyrir vasaþjófum | *Achtung, Taschendiebe.* |
| Hallið yður ekki út. | *Nicht hinauslehnen.* |
| Háspenna, lífshætta | *Hochspannung — Lebensgefahr.* |
| Hjólreiðarvegur. | *Radfahrweg.* |
| Inn, inngangur. | *Eingang.* |

| | |
|---|---|
| Karlar. | *Für Männer.* |
| Konur. | *Für Frauen.* |
| Lokað. | *Gesperrt (Haus: Geschlossen).* |
| Lokið dyrunum. | *Tür schließen.* |
| Lyfta. | *Fahrstuhl.* |
| Lyftan er biluð. | *Der Fahrstuhl ist außer Betrieb.* |
| Neyðarhemill (-bremsa). | *Notbremse.* |
| Nýmálað. | *Frisch gestrichen.* |
| Opið. | *Geöffnet.* |
| Ókeypis aðgangur. | *Eintritt frei.* |
| Óviðkomandi bannaður aðgangur. | *Unbefugten (ist der) Zutritt verboten.* |
| Reiðhjólastæði bönnuð. | *Das Abstellen von Fahrrädern (ist) verboten.* |
| Snertið ekki hlutina. | *Nicht berühren.* |
| Snúið yður til ... | *Wenden Sie sich an ...* |
| Stanzið (við umferðaljós). | *Halt (bei Lichtsignal).* |
| Til hægri! | *Nach rechts!* |
| Til járnbrautarinnar, ferjunnar. | *Zum Bahnhof, zur Fähre.* |
| Til leigu. | *Zu vermieten.* |
| Til lestanna, sem eru að koma. | *Zu den ankommenden Zügen.* |
| Til lestanna, sem eru að fara. | *Zu den abfahrenden Zügen.* |
| Til sölu. | *Zu verkaufen.* |
| Til vinstri! | *Nach links!* |
| Upptekið. | *Besetzt.* |
| Út, útgangur. | *Ausgang.* |
| Varúð. | *Achtung.* |
| Vegarlykkja. | *Umleitung.* |
| Þeir, sem reykja. | *Raucher.* |
| Þeir, sem ekki reykja. | *Nichtraucher.* |

## Redewendungen — Orðatiltæki

| | |
|---|---|
| Guten Tag (Morgen, Abend)! | *Góðan dag (dag, gott kvöld)!* |
| Gute Nacht! | *Góða nótt!* |
| Auf Wiedersehen! | *Verið þér sælir (sælar)!, vertu sæll (sæl)!* |
| Kommen Sie bald wieder! | *Komið þér bráðum aftur!* |
| Wie geht es Ihnen (dir)? | *Hvernig líður yður (þér)?* |
| Danke, sehr gut! | *Ágætlega, þakka yður (þér) fyrir* |
| Ich fühle mich nicht recht wohl. | *Mér líður ekki sem bezt.* |
| Es ist spät, ich muß jetzt gehen. | *Það er orðið framorðið, ég verð að fara núna.* |
| Sie haben noch viel Zeit! | *Yður liggur ekkert á!* |
| Grüßen Sie ... (von mir)! | *Berið ... kveðju mína!* |
| Mit Vergnügen! | *Með ánægju!* |
| Wann geht der Zug nach X? | *Hvenær fer lestin til X?* |
| Wo ist der Schalter? | *Hvar er farmiðasalan?* |
| Kann ich eine Fahrkarte nach X bekommen? | *Get ég fengið farmiða til X?* |
| Eine Fahrkarte dritter Klasse nach X (hin und zurück)? | *Einn farmiða á þriðja farrými til X (fram og aftur)!* |
| Was kostet die Zuschlagkarte für den D-Zug nach X? | *Hvað kostar viðbótarfarmiðinn með hraðlestinni til X?* |
| Sie müssen in H. umsteigen. | *Þér verðið að skipta um lest í H.* |
| Wo kann man eine Platzkarte für den Eilzug nach X bekommen? | *Hvar er hægt að fá sætismiða að hraðlestinni til X?* |
| Gepäckträger! Holen Sie bitte meinen Koffer von der Gepäckaufbewahrung. | *Burðarmaður! Gerið svo vel að sækja ferðatöskuna mína í farangursgeymsluna.* |

| | |
|---|---|
| Hier ist der Schein. | *Hérna er farangursskírteinið.* |
| Geben Sie meinen Koffer nach P. auf. | *Afhendið töskuna mína til flutnings til P.* |
| Haben Sie eine Fahrkarte gelöst? | *Hafið þér keypt farmiða?* |
| Ist jetzt alles erledigt? | *Er nú búið að ganga frá öllu?* |
| Wieviel macht es? | *Hvað verður þetta mikið?* |
| Einsteigen! | *Farið inn í lestina!* |
| Glückliche Reise | *Góða ferð!* |
| Alles umsteigen! | *Allir eiga að skipta um lest!* |
| Haben Sie deutsche Zeitungen und Illustrierte? | *Hafið þér þýzk dagblöð og myndablöð?* |
| Würden Sie freundlichst das Fenster zumachen (öffnen)? | *Viljið þér gera svo vel að láta aftur (opna) gluggannð?* |
| Es zieht! | *Það er súgur!* |
| Dürfte ich um Feuer bitten? | *Mætti ég biðja um eld?* |
| Fahrkarten, bitte! | *Gerið svo vel að sýna farmiðana!* |
| Wie lange haben wir hier Aufenthalt? | *Hve löng verður viðstaðan hér?* |
| Ist ein Speisewagen im Zug? | *Er matarvagn í lestinni?* |
| Haben Sie etwas zu verzollen? | *Eruð þér með tollskyldar vörur (meðferðis)?* |
| Sehen Sie bitte selbst nach! | *Gerið svo vel að gá að því sjálfur!* |
| Ich habe nur Sachen zum persönlichen Gebrauch. | *Ég er aðeins með hluti til eigin þarfa.* |
| Gepäckträger, bringen Sie diese Koffer nach Hotel ...! | *Burðarmaður! Viljið þér fara með þessar töskur til Hótel ...!* |
| Können Sie mir ein gutes Hotel empfehlen? | *Getið þér bent mér á gott hótel?* |
| Fragen Sie im Reisebüro. | *Þér skuluð spyrjast fyrir í ferðaskrifstofunni.* |
| Haben Sie ein Zimmer mit einem Bett (zwei Betten) frei? | *Hafið þér laust eins manns herbergi (tveggja manna herbergi)?* |

| | |
|---|---|
| Wo ist der Fernsprecher? | *Hvar er síminn?* |
| Ich kann keinen Anschluß bekommen. | *Ég fæ ekkert samband.* |
| Falsch verbunden! | *Skakkt númer!* |
| Bitte, helfen Sie mir, Herrn ... anzurufen. | *Gerið svo vel að hjálpa mér við að síma til hr. ...* |
| Welche Nummer? | *Hvaða númer?* |
| Entschuldigen Sie, wo ist der Bahnhof? | *Afsakið, hvar er járnbrautarstöðin?* |
| Bitte, sagen Sie mir, was ist das für ein Gebäude? | *Viljið þér gera svo vel að segja mér, hvaða bygging þetta er?* |
| Bitte, wie komme ich schnellstens zum Hotel ...? | *Afsakið, hvernig kemst ég sem fyrst til Hótel ...?* |
| Sind Sie frei? | *Eruð þér laus?* |
| Fahren Sie mich nach ...! | *Viljið þér aka með mig til ...!* |
| Wann geht der Dampfer (das Schiff) nach ...? | *Hvenær fer gufuskipið (skipið) til ...?* |
| Ich möchte etwas essen (trinken). | *Mig langar að fá eitthvað að borða (drekka).* |
| Was gibt es (zu essen)? | *Hvað er (hægt að fá) að borða?* |
| Bringen Sie mir bitte ... | *Gerið svo vel að færa mér ...* |
| (Herr) Ober! Zahlen! | *Þjónn! Ég ætla að borga!* |
| Kein Trinkgeld! | *Engir drykkjupeningar!* |
| Dürfte ich Sie um ... bitten? | *Mætti ég biðja yður um ...?* |
| Mit Bedienung? | *Er þjónustugjald innifalið?* |
| Ist ein (postlagernder) Brief für ... angekommen? | *Hefur komið (biðpóstur) bréf til ...?* |
| Haben Sie einen Ausweis? | *Hafið þér nafnsönnunarskilríki?* |
| Ich möchte ... nach Deutschland schicken. | *Mig langar að senda ... til Þýzkalands.* |
| Geben Sie mir zwei Briefmarken zu ... Öre (Kronen)? | *Get ég fengið tvö ...-aura (...-króna) frímerki?* |
| Sprechen Sie Deutsch? | *Talið þér þýzku?* |
| Ein wenig! Nicht viel. | *Ofurlítið! Aðeins lítið eitt.* |
| Spricht hier jemand Deutsch? | *Er hér einhver, sem talar þýzku?* |
| **Ich verstehe kein Deutsch.** | ***Ég skil ekki þýzku.*** |

| | |
|---|---|
| Ich verstehe kein Isländisch. | *Ég skil ekki íslenzku.* |
| Ich habe Sie nicht verstanden. | *Ég skil ekki, hvað þér segið.* |
| Sprechen Sie bitte langsam und deutlich. | *Gerið svo vel að tala hægt og greinilega.* |
| Wie heißt ... auf Deutsch? | *Hvað er ... á þýzku?* |
| Wie heißt ... auf Isländisch? | *Hvað er ... á íslenzku?* |
| Was bedeutet ...? | *Hvað þýðir ...?* |
| Wieviel Uhr ist es? | *Hvað er klukkan?* |
| Es ist (beinahe, Punkt, ungefähr) zwei Uhr. | *Klukkan er (nærri, nákvæmlega, um það bil) tvö.* |
| Es ist halb vier (Uhr). | *Klukkan er hálf fjögur.* |
| Es ist ein Viertel vor (nach) vier (Uhr). | *Klukkuna vantar kortér (klukkan er kortér yfir fjögur) í fjögur.* |
| Ich komme um acht Uhr. | *Ég kem kl. (= klukkan) átta.* |
| Danke (schön)! | *Kærar þakkir!* |
| Ja bitte! | *Já, þakka yður (þér) fyrir!* |
| Ich danke (nein)! | *Nei, þakka yður (þér) fyrir!* |
| Vielen Dank für die freundliche Einladung! | *Þakka yður (þér) kærlega fyrir heimboðið!* |
| Vielen Dank für das Essen (den Kaffee)! | *Þakka yður (þér) kærlega fyrir matinn (kaffið)!* |
| Vielen Dank für den schönen Abend! | *Þakka yður (þér) kærlega fyrir kvöldið!* |
| Es war gestern (neulich) sehr nett bei Ihnen! | *Þakka yður fyrir síðast!* |
| Vielen Dank für die Hilfe! | *Þakka yður (þér, ykkur) kærlega fyrir hjálpina!* |
| Vielen Dank im voraus! | *Með þökkum fyrirfram!* |
| Bitte schön! | *Ekkert að þakka!* |
| Danke gleichfalls! | *Þakka sömuleiðis!* |
| Nichts zu danken! | *Ekkert að þakka!* |
| Keine Ursache! | *Ekkert að þakka!* |
| Wohl bekomm's!, Mahlzeit! | *Verði yður (þér) að góðu!* |
| Wie bitte? | *Hvað segið þér (segir þú)?* |
| Entschuldige(n Sie)! | *Afsakaðu (afsakið)!* |
| Herein! | *Kom inn* |
| Bitte, hier ist ... | *Gerið þér (gerðu) svo vel, hér er ...* |